金融服务法评论

第九卷

主　　办：中央财经大学金融服务法研究中心
中国法学会证券法学研究会
北京市金融服务法学研究会

网络支持：中国金融服务法治网
（www.financialservicelaw.com.cn）

主　　编：郭　锋
副 主 编：甘培忠　曾筱清
执行主编：邢会强

法律出版社
LAW PRESS · CHINA

目录

Contents

研究综述

对话实录

国外金融立法文本中译本

研究报告

关于《证券法》修订的若干建议

中国法学会证券法学研究会*

近日，中国法学会证券法学研究会（以下简称研究会）根据媒体对《证券法》修订草案二读稿的报道内容，召集了证券法学界13位专家对《证券法》修改中涉及的八个争议较大的问题进行了讨论。根据研讨共识，研究会提出以下若干意见建议，供全国人大常委会法工委参考。

一、关于“证券”的定义

研究会认为，《证券法》修订应采取“实质证券”观，用列举加定义方式，将股票、债券（含中国银行间交易市场的债务融资工具等）、投资基金、投资合同和集合投资计划纳入《证券法》调整范围。建议将“证券”定义为：“本法所称证券是指具有收益性、风险性、标准化、可交易或可赎回的金融投资商品。”

第一，现行《证券法》第2条的适用范围过于狭窄，不具开放性和包容性。此次修法距上次已有十年之久，市场环境、产品种类、监管机制发生了较大变化，混业经营、交叉经营已经成为常态，功能监管、协调监管机制对传统分业监管的不足进行了弥补和完善。学界和实务界一致认为，该定义不适应金融创新与发展的新形势，《证券法》应当对其进行修改。

第二，对证券种类进行合理扩大，是加强资本市场基础制度建设的客观要求。习近平同志多次强调，要防范化解金融风险，加快形成融资功能完备、基础制度扎实、市场监管有效、投资者权益得到充分保护的股票市场。目前，市场上不少合同

---

* 执笔人为郭锋、施天涛、邢会强、杜晶。参与讨论的专家包括：郭锋（最高人民法院研究室副主任、中国法学会证券法学研究会会长）、施天涛（清华大学法学院教授、中国法学会证券法学研究会常务副会长）、邢会强（中央财经大学法学院教授、中国法学会证券法学研究会副会长兼秘书长）、杨东（中国人民大学法学院副院长、教授，中国法学会证券法学研究会副会长）、杨卫东（民生证券股份有限公司副总裁）、陈洁（中国社会科学院法学所研究员）、郭雳（北京大学法学院副院长、教授）、赵磊（中国社科院法学所副研究员）、仲伟珩（最高人民法院研究室法官）、伍云（全国股转系统法律部总监）、杜晶（中央财经大学法学院副教授）、王宗奇（民生证券股份有限公司质量监管总部总经理）、王磊（新浪网技术中国有限公司高级法律顾问）。本报告建议代表中国法学会证券法学研究会，但不代表任何专家或执笔人所在单位的意见或立场。

式、理财式集资属于发行证券,但按现行《证券法》规定无法将其纳入证券监管范畴,无法适用强制信息披露、发行审核、反欺诈等制度,由此导致非法集资现象大量产生。境外市场非法集资现象较少,与其将具有投资性质的金融商品都统一纳入《证券法》规制不无关系。

第三,《证券法》第 2 条调整范围的扩大与目前金融监管体制不存在矛盾。即使不改变现有“一行三会”金融分业监管格局,按照中央确定的功能监管、协调监管理念,在证券概念扩大后,也可以由证监会集中统一执行《证券法》,同时不排斥其他金融监管机构按照《证券法》的规定对跨入本行业的交叉性证券产品进行监管,从而避免监管真空和监管套利,有效防范和控制金融风险。

二、关于股票发行注册制改革

研究会认为,《证券法》修改应恢复一审稿内容,设专章规定股票发行注册制。

主要理由:第一,注册制改革是党的十八届三中全会确定的改革任务,并在 2015 年 12 月得到全国人大常委会的立法授权。

第二,注册制改革是简政放权、进一步转换政府职能的必然要求。不应当把注册制改革仅仅看作股票发行审批方式的改变,而要深刻认识到这一改革对转变政府职能、增强政府公信力、激发市场活力所带来的深刻与长远影响。

第三,注册制改革有利于提高资本市场运行效率,使市场在资源配置中起决定性作用。在审批制和核准制下,证券监管部门对股票发行“管价格、调节奏、控规模”,虽然短期内可起到稳定证券市场和投资者心理的作用,但却不利于市场自身机制的发挥。

第四,注册制改革有利于促进多层次资本市场合理竞争、协调发展。我国已形成由主板、中小板、创业板、“新三板”等构成的多层次资本市场体系,注册制事实上已在新三板推行。在注册制下,由证券交易场所行使发行上市审核权,将促进交易所之间的良性竞争,有利于提高交易所服务质量,不断完善多层次资本市场建设。

三、关于证券交易

第一,研究会认为,《证券法》应增加对程序化交易的法律定义,明确程序化交易和高频交易之间的异同。主要理由:回应现代科技对证券交易的影响,对程序化交易进行法律规制,维护公平交易秩序。从概念上看,程序化交易是指通过既定程序或特定软件,自动生成或执行交易指令的交易行为;高频交易属于程序化交易的一种,带有快速下单、撤单、抛单等特点,具有一定的市场操纵性。因此,应对普通的程序化交易和高频交易设置不同的规范规则。

第二,研究会认为,《证券法》应明确"利用非公开信息进行交易"行为的违法性。主要理由:利用非公开信息进行交易不同于内幕交易,其主体、客体、行为认定皆有差异,前者无法涵盖在后者中。

第三,研究会认为,《证券法》应该采取支持和规范并重的思路完善上市公司收购规则:(1)维持现行《证券法》每增减5%即应"举牌"的"台阶规则"。5%这一比例已施行多年,符合中国国情。(2)维持现行《证券法》第98条"收购人持有的被收购的上市公司的股票,在收购行为完成后的十二个月内不得转让"的规定,为活跃并购市场预留合理空间。(3)可以进一步明确未履行信息披露义务情况下违规增持股份的法律责任。例如,投资者未履行披露义务增持的股份,在买入后的24个月内,该超比例的股份不得行使表决权,加重对未履行披露义务增持行为的行政处罚。(4)根据现行《证券法》第120条所体现的"场内交易无因性规则",不应采取强制收购人披露收购资金来源的方式来规制收购。

主要理由:上市公司收购对于推进供给侧结构性改革、经济转型升级、实现规模经济具有重要作用。据证监会反映,2016年,我国上市公司并购达到2.39万亿元,居全球第二,并购重组成为资本市场支持实体经济发展的重要方式。对于目标公司股东来说,其是一种能创造溢价的行为;对于中小投资者而言,具有长期战略投资意义的收购有利于其价值投资。因此,不能因为证券市场上出现了一些违规收购案例,就改变立法价值取向,过度抑制上市公司收购。披露资金来源所预期的规制目的可以通过反洗钱、反高利贷、银行监管等方式达到。

四、关于信息披露

研究会认为,对信息披露制度予以专章规定是合适的,同时建议应按照"重大性"标准来设计信息披露制度。具体意见和理由如下:

第一,降低投资者的信息搜寻成本和上市公司的信息披露成本。无限制、无选择的信息披露不仅不利于保护投资者,反而在加大信息披露社会成本的同时,增加了投资者的搜索负担。信息披露制度的整体设计应紧紧围绕"重大性"这一核心概念来进行,注意平衡企业的信息披露成本和投资者的信息搜索成本,鼓励简明式信息披露,提升信息披露质量和有效性。

第二,删除定期报告、临时报告和招股说明书以外的其他发行申请文件要求董事、监事、高管予以书面确认和签字的规定。董事、监事、高管保证信息披露真实、准确、完整是法定义务,除法律另有规定,并不以其在文件上签字为必备要件。不分具体情况一概要求他们签字不但会给实务操作带来不便,而且还助长了监管形式主义。

第三,在信息披露的途径和方式方面,应鼓励互联网平台信息披露,打破目前指定纸质披露媒体垄断、可阅读性弱的局限,减少信息披露成本,便于信息存储。

五、关于先行赔付

研究会认为,先行赔付本质上是一种便利投资者获得经济赔偿的替代性制度安排。建议:第一,应明确由“谁”来进行先行赔偿。我国有中国证券投资者保护基金有限责任公司和中证中小投资者服务中心有限责任公司两大投资者保护机构,《证券法》应明确相关投资者保护机构的设立目的、功能和定位,同时,明确由“谁”来进行先行赔付。

第二,《证券法》可考虑设置行政前置程序,以减少、降低先行“错”赔的风险。可以规定:发行人因欺诈发行、虚假陈述或者其他重大违法行为给投资者造成损失的,证券监管机构作出行政处罚后,发行人的控股股东、实际控制人、相关的证券公司、证券服务机构可以委托国家设立的投资者保护机构或投资者保护基金,就赔偿事宜与投资者达成协议,予以先行赔付。投资者保护机构或投资者保护基金先行赔付后,可以依法向发行人及其他连带责任人追偿。

六、关于多层次资本市场

研究会认为,应注意明确如下问题:(1)应明确“证券交易场所”的概念。“证券交易场所”应至少包括证券交易所、国务院批准的其他全国性证券交易场所、按照国务院规定设立的区域性股权市场。(2)明确全国中小企业股份转让系统的法律定位,并为新三板挂牌公司的公开发行、再融资制度预留相应空间。(3)应明确“证券交易场”可所有会员制和公司制两种形态,既考虑到全国股转系统和区域性股权市场的公司制现状,又为证券交易所的公司制改革留下制度空间。

加快建立与完善多层次资本市场体系,已经成为我国金融业改革和发展的国家战略。构建一个既有利于市场间公平、良性竞争,又有利于证券产品流动、推动金融产品创新的多层次资本市场,是我国资本市场改革转型的重大任务。

七、关于证券监管机构的权力

研究会认为,《证券法》修改应注意到,证券监督管理机构监管职权的强化应以符合宪法和基本法律的规定为前提,证券监管机构在执法过程中应注意公正性、透明性、效率性,可以通过要求证券监管机构向全国人大常委会或专门委员会报告工作的方式来监管并制约证券监管机构的监管权力。

主要建议与理由:第一,证券监管机构要严守国家机构之间执法分工的界限,不能以行政处罚代替刑罚,不能行使司法权。《证券法》应增加规定:达到移送标准的行政处罚案件应及时向司法机关移送。第二,证券监管机构的规范性文件和行政解释,应符合宪法法律的基本精神,不能随意限制市场主体的法定权利,特别是法律规定的民事权利。

八、关于提高行政处罚力度

研究会认为,应当提高行政处罚力度。对于财务造假,不应限于最高处罚200万元,而应按照造假额的一定比例处罚。例如,造假财务指标是净利润指标的,可按照造假净利润的一倍处罚;造假财务指标是营业收入或现金流指标的,可按照造假营业收入或现金流的10%处罚;多种财务指标均造假的,按照从高原则进行处罚;通过财务造假虚抬股价,配合大股东减持的,按照操纵市场进行处罚。

全国股转系统监管法律之基础问题研究*

邢会强**

内容摘要:"新三板"是经国务院批准,依据《证券法》设立的全国性证券交易场所。"新三板"对于缓解中小微企业融资难、壮大直接融资比例、推进供给侧结构性改革、促进大众创业、万众创新及推动资本市场改革和监管转型,都具有重要的战略意义。但除了《证券法》第39条提到了"其他证券交易场所"外,《证券法》对新三板并没有具体规定。与此同时,"新三板"也面临着市场法律定位不清、市场预期不稳、创新方向不明的问题,并导致了市场流动性有限、融资功能下降、投资者信心不足。在挂牌公司总数早已超过一万家的今天,"新三板"面临着"二次创业"。建议制定一部单行的《证券法》特别法——《全国股转系统监督管理法》(以下简称《新三板监管法》),它既可以细化《证券法》的规定,也可以作出有别于《证券法》的特殊规定,从而为"新三板"市场的相关制度运行提供全方位的法律依据。

关键词:新三板　全国股转系统　做市商　多层次资本市场

全国中小企业股份转让系统(以下简称全国股转系统或"新三板")是经国务院批准,依据《证券法》设立的全国性证券交易场所,是我国多层次资本市场的重要组成部分。自2012年9月设立、2013年1月正式运营以来,至2016年7月,挂牌公司总数已经达到11,000多家。实践已经证明,"新三板"对于缓解中小微企业融资难、壮大直接融资比例、推进供给侧结构性改革、促进大众创业及万众创新、推动资本市场改革和监管转型,都具有重要的战略意义。与此同时,"新三板"也面临着市场法律定位不清、市场预期不稳、创新方向不明的问题,并导致了市场流动性有限、融资功能下降、投资者信心不足。在挂牌公司总数早已超过一万家的今天,"新三板"面临着"二次创业"。应通过制定《全国中小企业股份转让系统有限

---

* 本文是在笔者主持的全国股转系统公司委托课题《新三板条例基础法律问题研究》的基础上修改而成的,本文的观点与提交的结项报告有所不同,最大的不同是本文建议制定一部《全国中小企业股份转让系统有限责任公司监督管理法》而不仅仅是《新三板条例》。本文的部分内容已经在《证券法律评论》等刊物上发表过。

** 中央财经大学法学院教授,中国法学会证券法学研究会副会长兼秘书长。

责任公司监督管理法》(以下简称《新三板监管法》),重新梳理证券法体系,重新厘定"新三板"的市场法律定位,统筹做好包括"新三板"在内的多层次资本市场顶层设计,为"新三板"的进一步发展和创新奠定良好的法律基础。

一、新三板市场的法律定位

(一)时代背景:资本市场的融合发展趋势

国际上,当今资本市场在总体上呈现出融合发展趋势,这表现在:

第一,场内市场与场外市场的融合,融合的结果是场外市场场内化。这表现在两个方面:一方面,作为"场内市场"的证券交易所纷纷在其内部开设"场外市场",使场外市场场内化。例如,伦敦证券交易所开设了"另类投资市场"(AIM)。AIM被定位于"场外交易市场",也是一个创业板市场。在AIM挂牌的程序也异于在伦敦证券交易所主板上市的程序。目前在伦敦证券交易所主板挂牌有两项程序,上市监管局(UK Listing Authority,UKLA)负责审查上市文件,查核是否符合《上市规则》(Listing Rules),并且核准有价证券上市;而伦敦证券交易所则负责核准在其市场交易(trading)。只有这两项程序皆完成,申请公司的有价证券才可以在伦敦证券交易所上市挂牌。"若公司系申请在伦敦证券交易所之AIM(Alternative Investment Market)挂牌交易,由于其股票并非属上市股票,故无须取得UKLA的核准,仅须取得伦敦证券交易所的同意即可进行交易。"[1]后来,香港交易所创业板市场和深圳证券交易所创业板的设立也是借鉴或学习这一模式。另一方面,传统的场外市场发展到一定规模且规范、成熟后,会升级为场内市场。例如,在日本,1990年,日本证券业协会自动报价体系JASDAQ成立。1998年,根据新修订的《证券交易法》,JASDAQ被定义为证券交易所法规范下的场外市场。但到了2004年,JASDAQ获准成为证券交易所。2008年,JASDAQ证券交易所和大阪证券交易所合并。合并后,大阪证券交易所全新创立了"新JASDAQ市场"。2013年,大阪证券交易所与东京证券交易所合并,JASDAQ也被并入了东京证券交易所。再如"旨在规范混乱的场外交易和为小企业提供融资平台"的纳斯达克,在1971年设立时被定位为"场外市场",但到了2006年却被美国证监会批准为国家证券交易所,实现了场外市场的场内化。

---

〔1〕 参见台湾证券交易所:《2017年〈英国证券市场相关制度〉研究报告》,载台湾证券交易所,http://www.twse.com.tw/ch/products/publication/download/0003000162.pdf,最后访问日期:2017年12月24日。

第二,公开市场与私募市场的融合。主要表现在:

其一,公开发行市场引入私募发行或非公开发行。如中国证监会于 2006 年在制定《上市公司证券发行管理办法》时引入了"上市公司非公开发行"制度,从而使此前在市场上流行的定向增发和配股逐渐销声匿迹。

其二,私募发行中引入公开发行的因素或做法。例如,2013 年 7 月 10 日,SEC 通过对 D 条例下的 506 规的修订,解禁了私募发行中的公开劝诱禁令。

其三,私募发行的公开转售。例如,我国台湾地区的私募发行证券补办公开发行制度。所谓补办公开发行,是指股份有限公司在无增加发行新的股票(份)计划时,依相关规定,拟将其私募有价证券在交易所上市或于证券商处所买卖,而将其原已发行的股票(份)向证券管理机关申请补办证券交易法规定的有关发行审核程序,以获得上市(柜)交易资格。补办公开发行制度是为了化解法律规定为私募发行与公募发行设置的鸿沟,搭建起特定情况下私募发行向公募发行转化的桥梁。[1]

其四,私募市场也逐步走向"阳光化"与公开化。这表现在:

1. 私募基金通过 IPO 暨上市挂牌实现"阳光化"与公开化。如美国的私募基金巨头黑石集团(Blackstone Group L. P.)于 2007 年 6 月 22 日在纽约证券交易所的首次公开发行(共募集资金 41. 3 亿美元)和上市,以及英国 3i 集团(3i Group plc.)和康多夫投资(Candover Investments plc.)、美国 KKR 旗下的两家基金、阿波罗另类资产管理有限合伙基金、Fortress、联博控股有限合伙企业(Alliance Bernstein Holding L. P.)、Icahn Enterprises L. P. 、Och-Ziff 资本管理集团有限责任企业(Och-Ziff Capital Management Group LLC.)和香港惠理集团的上市等。[2] 在我国"新三板"市场,九鼎投资、中科招商、硅谷天堂等私募基金管理公司的挂牌也是这一趋势的表现,尽管"私募的公募化"是否合理值得探讨。

2. 私募基金的登记备案管理。在美国,《2010 年多德—弗兰克华尔街改革与消费者保护法案》第四章(又被称为《2010 年私募基金投资顾问登记法案》)修改了《1940 年投资顾问法》关于私募基金投资顾问(相当于我国的私募基金管理人)豁免登记的条款,要求所有私募基金管理人必须进行登记。管理私募基金规模在 1 亿美元以下的在所在州的监管机构登记(如果所在州没有监管机构,在美国证监

---

〔1〕 参见刘应民、李健:《衔接私募与公募的桥梁——基于我国台湾地区私募股票(份)补办公开发行制度研究》,载黄红元、徐明主编:《证券法苑》(第 11 卷),法律出版社 2014 年版,第 286 页。

〔2〕 参见邢会强:《私募股权基金上市的组织形式选择》,载《南都学坛》2010 年第 3 期。

会登记),管理私募基金规模在1亿美元以上的在美国证监会登记。需要注意的是,任何按照《1940年投资顾问法》登记的基金管理人,无论公募还是私募,都需要适用相同的法律标准,遵循美国证监会同样的监管要求。[1] 在我国,2012年修订后的《证券投资基金法》第95条规定:“非公开募集基金募集完毕,基金管理人应当向基金业协会备案……”2014年证监会发布的《私募投资基金监督管理暂行办法》第7条规定了基金管理人登记的基本信息,第8条规定了基金产品的备案,包括备案的具体的内容。虽然登记备案不是对全社会公开,但却是对政府(广义)或自律监管组织的公开。

私募与公募融合发展的趋势并非没有反复,例如,由于上市公司非公开发行中存在的诸多问题,中国证监会收紧了非公开发行的监管;再如美国的《2010年多德—弗兰克华尔街改革与消费者保护法案》也有可能被美国新总统唐纳德·特朗普政府废除。但是,总的趋势却是明显的。

(二)理论背景:场外市场与场内市场的划分标准之重构

关于场内交易市场与场外交易市场的划分标准,传统上主要有两种观点:组织说与场所说。

组织说认为,对证券市场可以按不同的标准进行分类,按是否进行了专门的组织来划分,可分为有组织的市场和无组织的市场。例如,赵万一认为:“有组织的市场是指经过有关部门批准的,以正式的证券交易所为固定地点集中进行交易的场所;无组织的证券交易市场则是指由经纪人或买卖证券的双方当事人聚集于一个临时的地点进行直接交易的场所,即俗称的‘黑市’。”[2]

场所说认为,因证券交易的场所不同,证券交易可分为场内交易和场外交易。例如,徐杰认为:证券交易场所也称为“场内交易市场”或“场内市场”,是主要的证券交易场所;场外交易场所也称为场外市场,是指证券交易所以外的合法交易场所。[3] 冯果认为:“场内市场,又称证券交易所市场,是指在证券交易所进行证券交易的市场。场内交易市场有着严格的交易规则。场外交易市场,也称为OTC(over the counter)市场,是指在证券交易所以外的场所进行证券交易的市场。投资

[1] 参见中国证券投资基金业协会:《美国证监会对私募基金管理人的监管规定》,载《声音》2016年第13期(总第48期)。

[2] 赵万一:《证券法的理论与实务》,云南大学出版社1991年版,第96页。

[3] 参见徐杰主编:《证券法教程》,首都经贸大学出版社2002年版,第147~150页。

人通过相对买卖、拍卖、标购等方式买卖证券的合法交易。”[1]

在以上两种学说中,场所说为主流观点。组织说实际上也是场所说。例如,杨峰、刘兴桂认为:“场内交易市场,也称有组织的交易市场或证券交易所市场,是指经过有关部门批准,以正式的证券交易所为固定地点进行集中交易的市场,它是证券流通市场的核心。场外交易市场,是指未上市或已经上市的证券在证券交易所交易所形成的市场。它是场内交易市场的补充,主要包括证券交易柜台,证券报价系统和地方证券交易中心等几种形式。”[2]而“无组织的证券交易市场”却未必都是“黑市”或不合法的。

关于,场内市场和场外市场各自的特征和它们的区别,综合各主要观点,主要在于:

第一,场内市场的交易场地集中、设备齐全、交易手段先进,集中竞价交易只能在证券交易所进行;而场外市场主要由各自独立的证券公司分别设立,经营场所大小不一、设备简单、经营分散,以非集中竞价的方式进行交易。[3] 场外交易市场没有集中、固定的组织形式,多由自然人、法人证券公司、投资公司以及投资者组成。以美国为例,场外交易市场的证券交易柜台,遍布全国各地。交易通过电话、电传、电脑系统构成的市场网络进行,场外交易市场具有广泛性、分散性和无形性。交易价格由买卖双方单独直接协商确定。[4] 场外市场除了传统意义上的柜台交易和店头交易,已经开始发展到证券交易所与证券经营机构之间直接进行交易和不通过券商而利用计算机网络直接进行证券交易。在我国主要有证券公司代办股份转让系统、银行间债券市场和商业银行柜台市场等场外交易市场。[5]

第二,在证券交易所交易的证券必须经过核准或者审批,而在场外市场,交易对象种类比较多,场外交易的标的具有多样化。[6] 场内交易的必须是以法定标准在交易所上市的证券,而场外交易可以是甚至更多的是未上市证券。[7]

第三,监管程序不同,场内市场监管严格,信息披露的要求较高;场外市场监管

---

[1] 冯果:《证券法教材》,武汉大学出版社 2014 年版,第 15 ~ 16 页。
[2] 杨峰、刘兴桂:《证券法》,中山大学出版社 2003 年版,第 107 页。
[3] 徐杰主编:《证券法教程》,首都经贸大学出版社 2002 年版,第 147 ~ 150 页。
[4] 李爱君:《证券法教程》,对外经贸大学出版社 2014 年版,第 148 ~ 150 页。
[5] 冯果:《证券法教材》,武汉大学出版社 2014 年版,第 15 ~ 16 页。
[6] 李爱君:《证券法教程》,对外经贸大学出版社 2014 年版,第 148 ~ 150 页。
[7] 参见杨峰、刘兴桂:《证券法》,中山大学出版社 2003 年版,第 160 页。

较为宽松,信息披露的要求低。[1]

第四,场内市场的交易时间是定期的,而场外交易是不定期的或者偶然发生的。[2]

第五,在场内市场交易的证券必须达到最低交易额,或其倍数的整数;而场外交易,交易的数额没有最低点限制。[3]

第六,在场内市场,证券交易所并不参加交易,不能买进也不能卖出;场外市场对交易的参与者没有特殊的限制,(作为组织者的)证券公司既是柜台交易的组织者,也是直接参加者,兼自营商和经纪商两种身份。[4]

无论是组织说,还是场所说,划分标准都是形式标准,而非实质标准。随着科技的发展、技术的进步,这一划分标准已经过时。场内市场(交易所集中交易市场)和场外交易市场是资本市场最早形成的分层。传统上,场内市场与场外交易的界限可以在以下几个方面划分出来:第一,场外交易是分散的,交易所交易是集中进行的。第二,场外交易市场是无形市场,而交易所市场是有形的,喧嚣的交易所大厅在交易所的传统形象中不可或缺。第三,在历史上,场外市场一般只提供交易的报价,不撮合交易,撮合主要是交易所的重要职能。这个区分主要是由技术条件的限制而造成的,因为建立一个可集中交易的交易系统,需要承担巨大的开发成本和维护成本,为交易系统配套的集中统一结算、清算系统的运行成本也非常高昂。但是,在信息技术高度发达的今天,开发和维护一套可集中交易的交易系统和集中统一结算、清算系统的成本大幅度下降,场外市场可以低成本地获得、实施这些系统。场外交易与场内市场的界限因技术的发展而模糊。[5]

在信息技术高度发达的新形势下,应该摒弃形式标准,采取实质标准作为场内市场与场外市场划分的标准,即以交易产品的标准化与否作为划分场内市场与场外市场的标准。在这一标准下,场内市场与场外市场的区别在于:场内市场交易的是标准化的产品,市场组织者提供的是标准化的服务;场外市场交易的是非标准化的产品,市场组织者提供的是个性化的服务。

根据1983年7月国际标准化组织(250)第2号指南的定义:"标准化主要是对

---

[1] 参见杨峰、刘兴桂:《证券法》,中山大学出版社2003年版,第160页。
[2] 参见徐杰主编:《证券法教程》,首都经贸大学出版社2002年版,第147~150页。
[3] 参见徐杰主编:《证券法教程》,首都经贸大学出版社2002年版,第147~150页。
[4] 参见徐杰主编:《证券法教程》,首都经贸大学出版社2002年版,第147~150页。
[5] 参见阙紫康:《多层次资本市场发展的理论与经验》,上海交通大学出版社2007年版,第18页。

科学、技术与经济领域内重复使用的问题给予解决方法的活动,其目的在于获得最佳秩序。一般来说,包括制定、发布与实施标准的过程。"所谓的"最佳秩序"是指通过实施标准使标准化对象的有序化程度提高,发挥出标准化系统的最好功能。[1] 法律意义上的"标准"是需要经过认证或批准的,但本文所谓的"标准化"是指产品或服务具有简化、模块化、重复性、统一性、整齐性和规范性等,而不关注其是否经过认证或批准。"标准化"的反面则是"个性化"和"特殊化",即重复使用率不高的、具有个性的产品或服务。

(三)"新三板"市场是场内市场

1. 理论上,"新三板"市场应该是场内市场

之所以说"新三板"是场内市场,这是因为:

(1)"新三板"交易的是标准化的产品

"新三板"交易的产品(目前主要是股票)是标准化的。《全国中小企业股份转让系统股票转让细则(试行)》规定:股票转让主要采用无纸化的公开转让形式(第6条)、买卖股票的申报数量应当为1000股或其整数倍(第28条)、股票转让的计价单位为"每股价格"、股票转让的申报价格最小变动单位为0.01元人民币(第29条)、股票转让单笔申报最大数量不得超过100万股(第30条)。这完全符合场内市场的特征。

(2)"新三板"交易时间的标准化

"新三板"的交易是定期化,也是标准化的,而不是不定期的或者偶发的。《全国中小企业股份转让系统股票转让细则(试行)》规定,股票转让时间为每周一至周五9:15至11:30,13:00至15:00;转让时间内因故停市,转让时间不作顺延(第19条)。这也完全符合场内市场的特征。

(3)"新三板"实施标准化的登记、清算与交收制度

在"新三板"挂牌的公司,作为非上市公众公司,适用《非上市公众公司股份登记存管业务实施细则(试行)》(2013年1月18日)的规定。根据该规定,非上市公众公司的股份应当存管在中国证券登记结算有限责任公司、中国证券登记结算有限责任公司设立电子化簿记系统对股份实施无纸化管理(第3条)。

"新三板"挂牌公司的股份转让实行统一的清算与交收规则。《中国结算北京分公司证券资金结算业务指南》(2016年2月)规定,全国股份转让系统挂牌公司股

---

[1] 参见上海市标准化研究院、中国标准化协会、上海信星认证培训中心编:《标准化实用教程》,中国质检出版社、中国标准出版社2011年版,第2页。

票的转让采取多边净额结算方式。转让日(以下简称T日)收市后,中国结算北京分公司(以下简称本公司)根据全国股份转让系统公司发送的当日挂牌公司股票转让数据,计算出各托管单元下各项业务的应收或应付资金,并按托管单元对应的资金结算关系,汇总形成各结算参与人各结算备付金账户T+1日的应收或应付资金净额。本公司根据T日全国股份转让系统公司发送的纳入多边净额结算的转让数据以及其他业务处理数据,进行多边净额清算,并依据清算结果,作为结算参与人的共同对手方,在T日日终办理证券过户,在T+1日日终与结算参与人完成不可撤销的资金交收。多边净额结算业务的最终交收时点是T+1日16:00。对于挂牌公司股票等担保结算业务,T日16:00,本公司完成T-1日转让业务的资金交收。T日16:00,本公司在完成T-1日转让业务的担保交收后,开始处理T日非担保交收。在完成交收后,本公司根据T日转让的多边净额清算数据,进行应收付资金的预记账处理。

全国股转系统的登记、清算与交收制度,与沪深证券交易所并无太大差异。

(4)"新三板"实施标准化的挂牌公司和交易产品准入制度

通常认为,场外市场是没有标准化的交易产品准入制度的。但是,"新三板"却实施标准化的挂牌公司和交易产品准入制度,并且挂牌公司的准入标准和审查时间日益标准化、可预期。全国股转系统坚持以信息披露为核心进行自律审查,审查工作实现了标准化、流程化、公开化。为此,全国股转系统制定了《全国中小企业股份转让系统股票挂牌条件适用基本标准指引(试行)》《全国中小企业股份转让系统挂牌申请文件内容与格式指引(试行)》《全国中小企业股份转让系统挂牌业务问答——关于挂牌条件适用若干问题的解答(一)》《挂牌审查一般问题内核参考要点(试行)》《全国中小企业股份转让系统股票挂牌业务操作指南(试行)》等业务规则和服务指南。

即便是在挂牌审查的反馈意见环节,"新三板"都做到了标准化。2014年11月以来,全国股转系统在案例总结的基础上,对反馈意见进行了标准化处理,对申请挂牌公司的意见分成"公司一般"和"特有问题"两部分,"公司一般"为企业常见问题的经验总结和标准化,借反馈之机供主办券商和其他中介机构参考,视企业实际情况选择适用;"特有问题"是基于公司所处行业、自身个性化和差异化特点的问题,积极鼓励主办券商结合自身专业能力,除注重信息披露的合规性和有效性外,还应以投资者需求为导向挖掘企业业务特点,鼓励为被推荐企业的投资价值作出评估,为挂牌以后的交易、融资等行为提供增值服务。

(5)"新三板"实施标准化的信息披露制度

"新三板"实施标准化的信息披露制度,包括挂牌准入时的信息披露制度和挂牌后的持续信息披露制度、定期信息披露制度和临时信息披露制度。为此,全国股转公司制定了《全国中小企业股份转让系统挂牌公司信息披露细则(试行)》《全国中小企业股份转让系统挂牌公司持续信息披露业务指南(试行)》《全国中小企业股份转让系统挂牌公司半年度报告内容与格式指引(试行)》《全国中小企业股份转让系统挂牌公司年度报告内容与格式指引(试行)》等业务规则和服务指南。全国股转系统制定的这些内容与格式指引以及各种信息披露文件的模板都是标准化的。

(6)"新三板"实施标准化的融资服务

目前,以融资发生的时间点为分类依据,"新三板"市场的融资分为以下三种方式:挂牌前的定向发行、挂牌的同时发行股份和挂牌后的定向发行。公司挂牌前的定向发行,即通常所说的"私募融资",其投资者可以是任何具有股东资格的自然人、法人或其他组织,而不受"新三板"适当性管理制度的限制,公司挂牌前的定向发行,等同于一般公司的增资扩股。挂牌的同时发行股份(挂牌并发行),投资者须是符合以下三种类型之一:公司股东,公司的董事、监事、高级管理人员、核心员工,符合投资者适当性管理规定的自然人投资者、法人投资者及其他经济组织。在这种方式下,新增股票自公司挂牌之日起即可流通、交易。公司挂牌后的定向发行则最为常见,这种融资方式的发行的基本程序是:董事会先就发行方案作出决议;之后召开临时股东大会,就发行方案作出股东大会决议;投资者认购、缴款,会计师事务所验资;主办券商发布《股票发行情况报告书》,律师出具法律意见。在这种方式下,投资者须是符合"新三板"适当性管理制度的自然人、法人或其他组织。新增股票自公司挂牌之日起即可流通、交易。[1] 这三种融资方式均有法律法规和规章可循,程序和信息披露文件已经实现了标准化。

此外,按照融资品种划分,"新三板"挂牌公司目前可在"新三板"实现股票发行融资和优先股发行融资,未来则可实现债券发行融资。就股票发行融资而言,全国股转公司已经制定了《全国中小企业股份转让系统股票发行业务细则(试行)》《挂牌公司股票发行审查要点》《全国中小企业股份转让系统股票发行业务指引第1号——备案文件的内容与格式(试行)》《全国中小企业股份转让系统股票发行业务

---

〔1〕 参见邢会强:《新三板市场的融资功能》,载《国际融资》2015年第10期。

指引第2号——股票发行方案及发行情况报告书的内容与格式(试行)》《全国中小企业股份转让系统股票发行业务指引第3号——主办券商关于股票发行合法合规性意见的内容与格式(试行)》《全国中小企业股份转让系统股票发行业务指引第4号——法律意见书的内容与格式(试行)》《挂牌公司股票发行常见问题解答(二)——连续发行》等业务规则和服务指南。就优先股发行融资而言,则有《全国中小企业股份转让系统优先股业务指南第1号——发行备案和申请办理挂牌的文件和程序》《全国中小企业股份转让系统优先股业务指南第2号——主办券商推荐工作报告的内容与格式》《全国中小企业股份转让系统优先股业务指南第3号——法律意见书的内容与格式》等业务规则和服务指南。这两种融资工具都已经实现了标准化。

(7)"新三板"实施标准化的自律监管制度

目前,"新三板"已经初步形成了标准化的自律监管制度。为进一步规范市场违规行为的处理,保护市场参与者的合法权益,根据《全国中小企业股份转让系统业务规则(试行)》有关规定,全国股转公司制定了《全国中小企业股份转让系统自律监管措施和纪律处分实施办法(试行)》,规定了自律监管措施的种类及实施程序、纪律处分的种类及实施程序等,实现了自律监管的标准化。

2.实然上,"新三板"市场的场内市场定位已经得到肯定

(1)"新三板"具有竞价交易制度

竞价交易制度在传统上被视为场内市场的标志,《全国中小企业股份转让系统有限责任公司管理暂行办法》第24条允许"新三板"实施竞价交易。2017年12月22日,全国股转公司发布了新制定的《全国中小企业股份转让系统股票转让细则》,对交易制度进行了改革,引入集合竞价交易制度,原采取协议转让方式的股票盘中交易方式统一调整为集合竞价,同时与分层配套,实施差异化的撮合频次。

(2)中国证券业协会对"新三板"历史定位的突破

中国证券业协会发布的《场外证券业务备案管理办法》已于2015年9月1日起正式实施。该办法的出台,打破了"新三板""非上市股份有限公司股权交易平台"的历史定位。该办法将"新三板"正式划归为"场内证券交易"的行列。《场外证券业务备案管理办法》第2条规定:"场外证券业务是指在上海、深圳证券交易所、期货交易所和全国中小企业股份转让系统以外开展的证券业务,包括但不限于下列场外证券业务:(一)场外证券销售与推荐;(二)场外证券资产融资业务;(三)场外证券业务的技术系统、登记、托管与结算、第三方接口等后台和技术服务外包业务;(四)场外自营与做市业务;(五)场外证券中间介绍;(六)场外证券投资咨询业务;(七)场

外证券财务顾问业务;(八)场外证券经纪业务;(九)场外证券产品信用评级;(十)互联网非公开股权融资;(十一)场外证券市场增信业务;(十二)场外证券信息服务业务;(十三)场外金融衍生品;(十四)证券监管机构或自律组织根据场外证券业务发展认为需要备案的其他场外证券业务。"

3. 小结

就功能而言,目前除了公开发行,"新三板"几乎具备了沪深证券交易所的全部功能。并且,"新三板"未来是应该有公开发行功能的。就产品和服务的标准化而言,"新三板"与沪深证券交易所基本上是相同的。以理论界对于场内市场的特征的描述来看,或者说从借鉴境外场外市场的经验来描述的场内市场的特征来看,"新三板"具备了场内市场的所有特征:交易场地集中、设备齐全、交易手段先进、计算机网络发达,可以进行集中竞价交易;交易的证券必须经过了核准、审批或注册,具有法定标准;有相应的监管标准和信息披露标准和要求;交易时间是定期的,而非不定期的、偶发的;交易的单位是标准化的,有最低数量的限制;作为交易组织者的证券交易场所并不参加交易,等等。因此,《场外证券业务备案管理办法》将全国中小企业股份转让系统以内开展的证券业务视为场内业务是有道理的。总而言之,"新三板"本质上就是一个场内市场。[1]

(四)"新三板"是公开市场

1. 挂牌公司是公开、公众公司,实施强制性信息披露制度

《非上市公众公司监督管理办法》(2013年12月26日修订)将股票向特定对象发行或者转让导致股东累计超过200人,或者股票公开转让,且其股票未在证券交易所上市交易的股份有限公司定义为"非上市公众公司"(以下简称公众公司)(第2条)。公众公司公开转让股票应当在全国中小企业股份转让系统进行,公开转让的公众公司股票应当在中国证券登记结算公司集中登记存管(第4条)。"新三板"挂牌公司都是股票公开转让的公司,部分挂牌公司的股东已经超过了200人,因此,"新三板"挂牌公司为公众公司。

尽管有大部分挂牌公司的公众性不足,股东人数偏少,但在理论上也是公众公司。这些公司的股东因公司规模偏小,盈利还没有完全爆发出来而不愿对外转让股票,但只要一过锁定期(而"新三板"对于股票锁定的限制是非常少的),股东均有权利对外公开转让股份。因此,尽管这些公司在事实上公众性不足,但在法律上也是

[1] 本部分的部分内容已经刊载于邢会强:《新三板市场的法律地位》,载《证券法律评论》2017年卷。

公众公司。

作为公众公司,“新三板”挂牌公司应该履行信息披露义务。“公司及其他信息披露义务人应当按照法律、行政法规和中国证监会的规定,真实、准确、完整、及时地披露信息,不得有虚假记载、误导性陈述或者重大遗漏。公司及其他信息披露义务人应当向所有投资者同时公开披露信息。公司的董事、监事、高级管理人员应当忠实、勤勉地履行职责,保证公司披露信息的真实、准确、完整、及时”(第20条)。信息披露文件主要包括公开转让说明书、定向转让说明书、[1]定向发行说明书、发行情况报告书、定期报告和临时报告等(第21条)。股票公开转让与定向发行的公众公司应当披露半年度报告、年度报告。股票向特定对象转让导致股东累计超过200人的公众公司,应当披露年度报告(第22条)。发生可能对股票价格产生较大影响的重大事件,投资者尚未得知时,公众公司应当立即将有关该重大事件的情况报送临时报告,并予以公告,说明事件的起因、目前的状态和可能产生的后果(第25条)。公众公司应当制定信息披露事务管理制度并指定具有相关专业知识的人员负责信息披露事务(第27条)。公司及其他信息披露义务人依法披露的信息,应当在中国证监会指定的信息披露平台公布(第29条)。

在将来,随着“新三板”分层制度的进一步完善,在不同层级的板块,挂牌公司的信息披露的频次和及时性可能不完全一样,高层次板块的信息披露要求可能要高于低层次板块,但低层次板块的挂牌公司仍需要承担最低程度的信息披露义务,而不能像封闭公司那样不对外披露信息。

---

〔1〕《非上市公众公司监督管理办法》规定的“非上市公众公司”的范围比“新三板”挂牌公司要宽。非上市公众公司并不都是挂牌公司,没有挂牌的公司如果因为增资或者转让导致股东人数超过200人的,也会形成非上市公众公司,就是《非上市公众公司监督管理办法》第2条第1款第1项的情形。因此,《非上市公众公司监督管理办法》第32条规定:“股票向特定对象转让导致股东累计超过200人的股份有限公司,应当自上述行为发生之日起3个月内,按照中国证监会有关规定制作申请文件,申请文件应当包括但不限于:定向转让说明书、律师事务所出具的法律意见书、会计师事务所出具的审计报告。股份有限公司持申请文件向中国证监会申请核准。在提交申请文件前,股份有限公司应当将相关情况通知所有股东。在3个月内股东人数降至200人以内的,可以不提出申请。股票向特定对象转让应当以非公开方式协议转让……”实践中,没有挂牌的股份有限公司,因为增资或者转让导致股东人数超过200人,披露定向转让说明书或者定向发行说明书,也作为非上市公众公司到证监会申请核准,已经出现这样的案例但不是很多。这些公司一般也不是单纯为了取得非上市公众公司的法律地位,而是为了对股东人数超过200人的合法性进行确认,这样下一步在进行IPO或者被上市公司并购的时候,对于股权结构清晰、合法就不会有异议。

2. 挂牌公司的转让是公开的

挂牌公司的股份都是公开转让的，属于《非上市公众公司监督管理办法》第2条第1款第2项规定情形的非上市公众公司。原则上，“新三板”的所有投资者都可以受让挂牌公司股东转让的股份，这完全是一个公开市场，尽管有的挂牌公司采取了协议转让的方式，但全国股转系统通过转让意向平台，对于全国股转系统协议转让证券品种，为注册用户提供转让意向信息的发布和查询服务。转让意向平台是全国股转公司为完善市场服务、降低投资者转让意向信息的搜寻成本而设立的信息交流平台。通过该平台，投资者可以更低成本、更大范围地寻找交易对手方，提升市场整体价格发现水平。[1] 对于做市转让的挂牌公司，其公开性更强，投资者可以随时在交易日和交易时间内以做市商为对手方买卖股票。

3. 股东超过200人的挂牌公司的定增也是公开的，需要经过中国证监会核准

根据《非上市公众公司监督管理办法》等相关法律法规的规定，股东人数超过200人的股份公司申请股票在全国中小企业股份转让系统挂牌公开转让、股份公司向特定对象发行证券导致证券持有人累计超过200人或者股东人数超过200人的非上市公众公司向特定对象发行证券，应当向中国证监会提出行政许可申请，由中国证监会行政许可受理服务中心受理相关申请材料。中国证监会受理申请文件后，依法对公司治理和信息披露以及发行对象情况进行审核，在20个工作日内作出核准、中止审核、终止审核、不予核准的决定。[2] 以上申请材料和中国证监会的审核意见都是公开的。[3]

股东人数未超过200人的股份公司申请股票在全国中小企业股份转让系统挂牌公开转让，以及挂牌公司向特定对象发行证券后证券持有人累计不超过200人的，中国证监会豁免核准，[4]由发行人向全国股转公司履行备案程序。[5]

4. 将来可实现面向全市场合格投资者的“公开发行”

境外资本市场并无禁止场外市场挂牌公司的IPO。我国目前禁止“新三板”挂牌公司挂牌前的IPO是与国际惯例脱轨的。剥夺场外交易市场的“公开发行”功能是对上市制度的严重误读，剥夺了小企业的IPO权利。

---

[1] 该平台不具有成交功能，买卖双方达成成交协议后，仍需通过全国股转系统交易主机完成交易。

[2] 参见《非上市公众公司监督管理办法》第43条。

[3] 详见中国证监会网站——非公部。

[4] 参见《非上市公众公司监督管理办法》第45条。

[5] 参见《全国中小企业股份转让系统股票发行业务细则(试行)》第2条。

《证券法(修订草案)》已经为"新三板"挂牌公司的IPO功能埋下伏笔。《证券法(修订草案)》(2015年4月一读稿)第16条规定:"向下列合格投资者公开发行证券,可以豁免注册或者核准:(一)国务院及其金融行政管理部门批准设立的金融机构或者认可的境外机构;(二)前项规定的金融机构管理的证券投资基金以及其他投资性计划;(三)实缴资本不低于三千万元、所持有或者管理的金融资产净值不低于一千万元的投资公司或者其他投资管理机构;(四)实缴资本或者实际出资额不低于五百万元、净资产不低于五百万元的除金融机构以及投资管理机构以外的其他企业;(五)年收入不低于五十万元、金融资产不少于三百万元、具有二年以上证券、期货投资经验的个人。国务院证券监督管理机构可以根据市场情况变化,调整合格投资者的条件。"

除了受限投资者[1]外,符合"新三板"市场投资者适当性管理制度的投资者都是符合上述条件的"合格投资者"。如果《证券法》草案的上述第16条的规定获得通过,那么,未来"新三板"市场挂牌公司的IPO便没有法律障碍了。也就是说,挂牌公司可以面向"新三板"全体合格投资者公开发行股票。

在中国证券法的语境下,向不特定的合格投资者的发行为"公开发行"。[2] 但在美国法的语境下,这样的发行为"私募发行"。我国《公司债券发行与交易管理办法》(2015年1月15日,证监会令第113号)将发行分为公开发行和非公开发行,公开发行又分为面向公众投资者的公开发行和仅面向合格投资者的公开发行,前者可以被称为"大公募",后者可以被称为"小公募"。[3] "大公募"与"小公募"的发行条件和程序是不同的。[4] "新三板"市场上的"公开发行",不同于目前沪深证券交易所市场的公开发行,它实际上属于"小公募",其发行条件要比主板、创业板的"大公募"要低,程序更为简化,且完全可以先行先试注册制甚至豁免注册。

---

[1] 全国股转系统受限投资者是指不符合参与挂牌公司股票公开转让条件,只能买卖其持有或曾持有的挂牌公司股票的投资者,主要包括公司挂牌前的股东、通过定向发行持有公司股份的股东等。

[2] 参见《证券法》第10条。

[3] 这里"小公募",相当于美国"规则506"下的私募发行。

[4] 《公司债券发行与交易管理办法》(2015年1月15日,证监会令第113号)第18条规定:"资信状况符合以下标准的公司债券可以向公众投资者公开发行,也可以自主选择仅面向合格投资者公开发行:(一)发行人最近三年无债务违约或者迟延支付本息的事实;(二)发行人最近三个会计年度实现的年均可分配利润不少于债券一年利息的1.5倍;(三)债券信用评级达到AAA级;(四)中国证监会根据投资者保护的需要规定的其他条件。未达到前款规定标准的公司债券公开发行应当面向合格投资者;仅面向合格投资者公开发行的,中国证监会简化核准程序。"

(五)“新三板”是独立市场

之所以“新三板”是独立市场,是因为:

1.“新三板”不是“预备市场”,不是企业进入主板市场或创业板市场的跳板

中国证监会《关于进一步推进全国中小企业股份转让系统发展的若干意见》(2015年11月16日,证监会公告〔2015〕26号)指出:“坚持独立的市场地位,公司挂牌不是转板上市的过渡安排,全国股转系统应逐步完善服务体系,促进挂牌公司成长为优质企业,同时着眼建立多层次资本市场的有机联系,研究推出全国股转系统挂牌公司向创业板转板的试点,建立全国股转系统与区域性股权市场的合作对接机制。”这既肯定了“新三板”的独立定位——“新三板”不是附属市场、过渡市场,又肯定了“新三板”与创业板、区域性股权市场的有机联系。

我国大陆的“新三板”与我国台湾地区的“兴柜股票市场”不同。台湾地区柜台买卖中心(OTC)挂牌交易的股票分为两类:一类为上柜股票,另一类为兴柜股票。上柜股票市场是台湾地区场外交易市场体系的高级形态,兴柜股票市场是台湾地区场外交易市场体系的低级形态。上柜市场是指已公开发行但未上市仅于柜台买卖中心买卖的股票,兴柜市场是指已经申报上柜辅导契约还没有上柜挂牌之前,经过柜台中心核准先在证券商营业处所议价买卖的股票。兴柜市场是一个强制性的“预备市场”。自2003年1月1日起,台湾地区规定除公益事业外,初次申请上市、上柜的台湾地区岛内股票都必须先在兴柜股票市场挂牌交易3个月(2004年年底延长为6个月),然后经过一定的、相对简便的审批程序,方可上市或上柜。而大陆的“新三板”挂牌,不是主板或创业板上市的前置程序,“新三板”挂牌公司固然可以申请IPO,但未在“新三板”挂牌的公司也可以直接申请IPO。

2.“新三板”的市场功能具有完整性,因此是一个独立市场

企业在“新三板”挂牌具有定价功能、价值发现功能、财富效应功能、融资功能(股权融资、债权融资、优先股融资)、并购功能、规范治理功能、信用增进功能与股权激励功能等。除了目前不能公开发行外(将来可能具有这一功能),主板和创业板所具有的功能,“新三板”均具有。因此,“新三板”的功能是完整的,且融资与交易并重,这是“新三板”市场成为一个独立市场的功能基础。

3.“新三板”的交易方式多样,是一个独立市场

全国股转公司为股票转让活动提供服务,并进行相应的自律管理。[1] 全国股

---

〔1〕 参见《全国中小企业股份转让系统股票转让细则(试行)》第5条。

份转让系统为证券转让提供相关设施，包括交易主机、交易单元、报盘系统及相关通信系统等。[1] 全国股份转让系统公司每个转让日发布股票转让即时行情、股票转让公开信息等转让信息，及时编制反映市场转让情况的各类报表，并通过全国股份转让系统指定信息披露平台或其他媒体予以公布。[2]

挂牌股票转让可以采取做市方式、协议方式、竞价方式或证监会批准的其他转让方式。[3] 但无论采取何种方式，股票转让均采用无纸化的公开转让形式，或经中国证监会批准的其他转让形式。经全国股份转让系统公司同意，挂牌股票可以转换转让方式。

《全国中小企业股份转让系统业务规则（试行）》（2013 年 2 月 8 日发布，2013 年 12 月 30 日修改）第 3.1.3 条规定："挂牌股票采取协议转让方式的，全国股份转让系统公司同时提供集合竞价转让安排。"2015 年 11 月 16 日，中国证监会发布的《关于进一步推进全国中小企业股份转让系统发展的若干意见》（中国证券监督管理委员会公告〔2015〕26 号）（以下简称《意见》）指出："（现阶段）不实行连续竞价交易。"这说明，目前"新三板"实施"集合竞价"转让安排，不实施"连续竞价交易"。

竞价交易制度可以分为连续竞价交易制度和集合竞价交易制度。连续竞价交易制度是对买卖指令进行逐笔连续撮合，而集合竞价交易制度则是对一段时间内接收的买卖指令进行一次性集中撮合。和集合竞价交易制度相比较，连续竞价交易制度下的交易更加频繁，市场更加活跃。但是由于交易报价来自一对一的配对成交，股价的涨跌幅明显，甚至在投资者不小心报错价时，交易系统也会配对成交，造成价格波动更加剧烈。而集合竞价交易制度是在收集一段时间内的委托报价后统一撮合成交，因此，股价更能反映当时大多数市场投资者的交易意愿，而且个别投资者的错误报价对市场价格的影响也比较小。但集合竞价的交易价格是间断的，其中蕴涵的市场信息显然大打折扣。[4] 由于"新三板"挂牌企业（尤其是采取协议转让的挂牌企业）的规模普遍较小，采取集合竞价交易（转让）制度更加有利于

---

〔1〕 参见《全国中小企业股份转让系统业务规则（试行）》（2013 年 2 月 8 日发布，2013 年 12 月 30 日修改）第 3.1.5 条。

〔2〕 参见《全国中小企业股份转让系统业务规则（试行）》（2013 年 2 月 8 日发布，2013 年 12 月 30 日修改）第 3.2.1 条。

〔3〕 参见《全国中小企业股份转让系统有限责任公司管理暂行办法》第 24 条。

〔4〕 参见王力主编：《中国新三板市场发展报告（2016）》，社会科学文献出版社 2016 年版，第 238 ~ 239 页。

市场的稳定。

《意见》同时指出:"全国股转系统应坚持并完善多元化交易机制,改革优化协议转让方式,大力发展做市转让方式,建立健全盘后大宗交易制度和非交易过户制度,改善市场流动性,提高价格发现效率。"这说明,尽管缺少连续竞价交易,"新三板"市场的交易制度也是多元化的。

2016年9月1日,国务院总理李克强主持召开国务院常务会议,确定促进创业投资发展的政策措施,释放社会投资潜力助力实体经济。会议指出,要"完善全国中小企业股份转让系统交易机制"。随着"新三板"分层制度的实施,一些质地优良、规模巨大的挂牌公司会具有连续竞价交易的条件,连续竞价交易是可以实施的。

总之,协议转让制度、做市转让制度、竞价转让制度、盘后大宗交易制度和非交易过户制度等多元化的交易制度,是"新三板"市场成为一个独立市场的交易制度基础。

4."新三板"的投资者多元,是一个独立市场

"新三板"扩容到全国以来,投资者账户数量持续增长,且以机构投资者为主。在机构投资者中,既有一般的机构投资者,又有基金公司信托理财产品、证券公司集合理财产品、其他证券投资基金、私募基金、信托产品、期货资产管理产品等,呈现出多元化的特征。

(六)小结:"新三板"是独特市场

"新三板"就是"新三板",不是主板市场,不是创业板市场,也不是纳斯达克。"新三板"的模式是独特的,在全世界范围内找不到先例。这是我国资本市场的重大创新、自主创新。

1."新三板"市场是不同于沪深证券交易所市场的特殊市场

(1)"新三板"市场有严格的投资者适当性管理制度,不同于沪深证券交易所

投资者适当性管理制度通过区别投资者的不同市场风险认识水平和承受能力,为不同的投资者提供差异化的市场、产品和服务,并建立与之相适应的监管制度安排,防止投资者盲目入市,减少投资者由此产生的意外损失,从而完善投资者保护机制和风险教育机制,切实保护投资者的合法权益,这是保证资本市场稳定发展的重要基石。

深圳证券交易所创业板开通之时,《深圳证券交易所创业板市场投资者适当性管理实施办法》要求"具有两年以上(含两年)股票交易经验的自然人投资者可以申请开通创业板市场交易"。这一门槛的设立,并未达到防止散户爆炒创业板的目的,

相反,创业板的爆炒和泡沫比主板还要严重。沪深证券交易所主板和中小板目前没有投资者适当性准入门槛。

唯有“新三板”设立了严格的投资者适当性管理制度,要求机构投资者申请参与挂牌公司股票公开转让的条件是:①实收资本或实收股本500万元人民币以上的法人机构;②实缴出资总额500万元人民币以上的合伙企业。要求自然人投资者申请参与挂牌公司股票公开转让的条件是:①投资者本人名下签署协议前最近10个转让日的日均金融类资产市值500万元人民币以上。②具有2年以上证券、基金、期货投资经历,或具有两年以上金融产品设计、投资、风险管理及相关工作经历,或者具有金融机构的高级管理人员任职经历。[1]

由于中小微企业整体发展的不确定性相对较大,客观上要求投资者必须具备较高的风险识别和承受能力。为此,全国股转系统规定了高于沪深证券交易所对投资者参与中小板、创业板上市公司股票交易的投资者适当性管理制度,排除了部分投资者——主要是中小散户参与“新三板”交易的可能。其目的一是保护投资者,二是吸取沪深证券交易所的教训,打造一个以机构为主的市场。股市不缺资金,缺乏的是信心。在较高的投资者适当性准入门槛的基础上,“新三板”可以进行很多创新。这是“新三板”创新基因的基础。

(2)“新三板”市场实施包容性的准入制度,不同于沪深证券交易所

在挂牌实质条件上,《全国中小企业股份转让系统业务规则(试行)》第2.1条规定,股份公司申请挂牌应当符合下列六项条件:依法设立且存续满两年(有限责任公司按原账面净资产值折股整体变更为股份有限公司,存续时间可以从有限责任公司成立之日起计算);业务明确,具有持续经营能力;公司治理机制健全,合法规范经营;股权明晰,股票发行和转让行为合法合规;主办券商推荐并持续督导;全国股份转让系统公司要求的其他条件。

全国股份转让系统的六项挂牌条件,力求增强市场的包容度,挂牌条件不设置财务指标。要求企业清晰描述公司的产品或服务、生产或服务方式、业务规模、关键资源要素和商业模式等情况,并如实披露过往经营业绩,便于市场和投资者自主判断,而不是由全国股份转让系统公司对其主营业务是否突出做出实质判断。申请挂牌公司不受股东所有制性质的限制,也不限于高新技术企业,符合国家法律法规及公序良俗的传统行业、新兴业态企业均可前来申请挂牌。允许申请挂牌公司存在未

---

[1] 参见2017年7月1日实施的新修订的《全国中小企业股份转让系统投资者适当性管理细则》。

行权完毕的股权激励计划,由企业在合法合规的前提下自主决策,并充分如实披露。历史遗留的股东200人以上公司经证监会规范确认,且符合挂牌条件的,可以申请挂牌。

在挂牌准入的程序制度上,全国股份转让系统实行主办券商推荐并终身持续督导制度。全国股份转让系统公司不设发审委,其挂牌部门对申请材料进行形式审核。全国股份转让系统公司进行挂牌审查时,对申请挂牌公司符合《全国中小企业股份转让系统股票挂牌条件适用基本标准指引(试行)》的,原则上同意其股票挂牌申请。在此基础上,审查工作以信息披露为核心,重点围绕申请挂牌公司的信息披露是否满足要求和主办券商是否按要求完成尽职调查,提出审查意见,引导申请挂牌公司、主办券商及其他中介机构提高信息披露和尽职调查工作质量。

在融资机制上,立足小微企业特点,"新三板"创设了"小额、快速、按需"的融资制度,挂牌与发行不做捆绑安排,将融资方式、融资时点、融资规模、融资过程、融资价格的决定权都交给市场,由市场主体自主协商,体现出市场化特征和"新三板"的包容性。

总之,"新三板"市场准入的实质条件和程序制度以及融资机制,都不同于目前沪深证券交易所,充分体现了市场对资源配置的决定性作用,体现了"新三板"的包容性。

(3)"新三板"市场实施能上能下的分层管理制度,不同于沪深证券交易所

2016年5月27日,全国股转公司发布了《全国中小企业股份转让系统挂牌公司分层管理办法(试行)》(以下简称《分层管理办法》),并宣告自2016年6月27日起,全国股转公司正式对挂牌公司实施分层管理。全国股转公司结合其立足于服务"创新型、创业型、成长型"中小微企业的市场定位,根据市场发展的现状和需求,将市场分为基础层与创新层,并设置了三套并行的创新层标准,它分为分层标准和维持标准。未进入创新层的挂牌公司进入基础层。

市场内部不同层级之间也有升板与降板之分:低层级板块的挂牌公司调整进入高层级板块为升板,反之为降板。尽管全国股转系统不承认创新层为较高板块,但其实相比基础层,创新层就是较高板块,基础层则为较低板块。全国股转公司采取了自动升板机制。目前,全国股转公司已开发完成挂牌公司"分层支持平台",挂牌公司进行层级划分和层级调整时,分层支持平台将自动完成相关数据信息的采集,通过对挂牌公司分层数据的分析计算,自动判断挂牌公司是否满足创新层的准入标准或者维持标准。根据分层标准及维持标准,全国股转公司于每年5月最后一个交易周的首个转让日调整挂牌公司所属层级(进入创新层不满6个月的挂牌公司不进

行层级调整）。基础层的挂牌公司，符合创新层条件的，调整进入创新层（升板）；不符合创新层维持条件的挂牌公司，调整进入基础层（降板）。此外，全国股转公司还实施强制降板机制，即创新层挂牌公司出现特定情形之一的，自该情形认定之日起20个转让日内直接调整至基础层（降板）。

通过分层管理，一方面以差异化的制度安排，对挂牌公司实现分类服务、分层监管，满足中小微企业不同发展阶段差异化需求，合理分配监管资源；另一方面则从盈利能力、成长性和市场认可三个维度划设创新层，对进入创新层的企业提出更高的信息披露及规范性要求，对挂牌公司形成引导效应，为投资人遴选标的及投研决策提供更充分的信息和更多的便利。

而在沪深证券交易所，目前还未实现能上能下、相互贯通的分层制度。深圳证券交易所尽管内部设立了主板、中小企业板和创业板，但相互之间并未连通，不能彼此转板。

（4）“新三板”市场实施包括做市商制度在内的交易制度，不同于沪深证券交易所

目前，沪深证券交易所采取竞价交易制度，而“新三板”则可实施三种交易方式：协议转让、做市转让和竞价转让。由于具有足够的流动性，因此，沪深证券交易所未实施做市交易方式，但也导致了定价的非理性——盲目追涨杀跌、跟风炒作严重，特别是在“炒新股”“炒小股”“炒差股”方面，股市“三高”（高市盈率、高发行价、超高募集资金）现象严重，ST公司疯涨、严重背离价值，导致股市资源错配严重。因此，竞价机制是有其弊端的。相比之下，做市转让方式更有利于维持股价的稳定性。“新三板”的交易制度仍在改革，这些探索对于我国资本市场的进一步完善提供了宝贵的实践经验。

（5）“新三板”市场具有强大的创新基因，不同于沪深证券交易所

境外成熟的资本市场大多是从场外市场向场内市场缓慢、自然演进而来，属于诱致性制度变迁，并最终形成了场内市场和场外市场彼此连通、互为补充、错位竞争的市场格局。但与成熟资本市场的发展路径相反，我国证券市场起步于场内市场。作为资本市场的重要组成部分，场外市场始终是我国资本市场的薄弱环节。这种倒金字塔形的市场结构，已经严重影响我国资本市场的整体发展，也难以满足资本市场推动科技创新、金融服务实体经济的客观要求。基于此，党中央和国务院高瞻远瞩，批准了全国股转公司的设立，并将之扩展到全国。这是我国完善资本市场结构、发展多层次资本市场的重要战略举措，是政府主导下的强制性制度变迁。

由于是轻装上阵，“新三板”从一开始就实施市场化、法治化为导向的管理机制。

由于实施了较高的投资者适当性管理门槛,这决定了"新三板"市场的投资者具有较高的风险识别能力和承受能力,这就为"新三板"市场的制度创新打下良好基础。未来监管机构将在"新三板"市场进行更多的创新和尝试,"新三板"也必将成为中国最具创新活力的证券交易场所。[1]

2."新三板"能实现多元化制度供给,满足投融资双方的多元化需求

"新三板"挂牌公司在发展阶段、股本规模、股东人数、市值、经营规模、融资需求等方面呈现出越来越明显的差异,对"新三板"进行分层管理,通过差异化的制度安排,实现分类服务、分层监管,降低投资者的信息收集成本。

全国股转公司将针对创新层和基础层挂牌公司采取差异化的制度安排:一方面推动创新层挂牌公司进一步规范公司治理,切实加强信息披露、发行融资和并购重组的监管,提升创新层挂牌公司整体规范化水平,在此基础上为市场的后续制度创新和服务创新打开空间。另一方面对基础层挂牌公司加强服务和引导,针对基础层挂牌公司大部分处于初创期、股权集中、融资交易不活跃的特点,引导基础层挂牌公司主动规范公司治理,优化基础层挂牌公司信息披露制度,加强基础层挂牌公司资本市场监管规则的培训,提供针对性培育孵化和融资对接、并购服务。

挂牌公司差异化制度的构建是一个持续的过程,需要在分层实践的基础上不断推进。目前,全国股转公司正在根据分层条件下市场监管的需要,对挂牌公司信息披露业务规则、股票发行业务细则、股票转让细则、主办券商管理细则以及挂牌公司董秘管理办法、挂牌公司治理准则等进行修订,以贯彻落实提供差异化监管和服务的理念,为创新层挂牌公司和基础层挂牌公司创造适宜其发展的资本市场环境。

"新三板"挂牌公司分层的总体思路是"多层次、分步走"。未来"新三板"将由多个层级的市场组成,每一层级市场分别对应不同类型的公司。起步阶段将挂牌公司划分为创新层和基础层,随着市场的不断发展和成熟,再对相关层级进行优化和调整。比如,探索设立精选层、警示板、国际板("一带一路"板块)、股权众筹板,等等,以更好满足中小微企业和投资者的差异化需求。

随着市场分层的不断完善,"新三板"应进一步根据分层实施差异化的制度安排,包括:

(1)差异化的交易制度。可考虑对上层的挂牌公司实行连续竞价交易制度、做

---

[1] 参见王常青:《新三板是我国资本市场改革创新试验场》,载《证券日报》2013年12月19日,A3版。

市商制度或者二者的混合;中层的挂牌公司实行做市商制度、集合竞价制度,提高流动性;下层的挂牌公司仅实行集合竞价方式,尽可能规避风险。

(2)差异化的投资者适当性管理制度。可考虑对最高层次板块的挂牌公司,降低投资者准入门槛,而其他板块的投资者准入门槛维持不变。

(3)差异化的公司治理制度。上层的公司治理最为严格、规范,甚至要求设置不少于一定比例的独立董事,中层次之,公司治理存在严重问题的,打入下层。

(4)实施差异化的信息披露制度。上层的信息披露最严,中层次之,信息披露不达标的,打入下层。

二、《新三板监管法》与《证券法》的关系

"新三板"是一个独特的创新性资本市场,它不同于现有的沪深证券交易所,我国现有的《证券法》对"新三板"有诸多的不适应之处。《新三板监管法》要针对这些不适应之处,进行相应的证券法制创新,以巩固"新三板"的改革成果,同时为"新三板"的进一步创新和健康发展提供法律保障。

(一)新三板适用《证券法》的基本原则

首先,适用公开、公平、公正的基本原则(以下简称"三公"原则)。《证券法》第3条规定:"证券的发行、交易活动,必须实行公开、公平、公正的原则。"公开原则是证券法思想的核心,各国证券法都规定了强制性的信息披露义务,挂牌公司作为公众公司,其股权转让是公开的,也应该披露相应的信息,此即其信息公开义务。公平原则本质上是"契约公平"的要求,即证券法律关系的各当事人地位平等,在证券的发行、证券交易等活动中遵循自愿、等价、有偿的原则,任何一方当事人不得利用自身优势压制对方,损害对方的利益。《证券法》第4条规定:"证券发行、交易活动的当事人具有平等的法律地位,应当遵守自愿、有偿、诚实信用的原则。"公正则是对监管提出的价值要求,即要求证券市场的管理者对一切被监管对象都应给予公正的待遇,正确地行使法律赋予的职权,维护一个公正、有序的市场环境。也可以说,公平和公正原则是所有法律的基本原则,只不过证券法更强调公平和公正。因此,"新三板"市场的相关主体,包括挂牌公司、中介机构、投资者和监管者都应该遵守公平和公正原则。只不过,由于"新三板"的大多数挂牌公司规模较小,实力有限,其承担的信息公开义务不能像规模较大的上市公司那样繁重。

其次,适用保护投资者合法权益的原则。投资者是证券市场的资金供给者,为证券市场输送血液。如果没有投资者,就没有证券交易,证券市场也就失去了基本

的功能。如果投资者缺乏信心,证券交易就会萎靡,证券市场就会萎缩甚至会消失。投资者将资金投资给融资者之后,就失去了资金的控制权,因此,投资者的利益极易受损,只有切实保护投资者合法权益,才能维持投资者对证券市场的信心。故此,保护投资者合法权益是证券监管的重中之重,也是证券法的基本原则之一。"新三板"作为证券市场的组成部分,当然要遵守该原则。只不过,由于"新三板"实施了较高的投资者适当性管理制度,投资者并不像沪深股市那样以散户为主,所以,在保护投资者合法权益的具体举措上,"新三板"应有所不同。

再次,适用反证券欺诈的基本原则。《证券法》第5条规定:"证券的发行、交易活动,必须遵守法律、行政法规;禁止欺诈、内幕交易和操纵证券市场的行为。"证券欺诈的主要类型有四种:虚假陈述、内幕交易、操纵市场和欺诈客户。此外,还有一些新型的证券欺诈行为,如利用非公开信息进行交易(俗称"老鼠仓")和抢先交易等。在"新三板"市场中,也可能出现这些证券欺诈行为,为了保护投资者的合法权益及维护"三公"原则,"新三板"毫无疑问要适用反证券欺诈的基本原则。只不过,由于交易制度的不同,"新三板"的证券欺诈行为的表现也有所不同,相应的反证券欺诈的制度也不尽相同。

最后,适用"卖者尽责、买者自负"的基本原则。《证券法》第27条规定:"股票依法发行后,发行人经营与收益的变化,由发行人自行负责;由此变化引致的投资风险,由投资者自行负责。"这里强调的是"买者自负",但其前提是"卖者尽责",即卖方要尽到评估客户投资者风险能力、并根据投资者的风险承受能力,在充分揭示风险的前提下,将适当的产品卖给适当的人。"卖者尽责"与"买者自负",相辅相成,不可分割。在强调"买者自负"原则的同时,必须强化"卖者尽责"。在新三板市场上,证券的销售者——证券公司和做市商——也需要尽到"卖者尽责"的义务,而证券的购买者——投资者——则在"卖者尽责"的前提下自负风险。但是,由于"新三板"实施较高门槛的投资者适当性管理制度,投资者的风险能力和投资分析相对较强,"买者自负"的原则应更加强调。

(二)"新三板"不适用《证券法》的大部分具体规定

我国的《证券法》,其制定的时代背景是"主板时代",对"新三板"几乎没有顾及,除了证券法的基本原则和精神外,证券法的具体规定中有相当一部分是不能适用于"新三板"的,因此,需要另行制定《新三板监管法》。

第一,"新三板"不适用《证券法》第二章关于公开发行的大部分规定。

从《证券法》第二章关于公开发行的规定来看,它是以传统工业化为背景,以大型企业、重资产企业、资本密集型企业为服务目标的,因此,这一章规定了公开发行较高的门槛(如第13条规定公开发行股票的,公司应当“具有持续盈利能力,财务状况良好”;第16条规定公开发行债券的,“股份有限公司的净资产不低于人民币三千万元,有限责任公司的净资产不低于人民币六千万元”,且“最近三年平均可分配利润足以支付公司债券一年的利息”)和复杂的程序(如发审委员会制度等)。但是,在我国大众创新、万众创业的背景下,中国正在从工业化初期向工业化中后期转变,甚至开始进入工业4.0时代,这个时代的特点是出现了大量的技术密集型、人才密集型和轻资产企业。它们在创业的初期,长期处于亏损的状态,但却是一家投资者认可和追捧的企业。它们达不到《证券法》规定的公开发行证券的条件,得不到以沪深证券交易所为代表的传统资本市场的支持。但是,却在“新三板”挂牌和实现了多轮融资。“新三板”上这样的新经济、新业态、新型商业模式的企业非常多。

第二,“新三板”不适用《证券法》第三章第二节关于证券上市的相关规定。

从规范分析的角度看,《证券法》第三章第二节规定的是公开发行的股票和债券在证券交易所上市时的基本程序:上市审核(第48条)、签订上市协议(第48条)、保荐(第49条)、上市条件(第50条、第57条)、上市申请文件(第52条、第58条)、上市公告(第53条、第54条、第59条)、暂停或终止上市(第56条、第60条、第61条、第62条)。由于全国股转系统是“证券交易场所”而不是“证券交易所”,股票和债券在证券交易场所的“挂牌”不是“上市”,且这些股票和债券没有“公开发行”,因此,不适用《证券法》第三章第二节规定的公开发行的股票和债券在证券交易所上市时的基本程序的规定。

第三,“新三板”的信息披露制度与《证券法》第三章第三节关于持续信息公开的规定差异较大。

从规范分析的角度来看,《证券法》第三章第三节关于持续信息公开的义务是针对上市公司的,因此,对于新三板挂牌公司是不适用的。从价值分析的角度来看,《证券法》第三章第三节关于持续信息公开的义务在制度设计上主要以实力雄厚的大型公司为背景,对于广大的初创型挂牌公司来说,信息披露负担过重,可能会导致其不堪重负。

第四,“新三板”的做市商不能简单套用《证券法》第三章第四节关于禁止操纵市场的个别规定。

《证券法》第77条并没有对操纵市场下定义,而是采取不完全列举的方式罗列了几种典型的操纵市场行为。但学理上一般认为,所谓操纵市场行为,一般是操纵者利用其资金、信息等优势或者滥用职权影响证券市场价格,诱使他人跟进买卖证券,扰乱证券市场秩序的行为。[1] 总之,操纵市场在客观上有两个意图:一是影响、扭曲证券市场价格;二是诱使他人跟进买卖证券,待他人跟进后,操纵者再做相反方向的交易,低价吸进证券,或以高价将其手中持有的证券抛给跟风而来的"接盘者"。持仓做市并且进行连续双向报价是做市商的义务。做市商较之于一般的投资者,具有资金和持股优势,并且是市场上证券的垄断供给者,做市商固然不能"单独或者合谋,以串通报价或相互买卖方式制造异常价格波动,损害投资者利益",[2] 但做市商的抬价和降价行为,一般也不应简单认定为操纵市场——除非有其他明显证据证明做市商是故意通过抬价和降价,扭曲市场价格,诱使他人跟进。这是因为,做市商要履行持续的双向报价义务,买卖价差不得超过5%,并在该价位和数量范围内无条件接受投资者的买卖要求。如果做市商抬价过多,则其买入价格也会提高,如果高于该只股票的内在价值,投资者就会将其持有的股票卖给做市商,做市商就会亏损;相反地,如果做市商降价过多,则其卖出价格也会降低,如果低于该只股票的内在价值,投资者就从做市商手中买入股票,做市商也会亏损;因此,双向报价义务对做市商形成了制约,使其报价不能太高,也不能太低,而是尽量反映该只股票的内在价值,否则就会亏损。因此,对做市商的操纵市场行为不宜轻易套用《证券法》第77条,而应该通过另行制定法律或行政法规的方式予以更为详细的规定,且不应适用客观推定和举证责任倒置的规则要求做市商自证清白,而应实行控方举证的一般原则。

第五,"新三板"的收购制度与《证券法》第四章规定的上市公司的收购的规定差异较大。

从规范分析的角度来看,《证券法》第四章规定的上市公司的收购,因此,对于"新三板"挂牌公司是不适用的。从价值分析的角度来看,《证券法》第四章规定的上市公司的收购规则对于挂牌公司过于苛刻:一方面,投资者收购上市公司的股份达到5%就应该停下来进行公告,[3] 这个比例作为起点对于股本庞大的上市公司是合适的,但对于股本普遍比较小的挂牌公司却显得起点过低,因此,全国股转系统的

---

〔1〕 参见叶林:《证券法》,中国人民大学出版社2013年版,第228页;全国人大《证券法》起草小组编:《〈中华人民共和国证券法〉释义》,中国金融出版社1999年版,第132页;《〈中华人民共和国证券法〉释义及实用指南》编写者编:《〈中华人民共和国证券法〉释义及实用指南》,中国法制出版社2012年版,第201页。

〔2〕 参见《全国中小企业股份转让系统主办券商管理细则(试行)》(股转系统公告〔2013〕3号)第46条。

〔3〕 参见《证券法》第86条。

相关规则规定的是10%。[1] 另一方面,《证券法》第88条规定了强制要约制度,即“通过证券交易所的证券交易,投资者持有或者通过协议、其他安排与他人共同持有一个上市公司已发行的股份达到30%时,继续进行收购的,应当依法向该上市公司所有股东发出收购上市公司全部或者部分股份的要约。收购上市公司部分股份的收购要约应当约定,被收购公司股东承诺出售的股份数额超过预定收购的股份数额的,收购人按比例进行收购”。这样规定的理由在于,上市公司的股权分散度较高,投资者收购了上市公司30%的股份,通常就已经是第一大股东和实际控制人了。如果不是第一大股东和实际控制人,也至少对公司的控制权构成了严重威胁。这时法律给予给公众投资者一个重新决定是否继续持股的机会,强制性地要求收购者向该上市公司所有股东发出收购上市公司全部或者部分股份的要约,以保护公众投资者的利益。但是,这一规定对于规模普遍较小的“新三板”上市公司却是方枘圆凿。这是因为,“新三板”挂牌公司股本普遍较小,股本集中度高、分散度低,投资者收购了挂牌公司30%的股份,成为第一大股东和实际控制人、威胁控制权稳定的可能性大大降低,因此,《非上市公众公司收购管理办法》规定,非上市公众公司应当在公司章程中约定在公司被收购时收购人是否需要向公司全体股东发出全面要约收购,并明确全面要约收购的触发条件以及相应制度安排。换言之,“新三板”将这个权利赋予了公司自治,不做统一要求,体现了“新三板”的灵活性。

第六,《证券法》未规定证券交易场所的地位和组织构成。

《证券法》第五章只规定了证券交易所,包括其组织形式、设立与解散(第102条)、章程的制定和修改(第103条)、名称保护(第104条)、财产归属(第105条)、

---

〔1〕 根据《非上市公众公司收购管理办法》,有下列情形之一的,投资者及其一致行动人应当在该事实发生之日起2日内编制并披露权益变动报告书,报送全国股份转让系统,同时通知该公众公司;自该事实发生之日起至披露后2日内,不得再行买卖该公众公司的股票:(1)通过全国股份转让系统的做市方式、竞价方式进行证券转让,投资者及其一致行动人拥有权益的股份达到公众公司已发行股份的10%;(2)通过协议方式,投资者及其一致行动人在公众公司中拥有权益的股份拟达到或者超过公众公司已发行股份的10%。投资者及其一致行动人拥有权益的股份达到公众公司已发行股份的10%后,其拥有权益的股份占该公众公司已发行股份的比例每增加或者减少5%(其拥有权益的股份每达到5%的整数倍时),应当依照前款规定进行披露。自该事实发生之日起至披露后2日内,不得再行买卖该公众公司的股票。这一“慢走规则”,与主板、创业板的规定“慢走规则”的基本精神是一致。不过,二者不同之处在于:一是起点不同,“新三板”是10%,主板、创业板是5%;二是报告和披露时限不同,“新三板”是2日内,主板、创业板是3日内;三是监管机构不同,“新三板”并购无须向中国证监会报告。参见邢会强:《新三板市场建设法律问题研究》,中国法制出版社2015年版,第115~116页。

治理结构与组成人员(第106~109条)、会员制(第110条)、投资者委托与清算交收(第111~112条)、行情公布(第113条)、技术性停牌与临时停市(第114条)、实时监控权(第115条)、风险基金(第116~117条)、规则制定权(第118条)、回避制度(第119条)、交易结果的不可撤销性(第120条)、纪律处分权(第121条)等。但却对其他证券交易场所却没有规定。之所以如此,一方面是因为《证券法》主要规定的是证券交易所市场、公开发行与上市的市场,对场外市场、其他证券交易场所考虑不够;另一方面,由于其他证券交易场所的实践还不成熟,不宜在《证券法》中加以规定,因此,立法者故意留下了立法空白,这是一种"事前漏洞",有待国务院或证监会补充规定。基于此,国务院制定了《国务院关于全国中小企业股份转让系统有关问题的决定》(国发〔2013〕49号)对全国股转系统进行了法律定位——"全国股份转让系统是经国务院批准,依据证券法设立的全国性证券交易场所,主要为创新型、创业型、成长性中小微企业发展服务"。中国证监会制定了《全国中小企业股份转让系统有限责任公司管理暂行办法》,规定了全国股转系统的职能、组织结构、自律监管、监督管理等。这些规定中被实践证明行之有效的做法有必要以《新三板监管法》的形式予以肯定,巩固"新三板"的改革成果。

第七,《新三板监管法》应在梳理《证券法》的过时条款的基础上,进一步打开混业经营的空间。

《证券法》第6条规定:"证券业和银行业、信托业、保险业实行分业经营、分业管理,证券公司与银行、信托、保险业务机构分别设立。国家另有规定的除外。"这被称为"分业经营与分业监管"原则。但是,随着金融形态向高级化、复杂化、自由化和全球一体化的方向发展,分业经营的原则在现实中已被突破,分业监管的原则已经越来越不适应新形势的需要。在"分业经营与分业监管"的大原则短期内难以彻底改变的情况下,利用立法对国务院的授权,进一步打开混业经营的空间,是一项可行之举。具体到"新三板"市场,《全国中小企业股份转让系统做市业务管理规定(试行)》(股转系统公告〔2014〕48号)允许证券公司和其他机构成为做市商。[1] 做市商实际上是证券价格的发现者、市场的稳定者和资金的供给者。目前,"新三板"市场存在交投不够活跃、资金量进入的速度远远落后于股票量增长速度的问题,不少具有发展潜力的初创型中小挂牌企业依旧融资困难,交易量和融资量已经开始萎缩。而市场上仅有80多家证券公司是做市商,其资金有限,因此,应进一步深化改

---

〔1〕 参见《全国中小企业股份转让系统做市业务管理规定(试行)》第2条、第4条。

革，不但允许私募基金成为做市商，还应允许社保基金、公募基金，甚至商业银行、保险公司成为做市商。商业银行和保险公司有成为“新三板”做市商的诉求，也有相应的研究能力，但在当前的分业经营与分业监管的格局下，需要国务院的相关规定来打开分业的藩篱，提供混业经营的法律依据。为此，建议《新三板监管法》明文允许商业银行、保险公司在控制风险的前提下通过设立或参股子公司方式成为“新三板”的做市商。

三、制定《新三板监管法》的必要性

（一）巩固“新三板”创新成果，肯定中国资本市场创新的伟大实践

“新三板”是我国资本市场的独有创新。它不同于国外的任何一个证券交易场所，其投资者适当性管理制度、发行融资制度都是独特的。它更不同于沪深证券交易所，它天生就是一个注册制的市场。“新三板”契合了我国目前创业创新时代中小微企业的金融需求，作为一种独特的资本市场板块和模式，“新三板”是中国资本市场创新的伟大实践，是我国资本市场改革创新的试验场。“新三板”市场不仅承载着万众创新战略推进器的功能，也是我国多层次资本市场体系建设的关键一环。“新三板”的成败，关乎我国当前创新、创业和改革的成败。因此，只能成功，不能失败。“新三板”的成功实践，必将在世界范围内、在资本市场发展史上留下浓墨重彩的一笔。从“新三板”正式运行以来三年多的实践来看，它是成功的。《新三板监管法》的制定，是通过法律的形式，肯定和巩固“新三板”的创新成果，肯定中国资本市场创新的伟大实践，确保“新三板”的继续成功。

（二）统筹谋划，做好“新三板”顶层设计

“新三板”具有强大的创新基因。它突破了证券交易所实践的传统思维、固定思维，跳出了既定的思维框架进行金融创新。展望未来，“新三板”还应该继续打破传统思维定式，继续突破、创新。但在法治时代，任何改革和创新都必须于法有据。因此，应该充分利用制定《新三板监管法》的契机，民主立法、集思广益、汇聚众智、凝聚共识、统筹谋划、开拓创新、提前布局，做好“新三板”的顶层设计，为“新三板”的进一步改革、创新和发展提供法律依据和法制基础。

（三）明确“新三板”市场的法律定位，稳定市场预期

“新三板”是经国务院批准，依据《证券法》设立的全国性证券交易场所，是我国多层次资本市场的重要组成部分，主要为创新型、创业型和成长型中小微企业发展服务。但《证券法》对“证券交易场所”的组织形式、权利义务、职能和职责等都没有

具体规定。“新三板”作为全国性证券交易场所,是场内市场还是场外市场？是公开市场还是非公开市场？是独立市场还是过渡市场？是独特市场还是模仿境内外资本市场中的某一市场(如纳斯达克)？法律和行政法规并没有清晰的规定。“新三板”作为一个具有一万多家挂牌公司并且挂牌公司的数量还在继续增长的资本市场,亟须具体的法律或行政法规依据和清晰的市场法律定位,以引领“新三板”的进一步创新和发展,稳定市场预期,吸引长线资金持续进场。

(四)修正《证券法》的制度逻辑,重构多层次资本市场制度设计

我国《证券法》是基于公开发行的制度逻辑而展开的,因此,《证券法》在第一章“总则”之后,紧接着第二章就是“证券发行”。这一章虽然名为“证券发行”,理论上应当包括“公开发行”和“非公开发行”,但实际上,除了第 10 条第 3 款规定了“非公开发行证券,不得采用广告、公开劝诱和变相公开方式”外,这一章并未过多地规定“非公开发行”的条件与程序,其余条文几乎都是规定公开发行的。我国《证券法》将证券公开发行视为制度设计的逻辑起点。

公开发行之后是证券交易,此即第三章。实践中普遍将公开发行与上市相挂钩,公开发行之后就要上市交易,公开发行就意味着一定能上市,上市之前则必须有公开发行,因此,“公开发行”与“上市”往往连在一起,称为“发行上市”。因此,提起首次公开发行(IPO),人们必定联想起上市。故而,在中国当下的语境中,IPO 就等于上市,上市就等于在证券交易所挂牌交易。[1] 第四章是“上市公司的收购”,规定的是投资者收购上市公司时应尽的义务,本质上还是证券交易。

其实,根据相关理论、《证券法》的规定和境内外的相关实践,发行与上市是可以而且应该是分开的。公开发行后不一定非得上市,上市前也不一定非得公开发行,境外流行的介绍上市即是没有公开发行而上市。公开发行后可以上市,也可以不上市。《证券法》第 39 条规定:“依法公开发行的股票、公司债券及其他证券,应当在依法设立的证券交易所上市交易或者在国务院批准的其他证券交易场所转让。”意即公开发行的证券除了可在证券交易所上市外,还可在“国务院批准的其他证券交易场所转让”,即公开发行之后,可以不上市。

从境外自然演进的历史经验来看,证券市场——无论是场外市场,还是场内市场,其形成的目的都是交易而不是发行。阿姆斯特丹证券交易所、伦敦证券交易所和纽约证券交易所这些最早自发形成的证券交易所都是如此。它们并不是用来为

---

〔1〕 参见邢会强:《论场外交易市场(拟)挂牌公司的公开发行——兼论公开发行与上市制度的分离》,载黄红元、徐明主编:《证券法苑》(第 9 卷),法律出版社 2013 年版。

公司筹资的,而是帮助已发行股票的公司的股东转让权益的。尽管从广义上理解,证券发行也是一种交易,但几乎没有疑问的是,从证券市场的起源上看,它主要是为了证券转让而非证券发行的目的而存在的。[1] 证券市场从证券交易开始,而不是从证券发行开始,证券发行是由证券交易而派生的。

从境外证券法的形成经验来看,证券法的制度设计的逻辑起点是证券交易而不是公开发行。美国《1933年证券法》、《1934年证券交易法》、英国《1939年防止欺诈(投资)法》为最早的当代证券法,其主要目的是打击证券欺诈、肃清市场。虽然美国《1933年证券法》确立了美国证监会(SEC)对发行证券的注册监管(第6条),但其首先规定的是"豁免证券"(第3条)和"豁免交易"(第4条),该法确立了强制性信息披露制度以及相关方对所披露的信息的真实性保证,因此,该法又被称为"证券真实法"(Truth in Securities Law),它是第一部真实保护投资者的联邦立法。

以证券交易为证券市场和证券法的制度设计的逻辑起点,可以发现,不同的交易制度对应不同的证券市场形态和证券法制:

1. 直接搜寻市场。在这种市场形态下,无中介、无平台,买卖双方互相寻找,见面后直接进行谈判、成交。这是最早的封闭公司股权转让的市场。

2. 经纪人市场。当证券交易的需求大量存在且日益增多以后,经纪人群体诞生。经纪人一方面对股票比较熟悉,另一方面对投资者的需求比较熟悉,他将双方连接起来,进而促成交易,并从中抽取佣金。经纪人驱动了市场交易,制定了交易规则,确定了交易佣金,甚至成立了会员制的证券交易所。

3. 做市商市场。经纪人在经纪的过程中发现,有一些质地优良的证券备受追捧,他们不甘于仅仅作为中介赚取佣金,而是开始以自己的账户买进这种证券然后加价卖出进而赚取价差,这就是做市商交易。

4. 集中竞价交易市场。当做市商发展到一定阶段后,此时信息对称、投资人多元、价格趋于稳定,不再需要由经纪人的中介作用和做市商在交投清淡时的双向报价,而是按照统一的规则进行集中竞价交易,由交易撮合系统按照价格优先和时间优先的规则进行自动撮合。

以上四种交易形态和交易市场,呈现出由初级到高级、由简单到复杂的变化规律,分别对应不同的交易场所:直接搜寻市场对应的是最初的场外市场,适合那些交易很不活跃的小公司和质量很差的公司的证券的交易;经纪人市场和做市商市场对

[1] 参见蒋大兴:《谁需要证券交易所?——中国证交所上市主体/产品的结构性改革》,载黄红元、徐明主编:《证券法苑》(第3卷),法律出版社2010年版。

应的是中间层次的场外市场和场内市场,适合那些交易不够活跃、价格波动性大的初创型公司的证券的交易;集中竞价市场对应的是最高级形态的场内市场,适合那些交易活跃的大型公司和价格稳定性强的证券的交易。

当然,以上四种交易形态和交易市场只是理论上的划分。具体到实践中,则可能出现两种或两种以上交易形态的混合,尤其是集中竞价与做市商制度的混合,这被称为"混合做市商制度",而仅实施做市交易的制度被称为"传统做市商制度"。

实践验证了以上交易形态和交易市场的划分。以美国为例,纽约证券交易所采取的是集中竞价交易制度,辅之以专家制度(类似于做市商)。纳斯达克采取的是做市交易与集中竞价交易并存的混合交易制度,某只股票既有做市商,又有竞价交易,做市商与普通投资者均参与集中竞价。OTCBB 初期不具有交易撮合功能,实行纯粹的做市商制度,2001 年开始引入了交易撮合系统,演变为混合交易制度。粉单市场则以做市商交易为主。PORTAL 市场则仅仅是一个协议转让市场,在该系统中,机构投资者和经纪商可通过终端与 Portal 系统相连,进行私募证券的交易。[1]

价格形成机制是证券交易制度的核心,证券交易制度关乎证券市场基本功能的发挥,所谓"无流动性则无市场"。交易制度主要解决的是证券的流动性和股价的稳定性问题。发展多层次资本市场,就必须发展多种交易制度,以适应不同板块、不同交易品、不同投资群体的需要。[2] 多层次的股票市场应依多层次的交易规则而划分,单一的交易规则只能形成单一的市场。[3] 以股票发行方式划分多层次资本市场是一个理论上的误区。从世界历史经验来看,为企业筹资的功能的实现主要是通过有限责任制度和股份制公司制度的发明而实现的,设立股份制公司即可发行股票,而不需要该公司有营运记录和盈利业绩,最初需要的是获得皇家颁发的设立股份公司的"特许状"。后来,随着管制的放松,"特许状"被废除,股份制公司可以自由设立,其募集股份只需登记备案,[4]实施股票发行的注册制是 1933 年"大危机"之后的事。

由此可见,在发行与上市分离的机制下,证券发行市场的监管和划分是一回事,

---

〔1〕 参见阙紫康:《多层次资本市场发展的理论与经验》,上海交通大学出版社 2007 年版,第 45 ~ 49 页。

〔2〕 参见董安生、何以:《多层次资本市场法律问题研究》,北京大学出版社 2013 年版,第 105 页。

〔3〕 参见王国刚:《建立多层次资本市场体系研究》,人民出版社 2006 年版,第 6 页。

〔4〕 传统上,英国证券市场主要依靠市场本身的自律机制在运作,没有过多的市场干预。在此机制下,公司欲公开发行,仅须向英国贸易部(Department of Trade and Industry)下设的公司注册管理处(Companies House)申请注册登记即可。

证券交易市场的监管和划分是另一回事,前者主要由公司制度、发行制度来解决,后者主要由交易制度来解决。

从公司制度、发行制度的角度来看,发行可以分为公开发行和非公开发行,无论是小公司还是大公司,无论是盈利的公司还是亏损的公司,无论是初创的公司还是历史悠久的公司,在理论上,都有公开发行的权利——只要投资者愿意认购,只要履行了注册登记或核准审批程序,只要真实、准确、完整地披露有关信息。当然,这些公司也都有非公开发行的权利——只要投资者自愿认购以及符合有关的程序和信息披露条件。公司是选择公开发行方式还是非公开发行方式,取决于公司自身的基本情况及投资者是否认购,而不应由法律制度强制性地规定只有大公司、盈利的公司、有一定经营历史的公司才能公开发行,并且只能公开发行后才能上市;小公司、初创的公司(像1995年的雅虎)、亏损的公司(像京东)是不能公开发行的。换言之,这是市场决定的事,不应由政府决定。

从交易制度来看,流动性弱、波动性大的证券对应的是较低层次的市场(场外市场),流动性好、稳定性强的证券对应的是较高层次的市场(场内市场)。证券的流动性和股价的稳定性的衡量指标除了换手率之外,还有公司证券市值、公司社会公众股东的人数及其持有的市值、最低股价(如纳斯达克要求最低报价必须在4美元以上)等。由于公司在上市挂牌前不可能有换手率,因此,它往往不作为上市的标准。而公司市值、公司社会公众股东的人数(或其持有的市值)、最低股价,甚至做市商的数量(在实行做市交易的市场)等,往往成为上市的重要标准。不满足这些标准的股票,不得进入本市场,只能进入较低层次的市场。这些上市标准制定后,不再是政府为企业选择上市场所,而是企业根据自身的状况,选择上市与挂牌的场所。公司的市值、最低的股价,做市商是否愿意做市,都是由市场决定的,而不是政府决定或选择的。企业是否能够成功融资,也不是政府决定的,而是市场决定的,政府并不过多干预。

总之,通过制定《新三板监管法》,修正《证券法》的制度逻辑,弥补《证券法》的不足,具有重要意义。

(五)弥补《证券法》的空白,为“新三板”市场的做市制度提供指引

尽管《证券法》第40条规定:“证券在证券交易所上市交易,应当采用公开的集中交易方式或者国务院证券监督管理机构批准的其他方式。”但却对在非证券交易所的“其他证券交易场所”的交易方式没有规定。换言之,做市商制度并不违反《证券法》,但《证券法》对做市交易及做市商制度却没有相应规定。我国现行《证券法》对做市商制度缺乏规定,存在立法空白。在实践中,证券监管机构有时会将《证券

法》第三章第四节的有关条款套用在做市商身上,对做市商提出了严苛的要求,这不利于做市商制度的健康发展。

根据《证券法》第74条,持有上市公司5%以上股份的股东被界定为证券交易内幕信息的知情人。第76条规定内幕信息知情人在内幕信息公开前禁止从事证券交易。做市商作为挂牌公司的股东,如果参加股东大会,提前知道了未公开信息,在内幕信息公开前,则不能从事证券交易。此为禁止内幕人从事证券交易的“窗口期规则”。但做市商要持续双向报买报卖,按约完成买入卖出交易,这与禁止内幕交易的“窗口期规则”相冲突。除非做市商放弃参加股东大会的权利,但这无异于剥夺了做市商的参会权和表决权,与法理相悖。总之,我们既不能排除做市商利用内幕信息进行内幕交易的可能性,也不能中止做市商的持续双向报价及履约义务,更不能剥夺做市商的参加股东大会的权利和表决权。恰当的做法应该是一方面健全做市商的内控制度,在做市部门与推荐部门之间建立并执行有效的信息隔离“防火墙”,禁止做市商利用内幕信息进行内幕交易;另一方面对有效执行信息隔离“防火墙”的做市商,予以内幕交易豁免。[1]

《证券法》第77条规定:“禁止任何人以下列手段操纵证券市场:(1)单独或者通过合谋,集中资金优势、持股优势或者利用信息优势联合或者连续买卖,操纵证券交易价格或者证券交易量;(2)与他人串通,以事先约定的时间、价格和方式相互进行证券交易,影响证券交易价格或者证券交易量;(3)在自己实际控制的账户之间进行证券交易,影响证券交易价格或者证券交易量;(4)以其他手段操纵证券市场。操纵证券市场行为给投资者造成损失的,行为人应当依法承担赔偿责任。”做市商持仓做市并且进行连续双向报价,这与《证券法》第77条是相抵触的。不能笼统地将做市商连续报价买卖的行为定性为操纵市场,但做市商相对于一般的投资者更加具备操纵市场的条件,无法排除其操纵市场的可能性,因此法律也不能将做市商的连续买卖行为一概认定为合法。如何将做市商正常的做市行为与操纵市场行为相区别,对现行《证券法》提出了挑战。《新三板监管法》应对做市商进行相应的例外规定。

(六)细化各类违法行为,为监管与处罚提供法律依据

由于资本市场的各类违法行为通常都获利巨大,为遏制这些违法行为,必须有相应的严厉的行政处罚和必要的行政强制。但根据《行政处罚法》第12条,规章可

---

〔1〕 邢会强:《新三板市场建设法律问题研究》,中国法制出版社2015年版,第107页。

以设定的行政处罚种类有限,罚款的数额有限;[1]根据《行政强制法》第10条,规章不能设定强制执行。[2] 由于“新三板”的制度创新是一项具有中国特色的制度创新,在国外没有现成的经验可资借鉴,大幅度修改《证券法》以全面兼容“新三板”的工程浩大,目前时机尚不成熟,因此,有必要制定一部《新三板监管法》,规定严厉的行政处罚措施和必要的行政强制。

此外,“新三板”的各类违法违规行为与主板市场也不尽相同。例如,做市商的“异常转让行为”[3]“向他人透露做市交易策略的行为”“提前使用募集资金”等。为了给市场以明确的预期,使挂牌公司、投资者和有关中介机构明晰和知晓违法违规行为与合法行为的界限,也有必要以《新三板监管法》的形式细化各类违法行为,为监管和处罚提供明确的法律依据,减少处罚过程中的争议。

四、《新三板监管法》对证券法制的创新

(一)在融资方式上的创新

目前,“新三板”的主要融资方式是定增。按照公司的发行程序的复杂程度,可以分为三种情形:(1)发行后股东人数累计不超过200人的定增;(2)发行后股东人数累计超过200人的定增;(3)发行前股东人数已经超过200人的公司的定增。对于第(1)种定增,中国证监会豁免核准,由公司董事会和股东大会按照法律和公司章程规定的程序自行决议和决定。对于第(2)(3)种定增,则需要制作定向发行申请文件,报中国证监会审核和核准。[4]

但这三种定增,其定增对象仅限于:(1)公司原股东;(2)公司的董事、监事、高级管理人员、核心员工;(3)符合投资者适当性管理规定的自然人投资者、法人投资

---

[1] 《行政处罚法》第12条规定:“国务院部、委员会制定的规章可以在法律、行政法规规定的给予行政处罚的行为、种类和幅度的范围内作出具体规定。尚未制定法律、行政法规的,前款规定的国务院部、委员会制定的规章对违反行政管理秩序的行为,可以设定警告或者一定数量罚款的行政处罚。罚款的限额由国务院规定。国务院可以授权具有行政处罚权的直属机构依照本条第一款、第二款的规定,规定行政处罚。”

[2] 《行政强制法》第10条规定:“行政强制措施由法律设定。尚未制定法律,且属于国务院行政管理职权事项的,行政法规可以设定除本法第九条第一项、第四项和应当由法律规定的行政强制措施以外的其他行政强制措施。尚未制定法律、行政法规,且属于地方性事务的,地方性法规可以设定本法第九条第二项、第三项的行政强制措施。法律、法规以外的其他规范性文件不得设定行政强制措施。”

[3] 参见《全国中小企业股份转让系统股票转让细则(试行)》第113条、第114条。

[4] 参见《非上市公众公司监督管理办法》第5章。

者及其他经济组织。此外,每次定增还有人数方面的限制,具体是:公司确定发行对象时,符合第(2)项、第(3)项规定的投资者合计不得超过35名。之所以规定35名的人数限制,是借鉴美国的相关规定。

我们认为,利用制定《新三板监管法》的契机,可以在融资方式上,废除35名的限制,实施公开发行制度。

在美国法上,有两种发行豁免:"规则505"的小额发行豁免和"规则506"的私募发行豁免。在"规则505"下,只要在过去12个月内,发行募集的资金的累计最高金额为500万美元,则可以:(1)向"合格投资者"(accredited investor)发行证券,没有人数限制;[1](2)向"非合格投资者"发行证券,累计不得超过35人。这里的"非合格投资者"是纯粹的普通投资者。"规则506"被视为美国《1933年证券法》第4(a)(2)条下的私募发行豁免的"安全港"(safe harbor)。依据本条发行豁免,发行人可募集不受限制的资金,但是,发行人要么向"合格投资者"发行证券,没有人数限制;要么向"非合格投资者"发行证券,累计不得超过35人。这里的"非合格投资者"不是纯粹的普通投资者,而是具有或其认购代表人(purchaser representative)具有丰富金融知识和市场投资经验,且能够对预测的投资风险做出评估的投资者。[2]

---

〔1〕 美国证券交易委员会的D条例(Regulation D)规定,"合格投资者"包括以下几种:

1. 银行、保险公司、注册的投资公司(registered investment company)、商业发展公司(business development company)和小商业投资公司(small business investment company)。

2. 美国《雇员退休收入证券法》(Employee Retirement Income Security Act)下的"雇员受益计划"(employee benefit plan),但需要由银行、保险公司或注册的投资顾问为其进行投资决策,或者其总资产超过500万美元。

3. 资产超过500万美元的慈善组织、公司或者合伙企业。

4. 证券发行人(有限合伙企业的)的董事、执行经理(executive officer)或者普通合伙人。

5. 其权益拥有者均为"受信投资者"(accredited investors)的商业实体。

6. 在购买证券时,其个人资产净值(individual net worth)或者与其配偶合并计算的资产净值超过100万美元的自然人。资产净值不包括个人的主要居所。

7. 在过去的最近两年里,每年的收入均超过20万美元,或者与其配偶合并计算时均超过30万美元的自然人,且根据合理的预期当年能保持同样的收入水平。

8. 资产超过500万美元的信托,该信托并非专为认购证券发行而设立的,其投资决策是由专业人士(sophisticated person)做出的。

〔2〕 The company may sell its securities to an unlimited number of "accredited investors" and up to 35 other purchases. Unlike Rule 505, all non-accredited investors, either alone or with a purchaser representative, must be sophisticated—that is, they must have sufficient knowledge and experience in financial and business matters to make them capable of evaluating the merits and risks of the prospective investment. See https://www.sec.gov/answers/rule506.htm, last visited on Sept. 15, 2016.

我国“新三板”市场的符合投资者适当性的投资者以及公司的董事、监事、高级管理人员、核心员工，相当于美国的“合格投资者”。这些投资者或因资金实力能够自我保护，或因特殊关系知悉公司的基本情况从而能够审慎作出投资决策，因而没有公权干预(实质审核)的必要，也没有限制最高人数的必要。

“新三板”的股票公开发行，与主板、创业板的公开发行(含 IPO 和上市公司的公开增发和配股)的不同在“新三板”的股票公开发行是面向“合格投资者”(符合“新三板”投资者适当性管理制度的投资者)的，而现行主板、创业板的 IPO 是面向普通投资者的，因而“新三板”的股票公开发行是有条件实施注册制的，而主板、创业板的 IPO 目前还是核准制的。

但我国《证券法》第 10 条规定，“向特定对象发行证券累计超过二百人的”为公开发行，“公开发行证券，必须符合法律、行政法规规定的条件，并依法报经国务院证券监督管理机构或者国务院授权的部门核准；未经依法核准，任何单位和个人不得公开发行证券”。因此，《新三板监管法》可以将注册制在“新三板”率先推行：《新三板监管法》在不违反《证券法》第 13 条[1]的前提下，对全国股转系统的公开发行的具体条件做出规定。[2] 对“具有持续盈利能力，财务状况良好”做扩大解释，将历史上及当前亏损、未来有盈利的可能，但现金流状况良好，或股东、投资者能够持续通过增资扩股(含优先股)方式支持公司发展的，也视为“具有持续盈利能力，财务状况良好”。对“最近三年财务会计文件无虚假记载，无其他重大违法行为”做限缩解释，即存续满三个完整会计年度的公司，最近三年财务会计文件无虚假记载，无其他重大违法行为；存续不满三个完整会计年度的公司，最近两年财务会计文件无虚假记载，无其他重大违法行为。同时，通过《新三板监管法》，国务院授权全国股转公司对“新三板”上的公开发行进行核准。[3] “新三板”的公开发行，不适用发行审核委员会制度。[4]

---

[1] 即公司公开发行新股，应当符合下列条件：(1)具备健全且运行良好的组织机构；(2)具有持续盈利能力，财务状况良好；(3)最近三年财务会计文件无虚假记载，无其他重大违法行为；(4)经国务院批准的国务院证券监督管理机构规定的其他条件。上市公司非公开发行新股，应当符合经国务院批准的国务院证券监督管理机构规定的条件，并报国务院证券监督管理机构核准。

[2] 即“公开发行证券，必须符合法律、行政法规规定的条件”。

[3] 全国股转公司为“国务院授权的部门”。

[4] 《证券法》第 22 条第 1 款规定：“国务院证券监督管理机构设发行审核委员会，依法审核股票发行申请。”由于“新三板”的公开发行不经证监会审核，因此，不适用发行审核委员会制度。并且，这里的“依法”中的“法”可作广义解释，行政法规和部门规章没有规定“新三板”的公开发行适用发行审核委员会制度的，可以不适用发行审核委员会制度。

以上方案将全国股转公司视为"部门",这是一种广义解释。在我国法律法规体系下对于"部门"尚没有明确的定义,一般认为它是指国务院的组成部门(各部委),但如果做扩大解释,则是可以包括部委以外的其他单位和企业的。在我国的行政实践上,对企业的授权在我国有前例可循。例如,全国烟草总公司、国家铁路运输企业都曾被授权行使行政管理职能。因此,对全国股转公司进行行政授权并无不可。

此外,还可以利用全国人大常委会对国务院关于股票发行注册制的授权,实现"新三板"的股票公开发行注册制。2015 年 12 月 27 日,第十二届全国人民代表大会常务委员会第十八次会议审议通过《关于授权国务院在实施股票发行注册制改革中调整适用有关规定的决定(草案)》的议案,明确授权国务院可以根据股票发行注册制改革的要求,调整适用现行《证券法》关于股票核准制的规定,对注册制改革的具体制度作出专门安排。根据决定,注册制具体实施方案由国务院作出规定,报全国人民代表大会常务委员会备案。决定自 2016 年 3 月 1 日施行,期限为两年。如果利用这个授权,实施"新三板"股票公开发行注册制,则法律基础更为牢固。如果两年的授权期期限过短,一则可以请求全国人大常委会延长授权,二则可以建议《证券法》修改时授权国务院在"新三板"市场调整适用现行《证券法》关于股票核准制的规定,对注册制改革的具体制度作出专门安排。[1]

此外,在现有的融资渠道方面,应进一步简化程序,减少干预,降低挂牌的成本,为直接融资提供便利。例如,废除会计师验资的必经程序;对融资金融较小(如 1000 万元以下)的定向增资,豁免适用募集资金专户管理新规等。

(二)在挂牌方式上的创新

由于目前"新三板"已经实现了不融资即可挂牌,因此,建议利用制定《新三板监管法》的有利时机,全面引入介绍挂牌/上市制度(Listing by way of introduction,以下通常介绍挂牌)。[2] 关于介绍挂牌/上市的定义,香港联交所《证券上市规则》第 7.13 条规定:"介绍(introduction)是已发行证券申请上市所采用的方式,该方式毋须作任何销售安排,因为寻求上市的证券已有相当数量,且被广泛持有,故可推断其在上市后会有足够市场流通量。"由于以介绍形式挂牌的股份为公司的已发行股份,因此公司不会发行新股,亦不会筹集新的资金。一般而言,在以下的情况下,公

---

〔1〕 当然,如果《证券法》修改得以通过,且对这种不限制人数的私募予以豁免注册的话,则程序就更加简便了。至于其主要的信息披露文件,是"招股章程"还是"募集说明书",则需另行研讨。

〔2〕 注意:本部分视挂牌与上市相同,不作区分,二者均为 Listing;本部分也视交易所和交易场所相同,不作区分。

司会选择以介绍形式挂牌/上市:(1)该公司的股份已在另一家交易(场)所挂牌/上市;或(2)公司股份由一家交易所转到另一家交易(场)所挂牌/上市。

介绍挂牌有四种形式:[1]

(1)转板。在这种方式下,公司股份由一家交易(场)所转到另一家交易(场)所挂牌,即公司从原来的交易(场)所退市,转到另一家交易(场)所挂牌,或者在同一个交易(场)所的一个板块退市,转到该交易(场)所的另一个板块。

(2)以介绍方式实现第二挂牌。在这种方式下,公司股份在一家交易(场)所挂牌的同时,将一部分已挂牌股份在另一家交易(场)所挂牌交易,从而实现公司在两个交易(场)所同时挂牌的目标。

(3)分拆后介绍挂牌。在这种形式下,公司(母公司)股份已在另一家交易(场)所挂牌,然后通过实物分派的形式,将该公司持有的另一家公司(子公司)的股份分配给其股东,然后将子公司通过介绍挂牌的方式在交易(场)所挂牌,母公司仍然保留在原交易(场)所的挂牌地位。实物分派是以实物(而非现金)形式进行的股息分派,所分派的实物可以是该公司的任何资产(包括该公司持有的另一家公司的股份)。

(4)换股后介绍挂牌。这种方式是指,成立一家控股公司发行证券,与一家或多家挂牌公司的证券相交换,从而使控股公司实现挂牌的一种方式。分拆后介绍挂牌与换股后介绍挂牌的不同之处在于:分拆后介绍挂牌方式下重组的核心手段是实物分派,而换股后介绍挂牌方式下重组的核心手段是换股;分拆后介绍上市方式下,原来母公司的挂牌/上市地位一般保持不变,分拆后介绍挂牌完成,旗下又多了一家挂牌/上市公司,而换股后介绍挂牌方式下,原来的子公司往往要撤销挂牌/上市地位(退市),换股后介绍挂牌完成,旗下挂牌/上市公司的数量不变。

介绍上市/挂牌制度是境外资本市场通行的一种上市/挂牌方式。但是目前,国内A股还没有介绍上市的案例。无论是《证券法》,还是沪深两个证券交易所的股票上市规则,都还没有明确规定介绍上市这一方式。在实践中,与介绍上市相似的资本运作,往往当做重大资产重组对待。

其实,介绍上市/挂牌还是有引入的必要的。理由如下:

第一,随着中国多层次资本市场的建立,各个交易(场)所之间的互联互通是非常必要的,因此,以转板形式的介绍挂牌是非常必要的。

第二,随着证券市场国际化的推进,应允许一家上市/挂牌公司在多家证券交易

---

[1] 更详细的关于介绍上市的介绍,参见邢会强:《新三板市场建设法律问题研究》,中国法制出版社2015年版,第151~159页。

所上市/挂牌,上市/挂牌公司谋求第二上市/挂牌不一定非得先行在当地IPO,因此,以介绍挂牌为形式的第二挂牌是非常必要的。

第三,由于一些公司是多元化经营,各附属公司的业务可能完全不同,不存在同业竞争,也不存在关联交易,因此,分拆上市/挂牌是适合其需要的,未必都必须整体上市/挂牌。分拆上市/挂牌也未必非得IPO,因此,分拆后介绍挂牌也是很有必要的。

第四,整体上市为当前中国证监会鼓励的上市和重组政策,有利于消除同业竞争,减少关联交易。但整体上市未必非得以定向增发、吸收合并等形式进行,换股后介绍上市也应该成为其可选项。

总之,引入介绍上市/挂牌,有利于证券交易所扩大业务和上市/挂牌公司数量,增加市值和流动性,吸引不同需求的投资者入场,也有利于公司通过资本市场实现不同的上市需求,更有利于企业和中介机构在弱市中进行资本运作,进行金融创新,增强市场活力。

当然,介绍上市/挂牌制度并非与转板机制一一对应,只是介绍上市/挂牌的第一种形式中的一部分与转板有关。

在"新三板",某挂牌公司通过实物(股份)分派形式实现裂变,分拆出另外一个子公司并申请挂牌,如果有"介绍挂牌"的机制,该子公司的挂牌审查过程就有可能大大加快。

总之,在我国证券市场日益国际化的今天,有必要引入介绍上市/挂牌制度,尤其是以介绍上市/挂牌方式实现的转板制度(直接转板制度)。

我国《证券法》目前对于转板没有任何规定。其实,转板也存在一定的法律障碍,即《证券法》第50条第1款第1项和第3项条件:"股份有限公司申请股票上市,应当符合下列条件:(一)股票经国务院证券监督管理机构核准已公开发行……(三)公开发行的股份达到公司股份总数的百分之二十五以上;公司股本总额超过人民币四亿元的,公开发行股份的比例为百分之十以上……"

对于第1项条件,中国证监会发布的《非上市公众公司监督管理办法》将在全国股份转让系统上挂牌的公司定位为"非上市公众公司(简称公众公司)",它是指有下列情形之一且其股票未在证券交易所上市交易的股份有限公司:(1)股票向特定对象发行或者转让导致股东累计超过200人;(2)股票公开转让。公众公司可以"公开转让",也可以"定向发行"。

定向发行包括向特定对象发行股票导致股东累计超过200人,以及股东人数超过200人的公众公司向特定对象发行股票两种情形(《办法》第39条)。但《证券法》第10条第1款则规定,向特定对象发行证券累计超过200人的,为公开发行。

这就意味着“定向发行”与“公开发行”有重合之处。

《证券法》第10条第1款规定：“公开发行证券，必须符合法律、行政法规规定的条件，并依法报经国务院证券监督管理机构或者国务院授权的部门核准；未经依法核准，任何单位和个人不得公开发行证券。”因此，《非上市公众公司监督管理办法》第41条、第42条及第43条规定，申请向特定对象发行股票导致股东累计超过200人的股份有限公司，应当按照中国证监会有关规定制作定向发行的申请文件，申请文件包括定向发行说明书等。公司持申请文件向中国证监会申请核准。中国证监会受理申请文件后，依法对公司治理和信息披露以及发行对象情况进行审核，作出是否核准的决定，并出具相关文件。

既然向特定对象发行证券累计超过200人的，为公开发行，且该发行已经经过了中国证监会的“核准”，那么，这样的公司，自可按照《证券法》第50条的规定，向证券交易所申请股票上市。从这个意义上说，那些已经经过了中国证监会的“核准”的，向特定对象发行证券累计超过200人的挂牌公司，从全国股份转让系统转板到上海或深圳证券交易所，自然是没有法律障碍的。但这并不意味着所有挂牌公司的直接转板都没有法律障碍。那些未经中国证监会“核准”的挂牌公司，在目前的法律环境下直接转板还是有法律障碍的。对于第3项条件，即“公开发行”的股份至少应达到25%或10%，一部分挂牌公司还是可以达到的。[1]

（三）在信息披露上的创新

与主板、创业板上市公司相比，“新三板”挂牌公司的信息披露制度的理论基础（都是有效市场假说理论）、基本原则（都是真实、准确、完整、及时）、形式、内容、时点与责任都没有变化（都包括挂牌前的信息披露及挂牌后持续信息披露，其中持续信息披露包括定期报告和临时报告，定期报告均包括季度报告、半年度报告和年度报告。此外，“新三板”挂牌公司与主板、创业板上市公司的临时报告，在含义、范围与发布形式上也是一致的）。但是，“新三板”挂牌公司信息披露制度与主板、创业板上市公司信息披露制度相比，却在以下几个方面进行了创新和变化，其中的一些重要规定也可以在《新三板监管法》中加以规定：

---

〔1〕其实，为便于挂牌公司转板，笔者还建议将《证券法》第50条第1款第3项修改为：“社会公众持有的股份达到公司股份总数的百分之二十五以上；公司股本总额超过人民币四亿元的，社会公众持有的股份的比例为百分之十以上。”另外，还需要增加对社会公众股东的定义：“社会公众股股东指不包括下列股东的其他股东：（一）持有公司百分之十以上股份的股东及其一致行动人；（二）公司的董事、监事、高级管理人员及其关联人。”这是借鉴两个交易所的股票上市规则的有关规定。详见邢会强：《我国多层次资本条件下转板机制的构建》，载《南都学坛》2013年第6期。

1.降低披露要求,减轻披露成本

在我国"新三板"挂牌公司的信息披露制度的设计中,在以下几个方面为"新三板"挂牌公司降低了披露要求、减轻了披露成本:(1)挂牌时无须披露《律师工作报告》;(2)季报不是强制性信息披露的内容;(3)除年度股东大会外,其他股东大会不强制性地要求律师见证。这符合信息披露的比例原则,这一原则是指信息披露的数量、成本应与公司的规模成比例。如果超过公司的承受能力而让其披露过多的信息,则会使公司入不敷出、不堪重负,甚至会迫使公司退出市场。处于行业初创期是"新三板"挂牌公司的普遍特征,这些公司一般规模较小、组织结构较为简单、抗风险能力弱,对信息披露的成本也更为敏感,在面对繁重的信息披露义务时,小公司会表现得"更不情愿"。大型公司发行规模比较大,如果说信息披露能够增加投资者信心,那么大公司无疑将比小公司享受到更多信息披露带来的融资收益,这将使他们更愿意披露。从总体上看,挂牌公司的信息披露义务应当低于上市公司,要求挂牌公司像上市公司那样履行严格的信息披露程序是不必要的,也是没有效率的。在国外资本市场,也不乏减轻中小公众公司信息披露负担的例子。例如,最近几十年来,英国公司法越来越注重减轻公司披露信息的负担,尤其是对中小型公司和私人公司大多设定了披露豁免,因而英国公司的信息披露义务呈现出不同的层次:从企业规模来看,小型公司的信息披露义务最低,中型公司次之,大型公司最高;从公司的公开性来看,私人公司披露义务最低,非上市公众公司次之,上市公司的披露义务最高。[1]

2.更加强调意思自治,赋予挂牌公司更多自由

例如,"新三板"挂牌公司的关联交易,何者由董事会表决,何者由股东大会表决,交由挂牌公司的公司章程自主决定。但沪深交易所对主板、创业板上市公司的关联交易,何者由董事会表决,何者由股东大会表决,却有明确的规定、不容变通。赋予"新三板"挂牌公司更多自由,反映了全国股转系统自律监管的新理念,即注重形式监管,而不是实质监管。

3.强调主办券商在信息披露方面的作用

挂牌公司披露重大信息之前,应当经主办券商审查,公司不得披露未经主办券商审查的重大信息。但中国证监会和沪深交易所并未要求保荐机构及其保荐代表人必须对上市公司的信息披露文件进行事前审阅。更加强调主办券商在信息披露

---

[1] 参见李建伟:《非上市公众公司信息披露制度研究》,载《公司法律评论》2010年卷,第167页。

方面的作用,体现了全国股转系统依靠自律监管、依靠中介机构监管、依靠私人监管的新理念,而不像主板、创业板那样,依靠行政监管和公共执法。

4. 更充分地利用互联网进行信息披露

"新三板"挂牌公司的信息披露渠道为互联网网站,而不是纸质媒体。这是"新三板"的后发优势,大大减轻了"新三板"的财务负担。在海外资本市场,也越来越注重网络上的电子化披露。例如,在美国,1984 年美国证监会(SEC)制订了一项计划,要求公司所披露的信息以电子文本向 SEC 的 EDGAR 系统报送资料。

但是,根据《证券法》第 70 条的规定,上市公司"依法必须披露的信息,应当在国务院证券监督管理机构指定的媒体发布"。目前,证监会指定的媒体是《中国证券报》《上海券报》《证券时报》《证券日报》《金融时报》《中国日报》《经济日报》7 家纸质媒体。上市公司在这些纸质媒体上披露信息的"版面费"代价不菲:IPO 时通常在 300 万元左右,上市后融资时通常在 100 万元左右,每年的固定版面费在 10 万元以上。在当今的互联网时代,"新三板"率先利用互联网平台进行信息披露,摆脱了既有的利益格局对中小企业的制约。

(四)在交易场所方面的创新

《新三板监管法》应对全国股份转让系统公司的地位、组织结构、自律监管等加以肯定,同时,为增强全国股转公司的独立性,可以引入独立董事制度,要求独立董事不少于董事会成员的 1/2。

建议全国股转公司引入社会资本,形成多元化的股权结构。在此基础上,推动全国股转公司的上市工作,尽快在上海证券交易所上市,成为管理规范、信息透明、自主性强、市场化运作的上市公司。这既有利于"新三板"依法行使准入职权,完成国务院赋予的职责,也有利于证监会吸取主板市场的教训,只承担规范工作,专注于执法监管,不承担发展和政策制定职能。政策制定和发展的职能由国务院和全国股转公司承担。

目前,证监会经常以主板的思路管理"新三板",束缚了"新三板"的手脚,一方面导致了"新三板"创新滞后,另一方面也增加了挂牌公司的成本。

从证券监管部门的角度来看,证券交易(场)所归证券监管部门管理[1]看似是一块巨大的利益,弃之可惜,但实际上是一把"双刃剑"。证券发行与交易的专业性非常强,这就决定了证券监管部门的领导(尤其是非证券行业出身的领导)不能管得

---

〔1〕 这里的管理是指管理学意义上的上级对下级的管理,它不等于法律意义上的监管部门对市场主体的监管。

太细。但是,在目前的管理体制下,由于各方面的压力,证券监管部门不得不管理过细,这就必然会出错。一旦出错,在目前的首长负责制下,就会启动追责程序,监管部门难辞其咎。所以,证券监管部门明智的选择是放弃这一利益,让证券交易(场)所通过改制上市真正独立起来,证券监管部门与证券交易(场)所之间的关系只能是法律意义上的监管机构与市场机构之间的监管关系,而不能是计划经济体制下的上下级关系。在境外,证券交易所与证监监管机构的关系也是法律意义上的监管关系,而非管理学意义上的上下级管理关系。[1]

(五)在内部分层方面的创新

在目前分层的基础上,"新三板"应继续分层。分层管理的基本原则应在《新三板监管法》中加以体现。

在现有的基础层和创新层分层管理的基础上,建议进一步设立警示层,将公司治理不健全、信息披露存在比较重大的违规行为,以及在其他方面有比较严重违法违规行为的挂牌公司调入警示层,以示惩戒。当然,存在特别严重的违规行为的,应从"新三板"退市。

从逻辑上讲,"新三板"至少应分为上、中、下三层:以中层为基准,质地优良、业绩良好、透明度高的进入上层,差的、透明度低、存在严重违法违规行为的打入下层,以实现优胜劣汰的竞争。而分两层则实现不了优胜劣汰的功能。据媒体报道,某"新三板"挂牌公司的董事长、总经理、三位副总经理、财务总监和董事会秘书均离职,于是聘请了一位67岁的保洁阿姨为董事长兼任总经理和董事会秘书。像这样公司治理不健全的挂牌公司仍然停留在基础层,混杂在规范的挂牌公司的队伍里,实际上将使分层达不到真正的目的,不利于发挥市场的优胜劣汰功能。分两层显示了"护犊子"倾向,虽情有可原,但不科学、不理性。科学、理性的做法是(尽快实现)分三层。

[1] 参见邢会强:《股票发行注册制成功实施的三个体制机制条件》,载《财经法学》2016年第5期。

互联网理财平台业态研究报告

杨　东[*]　黄慧颖[**]

内容摘要：十二届全国人大常委会第二十七次会议在2017年4月26日下午对《证券法》修订草案二次审议稿进行了分组审议。《证券法》的修订，必然给互联网理财行业带来巨大的影响。随着科技与金融的融合不断加深，智能投顾成为互联网理财行业发展的明日之星。相比传统的理财机构以及理财产品，互联网理财产品具有资金门槛低、灵活性强、操作便捷等优势，受到社会公众的青睐。同时，在互联网理财行业的发展过程中，也存在诸多问题。在《证券法》修改的大背景下，如何保证智能投顾行业平稳、健康、有序发展，成为了金融科技行业探讨的热点。本报告对互联网理财行业的现状、未来发展趋势、面临的合规风险、相关金融资质、智能投顾发展现状及未来发展前景等进行了详尽的介绍和梳理，为行业发展、政府监管机构的政策及规章制度的建立提供有益的参考。

关键词：互联网理财　智能投顾　证券法　互联网金融　金融科技

一、互联网理财之创新

互联网理财(Online Investment)，又称互联网资产管理、互联网财富管理，是指投资者通过互联网平台获取金融机构提供的理财服务和金融资讯，以实现财富保值与增值的一种金融服务形式。互联网理财是在传统金融理财的基础上，通过互联网媒介(包括第三方支付平台和电商平台两种方式)实现的金融活动。

互联网理财模式是作为对传统理财模式的有效补充，它将金融理财活动与互联网技术充分结合，以实现潜在投资用户与第三方理财机构的直线交流，有效地提升了理财活动的便捷性，降低了理财主体双方间的理财成本。

(一)互联网理财——高收益低风险的新型理财选择

2013年6月，余额宝横空出世，掀起了互联网投资理财的热潮，随后互联网基金

---

* 中国人民大学金融科技与互联网安全研究中心主任，中国人民大学法学院副院长、教授、博士生导师。

** 中国人民大学法学院硕士研究生。

理财、P2P理财、互联网保险理财、产品众筹等新颖的理财方式纷纷进入人们的视野。互联网技术突飞猛进的发展为人们的生活带来了极大的便利,影响着消费者的消费习惯。依靠互联网技术的去中介化和全智能化的特点而相继成立的互联网理财平台对传统金融机构带来了巨大的冲击。互联网理财作为一种新兴的理财方式,其相较于传统理财有几项突出特点。

第一,收益率高。银行活期存款利率仅有0.35%,如果是小额存款,利息几乎可以忽略不计;银行理财产品平均预期年化收益率为4.39%。互联网理财针对不同类型的产品可提前约定利率,收益相对稳定,相比期货等保证金交易产品,互联网金融的风险适中,而通过分散投资,风险完全在普通老百姓的承受范围之内。

第二,操作简单。互联网理财旨在为缺乏金融知识或者没有理财时间的用户提供高效的理财服务。互联网理财平台在用户进行简单的操作后,可以在众多金融产品中,给用户提出内容丰富且具有针对性的投资组合。整个流程全部由机器人来完成,十分快速和便捷。

第三,交易成本低。互联网理财平台的模型和算法具有普遍适用性,区别于以往针对个人或者团体的定制型理财,其降低了交易成本。因此,就单个用户而言,互联网理财平台通常只收取少量服务费乃至免费。同时,互联网理财打破了传统理财投资顾问根据交易的佣金来获利的规则,省掉了不必要的交易,也能适当降低交易成本。

第四,灵活性强。注重个性化和定制化,面向长尾市场。以互联网为主要服务渠道。大多拥有移动应用,用户可充分利用碎片化的时间与碎片化的资金进行理财。

第五,资金准入门槛低。与传统理财模式相比,互联网理财资金准入门槛极低,哪怕1元人民币也可以开始理财,同时其随时可以赎回,通过互联网还可以快捷地货比三家,受到了社会的普遍欢迎。

(二)互联网理财平台性质类别

互联网理财平台的概念与行业模式,决定了互联网平台其性质的混业多样性与专业分工性。由于互联网技术增加了理财平台的运营模式创新能力,互联网理财平台才得以发挥其服务优势,在金融市场激烈的竞争中不断发展壮大。为了适应各自的服务对象与业务领域,不同功能的互联网理财平台应运而生。不同服务功能的互联网理财平台,根据其业务特点进行分类,分为互联网理财产品销售平台、互联网理财信息提供平台与互联网理财交易撮合平台,各类平台间具有不同的法律属性。

1.互联网理财产品销售平台

互联网理财平台中比较常见的平台形式是线下理财平台在互联网网络上的延伸,通过互联网广泛、高效、便捷、低门槛等特点对原本线下的理财产品进行改良,进行互联网线上交易的模式。由此，便产生了一类互联网理财产品销售平台。互联网理财产品销售平台是通过互联网经营销售理财产品业务的平台，包括传统金融机构的线上销售理财平台、线下金融理财产品的线上运营理财平台、非金融机构提供线上理财产品的经营理财平台与销售综合理财产品的线上第三方平台等多种形式的平台，其理财产品的销售模式可以多样，理财产品本身的属性也不会影响销售平台的性质。

2. 互联网理财信息提供平台

除去进行理财产品销售的互联网理财平台，也存在一类信息中介平台，不从事理财产品销售，不涉及理财产品经营，只通过互联网提供理财产品的信息、评估与分析数据，专门为平台用户进行信息披露服务，供客户比价、评价。由此，产生了互联网理财信息提供平台这一信息、数据服务平台。互联网理财信息提供平台是通过互联网向平台客户提供理财产品信息的平台，包括对各类理财产品进行比价、排名的数据分析平台与披露、提供理财产品信息、资料的信息中介平台，利用互联网技术的广泛性、便捷性与公开性有效地发布理财产品信息。

互联网理财信息提供平台没有互联网理财产品销售平台如此众多的数量种类，但是互联网理财信息提供平台所涉及的理财产品数量，其所能提供产品信息的深度与广度在某些方面比理财产品销售平台略胜一筹，如较为典型的互联网理财信息提供平台"好贷网"和已经关停的"银率网"等平台。值得一提的是，"银率网"平台一直提供信息中介服务，盈利微薄，这很有可能是"银率网"关停的一个主要原因。[1]

3. 互联网智能理财中间商平台

在互联网理财产品销售平台与互联网理财产信息提供平台之外，还存在一类不进行理财产品销售业务的互联网理财平台，其业务模式是利用大数据与智能投顾系统为理财产品寻找适格的投资者，为投资者寻找风险、收益回报率适当的理财产品，并撮合两方进行交易，提供产品中介的理财服务平台。伴随着金融科技的发展，大数据、云计算、人工智能等技术成就了互联网智能理财中间商平台。互联网智能理财中间商平台并不经营或销售理财产品，而是交易的中间撮合商。利用大数据与智能投顾系统，互联网智能理财中间商平台可以将资金端的投资者与融资端的理财产品进行适格配对，有效减少交易成本的同时分摊降低理财风险。通过提供安全、高效的理财服务，使各类或复杂或加杠杆的理财产品更加"亲民"，推动助力普惠金融

---

[1] 《银率网昨突发停业公告停业主因是公司不赚钱》，载新华网：http://news.xinhuanet.com/fortune/2016-07/22/c_129169168.htm，最后访问日期：2017年6月15日。

的发展。

二、互联网理财行业之风险

互联网理财由于其产品设计的创新性和多样性,目前对于其监管存在漏洞,互联网金融资产管理平台在缺乏资质准入的情况下,较多互联网金融资产管理平台未经过严格的资格准入管理,缺乏金融牌照,其风险防范能力受到质疑,随之而来的许多高风险金融产品流向普通投资者,使投资者承担更大的风险。

(一)互联网理财平台合作机构的风险

互联网理财平台作为销售方,在缺乏金融资质管理的情况下,其是否具备对合作方及其提供的理财产品的风险识别能力存疑,容易将高风险理财产品引入平台销售给投资者。针对互联网理财不同模式,具体有以下几个方面:

第一,互联网理财平台的货币基金销售模式之风险。其关键在于互联网理财平台的基金销售资质,对于金融产品的发行、销售、交易环节均应当有金融资质,否则将被认定为非法金融活动。当前互联网理财平台销售货币基金的模式,往往存在资质不全的问题。

第二,互联网理财平台与金融租赁公司、网贷平台合作中的风险,伞状分散产品销售,将涉及非法集资、非法吸收公众存款问题,成为监管重点。资金安全风险。资产管理重点在于对客户投入资金的管理,客户选择平台上提供的产品,根据平台的描述,对产品进行评价,或为其高收益所吸引,或为其稳健收益所吸引,客户选择心仪的理财产品进行投资,按照理财平台的提示,将资金投入到平台指定账户,平台将按照要求管理这部分资金,定期向客户支付收益或到期还本付息。那么,互联网理财平台从产品设计、销售、发行、收益、回赎等各个环节都涉及客户资金的安全性问题。

第三,互联网理财平台与金融资产交易所合作模式的风险。金融资产交易所的业务主要围绕非标金融资产、理财产品销售而展开,在业务上受地方政府金融办的监管,不受“一行三会”金融监管机构的约束。凭借开展业务方面的灵活性,金融资产交易所逐渐成为互联网理财平台进行增信和销售的渠道。互联网理财平台为规避监管红线而“借道”金融资产交易所处置存量非标债权性资产与理财产品的交易模式实质上属于监管套利,由于地方政府金融办过度追求平台服务于地方经济发展导致监管懈怠的产生,使互联网理财平台利用当前的制度漏洞与监管疏漏将部分非标债权性资产、私募债置于金融资产交易所上销售的行为风险丛生。

京东“白拿”事件的出现也为上述潜在风险的隐忧提供佐证。京东“白拿”为京东金融旗下的一项服务，其交易组合中包括了金融产品销售、支付结算等交易，交易主体在整个交易组合中扮演了不同的角色，权利义务关系复杂嵌套，对于利息的剩余价值归属与理财产品投资的风险责任承担不明确，实施投资者适当性管理的主体缺位。最终，广金中心被指涉嫌未经核准擅自公开发行证券、涉嫌违反38/37号文有关规定，京东金融则被指涉嫌承销未经核准擅自公开发行证券。笔者认为，京东“白拿”事件实际上是相关主体打了法律的“擦边球”，广金中心、京东金融存在变相公开发行的嫌疑，面对存在极高风险的理财产品，无论是广金中心和京东金融都未能全面、准确评估众多投资者是否为合格投资者以及他们风险承受能力的实际状况。

（二）互联网理财平台自身隐藏的风险

互联网理财平台同时具有传统理财机构的风险，包括由人为操作、程序紊乱或技术未更新等原因而导致的操作风险；因财务信息不透明导致投融资双方信息不对称，引发的包括信用风险在内的信息披露风险；资金可能被挪用的道德风险及因期限错配导致的流动性风险。除这些典型传统风险外，互联网理财平台还面临以下风险和问题。

1. 互联网理财平台的准入资质问题

《互联网金融风险专项整治工作简报》中，互金风险专项整治领导小组在回顾总结以往整治成果，特别对下一步工作重点中提到互联网资产管理的清理整顿，要求金融活动需要获得牌照，在资产管理产品的发行、交易、销售环节，均需获取金融监管部门发放的牌照，否则就是非法金融活动。

金融市场中的集资行为若缺乏必要的监管和领导，往往容易放任资本市场中盲目跟风投资的行为，投资者的盲目性所造成的跟风效应也往往容易使投资的人数与投资的规模都急剧膨胀，一旦风险发生便会产生恶果。因此，法律对该投资行为，在准入条件上都有严格的规定。互联网理财以互联网作为宣传渠道，其涉及的人数之广，数额之大往往极易使其触及法律禁止的“红线”。

2. 互联网理财产品期限错配风险

期限错配是指资金来源短期化、资金运用长期化。期限错配在互联网理财上的一个应用是拆标的的期限，拆期限指的是把长标拆成多个小标滚动发行，如一年期的理财项目，最后拆成数个几月期的理财项目。期限错配存在的原因是融资需求的时间常常与资金供应的时间不一致，为了对接需求和供给，往往就需要拆分搭配不同的资金供给与需求的时限。

期限的风险主要体现在流动性风险上。理财项目中单个违约或者提前偿付都有可能因为期限错配导致出现偿付不能的情况。

3.资产嵌套和杠杆投资风险

互联网资产管理中的嵌套是指金融资产交易所、银行、小贷公司等金融机构将一个底层金融资产一次次转让、转让过程中一层层承诺回购。资产嵌套的主要目的就是扩大杠杆或绕开法律对于牌照准入或投资者合格性的要求。资产嵌套的每层嵌套都可能抬高了杠杆,而且通过嵌套也绕开了金融监管,扩大了风险。资产嵌套最终的回购者是底层金融资产的提供商,底层资产一旦出现问题,风险会层层传导、扩大,而且期间可能出现很多问题,最终售卖者可能难以获知底层资产的真正来源,很容易引发系统性金融风险。

很多嵌套中的金融资产涉及合格投资人条件、投资者人数、宣传手段、经营牌照的要求,这都可能导致互联网理财线上交易存在合规性问题。无金融牌照的互联网金融平台可能涉及非法集资,有资质的金融企业可能在发行、交易和销售等环节违反相应监管要求而受处罚。日益严格的穿透式监管也将使平台的合规性风险更加突出。

4.投资者适当性问题

合格投资者准入制度是对投资者资格的规定,不过与通常所理解的不同,合格投资者制度制定的初衷是基于让试图购买金融产品的潜在投资者,根据合格投资者制度所标示的不同产品的门槛,主动对照、加以衡量并知晓本身是否具有和交易相称的譬如专业知识、收入水平和风险承担能力等在内的资格,以最终决定是否投资、购买该金融产品。实质上是基于适当性原则对投资人所做的尽职提醒,是对投资者利益的必要保护,并不是在该产品上附加门槛条件,设置壁垒或禁止不合格投资者进入金融理财活动中。

不同的投资者识别和承受风险的能力有差别,为了降低投资者承担其无法承担风险的困难,就需要根据理财产品的特殊性贯彻"将适当的产品销售给适当的投资者"原则,使互联网理财产品与投资者的风险承受能力相适应。然而,当前实施投资者适当性管理的责任主体尚无规定,应当由互联网金融资产管理平台还是由理财产品提供方实施投资者适当性判断,未有效实现投资者适当性管理时应当由谁来承担责任、承担何种责任,目前均属于空白状态,易导致投资者不理性地选择超出自己风险承受能力的理财产品。此外,互联网理财平台如果在信息披露环节中存在问题,投资人将无法准确获知理财产品的净值水平、投资情况、风险状况等因素,对于投资者来说互联网金融资产管理相当于一只黑箱,这容易出现较大风险,亦不利于监管。

三、互联网理财平台风控措施

完善的风控体系是互联网理财平台适应市场、实现理财目标、安全高效运营的"安全网",平台风险管理水平的高低直接影响客户资金安全以及平台的声誉、收益。为了保证理财平台稳健运行,增强投资者信心,互联网理财平台出于满足监管机构要求、保障投资者资金安全,通常设置内部风险控制措施,构建信用评价机制和风险控制体系。

互联网理财平台的业务模式不同,所采取的风控措施也有所不同。为了保障投资人的资金安全,目前设立的风控措施主要包括两方面,一是利用大数据进行授信管理机制;二是设置风险准备金、银行存管、非融资性担保公司担保、财产质押等具体风控措施。

(一)对接征信平台利用大数据实现信用风险控制

互联网理财平台往往对接征信机构,以海量的交易数据为基础建立信用评价机制,深入开展授信前的调查与分析。目前,互联网理财平台对接的数据库包括芝麻信用、腾讯征信、鹏元征信等大型征信机构,风控系统通过整合多种系统技术(DMR算法、graphic database、反欺诈云技术、黑名单服务、SSL加密通道等)研发出大数据"蜂窝"技术。针对平台以及合作金融机构的征信查询需求,根据业务特点自定义配置征信维度和大数据贷前调查、贷中审查、贷后检查以及反欺诈检测、客户分析等报告,并可以实现信贷全流程风险管控。

在信用评价机制方面,以余额宝为例,芝麻信用的数据平台在引入客户的物流、资金流、经营等数据后,通过网络数据模型对该商户的信用状况进行综合评估,辅以交叉检验技术及在线视频技术,采取面对面的方式对客户的基本状况进行深度评估,加上各个渠道的信用记录,出具信用评级报告,核定出授信额度。整个过程无纸化、高效率。通过对投资者的信用管理,有效地确定了与投资者信用相匹配的信用额度。除了针对投资者的信用管理外,还需要利用大数据系统,实现对投资者的授信额度实时动态评估。互联网理财平台通过对接征信机构,强化授信管理,提高风险防范能力。对投资者进行事前授信管理,通过定期监控、重点分析授信客户的信用状况,及时发现、识别和评价授信风险,能够有效对风险进行事前防控,防止投资者的非理性过度投资行为,同时降低相应的不良资产率和坏账率。

(二)风险准备金制度

在互联网理财行业里,风险准备金是由依据借款人的信用等级确定的比例金额和平台自有资金投入两部分构成,在出现比较大的系统性风险或还款逾期时,平台可以启动风险保证金对投资人进行先行赔付,通过风险备用金保障投资人的投资本金和利息,如图1。

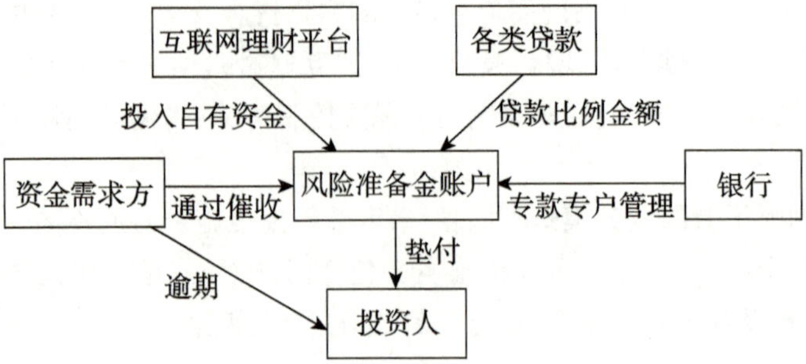

图1 风险准备金来源和流向

风险备用金账户资金对受保障借款的投资者逾期应收赔付金额的偿付按照该债权逾期的时间顺序进行偿付分配。先偿付逾期在先的债权,后偿付逾期在后的债权。而其偿付比例则按照各债权金额占同协议内发生的债权总额比例,当受保障借款的理财人享有了"风险备用金账户"对某笔受保障借款按照既定规则进行的偿付后,平台即取得对应债权;该债权对应的借款人其后为该笔受保障借款所偿还的全部本金、利息及罚息归属该账户。如该笔受保障借款有抵押、质押或其他担保的,则平台处置抵押质押物或行使其他担保权利的所得等也归属风险备用金账户。

(三)银行资金存管

2017年2月23日,业内备受关注的《网络借贷资金存管业务指引》(以下简称《指引》)正式下发,本次《指引》的出台,基本原则在于强化对网贷资金专用存管账户的监管,防止网贷平台侵吞客户资金,卷款跑路。《指引》明确了银行的义务责任。专用账户的存管,使得存管银行能够对客户的资金进行专门的开户和销户。除了资金存管外,存管银行还将进行资金清算和账户核对,使交易的过程全面透明化。目前互联网理财平台与银行进行资金存管合作有三种模式,分别是:直接存管、银行直连和"银行+第三方支付公司"联合存管。

截至2016年12月底,已有民生银行、广东华兴银行、江西银行、徽商银行和浙商银行等38家银行布局互联网平台资金直接存管业务。共有238家正常运营的互联网理财平台宣布与银行签订直接存管协议(含已完成资金存管系统对接并上线平台),约占同期正常运营平台总数量的9.72%,其中有188家正常运营平台与银行完成直接存管系统对接并上线，占正常运营平台总数量的7.68%，如图2。[1]

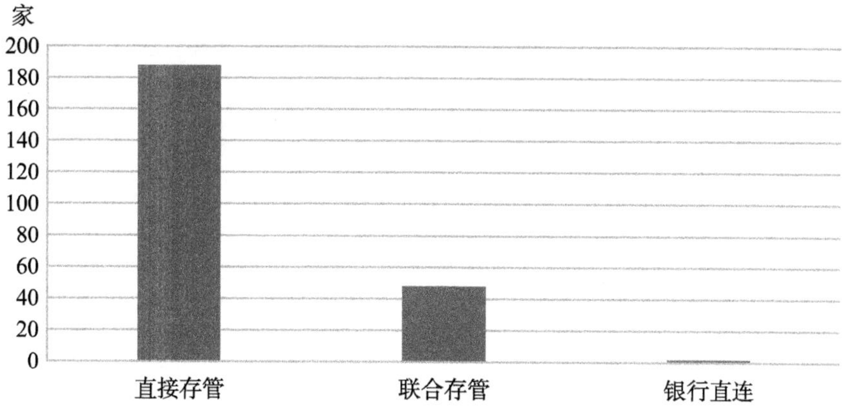

图2　已签订资金存管协议的平台存管运营模式情况

上海、深圳等地于2017年7月初发布网贷管理办法征求意见稿，规定网贷平台的存管银行"属地化"，引起了各界热议。存管银行的条件应当关注存管能力本身。对网贷平台客户资金进行存管有利于保护金融消费者利益。治理网贷风险，其核心应当是风险控制。对于存管银行的条件，应当关注存管银行本身的能力，包括系统开发能力、管理水平、业务能力，尤其是风控能力。只有存管银行具备相关能力，督促其认真行使存管职责，才能使存管真正发挥风控本质，而非流于形式。"属地化"管理措施一定程度上限制了未在本地设置经营实体或分支机构的外地银行进入资金存管市场，构成了对外地银行的歧视，存在排除、限制竞争，有地方保护之嫌。笔者认为，有必要对资金存管银行实行名单制管理，更加谨慎地平衡鼓励创新和风险治理之间的关系，要强调自律监管的重要作用，鼓励良币驱逐劣币的市场环境，营造风清气正的业界氛围。[2]

(四)财产担保：非融资性担保公司担保或借款人担保

互联网理财平台与小贷、保险或担保公司合作以保障投资人的本息安全；另一种保障方式是投资人享有借款人提供的实物抵押权，最常见的有汽车、房产抵押等，

---

〔1〕网贷之家：《最新P2P网贷平台资金存管总体情况分析》，载南方财富网：http://www.southmoney.com/P2P/201702/1101702.html，最后访问日期：2017年6月15日。

〔2〕杨东：《网贷资金存管属地化政策违反Regtech趋势与反垄断法》，载众筹金融研究院：http://www.sohu.com/a/155051424_481893，最后访问日期：2017年7月10日。

在互联网理财产品销售过程,由借款人提供财产质押,并进行登记,当出现借款人逾期还款时,采取拍卖变卖抵押财产的方式实现投资人的债权。对于非融资性担保公司或借款人担保,互联网理财平台应当针对以下方面进行相应的风险评估与管理:

1. 担保物的合法性。首先,确定担保物是否由担保人合法拥有;其次,核查担保物是否被重复抵押;最后,如果能够登记,应当及时对抵押物进行登记,对于以权利质押的,应当到相关机构办理登记。

2. 担保物的变现能力。常见担保财产有房产、汽车和银行承兑汇票。变现最快的是银行承兑汇票,其次是汽车,最后是房产。

3. 第三方担保公司的担保资质审核。辨识融资性担保公司和一般担保公司较为简单,前者从公司名称或营业执照即可看出。除担保资质,还应当审核担保公司的担保余额与净资产之比,如果杠杆率过高,担保公司担保的项目有较大的风险。

(五)与保险公司合作防范资金违约风险

在互联网理财过程中,保险公司的风险担保作用主要体现为两个方面:第一,理财平台为投资者资金账户安全投保,保证因投资者账户安全问题导致投资者的理财资金遭受损失的,保险公司能够理赔;第二,保险公司对理财产品提供的增信作用,防止底层资产违约给投资者造成到期无法兑付的风险。以近期招财宝"侨兴私募债"事件为例。2017 年 1 月 18 日,招财宝发布公告宣布,第三期至第七期共 8.34 亿元侨兴债逾期,这意味着侨兴集团发行的所有债券全部逾期。这原本是一件普通的债券市场违约事件,却因为浙商财险与广发银行之间出现的"萝卜章"问题引起业界广泛的关注。

此次事件中,招财宝的风险防范措施归纳起来有二:第一,产品的增信措施;第二,资金账户的安全措施。第一重风险防范措施是由金融机构或担保公司等增信机构督促借入人到期归还本金和约定利息。第二重风险防范措施是当借入人还款逾期时,由提供还款保障增信措施的金融机构或担保公司等作为增信机构依法履行还款保障增信措施、完成代为偿付的义务。该笔私募债有两种担保,一是浙商财险提供的信用保证保险;二是侨兴集团董事长吴瑞林做出的个人担保。

在侨兴私募债违约后,浙商财险与广发银行二者对责任承担及对金融消费者赔付采取了完全不同的态度:浙商财险积极履行赔付责任,对金融消费者先行赔付,并在 2017 年 1 月 24 日的公告中称"继续践行社会责任,尽最大努力进行分期预赔";另一方面,广发银行在作出保函是假保函的声明后并未作出任何其他声明,也未对利益受损的金融消费者采取任何积极的弥补措施。此次事件中,浙商财险发挥转移风险的作用,通过主动承担转嫁的违约风险,避免发生大面积违约兑付风险以及系统性危机，保护了金融消费者和社会公众的信赖利益，充分体现保险机构在发挥了资金保障与信用保险方面的积极作用。[1]

四、互联网理财领域近期监管动态及建议

（一）互联网理财领域监管动态

“监管”已经成为2017年金融市场的主旋律，对风险点的处置和资产泡沫的防控将成为一行三会等监管机构的工作重点。2016年年底，中央经济工作会议提出的针对金融风险防控提出，“要把防控金融风险放到更加重要的位置，下决心处置一批风险点，着力防控资产泡沫，提高和改进监管能力，确保不发生系统性金融风险”。这一要求在2017年被“一行三会”狠抓落实。

目前要实现互联网金融资产管理的监管，一方面，要从根源上解决金融风险的监管问题，特别是一行三会的金融风险监管职责，这亟须跨部门形成合力，统合治理，才能实现“金融安全”，风险治理取得成效。在监管措施上，应当采用科技监管（Regtech）理念，建立大数据共享机制，切实落实风控措施；另一方面，互联网理财平台也应当加强自身的风险防控意识，针对互联网理财中各项风险点，利用科技手段将风险控制措施前瞻性落实。

（二）互联网理财监管原则

技术创新能够有效地推动制度创新，而金融技术和金融业态的交织创新共同推动着人类社会的进步。金融技术创新能够为新兴金融业态提供技术支撑，有效地实现信息流通和资金融通的功能，推动资金效率的最大化和生产力的进一步发展；而生产力的发展又将引发制度创新，并进一步释放技术创新的潜力，形成不断发展、不断创新的格局，互联网理财平台业态的形成可谓是技术创新下的时代产物。为保障互联网理财行业稳健发展，笔者认为，包括互联网理财平台、行业自律机构、监管机关在内的相关主体在实施运营、规范和监管行为时，应当坚持以下原则。

第一，金融消费者保护是首要原则。在互联网理财新兴发展的过程中，无论是监管层面还是提供信息的网络中介平台，甚至是为互联网理财提供担保等金融服务的传统金融服务提供者，都应当坚持将保护金融消费者作为核心原则。[2] 完善我国金融消费者保护制度应当从以下几个方面着手：首先，应当明确将一般投资者（投资者分为一般投资者和机构投资者）当作消费者来保护，给予一般投资者以消费者

---

〔1〕 杨东：《消费者保护与侨兴债事件》，载《中国金融》2017年第7期。

〔2〕 同上。

所拥有的权利。其次,应该贯彻区分原则,从专业知识、风险承受能力、财务状况等不同的维度对不同的投资者进行区分,对其适用不同的监管原则,做到风险对风险的事前把控。具体来说,应该围绕金融消费立法、机构设置、纠纷解决机制三个发面,构建全方位、多角度的金融服务统合法体系,为金融创新护航。

第二,贯彻“行为监管”原则。金融创新不断推进的背景下,对待互联网金融机构,监管当局要从审慎监管更多地转变为行为监管、产品监管,所谓审慎监管、主体监管主要侧重市场准入,而行为监管侧重持续经营,主要针对产品。互联网金融的参与主体十分复杂,包括传统金融机构转型做的互联网金融产品,也有非金融出身创业者互联网思维下做出的金融产品,这些机构有的持有牌照,有的通过与持牌机构合作入局,整个市场鱼龙混杂,泥沙俱下,对监管当局来说,传统的针对主体的监管存在挑战。所以互联网金融的模式下,以行为监管为主是不二选择。同时在行为监管的过程中,由于互联网金融产品的结构、模式十分复杂,对监管当局来说,要搞清所有的模式、结构十分困难,所以行为监管的过程中要推动互联网金融产品透明化,让互联网金融产品暴露在阳光下,接受大众的监管。

第三,坚持技术中性原则。技术中性原则是指法律应当对技术手段一视同仁,不能在法律中对技术做判断,应当尊重技术发展的各个阶段、技术发展的各种形式等,法律不能去指引技术发展。智能投顾作为互联网理财行业中典型的技术驱动型理财运行模式,在监管过程中有必要贯彻落实技术中性原则,即法律不对智能投顾的技术做判断,不指引技术的发展。智能投顾的技术基础是人工智能,而人工智能的发展需要基于大量历史数据进行深度学习,同时需要对现有算法进行回测和调整,其技术发展是一个长期的过程,所以目前智能投顾处于起步阶段,其有效性、智能性均需要时间的检验。就目前而言,市面有纯智能投顾,也有“人+机器”的混合投顾,所以作为监管机构,其监管内容应尽量避免涉及算法、程序、大数据等人工智能技术,在技术面前监管要保持中立,给予智能投顾平台发展的空间,尽量不去指引技术的发展。

五、结语

无论是在理财市场还是互联网领域,互联网理财模式所体现的创新性具有重要意义。一方面,它具有业务创新的特点。互联网理财实质上是技术支持的金融解决方案,互联网理财模式以互联网络为支撑,以潜在网络投资用户为对象,是一项新型的理财业务;另一方面,它还具有市场创新的特点。互联网理财模式开辟了新的理财渠道,使得以客户为中心的网络理财理念,得以在国内数亿网络用户间传播并得到进一步宣传,并且理财市场的战略增长点也逐渐由实体市场转移至虚拟市场。

互联网理财行业发展的意义在于盘活民间资本进入投资领域,目前游离于现有股票交易市场中的资金规模,保守估计十倍于现有股票交易市场中的可操作资金。在股灾、房价高企的大背景下无处可去而中小微企业融资困难的结构性矛盾下,互联网理财作为金融脱媒的一种有效融资模式,可以为民间资本提供更好的升值空间,同时将民间资本通过互联网理财更加高效投入资本市场,进而更好地服务实体经济,服务于当下的供给侧改革。

论文

内幕交易侵权纠纷案件的法律适用问题*

——以光大证券“乌龙指”引发的内幕交易案为例

郭　锋**

内容摘要：光大证券的错单交易行为对证券市场价格产生了重大影响，在该信息披露前，应界定为内幕信息，因此光大证券的行为属于内幕交易侵权行为。在界定“在内幕交易发生时进行反向买卖的投资人”时，应当界定为“在内幕交易发生时段与内幕交易行为人交易的证券、证券组合、证券衍生品进行了反向投资的所有投资者”。内幕交易人与实际的投资者之间即使不存在一对一的交易关系，内幕交易行为人也要承担损失赔偿责任。从我国《侵权责任法》和《证券法》的立法精神出发，结合我国当前证券市场实际状况，投资者的损失计算可以采用“差额计算法”。基准价格可考虑以该内幕信息公开后30个交易日的平均收盘价格为基准价格。在此基础上，以投资者在内幕信息的价格敏感期内买、卖证券的平均价格，与基准价格的差额，乘以买、卖证券的数量，计算的损失金额即为投资人所遭受的损失。

关键词：内幕交易　光大证券　乌龙指　证券欺诈

从最高人民法院2003年1月9日出台《关于审理证券市场因虚假陈述引发的民事赔偿案件的若干规定》(以下简称《若干规定》)、法院开始受理投资者起诉进行虚假信息披露的上市公司和中介机构的民事纠纷案件以来，审理虚假陈述证券侵权纠纷的民事司法制度逐步建立和完善，对规范法人治理结构、遏制证券欺诈行为、维护投资者权益、增强投资者对证券市场的信心产生了重要作用。但是，迄今为止，对内幕交易、操纵市场及其他相关证券欺诈行为，最高人民法院一直未及出台司法解释，由于法官担心受理后无可遵循的司法规则进行裁判，客观上导致受害投资者起诉和索赔出现困难。2013年8月16日光大“乌龙指”事件引发的内幕交易发生后，引起各方高度关注，事件本身及其引申出来的技术、监管、立法、司法等问题成为各

---

* 本文根据2013年8月16日光大“乌龙指”事件引发的内幕交易案件发生后，作者撰写的内部咨询报告改编整理而成，参阅了证券法学界有关研究成果。

** 最高人民法院研究室副主任，中央财经大学法学院教授。

界热议和讨论的话题。现就内幕交易侵权纠纷案件法律适用的有关问题进行初步探讨。

一、处理内幕交易纠纷案的法律基础

第一,投资者基于内幕交易的民事索赔具有明确的法律依据。《证券法》第5条规定“禁止欺诈、内幕交易和操纵证券市场的行为”;第73条规定“禁止证券交易内幕信息的知情人和非法获取内幕信息的人利用内幕信息从事证券交易活动”;第76条第3款规定“内幕交易行为给投资者造成损失的,行为人应当依法承担赔偿责任”。在刑事责任层面,《刑法》第180条、第182条对内幕交易、利用信息优势操纵证券交易价格等行为的量刑和处罚作出了明确规定。

第二,证监会的监管执法为内幕交易民事诉讼提供了证据支持。2010年国务院办公厅印发了《国务院办公厅转发证监会等部门关于依法打击和防控资本市场内幕交易意见的通知》,中国证监会集中部署,重点开展防范打击内幕交易专项工作。当年1月至10月,证监会共受理内幕交易线索114件,立案调查内幕交易案件42起,因内幕交易对16名个人、2家机构做出行政处罚,将15起涉嫌内幕交易犯罪案件移送公安机关。一直到目前,打击和防控资本市场内幕交易面临的形势仍然较为严峻,加之一些案件参与主体复杂,交易方式多样,操作手段隐蔽,查处工作难度很大,在股指期货市场,内幕交易更具隐蔽性、复杂性。证监会的先期监管执法为法院受理审理内幕交易民事诉讼案件提供了证据支持。

第三,司法机关打击和审判内幕交易犯罪,积累了司法经验。内幕交易不仅属于行政违法行为,达到一定情节和标准,还将被追究刑事责任。近年来,证监会与公安机关密切配合,发现涉嫌犯罪的,依法移送公安机关追究刑事责任。2008年以来,证监会共向公安部移送涉嫌内幕交易犯罪案件(线索)数十件,包括黄光裕案、刘宝春案、中山公用案、上海祖龙案、宏普实业案、管亚伟案、高仰才案等一批内幕交易大案要案和典型案件,2010年5月18日,最高人民检察院、公安部联合发布了《关于公安机关管辖的刑事案件立案追诉标准的规定(二)》,其中进一步明确了内幕交易犯罪的刑事立案追诉标准。内幕交易的成交额累计在50万元以上,获利或者避免损失数额累计在15万元以上,多次进行内幕交易、泄露内幕信息等情形,都将构成《刑法》第180条规定的内幕交易罪。人民法院开庭审理或定罪宣判了若干内幕交易刑事案件。比如,仅2008年至2012年,全国法院就审结内幕交易、泄露内幕信息犯罪案件30件;2012年全国法院的刑事一审结案中,内幕交易、泄露内幕信息罪就有

10件。

第四,最高人民法院《若干规定》实施以来积累了丰富的审判经验。最高人民法院于2003年1月9日出台的《若干规定》在主体资格、侵权行为认定、因果关系、主观归责、损失界定等方面填补了我国证券法律、法规的空白,具有重要的理论价值,对司法实践和投资者权益保护产生了重要影响。仅2008年至2012年五年间,全国法院一审民事案件中,包括虚假陈述在内的证券欺诈纠纷案件就有183件。虚假陈述与内幕交易、操纵市场同属证券欺诈行为,具有很多共性。全国法院对虚假陈述案件的受理、审理,为内幕交易、操纵市场民事纠纷案件的受理、审理积累了丰富的审判经验。内幕交易是三大证券违法行为的主要种类,也是证券监管重要对象,近几年来内幕交易一直较为猖獗,严重损害证券市场的三公原则和投资者合法权益,人民法院通过司法审判支持和保护内幕交易受害人的损害赔偿请求权,不但可以达到阻吓内幕交易行为的目的,也可以提高法院在资本市场和广大投资者中的公信力。

二、内幕信息的构成与认定

内幕信息的构成要素包括:(1)信息的不公开性,即信息不为投资公众所知。判断公开与否主要是从形式意义上的公开来界定,即信息披露义务人按照法律的要求将重大信息向证券管理机构和社会公众报告或公告,包括将该信息刊载于证券管理机构指定的报刊上或置于发行人及证券承销机构的营业地和证券管理机构供投资人查阅。具体进行判断时,应从公开的主体、方式、时间三项法定要件上考虑。(2)信息的"重大性",即对证券的价格有重大影响。通说认为,确定重大性的标准有二:一种是主观标准,只要行为人利用了其主观上认为将对证券价格产生重大影响的未公开信息,就构成内幕交易,而不论该信息是否真的对证券价格产生重大影响;另一种是客观标准,即行为人主观上认为该信息不具有重要性,但该信息的公开确实给证券价格带来了巨大的变动,确实能够影响投资者的投资决策,方可以认为该信息达到了重要性。(3)信息的相关性,相关性指信息与该交易的证券有关,从而能直接或间接影响有关证券的价格。无论该信息是来源于发行公司内部还是来源于公司外部的证券市场,只要能引起相关证券价格波动皆可认定为内幕信息。(4)信息具有明确性,指内幕信息反映的内容应当是已经发生、能够确定的事实,其内容达到了使一般人产生信赖的地步,而不能是纯粹推测和不可靠的。明确性还带有真实性的要求,这就与一般的传言、谣言、小道消息区别开来。

内幕信息和未公开信息无论是在理论上还是实务中都有争论。《证券法》第75

条规定:“证券交易活动中,涉及公司的经营、财务或者对该公司证券的市场价格有重大影响的尚未公开的信息,为内幕信息。”可见《证券法》并未将涉及市场波动和宏观走势的其他信息纳入其中。证监会处罚光大证券以《证券法》第75条第2款第8项“国务院证券监督管理机构认定的对证券交易价格有显著影响的其他重要信息”和《期货交易管理条例》第82条第11项的规定为依据,认定光大证券错单交易事件为内幕信息。

2009年2月28日通过的《刑法修正案(七)》在《刑法》第180条之后增加了第180条之一,规定了“未公开信息交易罪”。据此,有观点认为,因光大证券乌龙指事件所导致的证券市场多只股票的交易价格和交易量发生异动,与此相关的信息应属于未公开信息,而非内幕信息。未公开信息与内幕信息的重要区别在于信息源头的不同,未公开信息虽然会影响到上市公司的股票价格和期货价格,但与上市公司本身无直接的关联,故不属于内幕信息。光大证券认为,错单信息不属于《证券法》第75条和《期货交易管理条例》第82条所明文列举的内幕信息;无论是上午异常交易出现后的卖空IF1309股指期货合约的对冲行为,还是下午开盘后的继续减持和对冲交易,均是在上午因异常交易形成约72亿现货头寸后,根据“风险中性”基本策略和按照既定计划进行的既定交易,不构成内幕交易。

客观上,《证券法》并没有明确规定利用未公开信息属于证券欺诈行为,这在一定程度上暴露了法律规定的不足。当然,从扩张解释的角度分析,可以认为尚未公开的信息也是内幕信息。实际上,光大证券事件暴露了我国《证券法》存在的诸多制度供给不足。应当尽快通过对证券法的修改与完善予以弥补。

三、诉讼主体适格问题

(一)如何界定原告主体资格

在内幕交易案件中,美国和我国台湾地区的做法是将请求权主体资格给予同时从事相反交易的善意投资者。其理论依据是,在证券交易时,内幕交易人进行证券买卖是对交易对方有效的要约或承诺行为,而在当时进行相反买卖的善意投资者也就是内幕交易的当事人,因此也是内幕交易人恶意获利或避损的受害者。在界定投资者为相反交易者时必须具备以下条件:首先要求其为内幕交易发生时进行了实际买卖的人;其次是“同时”买卖,“同时”应自内幕交易者进行的第一笔内幕交易开始,因为只有在违法行为开始以后,才有因违法行为遭损的受害者;最后是“善意”从事相反买卖,即不知道存在内幕交易而买卖证券。

但是,随着证券交易电脑竞价的瞬间性、规模化,要一对一地确认交易对手非常困难。特别是我国目前一揽子证券交易技术、组合证券买卖的出现,更无法精准辨识交易对手方。因此在界定"在内幕交易发生时进行反向买卖的投资人"时,应当界定为"在内幕交易发生时段与内幕交易行为人交易的证券、证券组合、证券衍生品进行了反向投资的所有投资者",即从交易产品而非交易主体的角度界定原告的适格性。换言之,内幕交易人与实际的投资者之间即使不存在一对一的交易关系,内幕交易行为人也要承担损失赔偿责任。如在光大证券内幕交易案中,原告应为在价格敏感期内交易与内幕信息直接关联的证券(ETF50 和 ETF180)、并与光大证券的交易相反(但不要去与光大的买卖行为直接一一对应)且实际遭受损失的投资者。

(二)交易所能否成为被告

有观点认为,上海证券交易所在应对和处置"光大证券 816 事件"中,未采取临时停市措施、未发出警示性公告、未宣布取消交易、未限制光大证券账户交易,为光大证券从事内幕交易提供了便利,投资者可以将交易所作为光大证券内幕交易的共同侵权人或者第三人提起诉讼。交易所则认为,其已在现有法律、规则框架下积极履行了应尽的监管职责,并不存在不履行法定义务的不作为行为,也未发生违反法律、规则禁止性规定的行为。境外证券立法或司法实践中,为了保障交易所有效履行职责,促进证券市场的健康发展,普遍确立了证券交易所正当监管民事责任豁免制度,其核心是在针对交易所监管行为提起的民事赔偿诉讼中,采取"故意或重大过失"的主观过错标准,作为判断交易所是否承担责任的基础。

笔者认为,交易所取消交易会违反《证券法》的规定。因为《证券法》第 120 条规定,按照依法制定的交易规则进行的交易,不得改变其交易结果。虽然上交所《交易规则》和《交易异常情况实施细则》参照法律规定和境外经验,对特定情况下取消交易做了例外规定,但仅限于因不可抗力、意外事件、系统入侵等造成的无法正常开始交易、无法连续交易、交易结果出现严重错误、交易无法正常结束等情形,并不适用于这次光大证券的异常交易。至于未宣布取消交易、未限制光大证券账户交易的理由,交易所的解释具有合理性。但交易所未及时发出警示性公告,存在监管疏漏。

从侵权法的角度看,由于交易所并非内幕交易行为人,投资者不能在起诉光大证券内幕交易侵权行为时将交易所列为共同被告。但是如果投资者以未尽到监管责任为由起诉交易所,法院不应当剥夺原告的程序诉权。最高人民法院 2005 年作出的《关于对与证券交易所监管职能相关的诉讼案件管辖与受理问题的规定》中规定:"投资者对证券交易所履行监管职责过程中对证券发行人及其相关人员、证券交易所会员及其相关人员、证券上市和交易活动做出的不直接涉及投资者利益的行为提起的诉讼,人民法院不予受理”。

四、侵权形态的认定与区分

有观点认为,对于光大证券在乌龙交易发生后的对冲风险行为,应认定为利用信息优势操纵市场。理由是《证券法》、有关行政法规规定:单独或者通过合谋,集中资金优势、持股优势或者利用信息优势联合或者连续买卖,操纵证券交易价格或者证券交易量,构成市场操纵行为。此观点虽有一定的合理性,但认真分析,在操纵市场行为的构成要件方面有一些欠缺:其一,在主观方面,光大证券只有内幕交易的故意,而无操纵市场的故意。一般认为,操纵市场是一种故意行为,即操纵行为是有目的的,这构成操纵市场行为的主观要件。如果行为人不知道自己所实施的是操纵市场的行为,或者虽然在客观上实施了操纵市场的行为,但行为人不具有上述目的的,不构成操纵市场。其二,在客观方面,很难认定光大证券具有操纵证券交易价格或者证券交易量的行为。操纵市场的行为是机构或者个人利用其资金、信息、持股等优势,或编造并传播影响证券交易的虚假信息,影响证券市场价格或者交易量,制造证券市场假象,诱使投资者在不了解事实真相的情况下买卖证券,扰乱证券市场秩序的行为。假如没有内幕信息,光大证券在现货市场的买进卖出行为、在期货市场的卖空行为都是正常的交易行为,很难被界定为市场操纵。

光大证券的错单交易行为对证券市场价格产生了重大影响,在该信息披露前,应界定为内幕信息,因此光大证券的行为属于内幕交易侵权行为。按照《证券法》第75条规定,在证券交易活动中,涉及公司的经营、财务或者对该公司证券的市场价格有重大影响的尚未公开的信息,为内幕信息。在2013年8月16日11时05分光大证券进行ETF申赎套利交易时,因程序错误导致策略交易系统以234亿元巨量申购180ETF成份股,实际成交达72.7亿元,进而引起多只权重股股价以及沪深300、上证综指等短时间内大幅波动,该错单交易可以界定为对证券市场价格有重大影响的信息。2013年8月16日下午13时起至14时22分光大证券公告称“当天上午公司策略投资部门自营业务在使用其独立套利系统时出现问题”这一敏感时段内,光大证券将所持股票转换为50ETF和180ETF卖出并卖空股指期货空头合约IF1309和IF1312的行为,基本符合内幕交易的法律特征。

五、归责问题

在归责理论上,美国关于内幕交易归责理论的主流观点是“公开,否则戒绝交易”学说。该学说认为,当内幕人员得知尚未公开的重要消息,有意从事该公司证券的买卖时,他有两种选择:一是在交易市场上公布这条消息,然后进行交易(公布消息);二是完全不从事任何交易行为(戒绝交易)。然而,大部分的内幕人员往往无权私自公布内部消息,甚至由于某些原因(如公司本身的政策规定、契约上的限制等),而被禁止私自公布消息。当内幕人员无权公布消息时,他就不能利用该消息在市场上买卖相关证券。违反这一原则的交易行为,构成法律所禁止的内幕交易。

在主观归责上,各国证券法往往采取过错责任和过错推定责任。如美国、法国、德国、日本,均强调利用内幕信息进行证券交易只能是故意,且不要求行为人主观上有投机或牟利的意图。我国《证券法》并未对内幕交易民事责任中的过错作出规定,但根据法条关于内幕交易的定义以及内幕交易的行为的表现形式来看,应要求内幕交易行为人在主观上存在故意。我们认为,我国的内幕交易民事责任可适用过错推定责任。因为在证券内幕交易中,行为人多为拥有技术和资金优势的专业机构和人员,而受害人多为一般的投资者,要求受害人对行为人的主观过错进行举证过于困难。行为人在行为时知道内幕信息即可证明行为人主观上存在过错,除非行为人自证无过错。

六、因果关系与抗辩

内幕交易的因果关系,指行为人的内幕交易是导致交易另一方损失的原因。在美国,包括内幕交易在内的证券侵权的因果关系认定是建立在欺诈市场理论的基础上的。根据该理论,一个有效的证券市场,所有的信息都要反映到证券价格上;证券价格不仅反映全面、准确的信息,同时也反映错误虚假的信息。证券欺诈行为改变了正常的市场风险,误导了证券价格,就等于是在欺诈整个市场。在美国司法实践中,对信赖的证明通常表现为,只要被告负有公开义务而未公开重要信息,就认定已满足了因果关系的要求,任何与内幕交易者从事交易时进行反向买卖的投资者,均可以针对内幕交易者提起损害赔偿诉讼,无须证明因果关系,法律推定因果关系成立。我国《证券法》及相关法规并未对内幕交易因果关系做出规定,但在最高人民法院《若干规定》中,实行了因果关系推定的方法。我国可借鉴美国的做法、《若干规定》的规定,不要求投资者对内幕交易者提起损害赔偿诉讼时证明因果关系,依法支持其索赔权,但被告能够证明原告的损失是由其他因素造成的除外。

在因果关系方面,有观点认为,因内幕交易所引起的民事诉讼具有特殊性,内幕交易行为与利益受损人、受损之因果关系存在认定困难。由于证券市场采取匿名、集中配对的交易方式,“多对多”的交易条件下难以确定交易的相对关系,并且交易人在市场交易中仅是在匿名条件下提出交易报价,其交易动机无从判断,故交易人参与交易很可能仅仅是时间上的碰巧而非受内幕交易诱使,交易人很难证明其参与交易或者反向交易的行为与内幕交易之间存在直接的因果关系。我们认为,参照和借鉴美国的欺诈市场理论和司法经验,因果关系认定并非难题。而且,在我国,主流观点均认为内幕交易行为是一种特殊侵权行为。因此,任何与内幕交易者从事交易时进行反向买卖的投资者针对内幕交易行为人提起的民事赔偿诉讼,无须证明因果关系,司法审判可推定因果关系成立,当然内幕交易行为人可以提出因果关系不成立的抗辩。

内幕交易民事责任的免责事由有以下几类:其一,依据内幕交易民事责任构成提出的免责事由。从事内幕交易的人能够证明所实施行为属于下列情况之一的,不承担赔偿责任:不符合内幕交易侵权行为的构成要件;行为人不属于内幕人员;利用的信息不属于内幕信息;所交易的证券不是上市证券。其二,行为人不具有利用内幕信息或从事内幕交易的主观过错。如中介机构以其不知道客户的指令属于内幕信息为由而按指令进行交易,不属于内幕交易。其三,受害人所受损失与内幕交易不具有因果关系。如果内幕交易行为人能够证实受害人的损失不是由内幕交易行为造成的,而是市场其他因素导致的结果,则没有义务赔偿受害人的损失。其四,侵权民事责任构成以外的免责事由。如受害人知情、不可抗力或意外事件、时效届满、法律法规特别准许或权利行使的行为等。

光大证券认为不构成内幕交易的抗辩理由是:在 2013 年 8 月 16 日上午因系统故障巨量申购 180ETF 成分股后,产生巨大的风险敞口。在此情况下,立即卖出股指期货空头合约和 ETF 基金,闭合风险敞口,是基于策略投资部市场中性策略的交易原理(市场中性策略性投资的业务要求不留单边的风险敞口,无论是主观还是被动地产生了单边的头寸,都要尽快完成对冲)、管理制度和既定的交易计划进行的操作,具有合规性和正当性。在 2013 年 8 月 16 日下午开盘后的继续减持和对冲交易行为,也是在上午因异常交易形成约 72 亿现货头寸后,根据“风险中性”基本策略而进行的既定交易,不构成内幕交易。如果认定光大证券在事件发生当日下午的减持和对冲行为构成内幕交易,则业内通行的大额的对冲交易套利交易都可能被认定为内幕交易。

而且,根据我国现行的法律法规、以往的案例,无法判断错单信息就整个证券市场而言属于内幕信息,更无从判断光大证券的对冲行为有可能构成内幕交易行为。证监会制定的《证券公司参与股指期货交易指引》第 8 条规定,证券公司可以以自有资金参与股指期货交易，进行风险对冲。最高人民法院和最高人民检察院《关于办理内幕交易、泄露内幕信息刑事案件具体应用法律若干问题的解释》第 4 条规定，按照事先订立的书面合同、指令、计划从事相关证券、期货交易的，不构成内幕交易。

光大证券的律师还认为，光大证券 2013 年 8 月 16 日下午所实施的交易行为属发生巨额错单交易后的风险对冲——紧急自救行为，其主观目的乃为止损和脱险，此与恶意欺诈市场谋取不当利益或者蓄意扰乱市场秩序的其他内幕交易行为有明显区别。此次重大错单交易为国内市场所鲜见，在复杂而又未有先例的情况下，证监会采取行政处罚方式，直接将原本适用于上市公司个体的内幕消息定义扩张至证券市场的宏观信息，从行政行为所应秉持的比例原则和类推适用的目的性解释来看，有突破现有法规的解释框架而过度扩张的瑕疵。而且，证监会没有在事先采用规范性文件的方式将本案类似情形界定为内幕信息和内幕交易，而是在事后对个案进行处罚时进行解释，相当于让有关义务主体承担不明确的法律后果，对行政相对人要求过于苛严。

证监会认为，光大证券异常交易事件虽然是因证券经营机构交易系统设计缺陷导致的，但是，这一事件暴露了光大证券在内部控制、风险管理、合规经营等方面存在很大问题。事件发生后，光大证券及其事件相关人员在考虑对冲风险、调剂头寸，降低可能产生的结算风险时，采取了错误的处理方案，构成内幕交易、信息误导、违反证券公司内控管理规定等多项违法违规行为（证监会的详细理由如前述）。

笔者认为，证监会的认定基本正确。首先，光大证券发生巨额错单异常交易事件，在市场和投资者不知情的情况下，直接影响了证券市场股票价格的大幅波动，影响了投资者对权重股票、ETF 和股指期货的投资决策。该事件作为证券市场上的未公开信息，在我国现有法律制度下定性为内幕信息是适当的。其次，市场中性策略的交易原理只是一种市场投资或投机机制，它本身不带有价值判断取向，如果在这种方式的交易中违反了证券法的反欺诈条款，毫无疑问要依法承担责任。最后，内幕交易无须以行为人主观上获利或避损为构成要件。因为股票买卖行为本身就是为了获利或避损，要求内幕交易行为具有获利或避损动机在客观上无法认定。

七、损失计算

损失及赔偿额的确定是内幕交易民事救济制度实施的一大难题。证券市场的高收益必然伴随着高风险，投资者对市场可能存在的风险，应当负有预期责任。在内幕交易损失界定方面，有观点认为，内幕交易造成的损失数额难以认定。由于引起证券价格波动的因素种类繁多,对市场价格的影响很难单独予以精确量化,而确定内幕交易造成的价格波动更是极为困难。因此,在涉及内幕交易时,若无条件地支持民事赔偿请求,将会导致很多仅仅是因为自身投资决策失误而需承受商业风险损失的交易相对人以存在内幕交易为由无节制地提起诉讼,从而出现"滥诉"的后果。笔者认为,国际上计算内幕交易赔偿额的方法已较为成熟,包括实际价值计算法、实际诱因计算法、差价计算法、吐出非法利润法等方法。其中,差价计算法是指损失赔偿额等于股票交易时价格与内幕信息披露时或此后一段合理时间内的股票价格差额。如美国规定,原告所得的损害不得超过其买入价或卖出价自改正误导性陈述或遗漏的信息公开后 90 天内该证券的平均价之间的差额。我国台湾地区"证券交易法"第 157 条之一规定:"应就消息未公开前其买入或卖出该股票之价格,与消息公开后十个营业日收盘平均价格之差额限度内,对善意从事相反买卖之人负损害赔偿责任;其情节重大者,法院得依善意从事相反买卖之人之请求,将责任限额提高至三倍。"从我国《侵权责任法》和《证券法》的立法精神出发,结合我国当前证券市场实际状况,我们认为投资者的损失计算可以采用"差额计算法"。基准价格可考虑以该内幕信息公开后 30 个交易日的平均收盘价格为基准价格。在此基础上,以投资者在内幕信息的价格敏感期内买、卖证券的平均价格,与基准价格的差额,乘以买、卖证券的数量,计算的损失金额即为投资人所遭受的损失。

八、诉讼程序有关问题

(一)管辖问题

根据最高人民法院《2007 年全国民商事审判工作会议纪要》的精神,对于投资人以内幕交易为由对侵权行为人提起的相关民事诉讼,有关人民法院可参照虚假陈述司法解释中关于管辖的规定来确定案件的管辖。根据《若干规定》第 8 条和第 9 条第 1 款的规定,对上市公司提起的虚假陈述证券民事赔偿案件由上市公司所在地有管辖权的中级人民法院管辖。在全国范围内,只要投资者起诉是由同一事件引发,诉讼标的是同一种类,法院就可将此类案件集中统一管辖,以有利于节约审判资源,统一裁判标准。其他法院受理的,应按上级法院的要求移送。

(二)诉讼形式问题

在全球范围内,目前资本市场投资者因证券欺诈引发的群体性民事诉讼形式主要有美国式的开放式集团诉讼模式、中国式的共同诉讼两种类型。开放式集团诉讼不需要受害投资者明示授权,诉讼代表人或律师可以将其作为原告加入诉讼。在现阶段,此种模式不适合中国国情,且无法律依据。我国《民事诉讼法》规定的是必须由原告提起或委托提起的共同诉讼(也叫代表诉讼)形式,法院依不告不理原则受理、审理案件。而且,在中国目前的经济发展水平下,开放式集团诉讼原告规模庞大,会大大加重上市公司等被告的负担,可能造成法院判决的执行困难,对社会的负面影响也难以预见。

(三)诉讼和解问题

司法应该为当事人的和解创造一种机制。在美国,法院对于证券欺诈案件,并非百分之百都要通过判决解决,因为这对双方当事人和法院来说,成本都比较高,因此鼓励双方当事人进行和解。统计数据显示,在美国的证券诉讼中,有2/3的纠纷是通过调解、和解的方式解决,法院判决的案件相对较少。建议借鉴美国的经验,在司法解释中规定:一旦启动和解程序,正在进行的司法审判程序应当中止,一旦和解达成,则司法程序应当终结。

附:

光大证券"乌龙指"引发的内幕交易案件

2013年8月16日11点05分,上证指数出现大幅拉升,大盘一分钟内涨超5%,最高涨幅5.62%,指数最高达2198.85点,盘中逼近2200点。包括中国石油、中国石化、工商银行、中国银行等市值靠前的权重股集体出现涨停(据悉这在A股历史上从来没有出现过)。11时05分至07分,光大证券该自营账户共申报市价买入订单数千笔,单笔申报数量从100股至99.69万股不等,成交超过70亿元。13时(公司高管层决策后)至14时22分,光大证券卖空IF1309、IF1312股指期货合约共6240张,获利7414万元。同时,转换并卖出180ETF基金2.63亿份、50ETF基金6.89亿份,规避损失1307万元。以上两项交易获利和避损合计8721万元。

14时19分 光大证券通过上交所网站发布了提示性公告,公布了事件情况及原因。上交所所官方微博随即转发了该公告。15时,针对市场有关光大证券异常交易将取消的传言,上交所通过官方微博发布"本所今日交易系统运行正常,已达成的交易将进入正常清算交收环节"的信息。16时,证监会在通气会上表示,目前上交所和上海证监局正抓紧对光大证券异常交易的原因展开调查。下午收市后至晚间,上交所向光大证券发出《监管警示函》,要求公司进一步查明异常交易原因,于19日前向市场发布公告。同时,上交所和上海证监局成立联合调查小组着手对事件进行现场调查。

8 月 18 日,光大证券公布 16 日其自营账户异常操作的自查报告称:事件产生的原因主要是光大证券策略投资部使用的套利策略系统出现问题,该系统包含订单生成系统和订单执行系统两个部分。核查发现,订单执行系统针对高频交易在市价委托时,对可用资金额度未能进行有效校验控制,而订单生成系统存在的缺陷,导致特定情况下生成预期外的订单。由于订单生成系统的缺陷,导致在 11 时 05 分 08 秒之后的 2 秒内,瞬间生成 26082 笔预期外的市价委托订单;由于订单执行系统存在的缺陷,上述预期外的巨量市价委托订单被直接发送至交易所。

8 月 30 日,证监会公布调查处理结果。证监会认为,事件发生后,光大证券及其事件相关人员在考虑对冲风险、调剂头寸,降低可能产生的结算风险时,采取了错误的处理方案,构成内幕交易、信息误导、违反证券公司内控管理规定等多项违法违规行为。光大证券异常交易事件直接影响了证券市场的正常秩序和造成了股票价格的大幅波动,影响了投资者对权重股票、ETF 和股指期货的投资决策,属于《证券法》第 75 条、《期货交易管理条例》第 82 条规定的证券、期货市场内幕信息。14 时 22 分公告前,光大证券知悉市场异动的真正原因,公众投资者并不知情。在此情况下,光大证券本应戒绝交易,待内幕信息公开以后再合理避险。但光大证券在内幕信息依法披露前即着手反向交易,明显违反了公平交易的原则。

据此,证监会认定,光大证券在 8 月 16 日 13 时(公司高管层决策后)至 14 时 22 分转换并卖出 50ETF、180ETF 基金以及卖空 IF1309、IF1312 股指期货合约,构成《证券法》第 202 条和《期货交易管理条例》第 70 条所述的内幕交易行为。徐浩明是直接负责的主管人员,杨赤忠、沈诗光、杨剑波是其他直接责任人员。事发当时,光大证券董事会秘书梅键身为上市公司履行信息披露义务的直接负责人员,又是证券公司的从业人员,在相关信息尚未披露、市场猜测众多的情况下,在尚未立即协调公司内外依法履行信息披露义务的情况下,未做任何核实即以个人猜测对外发表言论,并被媒体纷纷转载。梅键的轻率言论加剧了市场波动,对投资者造成了严重误导,违反了《证券法》第 78 条第 2 款关于禁止证券公司从业人员在证券交易活动中作出信息误导的规定。

金融服务法视角下的金融投资商品类型化研究

郭　锋*　秦川川**

内容摘要：随着我国经济的飞速发展，投资性金融商品不断出现，其结构和功能越来越复杂，并逐渐走向大众的日常生活，为普通投资者提供了充足的投资机会，但其高风险性和复杂交叉性也使投资者权益面临挑战。我国现行分业监管体制下市场被分割、监管被分割，金融产品要按照金融机构来区分。现实中混业经营下，不同金融机构发行的投资性金融商品具有相同功能，但按照分业经营和分业监管适用不同的监管标准，各行业也制定不同的发行规范、信息披露等，使投资者购买同类产品却因行业分割不能得到统一保护。我国立法中应引入金融投资商品，并进行类型化整合，建立以横向规制为特征的《金融投资商品交易法》，以实现对投资者权益的全面保护。

关键词：金融服务法　金融投资商品　类型化

从英国20世纪70年代金融大爆炸以来，世界主要发达国家纷纷致力于金融法的现代化，制定颁布了与混业经营相适应，有利于金融创新的金融服务法、金融现代化法或金融商品交易法。金融商品、金融投资商品或类似概念作为核心的法律概念被各国金融立法所吸收。就其原因，有以下几个方面：首先，全球金融从分业经营向混业经营转变；其次，金融产品的跨部门经营引发了多样化的金融创新；最后，传统的证券概念不能涵盖全部的证券品种。各国金融立法的改革促使各国加强了本国金融市场的调控，维护了金融市场的稳定，经济得到了快速稳定的发展。

反观我国现行法律实行的仍是分业监管，金融产品归属于不同的金融机构来经营。这种现状难以适应混业经营的需要，削弱了金融机构的规模经营，抑制了金融创新的发展，不能有效保护投资者的利益。从长远来看，混业经营是大势所趋，金融监管也必将向功能监管或统合监管转变。在此情况下，对金融投资商品的概念和类型化进行研究，具有重要的现实意义和理论价值。

---

* 最高人民法院研究室副主任，中央财经大学法学院教授。

** 中国建设银行法律合规部员工。

在本文中,金融投资商品是金融商品的一个下位概念。金融商品泛指市场机构向金融市场上提供的具有记载金钱交易内容或本身具有金钱价值的商品。对于市场主体而言,包含了投资和消费两种不同价值。据此,金融商品可以区别为金融投资商品和金融消费商品两种。金融投资商品是市场主体期待通过投资活动获利或避免损失,即具有获取更大价值的可能性,也有产生本金价值损失的可能性,存在一定的风险性。而单纯具有消费价值的金融商品,如一般银行存款和保险产品,不会导致投资者本金损失风险,属于消费性金融商品。本文所论述的是所有具有导致本金损失风险可能性的投资商品,即金融投资商品,具体概念和特征详见后文。

对于金融投资商品的概念和法律规制已有少数学者作出研究,而对于金融投资商品的类型化还没有研究成果。本文基于金融服务法构建的背景,借鉴国际新近立法,对金融投资商品的类型化进行研究,力图将传统银行、证券、保险、信托中具有投资性的金融商品进行类型化整合,并以此为基础重构我国金融立法,制定统一的《金融投资商品交易法》,最终实现对金融投资商品的一体化规制和对金融投资者的平等保护,从而推动我国金融资本市场的改革、创新和发展并提升其国际竞争力。

一、金融法的现代化与金融投资商品

(一)各国金融法的现代化发展

20世纪以来,随着经济全球化的发展,金融创新和金融全球化逐渐成为影响世界金融业最为主要的两股力量,推动着世界各国金融体制的变革。20世纪70年代以来,放松管制和金融创新的发展,使全球金融业进入了一个新的阶段,各类金融机构之间的分工界限变得模糊。面对金融业全球化的竞争,以金融混业经营、统合监管取代金融分业经营、分业监管的方式逐渐成为世界潮流。在这一形势下世界主要发达国家纷纷开启了金融法的现代化进程,通过建立与混业经营相适应的金融交易立法和金融监管立法,从制度上推进金融一体化发展。金融服务法的兴起就是金融法适应金融业从分业向混业过渡、包含复杂金融关系的金融商品出现、金融市场主体从横向重新划分、监管机构向功能监管和目标监管转变等趋势的结果。

英国是最早出台金融服务法的国家,其金融服务业世界闻名。20世纪70年代以前,英国的金融机构属于分业经营,其金融监管以自律监管为主、英格兰银行监管为辅。随着金融的发展,英国这种监管制度已开始不适应混业经营的需要,随后英国实施了"金融大爆炸"的改革措施。2000年6月14日,英国国会通过了《2000年金融服务与市场法》,该法案整合并取代了之前的一系列法律,系统地规定了混业经营和统一监管模式，标志着英国金融监管体制的重大变革，从法律上确立了金融服务局作为英国唯一的金融监管机构。

美国曾经是分业经营最严格的国家。20 世纪 30 年代第一次金融危机后，美国出台了《1933 年银行法》(即《格拉斯—斯蒂格尔法》)，明确禁止金融业混业经营，建立了分业监管的体制。随着科技的发展、混业经营不断加深，美国进行了一系列金融改革[1]来促进金融业的发展。美国国会于 1999 年制定并通过了《金融服务现代化法案》，该法案从最终意义上废除了《格拉斯—斯蒂格尔法》，消除了银行、保险公司、投资公司之间的障碍，允许建立新的金融控股公司从事金融业务，解除了对商业银行持股投资银行的禁令，彻底改变了美国的分业监管体制，为建立金融服务集团打开了大门。2010 年参议院通过了参议院版《金融监管改革法案》草案，经奥巴马总统签署正式成为法律，即《多德—弗兰克华尔街改革与消费者保护法》，标志着美国金融监管改革立法完成。[2]

日本金融法的现代化发展也具有国际意义。1992 年《金融制度改革法》修改、废除了原有的十余项金融法律法规，拓宽了银行经营范围，实质上宣告日本金融业进入了混业经营时代。[3] 为了实现金融法规进一步横向整合，2007 年 9 月《金融商品交易法》实施，该法整合了《有价证券投资顾问业规范法》《外国证券业者法》《金融期货交易法》《抵押证券业规范法》。该法颁布后，还对包括《银行法》《保险业法》《信托业法》在内的 89 个金融法规进行了配合修订。该法只对具有投资性的金融商品的交易行为进行了规制，可被看作《投资服务法》。

韩国的金融现代化始于 1997 年亚洲金融危机。危机后韩国开始进行四大经济改革，在金融改革方面以统一金融法规、统合金融监管体制为目标。2003 年 4 月，韩国四家研究机构共同进行《资本市场整合法》的立法研究工作和相关课题研究，对 60 余部金融相关法律的整合进行研讨。最终到 2007 年 8 月，韩国正式通过了《关于

---

〔1〕 1980 年《放松管制和货币管理法案》放松了金融管制，1989 年美联储以“个案处理”方式批准了花期、摩根大通等 5 大商业银行直接承销企业债，1991 年财政部公布了《1933 年银行法》修正案，允许部分银行从事更广泛的金融活动，1998 年通过了《1998 年金融服务业法案》允许设立金融控股公司，使得混业经营成为可能。

〔2〕 参见郭锋、祁欣：《金融业统合监管模式的国际比较研究》，载《中国证券法学研究会 2012 年年会暨“国际化视野下的金融创新—金融监管与西部金融中心建设论坛”论文集》。

〔3〕 该法允许银行、证券、信托三种不同形态的金融机构能够以“异业子公司”的方式相互渗透，实行业务交叉。即银行可设立一个从事证券业务的子公司，证券公司也可设立一个从事银行业务的子公司，银行或证券公司也可设立信托子公司，但不允许保险业以子公司方式参与其他金融业务。参见张忠军：《金融监管法论——以银行法为中心的研究》，法律出版社 1998 年版，第 183 页。

资本市场与金融投资业的法律》(以下简称《资本市场法》)。从此,韩国的金融法领域已经形成《资本市场法》、银行业法和保险业法“三分天下”的法制格局,这无疑为韩国最终出台整合银行法、保险业法和《资本市场法》的统一的金融服务法开了个好头。[1]

(二)金融投资商品概念的法律化

纵观各国金融法制改革,其金融服务法的核心或基础,是创造或引入了“金融投资商品”或“金融商品”的概念,金融立法最大限度地将具有投资性的金融商品、投资服务作为规制对象,避免产生真空地带,达到充分全面保护投资者的目的。[2]

英国《金融服务与市场法》通过对投资行为对象的列举涵盖了所有具有投资性的金融商品,如“股票、各种债券、期权、期货、共同投资计划份额”等。德国2004年的《投资者保护改善法》对《证券交易法》进行修改,引进了“金融商品”的概念,对“有价证券、金融市场商品以及衍生品交易等”作了界定,并通过修改《招股说明书法》导入投资份额的概念,将隐名合伙份额等纳入信息披露的对象。[3] 澳大利亚2001年《公司法》也用“金融商品”的概念泛指人们从事金融投资和非现金支付的金融工具,包括了股票或政府债、票据、部分衍生品、利率和货币互换、保险商品(包括具有投资功能的人寿保险商品)、年金利益、退休存款账户、外汇等。[4] 欧盟2004年《金融工具市场指令》中用“金融工具”来定义其金融商品,包含了股票、债券、集合投资计划单位、货币市场工具、金融衍生品等。日本2006年的《金融商品交易法》对传统的“证券”内容进行扩张,包含了“具有投资性的金融商品”,并将其分为有价证券和金融衍生商品;对有价证券的范围进行了横向扩大,分为有价证券和准有价证券,并分别进行了列举,包含了各种债券、股票、新股预约权证券、商业票据等。韩国《资本市场整合法》创制了“金融投资商品”这个极其概括的法律概念,还规定金融投资商品包括证券和衍生商品,将证券划分为六种类型并对衍生商品做了场内和场外的划分;该法分三条分别对“金融投资商品”“证券”和“金融衍生商品”做出定义。并通过“负面表列”的概括性定义允许开发新型的金融投资产品。

从各国不同的法律规制可见,无论是直接界定金融投资商品,还是采用金融工

---

[1] 参见董新义:《韩国资本市场法的立法理念和核心内容》,载《金融服务法研究报告》2011年第6期。

[2] 参见郭锋:《金融业应建立统合监管模式》,载《上海金融报》2009年8月14日,第2版。

[3] 参见杨东:《论金融法制的横向规制趋势——以日本金融商品交易法为中心》,载《法学家》2009年第2期。

[4] 764A. chapter7. Financials services and markets. *Australian Corporation Act* of 2001.

具、金融商品更为广义的概念来包括具有投资性的金融商品,金融投资商品都成为了上述国家金融法制横向规制的核心,这一现象可称为金融投资商品的法律化。

(三)金融投资商品的概念解析

金融投资商品作为构建金融服务法的核心,对其基本概念的界定是首要任务,但纵观我国现今的各种词典学说以及现行有效的法律条文,均未有金融投资商品的概念。与之类似的有关于"金融工具""金融产品"等概念和现行分业立法下对证券的法律规定。

金融投资商品的概念是对证券法上的证券范围扩大而形成的。我国传统证券法上的证券主要是资本证券,包括股票、债券、衍生商品等。但不同国家证券法所调整的证券范围不同,美国证券法上的证券含义最为广泛,涵盖了货币证券、票据等,但大多数国家的证券还是以资本证券为主,如日本、韩国。日本金融立法在规制对象方面,依据日本金融厅2005年的金融审议会金融分科会第一部会所作的报告书"迈向投资服务法"来看,作为《金融商品交易法》中规定的具有投资性金融商品必须满足三个要件:一是要有金钱的出资并具有金钱偿还的可能性;二是与一定的资产和股价等指标具有关联性;三是可期待获得较高的回报,具有经济性效用,同时具有风险性。[1] 韩国在《资本市场法》中创设了概括性"金融投资商品"概念,根据定义(见第2章立法例)可知"金融投资商品"必须具备以下几个要素:一是以获取利益或者规避损失为目的;二是金钱等财物的支付;三是通过约定支付金钱等财物而取得的权利(合同上的权利);四是必须具有投资性。[2]

结合我国现有的投资性金融工具的基本定义,同时参考日、韩的概念界定以及我国构建金融服务法的目的,笔者尝试对金融投资商品定义如下:金融投资商品是在金融市场上,投资人以获取利益或回避损失为目的,由金钱出资并具有赎回的可能,在现在或将来特定时间取得权利,具有导致投资者本金或以上损失风险的金融商品。

从该定义可以看出,金融投资商品的特征包含以下几个方面:首先,金融投资商品需要以金钱作为出资,是以金钱转移为内容的商品。这里的金钱是广义上的货币,即具有流动性和可计量性的现金和货币证券,通常以现金或存款作为出资,以实物出资不属于金融投资商品。以金钱进行的借贷行为和对于商品支付对价不能看作出资行为,也不是金融投资商品。其次,金融投资商品具有投资性,其目的是获取

---

〔1〕 参见陈洁:《金融投资商品统一立法趋势下"证券"的界定》,载《证券法苑》2011年第5卷。

〔2〕 参见董新义:《韩国资本市场法的立法理念和核心内容》,载《金融服务法研究报告》2011年第6期。

利益或避免损失,也就是通过投入一定的金钱来期待未来获得较大的收益或者规避将来可能发生的损失。如购买股票的行为通常是以现在所有的金钱支付而获得在股票的市场价格高于现有价格时卖出从而获得收益的期待。最后,金融投资商品具有风险性,投资者可能会承担导致其本金损失或者本金以上损失的风险。本金损失的风险是指投资者取得金融投资商品支付的金额高于其获得的收益,也就是支出大于收入产生了亏损。而对于一些衍生产品,投资者不但会损失本金,而且还会发生损失超过本金的可能。

二、主要发达国家金融投资商品类型化的立法例

本文选取了四个主要发达国家对于金融投资商品的立法规定来分析其类型化,其立法例规定的方式主要有:列举式、列举加兜底式、概括加列举式。列举式的规定,即不给出具体定义,而是直接将所规范的品种全部一一列出,凡是属于所列范围之内的相同、相似的商品都要受到该法的规制,以英国为典型。列举加兜底式,一方面通过列举对金融投资商品的种类做出详尽的规定,另一方面通过设置兜底条款,如允许用判例等方式扩充其概念,或者由有权机关来规定的种类,美国、日本采取此类模式。概括加列举式,即创制一个具有概况性特征的概念,凡是符合该特征的金融商品都列入法律的规制,同时在此概括性定义的基础上对其范围展开列举,以韩国为典型。

(一)英国的立法例

英国金融资本市场立法采取统合立法。英国模式是将金融投资商品和消费商品均放在一个主法中予以调整,即《金融服务与市场法》。通过对以往分别规制的金融法规进行了整合后,该法几乎将所有金融服务业纳入其调整范围。《金融服务与市场法》既规制投资行为又规制投资对象,即金融商品。在“受监管活动”一章中定义了具体的投资行为和投资对象。

《金融服务和市场法》附录二[1]中所规定的投资行为包括以下几个方面:(1)从事投资活动;[2](2)安排投资交易;[3](3)吸收存款;(4)保管与管理财产;[4]

---

[1] SCHEDULE 2. Regulated Activities, *The Financial Services and Markets Act*, Accessed Narch 25, 2013. http://www.legislation.gov.uk/ukpga/2000/8/schedule/2.

[2] 具体包括以本人或代理人的身份买卖、认购和承销某种“特定投资”;如果涉及的“特定投资”是保险合同,则包括履行该合同。

[3] 即为他人买卖、认购和承销某种“特定投资”做出安排。

[4] 即保管和管理属于他人的财产或做出该类安排(例如银行的保管箱业务)。

(5)投资管理;[1](6)投资建议行为;(7)成立共同投资计划;(8)使用电子计算机作为系统基础从而给出投资指导的行为。[2] 上述投资行为不仅包括了具体执行的行为,还应当包括为他人提议或同意从事上述行为的行为。

该法附录二中对于投资对象的种类,即金融商品的类型,做了详细规定,主要内容如下:(1)股份或股权,包括公司股本的股权或股票,公司包括任何法人团体,以及在国会法律下或英国本土以外设立的非法人团体,开放式投资公司除外;(2)创立或确认负债的证书,包括公司债券、借款股份、贷款债券、存款证明以及其他创立或确认现在与未来负债的证明;(3)政府与公共证券;(4)赋予投资权利的证书,包括认股权证或其他赋予投资者认购投资的证明[3];(5)代表证券的证明,包括任何授予合同或财产权利的证书;(6)共同投资计划中的单位份额,包括开放式投资公司的股份或股票和任何集合投资计划的参与权;(7)期权,有获得或失去财产可能的期权;(8)期货,依据关于商品买卖或关于交付的财产合约享有在未来的某一时间进行交易的权利;(9)差价合约,包括任何存在希望或潜在希望通过参考所描述的价格或价值波动,或合约中制定的指引或其他因素来获得或者避免损失的合同;(10)保险合同;(11)劳埃德集团承保权;(12)存款;(13)以土地作担保的贷款;以及对符合上述规定的其他投资的权利和利益。[4]

由此可见,《金融服务与市场法》所规制的金融商品类型十分广泛,既包括投资性证券,也包括不具有投资性的保险、存款等消费性金融商品。

(二)美国的立法例

美国将金融商品主要规定在证券法中,通过列举方式来规制,同时还通过判例来扩充,其类型化模式是列举加兜底方式。美国《1933 年证券法》中没有给证券直接下定义,而是采用列举的方式,规定了证券的表现形式,范围非常广泛。

《1933 年证券法》第 2 章(a)1 规定:"证券一词,系指任何票据、股票、库存股票、公债、公司信用债务凭证息票或参与任何分红协定的证书、以证券作抵押的信用证书,组建前证书或认购书、可转让股份、投资合同、股权信托证书、证券存款单、石油、煤气或者其他矿产小额利息滚存权、任何股票的出售权、购买权、买卖选择权或优先

---

[1] 即管理属于他人的由投资组成的或包含投资的资产,例如各类投资管理公司或养老基金。

[2] 即用计算机系统为他人传递电子化的投资指令,以取代书面指令。

[3] 该投资是否存在或可识别无关紧要。

[4] SCHEDULE2. PART II INVESTMENTS, *The Financial Services and Markets Act*, Accessed Narch 25, 2013. http://www. legislation. gov. uk/ukpga/2000/8/schedule/2.

购买权、存款证明、一类证券或者证券指数(包括其中的任何利益或者以其价值为基础)或者在全国证券交易所中与外汇有关的任何股票的出售权、购买权、买卖选择权或优先购买权;还包括一般说来被普遍认为是'证券'的任何权益和凭证,或者上述任何一种的息票或参与分红证书、暂时或临时证书、收据、担保证书、认股证书、认购权、购买权。"[1] 美国在其后对证券法进行了修订,其中1982年的《D条例》增加了期权,从而进一步丰富了证券的类型,使证券的定义包括对任何股票、可转让存款证明、证券指数(包含存在于或根基于这些指数价值的利益)的卖出、买入、同价卖出买入期权或特别权利,或任何加入某种关联到外国货币的本国证券的卖出、买入、同价卖出、买入期权或特别权利等。[2]

此外,美国援引判例通过SEC v. W. J. Howey Co一案,[3]联邦最高法院确定了投资合同的判定标准,即四个实质要件:(1)金钱的投资;(2)投资共同企业;(3)投资人期待获利;(4)该获利是完全来自发起人或第三人的努力。[4]

之后,美国联邦最高法院又通过Reves v. Ernst & Young一案,[5]确立了判断票据是否属于证券法中的有价证券的标准,即"家族相似性"审查标准。这一标准列举

---

[1] 卞耀武主编:《美国证券交易法律》,法律出版社1999年版,第1~2页。

[2] 参见陈界融:《论资产证券化及基本类型》,载《公民与法》(法学版)2010年第4期。

[3] 在该案中,被告Howey公司将其所有的大片柑橘田以亩为单位划分为若干片,吸引公众投资者,并与投资人签订了"土地销售合同"和"服务合同",其中约定,土地以保证契约的形式转让给投资人;服务合同期为10年,在合同期间Howey公司对橘子的播种、收割和销售拥有完整的决策权。卖方既无权进入橘园,也无权拥有任何产品。买卖双方对于土地和产品甚至不是联营,买方只是在收获季节收到一份表示他那一份收益的支票。果园的投资人,即买方居住地距离橘园通常很远,大多不是当地人,以旅游者或居住在一家由Howey公司经营的旅馆中的住户为主;他们大多不具备播种、收割和销售橘子的设备和经营条件;他们接受合同的唯一理由是希望依赖Howey的经营带来的利润。双方争议的焦点是"土地销售合同、保证契约、服务合同是否一起构成了《证券法》第2(a)(1)所指的'投资合同',因而属于证券法规范的'证券'"。

[4] 参见台湾地区"行政院"金融监督管理委员会:《日本金融商品交易法之研究期末报告》,第196页。

[5] 该案中,一家农业产销合作社拥有将近23000个会员。为了提高资本,合作社卖出见票即付的票据,经持有者请求即需支付票款。虽然该票据并无任何抵押及担保,但是合作社支付一个弹性的利率,每月调整利率以确保它的利率高于地方金融机构所支付的利率。合作社向会员与非会员提供票据并对其进行销售。然而,在1984年合作社破产了。当时,有超过1600人持有总值一千万的票据。在合作社破产后,因为Arthur Young & Co.公司负责审查合作社的财务报表,这些原告(即票据持有者)便对Arthur Young & Co.提起诉讼。原告认为Arthur Young & Co.夸大合作社的净值,认为Arthur Young & Co.在审查上如果能妥当地评估该工厂的价值,他们就不会购买这些票据。因此,原告主张Arthur Young & Co.违反了1934年《证券交易法》及阿肯色州的证券法。Reves v. Enrst & Young, See 494 U. S. 56. 110 SCL 945, 108 L. Ed (1990).

了七种非属于证券的票据清单,[1]如果不属于这个范围或无相似性,就可以认定为证券,适用证券法规则。2008年美国财政部颁布的《现代化金融监管体制蓝图》[2]中将美国金融服务业中的金融商品划分为四类:付款和流动变现性产品(payment and liquidity products)、[3]各种类型的信用产品(credit products)、[4]投资产品(investment products)[5]以及(可以)转移金融风险的产品(products that transfer financial risk)。[6]可见在美国法中,以证券为核心的投资商品类型的范围十分广泛。

(三)日本的立法例

日本《金融商品交易法》并未大一统地将存款、保险等消费性商品囊括进来,严格意义上讲是《投资服务法》。该法将"证券"的范围扩展为具有投资性的"金融商品"。在立法中并没有使用"广义的有价证券",也没有界定"金融商品",只是扩大了原有证券的范围,[7]通过列举加兜底进行了规制。

日本《金融商品交易法》把具有投资性的金融商品分为有价证券和金融衍生商品,其中有价证券包含了狭义上的有价证券和准有价证券。该法第2条第1款列举

---

[1] 第二巡回上诉法院认为,并非所有的票据都是证券,该法院对既往判决中明显不是证券的票据,设计出一个并非属于证券的票据清单:(1)消费者融资票据;(2)住房抵押担保票据;(3)以小企业或其某些财产作留置担保的短期票据;(4)银行因融资所给予顾客的票据;(5)以应收账款让与权作为担保的短期票据;(6)仅仅是代表平常经营业务范围内所产生的账上债务;(7)因公司当前业务需要,而向银行融资所得的票据。转引自王志敏:《金融投资商品的法律规制研究》,中央财经大学2007年硕士学位论文。

[2] U. S. DEP'T of the Treasury, Blueprint for a Modernized Financial Regulatory Structure (2008), available at: www. ustreas. gov/press/releases/reports/Blueprint. pdf. 转引自杜晶:《论金融统合规制改革与金融服务法的建立》。

[3] 包括传统银行的业务,像个人储蓄和支票账户(checking account)等这些业务。

[4] 既包括传统金融意义上的信用产品,例如票据;也包括现在跨越银行、证券、保险、信托的新型信用产品。

[5] 包括各种证券、保险理财产品(insurance company products)、其他金融机构所提供的理财产品,以及银行理财产品[定期存款(time deposits)也被认为是投资产品]。

[6] 包括传统意义上的转移风险的产品,例如传统保险险种(insurance products);也包括期权和期货等套期工具。

[7] 在日本金融厅金融审议会金融分科会上也曾探讨根本修改"有价证券"概念,但考虑到世界上主要国家特别是大陆法系国家仍在使用"证券"或"有价证券"概念,且"有价证券"概念长期以来已被日本社会广泛接受,"有价证券"这一用语也被其他法律大量引用,如修改将会影响向国会提交修改法案等情况,《金融商品交易法》仍然延续了"有价证券"的概念。转引自杨东:《论金融法制的横向规制趋势——以日本金融商品交易法为中心》,载《法学家》2009年第2期。

的狭义上的有价证券包括:(1)国库券;(2)地方债券;(3)特别债;(4)资产流动化法上之特定公司债券;(5)公司债;(6)对特殊法人之出资证券;(7)协同组织金融机构之优先出资证券;(8)资产流动化法上规定之优先出资证券及新股认购权益书;(9)股票及新股预约权证券;(10)投资信托及外国投资信托之受益证券;(11)投资法人之投资证券、投资法人之债券、外国投资法人之投资证券;(12)贷款信托之受益证券;(13)特定目的信托之受益证券;(14)信托之受益证券[1];(15)商业本票;(16)抵押证券[2];(17)具有第1款到第9款、第1款到第15款性质之外国证券或证书;(18)外国贷款债权信托之受益证券;[3](19)选择权证券及证书;(20)存托凭证及证书;(21)以行政命令所指定之证券及证书(须具备流通性要件)。[4]

表彰有价证券之权利,在《金融商品交易法》第2条第2项前段规定:第1项所规定的表彰有价证券的权利,纵然没有发行有价证券,该权利仍准用有价证券,而适用本法之规定。该法第2条第2项所列举的准有价证券有:(1)信托之受益权[5];(2)外国信托之受益权;(3)无限公司与两合公司之社员权(以行政命令所定者为限)、合同公司之社员权;(4)外国法人之社员权(具有前款之性质者);(5)集体投资计划持分;(6)外国集团投资计划持分;[6](7)以行政命令所指定权利(删除流通性要件)。

依《金融商品交易法》第2条第20项规定,所谓衍生性金融商品交易是指:证券

[1] 所谓的信托之受益证券是指“以发行受益证券”为信托目的之信托的受益证券。因信托法修正后,导入受益证券发行信托的制度,使信托受益权也可证券化,因而在《金融商品交易法》中做出相对应的规定。参见台湾地区“行政院”金融监督委员会:《日本金融商品交易法之研究期末报告》,第45页。

[2] 抵押证券原一直规定于《抵押证券业规范法》中,但因抵押证券具有有价证券的性质,符合金融审议会金融分科会第一部会在其《迈向投资服务法报告》中所称“金钱出资并有赎回金钱之可能性、与资产或股价指数等相连动、可期待高获利(经济性效用),而具有风险之商品”等三项要件的标准,因此日本在修法时废止抵押证券业规范法,将之纳入《金融商品交易法》之有价证券范畴中。参见台湾地区“行政院”金融监督委员会:《日本金融商品交易法之研究期末报告》,第46页。

[3] 第17、18款规定的外国证券在原证券交易法中第2条第1项第9、10款中规定为“外国法人”所发行者为限。但金融商品交易法扩大其发行主体不以法人为限,只需发行人为外国人即可。

[4] 日本《金融商品交易法》第2条第1项,参见台湾地区“行政院”金融监督委员会:《日本金融商品交易法之研究期末报告》,第45页。

[5] 原来为信托业法规范对象的信托受益权,在此视为一般有价证券,这是因为信托受益权在贩卖阶段,买受人是以金钱出资,且有以金钱赎回之可能性,具有金融审议会金融分科会第一部会在其《迈向投资服务法报告》中所称“金钱出资并有赎回金钱之可能性、与资产或股价指数等相连动、可期待高获利(经济性效用),而具有风险之商品”等三项要件的标准。因此将其纳入金融商品交易法。

[6] 第5款、第6款规定了集体投资计划份额泛指:包括民法上的合伙契约、商法上的隐名合伙契约、投资事业有限责任合伙契约、有限责任事业合伙契约或者其他契约形式等。

集中交易市场衍生性金融商品交易；[1]店头衍生性金融商品交易；[2]外国证券集中交易市场衍生性金融商品交易。[3]

可见，日本《金融商品交易法》所规定的金融商品，是从传统的有价证券概念扩展而来，其类型与英国和美国的规定相比较为狭窄，不包括消费性金融商品。

（四）韩国的立法例

韩国《资本市场法》的一大创新是确立了概括主义规制的立法理念。突出表现在：它创制了"金融投资商品"这个极其概括的法律概念。韩国《资本市场法》的施行，从此使得韩国金融市场中的金融商品正式形成了保险商品、银行存贷款商品和金融投资商品"三足鼎立"的局面。[4] 该法通过概括定义加特定列举对金融投资商品的范围进行了界定。

韩国《资本市场法》分三条分别对"金融投资商品""证券"和"金融衍生商品"做出界定。第3条规定：本法所称的"金融投资商品"，是指为了获得利益或者避免损失，在现在或将来特定的时间内，通过约定支付金钱或其他具有财产价值的物品（以下称金钱等）而取得的权利，而且具有为取得此权利已经支付，或者理应支付的金钱总额（属于总统令规定的销售手续费等金额除外）的风险可能超过同样因从上述权利而已回收，或者可以回收金钱等的总额（包含总统令规定的解约手续费等金额）的风险（以下简称投资性）。[5] 但有下列情形的除外：（1）以韩元标示的可转让存款凭证。（2）未将信托财产的处分权（《信托业法》第46条至第48条规定的权限除外）授予受托人的信托（以下简称管理信托）之受益权。该条同时对金融投资商品进行了分类，按照是否会承担本金以上的损失，它把金融投资商品分为证券和金融衍生

[1] 指遵从金融商品集中交易市场开设者所定的基准及方法，而进行以下各种类型的交易：第1款金融商品期货交易，第2款金融指标期货交易，第3款金融商品等选择权交易，第4款利率等交换交易，第5款信用衍生性金融商品及其他衍生性金融商品交易，第6款与前述各款类似之交易而以行政命令订定之交易。日本《金融商品交易法》第2条第21项。

[2] 指非依本国或外国金融商品证券集中交易市场而以一对一所为之以下各种交易：第1款金融商品远期交易，第2款金融指标远期交易，第3款金融商品等店头选择权交易，第4款金融指标店头选择权交易，第5款利率交换交易，第6款信用店头衍生性金融商品交易及其他店头衍生性金融商品交易，第7款前述各款以外，具有同样经济性质且认为有确保公益或者投资者保护的必要，而以行政命令订定之交易。日本《金融商品交易法》第2条第22项。

[3] 指在外国证券集中交易市场所为之证券集中交易市场衍生性金融商品交易和其他类似交易。日本《金融商品交易法》第2条第23项。

[4] 参见董新义：《韩国资本市场法的立法理念和核心内容》，载《金融服务法研究报告》2011年第6期。

[5] 参见董新义：《韩国资本市场法》，知识产权出版社2011年版，第3～4页。

商品两类,同时金融衍生商品又分为场内衍生商品和场外衍生商品。第4条规定:本法所称的"证券"是指本国人或外国人发行的金融投资商品,投资者在取得的同时所支付的金钱等之外,不必负担任何名目的追加支付义务(投资者行使以总统令所定的对基础资产的买卖可以成立的权利所应负担的支付义务除外)。[1] 同时根据证券的权益类别将证券分为6类,并对各类证券进行了概括定义。[2] 第5条规定:本法所称的"衍生性商品"是指相当以下各类的任一合同上的权利:(1)约定基础资产或基础资产的价格、利率、指数、单位或是依照以此为基础的指数等所计算出的金钱等,在未来的特定时点让渡的合同;(2)依照当事者任何一方的意见,彼此约定以基础资产或是以基础资产的价格、利率、指数、单位或是依照以此为基础的指数等计算出收受金钱等交易而成立的权利合同;(3)在将来的一定期间内,以预先订定的价格约定以基础资产或基础资产的价格、利率、指数、单位或是依照以此为基础的指数等所计算出的金钱等交换的合同。[3]

由此可见,韩国的立法中最明确地提出了"金融投资商品"这一法律概念,并在此基础上区分为证券和衍生品两种类型,并将证券的类型进一步细分,将衍生品分为场内和场外衍生品。韩国的这种立法例是在参考英美立法和借鉴日本立法的基础上,结合本国国情创制的一种较为符合大陆法传统的法律规制方式。韩国立法通过概括定义可以使金融机构更为自由地开发出各种创意性的商品,特别是独创性的新型衍生商品,与此同时投资者的选择范围也将大大拓宽。同时,资本市场统合法对金融业务按照经济功能实质进行抽象概括,确立了金融投资商品按其功能进行分类规制的机制。[4] 在具体分类时,引入了风险机制,更好地体现了功能规制和保护投资者的目的。本文借鉴韩国的做法,按照最大限度保护投资者为目的的风险因素划分原则及其他相关原则,来对我国的金融投资商品进行类型划分,从而体现法律背后的价值因素。

三、我国金融投资商品的非类型化实践、弊端及成因

在我国现有的分业经营模式下,金融机构各自创设、经营和销售与其机构性质相适应的金融产品。但随着混业经营的出现和金融创新的发展,各金融机构经营的

---

〔1〕 参见张珍宝:《韩国资本市场法系列之一:金融投资商品概念简析》,载《金融法苑》2009年第12期。

〔2〕 即债务证券、份额证券、收益证券、证券预托证券、投资合同证券、衍生结合证券六类。

〔3〕 参见伍学良:《金融投资商品统一立法研究——以韩国〈资本市场整合法〉为视角金融投资商品概述》,中央财经大学2010年硕士学位论文。

〔4〕 参见董新义:《韩国资本市场法的立法理念和核心内容》,载《金融服务法研究报告》2011年第6期。

金融产品已经出现了跨机构、跨市场的现象,而目前分业立法、分业监管下各金融机构所经营的金融投资商品,特别是一些交叉性的金融商品未得到统合规制。实际上,我国分业经营模式下的金融投资商品并不符合国际上通常按其功能进行类型化划分的惯常做法,使我国的混业经营面临着制度性的障碍,也阻碍了金融创新,增加了金融机构和金融投资者的交易成本。因此在本章,笔者就我国金融投资商品的非类型化实践、弊端及成因作出分析和考察。

(一)我国分业经营模式下的金融投资商品

我国分业经营模式下,主要是由银行业、证券业、保险业、信托业各自经营金融投资商品,从而呈现出非类型化特征,简述如下:

1. 银行业投资商品

在传统的分业经营模式下,商业银行主要是经营消费性的金融商品,如存款、贷款等。随着金融发展的深化,商业银行进一步发展具有投资性的金融商品。尤其从银行业混业经营下的创新产品来看,银行资产类业务方面主要有资产证券化、不良资产打包进行证券化处理以及信贷风险转让等新的金融产品;负债类业务方面可以看到储蓄替代产品的不断出现,例如基金产品、证券投资产品、保险产品等。[1] 中间业务中有各类代理业务、交易类业务、理财业务的产品。交易类业务中的金融衍生品交易方面,2012 年银监会发布的《银行业金融机构衍生产品交易业务管理办法》对银行业金融机构展开衍生产品业务做出规定,将衍生产品界定为金融合约,从交易方式上划分为远期、期货、掉期(互换)和期权。目前,银行业已开展的衍生交易业务分为套期保值类衍生产品交易和非套期保值类衍生产品交易。

银行理财产品方面,银监会发布的《商业银行个人理财业务管理暂行办法》对理财业务予以规定,并将其分为理财顾问服务和综合理财服务,这里所说的作为金融投资商品的理财产品系综合理财服务。[2] 其中综合理财业务[3]中的保本浮动收

---

[1] 参见中国工商银行课题组:《混业经营制度下国有商业银行产品创新战略研究》,载《金融论坛》2006 年 10 期。

[2] 《商业银行个人理财业务管理暂行办法》第 9 条规定,条综合理财服务,是指商业银行在向客户提供理财顾问服务的基础上,接受客户的委托和授权,按照与客户事先约定的投资计划和方式进行投资和资产管理的业务活动。在综合理财服务活动中,客户授权银行代表客户按照合同约定的投资方向和方式,进行投资和资产管理,投资收益与风险由客户或客户与银行按照约定方式承担。

[3] 《商业银行个人理财业务管理暂行办法》第 11 条:按照客户获取收益方式的不同,理财计划可以分为保证收益理财计划和非保证收益理财计划;第 13 条:非保证收益理财计划可以分为保本浮动收益理财计划和非保本浮动收益理财计划。

益理财因具有保证本金的性质,不属于金融投资商品的范围(本文所称的银行个人理财产品如无说明则不包括该保本理财)。根据投资方向,银行理财产品可以分为固定收益类理财产品、现金管理类理财产品、国内资本市场类理财产品、代客境外理财类(QDII)产品、结构性理财产品。混业发展促使了理财产品的不断丰富,加之监管规章在一定程度上允许扩大资金投放范围,使得各类理财产品层出不穷,除了以往的货币市场,各类"挂钩理财产品"[1]创新频繁,涉及信用、汇率、股票、商品、利率和混合连接等。[2] 新产品不断突破银行业内部发展模式,和金融其他各业相互渗透。

2. 证券业投资商品

依据我国《证券法》第2条[3]的规定,我国《证券法》调整的证券是指:股票、公司债券、政府债券、证券投资基金份额、衍生产品和国务院依法认定的其他证券。

证券公司除了进行对股票、公司债券的承销保荐与经纪业务外,还开展了资产管理业务,即提供证券公司理财产品。依据《证券公司客户资产管理业务管理办法办法》[4]的规定,针对不同客户和投资目的,券商办理资产管理业务主要有:(1)定向资产管理业务。即为单一客户办理定向资产管理业务。(2)集合资产管理业务。证券公司为多个客户办理集合资产管理业务,应当设立集合资产管理计划,与客户签订集合资产管理合同,将客户资产交由取得基金托管业务资格的资产托管机构托管,通过专门账户为客户提供资产管理服务。近期,证监会发布了《关于加强证券公司资产管理业务监管的通知》,对证券公司设立的投资者超过200人的集合资产管理计划可以按照相关规定,在征得客户同意后,将存续的集合资产管理计划转为公募基金。[5]

---

[1] 挂钩产品,是指产品的本息收益以某种方式明确地同某种资产价格(指数)相连接的产品,通常嵌入衍生产品,结构复杂、收益和风险较高。

[2] 中国社科院金融所"理财产品评价项目组":《2006年银行理财产品发展及评价报告》,载《新金融》2007年第7期。

[3] "在中华人民共和国境内,股票、公司债券和国务院依法认定的其他证券的发行和交易,适用本法;本法未规定的,适用《中华人民共和国公司法》和其他法律、行政法规的规定。政府债券、证券投资基金份额的上市交易,适用本法;其他法律、行政法规另有规定的,适用其规定。证券衍生品种发行、交易的管理办法,由国务院依照本法的原则规定。"《中华人民共和国证券法》第2条。

[4] 《证券公司客户资产管理业务试行办法》第11条、第12条、第13条。

[5] 《券商集合理财通道业务遭清理》,载机构投资网:http://www.jgtzchina.com/news_view.asp?id=4465,最后访问日期:2013年3月30日。

基金管理公司除了发行证券投资基金[1]外,2012 年证监会颁布《基金管理公司特定客户资产管理业务试点办法》,肯定了基金管理公司发行专户理财产品的资格。根据《试点办法》的规定,基金管理公司专户理财产品[2]是指基金管理公司向特定客户募集资金或者接受特定客户财产委托担任资产管理人、由商业担任资产托管人、为资产委托人的利益、运用委托财产进行证券投资的活动。包括为单一客户办理特定资产管理业务和为特定的多个客户办理特定资产管理业务(以下简称一对多业务)两种。资产管理计划资产应当用于下列投资:(1)现金、银行存款、股票、债券、证券投资基金、央行票据、非金融企业债务融资工具、资产支持证券、商品期货及其他金融衍生品;(2)未通过证券交易所转让的股权、债权及其他财产权利;(3)中国证监会认可的其他资产。

对于衍生产品,《证券法》只原则性规定"证券衍生品种发行、交易的管理办法,由国务院依照本法的原则规定"。2007 年修订的《期货交易管理条例》规定了期货公司经过审批可以从事期货交易,包括商品和金融期货合约、期权合约交易及其相关活动。

3. 保险业投资商品

保险业的投资商品主要是指人身保险业务中投资连结型保险,是保险公司提供的一种投资型保险理财产品。投资型保险产品是在传统的人寿保险产品基础之上发展起来的新型保险产品,是将保险的保障功能和投资功能相结合的产物。我国目前具有投资性的保险产品主要分为三类:分红型、万能型、投资连结型。[3] 但分红保险和万能险都具有保本功能,带有储蓄性质,是传统人寿保险产品,不属于本文探讨的金融投资商品。

投资连结保险,是一种既具有补偿性同时又包含至少一个具备资产性账户的人身保险。实务中,投资连结保险计划基于保险人的事先设计,向不特定公众发售以募集资金,投资者交付的费用由两部分组成:一部分进入了寿险保障账户,而其他的则进入投资账户,保险人受托对该部分根据投资计划进行运作,投资者根据合同约定收取对价和收付损益。因此,投资连结保险产品是保险和集合投资产品的有机组合,二者在产品中的地位是相互独立的,有关保险的法律关系不在本文讨论之限。

---

[1] 《中华人民共和国证券投资基金法》第 2 条:"在中华人民共和国境内,公开或者非公开募集资金设立证券投资基金(以下简称基金),由基金管理人管理,基金托管人托管,为基金份额持有人的利益,进行证券投资活动,适用本法;本法未规定的,适用《中华人民共和国信托法》、《中华人民共和国证券法》和其他有关法律、行政法规的规定。"

[2] 《基金管理公司特定客户资产管理业务试点办法》第 2 条。

[3] 参见肖旭:《投资型保险全接触》,载《财会通讯》(理财版)2007 年第 3 期。

投资连接保险的产品由于具备较强的投资理财性质,因此结构异常复杂,其针对客户应当具备很强的经济实力以应付合同约定的持续对价给付,更应当能承受相当的风险,在该产品投向市场的初期,投资者惯性地将其视为某种保险产品,难以建立足够的风险意识,因此,在损失真正发生时,合法权益难以得到应有的保护。应当注意的是,保险人在发行此类产品的营销活动中时而避重就轻,夸张地描述其收益性而回避可能的风险,因此对此类产品进行法律规制十分必要。

4. 信托业投资商品

《信托法》中规定的信托,是指委托人基于对受托人的信任,将其财产权委托给受托人,由受托人按委托人的意愿以自己的名义,为受益人的利益或者特定目的,进行管理或者处分的行为。[1]

我国现有的信托产品一般都是具有投资功能的金融产品。信托产品按照资金来源划分,可以分为单一资金信托和集合资金信托。单一类信托产品中,很大一部分是银信合作类的产品。集合资金信托计划是由信托公司担任受托人,按照委托人意愿,为受益人的利益,将两个以上(含两个)委托人交付的资金进行集中管理、运用或处分的资金信托业务。[2] 自 2007 年银监会颁布《信托公司管理办法》和《信托集合资金信托管理办法》以来,银监会将信托公司定位于高端的资产管理机构,鼓励信托公司大力发展集合资金信托。经过多年的发展,集合资金信托已经成为信托公司的主要产品形式之一。

综上可见,从现有行业中出现的金融投资商品来看,银行业可以经营政府债、金融债、衍生品交易以及各类理财产品,证券业从传统的股票、债券、投资基金、期货交易扩展到发行各类理财产品,保险业通过投资连结险参与投资性理财业务,信托业开展各类信托计划,从一定程度上这些行业的业务呈现出一定的交叉、雷同。因此,分业经营模式下的非类型化金融投资商品具有若干弊端,其发展存在面临着许多困难和挑战。

(二)我国金融投资商品非类型化的弊端

金融投资商品非类型化的现状说明,这种机构导向而非功能导向的非类型化现象弊端非常突出,具体分析如下:

1. 与分业经营相适应的非类型化不能体现风险控制

金融投资商品的重要特征就是可能造成本金损失或超出本金损失,在可能获得

---

[1] 《中华人民共和国信托法》第 2 条。

[2] 《信托集合资金信托管理办法》第 2 条。

较高收益回报的同时,也存在极大的风险性。尤其是金融衍生品,不仅具有高杠杆性,还具有跨期交易的不确定性,特别是场外衍生品,交易双方交付一定比例的保证金约定交易,一旦出现交易对手方违约的情形,投资者不仅会损失全部本金而且还可能产生追加支付使损失超过本金。此外,金融投资商品在交易中,其风险不仅包括市场风险,还包括信用风险、交易合同上的风险等各种风险。[1] 在现有分业经营模式下的非类型化划分的情况下,监管部门对于各自行业的创新产品需要根据该行业的发展来制定各自的规则,面对产品本身存在的风险因素特别是跨行业的系统性风险不能做到有效地识别和评估。以保险公司投资连结险为例,保险公司大都自己运营保险资金,但其营运资金的资质和能力一般不如商业银行和基金公司,投资决策的科学性和有效性难以保证,一旦发生风险很容易造成投资者损失,并可能导致金融市场的系统性风险。

2. 削弱金融机构的规模经营

金融资本市场的发展与作为金融资本市场主体之一的金融机构的发展有密切的关系。在金融资本市场不断发展的今天,金融机构要不断做大做强,开展多元化的业务经营才能适应当前金融全球化的发展需求,但是,目前金融投资商品的非类型化现状对这一需求带来阻碍。首先,非类型化下对金融投资产品进行按机构单一区分的做法已经无法正确反映现代金融的实践,如银行理财产品,其本身即具有基金性质而非单纯的银行产品,但因发售银行理财产品引发的争议,或者因为银行理财产品交易和服务而产生的纠纷,是否适用证券法和证券投资基金法,就产生了较大争议,[2]这使投资者对此类争议性金融商品保持谨慎投资态度,使金融机构难以实现业务拓展。其次,各式各样的具有投资性的金融商品仍然使用不同规则,对于银行、证券、保险和信托业所经营的如集合理财这种功能相同的产品没有进行类型化整合,以至于各个机构在开展相同业务时受到的监管也不同,从而导致了行业之间的不公平竞争,或为了规避监管而隐瞒或不如实披露风险,行业素质和整体竞争力不断下降。

3. 增加投资者的交易成本,不利于投资者权益保护

金融市场的自由化及金融投资商品的快速创新,使不同行业的金融机构推出的金融商品或服务的种类相似性很高,如果适用各行业法,则行为标准的差异将存在。

[1] 参见曹清:《论金融商品的不当销售行为法律规范》,华东政法大学 2011 年硕士学位论文。

[2] 参见曾筱清、马俊:《论金融服务法对金融法调整对象的新发展》,载《金融服务法评论》2012 年第 4 期,第 26 页。

即便是同种类的金融商品,与适用其他行业法规的金融商品比较,也产生行为规制上内容不一致的情形。在行业法律适用不明确的情况下,可能造成钻法律漏洞的情形发生,或者是由于适用的法律规范不同,致使从事金融商品或服务的交易主体范围限制的宽窄也有区别,在依照各个行业进行行为规制下,可能造成不公平竞争的情形,使投资者的交易成本增加。

金融交易通常适用"买者自负原则",即金融投资者基于自己的判断决定是否购买相关金融商品,并自己承担交易风险。但是大部分普通金融投资者因缺乏投资经验、专业知识及信息,相对金融机构而言处于弱势地位,而金融投资商品大多是一个看不见摸不着的抽象性商品,其专业性、复杂性可能使投资者在理解上产生困难,这也会导致投资者无法判断某项金融商品是否适合自己、无法正确评估风险。[1] 因此,投资者大多会根据金融机构的投资劝诱进行金融交易。在这种情况下,投资者很容易受到金融机构不当推介、误导销售等不当销售行为的影响,购入不适合的金融商品,而导致其利益受损。从投资者保护措施来看,我国主要是按照出现一个产品规制一个产品的思路来进行立法的。上述交叉领域产品概念上的不同而导致在立法上各自为政,对金融投资者保护的方式、力度以及相应的告知义务、适合性原则等基本的金融投资者保护制度规定参差不齐,使投资者无所适从、维权无门,严重影响对金融投资者利益的统一横向保护。

4. 抑制金融创新

在我国现阶段的金融业发展过程中,由于金融投资商品的不断创新,立法的步伐跟不上产品的日新月异,即使能够跟得上金融投资商品创新的步伐,但是由于我国现行的立法规制方式是个别对待,使同种性质、同种类别的金融投资商品出现适用不同规则的现象,以及对同种类金融投资商品的投资者保护方面出现差异化,这样会阻碍金融混业的发展趋势,且可能使金融机构失去产品创新的积极性。当不同金融机构业务日益交叉时,新型投资商品的推出通常需要经过多个部门长时间的协调才能完成,这样不利于金融机构以金融创新提高自身竞争力。如南京市某商业银行初次尝试推出货币市场基金时,人民银行认为该项基金的资金投向主要是归其管辖的货币市场,此项业务必然要受央行的监管,但证监会认为货币市场的投资主体是证券投资基金,应该接受证监会监管。不同部门基于各自利益争夺对该业务的监

[1] 参见董安生、朴淑京:《金融商品的不当销售行为与金融消费者保护》,载《法学丛论》2012 年第 9 期。

管权,使基金的发行一拖再拖。[1] 另外,各监管机构为减小监管压力,希望能确认并控制被监管金融机构的风险和经营行为,对原不属于本业的新产品采取抵制态度,这严重阻碍金融创新的正常发展。

5. 导致监管规则不统一

随着金融业混业经营的趋势进一步增强,在国内金融机构混业经营、跨行业投资的发展上,业务合作也进一步加强,银证业务从技术上已难以明确划分。而对于跨行业金融投资商品未能统一类型化规制,对于法律监管也产生了不利影响。目前行业规制对存在交叉现象的金融创新产品的划分缺乏科学的标准,监管机构行使监管职权会出现重叠、交叉或者空白,对不同金融机构共同参与的某项金融交易活动的规制可能因主体的不同而不一致。不同机构提供相同功能的金融商品也由于不同的监管部门导致监管标准不同,从而使提供商品的金融机构的服务成本产生较大差距。如同样作为理财产品,证券公司的集合资产管理计划受到证监会严格的管制,对其采取严格的审批制并进行规模控制,而银监会对于银行理财产品的管制则比较宽松,采取事前报告制,在内控以及内部机构设置上,没有太多规范性要求。监管差异的存在为金融机构进行监管套利留下了空间,就金融控股公司而言,其可以利用业务多样化、分散化的特点,将某项特定的产品或业务,安排到服务成本低或受强制性监管最少的控股子公司,进行不同监管标准下的监管套利活动。[2] 最典型的如德隆系的金新信托投资公司,利用多种手段,吸收了200亿元资金投资于自己控制的上市公司。[3]

(三)我国金融投资商品非类型化的成因

1. 金融资本市场不发达

首先,与西方发达国家相比,我国资本市场发展不充分、整体规模不大,并且发展不够均衡,直接融资所占的市场份额相对于间接融资偏低。而且直接融资的市场中,股票市场和债券市场发展也存在较大差异。我国债券市场规模小、市场化程度低、发行和交易市场割裂,尤其是公司债券,相对于国债和金融债,更是发展缓慢。其次,我国资本市场主体缺位,表现为我国资本市场目前的投资主体主要是个人投资者,其投资的质量很低。以投资基金为代表的机构投资者的投入比重明显不足,

---

〔1〕 参见赵善华:《分业经营向混业经营转变条件下的金融监管》,载《经济问题》2009年第4期。

〔2〕 参见赵善华:《分业经营向混业经营转变条件下的金融监管》,载《经济问题》2009年第4期。

〔3〕 参见汪其昌:《对交叉性金融工具的风险监管研究——以信托投资公司发行的信托产品为例》,载《财经丛论》2006年第3期。

机构投资者不论在数量上,还是在业务活动水平方面,都远远满足不了资本市场发展的需要。再次,我国金融业普遍存在产品结构不合理、创新能力不足、同质化严重等问题,整个财富管理行业处于比较矛盾和尴尬的境地,除了知识、经验和人才不足之外,更缺乏品牌、市场和公众充分信赖的投资理财机构。最后,尽管近年来中国资本市场的法制建设取得了很大进展,但与市场发展的要求相比仍明显滞后。某些金融工具或金融交易品种已经或即将在市场推出,但相关的法律规则却迟迟不能出台,法律规范市场的前瞻性和即时性作用不能有效发挥。即使已经实施的法律,一些条款也存在线条太粗、法律界限不清楚、可操作性不强的问题。健全有利于资本市场稳定发展和投资者权益保护的法律规范体系,就要清理阻碍市场发展的行政法规、地方性法规、部门规章以及政策性文件,为大力发展资本市场创建良好的法制环境。〔1〕

2. 分业经营体制

分业经营,是指各金融机构,包括商业银行、证券公司、保险公司和信托公司严格限定在自己的业务范围内进行经营,不得进入其他业务范围,即商业银行不能在经营银行业务的同时又经营证券业务、保险业务或者信托业务。我国的分业经营始于1993年抑制经济过热和整顿金融秩序,〔2〕1998年《证券法》第6条〔3〕对金融分业的确定,标志着金融分业的立法完成,金融分业转变为长久的经济制度,这种金融分业经营制度在长期实践中对金融投资商品的发展和类型化形成了制约。首先,金融分业的产生是为了抑制实体经济短期内过热,但是没有考虑金融业的功能发挥和金融市场的整体发展需要,也没有考虑到金融业与实体经济间相互促进与相互依存的关系。〔4〕 其次,在金融分业经营中,形成了中央集权式运用行政机制进行条条管理的金融格局,导致金融产品和金融市场按机构条条管理原则进行审批运作,金融产品的创新往往难以发挥其本质作用,各部门之间的分割使得对创新的金融投资商

---

〔1〕 参见秦玉峰:《试述我国资本市场发展不足》,载《商业研究》2008年第10期。

〔2〕 为了防范金融风险,避免金融危机的发生,1993年11月14日中共中央十三届四中全会通过了《中共中央关于建立社会主义市场经济体制若干问题的决定》,明确提出了"银行业与证券业实行分业管理"。1993年12月25日《国务院关于金融体制改革的决定》对金融分业做出了进一步的规定:"国有商业银行不得对非金融企业投资;国有商业银行对证券业、保险业、信托业的投资额,不得超过其资本金的一定比例,并要在计算资本充足率时从其资本额中扣除,在人、财、物方面与证券业、保险业、信托业脱钩,对银行业、证券业、保险业和信托业实行分业经营。"

〔3〕 "证券业和银行业、信托业、保险业分业经营、分业管理。证券公司与银行、信托、保险机构分别设立"。

〔4〕 参见王国刚:《中国金融走出分业经营体制的误区》,载《当代财经》2004年第1期。

品难以形成同类型规制，没有起到应有的深化改革的作用。最后，分业经营限制了资金供给方式的多样性，不利于资本在市场间的相互融通。

3. 分业监管体制

20 世纪 90 年代以来我国金融市场逐步朝向"分业经营、分业监管"方向发展，政府按照银行、证券和保险的分类分别成立监管机构。1992 年 10 月，国务院证券委员会成立，代表国务院对证券市场进行统一监督管理，此时中国证券监督管理委员会作为国务院证券委的下属机构主要负责监管执法活动，而证券机构仍由人民银行审批。[1] 1998 年中国保险监督管理委员会成立，对金融机构的审批权从人民银行划转至证监会。2003 年 4 月 28 日，中国银行业监督管理委员会成立，负责监管银行、信托、财务公司、金融资产管理公司及其他存款类金融机构，银行业监管与中国人民银行货币政策职能分离，我国分业监管体制全面确立。

分业监管是与分业经营体制相匹配的，在金融业发展初期发挥了重要作用，但是在金融全球化的发展，混业经营趋势愈演愈烈的情况下，分业监管模式已显现出不足：其一，金融机构之间业务的交叉、混合动摇了分业监管的基础。银行、证券、保险、信托业提供具有替代性的金融投资商品，扩大了混业经营的基础。如商业银行发展中间业务中展开的金融衍生业务、各类基金托管业务、集合理财业务等与证券业、信托业务产生了类似性、同质性。现行分业监管发挥功能的基础已被削弱。其二，分业监管体制监管力量的分散和分割，在混业经营下容易导致监管重叠和监管真空，对于混业经营的金融机构尤其是金融集团的风险难以有效防范。金融集团旗下子公司所受监管因行业而不同，而不同的监管对于特定子公司的风险不能从集团的整体性出发，难以顾及子公司之间的风险的关联性，当出现危机时，子公司之间的风险会迅速传递。

四、我国金融投资商品类型化设计探讨

(一)金融投资商品类型化的原则

1. 有利于风险控制

混业经营制度下对相互交叉、种类繁多的金融投资商品依其特性进行科学分类是一个难度较高的任务。而金融投资商品的高收益性特质决定了其与高风险密不可分，投资者购买投资商品是基于获利，但风险因素却对获利产生影响。美国金融

---

[1] 参见中国证监会编：《中国资本市场发展报告》，中国金融出版社 2008 年版，第 11 页。

危机爆发前,由于偏好金融效率,忽略了投资商品的风险性,致使对次级抵押贷款和次级债以及相关衍生商品的准入规范处于空白,一级市场上金融商品准入规制与监管的严重不足,为信贷商品的创新贷款发放标准的不断放松提供了外在的法律环境,导致了严重的后果。[1] 因此在进行金融投资商品的类型划分时,应当充分体现对风险的控制原则,对相同风险的商品进行归类并制定与风险相符的交易、买卖等规则。一方面,对于新出现的金融商品,金融机构有义务在了解、揭示该商品的相关属性和风险的基础上再与投资者进行交易。对于高风险的投资商品如期权、期货、互换以及其他金融衍生品不能向低收入投资者或者拿固定退休金的投资者推荐购买。[2] 另一方面,根据投资产品的风险向投资者披露可以确保投资者完全了解投资产品的特性和风险,使得保障投资者适合性的义务得以履行。金融机构对各自的投资商品按风险类型分析后,可以根据不同需求的投资者提供不同层次的说明,这使得监管者也能够合理配置监管资源,防止监管过度或监管不足出现监管空白,如对于高风险产品是投资者适合性义务监管的重点,要防止知识、经验不足的投资者购买不适合的高风险投资产品。

2. 一体化保护投资者

由于投资者在金融市场上占有基础性重要地位,因此各国金融市场监管的基本目标都将投资者保护放在首位。保护投资者利益不仅是证券市场监管的重中之重,也是整个金融市场监管的核心理念,这是金融市场长期发展而得来的经验教训。对金融投资商品进行类型化的整合就是为了消除目前法律规制的空白,使没有具备投资者保护制度的金融投资领域自然被消除。对投资商品按风险划分更是在考虑了投资者的多样性上提供最大限度的保护。首先,针对投资者面临多样化、复杂化的投资商品时自我判断的不足与金融机构投资劝诱时的不当推介,遵循风险的类型化制度能更好地提供给投资者较为清晰的投资信息,如将证券和衍生商品按照是否承担损失超过本金风险划分,投资者可根据自己的风险偏好进行自我判断,依据该类商品的规制方式进行购买,最大限度地提高投资者的自主性和专业性。其次,类型化设计的同时借鉴各国已建立的投资者分类制度对投资人提供保护,同样以承受投资风险的程度为标准,金融投资商品类型化立法时应将投资者区分为一般投资者及专业投资者,其中,对一般投资者的保护措施给予加强,而对专业投资者的保护则予

---

[1] 参见马国泉:《论金融商品的规制与监管》,载《法学研究》2008 年第 8 期。

[2] 参见安飞一:《我国投资产品与服务销售适合性监管制度完善研究》,中国政法大学 2010 年硕士学位论文。

适当降低。金融投资业者对一般投资者推荐投资金融商品时,应有义务详细说明金融投资商品的内容及投资风险。若金融投资业者未履行法定的说明义务,而导致一般投资者发生投资损失时,应负损害赔偿责任。与此相适应,建立投资说明义务、适合性原则[1]等投资推荐规则,并建立防止利益冲突机制等投资者保护体系,全面地实现一体化保护投资者的原则。

3. 与混业经营相适应

金融业的混业经营是中国金融业在全球金融竞争形势下的必然结果。"混业经营下的不同类型的金融机构之间可以实现金融业务的相互交叉、渗透和融合,如银行、保险、证券、期货、信托机构等都可以相互进入对方业务领域甚至非金融领域,进行业务多元化经营。"[2]理论上混业经营可表现为两种形式:一是金融控股公司形式,二是银行、证券、信托、保险机构在突破分业经营模式过程中,不断推出的各种横跨货币、资本、外汇等多个市场的金融工具或产品。两种混业经营的发展趋势都表明了要改变以行业为基础的纵向规制进,而实现金融投资商品的横向贯通和一体化运用这一客观需求。因此,对金融投资商品统合立法、类型划分时也要与这一需求相适应。一方面,对金融投资商品采取概括加列举式的类型整合,不仅可以对混业经营下各个金融机构所现实经营的投资商品进行相同或相异划分,还可以通过类型的开放性,最大限度地涵盖混业经营中不断创新而突破行业划分的交叉型商品,使金融机构在发展混业经营,或成立金融控股公司,或突破各自行业开展投资业务时,能够提供全面的、丰富创新的投资商品,同时不致因法律的缺失而导致发展上的限制。另一方面,梳理金融投资商品类型也使监管机构能意识到混业经营下各行业经营的业务中哪些具有同质性,从而反思现有监管制度对功能相同的商品的不同规制,存在的监管漏洞和监管重叠,进而改进行业规制的不合理之处,为混业经营下的金融机构发展提供完善的法律制度。

4. 促进金融创新

十国集团中央银行组织的研究小组所撰写的报告书《近来国际银行业的创新》认为,就其广义而言,金融创新一是新的金融工具,二是金融创新的三大趋势,即证券化、表外业务重要化、金融市场全球一体化,并且这两者相互作用。[3] 目前对金

---

[1] 金融业者应根据投资者的特征如:投资经验、投资目的,来选择金融商品向投资者推荐。

[2] 谈李荣:《金融结构变迁与法律回应———基于法与金融学的视角》,载郭锋主编:《金融服务法评论》(第1卷),法律出版社2010年版,第20页。

[3] 参见陆泽峰:《金融创新与法律变革》,法律出版社2000年版,第3页。

融创新通常分为四类,即金融产品的创新、金融服务方式的创新、金融市场的创新和金融体制的创新。国内外金融发展的实践均表明金融创新是推动金融业和金融市场演变和发展的关键因素和根本动力。与发达国家相比,我国金融创新还处于初级阶段,创新程度仍低于主要发达国家。因此,在顺应金融国家化发展的趋势下整合我国金融投资商品、进行类型化分析时必须坚持以促进金融创新为原则。首先,金融投资商品类型设计整合了现有投资类商品的范围,能够打破业务范围的限制,促进新的业务及交易方式的发展。对其类型的抽象涵盖和列举方式为金融机构的创新设定了一定的范围,同时,在此范围下其开放性又有无限创新的可能。类型化的投资商品不仅立足于现有机构进行投资商品的持续开发,拓展了金融机构业务种类,增加了利润渠道,丰富了市场投资途径,同时促进了金融机构的公平竞争,有利于发挥金融机构进行持续创新的积极性。其次,类型化的投资商品可以降低交易成本,进一步促进金融市场的开放,使金融融资更加便利、安全,提高金融市场效率,能够更好满足和促进市场的需求,进一步加快金融创新。可见,类型化的金融投资商品本身即是对金融创新的发展,也更能促进创新的深化,不言而喻地坚持着促进金融创新的原则。

5. 实现功能监管

功能监管是指依据金融体系的基本功能和金融产品的性质而设计的监管,功能监管的核心是将金融投资业、金融投资商品、客户根据经济实质进行重新分类,以金融投资商品、金融投资业、客户为标准对金融功能进行分类,只要金融功能相同就适用同一的标准与规则。[1] 首先,功能监管强调针对金融商品的基本功能、依据功能来制定的相应的监管原则,从而有效解决混业经营下金融创新产品的监管归属问题,避免监管真空或者多重监管造成的成本浪费。类型划分下对于同样具有投资性的商品实施同样监管,类型的直观性和层次性也使创新产品能够依照类型标准涵摄于同种功能的金融投资商品监管范围之下,从而消除监管空白。其次,功能监管强调跨行业、跨机构的监管,对于同一商品的监管不再局限在各自特定行业内部,不仅能关注到该行业的风险,还能跨行业对不同金融机构或金融集团的不同业务的整体风险予以控制。再次,功能监管还可以在很大程度上减少金融企业的监管成本,提高监管效率,被监管企业只需要根据金融投资商品交易的业务类型选择与一家监管机构打交道、提交一份审批程序、服从一套规则、接受一轮监察,可以大大降低行政

---

〔1〕 参见郭锋:《金融业应建立统合监管模式》,载上海金融报:http://finance.sina.com.cn/money/roll/20090814/08203011460.shtml,最后访问日期:2013 年 3 月 30 日。

成本。[1] 最后,不同类型的金融投资商品的基本功能具有一定的稳定性,类型的划分促进统合监管下功能的细化,使功能监管更有具体性、连续性和一致性。

(二)我国现有金融投资商品的类型化可行性探讨

通过第一章对金融投资商品基本含义的界定,本文将符合该含义、具有投资性的所有金融投资商品都纳入整合范畴。借鉴韩国《资本市场法》对金融商品的划分标准,将金融商品按照是否具有损失本金的风险划分为金融投资商品和非金融投资商品,非投资性商品不属于本文探讨范围。根据金融投资商品是否会承担损失超过本金的风险分为证券和衍生商品,笔者将可能损失部分或全部本金的归为证券,将不但会导致部分或全部本金损失,还可能导致承担追加损失责任的归为衍生商品。

1. 证券

与传统证券法上的证券概念相比,本文探讨的证券不仅涵盖了《证券法》《证券投资基金法》上的证券范畴,还整合了《信托法》《期货交易管理条例》以及有关金融监管部门发布的部门规章[2]中规定的具有投资性的金融商品等。同时借鉴日本、韩国的立法,将集合投资计划引入广义证券范畴,作为金融投资商品的兜底种类,最大限度将各类金融投资商品按投资性功能做出类型梳理。沿袭以风险控制为主线,笔者试图对证券做进一步划分,结合投资的风险因素和权益性质将证券分为:股权型投资商品、债权型投资商品和集合投资型投资商品。笔者对股权、债权的划分是从投资者的角度出发分析得出的。对传统证券法上证券划分也有学者曾提出同样观点:资本证券主要包括股权证券和债权证券,股权证券主要表现为股票;债权证券表现为债券。[3] 证券权利是证券所表彰的权利内容,在我国证券市场出现初期,证券所表彰的证券权利主要包括债权和股权,同时还存在少量的衍生类投资权益。随着金融工具的不断创新和证券化技术的广泛运用,各种衍生类权利和中间性权利的种类不断增加,功能不断变化,地位不断增强,借助证券表彰的民事权利的种类趋向复杂化和多样化。[4] 因此,笔者在将衍生商品与证券区别后,对于除股权型和债权型投资商品外的中间性、复杂性商品归为集合投资型投资商品。

---

〔1〕 参见李沛霖:《机构监管与功能监管的比较分析及对我国金融监管的思考》,载《金融与财会》2008年第2期。

〔2〕 如《商业银行个人理财业务管理暂行办法》《证券公司客户资产管理业务管理办法》《信托公司集合资产管理计划》《基金管理公司特定客户资产管理业务试点办法》等。

〔3〕 参见范健、王建文:《证券法》,法律出版社2010年版,第4页。

〔4〕 参见叶林主编:《证券法教程》,法律出版社2010年版,第3页。

(1)股权型投资商品

所谓股权型投资商品,在传统意义上仅指股票,我国《公司法》及《证券法》上规定的股票仅限于股份有限公司所发行的股份。此处,笔者试图对股权做扩大解释,即包括投资人向合伙或企业法人投资而产生的享有财产收益的权利,即通过金钱出资,投资于合伙或企业法人,从而享有基于出资形成的份额而产生收益回报的权利。同时股权型投资商品不仅包括表示投资者投资份额的证券,还包括标示享有或可能享有该项权利的证券,具体包括股票、优先认股权、可转换优先股、存托凭证、有限公司出资证明、有限合伙出资份额,以及其他相似的能够标明股权份额的凭证。

我国现有的股权型商品在法律上仅规定为股票,与国外相比较为狭窄。如韩国《资本市场法》上的份额证券包括股票、认购新股权利证明、依法直接设立的法人所发行的出资证券、《商法》所规定的合资公司、有限公司和隐名合伙的出资份额和《民法》上所规定的合伙出资份额。我国台湾地区"证券交易法施行细则"第 11 条规定:"……具有股权性质的其他有价证券,指可转换公司债、附认股权公司债、认股权凭证、认购(售)权证、股款缴纳凭证、新股认购权利证书、新股权利证书、债券换股权利证书、台湾存托凭证及其他具有股权性质的有价证券。"此规定中列举了许多现行实务中出现的有价证券,同时亦有一概括性规定"其他具有股权性质的有价证券"。在我国,有限公司的出资本身就被视为本质上与股票相同的证券,具有投资性、风险性和收益性,因此,理应属于股权型投资商品。而我国现实中出现的以金钱出资的有限合伙,从其权益性质来看与股票具有同质性,有限合伙人通过金钱出资后取得出资份额证明,通过其他合伙人的经营来获取收益,与传统股票相比,都是出资并享有一定的权利,但不自己经营,而是凭借出资形成的股东权分享收益。由于投资者是依赖他人的努力获取收益,具有相当的风险性,有对其进行保护的必要性,因此,对于以金钱出资的有限合伙应当视为金融投资商品。

(2)债权型投资商品

债权型投资商品是对债券的扩展,包括政府、金融机构和公司企业等各类经济主体为筹集资金而向特定或非特定投资者发行的,承诺按期支付利息并按约定条件偿还本金,投资者基于投资与筹资者形成债权债务关系,并依该债权享有获得利息收益的凭证。投资人享有的债权并不是基于债券的制作行为,而产生于债权人对债务人的投资行为。包括我国现有的 11 个债券品种,包括国债、地方政府债、央票、金融债、企业债、公司债、短期融资债券、中期票据、资产支持债券、可转债、分离交易可转债,以及其他具有与此相同支付请求权的凭证。

我国债券的发行市场有场内市场和场外市场,场内市场即证券交易市场(包括上海证券交易所和深圳证券交易所),由证监会监管;场外市场包括银行间债券市场和商业银行柜台交易市场,由人民银行监管。由于现有对债券的法律规制不同,各个债券在发行管理和交易市场上存在很大的不同。其中,公司债券、可转债、分离交易可转债由证监会核准后在场内市场发行;央票、金融债券、中期票据、短期融资券、资产支持证券由人民银行管理在银行间市场和银行柜台交易;企业债券由发改委负责核准发行后可在场内和场外交易;国债则由全国人大管理,其中凭证式国债和储蓄国债不能流通,记账式国债则可在证券交易所和试点商业银行发行;地方政府债的发行由国务院管理,可以在场内和场外交易流通。国债、地方债和央票是国家出于政策考量所规定发行,由于其信用价值高,安全性好,属于风险极低的债券,对此规定可在统一法规下做特殊规定;而对于其他债券则存在统一或相对统一规制的必要性:如中期票据是在中国银行间交易商协会备案即可发行,是人民银行主导的在银行间债券市场的创新债务融资工具,但其是由企业发行的中等期限的无担保债,是与公司债、企业债有相同性质的债券,但由于监管机构不同而采取不同的监管方式,中期票据受央行监管主要在银行间交易协会注册即可,而公司债和企业债则都要采取核准制;又如以公司债券来看,我国发行的金融债券的金融机构也是同样实行公司制的企业,但是其发行和流通在银行间市场,对该债券发行和流通是否应当同公司债一样接受《证券法》规定的发行制度制约,这也是对现行不同的监管所提出的完善需求。[1]

同时,证券交易所债券市场和银行间债券市场在长期发展中始终处于分割状态,交易所由于法制上受《证券法》和《公司法》的约束在市场规模和交易量上都明显弱于银行间债券市场,而银行间债券市场事实上脱离了《证券法》和《公司法》的制约,法律法规和政策性文献对银行间市场做出原则性规定,实行有别于证券交易所市场的债券发行与交易制度。[2] 因此,对于债券这一功能相同的债权型投资商品需要有明确的基本法律定位,形成相对统一的认识和多层次制度构建,不断优化债券市场结构,形成统一互连市场。

(3)集合投资型投资商品

国外对于此类型商品称之为集合投资计划,英国《金融服务与市场法》中的集合

---

〔1〕 参见陆文山:《推进我国债券市场发展的若干问题在认识——兼论资本市场的完善》,载《证券市场导报》2010 年第 4 期。

〔2〕 参见陆文山:《推进我国债券市场发展的若干问题在认识——兼论资本市场的完善》,载《证券市场导报》2010 年第 4 期。

投资计划[1]是指一种关于任何形式财产(包括现金)的协定,该协议的目的是使参加协议的投资者(以成为该财产或其中某部分财产的所有人的方式或以其他方式)分享或获得基于取得、占有、管理及处分该财产而生的收益或收入或从上述收益中产生的支付。该协议参加人必须不对财产的管理进行日常控制,但可以提供咨询或指示。该协议必须具备以下一个或两个特征:①参加人的出资和待分配给他们的利润或者收入必须是集合在一起的财产;②该财产由计划运作人管理,或者由他人代表计划运作人管理。日本在《金融商品交易法》中引入集合投资计划,在列举[2]的基础上泛指享有通过出资或以金钱充当出资进行的事业而产生的收益分配或该出资对象业务有关的财产分配的权利。从该定义可以看出日本的集合投资计划包括三个要件[3]:①接受投资者金钱的出资、支出;②利用出资、支出的金钱进行事业、投资;③享有将该事业所产生的收益等向出资人进行分配的计划的相关权利。凡是满足上述要件的集合投资产品,无论其名称为何,也无论其采取何种法律形式、投资策略和募集方式等具体运作手段,都属于集合投资计划而归于《金融商品交易法》的规制范畴。

集合投资计划本身是一个具有高度灵活性和开放性的概念,由于其外延及形式的不断扩展,各国对其规定不一。英国法律对其规定得过于细致,在一定程度上限制了集合投资计划的创新能力,而日本采取的要件涵盖将其作为金融商品的兜底条款,赋予了集合投资计划广泛的包容性。但我国现有集合投资商品繁多且较为混乱,不能完全照搬日本模式,因此笔者建议在对我国集合投资类产品进行整合、引入此概念的基础上,再对此概念加以整合,同时作为兜底条款对金融创新中出现的此类商品加以统合规制。由此,集合投资型金融商品是指通过金钱出资形成集合型财产,运用该财产进行投资,并对投资者进行收益分配的商品,该商品的组织形式不受限制,可包括信托型、合伙型和公司型,同时出资人的人数和投资对象也不受限制。

根据该定义,我国现有的集合投资型商品包含了基金公司的证券投资基金和基金专户理财业务、证券公司理财产品、商业银行的个人理财产品、保险公司投资连结险、信托公司信托产品。从性质上来看,现有各种基金和理财产品都属于信托性质集合投资。因为不管是基金、信托还是银行理财,其运作方式实质上都是投资人作

---

〔1〕 Part XVII Collective investment scheme, chapter 1, *financial services and markets act* 2000.

〔2〕《金融商品交易法》第2条第2款第5项规定,集合投资计划是指民法上的合伙、商法上的隐名合伙、投资事业有限合伙、有限责任事业合伙、社团法人的社员权以及其他权利。

〔3〕 参见杨东:《论集合投资计划的法律规制——以日本法为中心》,载《中国商法年刊》2008年刊。

为委托人购买上述各类金融产品,将对资金的名义所有权转移至作为受托人的金融机构之下,同时该金融机构以自己的名义,为投资者的利益进行财产管理,妥善的管理和处分财产,并将该财产产生的利益交给受益人,投资者的收益来源于管理人的努力。

笔者认为,基于风险因素考量,根据该商品是否面向不特定的公众,集合投资型商品可划分为公募集合投资型、私募集合投资型和其他集合投资型。

第一,公募集合投资型。该种金融投资商品是指可以面向不特定公众公开募集资金的集合投资商品,包括公募基金(证券投资基金)、商业银行(具有投资性的)个人理财产品、保险公司投资连结险以及其他公开募集的集合投资商品。

公募集合投资最早由基金公司发行,且一度由基金公司垄断发行。时至今日,尽管商业银行和保险公司也在发行公募集合投资产品,但法律明文规定从事公募集合投资产品业务的仍然只有基金公司。[1] 近期颁布的《资产管理机构开展公募证券投资基金管理业务暂行规定》打破了这一局面,规定证券公司、保险公司和私募证券基金管理公司都能够开展公募基金业务。就监管来看,公募基金是由证监会监管,商业银行个人理财产品受银监会监管,而保险公司投资连结险由保监会监管,由于行业发展不平衡,开展公开发行的集合投资商品的金融机构在运作、管理、透明度方面展开了竞争。从运作来看,公募基金是由独立的第三方托管财产,投资者基于资产运作取得收益。银行理财产品的运作具有多样性,但大部分理财资金都由发行银行自己托管。投资连结保险的保险账户的资金是否托管则没有规定。从资产管理来看,公募基金的管理运作能力最强,银行和保险公司管理能力欠佳。从透明度看,公募基金有关信息披露的规定最为完善,不仅涵盖销售环节,还涵盖基金运作和终止的全过程。有关商业银行理财产品和投连险信息披露的规定,重点在于销售环节,产品运作和终止环节的信息披露则非常简单,往往只有净值和收益。[2] 三种公募集合投资产品,虽然在功能上并非完全替代,能满足投资者的不同需求,但由于面向不特定投资者,公募集合投资商品在保持其一定的特殊性时应受到较为严格的监管,金融机构也应该履行严格的信息披露义务。

第二,私募集合投资型。该种金融投资商品是指面向特定投资者非公开募集的

---

〔1〕 参见肖百灵:《中国集合投资产品发展及监管体制完善》,载《金融服务法研究咨询报告》2012 年第 7 期。

〔2〕 参见肖百灵:《中国集合投资产品发展及监管体制完善》,载《金融服务法研究咨询报告》2012 年第 7 期。

集合投资商品,包括证券公司的集合理财计划、商业银行高端理财、基金公司的一对多理财业务、信托公司集合资金信托以及其他面向特定投资者的集合投资商品。

对私募集合投资而言,必须是面向特定投资者发行和募集,不得公开向不特定投资者、并不得采取广告公开宣传的方式募集。私募集合投资作为面向少数人发行的商品,并且私募投资者往往具备一定的知识和投资经验,有一定的风险判断能力,发生风险的影响较公募而言较小,因此,对于私募集合投资不应监管太多,而应实行有限度的监管。但现有四类私募集合投资型商品在不同的监管之下,监管宽窄不一致,在投资范围、运作模式等方面区别较大,使其不能公平竞争。从投资范围来看,证监会监管下的证券公司集合理财和基金公司一对多理财主要投资于证券市场;银监会监管下的信托公司集合资金信托投资范围几乎没有限制,可以横跨资本市场、货币市场和实业投资领域;银行的高端理财产品则可通过结构类模式投资于衍生品市场,还可以通过银信合作投资领域扩展至证券市场和实业投资领域。从运作方式来看,证券公司集合理财计划和基金公司一对多理财都是典型的基金运作模式,最为规范化;信托公司集合资金信托运作与基金相似,信托财产第三方独立托管、信托受益权划分为等额份额、资产组合等规定,但实践中,许多集合资金信托计划主要围绕单一融资项目设立,更像是一种融资产品,而非资产管理型产品;[1]银行高端理财主要有两种模式,一是结构类模式投资于衍生品,二是银信合作。由此可见,证监会监管下证券公司和基金公司的私募产品受到了严格的限制,而银监会监管下信托公司和银行的私募产品则处于较为宽松的管制状态,从而在风险管理和投资者保护方面存在较大差别,对此有必要在一定程度上调整,如放松证券公司和基金公司的投资范围等,使私募集合投资商品能得到更大发展,投资者权益得以充分保护。

第三,其他集合投资型。该种金融投资商品是指除向公众公开募集和向特定投资者募集之外的集合投资商品,可作为兜底种类,涵盖既不能归于公募也不能归于私募的所有集合投资型商品。现有各行业中的此类产品包括接受单一客户委托办理资产管理的集合投资商品,如证券公司的定向资产管理业务、基金公司的单一资产管理、信托公司的单一信托以及其他专户理财商品。

2.衍生商品

从风险的角度来看,衍生商品是有可能导致损失超过本金的一类金融投资商品,从法律意义上来说,是一种为了规避市场风险而进行的多样化投资组合,约定未

---

〔1〕 参见肖百灵:《中国集合投资产品发展及监管体制完善》,载《金融服务法研究咨询报告》2012年第7期。

来某一时间进行(或有权进行)某一资产交割或现金差额结算的金融合约。银监会在《金融机构衍生产品交易业务管理暂行办法》中借鉴了巴塞尔委员会的做法,采用了最原则的定义,即衍生产品作为一种金融合约,其价值取决于一种或多种基础资产或指数,合约的基本种类包括远期、期货、掉期(互换)和期权。[1] 衍生产品还包括具有远期、期货、掉期(互换)和期权中一种或多种特征的结构化金融工具。[2]

根据衍生商品交易场所的不同,可以分为场内衍生商品和场外衍生商品。场内衍生商品是以标准化合约在期货交易所内按照规定的交易方式进行集中交易的衍生商品。依据不同投资者的需求,交易所会事先设计出各种标准化的合约,之后由投资者根据需求自我选择相符合或接近的合约进行交易。依据《期货交易管理条例》所规定的商品和金融期货合约、期权合约属于场内衍生商品。

场外衍生商品是在交易所外的其他场所交易的衍生产品,由交易双方通过直接协商来决定。场外期权、互换和远期交易是主要的场外衍生商品。金融机构在柜台交易的衍生产品如上述银行所经营的远期外汇、外汇期权、掉期、利率或汇率互换等都属于场外衍生商品。

对于衍生商品按照场内和场外做出划分也体现了风险性控制原则。场内衍生商品多数属标准化合约,产品结构简单,估值公允且流动性好。场外衍生商品是交易双方按照交易要求形成的灵活性和个性化合约,以信用担保或者交纳一定保证金担保履约,具有很大的自由性、复杂性且缺乏有效的监管制度,履约的成本和风险性远远大于场内衍生商品。因此,对场内和场外衍生商品在统合规制中应做出区分,加强对场外的监管,一方面,充分发挥金融衍生产品的避险功能;另一方面,严格限制金融衍生产品的投机行为,以实现充分保护投资者的目的。

五、类型化金融投资商品的法律规制

(一)制定《金融投资商品交易法》,实现功能监管

随着我国金融混业发展趋势的不断推进,金融商品的跨行业、横向化发展必将突破机构性纵向规制,金融服务法的建立也终将成为适应混业经营的最终法律体

---

[1] 其中远期,是买卖双方约定在将某一特定时间按照事先商定的价格买卖某项金融资产的协议,包括远期利率协议、远期外汇合约和远期股票合约等。期货是由期货交易所统一制定的、规定在将来某一特定的时间和地点交割一定数量标的物的标准化合约。互换是双方当事人约定在未来一段时间内根据约定条件交换一系列现金流的合同。期权,是指由期货交易所统一制定的、规定买方有权在将来某一时间以特定价格买入或者卖出约定标的物(包括期货合约)的标准化合约。

[2] 《金融机构衍生产品交易业务管理暂行办法》第3条。

系。在金融法制的现代化进程中,各国金融服务立法有三种立法模式:一是统一的横向规制立法,即建立统一的金融服务法,将所有的金融业整合到一部金融服务法中,如英国就是统一的金融服务法;二是另行单独立法,也就是在原有的以证券法为核心的金融法基础上,单独制定一部金融服务法或金融现代化法案与现有法律并列,如美国立法;三是统一的功能规制立法,即整合资本市场相关法律,包括《证券交易法》《信托业法》《综合金融公司法》《期货交易法》等,同时结合银行法、保险法对资本市场投资者提供一体化保护,如日本、韩国的立法现状。

由于金融立法是一项专业性、技术性很高的任务,国际成熟的立法经验具有一定通用性,但一国立法模式的选择也必须符合本国的国情和基本原则,因此,我国金融服务法的构建要学习国外成功的经验也要找自己明确的法律定位。对于我国而言,一步到位的整合所有金融法律法规,构建统一的金融商品法律难度较大,而单独立法更容易造成监管重叠与一元化统合监管不符,因此笔者认为借鉴日本、韩国采用循序渐进的立法方式较为可行。即对现有的《证券法》《证券投资基金法》《信托法》《期货交易管理条例》以及有关衍生产品、理财产品的条例、办法整合为《金融投资商品交易法》,引入金融投资商品这一概念,通过类型化梳理确定金融法律的适用范围从而扩展金融机构的业务领域和金融投资者的保护范围。通过市场准入制度的建立、金融业务中劝诱行为的规制、说明义务的创设、违反相关义务的民事责任等,加强对金融投资者的保护。

一国的金融经营格局决定了其立法模式,而金融业立法模式则是一系列的金融安排,包含了金融行为法规体系、金融监管主体的组织结构、金融监管主体的行为方式。在统合立法的基础上,我国还应探求与该立法相应的监管制度。我国的监管制度应当要实现功能性监管,即改变现有的机构型监管,转变为对经济实质相同的金融功能进行统一的功能性监管。功能性监管是对金融投资商品、金融投资业以及金融投资者按照经济实质功能重新划分,如本文对金融投资商品分为证券和衍生商品,同时结合金融投资业和投资者的划分对其进行功能监管。从国外的监管制度来看,建立统一的综合监管机构对所有的金融业务进行功能性监管是大势所趋,统一的监管机构不仅能够减少监管的重叠和真空,还可以减轻监管机构的负担,并能够较好地判别具有相似性的金融商品的分类,从而有效解决分业监管中对于监管权限的纷争和监管责任的推脱。建立统一的监管机构应当是在合并现有"一行三会"的基础上建立统一的金融监管局,如英国金融服务监管局、韩国金融监督委员会等,但从我国的现状来看,对现有"一行三会"按照国外做法简单的合并,制度成本太高,而且体制的变革涉及多方面利益主体的协调,若不能处理妥当,对我国当前经济的改革很可能产生较大不利影响。任何的变革都不是一蹴而就,金融监管机构的变革亦是如此,因此,笔者认为可以在现行体制上作出渐进式改革,我国可以在保持现行分业监管机构的格局下,可依据统一的《金融投资商品交易法》中确定的监管制度来实现功能监管,具体而言,证监会、银监会、保监会可在原有监管范围内对各自管辖的金融投资商品进行监管,但不同的金融投资商品类型应当按照《金融投资商品交易法》所各自确立的标准进行监管,如对于投资性的理财产品不管受到证监会还是银监会的监管,要看该理财产品在分类上属于公募还是私募集合投资商品,比如对于私募性质的金融投资商品,各监管机构都应该根据对私募集合投资商品所要求的准入制度、风险揭示制度来进行同样的管理。这样一来,对于传递同样风险的金融投资商品和金融服务业都能处于基本相同的监管之下,对于投资者而言,不管是购买何种机构的商品,只要该商品性质功能相同,投资者就可以得到同样的保护。对于混业经营中出现的创新产品依据其功能归入所属类型以确立适用规则,不管是何监管机构监管都能实现同样的监管原则,从而避免监管空白和监管制度的不一。同时监管机构之间还应加强监管协调机制,做好沟通,到时机成熟时逐步过渡到最为理想的监管模式。

(二)建立类型化金融投资商品的市场准入制度

金融投资商品的市场准入制度,是为了实现我国金融投资商品市场的健康与稳定发展,监管机构通过对金融投资业市场主体及对象进入市场的行为进行规范,防止不合格的主体和交易对象进入金融投资业市场。

1.经营机构的市场准入

对于从事金融投资商品交易的金融机构可以建立功能性准入监管,即监管机构对于同类型的产品遵循相同的监管标准,可以根据其经营金融投资商品的风险和面对投资者的风险承受能力建立统一的健全性监管制度,包括对金融机构交易资格的获准方式、注册资本金、自有资本规制、与大股东交易的限制等,从而改变原有的行业限制,对金融投资商品交易的业务准入进行统一规范并根据适当性建立类型化调整。在此笔者只尝试对金融机构交易业务作出准入原则的规定,即限于对金融投资商品的买卖。

首先,对于从事金融投资商品交易的金融机构资格取得原则上应当采取审批制,因为金融投资商品是会导致投资者本金损失风险的产品,对此因采取审慎性监管,其目的并不在于对金融投资商品的限制,而是对主体资格是否符合国家经济安全和金融市场秩序等方面进行审查,以确保市场主体的私利性与社会整体利益保持一致。[1]

具体而言,证券类中股权型、债权型和公募集合型投资商品面向的是不特定公众,涉及中小投资者权益的保护,对此有必要采取审批制,而对于私募集合型投资商品,其发行销售对象是拥有一定证券投资方面专业知识和经验的合格投资者,保护的必要性相对较低,否则会产生监管成本过高问题,因此,对主要面向合格投资者为对象募集和运行的私募集合型投资商品可简化准入限制,免除从事该业务的金融机构的审批,可采取事前备案制度。对于衍生商品而言,其风险性远远大于证券,很可能会导致投资者本金损失以上的风险产生,尤其是场外衍生品交易主要依靠私下协议,极易发生单方不履约的信用风险,以及其他巨大潜在风险,因此对从事衍生产品交易的金融机构必须实行审批制。

其次,为了确保金融投资商品交易业务经营的健全性,金融机构对于经营同类商品须遵守基本相同的经营指标,对自有资本金进行严格的限制,主要是对经营存在的风险规定相应的自有资本比率。对资本严格要求的功能体现在确保参与投资交易的可持续性的同时防范系统风险,自有资本金要求可保证金融机构具备较为充分的清偿能力,使交易目的得以安全实现。同时,金融机构还应加强对大股东交易的限制,大股东不得为了谋取自己的利益,从事违背金融机构的利益的行为,如利用其不当职权要求金融机构为其提供尚未公开的信息或资料,以提供经济利益等有价值的交易为条件与其他股东联合对金融机构行使不当影响。对大股东交易限制的目的是防止大股东通过影响力和利害关系人联合侵害金融机构和投资者的利益。

2. 投资者的市场准入

我国资本市场上的投资者包括机构投资者和个人投资者,下面分别对其准入做出阐述。

首先,关于机构投资者的准入。机构投资者一般而言都是具有一定的资产规模和投资经验的投资者,往往可以承担较大的风险并且实现一定程度的自我保护。机构投资者可以分为金融机构投资者和一般机构投资者两类。金融机构投资者主要包括各大商业银行、证券公司、保险公司、基金管理公司以及其他从事金融业的机构。金融机构一般都是符合严格的设立程序而成立的,其注册资本要求高于一般公司,并且金融机构的从业人员大都拥有较强的专业知识和操作经验,因此无论是从

[1] 参见李昌林:《证券投资基金市场准入制度研究》,湖南大学2008年硕士学位论文。

经济实力还是业务实力来看,金融机构都是合格投资者。一般机构投资者也是依法成立的具有法人身份的公司、企业等经济组织。相对于金融机构而言,一般机构投资者在资产规模和投资经验上低于金融机构投资者,但一些具备良好的风险承担和自我保护能力的一般机构投资者也可视为合格投资者。

根据本文对金融投资商品的分类,股权型和债权型商品对机构投资者而言并未设置特别门槛,集合型投资商品中的公募集合对于机构投资者没有限制,而对于私募集合来说投资者必须是具备特定条件和资质的合格投资机构。金融衍生产品极其复杂,随着金融创新的不断深化和更多结构化金融衍生品的推出,要求投资人有相应的资金能力、产品识别能力、风险承受能力和市场判断能力,因此也应当将准入界定在合格机构投资者的范围内。

其次,关于个人投资者的准入。个人投资者合格的判断标准是:该个人是否成熟或者富有,成熟是指具有专业的教育背景、职业、投资经验、商业经验和谈判能力,能够判断投资风险的人,他们不同于一般投资者,其可以对复杂的金融工具进行合理判断从而决定是否投资、如何投资以及如何保护自己的权益;富有是指总资产达到一定数额并且其现金流较为充分,能够承担投资失败的人,他们即使不具有专业投资知识也有较强的风险承受能力并可以雇用专业投资者做顾问。此外,按照国外立法惯例,个人投资者还应当心智健全、理性。

根据金融投资商品的类型来看,私募集合型投资商品对于个人投资者的财产均有要求,必须是满足特定资产指标的投资者才能参与。对于衍生商品而言,因其结构复杂,要求具备一定专业知识的合格投资者。其他类型商品对于个人投资者没有特殊限制。

3. 金融投资商品的市场准入

对于金融投资商品的准入制度主要是从发行的角度来看各种具有投资性的金融商品进入市场流通应满足的条件。股权型投资商品中可以根据上市和非上市标准作出区分,对于上市的股票、权益应当按照法定公开发行上市的标准严格要求,包括对申报文件、公司的经营状况、财务指标等方面都应从严管理。对于非上市的股权型商品一般不涉及向公众公开发行募集,而只是向特定投资者发行募集,因此,其风险相对较小和可控,原则上应允许其自由进入市场并发挥自律监管的作用。但监管机构应当在信息披露、风险揭示、投资者保护方面制定规则或指引。债权型投资商品的市场准入标准,应当在整合现行《公司法》《证券法》及其他调整债券发行与交易的法律法规的基础上,在《金融投资商品交易法》中予以统一的规定。集合投资型投资商品的市场准入标准,应当在整合现行《证券投资基金法》和发改委、银监会、证监会等部委规章的基础上在《金融投资商品交易法》中予以统一的规定。衍生商品的市场准入制度也依据上述原则建立。

(三)建立类型化金融投资商品的风险揭示制度

为了完善对投资者的保护,在金融投资商品交易中应当强化金融机构对金融投资商品的信息披露,完善说明与风险揭示义务。一般而言,风险揭示对于金融机构扩大业务范围和收入可能产生不利影响,风险揭示越具体往往使部分投资者退却,影响金融商品的销售规模,因此金融机构会倾向于采用格式化的风险揭示,对此必须强调金融机构对具体金融投资商品进行充分的风险揭示,强制其提供信息披露。对于投资商品的具体内容与投资风险等与投资者利益密切相关的信息,金融机构要以投资者能够理解和接受的程度与方式向其进行充分的说明,以保证投资者在对所购买的金融商品有基本了解,并对金融商品所产生的风险有充分认识和准备的基础上购买,消除因信息的不全面所带来的非理性判断造成失误引发的不良后果。

在欧盟,《金融工具市场指令》的披露范围较为广泛,投资咨询公司也纳入信息披露的范畴,包括经营者及其提供服务的金融商品信息、服务地址,以及与投资有关的费用的详细情况,并且经营者还有义务披露其存在的纠纷情况,以及该服务所指向的第三人或由第三人给付有关款项等情况。在荷兰,投资公司的投资商品如果结构层次复杂,还有义务出示有关的详细财务信息,除了风险信息陈述外,还要出示有关定量分析的参数及指标,以便于投资人能够高效地理解并掌握可能存在的损失可能性。在美国,证券交易商协会提出,在金融商品的销售中,如果销售者没有将结构性产品中的衍生成分与普通类型的债券作出明确区分,并以书面或口头的形式提供给投资者,则这种行为便会根据有关规定予以处罚。在日本,对于金融商品的销售行为,《金融商品交易法》作出了详细的规定,对于信息披露,该法对市场上的有价证券依据流动性作出划分,包括流动性高的有价证券和流动性较差的有价证券,并根据该划分构建了较为灵活的信息披露制度。对于流动性高的上市有价证券的发行方应提供与其财务报表相关的内部治理报告,包括提供季度报告与经营者声明书义务。对于流动性较差的有价证券,可以不提供上述资料来披露,但是该部分也有例外,如以有价证券作为主要投资方向的集合投资计划份额等,也需要流动性高的有价证券提供信息披露,并且在面向不特定多数投资人进行募集、买卖行为时,应当提供适合公众阅览的信息披露并交付公开说明书。

对于所有的金融投资商品原则上都必须提供真实、准确、完整的信息披露确保对风险的充分揭示。真实性要求金融机构客观地披露具体金融投资商品类型的相关情况,不得作虚假陈述,对于市场风险较大的投资产品,更应该真实披露并客观陈述相关情况，让投资者自我判断。准确性要求金融机构必须采用精确的表述方式来确切地表达金融投资商品的含义，不得含有误导性陈述。完整性要求金融机构完整地将所有可能影响投资者决策的信息均进行披露，信息披露应该是全方位的、充分的，不应该存在故意隐瞒或者重大遗漏。不同类别金融投资商品其风险等级不同，对风险揭示和信息披露应根据风险性做出调整。

具体而言，股权型投资商品应当按照股票的规范性披露制度要求，必须披露符合规定的文件，对于公开发行的股权型投资商品应当披露募集说明书、相关财务报告、年度报告、季度报告以及有关重大事项临时报告等，并保证上述资料的真实、准确和完整。债权型投资商品的风险性相对较低，对于该类型商品在满足原则性信息披露要求的基础上可不附加特殊要求，如有政府信用担保的国债、央票等满足基本信息披露要求即可，而对于风险性相对较高的公司债、企业债等应当按照股权型商品提供较为严格的信息披露。集合投资型商品应当公开披露业务文件，包括资金招募说明书、财产管理运用风险申明书、反映资金业务和经营业绩状况的财务报表，并应当定期公布收益分配公告以及对集合资金业务具有重大影响的业务、事件。

衍生商品由于灵活性大、业务风险高，短期内可能会产生巨大的收益和损失，因此及时可靠的信息对准确判断金融机构状况、业绩及风险至关重要，所披露和提示的信息则较为严格和具体，至少应当包括：衍生商品合约的具体内容和存在的风险、衍生商品可能的流动性状况、衍生商品的杠杆比率、对衍生商品可能产生较大损失的重大信息，同时还应当就其交易和衍生商品业务提供定量和定性信息。金融机构应提供对衍生品交易和盈利情况产生的影响的详细信息。对于场内衍生商品而言，由于产品的结构简单且标准化，执行严格的保证金交易，可通过风险揭示书的方式反映上述信息。而场外衍生商品更为复杂，多为结构性和杠杆性衍生商品，因此对于场外交易还必须针对具体产品的个性来制定特别的风险揭示书，并应当用通俗易懂的语言予以说明，以便于同其他商品作对比分析。[1]

(四)建立类型化金融投资商品的投资者适当性制度

投资者适当性是指金融机构在向投资者推介销售金融投资商品时，应当在了解和掌握投资者的基本信息的基础上取得合理性依据，并判断金融投资商品是否适合该投资者，从而向投资者推介适当的金融投资商品，不得向其推介不适当的金融投

[1] 参见黄亚钧：《为何要建立股指期货投资者适当性制度》，载上海证券报：http://www.cnstock.com/paper_new/html/2010-01/21/content_71960938.htm，最后访问日期：2013年3月30日。

资商品。本质上是对金融机构销售行为的约束和管制,目的在于防止销售者追逐利益推介不适当的商品而损害投资者的利益。

适当性制度的保护对象是一般投资者,对于该对象的定义、范围涉及投资者分类制度,各主要国家对此法律规制不一,但大多将投资者分为专业投资者和普通投资者。一般而言,专业投资者具有一定的投资经验、风险承受能力和专业知识,具备自己收集和分析信息的能力,能做出较为准确的判断,防止利益损失,因此对专业投资者免除行为规制的适用,力求降低规制成本。因此,投资者适当性制度对金融机构课以适合性义务和说明义务,主要是为了对一般投资者提供利益保护。我国建立投资者适当性制度,必须要对投资者做出区分,根据其投资经验、知识和财务信息,将其分为专业投资者和一般投资者,实行分类管理。

首先,投资者适当性制度要求金融机构必须"了解你的客户",即在推介和销售金融投资商品之前,通过面谈等方式了解投资者的基本情况,取得适合性评估的依据。具体而言,主要包括投资者对某类金融投资商品的知识和经验,投资者的财务情况、投资目标。知识和经验包括投资者所掌握的金融投资商品类型,投资者曾从事过的投资交易类型、时间,投资者的教育程度等;财务情况应包括投资者的职业、收入情况、现有资产状况等;投资目标包括投资者投资目的、风险偏好、投资期限的长短等信息。如金融机构没有通过上述程序来取得相关信息,则不能做出适合性评估,也不能进行推介和交易的行为。当然,如果投资者拒绝提供或者提供不真实、不完整的信息或自行决定购买时,金融机构可以免责。

其次,投资者适当性制度要求金融机构尽到推介时的适合性判断和说明义务。适合性要求在投资推介时,金融机构要根据其所掌握的投资者信息与金融投资商品的风险性和收益对比,运用专业分析能力来判断该商品是否适合投资者,从而符合投资者的最佳利益。在上述评估后,如果金融机构认为某类投资商品不适合该投资者,则不得向其推介和销售,并说明原因。说明义务要求对于金融机构对其推介的金融投资商品不仅提供正确信息,还要以易于理解和接受的语言和方式向投资者阐释该投资商品的性质、风险和其他必须说明事项,揭示可供投资者做出决定的并且与其相符合的投资策略、交易成本和费用等。对于金融投资商品会产生重大影响的信息应当如实告知并且不得有虚假陈述和遗漏。

适当性的具体运用,如对于投资连结险,保险法规定的保险人的明确说明义务仅限于免除保险人责任的条款,而对金融机构推介、销售投资性保险产品时应当履行的对投资风险等重要事项的说明义务却没有作明确的规定,[1]因此按照类型化后说明义务要求,将投资型保险产品作为集合投资型商品严格履行投资商品的说明义务。对于衍生商品中的场外衍生品,交易商在进行场外衍生品交易时必须严格坚持“适当性原则”,不得利用专业性的优势向处于金融信息和技能上弱势的投资者兜售结构复杂、杠杆率畸高、具有明显投机性质的衍生商品。此外,还可以借鉴香港的做法,[2]对于某些特定的场外衍生品设置一定的“冷静期”,在此期间投资者可以改变投资决定,但要扣除合理的费用和市值变动。

最后,投资者适当性制度还应当包括对于不当推介和劝诱的禁止。销售者对于有关金融投资商品存在的不确定事项,不能对投资者提供确定性的判断或告知其引人误解的内容。对于投资者进行推介时,要先判断投资者是否有接受劝诱的意愿,如果投资者不愿接受劝诱意愿则不得劝诱,如果投资者经劝诱后表明不愿接受投资方案则不得再次对其劝诱,防止投资者被迫投资,从而导致其利益损失。

(五)建立类型化金融投资商品的反欺诈制度

反欺诈是对投资者权益保护的重要手段,在现实中,投资者往往因为金融机构未履行严格的风险揭示和适当性义务,而购买风险性与其不匹配的投资商品,遭受巨大损失,但又无法通过法律来维护权益。如商业银行在推销理财产品时,往往将具有金融衍生商品性质的商品称为以“双利存款”“结构存款”等具有误导性的名称,并且对其风险不做具体说明,使投资者误以为其购买的是存款性质的消费商品。一旦发生损失,监管者建议走司法程序,而法院又因看不懂产品说明书而不予受理,导致投资者最后维权无门。[3] 因此,对于金融机构在推销金融投资商品时的不实说明、不完全说明以及提供误导性信息等造成投资者损失的行为,应当通过建立起发欺诈追究其法律责任来保护投资者。

从现有的相关法律来看,证券法中规定了较为全面的有关投资者保护的救济制

---

〔1〕 参见曹清:《论金融商品不当销售行为法律规范——以适合性原则和说明义务为中心》,华东政法大学2011年硕士学位论文。

〔2〕 香港证监会在2009年9月25日公布了《建议加强投资者保障措施的咨询文件》,在金融产品的售前阶段、销售产品过程中及销售产品后的披露方面均做出明确要求。在销售手法上,要求中介机构销售包含衍生工具的非上市结构性产品时,必须先了解客户对衍生产品的认识。同时为投资期长及流动性不强的产品设置了“冷静期”,投资者若在此间改变投资决定,在扣除合理的行政费及任何适当的市值调整后,可退回投资本金和相关佣金。

〔3〕 参见刘燕:《存款合同还是金融衍生交易——汇丰银行“双利存款”案解析》,载《法律科学》(西北政法大学学报)2009年第5期。

度,违反禁止的交易行为就要承担相应的民事责任,如内幕交易的禁止、操作证券市场的禁止和虚假陈述的禁止。而对于其他市场上的金融投资商品没有全面的此类规定,因此制定统一适用于金融投资商品的反欺诈制度对于投资者权益保护也至关重要。鉴于我国证券反欺诈立法较为完善,金融投资商品反欺诈应以证券反欺诈的规定作为参考和基础,同时引入一般性反欺诈条款,将涉及证券欺诈的内容扩展至银行、保险等所有的金融投资商品领域,以实现最大限度地保护投资者的利益。所谓一般性反欺诈条款,是为了对金融投资商品发行或交易中无法一一明文列举的欺诈性行为采取尽可能概括的方式而制定的基础条款。主要包括对以下主要违法行为采取反欺诈措施:第一,在金融市场上采用不正当的手段、方式进行发行和交易;第二,对于涉及发行和交易中的重大信息进行不实的披露,提供虚假记载信息、误导性陈述等来获取金钱或财物;第三,利用虚假行情,诱使他人参加投资交易。并规定从事上述被禁止的行为者,对相关交易的善意相对人因而所受的损害,承担赔偿责任。[1]

---

〔1〕 参见汤欣:《缔造证券判例法体系完善民事责任制度》,载《中国证券报》2003 年第 1 期。

荷兰金融监管“双峰”模式研究及对我国的启示

刘倩云*

内容摘要:“双峰”金融监管模式目前被广泛认为是最适合维护金融体系稳定的模式,在采用“双峰”监管模式的国家中,荷兰具有代表性和特殊性。在荷兰“双峰”模式中,中央银行是“双峰”中的审慎监管机构,统一负责宏观审慎监管和微观审慎监管;金融市场监管局是“双峰”中的行为监管机构,专门负责金融机构的行为监管和金融消费者保护;财政部并非“双峰”监管机构,但在金融监管框架中具有承上启下的重要作用,连结荷兰金融市场、“双峰”机构和欧盟监管机构;金融稳定委员会则是荷兰“双峰”监管机构和财政部进行金融监管协调与信息交换的重要平台。我国可以参考其积极因素,制定统领金融监管改革的法律,采用审慎监管与行为监管分立的“双峰”监管理念,基于国情适当增设中国财政部的金融监管权,并重点完善不同层次的金融监管协调机制。

关键词:荷兰“双峰”模式　审慎监管　行为监管　监管协调　对我国的启示

一、引言

金融监管“双峰”模式重点关注两个目标:一是对金融机构实施审慎性监管,防范系统性风险,确保金融机构稳健经营,维护金融体系的整体稳定;二是对金融机构的行为进行监管,防范道德风险,保护金融市场中的消费者和中小投资者。[1] 本文重点讨论的荷兰“双峰”模式,如图1所示。其组织机构中,荷兰中央银行(the Netherlands Central Bank, De Nederlandsche Bank, DNB)是“双峰”中的审慎监管机构,统一负责宏观审慎监管和微观审慎监管;金融市场监管局(Authority for Financial Markets, Autoriteit Financiële Markten, AFM)是“双峰”中的行为监管机构,专门负责金融机构的行为监管和金融消费者保护。荷兰财政部并非“双峰”监管机构,但在金融监管框架中具有承上启下的重要作用,连结荷兰金融市场、“双峰”机构和欧盟监

---

* 中国外贸金融租赁有限公司员工。特别感谢曾筱清教授、邢会强教授对本文作出的指导。

[1] Michael Taylor, *Twin peaks: A Regulatory Structure of the New Century*, Centre of the Study of Financial Innovation, 1995.

管机构。金融稳定委员会则是荷兰“双峰”监管机构和财政部进行金融监管协调与信息交换的重要平台。

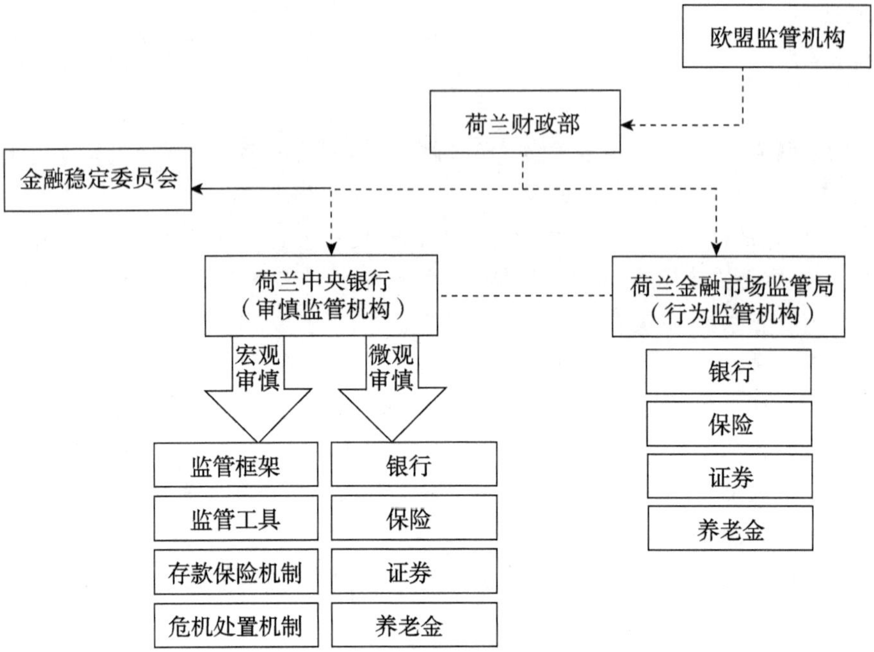

图1 荷兰金融监管框架结构

本文以荷兰“双峰”监管模式为中心,从五个方面开展论述。第一,分析荷兰中央银行在荷兰“双峰”模式中的职责、组织结构和运行机制。荷兰中央银行致力于宏观审慎监管职能的完善,在微观审慎监管方面更注重前瞻性,但也面临着权力过于集中等挑战。第二,对荷兰“双峰”模式中的行为监管机构即金融市场监管局的法定职责与运行机制进行分析。本文认为,荷兰金融市场监管局在督促金融机构的商业行为和市场行为、维护金融消费者权益和维护金融秩序与金融体系稳定方面是卓有成效的。第三,探讨荷兰“双峰”模式下国家财政部门的角色定位。本文指出,财政部参与“双峰”金融监管模式,既有优势也存在不足。第四,阐述荷兰“双峰”模式下监管机构之间的合作机制。金融稳定委员会作为荷兰监管机构识别和防范系统性风险的协作平台,其设立是必要的,但其职能和相关立法有待完善。本文对荷兰审慎监管与行为监管的协调机制,以及宏观审慎监管与微观审慎监管的协调机制,进行了深入分析和客观评价。第五,论证荷兰“双峰”模式对中国金融监管模式的选择具有一定的启示意义。我国可以参考其积极因素，制定统领金融监管改革的法律，采用审慎监管与行为监管分立的“双峰”监管理念，基于国情适当增设中国财政部的金融监管权，并重点完善不同层次的金融监管协调机制。

二、荷兰“双峰”模式中的审慎监管机构：荷兰中央银行

2007 年生效的《金融监管法》(Act for Financial Supervision)赋予荷兰中央银行在跨业经营市场监管中更重要的作用。荷兰中央银行既是宏观审慎监管者以维护金融体系整体稳定，同时也负责微观审慎监管以保证金融机构的稳健性。荷兰作为欧盟成员，其中央银行也是欧盟金融监管框架中的成员国监管当局，在宏观审慎监管和微观审慎监管方面需要与欧盟金融监管机制协调配合。金融危机之后，荷兰中央银行将应对危机的监管经验转化为具体的改进措施，相应地，荷兰中央银行的工作实践、组织架构和文化都发生了变化。

(一)荷兰中央银行的金融监管职能

1. 荷兰中央银行在国内的金融监管职能

根据荷兰《银行法(1998)》和作为“双峰”监管模式法律基础的《金融监管法》，荷兰中央银行的金融监管职能主要包括：维护荷兰金融稳定、监控系统性金融风险。2014 年，“宏观审慎政策”被修订进《银行法(1998)》，作为法定职责赋予 DNB，包括：负责金融机构审慎监管，对荷兰金融机构进行微观审慎监管；[1] 主导危机处置机制，DNB 负责确保有序解决出现问题的荷兰银行和投资公司，危机之后，DNB 自 2015 年 1 月起成为荷兰的国内处置机制主导机构；[2] 收集统计数据，根据相关法律编制统计报告。

2. 荷兰中央银行在欧盟监管体系内的金融监管职能

图 2 表明了金融危机后荷兰与欧盟金融监管框架协同机制，欧盟金融监管体系(ESFS)自 2011 年开始生效，荷兰中央银行作为成员国金融监管当局参与其中。根据《欧盟 1092/2010 号指令》(EU No. 1092/2010)，欧盟在宏观和微观两方面进行了区分监管改革。在宏观审慎监管方面，欧盟建立了专门的宏观审慎监管机构——欧盟系统性风险委员会(European Systemic Risk Board, ESRB)，负责维护欧盟层面的金融系统稳定和宏观审慎政策。荷兰中央银行负责在荷兰国内实施宏观审慎监管政策，配合防范欧盟范围内的金融系统性风险。在微观审慎监管方面，欧洲分别针

[1] Financial Supervision Act: Part 1.1.2.2 Section 1:4, 1.2.1.1. Section 1:24.

[2] Act of 26 March 1998, laying down new provisions regarding De Nederlandsche Bank N.V. in connection with the Treaty establishing the European Community (Bank Act 1998): Chapter II Section 4.

对银行业、保险与养老金和证券业监管成立了欧洲银行管理局(EBA)、欧洲保险及职业养老金管理局(EIOPA)和欧洲证券及市场管理局(ESMA)(合并成为欧洲监管局,或ESAs),这些机构在欧盟范围内设定具有约束力的技术标准来统一监管,创立单一的监管规则,荷兰中央银行在欧盟框架下实施微观审慎监管。

欧洲主权债务危机的深化使欧盟领导层意识到欧洲金融业整体稳定和金融一体化的重要性,从长期来看,欧盟各国独立的金融监管政策不可持续。2012年,欧洲领导层决定成立欧洲银行业联盟(European Banking Union),针对欧洲银行业监管提出了三大支柱,包括单一监管机制(Single Supervisory Mechanism,SSM)、单一处置机制(Single Resolution Mechanism,SRM)和共同存款保险制度。DNB作为成员国的银行业审慎监管机构、危机处置机制主导机构和存款保险执行机构,与欧洲中央银行共同负责欧元区的银行业监管。

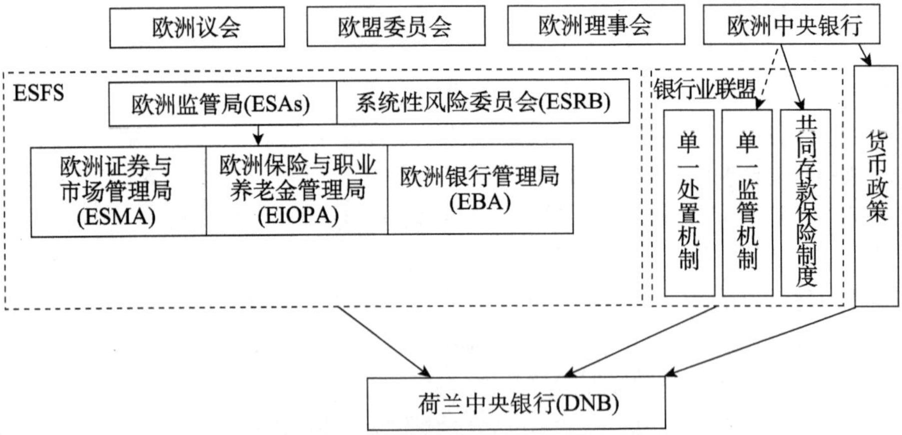

图2　荷兰与欧盟金融监管框架协同机制

(二)荷兰中央银行负责宏观审慎监管与微观审慎监管的运行机制

1.宏观审慎监管

(1)构建宏观审慎监管框架

荷兰建立的宏观审慎监管框架包括以下内容:第一,明确宏观审慎监管政策的目标是维护金融稳定,指定宏观审慎监管的负责机构并将其法定化。DNB作为独立的宏观审慎监管机构,运用各类指标监测荷兰金融业发展,定期发布《金融稳定报告》,分析金融业存在的系统性风险,提出监管措施。第二,建立正式的风险评估和决策程序。DNB主持的风险评估程序包括在单个银行层面进行的自上而下和自下而上的压力测试,以及对银行和保险机构的系统性风险评估,通过评估结果决定是否对这些系统重要性机构增加或调整审慎监管措施。[1] 第三,DNB 根据欧盟 2014 年出台的《资本要求指令(四)》(Capital Requirements Directive,CRD IV)和《资本要求规则》(Capital Requirements Regulation,CRR)(合称 CRD IV/CRR),扩充了宏观审慎监管工具,目的在于促进欧盟境内监管机构审慎监管规则的一致性,遏制系统性风险,增强金融机构应对危机时的弹性。[2]

(2)更新宏观审慎监管工具

在欧盟 CRD IV/CRR 的规定下,荷兰引入的宏观审慎监管工具,第一类是资本缓冲工具,如系统性风险缓冲、逆周期资本缓冲;第二类是针对特定银行或特定系统性风险的灵活性措施。此外,欧盟成员国可以通过国内立法设置宏观审慎监管工具,荷兰对新的抵押贷款设置了抵押成数限制,并考虑将更高的抵押成数与更高的资本比率相联系,限制房地产抵押贷款过快增长。表 1[3] 反映了这些工具的种类和最新状态:

表 1　荷兰宏观审慎监管工具概览和最近状态

宏观审慎监管工具	状态(2017)	说　明
系统资本缓冲 (Systemic buffer)	ING Bank:1. 50% Rabobank:1. 50% ABN AMRO:1. 50% SNS Bank:0. 5% BNG Bank:0. 5%	2019 年之前,这些要求将会逐步实施,届时 ING 银行、荷兰银行和荷兰合作必须保持风险加权资产 3% 的系统资本缓冲,SNS 和 BNG 银行保持 1% 的资本缓冲
逆周期资本缓冲 (Countercyclical capital buffer)	0%	每个季度,中央银行将会重新评估这一指标
灵活性系列措施 (Flexibility package)	未启用	
抵押成数限制 (LTV limit)	101%	由财政部设定。2018 年这一指标将会下降到 100%,金融稳定委员会建议 2018 年后这一指标继续下降至 90%

---

〔1〕 FSB Review Report, Peer Review of the Netherlands, 11 November 2014.

〔2〕 参见荷兰中央银行网站:http://www. dnb. nl/en/about-dnb/duties/financial-stability/how-does-dnb-promote-fs/index. jsp. 最后访问日期:2016 年 12 月 19 日。

〔3〕 表格数据来自荷兰中央银行网站:http://www. dnb. nl/en/about-dnb/duties/financial-stability/macroprudentiele-instrumenten/index. jsp. ,最后访问日期:2016 年 12 月 19 日。

(3)建立危机处置机制

荷兰危机处置机制与欧盟层面保持一致,2014 年,欧盟发布了《欧洲银行恢复与救助指令》(European Bank Recovery and Resolution Directive,BRRD)作为协调欧盟与成员国危机处置机制的法律框架,该项指令规定了成员国处置机制的权力机构、处置措施和处置资金的运用规则。同时,欧洲银行业联盟通过《单一处置机制规则》(SRM Regulation)建立了单一处置委员会,决定成员国中系统重要性银行的处置策略和计划,并有权启动单一处置基金实施救助。

作为对欧盟规则的回应,荷兰 2013 年出台了专门应对危机管理和问题机构处置的《金融机构处置措施法(政府干预法)》(Intervention Act)。[1] 该法加强了荷兰中央银行及财政部干预和救助问题银行的权力,将 DNB 作为荷兰危机处置机制的有权机构。DNB 负责在深入分析问题机构的财务状况、合规性和运营结构之后决定处置策略,制订处置计划,对问题机构的处置措施包括问题机构股东和债权人自救机制(bail-in),“私人机构购买”或“过桥银行”等。[2]

(4)完善存款保险制度

金融危机使荷兰意识到,存款保险的保费应该将风险作为加权因素,并在事前缴纳;2009 年 DSB 银行的失败则说明尽快偿付储户保险金更有助于解决危机。危机之后,荷兰中央银行、财政部和银行业协会提出了新的存款保险机制核心原则,即风险共担(risk-sharing)、事前融资(pre-funding)和快速偿付。[3] 随后,欧盟出台了新的《存款保险指令》(EU Directives on Deposit Guarantee Schemes),推出了欧盟存款保险机制,将成员国负责机构纳入该体系。荷兰将新的存款保险核心原则与欧盟存款保险机制相协调,形成了以“风险加权保费为基础的事前融资型”存款保险制度,将存款保险的最短偿付时限缩短到 20 天。

2. 微观审慎监管

荷兰中央银行微观审慎监管的对象主要包括:清算机构、信贷机构(包括电子货币机构)、保险公司、养老金机构、集合投资计划管理公司、投资公司和信托公司以及

---

〔1〕 Unofficial translation dated 11 July 2013 of the Act on Special Measures for Financial Corporations (Intervention Act). 该法案是对荷兰《金融监管法》《破产法》和其他与干预问题金融机构权力分配有关法案的一些列修订条款。

〔2〕 参见荷兰中央银行网站:http://www.dnb.nl/en/resolution/index.jsp. 最后访问日期:2016 年 12 月 30 日。

〔3〕 参见荷兰中央银行网站:http://www.dnb.nl/en/about-dnb/consumers-and-dnb/consumers-and-supervision/depositogarantiestelsel/index.jsp#anchor-4. 最后访问日期:2016 年 12 月 30 日。

外汇交易机构。金融危机前,DNB 主要依据《金融监管法》对以上机构行使市场准入监管权、日常运营监管权和内部治理监督权等,重点关注量化指标。但金融危机表明,这些监管措施和标准不够深入,未能防止金融机构的潜在风险,对金融机构的监管需要更具有前瞻性,需要关注金融机构的业务模式、管理层战略和内部文化。

危机之后,荷兰中央银行更重视金融机构董事会评价和监事会运行的有效性。DNB 在危机后的监管中更关注金融机构董事会评价的过程而非结果,检查董事评价的关键也不是常规的“监管数据监控”,而是注重建立起与金融机构相互信任的氛围。另外,为了有效监管金融机构监事会运转情况,DNB 要求由独立、客观、有经验又可信的第三方来对监事会进行定期评估,并要求金融机构提前告知 DNB 外部评估的流程,以便 DNB 能在发现重大而紧迫的问题时及时采取行动。[1] 为了更好地应对金融机构经营过程中的潜在风险,荷兰中央银行引入了文化监管,荷兰中央银行发布的《稳健文化的七要素》[2] 构成了行为和文化监管的基础。

(三)荷兰“双峰”模式下中央银行面临的挑战

1. 荷兰中央银行的职能过于集中

荷兰中央银行全面负责国内货币政策、支付系统监管、审慎监管与危机处置,虽然有助于提高监管效率和政策协调,但是,将这些职能全部赋予中央银行也可能存在缺陷。

首先,货币政策和金融监管之间存在潜在的冲突,尽管荷兰的货币稳定目标被委托给欧洲央行,但仍然需要更完善的机制以确保中央银行的金融监管职能不被欧元区的货币状况所干扰。其次,荷兰将不同监管机构整合为统一的监管机构,由中央银行全面负责宏观审慎监管和各类机构的微观审慎监管,这些权力的集中需要辅以强有力的机制,确保信息透明和中央银行在维护金融稳定行动中高度的责任感。最后,中央银行的监管职责和银行处置职责之间也可能存在冲突。监管追求的目标

---

[1] 参见《荷兰中央银行监管战略 2010—2014》(DNB Supervisory Strategy 2010-2014, April 2010 Amsterdam)。

[2] 参见荷兰中央银行网站:http://www.dnb.nl/en/supervision/view-of-supervision/index.jsp. 最后访问日期:2016 年 12 月 2 日。这七要素主要包括:一是权衡利益或平衡行动。受监管机构在决策时,要清楚所有利益相关方的(长远)利益,仔细权衡并将其明确纳入考虑范围之内。二是行为的一致性。金融机构及其所有员工必须遵从公司已确定的战略和其他目标。三是开放性。金融机构每个层级内部以及各层级之间应该存在积极的批判态度。四是榜样行为。高管人员要以身作则,树立榜样。五是实用性。树立务实的(长期)目标,摒弃不正当行为的动机和诱惑。六是透明度。记录目标和主要决策,并与所有内外部利益相关者沟通。七是执行力。对违规行为要有处罚措施。

是维护单个机构的稳健,促进金融稳定,但是,有效的银行处置要求监管具备干预性,在必要的时候积极采取行动,至少从短期来看,这些干预可能对金融稳定产生消极影响。

2. 荷兰中央银行面临监管俘获

荷兰中央银行在被赋予法定监管权之前一直采用"君子协定"的方式对金融机构进行"父爱主义"监管,以"道义劝说"为主要方式,虽然后来拥有了正式监管权,它在采取监管措施之前仍需要向被监管机构进行广泛咨询。此外,荷兰作为一个小国家,银行体系由几个少数大集团占主导,DNB 被受其监管的机构俘获的风险并非是完全不存在的。

3. 荷兰中央银行要审慎处理声誉和公众关系

DNB 在荷兰享有良好的声誉是其承担金融监管职能的重要基础,但 DNB 仍面临声誉和公众关系方面的挑战。民意调查显示,大多数人相信在 DNB 监管的保证下没有银行会在荷兰倒闭,这一结果表明公众对 DNB 监管的信任度高,却也说明了荷兰中央银行监管的脆弱性,对 DNB 盲目的信任会导致万一有银行倒闭时公众信心的急剧下滑。DNB 未来肯定会面临金融机构倒闭,这需要重新审慎考虑其与公众的关系和沟通策略。[1]

三、荷兰"双峰"模式中的行为监管机构:金融市场监管局

"双峰"监管模式的本质是赋予两种核心监管功能同等的重要性和管辖权:其一是维护金融体系稳定运行,其二是规范市场行为和保护金融消费者利益。荷兰在金融监管改革中也认为,审慎监管和行为监管确实有两个不同的目标,为了实现这两个目标需要不同的技能、机构配置和决策责任。因此,荷兰设立了金融市场监管局,赋予其监管权和执法权,监督金融机构的商业行为与市场行为,维护金融消费者权益。

(一)荷兰行为监管机构的设置

1988 年,荷兰成立了证券委员会(STE)作为证券业监管机构。由于认识到金融市场中诚实信用的重要性、内幕交易的危害、国际竞争和国外管制的存在,该机构的权力被进一步加强。在 2002 年的金融监管改革中,证券委员会更名为金融市场监

---

[1] Henriëtte Prast and Iman van Lelyveld, "New Architectures in the Regulation and Supervision of Financial Markets and Institutions: The Netherlands", *DNB Working Paper* 21, 2004.

管局(AFM),专门负责金融机构的行为监管,成为“双峰”监管机构的其中一峰。[1]

2007年《金融监管法》明确了AFM的监管任务:(1)与DNB共同监管投资公司、集合投资计划管理公司和与投资服务相关的机构;(2)AFM单独负责证券公司和审计公司的市场准入授权和微观审慎监管,同时负责所有金融机构的行为监管。《金融监管法》规定,AFM主要通过检查、执法和传递市场行为准则等手段进行监管,对于任何违规行为,AFM有权实施制裁。[2]

(二)荷兰行为监管机构的运行机制

1. 监管商业行为

首先,AFM负责监督受其监管的金融机构和金融服务提供者遵守一般的商业运营规则(《金融监管法》第17条),要求从业人员具有专业性和适当性。其次,AFM针对发行人(投资产品发行人、电子货币发行人、集合投资计划发行人、信贷提供者和保险合同提供者)、投资顾问、金融中介机构、再保险中介机构和清算机构提出了相应的信息披露要求和行为准则,保证金融消费者充分获得投资所需信息,客观分析产品收益及风险。[3] AFM要求金融机构提供的金融服务或产品信息(包括广告)是准确的、可理解的和无误导的,为客户提供咨询建议要符合其财富水平、知识水平、投资目标和风险偏好。[4] 最后,AFM要求受监管金融机构应该迅速、审慎地处理消费者和客户投诉,建立内部投诉程序。[5] 类似地,英国金融行为监管局针对处理消费者投诉出台了详尽的监管指引,并且详细规定了金融机构处理消费者投诉的具体操作流程。[6] 可见,妥善应对消费者投诉对消费者保护具有重要意义。

2. 监管市场行为

AFM的市场行为监管主要针对证券发行和交易行为。在荷兰,未经AFM核准并且公开披露招股说明书,任何主体不得公开发行和交易证券。《金融监管法》第5部分规定了受AFM监管的发行人范围、招股说明书应包含的具体信息以及招股说明书必须被公众知晓且合法有效,以便投资者能做出决策。在证券发行和交易过程

---

[1] Henriëtte Prast and Iman van Lelyveld, “New Architectures in the Regulation and Supervision of Financial Markets and Institutions:The Netherlands”, *DNB Working Paper* 21, 2004.

[2] Financial Supervision Act:Part4;Part 5.

[3] Financial Supervision Act:Part 4.2.3.

[4] Financial Supervision Act:Part 4.2.4.

[5] Financial Supervision Act:Part 4.2.2.

[6] 参见陈宇、叶睿:《英国监管体制改革路径:双峰监管模式与金融行为监管局运行机制》,载《中国银行业》2015年第7期。

中,发行人应履行持续的信息披露义务,定期向 AFM 提供报告。[1] AFM 负责防止市场滥用行为的发生,禁止市场主体通过内幕信息进行交易或影响交易。《金融监管法》还特别规定了发行证券集合投资计划和机构投资者的行为准则。[2]

金融危机发生后,AFM 禁止金融机构的“无货沽空”(Naked Short Selling)行为,几天后扩大了禁令范围,无论是否合法,金融机构都不得从事“卖空行为”,及时防止了市场风险的蔓延,有力维护了金融市场稳定。[3]

3. 金融市场监管局的国际合作

在欧盟框架内,AFM 加入了欧盟证券与市场监管局(ESMA),[4]也是欧盟监管局负责行为监管的工作组成员,此外,AFM 还加入了欧盟系统性风险委员会,指派了大量的专家和工作组在这些欧盟机构中工作。危机之后,AFM 接受了欧盟监管机构对荷兰证券公司、投资公司等监管的建议,完善了监管措施,与欧盟和其他成员国监管机构共同监管跨境证券公司、投资公司和清算机构。

在国际层面,AFM 是国际证监会组织(International Organization of Securities Commissions,IOSCO)董事会的 34 个成员之一,IOSCO 提出的建议是 AFM 实施监管行动的重要依据。荷兰法律允许 AFM 与国内和国际监管机构通过契约、备忘录或互换函件的形式自由制定合作协议,因此,AFM 也与域外其他国家的同行监管机构开展密切的双边合作。

(三)荷兰金融市场监管局在行为监管中的有效性

1. 督促金融机构的商业行为和市场行为

AFM 依据《金融监管法》行使监管权和执法权,专门监督金融机构在开展金融服务业务和参与市场交易时行为的适当性,金融危机之后,AFM 更加注重从保护金融消费者与投资者的角度规范金融机构。AFM 作为荷兰独立且具有批判性视角的监管机构,在监督金融机构运营行为的正当性和商业战略的可持续性方面,不仅是必要的,也是可靠和有效的。

2. 保护金融消费者和投资者权益

首先,AFM 通过事前监管,有效防范市场滥用行为对金融消费者和投资者权益的侵害,对特定金融机构的市场准入和经营行为进行约束。其次,AFM 重视信息披

---

[1] Financial Supervision Act:Part 5. 1. 2.

[2] Financial Supervision Act:Part 5. 1. 3.

[3] De Nederlandsche Bank Annual Report 2008,25 March 2009.

[4] ESMA 既是欧盟委员会的咨询机构也是各成员国证券监管机构的协调机构。

露制度,不断增强金融市场透明度,特别是在证券交易所上市的金融机构要严格遵守信息披露要求。最后,AFM 通过法律赋予的权力监督金融服务机构恰当处理客户、消费者和投资者对金融机构的投诉,要求金融机构制定"快速、有效、审慎"的投诉程序,保证权益受到损害的金融消费者有救济的途径。

3. 维护金融市场秩序和金融体系稳定

AFM 通过对受监管机构商业行为的规范和对市场滥用行为的制裁,有助于提高市场透明度和维护市场秩序,最终实现维护金融体系稳定的目标。金融市场中的不当行为不但会破坏小范围内的金融秩序,也会演变为系统性风险,商业行为监管问题最终会发展为审慎监管问题,因此,AFM 也非常注重与 DNB 的合作,二者在监管措施和信息共享方面密切合作。

四、荷兰"双峰"模式下国家财政部的角色定位

国家财政是维护金融体系稳定的最后防线,荷兰财政部在"双峰"金融监管框架中具有承上启下的作用。在国际监管合作中,荷兰财政部代表荷兰政府参与欧盟金融监管体制,将欧盟相关指令转化为国内监管规范。作为"双峰"监管机构的监管者与协调者,它在金融监管和危机管理方面与 DNB 和 AFM 密切合作,指导、监督与评估 DNB 与 AFM 的工作并且定期向议会汇报。作为国家财政部门,它在涉及国家主权和财政安全的领域内进行金融监管,对议会负责,受议会监督。

(一)财政部参与金融监管具有合理性

一方面,财政部在一国政治和经济生活中具体特殊身份,将其安排在金融监管机制中是明智的选择。首先,财政部负责制定和实施财政政策和宏观经济政策,决定金融监管的法律框架,代表政府为金融监管部门提供必要的政策支持。其次,财政部掌握国家财政预算的收支情况,管理公共资金,可以发挥财政资金的杠杆作用,支持和引导金融机构的发展。[1] 最后,财政部在一国的金融监管协调机制中至关重要。它既是各类金融监管机构的组织者和协调人,也是监管机构向政府传递金融市场信息的最佳渠道。尤其是在金融危机后构建宏观审慎监管体系的过程中,需要组建由财政部、中央银行和金融监管部门组成的有效且高效的协调机制。

另一方面,财政优势论认为,在处置问题金融机构时,财政部门不存在任何部门

[1] 参见傅穹、于永宁:《后危机时代下的金融监管之道》,载郭锋主编:《金融服务法评论》(第 1 卷),法律出版社 2010 年版,第 278～302 页。

利益,比中央银行更重视维护公众利益,更客观、更公正。[1] 在金融机构的倒闭和破产可能危及金融体系稳定的情况下,出于公共利益的考虑,财政部应该代表政府干预危机管理,包括参与特殊时期的全额保险和危机处置机制。作为最后手段,全额保险和危机处置机制需要公共资金的支持,财政部(最终纳税人)需要承担最终的财政责任,通过各种形式对问题机构提供资金支持,如注资、担保、购买资产、减免税收或减免政府债务等。[2] 因此,国家财政是金融风险的最后埋单者。

(二)荷兰财政部在"双峰"模式下的职权行使及运行机制

1. 财政部与欧盟机构的监管合作

欧盟现行金融监管以"国家控制"为原则,结合欧盟的最低监管标准和成员国之间的相互承认。[3] 在此原则下,荷兰财政部主要通过"转化"监管规则和信息共享与欧盟监管机构进行合作。一方面,荷兰财政部负责将欧盟指令转化为国内法律和监管规则,维护欧盟体系的金融稳定,防范超国家的系统性金融风险。[4] 另一方面,《金融监管法》要求 DNB 和 AFM 将其监管范围内不利于成员国金融体系稳定的紧急情况及时通知荷兰财政部和欧盟相关机构(主要指欧洲中央银行),财政部有责任将涉及系统性风险的信息和数据及时向欧盟监管机构汇报。[5]

2. 财政部对"双峰"机构监管规则与人员的监督

财政部负责回应"双峰"机构制定的监管规则。根据《金融监管法》的规定,DNB 和 AFM 只有相对有限的立法权,大多数监管事项都被直接规定在法律或财政部发布的法令中。但 DNB 或 AFM 仍然有权就金融市场监管不足或者需要额外规则或权力提出意见,财政部负责回应监管机构需要制定或补充监管规则的请求,审查其起草的监管规则并向议会报告。[6]

财政部对 DNB 和 AFM 的高管人员行使任命权、免职权和监督权。根据《银行法(1998)》的规定,DNB 的监事会成员由财政部任命,财政部通过获得银行管理层

---

[1] 参见邢会强:《问题金融机构处理中相关政府部门之职责划分》,载《首都师范大学学报》(社会科学版)2007 年第 1 期。

[2] IMF Working Paper WP /09/70. Financial Stability Frameworks and the Role of Central Banks: Lessons from the Crisis, April 2009.

[3] Dirk Schoenmaker, "*Financial Supervision in the EU*", in G. Caprio, ed., *Encyclopedia of Financial Globalization*, Amsterdam, Elsevier, 2011.

[4] De Nederlandsche Bank Annual Report 2013, 12 March 2014.

[5] Financial Supervision Act: Part 1. 6. 1 Section 1: 106.

[6] 转引自 FSB Review Report. Peer Review of the Netherlands, 11 November 2014。

的数据和信息评价其履职情况。[1] 根据《金融监管法》第1章第26条及第27条的规定,AFM监事会主席和监事会其他成员由财政部任命,AFM监事会就任命管理层成员向财政部提交建议,在AFM的主席或管理层成员、监事会主席及监事会成员履行职权不符合法律要求或没有审慎恰当地履行职权时,财政部可以依据皇室法令暂停或取消该成员的任职资格。[2]

3. 财政部对金融机构的监管

在市场准入方面,清算机构、保险公司设立分支机构需要DNB授权;[3]集合投资计划在荷兰发行需要AFM授权。但是,如果财政部允许该类机构在指定国家设立或经营相关业务,则无须“双峰”机构授权,因为考虑到《金融监管法》所保护的利益,东道国对上述机构的监管提供了充分的安全保障。相应地,财政部有权撤销在指定国家的准入许可。[4]

对于系统重要性机构,荷兰财政部与中央银行共同关注系统重要性机构影响金融系统性稳定的行为。在金融机构实际控股(qualifying holding)[5]变动方面,市场主体持有、取得或增加在荷兰设立的银行、资产管理公司、投资公司及保险公司的实际控股,或者行使与实际控股有关的控制权时,需要获得由DNB出具的无异议声明(no objection)。[6] 针对具有系统重要性的金融机构,由财政部决定该项无异议声明的申请,[7]审查金融机构实际控股的变动是否有利于荷兰金融市场发展或是否符合中央银行的审慎监管政策。如果财政部批准了无异议声明申请,它可以代替

[1] Act of 26 March 1998, laying down new provisions regarding De Nederlandsche Bank N. V. in connection with the Treaty establishing the European Community (Bank Act 1998): Chapter II Section 14.

[2] Financial Supervision Act: Part 1. 2. 1 Section 1:26, Section 1:27.

[3] Financial Supervision Act: Part 2. 2. 1 Section 2:8, Part 2. 2. 4 Section 2:52.

[4] Financial Supervision Act: Part 2. 2. 7 Section 2:66.

[5] DIRECTIVE 2006/48/EC OF THE EUROPEAN PARLIAMENT AND OF THE COUNCIL, 14 June 2006. “qualifying holding” means a direct or indirect holding in an undertaking which represents 10% or more of the capital or of the voting rights or which makes it possible to exercise a significant influence over the management of that undertaking.

[6] Financial Supervision Act: Part 3. 3. 11 – Section 3:95, Section 3:96.

[7] 包括:(1)标的银行申请前的最近一年资产负债总额归入荷兰五大银行的合并资产负债表;(2)标的保险公司总保费收入在递交申请前的最近一年归入荷兰五大保险公司的总收入;(3)标的保险公司总保费收入在递交申请前的最近一年归入荷兰五大银行的合并资产负债表;(4)法律规定的符合条件的荷兰境内银行、欧盟成员国境内银行和非成员国境内银行与在荷兰设立的银行合并,标的银行在递交申请前的最近一年资产负债总额归入荷兰五大银行的合并资产负债表。

DNB 行使对相关金融机构的合规监管权和执行权。

在危机管理和危机处置方面,2013 年《金融机构处置措施法(政府干预法)》进一步明确了财政部与 DNB 的角色。在财政部对问题机构提供政府流动性支持前,DNB 是所有问题机构处置措施的主导机构,财政部则承担维护金融稳定的最终责任。[1] 该法规定,在“私人机构购买”问题机构时,DNB 负责提交处置方案和申请,经阿姆斯特丹特区法院批准后由 DNB 执行,财政部负责向投标人出具无异议声明。[2] 当市场手段、公私合作手段都无法发挥作用时,在财政部与 DNB、首相交换意见后,认为国家金融体系稳定受到“突发”或“严重”威胁时,财政部有权向金融机构行使下列权力(包括对非银行金融机构和金融控股公司):(1)干预金融机构的内部治理;(2)通过征收资产、债务和发行的证券国有化金融机构。[3]

(三)荷兰财政部在“双峰”模式下参与金融监管的优势与不足

1. 荷兰财政部在“双峰”模式下参与金融监管的优势

荷兰财政部对金融监管全过程的参与有利于维护系统重要性金融机构的稳健运行和防范金融系统性风险。一方面,财政部配合 DNB 和 AFM 对金融机构进行监管;另一方面,财政部代表政府审查“双峰”机构制定的监管规则,监督“双峰”机构的管理层成员,评估“双峰”机构的监管成效与问题,保证其合法有效地运行与开展工作。

另外,荷兰财政部肩负连结欧盟金融监管体制和国内金融监管体制的职责,有助于在“双峰”机构之上实现监管协调。荷兰财政部虽然不是“双峰”模式中的监管机构,却发挥着对“双峰”机构统筹协调的重要作用,负责牵头监管机构之间的意见交换和信息共享,与 DNB 和 AFM 确立了各自的职责和权限。

2. 荷兰财政部在“双峰”模式下参与金融监管的不足

首先,荷兰财政部在危机处置机制中参与程度较弱。在荷兰现行机制下,荷兰财政部既没有决定处置机制启动的权力,也不充分参与问题机构的处置过程,只有在整个金融体系稳定受到“突发”和“严重”威胁时,才有权干预金融机构的内部治理或将问题机构国有化。荷兰财政部在危机处置机制中的参与范围和参与程度都

---

[1] IMF Country Report No. 11/206. Kingdom of the Netherlands-Netherlands: Publication of Financial Sector Assessment Program Documentation—Detailed Assessment of Observance on Basel Core Principles for Effective Banking Supervision (BCP), July 2011.

[2] Act on Special Measures for Financial Corporation (Intervention Act): SECTION I, C.

[3] Act on Special Measures for Financial Corporation (Intervention Act): SECTION I, AB.

有待进一步拓展和加深。

其次，荷兰财政部与欧盟监管机构的权力分配有待明确。欧盟单一处置委员会是欧盟问题机构处置的有权机构，它假设系统重要性机构和跨国银行的处置计划及处置决策由银行业联盟负责。而在荷兰的危机处置机制中，财政部负责实施国家干预或国有化措施，这可能会与单一处置机制下单一处置委员会对系统重要性金融机构的监管产生重叠。由于危机后的这些变化，荷兰国内的危机处置程序有待完善，才能更好地适应相关机构之间新的角色、职权和关系，明确和协调财政部与欧盟监管机构之间的权利分配。

五、荷兰“双峰”模式下的金融监管协调机制

(一)金融监管协调机制的法律框架和组织机构

1. 法律框架:“法律规定 + 双边协议及备忘录”

荷兰金融监管协调机制的法律依据首先是法律规范的相关规定。《金融监管法》规定了 DNB 和 AFM 在金融监管领域的职责和权限，尽管二者在机构设置和监管目标上是独立的，它们的监管范围仍有交叉。[1]《银行法(1998)》主要涉及财政部与荷兰中央银行在监管数据和信息共享方面的合作。2013 年《金融机构处置措施法(政府干预法)》则主要规定了财政部与荷兰中央银行在危机处置不同阶段的职责和权限。荷兰“双峰”监管模式在金融危机中能够较为及时地作出决策遏制银行危机，其中很重要的原因是法律要求信息共享，尤其是财政部与 DNB、AFM 在维护金融稳定和危机管理方面的信息共享。

其次，监管机构签订的协议与备忘录也是荷兰金融监管协调机制法律框架的重要内容。《金融监管法》出台后，被赋予新的监管职责的 DNB 和 AFM 通过签订协议(Covenant)促进《金融监管法》的实施。DNB 与 AFM 之间的协议，构建了“双峰”机构在分工与合作方面的切实可行的框架。主要内容包括：DNB 作为所有金融机构总体监管的主导机构，AFM 作为证券公司监管的主导机构；达成一项共识，即特定领域的监管主导者应该尊重其他监管者的意见；确定定期磋商与信息共享的规则。[2] 协议规定二者持续合作的监管领域，包括金融机构市场准入许可、定期监督

---

[1] Financial Supervision Act: Part 1. 2. 1 Section 1:41, Section 1:42.

[2] 参见 IMF Country Report No. 11/208. Kingdom of the Netherlands-Netherlands: Publication of Financial Sector Assessment Program Documentation—Technical Note on Financial Sector Supervision: The Twin Peaks Model, July 2011。

检查、危机处置措施和其他监管事项。[1] 在信息共享方面,二者签订了谅解备忘录。

针对维护金融稳定和危机管理,财政部与 DNB 签订了备忘录。在定期磋商方面,财政部与 DNB 建立"货币与金融稳定工作组",定期讨论金融体系发展和政策措施的实施情况;特别磋商主要发生在危机管理与问题机构处置时。备忘录还涉及财政部与 DNB 在跨业监管和信息保密方面的合作。[2]

2. 组织机构:设立金融稳定委员会

如图 3 所示,2012 年,在荷兰议会专项调查委员会(De Wit Committee)的建议下,荷兰成立了金融稳定委员会(Financial Stability Committee,FSC)作为"双峰"监管机构和财政部共同参与维护金融稳定的监管协调机构。该委员会对财政部负责,向财政部提交年度报告,由财政部就涉及金融体系风险的事项向议会报告。金融稳定委员会组成人员共 7 人,包括 DNB 的代表、[3] AFM 的代表[4] 和财政部的代表,[5] 央行行长担任委员会主席,必要时可以邀请外部专家参与会议。[6]

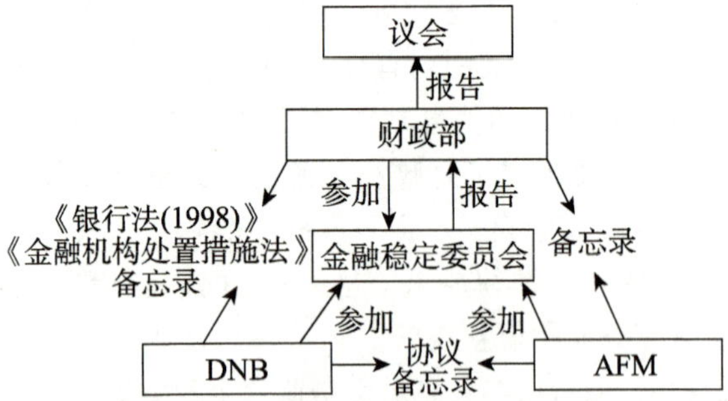

图 3　荷兰金融监管协调框架

金融稳定委员会每年召开两次会议,主要活动包括:促进财政部、DNB 和 AFM 在金融体系稳定方面的信息交换;针对识别的系统性风险发布警告和建议;讨论减

[1] Group of Thirty, "The structure of financial supervision: Approaches and Challenges in a Global Marketplace", Available, October 6, 2008. www. group30. org.

[2] Agreement between De Nederlandsche Bank and the Minister of Finance on information exchange and consultation regarding financial stability and crisis management, 12 February 2007.

[3] 荷兰中央银行行长、监管部门执行董事、货币事务与金融稳定部门执行董事。

[4] AFM 主席和执行董事。

[5] 金融市场处和财政处主管。

[6] 该委员会秘书处被安排在荷兰中央银行中,秘书由中央银行金融稳定司司长担任。

轻系统性风险可能采取的行动；与欧盟机构进行协调与合作，特别是调整和督促监管机构对 ESRB 警告和建议的回应。[1] 该委员会具有自治权，但没有监管措施、监管工具实施的决定权，仅针对识别的风险发布警告和建议。金融稳定委员会争取在讨论的事项上达成共识，如果不能达成共识，则以 2/3 多数票决定委员会发布的警告和建议。为了保证金融稳定任务的独立性，财政部代表不参与警告和建议的投票。

金融稳定委员会的设立，促进了监管机构在维护金融体系稳定方面的合作与信息共享。但是，与同为“双峰”模式中的金融监管协调机制组织机构——澳大利亚金融监管理事会相比，荷兰金融稳定委员会的设立缺乏正式的法律依据，监管政策制定权和建议的约束力明显不足。

（二）金融监管职能和金融监管机构的协调机制

1. 宏观审慎监管与微观审慎监管之间的协调

荷兰“双峰”金融监管模式下，中央银行通过不同部门分别实现宏观审慎监管和微观审慎监管职能。为了促进宏、微观审慎监管的一致性，DNB 运用“宏观记录器”（macro register）[2] 方法将防范系统性风险转化为微观审慎监管行动，加强宏观审慎和微观审慎监管部门在信息共享与风险评估方面的合作。

“宏观记录器”是微观审慎监管者使用的工具，描述从《金融稳定报告》中获取的与单个机构有关的主要宏观风险，解释宏观风险将如何影响单个机构的财务状况，提出描述单个金融机构对于各个宏观风险敞口的指标，并确定风险水平等级，基于这些指标和等级以及专家判断，监管者可以对各个机构进行评分，将识别的宏观风险转化为具体的监管行动。这一方法意味着 DNB 的监管更重视跨机构合作，在宏观监管和微观监管存在利益冲突时，应该优先考虑金融系统而非个体金融机构的利益。[3] 这一工具也成为欧盟宏观审慎监管分析和运用宏观审慎监管工具的重要考量。[4]

---

〔1〕 参见金融稳定委员会网站：http://www.financieelstabiliteitscomite.nl/en/about_fsc.，最后访问日期：2016 年 12 月 21 日。

〔2〕 荷兰中央银行 2013 年 10 月推出，由 Peter Wierts 和 Hildegard Montsma 两位专家进行了解释，具体参见 http://www.dnb.nl/en/publications/dnb-publications/newsletters/nieuwsbrief-banken/nieuwsbrief-banken-oktober-2013/dnb298608.jsp.，最后访问日期：2017 年 2 月 18 日。

〔3〕 参见 FSB Review Report. Peer Review of the Netherlands，11 November 2014.

〔4〕 参见《荷兰中央银行监管战略 2010—2014》（DNB Supervisory Strategy 2010-2014, April 2010 Amsterdam）。

2. 审慎监管与行为监管之间的协调

一方面,DNB 和 AFM 在审慎监管中互相协调。DNB 定期进行系统性风险评估,AFM 也会参与最后的评估讨论和《金融稳定报告》的撰写,这样就扩大了风险识别和评估的范围。在危机救助方面,AFM 并没有关于危机管理和问题机构救助的具体职能,但是它能通过必要情况下的信息披露和提高市场透明度来支持 DNB 的救助措施,提高问题机构救助的有效性。[1] 在微观审慎监管方面,AFM 与 DNB 在监管投资公司、集合投资计划管理公司和清算机构时密切合作;金融危机之后,DNB 针对受监管机构出台新的薪酬政策和内部治理规则,充分征求了 AFM 的意见和建议。[2]

另一方面,DNB 和 AFM 在行为监管中互相协调。在市场准入方面,AFM 负责投资公司和集合投资计划的市场准入许可授权,DNB 在 AFM 的审批过程中对该类企业进行审慎性评估,并向 AFM 提出建议,保证金融机构符合审慎性要求。出于审慎性考虑,DNB 可以要求 AFM 撤销对金融机构和人员的准入许可。[3] 在监管方法方面,DNB 通过审慎监管补充 AFM 的行为监管。例如,DNB 与 AFM 合作监管投资公司,DNB 对这些公司每年进行一次现场检查,对其他受监管的公司则每三年进行一次现场检查。[4]

3. 金融创新业务的有效监管协调

为了支持追求金融创新但不确定监管规则的金融市场经营者,AFM 和 DNB 成立了创新中心(Innovation Hub),这一中心的目标是为金融领域的创新创造空间。创新中心为创业者和新兴金融企业提供直接向监管机构提出问题的机会,来自两个监管机构的专家将会联手为经营者提供关于金融服务和产品监管的信息。此外,创新中心会定期举办会议与市场经营者讨论金融领域的发展趋势。[5] 2016 年,AFM 和 DNB 考虑学习英国的“沙盒监管”(Regulatory Sandbox),使企业能够在一个“安

---

[1] IMF Country Report No. 11/207. Kingdom of the Netherlands-Netherlands: Publication of Financial Sector Assessment Program Documentation—Technical Note on Crisis Management and Bank Resolution Frameworks. July 2011.

[2] De Nederlandsche Bank Annual Report 2007, 2 April 2008.

[3] De Nederlandsche Bank Annual Report 2007, 2 April 2008.

[4] 参见 IMF Country Report No. 11 / 208. Kingdom of the Netherlands-Netherlands: Publication of Financial Sector Assessment Program Documentation—Technical Note on Financial Sector Supervision: The Twin Peaks Model, July 2011。

[5] 参见荷兰中央银行网站:http://www.dnb.nl/en/supervision/innovationhub/index.jsp.,最后访问日期:2016 年 12 月 20 日。

全空间”内测试创新产品、服务、商业模式及交付机制而不会立即招致不利的监管后果。[1]

(三)对荷兰金融监管协调机制的评价

1. 对宏观审慎监管与微观审慎监管协调机制的评价

将宏观审慎监管和微观审慎监管共同置于中央银行内是荷兰“双峰”模式区别于其他“双峰”模式的重要特征,这种制度安排,使宏观审慎监管与微观审慎监管的联系变得密切,有助于将金融跨业的系统性问题作为一个整体来考虑,在危机中迅速、果断地做出反应。[2] 更重要的是,将宏观审慎监管和微观审慎监管共同置于中央银行中可以促进部门间的协调配合,提高监管效率。[3] 但是,荷兰中央银行同时负责宏观审慎监管和微观审慎监管也存在一定的不足,其中最主要的是,宏观审慎与微观审慎监管目标之间可能存在利益冲突。在出现利益冲突时,如果没有完善的制衡与监督机制,可能会导致职责不清,难以保证监管部门以金融系统整体稳定的利益为重。因此,“荷兰模式”虽然可以同时兼顾宏观审慎监管和微观审慎监管,但能否保证两个目标达到最优效果却存在疑问。

2. 对审慎监管与行为监管协调机制的评价

综合来看,DNB 和 AFM 在现有法律规范的基础上,通过协议和备忘录确定了二者的合作框架,以金融稳定委员会为协作和交流平台,在审慎监管与行为监管领域互相支持,互相监督,共同实现维护国家金融稳定的目标。在处理金融创新产品和服务或较为复杂的监管案例时,二者充分利用彼此的专业知识和监管信息有效实现监管职责,有利于防止监管重叠和监管空白。但是,目前“双峰”机构之间仍然缺乏解决观点分歧的正式程序,这种程序应该有助于避免监管机构之间的冲突升级,防止两家机构的声誉受损。

六、荷兰“双峰”模式对中国金融监管模式选择的启示

“双峰”改革前,荷兰的很多问题与目前中国面临的困境相似,例如分业监管模式难以适应金融市场新发展、缺乏完整的宏观审慎监管机制、市场诚信和消费者保

---

〔1〕 AFM-DNB Discussion Document,9 June 2016.

〔2〕 IMF Country Report No. 11/208. Kingdom of the Netherlands-Netherlands: Publication of Financial Sector Assessment Program Documentation—Technical Note on Financial Sector Supervision: The Twin Peaks Model, July 2011.

〔3〕 参见文洪武:《金融宏观与微观审慎监管协调机制研究》,天津财经大学 2015 年博士学位论文。

护问题亟待解决等,当然与我国在政治制度、经济地位和历史文化方面也有所差别。通过对荷兰"双峰"模式的分析,笔者认为,针对中国的实际情况,可以考虑借鉴荷兰"双峰"金融监管模式的有益经验,避免和修正在荷兰模式中已经观察到的问题,分阶段逐步完成由"分业监管"模式向"双峰"模式的过渡。短期内,中国可以在"分业监管"的基础上按照金融产品或业务的功能进行监管,重点加强监管机构之间的协调与合作。中长期来看,中国可以采纳"双峰"监管理念,制定一部统领金融监管改革的法律;由中央银行主导宏观审慎监管,建立独立且平等运行的审慎监管机构和行为监管机构;在新的金融监管框架中,财政部可以更积极地参与金融监管协调。另外,应该将金融监管协调机构化,建立专门负责金融监管协调的机构,统筹不同层次的金融监管沟通与合作。

(一)制定一部统领金融监管改革的法律

为保持金融监管的权威性、一致性和有效性,各国金融监管都遵循依法监管原则。所谓依法监管:一是要有系统的法律制度对金融市场主体的行为进行调节,使其接受金融监管机构的监管;二是监管机构在实施监管过程中应该被赋予必要的职责和权限,严格遵循法律规定和法律程序。[1] 只有系统的金融监管制度才能保证监管机制有法可依并且有序运行,因此,我国应该制定一部统领金融监管改革的法律,作为中国未来金融监管模式运行的法律框架。

统领金融监管制度的法律应该规定金融监管机构各自的目标与职责,明确其监管范围与受监管机构的运行规则,对金融监管机构的独立性和权威性给予明确,保障各机构的监管职能可以得到有效发挥。在具体监管事项方面,各监管机构之间可以通过签订备忘录或协议的形式确定分工与合作。同时,需要调整现有的金融监管法律法规,修正《商业银行法》《银行业监督管理法》《保险法》《证券法》中与金融监管改革框架内容不一致或者相抵触的规定,对原有法律法规制定实施细则,与统领金融监管改革的法律保持一致。

(二)采用审慎监管与行为监管分立的"双峰"监管理念

1. 强化中国人民银行的宏观审慎监管职能

中央银行的货币政策职能与维护金融稳定职能之间联系密切,互相支持,参考荷兰"双峰"模式的有益经验,中国人民银行应该作为我国宏观审慎监管的主导机构。笔者认为,由中国人民银行的内设机构——金融稳定局主导宏观审慎监管是较

---

〔1〕 参见邓明辉:《中国金融监管体制改革研究》,吉林大学2013年硕士学位论文。

为合适的选择。中国应该构建完善的宏观审慎监管框架,由中央银行制定宏观审慎监管政策,不断更新宏观审慎监管工具。在危机救助方面,中央银行应该主导问题机构处置机制,通过法律赋予中央银行在危机发生时干预市场的权力。由央行负责决定处置问题机构的策略和制定处置计划,明确启用市场化救助手段和政府提供流动性支持的条件和标准。

2. 设立专门的微观审慎监管机构

为了避免改革造成监管秩序的混乱和中央银行的过度负担,中国应设置专门的微观审慎监管机构,独立于中央银行。当然,金融监管改革并不是简单的"三会合一",需要注意在金融跨业经营和综合经营的背景下实现功能监管,统一监管标准,防止监管真空与监管套利。

在微观审慎监管的标准方面,监管机构不仅应该关注金融机构的资本充足率、流动性、偿债能力和资产质量等指标,还要吸取荷兰在金融危机中得到的教训。微观审慎监管同样要考虑宏观审慎因素,时刻防范系统性风险,关注金融机构的商业战略、内部治理、风险管理政策以及企业文化。只有增强微观审慎监管的前瞻性,才能在单个金融机构的风险反映在财务指标中之前,有效控制金融机构的潜在风险,维护金融机构的稳健运行。

3. 设置独立的行为监管机构

荷兰经验表明,在危机时,尤其是应对金融机构不规范的商业模式和行为时,需要有独立的行为监管和消费者保护机构存在。中国应考虑设置独立的金融消费者保护机构,合并目前"三会"中金融消费者保护部门的职能。行为监管机构应该拥有稳定的财政收入、广泛的管辖权以及金融消费者保护规则的制定权,并对所有金融机构拥有强制执行权。其核心职责是保护金融消费者不受滥用金融产品与服务的损害,监督金融机构的商业行为,维护市场秩序和充分竞争,保护消费者和投资者权益,进而促进金融市场发展和维护金融稳定。[1]

(三)基于国情适当增设中国财政部的金融监管权

第一,中国财政部作为国有资产和公共资金的管理者,应该在金融市场监管中发挥作用,承担维护金融稳定和危机救助的最终职责。历史上无数次的金融危机与救助实践表明,保持一个稳健的金融体系是政府应该提供的公共物品,妥善处理问

[1] 参见刘庆飞:《多重背景下金融监管立法的反思与改革》,上海人民出版社 2015 年版,第 272 ~ 275 页。

题机构,避免系统性风险是金融稳定的内容之一。[1] 因此,在未来的金融监管改革中,应该由法律授权财政部在危机处置机制中承担最终职责,规定财政部参与危机救助的标准和条件,明确财政部与中央银行在市场救助手段和国家救助手段中的权限和执行程序,以及各机构在危机处置中的协调机制。

第二,赋予中国财政部在金融监管协调机制中的参与权和建议权。财政部承担着防范和化解系统性金融风险、维护金融体系稳定的职责,同时也负责宏观调控政策的制定和实施。在金融监管框架中,财政部是金融监管协调必不可少的参与者,甚至可以作为金融监管协调机制的牵头人,统筹监管机构之间的沟通合作与信息共享。在宏观审慎监管方面,财政部应该参与宏观审慎监管政策的讨论与制定,从财政政策和宏观经济的角度提出建议;微观审慎监管方面,财政部应该参与对系统重要性金融机构的风险识别和审慎监管,特别是对金融集团的资产质量、内部治理及风险管理等监管要求提出建议。

(四)完善不同层次的金融监管协调机制

1. 国务院层次金融稳定与金融发展的协调

荷兰设立了金融稳定委员会,作为财政部、中央银行和金融市场监管局的监管合作平台,保证定期的信息共享与监管协调。笔者建议,中国可以在金融监管协调部际联席会议制度的基础上建立新的委员会,层级高于"一行三会",由国务院直接领导,主要成员包括财政部、中央银行、审慎监管机构和行为监管机构的代表,定期召开会议并公开发布报告。该委员会的主要活动内容可以包括:金融监管和金融体系稳定方面的信息交换;讨论减轻系统性风险可能采取的行动;针对识别的风险及时发布警告和建议;该委员会对监管机构的建议应该具有约束力。中国在2017年第五次全国金融工作会议中,决定设立"国务院金融稳定发展委员会",强调加强中央层面的金融稳定与金融监管协调,在"针对突出问题加强协调,强化综合监管"方面具有重要意义。

2. 监管机构之间的金融监管协调

在审慎监管和行为监管的协调方面,中国可以参考荷兰"双峰"模式的实践,通过正式的法律规范和监管机构之间协议或备忘录的形式确立合作机制,明确审慎监管机构和行为监管机构合作的内容、方式和具体程序。当审慎监管机构和行为监管机构发生冲突时,应该明确内部的沟通和决策机制,确保监管行动的一致性和有效

---

〔1〕 参见邢会强:《财政参与处理问题金融机构之法律规制》,人民法院出版社2008年版,第90页。

性，可以考虑赋予审慎监管机构在一定条件下对行为监管机构的否决权。

另外，无论如何设置宏观审慎监管和微观审慎监管机构，二者之间协调与合作是更为关键的。荷兰中央银行重视提高宏观审慎监管与微观审慎监管的一致性，将宏观审慎风险识别转化为微观审慎行动。中国也可以参考荷兰的“宏观记录器”方法，在评估个体金融机构的风险时，微观审慎监管部门应该考虑与被监管问题机构相关的宏观风险，考虑到金融机构中存在的可能对我国金融体系有潜在影响并最终影响实体经济的风险因素，将识别出的特定宏观审慎风险转换为监管机构的监管行动，有计划地引入能够减少宏观审慎问题的手段。

七、结语

荷兰“双峰”监管模式一经问世就面临着全球金融危机的巨大考验，应对金融危机的过程也是荷兰“双峰”金融监管模式不断完善与成熟的过程。危机之后，荷兰中央银行的金融监管制度与方法都有所改进，但是，集众多监管职能于一身，荷兰中央银行面临权力过于集中的挑战。作为“双峰”模式中的另一“峰”，金融市场监管局在危机中证明了行为监管和消费者保护的重要性。鉴于荷兰财政部在欧盟层面和国家层面金融监管中的重要地位，本文对其运行机制进行了分析与评价，可以说，荷兰财政部参与了金融监管的全过程并牵头金融监管协调机制，但是，在危机处置机制中的权责和与欧盟机构权力分配方面有待进一步明确。最后，荷兰“双峰”模式再次验证，金融监管协调机制对有效实现金融监管至关重要。

反观中国，金融监管模式的选择应该符合三个标准：(1)有效性；(2)高效性；(3)以市场为基础。有效性意味着金融监管应该满足系统性监管、金融机构稳健和适当的商业行为这三大目标。高效性要求不同监管者的监管任务之间重叠部分最少，监管机构的行政负担应该被限制。以市场为基础表明金融监管应该尽可能保证市场不扭曲，金融机构可以公平竞争，同时要求市场约束机制发挥作用。从这些标准看，“双峰”模式是可以被中国借鉴的，而基于荷兰与中国具体国情的差异，我们应该选择适合中国的“双峰”模式，逐步过渡。但毋庸置疑的是，金融监管机构之间有效的、相互支持、相互监督的沟通与协作机制必不可少。

第三方证券交易软件运营商监管研究

胡　伟*

内容摘要：“第三方证券交易软件”属于一种金融创新，在原有的监管框架之外，其合法性存在争议，生存发展空间面临较大的不确定性。通过法律分析，本文认为，第三方软件并不构成《证券法》上的“经营证券业务”，它是合法的，但有其风险和问题，需要加强监管。基于此，本文对第三方软件运营商监管安排提出了有关建议，对第三方软件运营商的未来定位进行了展望，提出设计监管框架的基本原则。

关键词：证券交易　证券市场　证券法　金融创新

2015年6月至8月的股市大幅异常波动后，恒生电子子公司杭州恒生网络技术服务有限公司开发的HOMS及类似的资产管理系统被视为股市“配资”的帮凶，受到严厉监管和重罚。在此背景下，据媒体报道，中信证券、华泰证券等证券公司暂停提供第三方软件的接入，网络证券交易模式面临重大变革。

一、第三方证券交易软件概述

（一）中国证券交易下单模式的发展和演进迅速

中国证券市场肇始于20世纪80年代后期，[1]1990年12月1日深圳证券交易所开始集中交易被广泛认为是中国资本市场的正式起步。相比于金融和证券业较发达的国家和地区，中国（内地）证券市场起步较晚，具有一定后发优势，同时恰逢“信息高速公路”[2]和互联网时代的到来，证券市场和证券交易的下单模式发展、变化较快，演进迅速。

---

* 作者单位：太平洋证券股份有限公司合规部总经理，曾先后工作于四川证监局、中国证监会。本文仅代表个人观点，不代表所在机构的立场或观点。

〔1〕 民国时期的股票市场不在本文讨论之列。20世纪80年代中期的股份制探索由于没有形成“证券市场”，亦不作研究。

〔2〕 1993年9月，克林顿就任美国总统后不久，正式推出跨世纪的“国家信息基础设施”工程计划，俗称“信息高速公路”战略，该计划在世界范围内产生了极为广泛的影响，也造就了美国信息经济日后的辉煌。

短短二十多年,中国证券市场下单模式经历了从场外到场内,从营业厅现场交易到远程交易,从电脑、固定电话渠道为主到移动互联网为主的转变。随着移动互联网的发展,在市场竞争过程中,因证券公司在投入力量、技术水平、服务能力上的弱势,部分互联网公司和金融信息服务商推出了电脑、手机证券行情及交易软件(应用程序),在免费为投资者提供行情信息、交易指令通道(还需发送到证券公司)的同时,提供增值的付费服务,在市场上占据了重要地位。因其不是由投资者和证券公司开发、提供,故称“第三方证券交易软件”(以下正文中简称“第三方软件”)。证券交易下单模式“迭代”迅速、转换频繁,但都是为了便利投资者,提高证券交易效率,都是基于科技和硬件的发展现状而演变的。第三方软件的出现也不例外。

(二)第三方证券交易软件的业务模式和盈利方式

1. 第三方证券交易软件的业务模式

以 2000 年 3 月 30 日中国证监会发布《网上证券委托暂行管理办法》为标志,证券交易网络化时代开启,传统的股民集聚证券营业部交易的模式日渐式微。为顺应网络化时代的要求,各大证券公司都开发了自己的网上证券系统。网上证券系统可以实现多种功能,包括行情信息发布、证券交易通道、证券公司通知和证券资讯提供、财富管理及统计等。

除证券公司的网上(手机)证券系统提供行情信息以便投资者交易外,金融信息(行情信息)服务商这一新兴行业也快速发展,以其专业化的分工,采集提供及时全面的信息,也更加多样完备功能。因为市场的需要,金融信息服务商成为一个重要的行业,不少公司得以发展壮大。在国外,著名的金融信息服务商如汤森路透、彭博等还开展新闻采编报道业务,在金融市场拥有巨大的影响力,其产品的年销售价格也极高。

在发展演进的过程中,我国金融信息(行情信息)服务商如“同花顺”等,除提供行情信息外,逐渐也允可投资者绑定自己已在证券公司开立的实名制账户下单,即成为所谓的“第三方证券交易软件”,当然前提是这一证券公司与金融信息提供商建立了合作关系。金融信息服务商与证券公司的合作属于优势互补型,金融信息服务商具有技术优势、覆盖面优势(服务不同证券公司的投资者),证券公司拥有牌照和入场集中交易资格,双方的合作对提高证券交易效率具有重要意义。

2. 第三方证券交易软件的盈利方式

第三方证券交易软件的主要盈利渠道是来自合作证券公司的收入、软件(应用程序)广告收入等。

因第三方软件为合作证券公司带来了交易和手续费收入,证券公司根据约定以相关收入的一定比例或通过其他计算方法所计算出的费用付给第三方证券交易软件运营商。此外,软件(应用程序)的广告和信息推送,也会带来广告收入。

(三)境外类似软件运营商的相关情况

在境外发达市场,设立证券公司程序相对简单,证券公司数量较多,也不会拒绝后进入者。但就在这样的市场环境中,仍有不少以互联网为工具的金融创新公司涌现,提供类似第三方交易软件的服务。

1. quantopian 模式

Quantopian 及与其类似的量化交易平台,用于为普通用户提供量化交易的支持,这类平台服务的是量化交易者。有程序背景的用户利用其平台可以设计自己的交易策略进行程序化交易,平台本身可以通过卖数据、卖服务、券商返点赢利。

在 quantopian 模式下,客户可以自己设计交易算法,利用算法自动完成交易,但交易渠道是证券公司的交易应用程序接口(API),目前其合作对象主要是盈透证券(Interactive Broker),在交易环节需要收费。目前,美国证券交易委员会(SEC)未对 quantopian 平台进行监管。

2. robinhood 模式

境外的第二种类似公司是 robinhood(中文译名"罗宾侠")这类通过降低用户交易成本的公司。利用交易所返点、收取融资利息等方式,可以将普通用户的交易佣金降到很低,甚至为 0。

Robinhood 免手续费,但实行"T + 3",杜绝了利用其进行高频交易赚钱的可能性。这类公司的收入还有来自客户账户上现金的利息。这类公司交易渠道有限,有些股票和大部分基金、期权无法通过 robinhood 买卖,由于低成本经营,其客户服务也较一般证券公司简单,类似于证券行业的"廉价航空公司"。Robinhood 本身是美国注册的证券公司,受美国证券交易委员会监管。风险方面,robinhood 的 APP 因数据商的原因,出现过股票价格不刷新等问题。

3. 境内外类似软件运营商的比较

境外交易服务软件的创新形式更多、方法更灵活,对其监管也在不断探索。由上文可见,境外类似软件也会出现相应的风险和问题。由于法律环境和市场情况不同,境内外类似软件的不同点较为显著:

一是合法性方面不同。境内第三方软件具有合法性的争议,也对生存环境比较担忧。境外相关软件没有合法性的争议,其生存面对的是一个相对明确、预期稳定的法律和监管环境。

二是是否受监管不同。因合法性未被明确，境内第三方软件运营商尚未纳入监管。境外类似软件运营商可视自身情况和从事业务的性质注册为证券公司，受到证券监管机构的监管，也可作为现行监管范围以外的金融创新服务公司运行。

三是提供服务方面不同。境内第三方软件除简单的转送交易指令外，还提供更优化全面的金融信息，少数公司也会有偿提供增值服务。境外类似软件提供的服务更为多样化，量化交易算法可自行设计、开发，可提供免手续费的交易政策，但交易范围可能受限。

四是运营主体方面不同。境内第三方软件运营主体一般是已经发展壮大甚至上市的金融信息提供商或者规模巨大的互联网公司，第三方软件只是运营商业务的一部分，主要是为了完善公司产品线，增加对投资者的服务品类。境外类似软件的运营商一般为新兴创业公司，属于专门为这一项目而成立的独立公司，有些已经完成了 A 轮、B 轮的融资，引进了一些著名的投资机构和投资人，但仍属于创业公司。

二、第三方证券交易软件法律关系分析

（一）第三方证券交易软件所涉及的法律关系

1. 第三方证券交易软件运营商与证券公司之间的法律关系

第三方证券交易软件运营商与证券公司合作关系的建立基于双方签署的相关合同，因此，以合作合同为基础，第三方证券交易软件运营商与证券公司形成了合同法律关系。第三方证券交易软件运营商与证券公司之间的合同一般属于无名合同、双务合同、有偿合同、诺成合同、不要式合同。当然也不排除市场上有个别特殊情况，如第三方证券交易软件运营商是无偿与证券公司合作的。

2. 第三方证券交易软件运营商与投资者之间的法律关系

因投资者在使用第三方证券交易软件前签署了协议，第三方证券交易软件运营商与投资者形成了合同法律关系。第三方证券交易软件运营商与投资者之间的合同通过投资者点击相关合同（须知）条款下方的“同意”键或“是”键而成立，属于无名合同、单务合同、无偿合同、诺成合同、不要式合同。

3. 使用第三方证券交易软件时投资者与证券公司之间的法律关系

《中华人民共和国证券法》（以下简称《证券法》）第 111 条规定：“投资者应当与证券公司签订证券交易委托协议，并在证券公司开立证券交易账户，以书面、电话以及其他方式，委托该证券公司代其买卖证券”。因此，投资者与证券公司之间的法律

关系为代理关系。也有个别观点认为,投资者与证券公司之间是行纪关系,但一般不这样认为。

使用第三方证券交易软件时,交易指令通过第三方软件送到证券公司,第三方软件运营商不做处理和修改,只是简单机械地协助传送指令,投资者和证券公司之间原有的代理关系未因使用第三方软件而改变,投资者与证券公司之间仍为代理关系。

(二)第三方证券交易软件运营商的权利与义务

基于第三方软件涉及的法律关系和经济活动性质,本文试图对第三方软件运营商的权利和义务进行分析。第三方软件运营商是一个民事主体,从事经济、金融活动,需要遵守既有的法律规定,同时因其辅助或从事金融业务的特点,有特殊的义务和要求,也应有相应的权利。本文在梳理和汇总第三方软件相关法定义务的基础上,研究其业务特点,总结出其应尽的几项主要义务,并列出其享有的权利。

1.第三方证券交易软件运营商的义务

(1)保障投资者信息安全和隐私权

保障投资者的相关信息安全,是第三方软件运营商的应尽义务。投资者信息包括其个人信息、账户信息、交易信息等。在证券市场上,相关信息尤其是拥有较大资金量的投资者交易信息的泄露可能会引发市场或个股波动,涉及巨大的经济利益,也可能会减损市场相关方的利益。第三方软件运营商有责任建立完整严密、制衡有力的内部控制体系,严格限制相关查询、统计权限的使用,加强对员工的管理,确保投资者信息安全。如果第三方软件运营商泄露了相关的信息,需要负侵权责任。

在第三方软件的使用当中,投资者交易指令直送证券公司,但第三方软件运营商掌握投资者较多基础信息,如对投资者的使用软件情况等进行关注和统计,是可能得到投资者较多隐私信息的。在这样的情况下,保护投资者的隐私权尤为重要。第三方软件出于经营广告目的而收集的投资者信息,也不能被滥用于不正当的用途或造成投资者隐私泄露。

(2)反洗钱和防范金融违法犯罪

本节谈到的防范金融违法犯罪主要指的是不得违反或协助、默认投资者违反金融行业独有的法定要求或监管规定,而不是针对一般的经济违法犯罪行为。

一是反洗钱。反洗钱是金融行业的基本要求。无论是传统的持牌金融机构,还是新兴的专业金融服务机构、"互联网金融"类企业,都有责任按照法律法规等的规定开展反洗钱工作。在我国,反洗钱工作由中国人民银行负责,人民银行有权进行相关的监管、检查和处罚。

二是违反证券账户实名制等要求。第三方软件不得违反或协助投资者违反证券账户实名制的要求。2015 年 6 月起,股市异常波动,股灾轮番来袭,HOMS 等软件被视为“场外配资”的帮凶。当年 9 月,媒体报道,证监会拟对恒生公司、铭创公司、同花顺公司处罚金 4.5 亿元,处罚理由是,通过这三家公司开发的系统,投资者不履行实名开户程序即可进行证券交易。2016 年 11 月,证监会正式作出行政处罚决定,没收恒生网络违法所得 1.10 亿元,并处以 3.30 亿元罚款;没收铭创公司违法所得 949 万元,并处以 2848 万元罚款;没收同花顺公司违法所得 218 万元,并处以 653 万元罚款。这三家公司开发的系统违反了账户实名制要求。

三是违法设立证券交易场所。《证券法》第 39 条规定:“依法公开发行的股票、公司债券及其他证券,应当在依法设立的证券交易所上市交易或者在国务院批准的其他证券交易场所转让”,《证券法》第 102 条第 2 款规定:“证券交易所的设立和解散,由国务院决定”。这两项规定将证券的转让场所和证券交易场所的设立纳入政府特许范围。根据这两项规定,无论是第三方软件运营商还是证券公司、其他机构、资产管理软件,都不得将自己旗下投资者的订单先进行“内部撮合交易”后再报往证券交易所。前段所述被处罚的三家公司开发的系统同时亦违反了《证券法》第 39 条的规定。

(3)提供正确及时的行情信息,在系统升级前取得证券公司的同意

正确及时的行情信息是投资者作出分析判断、开展交易行为的基础,第三方软件的使用者是基于第三方软件提供的相关行情信息进行交易的,因此提供正确及时的行情信息就是第三方软件运营商的应尽义务。多年来,上海证券交易所通过证券信息服务商有偿提供比普通行情信息速度快的“Level-2”行情,持续受到违反“公开、公平、公正”的证券市场基本原则的质疑,可见正确及时的行情信息是证券交易公平的基础。

因使用第三方软件的投资者的指令被第三方软件发往证券公司信息系统,存在对证券公司信息系统的外部影响,第三方软件运营商有义务在系统升级前依照约定,先行取得证券公司的同意,或依照约定时间提前通知证券公司。对升级改造后的系统,也应做好技术测试和压力测试,逐步切换和投入使用,以免系统错误给下一环节的证券公司、证券交易所造成不必要的压力或损失。

(4)确保网络连接并在交易软件中断时及时通知投资者

在使用第三方软件的情况下,由于证券交易指令传输链条中增加了第三方软件,链条拉长,网络传输风险相对加大,第三方软件运营商有责任尽最大努力确保与

投资者、证券公司的网络连接畅通稳定,避免数据传输损失或中断。

同时,第三方软件运营商有责任事先对投资者进行特别提醒,请投资者注意使用第三方软件时由于传输链条加长会面临的这一风险。一旦交易软件服务中断,运营商应尽其所能及时通知投资者,提醒其采用其他渠道开展证券交易,以免造成投资者利益损失。

2. 第三方证券交易软件运营商的权利

(1)收取服务费用

第三方软件运营商以其行情和金融信息提供、分析功能吸引投资者,往证券公司进行"互联网导流",为证券公司增加交易量和交易费用收入,有权依据合同和约定,向合作证券公司收取相关费用,也有权依据其与投资者达成的协议,向投资者提供增值服务,收取服务费用。

(2)经营收益权

第三方软件运营商对第三方软件这一产品进行经营,具有相应的经营收益权。除广告收益以外,有权开展其他合作获取收益,将流量"变现",也有权将整个产品(软件)进行出售、处置。

(3)软件升级、改造

第三方软件运营商是第三方软件的所有者,有权在尽到约定的通知义务的前提下,对软件进行改造、升级、改版或其他处置。

(4)终止软件的使用

第三方软件运营商有权根据与投资者签署的合同,终止软件的使用和服务。当然,终止提供服务的前提是已向投资者收取的相关费用依法依约定得到妥善的处置。

(三)第三方证券交易软件出现的深层次原因

第三方软件的出现有其必然性,其深层次原因主要有三个方面:

1. 我国证券公司的进入门槛高

在我国,设立证券公司是一件极其困难的事,不是有能力、有资金、有市场需求即可进入这一市场的。

根据中国证监会的统计,截至 2016 年 3 月,全国共有 126 家证券公司,[1]其中还有部分不是"全牌照"的证券公司,属于专门从事投资银行、资产管理等业务的

---

[1] 证券公司名录(2016 年 3 月),载中国证监会官网:http://www.csrc.gov.cn/pub/zjhpublic/G00306205/201509/t20150924_284310.htm,最后访问日期:2016 年 7 月 7 日。

“专业子公司”。按照证监会公布的2016年证券公司分类结果，在进行分类评价的125家公司中，有30家公司按规定与其母公司合并评价，只对95家证券公司进行了分类评价[1]，这才是中国“全牌照”证券公司的大致数量。[2]

而就国内其他金融行业来看，截至2014年年底，全国共有各种类型的银行3700家，[3]截至2016年6月底，全国共有保险机构200家。[4] 就境外证券行业的情况来看，2013年，美国证监会（SEC）负责监管11,000家投资顾问公司，美国金融业监管局（FINRA）负责监管4146家经纪自营商；[5]截至2016年6月底，香港“联交所参与者”有478家。[6] 由此可见，中国内地证券公司的数量较少，存在很严格的数量管控。

2008年5月至2016年2月近8年时间，中国没有一家“全牌照”证券公司的设立申请获批。对市场的高度管制造成了进入壁垒，但证券市场提高服务水平的紧迫性是始终存在的，投资者获得高质量服务的需求是无法改变的，因此才有了金融信息服务商进入证券交易链条，出现了第三方证券交易软件这一新生事物。

2. 存量证券公司跟不上证券市场的发展速度

1992年，我国共有上市公司53家；[7]截至2016年8月24日，我国上市公司已增加到2924家。全国中小企业股份转让系统（新三板）从无到有，截至2016年8月24日共有8846家挂牌公司。在可查询的最早数据的2004年年底，投资者股票账户

---

〔1〕 证监会公布2016年证券公司分类结果，载中国证监会官网：http://www.csrc.gov.cn/pub/newsite/zjhxwfb/xwdd/201607/t20160715_300788.html，最后访问日期：2016年8月11日。

〔2〕 95家证券公司中，还有少部分证券公司业务范围较小，不是真正意义上的“全牌照”公司。

〔3〕 银监会：去年底中国已有3700家银行，载网易财经：http://money.163.com/15/0514/21/APJVL57L00252H36.html，最后访问日期：2016年7月7日。

〔4〕 2016年上半年保险行业快速发展，服务社会能力增强，载中国保监会官网：http://www.circ.gov.cn/web/site0/tab5207/info4037518.htm，最后访问日期：2016年8月11日。

〔5〕 美国三大证券监管机构2013年度报告的分析、比较和借鉴，载中国证监会官网：http://www.csrc.gov.cn/pub/newsite/yjzx/yjbg/201406/t20140630_257028.html，最后访问日期：2016年8月11日。在美国等较容易设立证券公司的国家或地区，一般没必要设立亦不会发展出第三方证券交易软件这一行业（但有相类似的金融、证券服务创新企业，提供更加多样化的功能），有意者直接设立证券公司即可。

〔6〕 香港证监会统计表《表C1—持牌人／注册人数目》，载香港证监会官网：http://www.sfc.hk/web/TC/files/SOM/MarketStatistics/c01.pdf，最后访问日期：2016年8月11日。

〔7〕 中国证券监督管理委员会：《2014中国证券监督管理委员会年报》，中国财政经济出版社2015年版，第14页。

约7215.74万户;到2014年年底,投资者有效账户数为14214.68万户。[1] 资本市场起步至今,社保基金、银行资管、信托产品、保险资管、公募基金、私募基金等机构投资者从无到有,成为市场上的主力,个人大户也不断增加。市场发展迅速,而证券公司数量基本保持稳定,创新发展乏力,无法向投资者提供满足需求的服务,新兴的证券服务创新企业必然出现。[2]

此外,我国证券市场长期存在临柜现场开户的监管要求,直至2013年3月25日《中国证券登记结算有限责任公司证券账户非现场开户实施暂行办法》颁布,非现场开户才合法化。由于必须现场开户,而很多投资者所在的市域、县域只有一家或少数几家中小证券公司的营业部,为就近便利开户,很多投资者都把证券账户开在了本地的中小证券公司营业部。这些中小证券公司由于信息技术水平有限、资金投入有限,其交易软件提供的信息分析模块等无法满足投资者需求,而第三方软件可以提供强大的信息分析服务,所以投资者对第三方软件逐渐接受甚至产生依赖。

3.金融细分行业的发展是必然的趋势

近些年来,因传统金融机构不能满足市场和金融消费者需要,金融行业的发展创新很快,互联网和移动互联网时代的到来加剧了这一趋势。“飞贷APP”是相关创业企业服务银行业的一个例证。据报道,飞贷的资金来源是金融机构,主要是银行,其为银行提供辅助、延伸和补充服务。阿里巴巴旗下的蚂蚁金融服务集团(简称“蚂蚁金服”)从事小额信贷业务。在5年时间里,蚂蚁金服旗下的蚂蚁小贷已经为160多万家小微企业和个人创业者解决了融资需求,累计发放贷款超过4000亿元。[3] 蚂蚁金服的大部分贷款在两三万元以下,是传统银行小额贷款最低额度的几十分之一,借助互联网审批放贷、征信系统资源、分析自有大数据等大幅降低了贷款的服务成本。这类互联网金融企业服务无法被传统金融机构辐射的“低净值客户”,发掘其价值,合理分配社会资源,改善了社会资本“供需错配”的局面。

由此可见,随着经济飞速发展,传统金融机构无法覆盖到很多有需求的角落,金融细分、服务行业的出现实属必然,也是大势所趋。

---

〔1〕 中国证券监督管理委员会:《2014中国证券监督管理委员会年报》,中国财政经济出版社2015年版,第21页。

〔2〕 本段相关数据,除特别注明外,均来自上海、深圳证券交易所和全国中小企业股份转让系统公司、中国证券登记结算公司官网。

〔3〕 《蚂蚁金服估值超过阿里巴巴,将在多久后发生?》,载今日头条:http://toutiao.com/a4720094001/,最后访问日期:2016年8月24日。

三、第三方证券交易软件合法性及现有风险防范与管理措施

(一)第三方证券交易软件的合法性

由于法律法规没有明文禁止且有市场需要,第三方软件蓬勃发展起来,成为证券交易链条的重要组成部分。本文第一部分已基于民事商事法律对第三方软件涉及的法律关系和其运营商的权利义务做了分析。

第三方软件之所以引起争议,盖因《证券法》等规制特定行业的法律法规的规定不明确,使其虽然是依据《公司法》等注册运行的公司,但合法性在特别法下处于"灰色地带"。因此,本部分将对第三方软件的合法性进行研究,以厘清这一问题。

1. 关于"经营证券业务"的认定

(1)"经营证券业务"的法律限制

《证券法》第 122 条规定:"未经国务院证券监督管理机构批准,任何单位和个人不得经营证券业务"。这一规定使任何经营证券业务的单位和个人都有事先取得许可的法定义务,否则便构成了非法经营证券业务。非法经营证券业务的,按照《证券法》第 197 条的规定,由证券监督管理机构进行取缔和处罚。

(2)厘清是否构成"经营证券业务"的重要性

一旦认定第三方软件运营商构成了《证券法》第 122 条规定的"经营证券业务"行为,第三方软件就属于非法经营。由于"非法经营证券业务"即需被取缔和处罚,是否构成"经营证券业务"是研究第三方软件合法性的关键所在,是否构成"经营证券业务"关系着第三方软件这一行业的生死存亡,所以,厘清第三方软件是否构成"经营证券业务"非常重要。

2. 第三方证券交易软件与《证券法》规定的"证券业务"相关性研究

(1)"证券业务"的法律定义

根据《证券法》第 125 条的规定,证券业务包括证券经纪,证券投资咨询,与证券交易、证券投资活动有关的财务顾问,证券承销与保荐,证券自营,证券资产管理,其他证券业务。

从立法本意上看,《证券法》预留了有权机关就"其他证券业务"进行认定的"兜底权力",但现实中行使相关认定权的法律程序较烦琐,目前并无先例,第三方软件这一细分产品也不适宜被认定为一大类"证券业务"。

(2)证券经纪业务的相关规定

如前所述,第三方软件不适宜被认定为一大类"证券业务",就法律已明列的六

项“证券业务”而言,第三方软件的业务实质与证券经纪的关系最近。那么第三方软件是否属于证券经纪的一种类型或一部分呢?证券经纪目前尚无明确的规定或定义,就其管理要求而言,目前主要适用中国证监会发布的《关于加强证券经纪业务管理的规定》(中国证券监督管理委员会公告〔2010〕11号,以下简称《经纪业务规定》)。

《经纪业务规定》提出了证券公司应当建立健全证券经纪业务管理制度,建立健全证券经纪业务客户管理与客户服务制度,建立健全证券经纪业务人员管理和科学合理的绩效考核制度,建立健全证券营业部管理制度等要求。

(3)第三方软件提供辅助和补充服务

实践中,第三方证券交易软件对已在证券公司实名制开户的投资者提供辅助和补充服务,帮助投资者将交易指令转往证券公司,再由证券公司报送证券交易所进行撮合。

什么是辅助和补充服务?举例而言,在证券营业部为主要交易渠道(场所)的时代,有人开大巴车每天早晨把投资者送到营业部,闭市后再把投资者送回住处,就是提供了一种辅助和补充服务。此例中的这一服务明显不构成“经营证券业务”。

(4)第三方软件未违反《经纪业务规定》

《经纪业务规定》第3点规定,证券公司应当建立健全客户账户管理制度、充分了解客户情况、建立健全客户适当性管理制度、建立健全客户回访制度等,这显然是证券公司管理义务,不因投资者使用第三方软件作为辅助手段而改变,客户账户仍然实名开立于证券公司,第三方软件运营商未曾实质性介入证券公司与投资者之间的代理关系,相关管理义务也没有转移到第三方软件运营商。因第三方软件只是帮助投资者将交易指令转往证券公司提供给投资者的信息系统接口,使用第三方软件也不违反《经纪业务规定》第6点关于“证券公司应当统一建立、管理证券经纪业务客户账户管理、客户资金存管、代理交易、代理清算交收、证券托管、交易风险监控等信息系统”的规定。因此,第三方软件运营商未违反《经纪业务规定》。

3.第三方证券交易软件合法性的研究结论

如前文所述,第三方软件只是提供了辅助和补充服务,未违反证券经纪业务的监管规定,因此不构成经营证券经纪业务,不属于“经营证券业务”,不需“经国务院证券监督管理机构批准”,也不适用已有的对证券服务机构的监管安排和规定。

此外,从“负面清单”的角度来看,第三方软件只提供一个简单的技术通路,没有成为投资者与证券公司之间的中间商,不提供咨询建议等,也不直接将交易指令报送证券交易所,不进行分仓,不开立分账户、子账户。因此,证券交易行为的主要参与方还是投资者、证券公司、证券交易所等,第三方软件没有违反未经批准不得经营证券业务、证券账户实名制、不得自行设立证券交易场所等法定及监管要求,属合法经营行为。

（二）第三方证券交易软件的风险

第三方证券交易软件因从事与金融相关的活动,具有涉众性、公共性强,外部效应明显的特点,可能会出现相应的风险。

1. 可能损害投资者利益

第三方软件由于使用者众,影响面大,出于经营需要会以广告发布、信息推送为主要创收方式。如第三方软件利用其使用者众多、得到投资者信任的优势发布和推送虚假的广告、信息等,可能会损害投资者的利益。

2016 年 4 月,国务院部署在全国开展为期一年的互联网金融专项整治,其中互联网金融广告是重点整治问题之一。根据《互联网金融风险专项整治工作实施方案》[1]的要求,互联网金融领域广告等宣传行为应依法合规、真实准确,不得对金融产品和业务进行不当宣传。未取得相关金融业务资质的从业机构,不得对金融业务或公司形象进行宣传。取得相关业务资质的,宣传内容应符合相关法律法规规定,需经有权部门许可的,应当与许可的内容相符合,不得进行误导性、虚假违法宣传。

按照政府部门的惯常做法,这一专项整治的要求会在以后的监管、执法中长期适用,因此无论是专项整治期间还是之后,第三方软件运营商都应当遵守相关要求,提高合规水平,避免使企业增加不必要的风险。

2. 可能损害相关行业利益

第三方软件积累了大量客户,对合作证券公司经纪业务的影响较大,如通过发布相关信息、通知等方式明示、暗示投资者转换证券公司、以开立在某一证券公司的账户为主账户,会打破行业公平竞争的格局,造成不公平的竞争态势,损害证券行业部分企业的利益。

在实践中,具有相当重要性的机构突然停止与原合作伙伴的合作,也可能损害相关行业利益。2016 年 2 月,媒体报道称,农业银行、交通银行、招商银行、北京农村商业银行等均关闭了部分第三方支付机构涉及 P2P 网贷平台的支付接口。业内有看法认为,在多数 P2P 平台尚未将客户资金直接交由银行存管的情况下,

---

〔1〕《国务院办公厅关于印发互联网金融风险专项整治工作实施方案的通知》,载中国政府网:http://www.gov.cn/zhengce/content/2016-10/13/content_5118471.htm,最后访问日期:2016 年 10 月 13 日。

如果更多银行关闭接口,恐会影响 P2P 平台的流动性。[1] 这一新闻爆出后,也有人担心如果 P2P 的流动性受到大的影响,除损害 P2P 行业的声誉和经营以外,还有连续引爆 P2P 机构经营风险的可能,使原本可较平稳地缓释的金融风险和社会风险增加。

3. 从事非法金融业务的风险

第三方软件合法存在和发展,吸引积累了大量的客户(证券投资者),拥有从事金融业务的先天优势。如第三方软件运营商虚构投资、交易项目,开展所谓的"P2P"或金属、石油及其他商品交易,会使出资者的利益受损,自身也会涉嫌非法吸收公众存款和集资诈骗。"e 租宝"一年半内非法吸收资金达 500 多亿元[2],昆明泛亚有色案件 27974 名受害者(投资人)在两个半月内申报资金权益 78.37 亿元,[3] 这种频发的重大金融风险事件给投资者造成巨额的损失,也向社会领域传导,部分投资者集聚扰乱交通秩序和其他公共秩序,形成社会风险。

4. 风险外溢的可能

前文已提到,在使用第三方软件的情况下,证券交易指令传输环节增加、链条拉长,网络传输风险相对加大,如有大量投资者使用的第三方软件发生技术故障,而未能及时通知到投资者,可能使投资者利益受损。如果投资者根据日常操作经验和当时界面显示情况,误以为订单已成功申报,其利益也可能受损。如第三方软件发生严重故障,将大量子虚乌有的订单报往证券公司,并在证券交易所撮合成功,会使风险进一步溢出到证券交易、结算、交收等环节,扩散到市场中的其他机构和个人。

在证券营业部为主流交易渠道(场地)的时代,因证券营业部提供用于交易的电脑(客户机)落后陈旧,有时会出现对委托结果或成交结果的误报,引发投资者信访等事件,造成了社会风险。

(三)第三方证券交易软件的现有风险防范和管理措施

第三方软件现在仍未被明确合法身份,纳入监管范围,但对其还是有一些风险防范和管理措施的,只是措施较少、不够系统化,部分管理机构层级较低,缺乏权威

---

〔1〕《多家商业银行关闭 P2P 第三方支付接口》,载财新网:http://finance.caixin.com/2016-02-05/100907676.html,最后访问日期:2016 年 8 月 9 日。

〔2〕《"e 租宝"案部分嫌犯被批捕　警方正加紧取证追赃》,载腾讯网:http://news.qq.com/a/20160301/002610.htm,最后访问日期:2016 年 8 月 11 日。

〔3〕《昆明泛亚有色涉嫌非法集资　单九良等 19 人被逮捕》,载新浪网:http://finance.sina.com.cn/money/nmetal/hjzx/2016-06-23/doc-ifxtmses0779557.shtml,最后访问日期:2016 年 8 月 11 日。

性。因此,现有管理措施难以有效防范相关风险。

1. 证监会、证券业协会对第三方证券交易软件的管理

(1)证券业协会的评估认证

2015 年 3 月,中国证券业协会发布了《证券公司网上证券信息系统技术指引》(以下简称《指引》),其中第 54 条规定"证券公司不得向第三方运营的客户端提供网上证券服务端与证券交易相关的接口。证券交易指令必须在证券公司自主控制的系统内全程处理。"这是一个"简单禁止"的指引,[1] 如果严格执行,意味着对第三方软件判了死刑。

2015 年 6 月,中国证券业协会发布了《证券公司外部接入信息系统评估认证规范》,该规范改变了《指引》第 54 条的强硬态度,要求"证券公司需要使用外部接入信息系统,应当经中国证券业协会评估认证"。但这一条规定的落地很难。据媒体报道,中国证券业协会 2015 年年中时还不受理评估认证申请。因此,这一管理方式在实践中已被束之高阁。

(2)证监会的管理要求

2015 年 6 月,中国证监会发布《关于加强证券公司信息系统外部接入管理的通知》,要求证券公司对信息系统外部接入管理开展自查,全面梳理外部接入情况及业务开展情况,深入排查信息技术风险和业务合规风险,要求中国证券业协会制定证券公司信息系统外部接入的规范标准,对证券公司是否符合有关规范标准进行评估认证,重申证券公司使用外部接入信息系统开展证券业务的禁止性要求,同时要求持续加强对证券公司信息系统外部接入的日常监管。对证券公司因信息系统外部接入引发信息安全事件,以及存在为场外配资活动提供便利、直接或者间接参与非法证券活动等情形的,依法采取行政监管措施。证监会同时重申,各证券公司不得通过网上证券交易接口为任何机构和个人开展场外配资活动、非法证券业务提供便利。

这一管理要求,主要是在当时的背景下,出于打击场外配资和非法证券活动的需要,督促证券公司提高 IT 治理水平。

---

[1] 对市场主体权利的减损或义务的新增,在我国证券期货监管实践中经常采用监管(行政)机关文件、行业协会文件、指引等提出,已大幅突破了《立法法》第 80 条第 2 款关于"部门规章规定的事项应当属于执行法律或者国务院的行政法规、决定、命令的事项。没有法律或者国务院的行政法规、决定、命令的依据,部门规章不得设定减损公民、法人和其他组织权利或者增加其义务的规范,不得增加本部门的权力或者减少本部门的法定职责"的规定。

2. 互联网行业管理

(1)网站备案管理

根据我国现行法律法规和规定,任何组织和个人开设网站均应依法履行网站备案手续并进行年度审核,互联网 IP 地址也实行备案管理,涉及电信业务经营的,还需申请办理增值电信业务经营许可证,获得许可并参加年检。备案管理、电信业务经营许可的主管部门是电信主管部门,部委层面是工业和信息化部(原信息产业部)。

(2)互联网信息内容管理

凡涉及互联网信息内容提供的,按照分工需接受国家互联网信息办公室的监管,第三方软件需遵守互联网信息服务和信息内容的相关管理要求。原来这一监管权限也由工业和信息化部(原信息产业部)行使。

(3)APP 管理

2016 年 6 月 28 日,国家互联网信息办公室发布《移动互联网应用程序信息服务管理规定》,自 2016 年 8 月 1 日起实施。该规定旨在加强对移动互联网应用程序(APP)信息服务的规范管理,促进行业健康有序发展,保护公民、法人和其他组织的合法权益。第三方软件中的手机应用程序(客户端)需遵守《移动互联网应用程序信息服务管理规定》。

3. 现行《证券法》尚未将第三方证券交易软件纳入调整范围

(1)现行《证券法》的调整范围

《证券法》于 1998 年 12 月制定,2004 年 8 月进行了个别条款的修改,2005 年 10 月底进行了大幅修订。也就是说,现行《证券法》框架确立于 2005 年,当时除调整规范了发行人(上市公司)、证券公司、证券交易所、证券登记结算机构、证券业协会、证券监管机构外,只对投资咨询机构、财务顾问机构、资信评级机构、资产评估机构、会计师事务所等几类"证券服务机构"作出了规定,立法思路主要围绕证监会监管的几类机构和股票的首次公开发行各环节的参与机构进行规范。

随着证券行业的快速发展和业务细分,以及部分原来不从事证券行业的公司的进入,现行《证券法》和政府现有监管范围已显滞后,《证券法》没有对股票发行、交易、结算可能涉及的部分环节,如创业投资机构、私募基金管理机构、为证券公司和投资者服务的软件开发商、证券信息系统服务提供商、第三方证券交易软件运营商、行情资讯服务提供商、中间介绍业务提供商、为证券业务提供信息服务的电子商务平台公司等进行规范。

(2)《证券法》修订的进展情况

2005 年 10 月现行《证券法》框架基本确立之后,分别于 2013 年 6 月、2014 年 8 月修改了《证券法》个别条款。根据立法规划,2013 年 12 月全国人大财经委牵头组成《证券法》修订起草组,开展工作,形成了《证券法》修订草案。2015 年 4 月,第十二届全国人大常委会第十四次会议对《证券法》修订草案进行了审议。《证券法》的修订原计划配合股票发行注册制改革于 2015 年完成,后因 2015 年 6 月开始的股市异常波动,《证券法》修订工作推迟,至 2017 年 2 月底尚未提交全国人大常委会“二审”。

四、第三方证券交易软件运营商监管安排的有关建议

(一)第三方证券交易软件运营商的未来定位

我国处在经济发展迅速、社会变革剧烈的阶段,证券活动组织方式在不断发展演变,新的细分行业和服务层出不穷,但由于法律规制、监管方式、市场习惯等因素,对新的业态持有怀疑或否定态度的观点屡见不鲜,有的甚至“喊打喊杀”,要“一关了之”。对政府部门来说,关掉一个行业容易,但行政行为是否合法,“一关了之”是否有利于提高市场效率和民众福祉,需要审慎考虑。在厘清第三方软件出现的深层原因、明确其合法性的前提下,对第三方软件进行合理的定位是非常重要的。

1. 合法地位,规范发展

如前所述,第三方软件具有合法地位,既符合民商事法律,也不违反《证券法》和其他监管规定,其出现和发展对社会有益,是证券市场的有机组成部分。可对第三方软件运营商进行适当的监管,以维护公共利益,防范金融风险,使其在规范的基础上蓬勃发展。

2. 长期存在,服务大众

“存在即合理”。前文已提到,对证券公司数量的严格管制是第三方软件出现的一个深层次原因。2016 年 3 月新批设券商的“开闸”是执行 2013 年签订的《内地与香港关于建立更紧密经贸关系的安排》(CEPA)补充协议十的有关规定,因此在可以预见的未来,证券公司牌照仍然不会大规模放开,现有证券公司仍然很难满足投资者的需求。在此背景下,第三方软件应当长期存在、发展,服务投资者,与现有证券公司一道提高证券业服务水平。

3. 第三方证券交易软件运营商应成为重要的证券市场主体

最近十多年来,新的证券市场主体不断萌芽并发展壮大,除第三方软件运营商,还有创业投资机构、私募基金管理机构、为证券公司和投资者服务的软件开发商、证券信息系统服务提供商、行情资讯服务提供商、中间介绍业务提供商、为证券业务提供信息服务的电子商务平台公司、智能投顾公司等。这些新公司、新业态的出现,是

证券业的快速发展的标志,也是金融和资产管理行业不断细分、分工演进的结果。这些公司和业态理当在合法、规范的前提下继续发展,成为重要的证券市场主体。随着我国经济的发展,未来还会有新的证券市场主体出现,它们也应受到同样的尊重,获得生存和发展的权利。

在银行业,我国已经顺应大势进行了民营银行的创新,允许民间资本发起设立中小型银行。截至 2016 年 6 月,已有 5 家试点民营银行顺利开业,2 家获批筹建,12 家进入论证阶段。[1] 在保险业,民营资本控制保险公司在多年前就已成行。对证券行业细分市场和主体的发展和规范,我们拭目以待。

(二)第三方证券交易软件运营商监管的基本原则

因第三方软件不构成"经营证券业务",属于合法经营,同时又可能造成投资者和相关行业的风险,因此不可将其"一棍子打死",在明确其合法身份并进行恰当定位的基础上,为维护公共利益亦有必要对其进行规制,纳入监管范围进行监管。设计对第三方软件的监管制度应遵循以下原则:

1.不宜简单禁止

第三方软件具有特有的优势和能力,是市场发展和竞争的必然产物,具有存在的意义和价值,不宜进行"强监管""管死"或以"严厉要求"行"简单禁止"之实,原因如下:

一是第三方软件运营商一般都具有较强的技术能力和竞争实力,其进入证券行业可以提高行业信息化水平、技术能力和服务水平,提升证券交易的整体效率,对投资者和市场发展有利,符合"公平、公正、公开"的证券市场原则。

二是第三方软件模式符合证券账户实名制的要求,符合"看穿式监管"的要求和需要,有利于监管部门掌握风险底数和市场全貌,符合行业发展趋势和监管引导方向。

三是如对第三方软件一概禁止,交易指令只能通过证券公司或投资者自己的软件下达,证券公司、投资者也只能反过去求助于技术水平较高、专业实力强大的金融信息服务商作为系统外包商负责自己的软件开发和系统运营,其实质还是金融信息服务商进入了证券行业。

在金融创新领域,2016 年 8 月 17 日,《网络借贷信息中介机构业务活动管理暂行办法》(银监会　工业和信息化部　公安部　国家网信办令 2016 年第 1 号,以下简称《P2P 办法》)公布,网络借贷信息中介自此成为一个合法的行业。《P2P 办法》

---

[1] 凌敢:《多措并举　鼓励支持引导民间资本进入城商行和民营银行》,载《金融时报》2016 年 6 月 21 日。

设定了借款金额限制，要求实行银行业金融机构第三方资金存管，并通过“负面清单”列出十三项禁止性行为，但给了网络借贷行业生存和发展的权利。

在交通领域，2016 年 7 月 27 日，《网络预约出租汽车经营服务管理暂行办法》（交通运输部 工业和信息化部 公安部 商务部 工商总局 质检总局 国家网信办令 2016 年第 60 号，以下简称《网约车管理暂行办法》）颁布，“专车”合法化，中国成为世界范围内首个通过国家级立法明确网约车合法地位的国家。和征求意见稿相比，正式公布的《网约车管理暂行办法》对网约车车辆登记性质、报废规定、网约车可否同时接入两个及以上平台等均做了修改和调整，放松了管制，积极支持新业态的发展，同时也为地方政府行使管理权限留了空间。

有学者认为，上述网约车新规带来的一个最重要的变化是：交通运输部从产业保护者角色，转向了制度企业家角色，即从消费者和公共利益导向的规制者，向着合格现代经济规制者方向迈出了重要一步[1]。珠玉在前，证监会和其他监管机构是保护自己现有监管范围内的机构，将其视作“亲儿子”“子弟兵”加以扶持照顾，还是着眼于公众利益的最大化，需要考虑和抉择。

2. 依法监管

目前，全面依法治国已纳入我国“四个全面”战略布局之中，但行政管理和金融监管还较难做到“依法”，以部门文件先行争夺“监管地盘”、以“窗口指导”和领导讲话设定监管要求、在没有法律依据和国务院决定的情况下部委自设实质上的行政许可和考试准入等情形屡屡发生。显然，在“全面依法治国”战略布局的要求下，依法监管应该是监管的基本原则。

广义的“依法”中的法包括了法律、行政法规、国务院文件、部门规章和规范性文件等，这些“法”均需经严格程序、科学论证，并平衡市场各方的利益而制定。由于市场尚在探索发育过程中，在第三方软件“立法”上，可以考虑逐步提高法律层级，即先允许市场进行一段时间的探索，然后发布自律规则，再逐步在研究成熟的基础上出台规范性文件、部门规章甚至行政法规。从立法原理上，如果高层级的法规改变了低层级规定的具体内容，相应配合修改低层级规定就是程序上较简便易行的。反之，如若直接出台行政法规、部门规章等高层级法规，发现内容不适宜，要修改是极其困难和缓慢的，再走一遍法规修改程序也较复杂。

在金融创新监管实践中，中国人民银行、工业和信息化部、公安部、财政部、国家

---

[1] 《网约车新规带来的启示》，载财经网：http://magazine.caijing.com.cn/20160808/4159544.shtml，最后访问日期：2016 年 8 月 16 日。

工商总局、国务院法制办、银监会、证监会、保监会、国家网信办等联合印发的《关于促进互联网金融健康发展的指导意见》(银发〔2015〕221号)虽注明“经党中央、国务院同意”,但法律层级上仍是国务院部门的规范性文件,落实了“逐步提高法律层级”的立法策略。同样,《网络借贷信息中介机构业务活动管理暂行办法》注明了“经国务院批准”以提高权威性(《P2P办法》中涉及对地方政府责任的明确),但仍为部门规章层级。

3. 最低限度监管

在现代市场经济中,行政监管〔1〕在任何情况下都不应“主导”和“引领”证券业这样一个市场化程度较高的行业,也不应以粗暴方式干预和干扰行业自身的发展,更不能走给少部分人发放牌照帮助其占据较大市场份额或实现较高估值的老路,应综合考量为维护公众利益而确有必要进行哪些监管,充分考虑被监管对象意见,维护行业的合法权益和利益。

鉴此,“只进行最低限度的监管”这一原则应当确立,并按此原则进行监管制度安排的顶层设计。“最低限度监管”既不是撒手不管、任其发展,也不是大包大揽、主导和干扰行业、企业发展,而是考虑到保护公众利益的需要进行必要的最低程度的监管。

4. 最低成本监管

监管是有成本的,其直接成本主要体现在机构、人员费用和开展公务的费用,间接成本体现在市场因为监管而增加的成本,如合规成本、监管文件和数据报送成本等。本文主要考虑直接成本。

2013年3月,新当选国务院总理的李克强“约法三章”,承诺在本届政府任内不新建政府性的楼堂馆所,财政供养的人员只减不增,公费接待、公费出国、公费购车只减不增。考虑监管安排,须在这一大背景下进行。对于一个行业进行监管就要新增设机构、增加人员,既不符合“约法三章”的要求,也不符合经济社会的发展规律。给行政机构增加人员编制、机构膨胀也是纳税人无法和不愿承受的。在我国经济和财政收入结束快速增长阶段,转入中高速增长的“新常态”之后,财政显然也无法承

〔1〕 金融监管是否是一种行政管理的方式,或其监管措施可否全部归入行政行为的类型,理论和实务界有不同的认识,这一问题不在本文讨论之列。因目前实施金融监管的主要主体中国人民银行、中国银监会、中国证监会、中国保监会分别是国务院组成单位和国务院直属事业单位(参照公务员法管理),均属于广义的“行政机构”,日常也被称为“金融监管机构”,因此本文采用“行政监管”一词进行表述。关于相关讨论可参见邢会强:《金融监管措施是一种新的行政行为类型吗?》,载《中外法学》2014年第3期。

担供养人员持续增加的重负。

(三)第三方证券交易软件运营商监管的主要方式安排

1. 明确监管体制和各部门职责

开展监管的第一步,是明确监管体制和各级政府、各部委的职责。2003 年,以中国银监会的成立为标志,金融进入分业监管时代。由于金融监管部门属于中央政府,且机构较多需要协调,同时金融创新导致监管空白出现、金融风险处置责任繁重,地方政府陆续设立了金融办公室(有的也称"金融工作局""金融工作办公室""金融服务办公室"),并逐步承担了监管小贷公司、融资担保公司等部分金融监管职责。《P2P 办法》更是按照"双负责"的原则,明确银监会及其派出机构作为中央金融监管部门负责对网贷机构实施行为监管,地方金融监管部门负责对本辖区网贷机构实施机构监管,首次在部门规章中提出了"地方金融监管部门"并明确其相关责任。

由"e 租宝""泛亚""中晋系"等大案都能看出,金融业尤其是融合了互联网的金融创新跨越地域,风险外溢的可能较大,不应由地方政府负责监管,金融监管职责应明确为中央事权,由中央政府部门负责。

具体到第三方证券交易软件运营商的监管职责分工上,证监会是国务院证券监督管理机构,第三方证券交易软件应由证监会牵头进行监管,在其他部门职责分工和职能配置上,应由工业和信息化部负责对相关业务活动涉及的电信业务进行监管,国家互联网信息办公室负责对金融信息服务等业务进行监管。

2. 不实施事前准入审批,加强事中事后监管

行政审批(许可)制度的最大弊端,是在自由裁量权过大的情况下,寻租、腐败严重。在任一行政机关,具有行政审批权的部门必然门厅若市、车水马龙,"找关系"、寻租者众。原国家发改委副主任、国家能源局局长刘铁男,法院认定其 2002 年至 2012 年为南山集团、中金石化公司、广汽集团、恒逸集团等公司及张爱彬个人谋取利益,直接或通过其子刘德成收受财物共计 3558 万余元[1]。据媒体统计,国家发改委 2012 年 4 月 19 日至 2013 年 3 月 21 日,在不到一年时间审批或核准了近 1500 个项目[2],所涉利益之巨大可想而知。

---

[1] 《发改委原副主任刘铁男一审被判无期 判决书曝光》,载央广网:http://china. cnr. cn/gdgg/201412/t20141210_517058390. shtml,最后访问日期:2016 年 7 月 4 日。

[2] 《媒体称刘铁男在能源局工作不被业内认同》,载腾讯网:http://news. qq. com/a/20130515/002193. htm,最后访问日期:2016 年 7 月 4 日。

因事前审批具有较大的副作用,同时仅应适用于不进行事前审批可能大幅损害公众利益、扰乱正常市场秩序的领域。近年来各级政府力推"简政放权",大幅裁减审批事项,以中央政府为例,据媒体报道,截至2016年2月,本届政府(任期自2013年3月起,共5年)已分9批取消下放599项国务院部门行政审批事项,占本届政府成立之初国务院部门审批事项的39%,[1]三年间近四成审批事项被取消。对第三方证券交易软件运营商的监管,亦不应设置事前审批。

取消(或不设置)事前审批后,可以采取负面清单、行业自律、市场选择、社会评价、司法和刑事制约等实现对企业的监督,同时为维护经济管理秩序,政府加强事中事后监管成为必然选择。第三方软件不属于证券市场和证券交易的核心环节,其影响和可能造成的风险有限,采用以事中事后监管为主的监管方式,足以保护公共利益。在事中事后监管的具体方法、要求、手段和措施的设计上,应尽量减少对市场主体业务的干扰,避免增加市场负担。如提出新的监管要求,应事先广泛征求市场意见,考虑市场利益,并留够充足的时间以供市场主体适应、消化和过渡。

3. 通过行业协会开展自律管理

由于对第三方软件运营商的监管是最低限度的"弱监管",不一定由行政机关直接进行,其主要监管可由现有的行业协会进行,以自律管理为主,不必新增设机构,增加人员。行业协会的具体确定,可视情从中国证券业协会、中国互联网金融协会等现有协会中选择。

对自律管理的法律地位和作用,理论和实务界是有争议的,有人认为行业协会是"二政府",就是官办协会;有人认为证券业协会行使监管权的要求及其规制在公法体系中还无法定位和解释;黄爱学(2012)认为自律监管有其独特优势,权源来自于立法授权、政府授权和自律组织章程、规则。[2] 笔者认为,我国有关行业协会进行的证券行业"自律管理"是依法进行的,是国家证券管理体制的组成部分。《证券法》第8条规定:"在国家对证券发行、交易活动实行集中统一监督管理的前提下,依法设立证券业协会,实行自律性管理",第174条第1、2款规定:"证券业协会是证券业的自律性组织,是社会团体法人。证券公司应当加入证券业协会。"《证券法》第9章以专章规定了证券业协会的性质、组成、章程和职责。从立法技术来看,"应当"意

[1] 《本届政府已取消下放599项国务院部门行政审批事项》,载新浪网:http://news.sina.com.cn/o/2016-02-23/doc-ifxprqea5122445.shtml,最后访问日期:2016年7月7日。

[2] 具体参见黄爱学:《论证券市场自律监管的地位》,载《学术交流》2012年第12期。

同“必须”。[1] 因此,证券公司加入证券业协会以及接受自律管理是强制性的,自律管理是有法律地位的。[2]

从实践情况来看,适度的自律管理可促进市场发展。2013 年 6 月,中央编办印发了《关于私募股权基金管理职责分工的通知》,明确证监会负责私募股权基金的监督管理,实行适度监管。2014 年 8 月,证监会颁布了《私募投资基金监督管理暂行办法》(证监会令第 105 号),私募基金从此进入“监管时代”。实践证明,开展监管后私募基金得到了较快的发展。根据中国证券投资基金业协会的统计,截至 2015 年 1 月底[3],登记私募基金管理人 6974 家,已备案私募基金 8846 只,认缴规模 2.63 万亿元,实缴规模 2.11 万亿元,从业人员 12.44 万人;截至 2016 年 7 月底,登记私募基金管理人 16467 家,较 2015 年 1 月底增加 136.12%;已备案私募基金 36829 只,较 2015 年 1 月底增加 316.34%;认缴规模 7.47 万亿元,较 2015 年 1 月底增加 184.03%;实缴规模 6.11 万亿元,较 2015 年 1 月底增加 189.57%;从业人员 27.58 万人,较 2015 年 1 月底增加 121.70%。

4. 开展基本信息公示,加强风险提示

在避免为任何市场主体“背书”的前提下,可借鉴中国证券投资基金业协会对私募基金的管理方式,开展集中信息公示,要求第三方软件行业对社会公示一部分重要信息,如基本情况、合作证券公司、有偿服务项目、上年技术系统故障情况等,督促第三方软件运营商提高服务投资者水平、防范风险。

第三方软件的主要特点是在证券交易指令传输环节增加了一个主体,因此增大了网络证券交易的风险。在监管设计上,应要求第三方软件运营商在服务各环节对投资者加强风险提示,增加显著的特别风险提示,确保风险提示到位。

5. 通过证券公司进行监管

第三方软件通过证券公司接入证券交易所,虽不是证券公司的客户,但为证券公司转递订单,相关订单直接进入证券公司交易通道,因此,证券公司有责任有义务对第三方软件尽一定程度的管理之责。

证券公司的管理,主要应当是对第三方软件相关 IT 系统尤其是订单(指令)报

---

〔1〕 详见全国人大常委会法制工作委员会印发的《立法技术规范(试行)(一)》(法工委发〔2009〕62 号)。

〔2〕 当然,监管实践中经常使用“自律监管”这个词,是属于于法无据的“创新”。

〔3〕 当月,中国证券投资基金业协会开始公布统计数据。详见其官网“统计数据”—“行业数据”—“私募登记备案情况”:http://www.amac.org.cn/tjsj/xysj/smdjbaqk/,最后访问日期:2016 年 8 月 10 日。

送系统的检查和管理,要求第三方软件完善 IT 治理和权限管理。第三方软件的订单(指令)报送系统应当具有自检能力,并建立错误防范机制,防止错误信息或订单报往证券公司。

6. 引入社会力量进行监管

如前所述,政府监管机构及其人员是不可能持续和无限增加的,在政府监管力量有限的情况下,应当设立机制发动社会、舆论、投资者的力量对其进行制约和监督,对其违法违规行为"早发现""早扑灭",既避免造成巨大风险之后再引爆,增加社会风险,又可借社会监督提高其合规水平。

引入社会力量进行监管在实践中已有尝试。中国证券投资基金业协会于 2016 年 2 月 5 日发布了《关于进一步规范私募基金管理人登记若干事项的公告》(中基协发〔2016〕4 号),要求私募基金管理人提交法律意见书,作为登记备案的条件。法律意见书应对申请机构的登记申请材料、工商登记情况、专业化经营情况、股权结构、实际控制人、合法合规情况、高管人员资质情况等逐项发表结论性意见,这就是引入持牌的专业法律服务提供者作为第三方开展尽职调查,借助独立社会力量开展监管。当然,社会力量监管也是有成本的(出具法律意见书需要付费),相关成本由行业企业直接承担,属于"企业购买监管(服务)"行为。

违反 S-K 规则下 303 条目是否构成 10b-5 规则之诉由：美国上诉法院歧见研究

何玲瑜*

内容摘要：美国联邦第二巡回区上诉法院在 Stratte-McClure v. Morgan Stanley 案之后的 Indiana Pub. Ret. Sys. v. SAIC, Inc. 案中延续了自己的观点，认为发行人的披露遗漏了 SEC 的 S-K 规则下的 303 条目所要求的信息，即使这些遗漏并未致使此前的披露发生误导，发行人也应被认定为实施了 10b-5 规则下的证券欺诈而承担赔偿责任。但该结论与第三巡回区上诉法院在 Oran v. Stafford 案和第九巡回区上诉法院在 In re NVIDIA Corp. Sec. Litig 案中得出的结论存在重大分歧。巡回区上诉法院分歧的焦点集中在 303 条目是否为满足第 10(b) 节以及 10b-5 规则的目的而创建一个披露义务以及 303 条目与 10b-5 规则不同的重大性检测标准的认定。通过对三份判决书的分析，可以发现，在对 303 条目与 10b-5 规则的相关性争论不休的背后，实则隐藏的法理问题是美国证券欺诈法律责任中民事诉权和行政监管之间的相关利益平衡。

关键词：信息披露　披露义务　重大性　遗漏　证券欺诈

2017 年 3 月 27 日美国联邦最高法院（以下简称最高法院）已经确定审理 Leidos, Inc. v. Indiana Public Retirement System 案，[1] 二审本案的美国联邦第二巡回区上诉法院（以下简称第二巡回法院）在判决书[2] 中认为，发行人的披露遗漏了美国证券交易委员会（以下简称 SEC）S-K 规则下的 303 条目所要求的信息，发行人应被认定实施了 10b-5 规则下的证券欺诈从而承担赔偿责任。

最高法院需要解决的争点之一是：能否因为违反 303 条目规定的披露义务，而依据 1934 年《证券交易法》（以下简称《证券交易法》）第 10(b) 节及相关规则发动

---

* 中央财经大学法学院 2015 级法律硕士（非法学）研究生。感谢中央财经大学法学院缪因知副教授对本文的帮助，但本文一切错误由作者自负。

〔1〕 See Leidos, Inc. v. Indiana Pub. Ret. Sys., 137 S. Ct. 1395, 1396, 197 L. Ed. 2d 553 (2017).

〔2〕 See Indiana Pub. Ret. Sys. v. SAIC, Inc., 818 F. 3d 85 (2d Cir. 2016), cert. granted sub nom. Leidos, Inc. v. Indiana Pub. Ret. Sys., 137 S. Ct. 1395, 197 L. Ed. 2d 553 (2017).

证券欺诈民事诉讼。[1]本文将以这个问题为中心,前两部分用于介绍S-K规则下的303条目以及适用10b-5规则需要满足的重大性检测要求;第三部分将详细介绍联邦巡回区上诉法院对此中心问题的不同判决内容;第四部分将在仔细考察这些分歧意见之后,探寻背后所隐藏的法理问题并着重分析巡回区上诉法院之间对信息披露义务与"重大性"的理解之争、303条目与10b-5规则的相关性问题,以及所折射出的美国证券欺诈法律责任中民事诉权和行政监管之间的相关利益平衡问题。

一、S-K规则下的303条目

美国国会在1933年《证券法》(以下简称《证券法》)第7节[2]和《证券交易法》中列举了基本的信息披露类型,但证券市场的本质是复杂的,大量的不同类型的证券和投资者使每一个信息披露的发行人若都做出相同数量和类型的信息,将非常浪费资源,因此对不同类型的信息做出更为具体的规定是更有意义的。[3]

30多年前,SEC就扩大和改革了S-K规则,使其成为了非财务声明信息披露要求的"中心信息库"。S-K规则被用于帮助统一和整合《证券法》《证券交易法》下的注册声明以及其他《证券交易法》要求的文件,包括定期和现行报告中的信息披露。SEC采用这样的统一信息披露体系的目标是使注册人在持续提供重大信息时,可以减少成本以及消除重复信息披露。[4] S-K规则下的303条目是SEC经过授权所细化的信息披露要求之一。

1. 303条目关于信息披露的规定

303条目要求公司在特定的公开文件中披露管理层(management)对公司财务状况和运营结果的讨论(discussion)和分析(analysis)(以下简称MD&A)。在众多MD&A的信息披露条目中,有一条经常被原告用于提出指控,[5]即要求

---

[1] See Leidos, Inc. v. Indiana Public Retirement System, 2016 WL 6472615 (2016), at *i.

[2] See 15 U.S.C.A. § 77g.

[3] See Mitu Gulati, When Corporate Managers Fear a Good Thing is Coming to an End: the Case of Interim Nondisclosure, 46 UCLA L. Rev. 675. (1999), at 727.

[4] See Securities And Exchange Commission Release No. 33-10064; 34-77599; File No. S7-06-16 Business and Financial Disclosure Required by Regulation S-K, at 6, available at www.sec.gov/rules/concept/2016/33-10064.pdf.

[5] See Aaron J. Benjamin, Stuck With Steckman: Why Item 303 Cannot be a Surrogate for Section 11, Harvard Business Law Review Online, Vol. 7 (2017), at 6, available at http://www.hblr.org/2017/05/stuck-with-steckman-why-item-303-cannot-be-a-surrogate-for-section-11/.

(管理层)"描述任何已知的已经会对或者注册人合理地预期会对公司持续运营中产生的净销售额或收入或收益有重大有利或不利影响的趋势或者不确定事项。"[1]

303(a)条目包含了注册人在 MD&A 信息披露中必须分析的 3 个核心要素:流动性(liquidity)、资本资源(capital resources)以及运营结果(results of operations)。除此之外,303(a)条还要求披露表外安排以及与合同有关的法律责任。总体来讲,这些 MD&A 要求旨在满足 3 大主要目标:

第一,为注册人的财务声明提供详细解释,使得投资者可以通过管理层的双眼来看待注册人;

第二,提升整体财务信息披露并为应当进行分析的财务信息提供背景信息;

第三,提供注册人收入、现金流的数量和可能变动情况的信息,使投资者可以以此为依据确定公司过去的表现所能反映出的公司未来表现的可能性。[2]

2. 303 条目下的"重大性"认定标准

1989 年,SEC 对一个公司是否需要披露信息以满足 303 条目,提供了一种两步交叉分析指引:当管理层获悉了当前存在的一种趋势、需求、责任、事件或者不确定事项合理地可能对公司的财务状况或者商业运营产生重大影响时,管理层有信息披露义务。SEC 就此趋势和不确定事项为管理层提出了一种"两步分析"模式。[3]

第一步,管理层需要决定的是是否该趋势或者不确定性会有影响。如果管理层认为该事件不会合理地可能发生,那么就无须披露。美国学者认为 303 条目下事件发生

---

[1] See Management's Discussion and Analysis of Financial Condition and Results of Operations, 17 C. F. R. § 229. 303 (2016), "describe any known trends or uncertainties that have had or that the registrant reasonably expects will have a material favorable or unfavorable impact on net sales or revenues or income from continuing operations."

[2] See note 6, at 97.

[3] See Management's Discussion and Analysis of Financial Condition and Release of Operations; Certain Investment Company Disclosures, Securities Act Release No. 6835, Exchange Release No. 26, 831, 54 Reg. 22, 427 (May 18, 1989) (codified at 17 C. F. R. pts. 211, 231, 241, 271).

的概率为40%及以上应为“合理地可能”,[1]若管理层认为趋势或者不确定事项发生的概率只有30%,那么就无须根据303条目进行披露。相反,如果管理层认为事件发生的概率是45%,此时,管理层需要进入第二步分析中。另一种情况是管理层认为没办法决定该事件发生的概率是否在“合理地可能”之下时,也需要进入第二步分析。

在第二步中,管理层必须在假设趋势或者不确定事项已经发生的基础上,客观评估已知趋势或者不确定事项的结果。除非管理层认为该结果对于投资者而言不具有重大性,否则,管理层需要进行披露。[2]

这样的两步分析可以简化为图1:

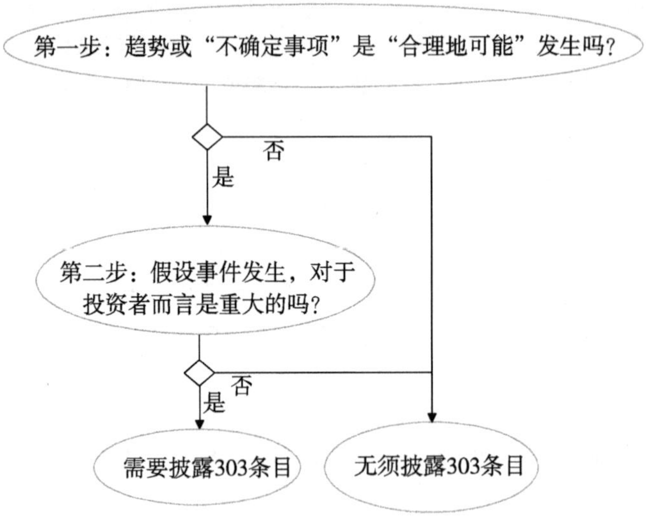

图1

〔1〕 See Edward H. Fleischman, Commissioner, Sec. Exch. Comm'n, The Intersection of Business Needs and Disclosure Requirements: MD&A, Address at the Eleventh Annual Southern Securities Institute 12 (Mar. 1, 1991) (transcript available on the SEC website at https://www.sec.gov/news/speech/1991/030191fleischman.pdf) (last visited November 8, 2015) ("[S]o, in my own understanding, 'reasonably likely' or purposes of this analysis is somewhere in the range of the 40% probability level ...."). (“因此,我的理解是,‘合理地可能’或者此分析的目标是在40%概率水平的范围内……”). [quoting from Matthew Ady, Living in a Material World: Does a Violation of Item 303 of Regulation S-K Satisfy the Materiality Element in a Rule 10B--5 Cause of Action? 17 Wake Forest J. Bus. & Intell. Prop. L. 401. (2017), at footnote 194.]

〔2〕 See Matthew Ady, Living in a Material World: Does a Violation of Item 303 of Regulation S-K Satisfy the Materiality Element in a Rule 10b--5 Cause of Action? 17 Wake Forest J. Bus. & Intell. Prop. L. 401. (2017), at 408.

需要注意的是,SEC 指引中的要求是灵活和复杂的,这也为公司留下了一个很困难的任务。[1]

二、适用 10b-5 规则需满足的"重大性"

10b-5 规则要求上市公司和证券交易商不能对投资者做出重大误导陈述或者重大遗漏,[2] 主要禁止的是任何人直接或间接地违法(1)采用任何手段、图谋或伎俩进行欺诈;(2)对某重大事实做任何虚假的陈述,或不就某重大事实做出能使其所为陈述在当时情况下不具有误导性的必要说明;或者(3)参与任何与证券买卖相关、会或将会欺诈或欺骗他人的行动、操作或举措。[3] 举例说明,10b-5 规则禁止一个公司在实际上只预期年度盈利 8 千万美元时,而宣称其预期盈利 1 亿美元。同样的,如果一个公司宣称预期盈利 1 亿美元,但是之后发现计算错误,只能盈利 8 千万美元,根据 10b-5 的规则的规定,公司需要纠正这样的误差,如果 2 千万美元的差额被认为是重大的。[4]

最高法院认为,一个原告为了证明根据 10b-5 规则所提出的证券欺诈的指控,必须指出被告(1)对重大事实做出虚假陈述或者遗漏;(2)故意为之;(3)与证券的购买或者出售有关;(4)原告依赖了虚假陈述或者遗漏;(5)有经济损失;以及(6)损失因果关系。[5]

在上述原告需证明的要素中,首先应认定的是事实是否具有"重大性"。在 Basic, Inc. v. Levinson 案(以下简称 Basic 案)中,[6] 最高法院对信息披露的界限进行了讨论,为证券欺诈诉讼中的重大性划定了一个边界。Basic 公司未能披露他们可能会与其他公司合并,还曾否认了合并。但当合并的消息最终公开之后,公司的股

---

〔1〕 See Mark S. Croft, MD&A: The Tightrope of Disclosure, 45 S. C. L. REV. 477 (1994), at 478. [quoting from Lauren M. Mastronardi, Shining the Light a Little Brighter: Should Item 303 Serve as a Basis for Liability Under Rule 10B-5?, 85 Fordham L. Rev. 335 (2016).]

〔2〕 See 17 C. F. R. § 240. 10b-5.

〔3〕 See Id;同时参见郭雳:《证券欺诈法律责任的边界——新近美国最高法院虚假陈述判例研究》,载《中外法学》2010 年第 4 期。

〔4〕 See Matthew Ady, Living in a Material World: Does a Violation of Item 303 of Regulation S-K Satisfy The Materiality Element in a Rule 10b--5 Cause of Action? 17 Wake Forest J. Bus. & Intell. Prop. L. 401. (2017), at pp. 409 – 410.

〔5〕 See, e. g., Stoneridge Inv. Partners, LLC v. Scientific-Atlanta, Inc., 552 U. S. 148, 157 (2008); Dura Pharmaceuticals, Inc. v. Broudo, 544 U. S. 336, 341-342, 125 S. Ct. 1627, 161 L. Ed. 2d 577 (2005).

〔6〕 See Basic Inc. v. Levinson, 485 U. S. 224 (1988).

价大涨。原告在 Basic 公司否认合并后出卖了自己的股票,遂起诉公司没有披露合并信息使其遭受损失。最高法院从先例 TSC Industries, Inc. v. Northway, Inc 案(以下简称 TSC Industries 案)中找到支持的观点,认为"当决定某事件是否具有'重大性'时,需要对'理性的股东'从一组事实中得出的推论以及这些推论对这些股东的重大性进行微妙的评估。"[1]

最高法院曾在 TSC Industries 案判决明确,10b-5 规则的重大性标准表明的是,"如果某事件有一个很大的可能性会存在,一个理性的股东在决定如何投资时会认为它是重要的,那么遗漏披露的该事件就是重大的"。[2] 在 Basic 案中,最高法院进一步澄清了如果信息是推测的或是需要依情况而定的,重大性更要依赖本案确定的检测标准。若未披露的信息具有重大性,就会导致违反 10b-5 规则,并产生《证券交易法》下的民事责任。Basic 案肯定了 TSC Industries 案的判决,认为重大信息是"一个理性的投资者在决定如何投资时,有很大可能性会予以考虑的信息"。[3]

在 Basic 案中,最高法院还进一步明确了:没有披露义务时,沉默就不是 10b-5 规则下的误导。[4] 以及不应该把投资者当作小孩子来对待,认为他们不能理解典型的商事交易可能的后果。如果公司为了避免法律责任而进行过度披露才是令人担心的,那时规则最终会危害到那些本是设计该规则去保护的那些投资者。因此,为了阻止规则产生过多的信息流,最高法院指出,应该小心的不要为"重大性"设置太低的标准。[5]

三、违反 303 条目能否自动满足 10b-5 规则下的重大性要素而可诉:联邦巡回区上诉法院之间的分歧

1. 第三巡回区上诉法院:2000 年 Oran v. Stafford 案[6]

在 Oran v. Stafford 案中(以下简称 Oran 案)中,原告股东指控被告 American

---

[1] See Basic Inc. v. Levinson, 485 U. S. 224, 236 (1988).

[2] See TSC Indus., Inc. v. Northway, Inc., 426 U. S. 438, 449 (1976).

[3] See Basic Inc. v. Levinson, 485 U. S. 224, 231(1988). [Information is material "if there is a substantial likelihood that a reasonable (investor) would consider it important in deciding how to (invest)".]

[4] See See Lauren M. Mastronardi, Shining the Light a Little Brighter: Should Item 303 Serve as a Basis for Liability Under Rule 10b-5?, 85 Fordham L. Rev. 335(2016), at 345; also see Basic Inc. v. Levinson, 485 U. S. 224, 239 (1988).

[5] See Basic Inc. v. Levinson, 485 U. S. 224, 346 (1988).

[6] See Oran v. Stafford, 226 F. 3d 275 (2000).

Home Products 公司(以下简称 AHP)对自己生产的处方药的安全隐患“做出了重大虚假陈述和遗漏”。原告指出 AHP 的股价伴随之前被扣留的信息的披露而下降,因此他们遭受了巨大的经济损失。[1] 原告认为 AHP 违反了 303 条目,而这种违反应作为承担《证券交易法》第 10(b)节和 10b-5 规则下的法律责任的基础。[2] 第三巡回区上诉法院(以下简称第三巡回法院)认为,原告若想证明这样的指控,必须证明 303 条目“创建了独立的诉权,或者违反的规则对 AHP 施加了确定的信息披露义务,如果违反了该义务,会构成 10b-5 规则下的重大遗漏。”[3]

而法院对此的答案是否定的。其认为:首先可以肯定的是 303 条目的要求披露数据趋势没有创建一个独立的起诉理由。其次,法院经过分析认为 303 条目也没有创建如果违反该条目,将承担交易法第 10(b)节以及 10b-5 规则下的披露义务。S-K 规则以及 SEC 对相关规则的解释文件都没有表示意图建立私人诉因,审理过相似问题的法院也共同地认为没有。[4]

但是原告认为,即使在 S-K 规则下的 303 条目没有独立的诉讼理由,但是该规则创建的披露义务若被违反,将包含在交易法 10(b)节以及 10b-5 规则下的重大遗漏中。[5]

第三巡回法院则认为,SEC 提出的对 303 条目的两步检测法[6] 与最高法院在 Basic 案中为证券欺诈设立的重大性标准[7] 有显著的不同。在 Basic 案中确立的对前瞻性信息披露(forward-looking disclosure)是需要进行“Basic 重大性检测”的。[8] 但是,正如 SEC 曾经详细指出的,“最高法院在 Basic 案中为重大性确立的 probability/magnitude 检测(即 Basic 重大性检测)是不适用 303 条目的信息披

---

[1] See Id at 279.

[2] See Id at 281.

[3] See Id at 287.

[4] See In re SofamorDanek Group, Inc., 123 F. 3d 394, 402 (6th Cir. 1997); In re Boston Tech., Inc. Sec. Litig., 8 F. Supp. 2d 43, 67 (D. Mass. 1998); In re Canandaigua Sec. Litig., 944 F. Supp. 1202, 1209 n. 4 (S. D. N. Y. 1996); In re F & M Distrib., Inc. Sec. Litig., 937 F. Supp. 647, 654 (E. D. Mich. 1996); Kriendler v. Chemical Waste Mgmt., Inc., 877 F. Supp. 1140, 1157 (N. D. Ill. 1995). (quoting from Oran v. Stafford, 226 F. 3d 275 (2000).

[5] See Oran v. Stafford, 226 F. 3d 275, 287 (2000).

[6] 参见本文第一部分。

[7] 参见本文第二部分。

[8] 参见本文第二部分。

露的”,[1]第三巡回法院还认为“SK-303 的披露义务大大超出了第 10b-5 条规定的义务”。[2]

综上,第三巡回法院认为违反 303 条目要求的披露不会不可避免地得出这样的披露属于 10b-5 规则要求的披露这一结论。原告没有指出任何 10b-5 规则下可诉的虚假陈述或者遗漏,303 条目也不能提供法律责任基础。

2. 第九巡回区上诉法院:2004 年 In re NVIDIA Corp. Sec. Litig 案[3]

本案中,被告 NVIDIA 公司在 2008 年 7 月提交 SEC 的 8-K 表中披露公司将会需要花费 150 万 ~200 万美元来支付某些 MCP 和 GPU 产品的缺陷导致的保修、维修、退货、更换和其他费用。披露一经做出,公司股价下跌 31%,市值减少了 30 亿美元。原告认为被告在披露做出的几个月前就知道自己的产品缺陷问题以及可能出现需要承担法律责任的情况,而这些信息对于投资者而言都是具有重大性的,应当在公司知情时就进行披露。因为公司未能披露这些信息,包含相关信息的其他声明就是误导的,因而违反了《证券交易法》第 10(b)节和 10b-5 规则。原告特别指出,因为 303 条目创建了披露特定重大信息的义务,因此被告未能披露这些信息就违反了《证券交易法》第 10(b)节以及 10b-5 规则。[4]

第九巡回区上诉法院(以下简称第九巡回法院)认为,SEC 的规则中没有创建一种相对人需要在向 SEC 提交的报告文件中披露自己的缺陷的义务。第九巡回法院在本案之前从未直接认定 303 条目的披露义务在第 10(b)节以及 10b-5 规则下是否可诉,在本案中则正式宣布这是不可诉的。[5]

原告为了证明《证券交易法》第 10(b)节或者 10b-5 规则下的违法指控,必须证明被告做出了对重大事实的误导陈述或者遗漏。一个陈述可能是误导的,因为它确定性地虚假陈述信息,或者因为它陈述了超范围外的其他重大信息。然而,无论是第 10(b)节还是 10b-5 规则都没有创建一种确定性的义务来披露任何或者全部的重

---

[1] See Oran v. Stafford, 226 F. 3d 275 (2000), at 288; also see Management's Discussion and Analysis of Financial Condition and Results of Operations, Exchange Act Release No. 34-26831, 54 Fed. Reg. 22427, 22430 (May 24, 1989), n. 27.

[2] See Oran v. Stafford, 226 F. 3d 275, 288 (2000). ("…… SK-303's disclosure obligations extend considerably beyond those required by Rule 10b-5.")(但是第三巡回法院在判决中并未对 303 条目超出 10b-5 规则的哪些范围进行详细说明。)

[3] See In re NVIDIA Corp. Securities Litigation, 768 F. 3d 1046 (2014).

[4] See Lauren M. Mastronardi, Shining the Light a Little Brighter: Should Item 303 Serve as a Basis for Liability Under Rule 10B-5?, 85 Fordham L. Rev. 335 (2016), at pp. 354 - 355.

[5] See In re NVIDIA Corp. Securities Litigation, 768 F. 3d 1046, 1054 (2014).

大信息。这些规则只要求在“不致误导下,而在他们需要披露的情况下,做出……陈述”。[1]

第九巡回法院指出,首先,虽然最高法院在 Basic 案中认定,没有披露义务时,沉默不是 10b-5 规则下的误导,最高法院也没有解释什么会引起这里的披露义务,但本案原告在此(不恰当地)引用最高法院的观点,指控 303 条目创建了这种“披露义务”。其次,第九巡回法院认为其此前也审理过类似的案件,[2] 他们都强烈的显示出了(自己的态度),即违反 303 条目不能用来证明 10(b)节和 10b-5 规则的违反。最后,第九巡回法院还赞同性地提到了第三巡回法院对 Oran 案的判决,认为第三巡回法院对这个问题的认定更加直接,并遵循这样的推理论证。[3]

本案原告还引用了 Litwin v. Blackstone Group, L. P 案(以下简称 Litwin 案)[4] 以及 Panther Partners Inc. v. Ikanos Communications, Inc 案(以下简称 Panther 案)判决[5] 为论据,提出违反其他相似条款的信息披露义务可以作为 10b-5 规则的诉讼理由,因此违反 303 条目也可以作为 10b-5 规则的诉讼理由。但第九巡回法院认为这两个案件与本案解决的此项争议没有关系,因为在这两起案件中,被指控的是违反 1933 年《证券法》第 11 节以及第 12(a)(2)节[6]。并且,第九巡回法院在 Steckman v. Hart Brewing, Inc 案中认定“《证券交易法》的 10(b)节与《证券法》的第 11 节和第 12(a)(2)节是显著不同的。”[7] 第 11 节和第 12(a)(2)节下的法律责任可能是由遗漏了需要陈述的重大事实而引起。

具体而言,在 Panther 案中,责任来自“违反确定的法律披露义务的披露”。但是 10(b)节或者 10b-5 规则没有这样的要求,反而规定重大信息无须披露,除非遗漏这些信息会造成其他已披露信息的误导。除此之外,正如 Panther 案判决提到,“故意”不是在第 11 节或第 12(a)(2)节下追究民事责任的要素,指控也无须遵照《私人证

---

[1] See Id.

[2] See Inre VeriFone Sec. Litig., 11 F. 3d 865, 870 (9th Cir. 1993); Inre Lyondell Petrochemical Co. Sec. Litig., 984 F. 2d 1050, 1053 (9th Cir. 1993); Inre Convergent Techs. Sec. Litig., 948 F. 2d 507, 516 (9th Cir. 1991). [quoting from In re NVIDIA Corp. Securities Litigation, 768 F. 3d 1046 (2014).]

[3] See In re NVIDIA Corp. Securities Litigation, 768 F. 3d 1046, 1054 (2014).

[4] See Litwin v. Blackstone Group, L. P., 634 F. 3d 706 (2d Cir. 2011).

[5] See Panther Partners Inc. v. Ikanos Communications, Inc., 681 F. 3d 114 (2d Cir. 2012).

[6] See 15 U. S. C. § § 77k(a), 77*l*(a)(2).

[7] See Steckman v. Hart Brewing, Inc., 143 F. 3d 1293 (9th Cir. 1998).

券诉讼改革法》(PSLRA)规定的起诉标准,[1]除非基于欺诈的主张。因此这两起案件都无法影响第九巡回法院的分析。[2]

原告还提到了 Simon v. American Power Conversion Corp 案,[3]也遭到了第九巡回法院的驳斥。Simon 案主审法官认为,303 条目施加了"一个确定的义务去披露,"并且认为被告在该案中的未能披露是可诉的。但随后,他又说"正如在判决中提到的那样,披露规则是用来检验被告有义务去披露哪些内容,而不是为他们提出一个独立的披露义务。"[4]第九巡回法院由此指出,"原告不能仅仅依据 303 条目来证明被告没有披露重大信息,作为违反 10b-5 规则的法律事实。"[5]

综上所述,第九巡回法院得出结论,303 条目没有为满足 10(b)节以及 10b-5 规则的目的而创建一个披露义务。这样的披露义务必须根据最高法院在 Basic 案和 Matrixx Initiatives, Inc. v. Siracusano 案(以下简称 Matrixx 案)[6]中设立的标准独立的证明展示出来。

3. 第二巡回区上诉法院:2015 年 Stratte-McClure v. Morgan Stanley 案[7]

第二巡回法院 Stratte-McClure v. Morgan Stanley 案(以下简称 Stratte 案)判决反对了前两个巡回区上诉法院的意见,支持了原告主张 303 条目在 10b-5 规则下的可诉性。

本案中,被告 Morgan Stanley 公司的内部经济学家在 2007 年 2 月指出,抵押贷款违约率高涨表明"期待已久的次级抵押贷款崩溃"正在上演,然而公司却大幅低估了崩溃的严重程度,被告作为交易商在自营业务中因为其持有某种多头头寸而损失

---

[1] 参见郭雳:《证券欺诈法律责任的边界——新近美国最高法院虚假陈述判例研究》,载《中外法学》2010 年第 4 期。"《私人证券诉讼改革法》(PSLRA)旨在限制:不问事实对任何股价显著波动兴诉;无端地扩大被告范围;滥用证据开示程序(discovery process)逼迫和解牟利;集团诉讼诉棍律师操控。实体方面确认了因果关系原则;限定了欺诈市场下的最高赔偿;为预测性披露提供了安全港规则;规定了轻率放任情况下有例外的比例责任。"

[2] See In re NVIDIA Corp. Securities Litigation, 768 F. 3d 1046, 1055 ~ 56 (2014).

[3] See Simon v. American Power Conversion Corp., 945 F. Supp. 416 (D. R. I. 1996).

[4] See Kafenbaum v. GTECH Holdings Corp., 217 F. Supp. 2d 238, 249 (D. R. I. 2002), "As this Court noted in Simon, the disclosure rules are probative of what defendants are otherwise obliged to disclose but do not, themselves, provide an independent duty of disclosure."

[5] See In re NVIDIA Corp. Securities Litigation, 768 F. 3d 1046, 1056 (2014).

[6] See Matrixx Initiatives, Inc. v. Siracusano, 563 U. S. 27 (2011).

[7] See Stratte-McClure v. Morgan Stanley, 776 F. 3d 94 (2015).

数十亿美元,[1]这最终影响了公司的股价。原告指控被告在其 2007 年提交的 10-Q 表(季报)中并没有披露其在次级抵押贷款交易中的多头头寸的存在以及在将来会遭受重大损失的可能,违反了 303 条目要求披露"已知趋势,或不确定事项……"的披露义务,未披露的行为构成了《证券交易法》第 10(b)节和 10b-5 规则所规定的重大遗漏。[2]

第二巡回法院认为,原告正确地指出了 303 条目对公司在 SEC 的报告中施加了披露要求,包括 10-Q 表。这些要求包括公司有义务去"描述任何已知的趋势或不确定事项……已注册上市公司合理地预期会有重大的……非正面影响在……持续运营中产生的收入上。"而 SEC 为 303 条目规定指引,澄清了当"趋势、需求、责任、事件或者不确定事项是现在被管理层知道的以及合理地可能对注册上市公司的财务状况或运营结果有重大影响",披露是必须的。[3]

303 条目的确定性的义务是在 10-Q 表中披露,这是可以作为根据 10(b)节提起证券欺诈诉讼的基础的。第二巡回法院已经在许多案件中认定了,提交 303 条目要求的披露文件如上市公司的注册声明或者招股说明书时遗漏已知的趋势或者不确定事项,是《证券法》第 11 节以及第 12(a)(2)节下的诉讼理由。[4] 与第 12(a)(2)节相似,10b-5 规则要求披露"必须陈述时不致误导的重大事实"。第二巡回法院以及它的姐妹法院长久以来认识到,在第 10(b)节下的披露义务能够来自法律或规则

---

[1] 为什么被告预测市场走势下降但却持有长期持有多头头寸,通过笔者考察,是因为被告自己进行的一种涉及高风险的 CDO(collateralized debt obligations,债务抵押债券)的空头和低风险 CDO 的多头交易,被告在等待市场走低,这样债务人就会违约,被告可以从中获利,但是被告没有预想到 2007 年经济危机使得市场遭受崩溃的程度如此严重。因具体交易结构与本文所讨论的信息披露法律问题无关,在此不细表。

[2] See Lauren M. Mastronardi, Shining the Light a Little Brighter: Should Item 303 Serve as a Basis for Liability Under Rule 10B-5?, 85 Fordham L. Rev. 335(2016), at pp. 356 – 357; See Matthew Ady, Living in a Material World: Does a Violation of Item 303 OF REGULATION S-K SATISFY THE MATERIALITY ELEMENT IN A RULE 10B--5 CAUSE OF ACTION? 17 Wake Forest J. Bus. & Intell. Prop. L. 401. (2017) at 416 – 417.

[3] See Management's Discussion and Analysis of Financial Condition and Results of Operations, Exchange Act Release No. 6835, 43 S. E. C. Docket 1330, 1989 WL 1092885, at 4 (May 18, 1989).

[4] See Panther Partners, 681 F. 3d at 120; Litwin, 634 F. 3d at 716; J & R Mktg. v. Gen. Motors Corp., 549 F. 3d 384, 392 (6th Cir. 2008); Silverstrand Invs. v. AMAG Pharm., Inc., 707 F. 3d 95, 102-03, 107 (1st Cir. 2013). quoting from Stratte-McClure v. Morgan Stanley, 776 F. 3d 94 (2015).

中一方必须发声的义务。[1] 而支持这一结论的理由是因为在10-Q表中遗漏所需披露的事项会致使财务陈述误导。与注册声明和招股说明书一样,10-Q表也是强制披露文件,是"对整个市场的发声"。正如这些文件中的要素一样,303条目的披露"给投资者提供机会可以通过管理层的眼睛,获得一个对注册公司财务状况和运营结果的历史的和前瞻的分析。"基于这些规则规定的义务的性质,一个理性的投资者会将303条目的披露缺失理解为一种暗示,即"注册上市公司合理地预期会有重大性的……对来自公司持续运营中的收入……有非正面影响的……已知的趋势或不确定事项……"是不存在的。而且在一些案例中都遵照一种逻辑,那就是303条目施加了一种类型的义务去发声,在适当的案件中,会引起第10(b)节的法律责任。[2]

当然,第二巡回法院也澄清了,没有根据303条目进行披露,不能自我满足10(b)节下的证券欺诈。第二巡回法院知道,SEC认为针对303条目的检测不适用于Basic案确定的标准。但第二巡回法院认为,因为最高法院对10b-5规则的"重大性"的解释决定了一个私人原告是否能适当地提出指控,而违反303条目的披露要求可以支持一种在第10(b)节和10b-5规则下的指控,即被指控遗漏的信息满足Basic案中确定的重大性检测。即当一个原告指出:(1)被告没有在10-Q或其他文件中遵守303条目,进而证明被告是有披露义务的;(2)遗漏的信息符合Basic案建立的重大性检测,[3]同时原告像其他指控第10(b)节的欺诈一样,充分指出故意等所有第10(b)节和10b-5规则要求的要素。[4]

第二巡回法院也注意到了它的结论与第九巡回法院在In re NVIDIA Corp. Securities Litigation案(以下简称NVIDIA案)中的不同。[5] 第二巡回法院认为,第

---

[1] 第二巡回法院引用了Glazer案,(964 F. 2d at 149);Backman案,(910 F. 2d at 20);Oran案,(226 F. 3d at 285-86);Gallagher v. Abbott Labs案,[269 F. 3d 806,808 (7th Cir. 2001)].第二巡回法院的原话是:"This Court and our sister circuits have long recognized that a duty to disclose under Section 10(b) can derive from statutes or regulations that obligate a party to speak."

[2] See Stratte-McClure v. Morgan Stanley,776 F. 3d 94,101-102 (2015).

[3] 第二巡回法院认为,因为10b-5规则只要求不致误导的、"需要做出陈述(本案中是在10-Q中)"的"重大信息"的遗漏是违法的,而并无其他特殊要求,因此,原告可以无须考虑其他,而只需证明是否满足Basic案建立的重大性检测标准。

[4] See Stratte-McClure v. Morgan Stanley,776 F. 3d 94,102-103 (2015).

[5] "We note that our conclusion is at odds with the Ninth Circuit's recent opinion in In re NVIDIA Corp. Securities Litigation,768 F. 3d 1046 (9th Cir. 2014)."

九巡回法院在 NVIDIA 案中依据第三巡回法院的判例 Oran 案,[1]认定 303 的披露义务在第 10(b)节以及 10b-5 规则下是不可诉的。但是第三巡回法院在 Oran 案中,只是认为"因为重大性标准在两者之间有显著不同",对 303 条目的违反"不会自动导致 10b-5 规则下的重大遗漏"。而第九巡回法院对 Oran 案的推论是——对 303 条目的违反永远不会成为 10b-5 规则的诉讼理由。第二巡回法院与第九巡回法院的推论正相反,认为第三巡回法院事实上表达的是,尚无定论(without deciding),在特定的情况下,对 303 条目的违反(还是)会导致 10b-5 规则的重大遗漏。至少 Oran 案包含了自己的认定,即只要遗漏的重大性符合 Basic 的检验,同时 10b-5 规则要求的其他要素都被建立,则没有在 10-Q 表中遵守 303 条目,会导致 10b-5 规则下的法律责任。[2]

第二巡回法院还认为,第九巡回法院将 10b-5 规则与《证券法》规定的第 12(a)(2)节的关系曲解了。Litwin 案和 Panther Partners 案判决确立了 303 条目创建的一个披露义务可满足第 12(a)(2)节规定的法律责任之目的。[3] 在 NVIDIA 案中,在第九巡回法院认为这些认定与对 10b-5 规则的解释无关。但是事实上,第 12(a)(2)节的禁止遗漏的规定在文义上是等同于 10b-5 规则的。[4]

4. 第二巡回区上诉法院在 2016 年 Indiana Public Retirement System v. SAIC, Inc 案中的坚持

在 2016 年 Indiana Public Retirement System v. SAIC, Inc 案[5]中,第二巡回法院坚持了自己之前的判决,认为投资者基于公司未能在 10-K 表(年报)中披露公司的或有损失(loss contingency)而指控证证券欺诈是合理的;投资者基于公司未能披露已知的"纽约市政指控的公司的票据欺诈(billing fraud)"的趋势或不确定事项指控证券欺诈是合理的。因为公司已经收到了大陪审团的传票,纽约市市长也宣布要重新评估公司在其合作项目中的角色,并且公司同意支付其员工在刑事诉讼中的法律费用,但是公司在 10-K 表中都没有披露这些已知的趋势或者不确定事项,而且市政府的表现强有力地表明了公司早就知道了公司自己的欺诈以及可以推断出自己要

[1] 参见 Oran v. Stafford 案。

[2] See Stratte-McClure v. Morgan Stanley, 776 F. 3d 94, 103 - 104 (2015).

[3] See Litwin v. Blackstone Group, L. P., 634 F. 3d 706 (2d Cir. 2011); Panther Partners Inc. v. Ikanos Communications, Inc., 681 F. 3d 114 (2d Cir. 2012).

[4] See Stratte-McClure v. Morgan Stanley, 776 F. 3d 94, 104 (2015).

[5] See note 2.

向市政赔偿,这都可以根据10(b)节指控证券欺诈。[1] 被告表示不能接受第二巡回法院的观点,因此向最高法院提起再审。[2]

四、分歧背后的法理探析

(一)信息披露义务与"重大性"的理解之争

1. 303 条目是否为满足第10(b)节以及10b-5 规则的目的而创建一个披露义务

第三巡回法院认为重大性标准在10b-5 规则和303 条目中显著不同,因此在两个规则中,存在两种不同的披露义务。违反S-K规则中303 条目报告要求不会自动引起10b-5 规则下的重大遗漏。但是在两者能否可以进行转化时,第三巡回法院没有直接顺着"义务不同"论来否定两者可以转化,只是说"不会自动转化",这也成为了第二巡回法院在判决中驳斥第九巡回法院的论点之一。

第九巡回法院为了将两个规则割裂得更为清晰,在判决中直接表述"303 条目没有为满足10(b)节以及10b-5 规则的目的而创建一个披露义务。这样的披露义务必须根据最高法院在Basic案和Matrixx案中设立的标准独立的证明展示出来。"在第三巡回法院认定两者重大性标准显著不同,并且303 条目下的披露义务比10b-5要求的更加广泛的基础上,第九巡回法院更为直白地认为303 条目不曾为了10(b)节和10b-5 规则去创建披露义务。

第二巡回法院着眼于自己曾经在判例中认定303 条目创建的一个披露义务可满足12(a)(2)节规定的法律责任之目的,并且认为12(a)(2)节的禁止遗漏的规定在文义上等同于10b-5 规则。因此认定违反303 条目也满足《证券交易法》第10(b)节与10b-5 规则下的诉由。

2. 303 条目与10b-5 规则的不同的重大性检测标准

第三巡回法院并不从重大性本身的判断出发,在分析了SEC适用303 条目与最高法院适用10b-5 规则的重大性标准显著不同,即分析了303 条目适用两步检测,而10b-5 规则适用Basic重大性检测之后,才认为两个规则应该分别对待重大性问题。

第九巡回法院完全站在第三巡回法院的肩膀上来看待重大性问题,认为尽管《证券法》第11 节和第12(a)(2)节下的法律责任可能由遗漏了303 条目要求的需要陈述的重大事实而引起,但是在《证券交易法》第10(b)节或者10b-5 规则中没有

---

〔1〕 See Indiana Public Retirement System v. SAIC, Inc., 818 F. 3d 85, 88 (2016).

〔2〕 被告提起再审的详细理由详见被告的再审申请书。See Leidos, Inc. v. Indiana Public Retirement System, 2016 WL 6472615 (2016).

这样的要求。反而第 10(b)节和 10b-5 规则的目的是,重大信息无须披露,除非遗漏这些信息会造成其他已披露信息的误导。第九巡回法院认为《证券交易法》第 10(b)节与《证券法》第 11 节和第 12(a)(2)节显著不同。

而第二巡回法院的逻辑则是从 10b-5 规则出发,最高法院对 10b-5 规则的“重大性”的解释决定了一个私人原告是否适当地提出指控,只要是满足 Basic 案中确定的重大性检测这一条件,完全就符合了根据第 10(b)节和 10b-5 规则起诉的条件。原告只要完成两个工作:指出被告没有在 10-Q 或其他文件中遵守 303 条目,即违反 303 条目;指出遗漏的信息符合 Basic 案建立的重大性检测标准。303 条目转化为适用无论是 12 节还是 10(b)节的本质都是相同的。

(二)303 条目与 10b-5 的相关性

仔细推敲第二巡回法院的推论,可以发现该法院没有回避 SEC 的态度,即 Basic 重大性检测标准不适用于 303 条目下的信息披露。但是法院对此的理解是:SEC 这么说,不意味着两个标准之间不可能有重叠,在特殊的情形下,一些重大信息是可以同时满足 303 条目和 10b-5 规则的重大性标准的。在 SEC 的对 303 条目的两步检测中,很明显可以看出,SEC 更加看重的是“概率”(probability),因为即使检测进入第二步,依然要求管理层先假设事件会发生,即对事件发生的概率(或者可能性)的判断总是管理层分析的基础。无论对注册人的财务状况或经营情况可能的实质影响程度究竟如何,如果事件不可能发生,则无须披露 303 条目。然而,对 10b-5 规则的重大性检测标准则既包含了事件发生的概率也包括事件本身的大小,因此,即使一个不太可能发生的事件,如果其对公司的潜在影响是很大的,也可能需要披露。虽然这两个检测标准存在的差异可能得出的结论是,违反 303 条目的行为不会不可避免地为 10b-5 规则下的法律责任提供诉讼理由,但似乎也并不能完全阻止这种责任。

对 303 条目和 10b-5 规则之间的关系的适当分析应该包括两个步骤。首先,法院应分析 303 条目是否创建了披露与争议问题有关的信息披露义务,其次再来分别分析该信息要满足的“重大性”标准,[1] 因此,在分析重大性标准时就可以假设会出现 4 种情况,第一,单独满足两步检测标准;第二,单独满足 Basic 重大性检测;第三,同时满足这两个标准;第四,两个标准都不满足。

通过对重大性的分析总结出四种情况后,再分析 303 条目和 10b-5 规则的关系就变得清晰和简单了,假设需证明的其他要素均已被证明,此时会出现四种结果:第

---

[1] See Lauren M. Mastronardi, Shining the Light a Little Brighter: Should Item 303 Serve as a Basis for Liability Under Rule 10b-5?, 85 Fordham L. Rev. 335(2016), at 360 - 361.

一,单独违反303条目;第二,单独违反10b-5规则;第三,同时违反303条目和10b-5规则;第四,不违反任一规则。在前两种情况下,首先应按照正常的解决方式进行救济或执法。但需注意,并不是任何有重大性的不当披露都自动单独违反10b-5规则,10b-5规则主要作为一个定量规则和民事诉由存在。本文着眼于定性层面,哪些披露义务的违反可用于10b-5规则下的定量检测以便提起民事诉讼,这也正是巡回区上诉法院之间所争论的地方。

在第三种情况下,不是303条目作为10b-5规则的起诉基础,而是在两个标准分别检测后得出的重叠结论。即不是用303条目的违反来提出10b-5重大性要求的指控,而是注册人是否有义务进行信息披露,只要它曾经有信息披露义务,但存在信息遗漏,因为前提是已经证明同时满足两个重大性的检测标准,因此原告只需证明根据10b-5规则提出指控所需要证明的其他要素即可。[1]

(三)证券欺诈法律责任中的利益平衡——民事诉权还是行政监管?

1.角度一:民事诉权是否进一步扩张

从保护投资者的角度来看,过分强调规则和条款本身,往往会忽视一个本质问题,那就是,此处需要惩罚的或者需要从中获得赔偿和救济的是证券欺诈。正如有美国学者指出,"需要记住的是,对待暂定的、未成熟的信息的宗旨是不要进行欺诈,法律不是为了要求更多的信息产生。基于此,我认为事实上,提出欺诈时应结合案情,不管是在11节、12(2)节抑或是10b-5规则下。"[2]

从上述角度出发,第九巡回法院做出的结论其实限制了对303条目违反的民事诉讼救济。反而,尽管第二巡法院并没有通过将违反303条目与10b-5规则相连接而进一步创造出一种私人诉权,但可以说,它改变了对这些违规行为所造成伤害可能的救济办法。因为通过10b-5规则起诉的救济之一是赔偿,所以尽管SEC已经通过执法手段使鼓励公司遵守303条目下的义务,扩大责任至支付损害赔偿的可能性,但303条目的披露为投资者提供的是(公司的)内在价值,允许违反303条目作为10b-5规则的诉讼理由可能会为公司遵守303条目提供更大的动力。另一方面,即使第二巡回法院的举措极有可能增加所引起的案件数量,但是毕竟原告还需证明

[1] See Id, at 362.

[2] See Mitu Gulati, When Corporate Managers Fear a Good Thing is Coming to an End: the Case of Interim Nondisclosure, 46 Ucla L. Rev. 675. (1999). "It is important to keep in mind that the rationale for suggesting a duty to disclose interim unripe data is to deter fraud, not to induce the production of information. Given that the only claims I argue should be permitted are, in effect, fraud claims--these would have to be pled with particularity whether under sections 11 and 12(2) or Rule 10b-5."

10b-5 规则下的所有要素,这样有一定难度的证明规则有助于防止滥诉。因此从以强制性披露为中心的监管角度来看,证券市场各参与者的需求之间的紧张关系刺激了持续的改革呼声。虽然不能解决所有这些争端,但至少,303 条目可以为 10b-5 规则规定的法律责任提供基础,有助于建立一个促进生产有用信息的监管制度。[1]

2. 角度二:是否应由行政监管达成兼具惩罚欺诈和救济投资者之目的

辩证来看,虽然不能确切地说第二上诉巡回法院扩张了诉权,但事实上它还是为原告提供了一种可以行使 10b-5 规则的诉权的解释(甚至可以理解为扩张解释)。通过观察,虽然第二巡回法院确实相对科学地通过两种检测标准的对比为原告的诉权找到了一种相对比较合适的解释,但不可忽视的是它只是分析了重大性问题,对待披露义务问题,第二巡回法院直接留白,没有进行说理。《证券交易法》第 10(b)节和 10b-5 规则施行 8 年后,最高法院也认为只有两种情形会引起确定的信息披露义务。第一,公司内部人掌握重大未公开信息,他必须对该信息进行信息披露或者放弃交易公司股票。[2] 第二,在 10b-5 规则下,当一个发行人自愿发声,他有义务披露"对重大事实进行非误导陈述。"[3] 因此,"公司可以控制他们要披露的内容……通过控制他们在证券市场中说的话。"[4]

另外本案的被告包括众多的证券市场的上司公司、注册人担心的一系列问题也确实值得思量。第一,是否会在此基础上进一步扩张《证券交易法》10(b)节隐含的民事诉权,从而导致更多的滥诉隐患。最高法院也曾解释过,"我们应该假设当 PSLRA 被颁布时,国会接受了第 10(b)节的私人诉讼原则,但是选择不再进一步扩张。"[5] 303 条目的问题事实上不难处理,无须动辄搬出 10b-5 规则来起诉,而且最高法院在 Alexander v. Sandoval 案中曾表达过,"对于不是由法律条文禁止的行为……私人原告不应基于规则提起诉讼。"[6] 第二,允许根据违反 303 条目提出索

---

[1] See Lauren M. Mastronardi, Shining the Light a Little Brighter: Should Item 303 Serve as a Basis for Liability Under Rule 10b – 5?, 85 Fordham L. Rev. 335(2016), at 363 – 365.

[2] See Dirks v. SEC, 463 U. S. 646, 654 (1983); Chiarella v. United States, 445 U. S. 222, 230 (1980).

[3] See 17 C. F. R. § 240. 10b-5(b).

[4] See Matrixx Initiatives, Inc. v. Siracusano, 563 U. S. 27, 45 (2011).

[5] See Stoneridge Inv. Partners, LLC v. Sci. -Atlanta, 552 U. S. 148, 166 (2008).

[6] See 532 U. S. 275, 286 (2001), "a private plaintiff may not bring a suit based on a regulation... for acts not prohibited by the text of the statute." [quoting from Leidos, Inc. v. Indiana Public Retirement System, 2016 WL 6472615 (2016).]

赔,是否会鼓励事后诸葛式的欺诈(FRAUD BY HINDSIGHT),毕竟303条目主要涉及的是容易被原告律师操纵的"软信息"。与典型的历史信息或其他确定信息相比,包括预测性质和主观性质的"软信息"的披露不容易被客观地验证。通过两步检测所表现出来的303条目的属性会引起严重的担忧,即303条目将被用作一个强大的(经常使用的)力量来指控PSLRA旨在清除的事后的第10(b)节的索赔。第三,遵守第二巡回法院的规则可能会对股东和证券市场产生负面影响。发行人可能通过大量非实质信息淹没投资者,以应对第10(b)节法律责任的风险,这将严重削弱303条目旨在促进对投资者进行有意义的披露的意图。[1]

从文义上看,303条目的确没有具体地规定一个私人诉讼理由,同时SEC也有其他途径来执法。因为303条目规定的是强制《证券交易法》中的"记录和报告"的要求,违反303条目的执法属于SEC的权限范围内。[2] 例如,当公司向SEC提交有缺陷的MD&A时SEC有权发布暂停和停止命令,这不仅是SEC执法的方式,而且这也为SEC提供了另一条道路,为公司如何遵守规则提供指引。例如,SEC在In re Caterpillar[3] 案中,命令公司暂停以及停止任何导致违反MD&A要求的行为。除此之外,公司还被要求"实施以及继续为遵守303条目的步骤。"SEC还会在后续过程中继续督促,即使事实上争议的MD&A已经被许多公司高管,包括会计、法律顾问以及审计部分反复评估过了,但公司的步骤可能还是不充分的。[4] 因此,即使SEC的行政监管可能存在一定的缺陷,但相关的救济方式却是确定存在的,无须通过可能地扩张民事诉权来解决。

五、结语

事实上,美国的证券监管机构在行政监管上一直是相对有力的,SEC为避免遭遇当民事诉讼已然证明不当行为的存在,而自身却对同一案件尚无所作为的尴尬而积极起诉违法行为。[5] 10b-5规则本意也是被用于SEC自身的执法(如行政审裁

---

[1] See Leidos, Inc. v. Indiana Public Retirement System, 2016 WL 6472615 (2016), at 22 – 30.

[2] See 15 U.S.C. § 78q (2012); also see Matthew Ady, Living In a Material World: Does a Violation of Item 303 of Regulation S-K Satisfy the Materiality Element In a Rule 10b – 5 Cause of Action?, 17 Wake Forest J. Bus. & Intell. Prop. L. 401. (2017), at 431 – 432.

[3] See Exchange Act Release No. 34-30532, 50 S. E. C. 903 (Mar. 31, 1992).

[4] See Lauren M. Mastronardi, Shining the Light a Little Brighter: Should Item 303 Serve as a Basis for Liability Under Rule 10b – 5?, 85 Fordham L. Rev. 335 (2016), at 350.

[5] 参见缪因知:《政府性证券监管批判及与民事诉讼之权衡》,载《交大法学》2015年第1期。

程序),或者由 SEC 向法院提起的诉讼。1946 年联邦地区法院首次接受其他主体以违反该规则为由提起的民事诉讼,认定第 10(b)条及规则 10b-5 项下存在着默示的私人民事诉权。1971 年最高法院判例在未加解释的情况下采纳了下级法院的上述主张,确立了该默示的私人民事诉权。在此前后,这类民事诉讼非常活跃,应用范围不断扩大。[1] 正如最高法院前任首席大法官伦奎斯特所言:10b-5 规则产生私人民事诉权是司法实践的产物。[2] 私人执法是当事人通过证券诉讼实现损害赔偿的机制,其发动权掌握在不同当事人手中,从根本上赋予了投资者主动维护自身权利的可能性。[3] 但到 1975 年最高法院突然首次转向收紧这项诉权,在规则解释与原告资格等方面增设了新的限制。[4]

从私人诉讼与公共执法在法律实施中的关系来看,美国证券领域素来是两条腿走路,公私并举。[5] 法律责任体系的设计,主要基于两个目标:填补投资者损害和惩戒阻却违法者,但是,对前一目标的追求不应无节制地凌驾于后一目标。回溯历史,10b-5 规则下的私人民事诉权源于最高法院的确认,三十多年后其扩张又恰受到后者的节制。大法官们在有所作为的同时也不失对国会立法者的尊重,这也凸现出权力制衡下职责的边界。[6]

第二巡回法院旨在将 303 条目作为对公司在确定什么信息需要披露以避免法律责任的准则的同时,赋予 10b-5 规则作为原告可以在私人起诉中强制惩戒某些违反 303 条目的武器。是否真正扩大了 10b-5 规则的诉权还没有定论,但可以推理出本案的争议焦点实际上落在了民事诉权和行政执法在惩戒欺诈和救济投资者的一种边缘地带,矛盾源于现存的救济方式无法达到令多方利益都满意的效果。假设行政执法高效运行,SEC 执法或者起诉后,使用公平基金对需要进行重大救济的原告

---

〔1〕 参见郭雳:《证券欺诈法律责任的边界——新近美国最高法院虚假陈述判例研究》,载《中外法学》2010 年第 4 期。

〔2〕 参见郭雳:《证券欺诈法律责任的边界——新近美国最高法院虚假陈述判例研究》,载《中外法学》2010 年第 4 期,第 633 页。

〔3〕 参见缪因知:《政府性证券监管批判及与民事诉讼之权衡》,载《交大法学》2015 年第 1 期,第 154 页。

〔4〕 参见郭雳:《证券欺诈法律责任的边界——新近美国最高法院虚假陈述判例研究》,载《中外法学》2010 年第 4 期,第 632 页。

〔5〕 参见郭雳:《美国证券集团诉讼的制度反思》,载《北大法律评论》第 10 卷第 2 辑,北大出版社 2009 年版,第 440 ~ 441 页。

〔6〕 参见郭雳:《证券欺诈法律责任的边界——新近美国最高法院虚假陈述判例研究》,载《中外法学》2010 年第 4 期。

做出重大保护。或者法院明确扩张诉权,使原告自己通过民事诉讼获取救济,同时承担败诉结果。那么本文探讨的分歧或则争议或许不会存在。303 规则绝不是一部无牙之法,但是也不应作为原告可以无限制地巡查上市公司的银弹。303 的力量是细微的,它更多地作为一个准确和充分的披露的沉默的仲裁者,只是为了追究恶意的违规行为。[1]

综上所述,笔者认为:第一,对于 S-K 规则下 303 条目的违反,首先要受规制于该规则的制定者,即 SEC 的监管,这是理所应当的,即使行政执法的保障和救济出现漏洞,也宜首先在行政救济渠道内穷尽救济途径;第二,证券诉讼的作用和正当性不宜被过分夸大。[2] 10b-5 规则下的私人民事诉权源于最高法院的确认,经历了扩张到收缩的一个过程,无论出于何种目的的考虑,最高法院已然进行过了利益的平衡,因此,民事诉权不宜轻易进行扩张。

最高法院是否会采用第二巡回法院的立场来澄清 303 条目与 10b-5 规则的关系,进一步鼓励原告起诉,来激励上市公司提高披露的可靠性和提高市场效率以此巩固 303 条目对投资者的效用?还是会坚持第三巡回法院的认定,甚至采用第九巡回法院的“割裂”论,直接切断“诉权扩张”的星火趋势?实则需要最高法院进一步仔细考量来进行利益平衡。笔者不主张轻易地去扩张民事诉权,最高法院实则可以在不明确扩张民事诉权的基础上为本案的具体问题给出具体的解决方法,而将有关 303 条目缺陷问题的修正工作交还给 SEC。值得注意的是,做出第三巡回法院判决的法官阿利托[3]目前已是美国最高法院的大法官,最高法院在 Leidos, Inc. v. Indiana Public Retirement System 案中,究竟会用怎样的态度和逻辑来认定这一问题,值得继续关注。

---

〔1〕 See Matthew Ady, Living in a Material World: Does a Violation of Item 303 of Regulation S-K Satisfy the Materiality Element in a Rule 10b--5 Cause of Action? 17 Wake Forest J. Bus. & Intell. Prop. L. 401. (2017), at 440 – 441.

〔2〕 参见缪因知:《中国证券法律实施机制研究》,北京大学出版社 2017 年版,第 269 页。

〔3〕 See Alito, Hon. Samuel Anthony Jr., Attorney and Judge Profiles, https://1.next.westlaw.com/Link/Document/FullText? findType = h&pubNum = 176284&cite = 0153052401&originatingDoc = I645fd7eb798e11d98c82a53fc8ac8757&refType = RQ&originationContext = document&vr = 3.0&rs = cblt1.0&transitionType = DocumentItem&contextData = (sc.DocLink)&__lrTS = 20170610070008186.

中小投资者保护机构立法相关问题*

赵金龙**　董向伟***

内容摘要：我国证券市场投资者保护制度建设取得了进步，但是相关法律法规并不完善，投资者保护机构立法尤为明显。在此方面，域外相关立法与实践对于我国建立相应法律制度具有借鉴意义。我国中小投资者保护机构立法应当明确规定如下方面：(1)明确中小投资者保护机构是中介机构、专业机构、非营利组织；(2)中小投资者保护机构保护的对象应当为中小投资者；(3)中小投资者保护机构资金应采用自筹方式；(4)中小投资者保护机构的职责包括持股行权、提起股东派生诉讼、对投资者进行偿付、进行纠纷调解、接受申诉、参与投资者保护立法及进行投资者教育；(5)要确立中小投资者保护机构的监督管理机关，并规定该机关负责监管中小投资者保护机构的信息披露及其治理结构。

关键词：中小投资者　保护机构　立法

由于获取信息有限、不及时或者救济成本过高，中小投资者在维护自身利益行动中出现越来越多“集体冷漠”和“搭便车”现象，而这有悖于保护投资者权益和维护资本市场健康有序发展的要求。在投资者保护方面，我国一直着力强化监管，降低维权成本，为投资者自力救济提供便利，建立投资者保护机构，提高投资者组织化水平，体现“团体”力量。但是，由于政府过分干预，建立投资者保护机构的做法并未达到预期效果，有待进一步完善。我国证券市场中的公司股权主要集中在少数控制者手中，确实难以将其分散在其他投资者手中，但是可以通过投资者保护机构形式把中小投资者联合起来，参与相关制度的制定与执行，以形成对大投资者的牵制。

2005 年修订的《证券法》以及实践中证券投资者保护基金公司的运作对于保护投资者合法权益具有重要作用，但随着资本市场新形式和新问题的出现以及我国证券投资者保护滞后、市场化程度不足等问题日益凸显，亟须对投资者进行更有效保护。2014 年 12 月 5 日我国成立中证中小投资者服务保护中心有限责任公司，面向

* 本文为河北大学人文社科项目《公司治理与金融法治若干问题研》(1408058)阶段性成果。

** 河北大学政法学院教授，法学博士。

*** 北京创富导航资本管理咨询有限公司法律顾问，法学硕士。

中小投资者开展公益性宣传和教育,为中小投资者自主维权提供支持,但这一机构的法律性质和职能并不具体明确、缺少立法支持,使其运作缺乏充分说服力。

与我国证券市场实践相比,资本市场成熟国家或地区的投资者保护制度及其法律实践比较突出明显。例如,美国1970年通过《证券投资者保护法》对投资者合法权益予以保护;日本《金融商品交易法》集中规定投资者保护机构设立、资金来源、业务范围等内容,为建立日本股东监护人组织提供法律依据;我国台湾地区2002年《证券投资人及期货交易人保护法》为建立证券投资人及期货交易人保护中心提供法律支持,该保护中心的最大特点是融合赔偿机制、调节机制及股东诉讼机制于一体,法律性质明确、职责清晰。本文试图在考察中外中小投资者保护机构法律实践基础上,对于立法规定中小投资者保护机构相关问题提出建议,以期有助于我国中小投资者保护水准的提升。

一、我国中小投资者保护机构立法存在的问题

(一)现行立法规定之不足

随着我国资本市场迅速发展,证券欺诈行为不断增多,资本市场健康发展受到严重影响,广大投资者合法权益受到侵害。针对证券市场上不良现象,中国证监会不断加大对违法违规行为查处力度。据统计,2016年1月到3月,证监会对33起案件作出行政处罚,其中通过大数据手段发现12起内幕交易案,该12起案件中有数起当事人被处以没收违法所得并处以违法所得三倍的罚款。[1] 根据《证券法》第179条,证监会可以对证券侵权案件进行查处,构成犯罪的依据《刑法》可以移交公安机关处理。但是,对这些案件中合法权益受到损失的证券投资者如何补救,法律并无规定。在万福生科因欺诈发行股票案中,万福生科的保荐机构平安证券有限责任公司为补偿遭受损失的投资者,出资设立"投资者利益补偿专项基金"并委托投保基金公司充当基金管理人,负责基金日常管理及运作。专项基金采取"先偿后追"模式,由平安证券有限责任公司先偿付投资者,然后依法向万福生科事件的主要责任方及连带责任方追偿。万福生科案是我国首个先行赔付投资者损失的案例,其成本低、效率高,取得显著成效,开创了资本市场投资者保护方式的先河。[2]

尽管有上述实践,我国相关法律法规并不完善。《证券法》中证券投资者保护基金的规定比较笼统,只有说明性规定;虽然《证券投资者保护基金管理办法》对基金

[1] 朱宝琛:《证监会一季度对33起案件作出行政处罚》,载《证券日报》2016年4月6日。
[2] 杨光:《万福生科案先行赔付探索投资者保护新模式》,载《上海证券报》2015年9月15日版。

设立和运作有具体规定，但是其位阶不高，内容比较原则，有些具体问题还要沿用四部委法规。[1] 而且，四部委法规也缺乏严谨性和可操作性，主要原因在于它是一种临时安排，各方面规定的比较宽泛，涉及的金融机构客户被收购状态有限，金融机构种类少。[2] 此外，券商的破产清算对投资者保护基金运作至关重要。从美国法律规定来看，投资者保护基金不仅补偿破产券商客户的损失，也是特殊破产程序的发起者。投资者保护基金的职能与券商的特殊清算程序相互配合、相互补充。[3] 我国《证券投资者保护基金管理办法》仅授权保护基金公司组织参与证券公司清算，没有明确规定其具体权利义务，无法指导实际操作。

《证券法(修改草案)》[4]增加了投资者保护机构先期赔付、派生诉讼、代表诉讼等职能以及征集投票权利，但仍有不足之处，例如没有明确中小投资者保护机构的法律地位、股东派生诉讼被告范围窄、征集投票权主体不完善等。

(二)立法模式上的缺陷

中小投资者保护机构的法律制度属于投资者保护制度范畴，投资者保护制度立法模式反映了中小投资者保护机构立法模式。各国证券市场发展程度、法制建设进度有别，投资者保护制度也有不同立法模式：分散模式、集中模式和单行模式。分散模式指与投资者保护制度相关的条款，分散地规定在证券立法中。集中模式指把投资者保护制度汇集在一起并在证券基本法律中设置专章的立法模式。单行模式，即单独设立一部法律对投资者保护制度进行规定。[5]

我国现行投资者保护制度立法模式属于分散模式，投资者保护制度立法分布在不同的法律法规中。《证券法》第1条确立了投资者保护旨向，《证券法》中证券发行、交易、市场主体等方面规定也体现出对投资者的保护。只有第134条才涉及对投资者保护机构的规定，即国家设立保护基金公司的说明性规定。[6] 另外，《证券投资者保护基金管理办法》规定证券投资者保护基金的运行、管理、风险处置等职能。

---

[1] 龚海峰、张婧：《证券投资者保护基金有限责任公司法律风险之刍议》，载《暨经济研究导刊》2006年第6期。

[2] 杨楠：《论我国证券投资者保护基金制度的立法转型》，浙江大学2013年硕士学位论文。

[3] 同上。

[4] 本文中指《中华人民共和国证券法（修订草案）》(2015年4月20日人大审议版)。

[5] 袁康：《〈证券法〉修改背景下我国投资者保护制度的立法模式选择》，载《证券法苑》2013年第9卷。

[6] 王广幼等：《我国证券投资者保护法律制度研究》，载经济科学出版社编：《资本市场投资者合法权益保护系列课题研究报告》(第1辑)，经济科学出版社2016年版，第104页。

分散模式立法存在不足。首先,制度规定少且分散,缺乏系统性,不能凸显投资者保护的重要性,不利于投资者保护制度的构建。其次,立法层次有别,相关规定散见于法律、行政法规中,渊源不同、效力不一,难以形成统一力量对投资者进行有效保护。最后,制度分散致使投资者保护制度不完备,容易引起制度遗漏。[1] 由于完善投资者保护制度迫在眉睫、设立单行《证券投资者保护法》会消耗很多立法资源和花费很长时间,当前只能采取在《证券法》中设投资者保护专章的形式。当然,从市场实际运作要求和国际实践来看,单行模式立法是投资者保护立法的未来。

二、域外中小证券投资者保护机构模式的考察

在证券市场上,投资者既是上市公司股东又是证券交易者,一方面享有股东权利,另一方面又直接面对证券市场巨大风险。鉴于证券投资者的双重身份,我们在建立投资者保护机制时应区分股东权益保护和证券交易人权益保护。市场经济国家对投资者保护的措施有很大差别[2],在设立的投资者保护机构组织形式上各有不同,有的中小投资者保护机构采用基金公司形式,有的则采用有限责任公司或协会方式;有些国家的中小投资者保护机构的设立有国家支持,有些国家的中小投资者保护机构则是自发形成;有的中小投资者保护机构是社团法人,有的则是财团法人。不管是国家支持设立的投资者保护基金,还是民间组织抑或是其他组织,形式多为非营利组织。从各国投资者保护机构运作实践看,由于地域、文化、市场发育程度等不同,不同国家和地区的投资者保护机构运行模式各具特点。从投资者保护机制着重点这一视角,投资者保护机构可以分为三种模式。

(一)机构投资者模式

1868年成立的英国“海外和殖民地政府信托”是机构投资者证券投资基金的鼻祖。18世纪末英国工业革命导致资本市场上资金过剩,为谋取高额报酬,许多人开始向国外进行投资。知识缺乏和证券市场不稳定致使相当数量的投资者遭到损失,为保护投资者利益,政府协助组建证券投资基金。这种基金特别受投资者欢迎,机构投资者雨后春笋般地出现,并且在资本市场中逐渐占据主导地位。在这种境况下,出现了专门为机构投资者提供研究上市公司治理材料和帮助股东大会投票的机构。由于这种机构能够提供专业分析和全面服务,机构投资者和其他市场主体对这

---

[1] 郝旭光、黄人杰、闫云松:《中小投资者权益保护的可行途径选择》,载《中央财经大学学报》2012年第1期。

[2] 陈逸敏:《中小投资者保护组织的法律制度探索》,暨南大学2005年硕士学位论文。

类机构的意见依赖程度日益增加。这种专门为机构投资者服务的机构在国外市场有很多,典型者为美国机构投资者理事会、英国代理投票咨询公司。

1.美国机构投资者理事会[1]

1951年美国成立全国投资者协会,该协会分支机构众多,甚至进入到社区这一层面,还成立了投资者保护机构的组织——世界投资者协会联盟,该组织目标为鼓励投资者教育、支持个人投资者和投资者俱乐部的建立和发展、保护个人投资者权利。美国投资者保护主要通过机构投资者来完成,政府只起辅助作用。这种模式的优点在于政府干预少、法制较完备、容易施行。尤其是在美国建立专门的投资者诉讼制度安排后,投资者通过自己的力量维权变得简便易行。

美国最典型的机构投资者是机构投资者理事会(The Council of Institutional Investors,CII)。CII是一个非营利性公益组织,其宗旨为推动公司治理维护股东权益,主要由基金会、其他雇员福利基金、养老基金及捐赠基金等组成。CII成立于1985年,当时正出现公司并购浪潮,很多CEO在公司收购过程中独断专行,股东甚至董事会对公司决策没有发言权,并且股东自身也缺乏投票意识。这种情况下,公共养老基金管理者及其他资产管理机构认为,为保护投资人利益应当让投资人资产由更多股东监督和管理。加利福尼亚州财长、纽约市主计长及威斯康星州投资委员会主席等提议建立CII,以集聚更多的投票代理权来掌握公司决策的发言权。公共养老基金管理者及其他资产管理机构组建了CII。

成立30年来,CII发展迅猛,现已有125个投票成员,总资产超过3万亿美元。很多部门的管理者、领导人都很认同CII的治理理念。CII秉承向其会员、政策制定者和公众服务的理念,开展有关公司治理、投资者保护相关的教育。同时倡导有效的公司治理与投资者保护。经过多年努力,CII总结出多项公司治理与投资者保护的政策和做法,并被美国位居前列的上市公司和机构投资者采纳。

CII会员一般通过代理投资者投票、参与股东决议、监管代表诉讼等方式参与上市公司治理。理事会会定期对劣质公司的情况进行公示,对管理者形成压力,迫使公司改进治理,加强中小投资者权益保护。代理投资者投票、高管薪酬、董事会结构、金融监管、双重股权结构等都是CII及其会员经常关注的问题。此外,CII为倡导自己的公司治理政策和标准,常常向管理层写信、参加听证会、演讲、发布报告。CII的员工和会员也经常与政策制定者、交易所、上市公司董事会、管理层、监管机构

---

[1] 刘斯斯:《CII美国机构投资者的"911热线"》,载《证券时报》2014年2月22日版。

讨论政策制定和公司决策。

2. 英国代理投票咨询公司[1]

1995年英国代理投票咨询公司成立,这是一家典型的英国投票咨询公司,它的主要业务是提供代理投票服务和提供跨国性的公司治理分析。客户中有资产超过3万亿英镑的大的机构投资者,这些机构投资者在当时成熟资本市场上拥有相当大的控制作用,他们乐于向数量多且跨地区跨行业的上市公司投资。然而,这些上市公司代理投票程序复杂,机构投资者往往没有时间和资源去应对。在这种大背景下,英国代理投票咨询公司应运而生,业务主要是协助股东大会投票以及提供所研究的上市公司治理状况。由于公司提供的分析专业和服务全面,其咨询意见受到机构投资者高度重视和信赖。因此,他们对上市公司经营策略和董事会结构等重要事项的影响也逐渐变大,已成为一股不容小觑的力量。

英国代理投票咨询公司主要提供以下服务:(1)投票建议和公司治理状况研究。英国代理投票咨询公司研究的上市公司涵盖世界80多个资本市场。它经常依据客户需求为客户提供针对性服务,而不是以一套单一的评价方式对所有上市公司做格式化分析。机构投资者可以根据自己的理念从代理投票咨询公司数据库选择符合自己治理标准的公司进行投资。这种有针对性的"投票模板"能够充分反映机构投资者目标公司的治理情况。代理投票咨询公司也可以提供更详尽的服务,它能够根据客户名下不同基金和账户的特点为其确定不同的标准。机构投资者确定评价标准后,代理投票咨询公司开始建立模型进行分析,从而提出投票建议。因此,英国代理投票咨询公司只为机构投资者提供高质量的公司治理分析,而不代替机构投资者做决定,机构投资者仍有最终的投票决策权。(2)负责机构投资者代理投票工作,把尽可能多的时间和资源留给机构投资者使它们致力于投资工作。为保证代理投票能够实施成功,英国代理投票咨询公司既要监控投票全部过程又要对投票意见保密。(3)公司治理监测服务。养老基金作为机构投资者的受托人,要监督所投资公司的表现及基金经理的行为。针对这一需要,英国代理投票咨询公司专门为养老基金设计了公司治理监测服务。英国代理投票咨询公司每周为养老基金提供一份提示所投资公司股东大会会期,特别列出与基金有关的事项,提出投票建议,跟踪基金经理的投票行为,判断分析这种投票行为符不符合所制定的投票政策及能不能最大限度的实现基金持有人的利益。英国代理投票咨询公司还提供所投资公司季度重

---

[1] 胡冰:《代理投票咨询公司:力推机构投资者参与上市公司治理》,载 http://epaper.stcn.com/paper/zqsb/html/2014-03/01/content_549606.htm,最后访问日期:2017年12月23日。

大事件总结,帮助机构投资者完善公司治理政策。(4)索取集团诉讼和解金服务。由于中小投资者不知情或消极提交索赔申请每年大概有60%的证券纠纷集团诉讼和解金未被领取,其中就包括很多机构投资者很容易获取的赔偿。英国代理投票咨询公司与索赔公司联合起来,帮助机构投资者及时获取和解金。(5)综合性公司治理数据和分析服务。针对所投资的上市公司,英国代理投票咨询公司可以一一提出700种与治理相关的信息,包括高级管理人员薪酬状况、董事会各成员简历等。数据可依一定的指标进行分类。此外,英国代理投票咨询公司也可以为机构投资者量体定做分析报告,为学术研究提供专门数据服务,许多国际顶级研究所依据的数据都是英国代理投票咨询公司提供的。

机构投资者模式中有的机构是非营利性公益组织,有的是营利组织。机构投资者通过联合集聚更多的投票代理权进而拥有在公司事务中的发言权,像美国机构投资者理事会、英国代理投票咨询公司这种专门为机构投资者提供上市公司治理分析及投票建议的机构拥有更多财力、信息。机构投资者模式强化了投资者在公司治理中的话语权,有利于投资者保护。但是,这种模式主要是对投资者提供事前保护,较少涉及投资者教育、诉讼以及事后损失赔偿。

(二)民间团体模式

证券投资者保护机构的民间团体模式主要为中小股东和市民提供意见,多是中小投资者为保护自身权益自发成立的非政府组织,典型代表为日本股东监护人组织和韩国人民团结与民主参与联盟。

1. 日本股东监护人组织

日本公司治理采用以银行为中心、互相持股的模式。日本公司股东有三种类型:第一种是公司股东。这类股东通过持有彼此之间的股票获得各自之间的股东身份,但公司在经营管理方面不因互相持股而相互干涉,他们常常给律师出具空白授权书委托律师在年度会议上支持董事的提案。第二种是员工股东。这些股东在召开股东会议时,往往较一般股东先入会场,且坐在前排座位上。然而,公司却常常利用员工股东。为尽早结束公司议程,公司让员工股东给予董事会口头支持。第三种是SOKAIYA股东。这类股东经常给公司制造麻烦,往往与犯罪集团有关系。一般SOKAIYA通过恐吓公司将在股东会上制造麻烦,从而勒索钱财。钱财到手后,SOKAIYA会转向公司一方帮助公司解决问题,比如压制中小股东。可知,中小股东在公司的地位不高,尤其是在许多日本公司选择同一天举行年度股东会时,公司经常借此减少出席会议股东的人数。这种做法名义上是预防SOKAIYA惹麻烦,实际上却是阻止中小股东在股东会议上发表意见。[1] 许多公司的股东会时间特别短,有的甚至不到30分钟。中小股东往往只是鼓鼓掌,还没来得及发表意见会议就宣告结束了,所以人们又把日本股东会议叫作“拍掌会”。近年来,日本公司开始慢慢改变治理模式。一方面证券金融市场迅猛发展,融资渠道增多,而通过银行方式融资逐渐变少;另一方面,1990年金融危机爆发,导致银行出现大量呆账坏账,银行在公司治理中的地位骤然降低,以银行为主的公司治理模式陷入危机,并且许多大公司丑闻也因金融危机爆发而逐渐曝光,公众对证券监管越来越不满意。于是1996年8月,日本第一个股东团体组织即日本股东监护人组织(Kabunushi Ombudsman,以下简称KO)成立,其主要功能就是对证券市场上的交易活动进行监督。在组织形式上,由于日本对非政府组织的设立方式没有严格限制,KO组织采用了有限责任公司形式。从公司章程的特殊约定来看,KO组织虽然形式上是有限责任公司,但却起着非政府组织的作用。[2] KO组织在章程中约定:首先,要以行使中小股东权利、反映中小股东主张、促进公司进行信息披露为目标。其次,KO组织不能向其成员分配利润。这种以提供公共产品和不分配利润为目标的做法均为非营利组织所为,与营利组织有本质区别。

KO组织的宗旨是改革公司实践、反映中小股东意见。为践行该宗旨往往从事下列活动:对公司活动进行监督、对公司的反社会活动进行批评、实施公司的一般权利、利用股东派生诉讼戳穿公司面纱、代股东提出股东建议、对提升员工工作环境、保护环境、从事慈善事业、雇佣残疾人的公司进行公开表扬。

2. 韩国人民团结与民主参与联盟

1993年韩国第一个民选政府成立,民众希望通过民选政府参与法律和政策的改革以及监督政府权力运作。在这种背景下,韩国人民团结与民主参与联盟(People's Soidarity for Participatory Democracy,PSPD)得以成立。从成立时起,PSPD就展开多方面社会活动,监督权力滥用。PSPD从事的活动主要有立法请愿、代成员行使公共权益诉讼、举行各种运动以唤醒公众意识、监督社会和政治活动。[3] PSPD实际上是一个由多个行动团体构成的非营利集团组织,拥有7个部门和5个附属机构。这些部门和机构中,经济民主委员会在保护中小股东权益、促进公司治理方面有重要

---

〔1〕 庄玉友:《日本金融商品交易法述评》,载《证券市场导报》2008年第5期。
〔2〕 王文政:《投资者保护协会法律制度研究》,西南政法大学2011年硕士学位论文。
〔3〕 吴风云、赵静梅:《证券市场投资者保护的韩国经验及启示》,载《改革》2005年第7期。

贡献,如 1997 年经济民主委员会聚集中小股东力量与控股股东形成制衡。[1]

家族财团在韩国公司中占据统治地位。由于韩国曾是日本殖民地,潜移默化中韩国家族财团有了日本财阀的某些特点,突出表现在股权结构上,两者均为金字塔结构以及相互持股。公司控制权不是掌握在持有股份最多人手中,而是毫无悬念地握在家族财团的控制者手中。家族财团一般都与政府关系密切,而且财团内部关系相当复杂。金字塔结构及相互持股的股权结构避免了财团间过度竞争,但却也将外部股东拒之门外,中小股东很难参与公司治理,因此出现许多公司治理问题。[2] 家族财团是造成 20 世纪 90 年代经济危机的主要原因之一。鉴于家族财团在韩国公司的巨大影响,PSPD 在开始运动时就将家族财团作为运动的主要目标,目的是让它们成为其他公司的楷模。另外,PSPD 通过运用法律和非法律的手段共同促进公司治理,目前已成为股东积极主义的先锋。为行使股东权利,PSPD 尝试持有各种各样的股票,参加股东会议,通过股东会议获取家族财团信息和管理层对公司治理改革所做的允诺。PSPD 主要通过参与立法活动、行使股东派生诉讼、参加股东会、起诉规避性捐赠的方式维护中小投资者合法权益。

民间团体模式多是中小投资者自发形成的非营利组织,主要从诉讼、监督公司活动、要求披露公司信息、保障公平等方面维护中小投资者的合法权益。由于这种中小投资者机构所持股份不如机构投资者多,组织实力一般没有上市公司雄厚,所以难以与机构投资者以及上市公司抗衡,对投资者保护的力度不够大。

(三)我国台湾地区模式

1992 年,我国台湾地区"厚生股票事件"致使投资者利益遭到巨大损失,在吸取该事件经验教训后,1993 年我国台湾地区出台《证券投资人保护基金设置及运用办法》对证券投资人保护基金的设置及运用等事项做出详尽规定。2002 年台湾地区出台《证券投资人及期货交易人保护法》进一步完善投资者保护立法,2003 年,台湾地区金管会、证期局依据《证券投资人及期货交易人保护法》成立"财团法人证券投资人及期货交易人保护中心"(以下简称保护中心),保护中心在性质上属于公益性财团法人,由金管会、证期局监督管理,是具有浓厚官方色彩的非营利组织。[3] 保护中心是由证券集中保管中心、财团法人台湾证券柜台买卖中心、证券交易所、期货

[1] 陈共炎等:《关于设立证券投资者保护组织的专题研究》,载 http://www.docin.com/p-188857754.html,最后访问日期:2017 年 12 月 23 日。

[2] 葛云松:《论社会团体的成立》,北京大学出版社 1999 年版,第 85 页。

[3] 海峡两岸关系法学研究会:《海峡两岸法学研究》,九州出版社 2014 年版,第 156 页。

交易所、证券投资信托暨顾问商业同业协会、证券商业同业公会、期货商业同业公会、各证券金融事业及其他经主管机关指定的证券及期货市场相关机构出资设立。由于保护中心是非行政机关,其执行日常事务时应请求证券服务等机关的帮助。

保护中心以保护投资人及期货交易人的利益、促进证券期货市场健康发展为宗旨,主要有六大功能:第一,提供证券咨询服务。为投资人提供关于证券及期货相关法律法规的咨询服务。同时也为发行人、券商、证券交易所、期货业、柜台买卖中心、证券登记结算机构及其他利害关系人因募集、发行、买卖、交易证券而产生的民事纠纷提供咨询服务。第二,接受申诉和调解。保护中心下设调处委员会专门负责处理因证券、期货而产生的民事纠纷,并且经过法院确认的调处与民事判决具有同等法律效力。第三,提起集团诉讼或者仲裁。《证券投资人及期货交易人保护法》规定保护中心为了维护公益,可以对因同一原因引起的造成多数投资人或期货交易人遭受损害的证券、期货事件提起诉讼,但应在投保法规定范围内,应由20人以上证券、期货受害人授予保护中心权利后,保护中心才可以以自己的名义提起诉讼或仲裁,以节省诉讼成本减轻诉累。[1] 第四,办理基金赔偿事项。这种赔偿主要针对中小投资者,当券商或期货商因失去清偿能力而违约时,保护中心就利用基金对受害者赔偿,偿付后对违约券商或期货商行使追偿权。第五,督促公司行使归入权。公司内部人员通过短线交易获得的利益应收归公司,如有拒不归还公司的,公司应当主动行使归入权。我国台湾地区"证券交易法"赋予保护中心以股东身份发函督促上市公司行使归入权的权利,若经保护中心督促,公司逾期仍不行使,可启动诉讼或督促程序,[2]迫使短线交易人将非法所得利益归还公司。第六,进行派生诉讼。如果上市公司高级管理人员在执行业务过程中有损害公司行为或违法违规行为,保护中心一经发现,可依法代公司提起诉讼。[3] 我国台湾地区投保基金是为证券市场中经纪商可能存在没有支付能力或支付能力不足的风险提供保障而设立,主要针对的是二级证券交易市场。而从技术规范角度看,当券商与投资人之间的债权关系出现问题时,投保基金通过提取预备基金的手段保护投资人。

保护中心承担着十分庞大的功能,兼具多重角色,它是保护基金的管理者、证券

---

〔1〕 廖大颖:《论投资人保护机构之股东代表诉讼新制》,载《月旦民商法杂志》2011年第32期。

〔2〕 王文宇、张冀明:《非营利组织主导的证券团体诉讼——论投资人保护中心》,载《月旦民商法杂志》2007年第15期。

〔3〕 林郁馨:《投资人的诺亚方舟——"投资人保护中心"与证券团体诉讼之实证研究》,载《月旦法学杂志》2014年第29期。

民事赔偿诉讼的主导者、调处民事争议的协调者。保护中心通过预告风险、公开信息、对投资者开展教育的方式进行事前防范,然后通过行使归入权、披露信息的方式进行事中监管,最后通过调处争议赔偿受害者、提起集体诉讼或仲裁的方式进行事后处置。经过事前、事中、事后的一些措施保护中心就为证券投资人及期货交易人提供了全方位、多角度的保护。该制度开创了台湾证券市场保护投资者的先河,具有高深的技术性和特殊性,并且在全球资本市场上也产生了深远影响。

(四)域外实践对建立我国中小投资者保护机构的借鉴意义

中小投资者保护机构的运作模式大致分为机构投资者模式、民间团体模式以及台湾地区模式三种。美国、英国属于机构投资者模式,即美国机构投资者理事会、英国代理投票咨询公司,为投资者提供咨询意见代投资者参加公司治理。日本、韩国属于民间团体模式,日本KO组织、韩国PSPD由中小投资者自发形成,切实站在中小投资者角度,从诉讼、投资者教育、监督公司活动等方面维护证券投资者权益。台湾地区模式投资人及期货交易人保护中心由"金管会"指挥监督其重要人事及业务活动,具有浓厚官方色彩。目前,我国内地的投资者保护机构在形式及名称上与台湾地区类似,即设立具有浓厚官方色彩的中小投资者保护机构,但实际上,我国中小投资者保护机构与美国投资者保护组织也有相似之处。[1] 近几年我国相关实践证明,基金公司已经在实践中扩充了已有职能,有向中小投资者保护机构转型的势头。特别是近年来,基金公司在加强投资者教育和服务,做好常态性投资者保护工作方面取得显著成绩,如开展投资者信心调查、建立投资者呼叫中心等。

从以中小投资者权益保护为出发点制定证券投资者保护法的视角出发,非常有必要设置综合性证券投资者保护机构,但是是否完全照搬机构投资者模式或者民间团体模式有待考量。从执法权限视角上看,我国目前是分业经营分业监管体制,由证监会对证券经营机构负责。如果从中小投资者保护角度赋予中小投资者保护机构制定规则和监管权,容易与证监会职责混同。目前,我国台湾地区设立的是全面负责中小投资者保护工作的公司法人模式,这种模式重点突出,便于操作。台湾地区的投资人及期货交易人保护中心既负责证券投资者赔偿,也开展其他证券投资者活动。保护中心采用企业法人形式,内外部董事和监察人相结合,并接受证券监管部门监督,组织和运作灵活、公平。保护中心的工作重点是替代性纠纷解决、投资者教育、投资者权利救济以及投资者赔偿方面,而不是投资者保护规则制定及行使监

---

[1] 王广幼等:《我国证券投资者保护法律制度研究》,载经济科学出版社编:《资本市场投资者合法权益保护系列课题研究报告》(第1辑),经济科学出版社2016年版。

管权方面。

从整体上看,我国台湾地区现行模式更适合我国内地国情和立法现状。未来内地证券投资者保护法应着眼于构建替代性争议解决机制,大力强化以投资者教育和健全投资者权利救济机制为职责的中小投资者保护机构。

三、我国中小投资者保护机构立法设计建议

我国中小投资者保护机构的立法首先应当坚持如下基本原则:[1](1)保障中小投资者保护机构依法独立运作;(2)多方主体参与中小投资者保护机构立法;(3)引导教育将投资者教育融入中小投资者保护机构立法的始终;(4)对中小投资者保护机构的授权应当适度。在这些原则的基础上,结合我国投资者保护现状,借鉴域外投资者保护制度经验,可以在我国建立综合性中小投资者保护机构以更好地保护中小投资者合法权益。当前,中证中小投资者服务中心有限责任公司是中小投资者保护机构的新类型,要充分发挥中证中小投资者服务中心有限责任公司的作用,必须有完善的制度和健全的运行机制。

(一)明确中小投资者保护机构的法律性质

中小投资者保护机构是中小投资者行使结社权而设立的专门保护自己利益的组织,该机构应当吸纳各行业中小投资者代表来维护中小投资者权益。中小投资者保护机构是中小投资者的代言人,中小投资者在维权时可以要求它给予指导,也可以要求它帮助自己维权。当中小投资者与上市公司发生利益冲突时,中小投资者保护机构以股东身份行事;当监督上市公司日常经营、制约上市公司内部权力分配时,中小投资者保护机构又可充当上市公司外的社会监督团体。中小投资者保护机构的性质包含三重含义:

1. 中小投资者保护机构是中介机构

中小投资者保护机构既不属于政府也不属于市场,而是介于两者之间的一种组织。它具有辅助监管的性质,主要表现为既帮助政府维护市场稳定、保护投资者权益,又帮助市场发挥有效竞争、合理配置资源的功能。中小投资者保护机构是非营利性的,其本身并不以创造社会价值为目的,而是协助市场高效率地创造价值。[2]它在政府、其他市场主体与投资者之间起着桥梁的作用。

---

〔1〕 吴弘:《证券投资者保护组织的立法思考》,载《东方法学》2008 年第 2 期。

〔2〕 杨庆华:《中国非政府组织立法概况及问题分析》,载《湖北行政学院学报》2008 年第 3 期。

2. 中小投资者保护机构是专业机构

证券市场交易行为本身是一种特殊的涉及专业知识的交易，中小投资者保护机构若要保护好中小投资者也应当具有专业性，应当由具有证券、期货、法律等专门知识人员组成。它为中小投资者提供高水平的智力服务，这种服务需要专业技能，同时也需要中小投资者保护机构及其工作人员严格遵守道德。此外，它还应弥补国家制度漏洞，当国家制度不能满足实践需要或制度在某些地区没有实施，中小投资者保护机构应该进行自律监管从而保持证券市场秩序。

3. 中小投资者保护机构是非营利组织

中小投资者保护机构设立目的是帮助中小投资者自觉维护自身合法权益，是公益性的非营利机构，其主要职能应当包括：向中小投资者宣传证券知识和教育中小投资者理性投资；提供证券技术服务、信息服务、法律服务；公益性持有所投资公司股份以便依股东身份替中小投资者维权；向中小投资者提供纠纷调解服务；向政府机构、监督管理部门反映中小投资者诉求等。

（二）中小投资者保护机构保护的对象

我国台湾地区投资者保护机构保护范围是所有中小投资者，而韩国、日本是由中小投资者自己选择并决定要不要享受保护资格。[1] 这两种方式各有利弊，均可参考但又不能生搬硬套。在构建我国中小投资者保护机构时，笔者认为可以参考台湾地区将投资者保护机构保护范围确定为中小证券投资者，建立一个能够保护所有中小投资者的综合性机构，该机构下设数个协调处，具体负责各行业中小投资者保护工作。实践中，中小投资者投资渠道多、行业多，中小投资者保护机构应聘请有经验和知识的专家处理具体行业纠纷。

（三）中小投资者保护机构资金来源

非营利组织资金来源一般包括政府拨款、自筹或者两者结合方式。笔者认为，中小投资者保护机构资金来源应采用自筹方式，主要理由有两个：首先，中小投资者保护机构是以保护投资者合法权益为目的的独立的社会团体法人，由其自筹资金管理日常事务具有正当性和合理性。其次，虽然设立中小投资者保护机构目的是保护中小投资者的合法权益，但其保护范围受到一定限制，不具有公共利益的广泛性。因此，这种保护一部分投资者利益的机构不能动用国家财政。[2] 目前，我国综合性中小投资者保护机构即中证中小投资者服务保护中心有限责任公司的资金是由证

---

〔1〕 刘俊海：《现代证券法》，法律出版社2011年版，第9页。

〔2〕 王文政：《投资者保护协会法律制度研究》，西南政法大学2011年硕士学位论文。

券交易所、证券经营机构、证券登记结算机构、证券业协会等捐助一定财产组成,资金由中小投资者保护机构管理,但是定期向主管机关报告。

(四)中小投资者保护机构的职责

1.持股行权

中小投资者保护机构如何替中小投资者维权?中小投资者保护机构推出了持股行权方案,即中小投资者保护机构以小股东的身份持有上市公司的股票,通过中小投资者法律上拥有的知情、建议、提案等权利来帮助其切实维护自身的合法权益,促进上市公司的规范运作。[1] 持股行权在我国中小投资者保护方面属于制度创新,但在成熟的证券市场国家比如美国、英国等并不鲜见,美国的CII、英国代理投票咨询公司独立为机构投资者提供投票建议、提供公司治理分析服务、证券集团索赔服务,其持股行权制度建设完备且取得很好的效果。我国正在试点的持股行权由证监会批准成立的半官方色彩的中小投资者保护机构行使,这种带有官方色彩的机构很容易给人造成一种滥用权力的猜疑,与国外纯市场化的机构相比存在差距。因此,我国急需出台规范持股行权的相关法规,规范并监督持股行权平台。

2.股东派生诉讼

股东派生诉讼指在发生上市公司侵害中小投资者合法权益事件时,中小投资者保护机构可以以自己的名义代表中小投资者提起诉讼。这是为发挥中小投资者保护机构在上市公司治理过程中的积极作用而采取的手段。从我国证券市场实践来看,中小投资者经常因为我国法制不健全而得不到司法救济,或者因为维权成本太高而放弃寻求救济。《证券法》修改草案中设定了中小投资者保护机构股东派生诉讼的职责,不过不足之处是被告范围过窄,只限于发行人的董事、监事和高级管理人员。实践中上市公司的控股股东、实际控制人通过关联交易、侵占资产、违规担保等方式侵犯上市公司的事件频发。同时,其他主体通过不正当手段与上市公司进行不公允交易、侵犯上市公司合法权益的案件不断出现。为了充分保护中小投资者的合法权益,立法应当扩大股东派生诉讼被告的范围,防止其他主体钻法律的漏洞。另外,《公司法》第152条规定的股东派生诉讼已经将其他主体列入被告范围,为保持法律之间的协调和统一,在进行中小投资者保护机构立法时应当将其他体纳入被告范围。

---

[1] 参见中证中小投资者服务中心有限责任公司2016年2月19日发布的《持股行权试点工作方案》,载 http://www.ccstock.cn/stock/gupiaoyaowen/2016-02-20/A1455900223833.html,最后访问日期:2017年12月23日。

中小投资者保护机构设立原因之一就是避免中小投资者承担不起较大诉讼成本而放弃诉讼。为促进中小投资者行使权利，避免承担较大诉讼成本，立法时可以明确规定中小投资者保护机构替中小投资者承担诉讼费用。胜诉时，中小投资者保护机构扣除必要费用后，将损害赔偿金返还给中小投资者。败诉时，由中小投资者保护机构承担诉讼费用，但是鉴于中小投资者保护机构的非营利组织性质以及提起诉讼的公益性质，在诉讼费用承担问题上，立法可以明确中小投资者保护机构按不同标准进行适当减免。

3. 进行偿付

我国证券投资者保护基金有限责任公司成立于2005年8月31日，它以偿付为重要职能，抵御的是非市场性风险。在设计中小投资者保护组织制度时，可以在基金职能基础上进行扩充，避免基金在使用中可能存在的不足。[1] 偿付制度主要包括如下内容：(1)偿付的启动。①偿付范围。偿付是针对券商对中小投资者违约，而证券买卖的交割义务已经完成，中小投资者已支付相应对价，自己应得的价款对方没有支付，券商也失去清偿能力。具体范围由监管部门具体分析决定。②依申请原则。偿付程序首先由中小投资者提出申请，经中小投资者保护机构审查，如果审查确认属于偿付范围，才启动偿付程序。偿付程序启动后其他符合条件的中小投资者提起申请的同样可以得到赔偿。③偿付公告。中小投资者保护机构在进行偿付时，应将偿付金额、方式、期限、地点、申请资格及注意事项、逾期后果等内容在违约证券商总分支机构营业处所比较明显的地方张贴公告，并在券商网页显著标出。(2)对非市场风险进行偿付。由于证券投资本身具有高风险性，投资者在投资时应当有判断与抵御市场风险的能力。中小投资者保护机构不会对所有的风险都进行偿付，而是只针对非市场风险，因此中小投资者保护机构应在相关文件和网页上明确规定因股票发行人破产、市场波动、投资错误、通货膨胀等造成的损失不予偿付。(3)金额限定。中小投资者保护机构按户对中小投资者进行偿付而不是按投资数额大小，对大投资者可能并不需要全部金额偿付，特别是在券商频繁面临危机时，全部金额赔偿可能给投资者保护基金带来巨大负担。鉴于此，我们可以规定保护基金不赔偿超过赔偿上限的金额。(4)中小投资者保护机构的代位求偿权。中小投资者保护机构代为求偿可被视为第三人清偿，即中小投资者保护机构以自己名义在其清偿范围内行使中小投资者的权利。为防止证券投资人钻法律漏洞或通过各种方式获取双倍

---

〔1〕 高依升：《我国证券投资者保护立法的功能定位》，载《上海证券报》2006年7月19日版。

赔偿,立法应规定中小投资者保护机构实现偿付后,可以追偿。对于中小投资者保护机构偿付后与一般债权人受偿问题,鉴于中小投资者保护机构的偿付具有公益性质,为确保证券保护基金的充足,可明确规定中小投资者保护机构债权与普通债权相比有优先受偿权。

4. 纠纷调解

中小投资者持有上市公司的股份规模小,自身财力有限,单靠个人力量维权往往比较困难。实践中,有很多中小投资者权益遭到侵害但得不到应有赔偿。2014 年中证中小投资者服务中心有限责任公司成立,作为中小投资者保护机构的新探索,其积极开展纠纷调解工作并取得显著成效。中证中小投资者服务中心有限责任公司自 2014 年 10 月至年底,通过当事人申请及法院委托的方式共受理 182 起案件,其中调解完结 85 件,成功 83 件,调解成功率高达 98%,涉及调解金额 1013.8 万元,案件涉及范围已拓展到北京、上海、广州等 17 个省市。2015 年年初至 4 月底,中证中小投资者服务中心有限责任公司已初步登记因上市公司虚假陈述等所产生的纠纷案件 1416 起,涉及上市公司 33 家,中小投资者 1416 名,纠纷金额 9893 万元以上。[1] 中证中小投资者服务中心有限责任公司纠纷调解工作受到广大中小投资者好评。

根据上述实践经验,立法时可以规定中小投资者保护机构代中小投资者进行纠纷调解。中小投资者保护机构的纠纷调节机制应当至少包括如下方面:(1)设立专门的调解中心。中小投资者保护机构下设调解中心,一是考虑到中小投资者维权成本问题,二是考虑到中小投资者缺乏专业知识。调解中心由一定数量的证券法律专家组成。(2)建立小额速调机制。针对简易的小额纠纷,调解中心可依法做出调解结果,中小投资者若接受调解结果,则双方自觉履行调解协议。若中小投资者不接受,则调解结果对双方并无约束力,中小投资者可以寻求其他救济途径。

5. 接受申诉

中小投资者保护机构通过设热线电话及建立网上登记系统等方式为中小投资者申诉提供便利,同时网站也要及时公布汇总的申诉情况。对每年被申诉最多的上市公司或被申诉前十名的上市公司名单要在中小投资者保护机构网站上公布。中小投资者保护机构通过持有上市公司股票获取股东身份,然后突破股东多数决原则代中小投资者维权。根据中小投资者保护机构董事会决议,参加涉诉较多上市公司

---

[1] 刘国锋:《北京试点小额速调机制解决证券纠纷》,载中国证券报·证券网:http://www.cs.com.cn/sylm/jsbd/201601/t20160105_4877876.html,最后访问日期:2017 年 12 月 23 日。

的股东年会,提出改正意见。[1]

6. 参与投资者保护立法

为保障有关中小投资者利益的法律法规符合三公原则,真实反映中小投资者意志,中小投资者保护机构应积极参与相关立法活动。法律可规定中小投资者保护机构派员列席证监会或国务院各部委制定或修改法律法规的会议,并有在会议上发表意见的权利。中小投资者保护机构应该在其网站主页上征集相关意见,公布列席立法、修法过程有关情况。

7. 投资者教育

中小投资者保护机构应建立专门网站,并在该网站上宣传证券投资专业知识、防范风险的知识、宣传投资者保护措施以进行投资者教育,潜移默化中使投资者形成理性的投资观念。同时要定期出版投资者保护刊物以及印制各种宣传册,针对证券市场中的欺诈行为及时提醒投资者。

(五)对中小投资者保护机构的监督

1. 确立中小投资者保护机构的监督管理机关

结合我国国情,宜确立证券监督管理委员会为我国中小投资者保护机构的主要监督管理机关。[2] 由证券监督管理委员会对中小投资者保护机构的重要事项进行监督,主要有:(1)批准规章制度。中小投资者保护机构的规章制度应当得到证券监督管理委员会批准才可以实施。(2)更改章程和业务规则。证券监督管理委员会根据需要可以命令中小投资者保护机构对其章程或业务规则做适当变更。(3)检查业务情况。为保护投资者权益,证券监督管理委员会,必要时可以对中小投资者保护机构业务执行情况进行检查。(4)特定事项的撤销权。证券监督管理委员会有权撤销中小投资者保护机构滥用权力损害中小投资者利益的行为,例如中小投资者保护机构侵占中小投资者的损害赔偿金。

2. 中小投资者保护机构的信息披露问题

中小投资者是中小投资者保护机构的保护对象,中小投资者之所以需要保护是因为其面对强大的上市公司无法或不易获取有利信息。与获取上市公司信息相比,中小投资者获取中小投资者保护机构实施效果的信息更加困难。因此,应对中小投

---

[1] 中国证券业协会:《证券市场基础知识》,中国财政经济出版社 2008 年版,第 45 页。

[2] 在我国实践中,中小投资者服务中心是证监会直管的公益性金融机构。参见《中小投资者服务中心是证监会直管的公益性金融机构》,载新华网:http://news.xinhuanet.com/fortune/2015-03/09/c_1114576094.htm,最后访问日期:2017 年 12 月 23 日。

资者保护机构的信息披露规定相应要求。为便于中小投资者获取信息,中小投资者保护机构应及时进行信息披露、证券监督管理委员会及时进行检查,并且中小投资者保护机构也应建立专门网站披露相关内容及办事规则,在网站主页上设立便于中小投资者申请偿付、提起申诉、要求支持起诉、持股行权、请求调解等的指引。除了网站建设,中小投资者保护机构也应制作宣传手册并在证券交易场所免费发放。

3. 中小投资者保护机构的治理结构

完善的中小投资者保护机构治理结构有利于形成有效的制衡监督机制。对此有研究提出一些建议,具有参考价值。根据我国当前董事会结构设立经验,中小投资者保护机构选择使用双重董事会结构,即中小投资者保护机构设董事 17 名、监事 5 名。其中,董事中应有 5 名是捐赠单位的代表。第一次选任监事及其余 12 名董事时应由证券监督管理委员会提名,中小投资者选任。[1] 中小投资者保护机构的设立也是中小投资者行使结社权的体现,立法应规定中小投资者对中小投资者保护机构拥有社员权。"可以法律明文规定方式确立投资者对保护组织的社员权。对保护组织而言,投资者的社员权主要体现在保护组织董事、监事的选任上。借助近期类别股东表决制的立法经验,可引入网络投票制度,按每位投资者一票的方式进行表决,选出董事会中的投资者代表。"[2]

[1] 袁振兴、和丽芬:《后危机时期公司治理与小股东法律保护》,西南财经大学出版社 2011 年版,第 5 页。

[2] 陈逸敏:《中小投资者保护组织的法律制度探索》,暨南大学 2005 年硕士学位论文。

上市公司内部人持股披露制度:规范目的与改进路径

安邦坤*　湛晶心**

内容摘要:上市公司内部人持股披露制度是证券法持续信息披露制度的重要组成部分,其核心是应披露的权益范围及其认定、计算。从境外成熟市场的经验看,基于防范内幕交易、提升上市公司治理水平的规范目的,上市公司内部人应披露其有可能利用内幕信息谋利的全部权益信息。我国内部人持股披露制度的改进需要借鉴境外经验,以"权益证券"取代"股份",将"与股份相关的权益"纳入披露范畴;同时,在认定和计算董监高拥有的权益时,应与大股东持股的认定、计算标准保持一致,宜将《上市公司董监高所持本公司股份及其变动管理规则》第3条的"登记在名下"扩张解释为"实质所有"。

关键词:内部人持股披露　规范目的　权益证券　实质所有

传统意义的上市公司内部人一般包括董事、监事(如有)、高级管理人员及持股达到一定比例的大股东。[1] 董监高因其负责公司业务决策、监督和执行,接触和取得内幕信息便利,其对公司负有信义义务;而持股超过一定比例的大股东,因其对上市公司的影响力,足以控制公司的经营决策,应对上市公司及小股东负有信义义务。因此,各国证券法多规定了上市公司内部人持股披露制度,强制要求内部人向公众投资者披露其权益变动信息。本文从内部持股披露制度的规范目的出发,对现行内部人持股制作一梳理,以期对完善现有规则有所助益。

---

* 法学博士,中国证监会博士后科研工作站与中国社科院法学所博士后流动站联合培养博士后研究人员,中国社科院法学所助理研究员,研究方向:证券法学。本文仅代表作者个人学术观点,与所在单位无关。

** 美国华盛顿大学法学硕士(L. L. M),纽约州律师,中证金融研究院助理研究员。

〔1〕 See Stephen J. Choi & A. C. Pritchard, *Securities Regulation*: *Cases and Analysis* (3rd ed.), Foundation Press, 2012, p. 385. 本文所称内部人,均指内部人。另,欧盟以"履行管理职责的人"(persons discharging managerial responsibility, PDMRs)统一称呼公司董事和高管等内部人, See Rai Pansar and Philip Boeckman (eds.), *European Securities Law*, Oxford University Press, 2010, pp. 814 - 816.

一、问题的提出——基于境内外市场三个典型案例的分析

案例一:"宝万之争"中,市场人士对万科(000002)管理层实际持股数以及与万科管理层关系密切的"金鹏""德赢"[1]两大资管计划的信息披露合规问题颇多质疑,主要体现为:

1. 万科年报披露的董监高持股0.2%是否代表其管理层实际持股数额?根据万科2015年年报、2016年半年报、2016年年报,包括王石在内的8名万科董监高(以下简称"董监高")合计约直接持有万科总股本的0.2%。[2] 但根据万科披露的"事业合伙人持股计划",[3]包括王石等8名董监高在内的万科"事业合伙人"还以其滚存奖金认购了"金鹏计划"的资管产品份额。从年报披露的数据看,"金鹏""德赢"两大资管计划初始资金约45亿元(含配资),所持万科股票市值一度超过150亿元,而万科的定期报告却从未披露包括万科董监高在内的"事业合伙人"在两大资管计划中投入的自有资金数额、权益分配和配资杠杆比例等信息。万科董监高实际持股数额存疑。

2. "金鹏""德赢"两大资管计划是否构成一致行动人?2015年年底,深交所在日常监管中发现万科前十大股东之一的"德赢计划"的委托人与"金鹏计划"两大资管计划委托人可能存在关联关系,且合计持股7.79%,[4]遂向万科发问询函,要求

---

[1] 即国信证券—工商银行—国信金鹏分级1号、2号集合资产管理计划和招商财富—招商银行—德赢1号、2号专项资产管理计划。

[2] 参见《万科企业股份有限公司二零一五年度报告(截至2015年12月31日止)》(公告编号:〈万〉2016-030),2016年3月14日,第62~63页;《万科企业股份有限公司二零一六年半年度报告(截至2016年6月30日止)》(公告编号:〈万〉2016-111),2016年8月25日,第26页;《万科企业股份有限公司二零一六年年度报告(截至2016年12月31日止)》(公告编号:〈万〉2017-024),2017年3月27日,第75页。

[3] 万科于2014年5月启动"事业合伙人持股计划"。首批计划参与人为万科管理层及核心骨干员工等1320名,计划资金来自"公司经济利润奖金集体奖金户",由"事业合伙人"委托的深圳盈安财务顾问企业(有限合伙)的普通合伙人(深圳市盈安财务顾问有限公司,以下简称"盈安公司")进行投资管理,包括引入融资杠杆进行投资;同时承诺在集体奖金所担负的返还公司的或有义务解除前,以及融资本息偿付完成前,该部分集体奖金及衍生财产统一封闭管理,不兑付到具体个人。参见《万科企业股份有限公司关于公司事业合伙人购买公司A股股票的公告》(公告编号:〈万〉2014-039),2014年5月29日。

[4] 参见王文志等:《深交所关注"王石的底牌"》,载《经济参考报》2015年12月30日第007版。根据该报道,深交所在《关于对万科企业股份有限公司的问询函》(公司部问询函〔2015〕第87号)中提及,深交所发现德赢1号、2号专项资管计划的委托人为招商银行及深圳市梅沙资产投资中心(有限合伙)(梅沙中心)。在2015年12月深交所发问询函之时,梅沙中心的实际控制人为万科离职高管周卫军及万科人力资源总经理杨彦,梅沙中心实际控制人和管理人员曾担任过金鹏计划委托人盈安公司的董事及管理人员,且均为万科的离职高管或现任管理团队成员。

其说明两大资管计划是否为一致行动人而触发“举牌”披露义务。万科回复两个资管计划所持股票由资管机构各自单独行使,不构成一致行动人,无须履行“举牌”披露义务。[1] 但本文综合工商登记信息及媒体报道发现,“金鹏”“德赢”两大资管计划委托人的最终控制人为同一主体,均为代表万科管理层和员工的深圳市万科企业股资产管理中心(万科企业股中心),其法定代表人为已退休的万科前监事会主席、党委书记丁福源。[2] 在两大资管计划的委托管理协议、万科企业股中心的性质、决策机制等关键信息缺失的情况下,难以排除其为一致行动人的嫌疑。[3] 从万科2016年三季报披露的信息看,“金鹏1号”“德赢1号”两大资管计划合计持股虽降至7.12%,如构成一致行动人,[4] 则仍然触发了《证券法》第86条规定的5%上市公司权益变动披露线(“举牌”线)。

案例二:2016年6月15日香港证监会公布了一则纪律处分案例:施罗德投资公司及其多个子公司在其客户的投资组合和产品中分散持有上市公司的股份,施罗德认为其对前述股份无表决权,无须依法披露相关权益,所以未及时披露。但香港证监会认为,即便施罗德对前述股份无表决权,但根据《证券及期货条例》权益披露的要求,仍应履行权益披露义务。最终施罗德因未及时披露,被香港证监会罚款180万港币。[5]

案例三:2010年美国证监会(SEC)对得克萨斯州亿万富翁Wyly兄弟提起诉讼。本案中,Wyly兄弟通过设立数十个离岸信托和离岸公司的方式规避内部人持股披露的强制规定。虽然信托的管理人和委托人、离岸公司的股东均为第三人,Wyly兄弟并无决策权,但SEC和法院均认定Wyly兄弟以各种方式实质性地影响

---

[1] 参见张莉:《万科澄清两项资管计划相互关系》,载《中国证券报》2015年12月31日第A02版。

[2] 从查询的工商登记信息看,2016年3月30日,“德赢计划”的委托人梅沙中心的实际控制人更为上海万丰资产管理有限公司(上海万丰)与万科企业股中心,与盈安公司的实际控制人完全相同。如果梅沙中心仍为“德赢计划”的委托人,则“德赢”“金鹏”计划委托人的实际控制人相同。而上海万丰及万科企业股中心互为对方唯一股东及投资人,其中万科企业股中心的法律性质为“非公司企业法人”,只登记了投资人信息。2016年6月30日,两者的法定代表人均变更为已退休的万科前监事会主席、党委书记丁福源。

[3] 参见王文志:《金鹏、德赢资管计划与万科关系成谜》,载《经济参考报》2016年7月22日第016版。

[4] 参见《万科企业股份有限公司2016年第三季度报告》(公告编号:〈万〉2016-113),2016年10月28日,第2页。

[5] 参见香港证监会:《施罗德投资管理(香港)有限公司因披露缺失而遭证监会谴责及罚款180万元》,载 http://sc.sfc.hk/gb/www.sfc.hk/edistributionWeb/gateway/TC/news-and-announcements/news/enforcement-news/openAppendix?refNo=16PR59&appendix=0,最后访问日期:2016年12月1日。

了信托买卖其担任董事或实际为大股东公司的股票、衍生品和收益互换的行为,应履行《1934年证券交易法》规定的内部人持股披露义务,并据此认定信托的部分交易行为涉嫌内幕交易。2015年2月,法院终审判决Wyly兄弟应承担返还超过3亿美元的不当得利、罚款等责任并禁入资本市场。[1]

前述三个境内外典型案例,集中反映了这样的问题:上市公司内部人通过信托、合伙、资管计划等间接持有股份或享有权益时,如内部人对该部分股份无表决权,其是否仍应履行法定的信息披露义务?对这一问题的回答,须回溯并审视内部人持股披露制度的立法目的和定位,从规范目的出发进行剖析。

二、上市公司内部人持股披露制度的规范目的

根据传统的公司法理论,上市公司是高度资合性公司,股东众多且时常变动,因此,股东持股情况并非天然为公开信息。例如,我国的公司工商登记制度要求有限责任公司对股东出资情况及其后续变更进行登记并公示,而股份有限公司仅登记发起人,后续的股份变更并不进行登记及公示。但鉴于资本市场的特殊性,各国的上市公司信息披露规范中都特别规定了大额持股披露和内部人持股披露制度。因此,尽管现行法并未明示内部人持股披露制度的规范目的,但一般认为,仍应包含以下三方面的基本内容:

(一)防范内幕交易,减少道德风险

内部人虽不是唯一可能进行内幕交易的人,但一方面与公司的紧密关系使其具备接触公司内幕信息的特殊优势,另一方面利用内幕信息进行股票交易的超额收益可能远超过职务所得或股息红利,使其面临较高的道德风险。因此,内部人持股披露制度的首要规范目的是阻止内部人利用非公开信息进行内幕交易。[2] 以英国为例,"二战"一结束,英国就修订《公司法》,要求董事披露其交易本人任职公司的全部股票和债券的信息。科恩委员会(Cohen Committee)对此专门指出:"防范董事不恰当交易和可疑交易的最佳措施就是确保董事披露其对所任职公司所有类别的股票和债券的交易信息。"[3]英国法学界的共识是,防范内幕交易最有效的方式是要

---

[1] See Securities and Exchange Commission, Plaintiff, -against-Samuel E. Wyly, Charles J. Wyly, JR., Michal C. French and Loius J., https://www.sec.gov/litigation/complaints/2010/comp21607.pdf, last visted on 12-1-2016.

[2] See Marc Steinberg, *Securities Regulation* (Revised 5th ed.), Lexis Nexis, 2009, p. 701.

[3] Board of Trade, *Report of the Committee on Company Law Amendment*, Cmd. 6659, June 1945, para. 87.

求公司公开披露所有影响其股份价值的信息,并要求内部人披露其交易本公司股份的信息。[1] 可以说,科学、合理、有效的内部人持股披露制度设计是防范内部人内幕交易(如禁止短线交易等)的制度基础。

(二)传递企业价值信号,降低信息不对称

内部人与外部投资者在处理上市公司相关信息的资源、时间和精力上存在巨大差别。尽管各国都在不断地完善上市公司财务、经营等信息的披露制度,但内部人相对于外部投资者的信息优势难以完全消除。通过观察内部人持股情况变动,外部投资者可以更充分地了解企业价值,降低信息不对称程度。另外,外部投资者还可以借此评估约束公司管理层的财务激励——甚至有可能揭露有关公司未来前景的信息,从而增强上市公司内幕信息的信息效应。[2] 例如,SEC 曾在其裁定和起诉书中指出,内部人权益变动不仅是证券法的技术性规定,也代表了内部人对公司前景的看法,其权益持有和变动对上市公司股票价格可能有极大影响,是投资者作出投资判断的重要信号之一。[3]

(三)接受市场监督,提高上市公司治理水平

内部人持股披露制度还有提升公司治理水平的规范目的。通过公开持股信息,内部人面临来自市场约束的压力,促使其在行使相应职责时作出与其持股情况相匹配的努力。英国法律委员会(Law Commissions)认为:"董事对公司的利益及董事持有和处分该利益的行为,会向市场传递财务激励的信息,即董事必须提高公司绩效;相应的,董事持股披露条款就成为股东监督董事勤勉尽责制度的一部分。"[4] 同时,该制度使外部投资者有机会更精确地了解有关内部人补偿的信息。未来的经理人也可以通过该制度,获知其未来可能得到的补偿。[5]

---

[1] See Derek French, Stephen Mayson & Chrisopher Ryan, *Mayson, French & Ryan on Company Law*(33rd ed. 2016 - 2017), Oxford University Press, 2016, p. 350.

[2] See Paul L. Davis & Sarah Worthington, *Gower's Principles of Modern Company Law* (10th ed.), Sweet &Maxwell, 2016, p. 892.

[3] See SEC Press Release, *SEC Announces Fraud Charges Against Biotech Company and FormerExecutive Who Failed to Report Insider Stock Sales*, Sept. 10, 2014, https://www.sec.gov/News/PressRelease/Detail/PressRelease/1370542903208.

[4] Law Commission and Scottish Law Commission, *Company Directors: Regulating Conflicts of Interest and Formulating a Statement of Duties: A Joint Consultation Paper* (1998), para. 5. 2.

[5] See Frank H. Easterbrook & Daniel R. Fischel, *The Economic Structure of Corporate Law*, Harvard University Press, 1991, p. 273.

三、域外市场内部人持股披露制度的主要特征

从比较法上看,域外市场内部人持股披露制度为实现前述规范目的,均从应披露的权益范围和应披露权益的认定与计算两大方面进行制度构建,具有鲜明的实质披露色彩,其核心特征如下:

(一)以"权益证券"界定应披露的权益范围

为实现内部人持股披露的规范目的,域外法在确定应披露的权益范围时,一般将内部人有内幕交易可能性的证券及相关权益均纳入其中,其内容既包括传统的权益证券,也包括相关的合同权利。这一点也是内部人持股制度与上市公司大量持股变动披露制度的根本不同,后者强调应披露全部有取得和行使表决权可能的证券。

从立法例来看,美国法早将披露的标的证券界定为广义的"权益证券"(equity security)。在2002年《萨班斯－奥克斯利法案(SOX)》生效后,将衍生证券也纳入内部人申报范围。权益证券包括与发行人相关的权益证券和衍生证券(derivative securities),无论其是否为发行人所发行。[1] 与发行人相关的权益证券包括"任何股票或类似证券;或任何前述证券的证券期货;或任何可转换为前述证券的证券,是否支付对价之所不问;或附有任何认购或购买前述证券的权证或权利的证券;或任何前述权证和权利;或任何其他委员会根据基于公共利益或投资者保护的目的制定的规则和条例,将其视为权益证券,认为具有类似性质且认为必要或恰当的证券"。[2] 衍生证券则包括"任何期权、权证、可转换证券、股票增值权,或与股权证相关的价格形势或转换权类似的权利,或其价值衍生于股权证券价值的类似证券"。[3] 我国香港地区则要求董事和高级行政管理人员披露所持股份、债券的"权益"及淡仓(做空的仓位);"权益"除直接持有的股份外,还包括相关期权、权证等衍生品、信托以及赋予与股份有关的权利、认购权或当股价变动时可以收取款项的合同等。[4]

(二)以"实质所有"标准认定和计算内部人持有的权益

从比较法上看,在确定内部人的范围并据此认定和计算内部人持有的权益时,不同国家的规定略有差异。美国采用"实质所有权"(beneficial ownership)概念,[5]

---

〔1〕 17 C. F. R. § 240. 16a－1(d).

〔2〕 15 U. S. C. § 78c(a)(11).

〔3〕 17 C. F. R. § 240. 16a－1(c).

〔4〕 参见香港特别行政区《证券及期货条例》第341～345条。

〔5〕 See Louis Loss, Joel Seligman and Troy Paredes, *Fundamentals of Securities Regulation* (6th ed.), *Volume* 2, Wolters Kluwer Law&Business, 2011, p. 922.

根据实质重于形式的标准进行判断。其“实质所有人”具有双重定义:1.在决定股东身份时,实质所有人是指对该类证券有表决或投资权力的人。此要件侧重“控制”因素。2.在认定和计算董事和高管的持股数额时,则指“直接或间接,通过合同、安排、谅解、关系或其他原因,对权益证券享有或分享直接或间接的经济利益(pecuniary interest)”,如对证券交易的获利有参与机会,即有“经济利益”。[1] 此要件侧重“经济利益”因素。据此,即便行为人对特定证券无表决权,但如其通过信托、投资组合等对上市公司股份相关权益享有经济利益,也会被视为实质所有人,受内部人持股披露义务的约束。英国对于大股东持股的认定和计算,以表决或控制为标准进行认定;[2] 对于董事、高管持股的认定和计算,则以“履行管理职责的人”(PDMRs)[3] 的标准进行认定,实质上与美国法上的大股东、董事、高管标准上保持一致。

从总体来看,域外资本市场在规范内部人持股认定和计算上,主要采取两类不同标准,尽管内容上有所差异,但在坚持实质规制的理念上是一致的。其一是单一要件制,只要具备“控制”或“经济利益”任一要件即可。如我国香港将近亲属、控制的实体以及作为受益人的信托所持有的权益视为本人持有,无论是否享有表决权。[4] 韩国要求内部人披露“无论以谁的名义而为自己谋取利益为目的”所持有的权益。[5] 在单一要件制下,行为人通过信托、投资组合持有与上市公司股份相关权益规避内部人持股披露义务,即便其放弃表决权或决策权,也属脱法行为,将受到证券监管机构的惩处,前述施罗德投资公司案就是典型。其二是双重要件制,须同时具备“控制”和“经济利益”两要件。例如,我国台湾地区规范“利用他人名义”持股的规定:“1.直接或间接提供股票供他人或提供资金供他人购买股票;2.对他人持股的股票,具有管理、使用或处分之权益;3.该他人所持有股票之利益或损失全部或一部归属于本人。”[6] 由于此规定要求同时具备三要件,有学者认为,鉴于台湾股市“人头户”盛行,查核不易,此规定恐形同具文,[7] 有必要改采单一要件制,修正为符合三要件之任一件即可推定为“利用他人名义持有”,但应允许其证明并无直接或间

---

[1] 17 C.F.R. § 240.16a-1(a)(1),(2).

[2] DTR 5.2.1 R.

[3] FSMA2000 Sec.96B (1).

[4] 参见香港特别行政区《证券及期货条例》第344~345条。

[5] 参见韩国《资本市场法》第173条。中译本参见董新义:《韩国资本市场法》,知识产权出版社2011年版,第146页。

[6] 参见台湾地区“证券交易法施行细则”第2条。

[7] 赖英照:《股市游戏规则:最新证券交易法解析》(第3版),作者台北2014年2月自版,第533页。

接的经济利益而免责。[1]

四、现行上市公司内部人持股披露制度存在的问题

(一)现行规定

我国资本市场发展历史较短,现行上市公司内部人持股披露制度的相关规定相对于域外立法而言较为分散,缺乏统一、明确的规定。

1. 法律层面:原则规定。《公司法》第141条第2款对公司内部人持股披露做了原则性规定:"公司董事、监事、高级管理人员应当向公司申报所持有的本公司的股份及其变动情况。"《证券法》第66条第1款第3项、第4项在此基础上进一步规定,"上市公司和公司债券上市交易的公司,应当在每一个会计年度结束之日起四个月内,向国务院证券监督管理机构和证券交易所报送年度报告,并予公告"。年度报告应当记载"董事、监事、高级管理人员简介及其持股情况"及"已发行的股票、公司债券情况,包括持有上市公司股份数最多的前十名股东的名单和持股数额"。

2. 规范性文件层面:即时申报及公告。证监会上市部《上市公司董监高所持本公司股份及其变动管理规则》(证监公司字〔2007〕56号)(以下简称《董监高持股变动规则》)第11条对《公司法》第141条第2款进行细化,明确了申报时间,规定上市公司董监高所持本公司股份发生变动的,应当自该事实发生之日起2个交易日内,向上市公司报告并由上市公司在证券交易所网站进行公告。与《证券法》第66条第1款相呼应,证监会《公开发行证券的公司信息披露内容与格式准则第2号——年度报告的内容与格式》(2016年修订)第53条第1款要求公司年度报告披露董监高年初和年末持有本公司股份、股票期权、被授予的限制性股票数量、年度内股份增减变动量及增减变动的原因;第46条第1款要求披露持股5%以上的大股东的相关持股变动情况(按A、B、H股等种类、是否限售、是否有表决权恢复的优先股进行分类披露)。

3. 证券交易所自律规则层面:细化申报标准。《深圳证券交易所上市公司董监高所持本公司股份及其变动管理业务指引》(深证上〔2007〕61号)(以下简称《持股变动指引》)第17条第1款将申报的标的证券范围拓展为上市公司股份及其衍生品种。[2] 第21条则进一步明确了"利用他人名义"持股的四种类型,包括:(1)董监高

---

〔1〕 余雪明:《证券交易法:比较证券交易法》(第5版),财团法人"中华民国"证券暨期货市场发展基金会2016年9月版,第721页。

〔2〕 第17条第1款规定:"上市公司董监高应在买卖本公司股份及其衍生品种的2个交易日内,通过上市公司董事会向深交所申报,并在深交所指定网站进行公告。"

的配偶、父母、子女、兄弟姐妹;(2)董监高控制的法人或其他组织;(3)证券事务代表及其配偶、父母、子女、兄弟姐妹;(4)证监会、深交所或上市公司根据实质重于形式的原则认定的其他与上市公司或上市公司董监高有特殊关系,可能获知内幕信息的自然人、法人或其他组织。上述四类人员买卖公司股份及其衍生品的,也须履行申报义务。《上海证券交易所上市公司董事、监事和高级管理人员股份管理业务指引》第10条也有原则性规定。

(二)存在的问题

回到本文开篇所举三个典型案例,"宝万之争"中万科管理层持股披露与域外市场类似案例的不同处理,实已从侧面反映出目前我国内部人持股披露的制度规范还不完善,相关制度设计的全面性和针对性不足。主要包括:

1. 权益披露范围过窄,难以充分揭示内部人真实权益信息

从防范道德风险的目的出发,内部人持股披露应当全面揭示内部人所拥有的与股份相关的利益,才可能有效地监督及阻止内幕交易。但目前董监高的持股申报及年报所披露的标的证券范围仅限于所持股份、期权和限制性股票及与本公司股份相关的衍生品种(融资融券的仓位),大股东也仅需就其持有的股份进行分类披露。随着我国金融市场迅速发展,出现了信托、资管计划及各种与股票价格挂钩的金融产品。如前所述,从境外主流经验看,此类产品均被包含在内部人持股信息披露范围之内。[1] 但根据我国现行规定,内部人只要所持本公司表决权不超过5%,不触发举牌线,其持有的以本公司股票为标的的资管产品、享有的受益份额或其他权益就不在应披露的权益范围内。制度建设的滞后和脱节,导致监管上缺少具体抓手,这也是"宝万之争"中深交所只能询问万科"金鹏""德赢"两大资管计划是否构成一致行动人关系,却无权直接要求万科披露其董监高所持资管计划权益细节的原因。

另外,从降低信息不对称程度的目的来看,内部人持有、交易本公司股票及相关权益,是企业价值的重要信号之一,[2] 属于投资者知情权的范畴。资管计划不仅为内部人间接持股提供了通道,还具备杠杆融资功能,放大了内部人交易本公司股票的市场影响。过去几年来,境内市场上市公司内部人通过资管计划等形式进行杠杆

---

〔1〕 域外立法中内部人应披露的标的证券的范围为权益证券,除直接持有的股份外,还包括相关期权、权证等衍生品、信托以及赋予与股份有关的权利、认购权或当股价变动时可以收取款项的合同等,资管计划份额亦包含在内。See Louis Loss, Joel Seligman and Troy Paredes, *Fundamentals of Securities Regulation* (6th ed.), *Volume* 2, Wolters Kluwer Law&Business, 2011, p. 931.

〔2〕 参见蒋学跃:《境外市场"董、监、高"买卖本公司股票的规定及其启示》,载《证券法苑》2010年第3卷,第812页。

融资,参与定增以及在二级市场交易本公司股票的案例日渐增多,[1]比如康缘药业(600557)、东方集团(600811)的大股东就曾以分级资管计划进行定增。如果披露仅停留在"股份"和"股票期权"层面,而不将资管计划等权益囊括在内,则内部人持有公司权益及变动的情况不能如实反映,信号传递无法进行,影响外部投资者的投资判断。因此,有必要拓宽持股披露的标的证券范围,将与公司股份关联的权益囊括其中,更全面地反映内部人持有上市公司权益的状况。

2. 内部人持股的认定标准不一致,增加监管执法难度

由于缺乏统一的内部人持股披露规则体系,导致大股东和董监高的持股认定和计算标准各异,不仅在法律规范的内在体系上难以保持逻辑自洽,也给监管执法增加了难度。

在董事、监事和高级管理职员方面,采用了相对宽松的"名义持有"原则。《董监高持股变动规则》第3条仅要求董监高申报"登记在其名下"的股份和相关衍生品种,通过资管计划等间接持股的情形被排除在外。沪深证券交易所的《持股变动指引》虽将董监高控制的实体和其近亲属纳入买卖股票申报主体,但在初始申报和定期报告披露、认定短线交易及计算董监高交易数量时,并未将董监高本人名义持股之外的持股情况纳入监管。而对于持股超过5%的大股东、控股股东及实际控制人,则以"控制"要件为准,接近于"实质持有"的原则。《公司法》第261条、《证券法》第86条及《上市公司收购管理办法》第12条以表决权的支配、对公司行为的支配为判断标准,将登记在其名下的股份以及虽未登记在其名下,但可以协议或其他安排等持有形式实际支配表决权的股份均视为其"拥有的权益"。[2]

出现两种截然不同判定标准的根本原因在于,上市公司大股东持股披露适用大额持股披露原则,其主要目的是针对上市公司收购及控制权变动发出信息预警,因此控制权是持股认定的决定性因素。必须注意到,大额持股披露与内部人持股披露虽有重叠之处,但两者的目的和作用并不一样。董监高作为公司日常经营决策的直接参与人,对于公司内部信息的接触远比大股东更为便利直接,就防范内幕交易的规范目的而言,举轻以明重,理应在权益披露上负有更重或不低于大股东的义务,才能保持法律规范内在体系的自洽。

---

〔1〕 需要说明的是,根据2016年7月最新公布的再融资保荐机构培训材料,证监会已新增窗口指导,大股东参与定增时应直接认购,不得再通过资管计划或有限合伙认购。参见任明杰:《证监会"窗口指导"再融资大股东不得通过通道参与定增》,载《中国证券报》2016年7月27日第A02版。

〔2〕 参见马骁:《上市公司并购并购重组监管制度解析》,法律出版社2009年版,第36页。

实践中,由于内部人持股认定和计算缺乏统一的标准,给市场留下了规避监管的空间,增加了监管难度。一方面,出于防范内幕交易的目的,在监管短线交易时,证监会、法院系统早已在证券监管执法和司法实践中采取"实质持有"标准,合并计算受内部人控制的他人账户及子公司持股。例如,证监会2011年查处的高新发展(000628)高管王风顺利用其弟账户短线交易案、[1]2010年和解结案的南宁糖业诉马丁居里投资公司案等。另一方面,部分上市公司内部人通过控制的公司间接减持股份规避减持规则限制时,则以《董监高持股变动规则》"名义持有"的规定作抗辩理由。例如,宝莫股份(002476)董事王会臣在2015年股市异常波动、证监会明令限制上市公司大股东和董监高减持期间,通过转让其控制的企业间接减持所持上市公司股份。[2] 此外,对于上市公司董监高通过资管计划配资持股,是否受每年减持比例不得超过25%的限制,在"名义持有"规则下尚无法得出确定结论,遑论实施有效监管。[3]

内部人持股信息披露制度是规范内部人减持、短线交易的监管执法基础,而有关持股披露的权益范围、应披露的权益的认定和计算标准不完善,无疑会给市场留下监管套利的空间。回到"宝万之争"案例,与万科管理层密切相关的资管计划曾在信息敏感期交易万科股票,而万科管理层主导的公司股票回购计划执行不力,市场也曾质疑是否与资管计划相关,但在现行规定下,监管机构无法律依据明确要求其董事高管披露在相关资管计划中的权益等信息,更无法律依据开展调查和监管是否存在违规交易。

五、余论:内部人持股披露制度的改进

上市公司内部人持股信息披露是信息披露制度的重要组成部分之一。市场实践的发展表明,现行内部人内部人持股制度亟待完善,才能有效防范道德风险,督促内部人善尽信义义务,传递企业价值信号,提升公司治理水平。

首先,在《证券法》中恢复规定统一的内部人持股披露制度。无论与境外成熟市

---

[1] 参见《中国证监会行政处罚决定书(王风顺)》([2011]9号)。

[2] 黄思瑜:《宝莫股份大股东曲线减持避监管》,载《第一财经日报》2015年7月23日。

[3] 2015年11月2日深交所回复,资管计划中股份是否受限,视该资管计划具体情况以及上市公司董监高所作出的承诺而定。见深圳证券交易所:《上市公司董监高通过资产管理计划配资持股,是否受董监高每年减持比例不得超过25%的限制? 如果受限,是资管计划内所有股份都受限制还是董监高所持份额的相应比例受限?》,载 http://www.szse.cn/main/investor/fwrx_new/39757442.shtml,最后访问日期:2016年1月5日。

场的监管经验相比,还是与国内市场监管实践的需要相比,目前上市公司内部人持股披露制度存在的首要问题就是效力位阶低,在法律层面缺乏统一、独立的条文规定。1999 年《证券法》第 41 条曾在规范体例上移植《1934 年证券交易法》第 16 条的规定,规定了持股 5% 以上大股东的持股报告义务,〔1〕将其作为第 42 条上市公司大股东短线交易归入权的先导。但 2005 年《证券法》修订时,立法机关考虑到新《证券法》第四章第 86 条规定了持股 5% 以上大股东的权益披露义务,认为原第 41 条的规定与本条在功能上重复,〔2〕最后删除了原第 41 条的规定,并在 2006 年生效的《证券法》第 47 条中直接规定了董监高和大股东短线交易归入权制度。由此产生的直接后果就是,在实践中发挥主要作用的证监会《董监高持股变动规则》及沪深交易所《持股变动指引》,效力层级偏低,给监管执法和法律适用带来困难。为此,建议《证券法》修订时恢复规定统一的内部人持股披露制度。

其次,拓宽内部人持股披露的标的范围,全面反映内部人持有上市公司权益情况。可借鉴成熟市场经验“权益证券”的实质披露理念,修订《公开发行证券的公司信息披露内容与格式准则第 2 号——年度报告的内容与格式》及《董监高持股规则》,在对大股东和董监高的持股披露要求中增加“与上市公司股份相关的权益”的表述,明确大股东及董监高持股披露标的为“所持上市公司股份和与所持上市公司股份相关的权益”。“相关权益”除股票期权外,还应包括:享有表决权、决策权或处分权,或享有经济利益的以上市公司股份为主要资产或标的的信托、资管计划、衍生品或者其他与本公司股价挂钩的合同权利。为区别于一般性投资产品,可以考虑以相关产品的初始资产配置金额的 50% 或其他适当比例为界,如果配置本公司股份不小于该比例,该产品和相关合同权利即应披露。同时,应披露相关信托、资管计划等产品所持股份表决权如何行使以及处分相关权益的决策机制等信息,并对其拥有表决权、决策权等类似权利所对应的股份数及占总股本的比例单独列示。如登记在本人名下的股份,通过任何形式将表决权、收益权等权利全部或部分让渡于第三方或达成其他协议安排,则应如实披露权利让渡情况并仍应受到减持制度的规制。

再次,统一“持有股份”的认定规则。应采“实质所有”原则,实行“控制”或“经

〔1〕 该条规定:“持有一个股份有限公司已发行的股份百分之五的股东,应当在其持股数额达到该比例之日起三日内向该公司报告,公司必须在接到报告之日起三日内向国务院证券监督管理机构报告;属于上市公司的,应当同时向证券交易所报告。”

〔2〕 参见桂敏杰主编:《中华人民共和国证券法　中华人民共和国公司法新旧条文对照简明解读》,中国法制出版社 2005 年版,第 47 页。

济利益”任选其一的单一要件制，消除间接持股等规避披露义务的空间。就目前的具体规定而言，修订《董监高持股规则》第3条，将“登记在其名下”改为“持有”。在此基础上，在未来《证券法》的修订和后续制度制定中，统一内部人“持有股份”的认定标准，将其扩张解释为对股份“拥有权益”。不仅包括直接登记在其名下的情形，还包括通过近亲属、控制企业、组织、协议安排等方式间接持有，以及通过支配表决权、控制证券账户等方式持有的情形。

最后，为避免监管套利，在完善内部人持股披露制度的基础上，建议在内部人减持规则方面（如锁定期以及减持数量限制等），明确受限制的股份应按“拥有权益”标准认定及合并计算股份数量；在内幕信息敏感期、短线交易禁止等为防范道德风险而限制交易的情形中，内部人享有表决权、决策权的产品所对应的全部股份应与本人受到同一限制。在证券交易所层面，联动修订相关业务指引，要求大股东、董监高进行初始申报并提供相关身份、账户信息，并在变动时申报及公告。

证券虚假陈述责任纠纷案件的若干思考

——以深圳市中级人民法院近年审理的相关案件为例

秦　拓[*]　陈国华[**]

内容摘要:由于相关法律或规定得过于原则,或标准不一,或没有规定,导致证券虚假陈述责任纠纷案件普遍存在以下问题:一是上市公司虚假陈述与投资者损失之间的因果关系难以认定;二是投资者损失数额的认定缺乏客观统一标准;三是虚假陈述的实施行为类型均不相同,一些因年报中会计瑕疵被有权机关处罚的,能否构成虚假陈述理论上争议较大。本文结合具体案例对证券虚假陈述责任纠纷案件中出现的典型问题,从实务角度就以下问题进行了论述:一、证券虚假陈述构成中的"重大性"判断标准问题。二、证券虚假陈述与投资者损失之间的因果关系认定问题。三、证券虚假陈述中"诱空"与"诱多"的问题。

关键词:证券虚假陈述　实务　问题　认定

一、"重大性"判断标准问题

基本案情:2011 年 10 月 11 日,财政部发布《中华人民共和国财政部会计信息质量检查公告(第二十一号)》(以下简称《二十一号公告》),公告的主要内容有:"财政部驻深圳市财政监察专员办事处对深圳一致药业股份有限公司 2009 年度会计信息质量进行了检查。检查发现,该公司存在资产不实 2399 万元、负债不实 2773 万元、成本费用不实 704 万元等会计违规问题,少缴各项税款 176 万元。其中:该公司 2009 年度财务报表对关联方交易和余额披露不实 1.09 亿元;未披露日后重大资产收购事项 7147 万元;未披露对关联方 1.5 亿元授信合同的担保事项;下属深圳致君制药有限公司 2009 年在销售费用中列支业务招待费 495 万元,未进行纳税调整,少计缴企业所得税 74 万元。针对检查发现的问题,财政部驻深圳市财政监察专员办事处依法下达了处理决定,并对该公司及下属单位予以罚款的行政处罚。深圳一致药业股份有限公司已按照要求进行整改,调整会计账务,并补缴相关税款。"2011 年

---

* 广东省深圳市中级人民法院商事庭审判员,硕士研究生。

** 广东省深圳市中级人民法院商事庭审判员,硕士研究生。

10月18日,深圳一致药业股份有限公司发布了《整改公告》,对《二十一号公告》中涉及的各项问题的整改落实情况作出说明和通报。立信会计师事务所有限公司出具的《审计报告》[信会师报字(2010)第10631号]显示,截至2009年12月31日,深圳一致药业股份有限公司资产总额523,348.94万元,负债总额435,535.83万元;2009年度营业总收入1,094,993.69万元营业总成本1,073,068.23万元,利润总额26078.69万元。深圳一致药业股份有限公司提交的深交银4430302009B100000000号《最高额保证合同》(签订于2009年3月12日)、和交银深4430302009C000000000号《综合授信合同》(签订于2009年3月12日)显示,交通银行股份有限公司深圳东门支行向深圳一致药业股份有限公司提供2亿元综合授信,由国药控股股份有限公司提供1.5亿元的最高额保证担保。深圳一致药业股份有限公司于2009年3月20日发布的《深圳一致药业股份有限公司关于向银行申请综合授信额度及为下属公司申请银行授信提供担保的公告》和《第五届董事会第八此会议决议公告》显示,前述信贷与担保事项,以及深圳一致药业股份有限公司与其关联公司之间的其他银行授信、担保事项共28.8040亿元,均通过深圳一致药业股份有限公司法定程序形成决议并公告。董小玉等投资者认为深圳一致药业股份有限公司未按规定进行信息披露,误导投资者,给投资者造成重大损失,遂提起诉讼,请求法院判令深圳一致药业股份有限公司赔偿其投资损失并承担诉讼费用。

裁判结果:广东省深圳市中级人民法院一审驳回董小玉等投资者的全部诉讼请求。部分投资者提起上诉,广东省高级人民法院二审予以维持。一、二审案号分别为(2012)深中法商初字第75号、(2014)粤高法民二终字第74号等。

问题与思考:本案反映出我国立法对的信息披露制度中"重大性"判断标准不明的问题。本案中,双方对深圳一致药业股份有限公司受到财政部处罚的事实没有异议。双方的分歧,即本案的焦点问题,是深圳一致药业股份有限公司的违规行为是否构成虚假陈述。投资者认为,深圳一致药业股份有限公司未按规定进行信息披露,误导投资者,给投资者造成重大损失,构成虚假陈述且为有权机关查处,应当依法向投资者承担赔偿责任。深圳一致药业股份有限公司则认为,《二十一号公告》不是行政处罚决定或者公告,没有认定深圳一致药业股份有限公司实施了证券市场虚假陈述行为,也不能证明深圳一致药业股份有限公司实施了证券市场虚假陈述行为。深圳一致药业股份有限公司所涉会计违规问题是会计师事务所对会计准则的理解存在偏差造成的,并非深圳一致药业股份有限公司主观故意或财务造假,且该偏差金额所占比例很小,会计信息质量问题不足以对投资者的投资决策产生影响,不构成证券市场虚假陈述。

上述观点孰是孰非,让我们来对照一下有关的法律规定:最高人民法院《关于审理证券市场因虚假陈述引发的民事赔偿案件的若干规定》第17条第1款规定:“证券市场虚假陈述,是指信息披露义务人违反证券法律规定,在证券发行或者交易过程中,对重大事件作出违背事实真相的虚假记载、误导性陈述,或者在披露信息时发生重大遗漏、不正当披露信息的行为。”从上述法律规定可见,对重大事件进行不实陈述的,才能构成证券虚假陈述行为。因此,在此类有权机关未在处罚决定中直接认定虚假陈述行为的案件中,法院须对行为人被处罚的行为是否构成虚假陈述作出认定,即要对重大事件作出判断。关于重大事件,该司法解释第17条第2款规定:“对于重大事件,应当结合证券法第五十九条(现为第六十三条)、第六十条(现为第六十五条)、第六十一条(现为六十六条)、第六十二条(现为第六十七条)、第七十二条(现为七十八条)及相关规定的内容认定。”《证券法》第六十三条规定:“发行人、上市公司依法披露的信息,必须真实、准确、完整,不得有虚假记载、误导性陈述或者重大遗漏。”第六十七条规定:“发生可能对上市公司股票交易价格产生较大影响的重大事件,投资者尚未得知时,上市公司应当立即将有关该重大事件的情况向国务院证券监督管理机构和证券交易所报送临时报告,并予公告,说明事件的起因、目前的状态和可能产生的法律后果。下列情况为前款所称重大事件:(一)公司的经营方针和经营范围的重大变化;(二)公司的重大投资行为和重大的购置财产的决定;(三)公司订立重要合同,可能对公司的资产、负债、权益和经营成果产生重要影响;(四)公司发生重大债务和未能清偿到期重大债务的违约情况;(五)公司发生重大亏损或者重大损失;(六)公司生产经营的外部条件发生的重大变化;(七)公司的董事、三分之一以上监事或者经理发生变动;(八)持有公司百分之五以上股份的股东或者实际控制人,其持有股份或者控制公司的情况发生较大变化;(九)公司减资、合并、分立、解散及申请破产的决定;(十)涉及公司的重大诉讼,股东大会、董事会决议被依法撤销或者宣告无效;(十一)公司涉嫌犯罪被司法机关立案调查,公司董事、监事、高级管理人员涉嫌犯罪被司法机关采取强制措施;(十二)国务院证券监督管理机构规定的其他事项。”《上市公司信息披露管理办法》(2007年颁布生效)(以下简称《披露办法》)第11条则规定:“发行人编制招股说明书……凡是对投资者作出投资决策有重大影响的信息,均应当在招股说明书中披露。”《披露办法》在第19条中规定:“……凡是对投资者作出投资决策有重大影响的信息,均应当披露。”同时,《披露办法》第 30 条又对重大事件做出了详细的列举式的规定[1]。

从上述规定不难看出,“信息重大性”是判断是否构成虚假陈述行为的法定标准。但对于“信息重大性”的判断标准,《证券法》第 67 条是以“对价格影响”作为判断标准的,而《披露办法》是第 11 条、第 19 条却是以“对投资者决策的影响”作为判断标准的。

立法上之所以对如何判断信息是否具有重大性出现两种不同标准,是因为理论上存在“对投资者决策影响标准说”和“对价格影响标准说”。前者是指,如果某种信息对理性投资者的投资决策很有可能产生重要影响,则该信息即为重大信息。后者是指,以信息或者事实对该证券的时常价格的影响程度作为判断重要性的标准。有学者认为,兼顾我国证券市场现实状况,同时充分保障投资者利益的角度出发,应以虚假陈述的内容足以影响一般理性投资者投资决策作为判断标准。这里所谓的一般理性投资者,是指那些没有敏锐商业判断能力的一般投资者[2]。这种在不同法律文件中对“信息重大性”的判断采取不同的标准,并采取概括式和列举式并行的立法模式,给司法实践带来了极大的不便。解决这一问题的根本途径是完善立法。但在现阶段,我们认为在司法实践中仍须立足于现行法律规定,对两种标准各取所

---

〔1〕《披露办法》第 30 条:发生可能对上市公司证券及其衍生品种交易价格产生较大影响的重大事件,投资者尚未得知时,上市公司应当立即披露,说明事件的起因、目前的状态和可能产生的影响。前款所称重大事件包括:(一)公司的经营方针和经营范围的重大变化;(二)公司的重大投资行为和重大的购置财产的决定;(三)公司订立重要合同,可能对公司的资产、负债、权益和经营成果产生重要影响;(四)公司发生重大债务和未能清偿到期重大债务的违约情况,或者发生大额赔偿责任;(五)公司发生重大亏损或者重大损失;(六)公司生产经营的外部条件发生的重大变化;(七)公司的董事、1/3 以上监事或者经理发生变动;董事长或者经理无法履行职责;(八)持有公司 5% 以上股份的股东或者实际控制人,其持有股份或者控制公司的情况发生较大变化;(九)公司减资、合并、分立、解散及申请破产的决定;或者依法进入破产程序、被责令关闭;(十)涉及公司的重大诉讼、仲裁,股东大会、董事会决议被依法撤销或者宣告无效;(十一)公司涉嫌违法违规被有权机关调查,或者受到刑事处罚、重大行政处罚;公司董事、监事、高级管理人员涉嫌违法违纪被有权机关调查或者采取强制措施;(十二)新公布的法律、法规、规章、行业政策可能对公司产生重大影响;(十三)董事会就发行新股或者其他再融资方案、股权激励方案形成相关决议;(十四)法院裁决禁止控股股东转让其所持股份;任一股东所持公司 5% 以上股份被质押、冻结、司法拍卖、托管、设定信托或者被依法限制表决权;(十五)主要资产被查封、扣押、冻结或者被抵押、质押;(十六)主要或者全部业务陷入停顿;(十七)对外提供重大担保;(十八)获得大额政府补贴等可能对公司资产、负债、权益或者经营成果产生重大影响的额外收益;(十九)变更会计政策、会计估计;(二十)因前期已披露的信息存在差错、未按规定披露或者虚假记载,被有关机关责令改正或者经董事会决定进行更正;(二十一)中国证监会规定的其他情形。

〔2〕王胜:《证券虚假陈述信息重大性的认定标准》,载《江苏法制报》2005 年 12 月 13 日。

长,用“对投资者决策影响”和“对价格影响”两个标准对信息披露行为进行综合评价和分析。这不仅是因为两个标准均有法律依据,更是因为,作为一名理性投资者,信息对其投资决策的影响是重要因素,但同时,信息对该证券的价格的影响程度亦是理性投资者投资决策的重要标准。“对投资者决策影响标准”最符合投资者保护这一宗旨,而“对价格影响”也是投资者做出投资决策的必须考虑重要因素,两者本来就是相辅相成的关系。将上述两种标准结合起来判断信息的重大性,才能较好地保护投资者合法权益,并避免上市公司承担责任的标准过于苛严,可以弥补单一标准片面评价的不足。对此,广州市中级人民法院在司法实践中已有先例,并取得了较好的效果。[1] 该院龚连娣等法官在谈及信息重大性的认定问题时认为,“对重大事件进行虚假陈述是认定构成证券虚假陈述的前提,因此判断信息的重大性成为证券虚假陈述案件审理的重点和难点。被处罚的信息披露行为所涉及的财务数据对该公司资产总额、负债及所有者权益总额、利润总额、所得税费用、净利润等报表项目影响额的大小,该信息对投资者决策的影响,行政处罚决定公开后公司的股价走势等因素,是综合判断信息重大性的精要所在。”[2]

回到本案,我们认为:从对一般理性投资者判断的影响来看。立信会计师事务所有限公司出具的《审计报告》中的《资产负债表》和《利润表》列明,截至2009年12月31日,深圳一致药业股份有限公司资产总额523,348.94万元,负债总额435,535.83万元;2009年度营业总收入1,094,993.69万元营业总成本1,073,068.23万元,利润总额26,078.69万元。而《二十一号公告》查处问题所涉及的内容是,资产不实2399万元、负债不实2773万元、成本费用不实704万元等会计违规问题,少缴各项税款176万元;未披露关联方交易和余额披露不实1.09亿元、日后重大资产收购事项7147万元、对关联方1.5亿元授信合同的担保,以及下属深圳致君制药有限公司在销售费用中列支业务招待费495万元,少计缴企业所得税74万元。两相对比可知,深圳一致药业股份有限公司所涉会计违规问题所涉及的金额与其资产相比较,所占比例很小。况且,根据深圳一致药业股份有限公司提交的《综合授信合同》和《最高额保证合同》,《二十一号公告》所指出的“未披露对关联方1.5亿元授信合同的担保事项”系国药控股股份有限公司为深圳一致药业股份有限公司提供1.5亿元授信额度担保,而非深圳一致药业股份有限公司为国药控股

[1] 2012年王明生等诉深圳香江控股股份有限公司证券虚假陈述纠纷系列案件。

[2] 龚连娣、谢春晖:《证券虚假陈述纠纷中信息重大性的认定》,载《人民司法·案例》2014年第12期(总第695期)。

股份有限公司提供担保，深圳一致药业股份有限公司为其关联企业提供担保等事项也已经及时披露。

从对股票的价格影响来看。《二十一号公告》发布后深圳一致药业股份有限公司股票价格在证券市场上的走势上看，公告发布的当天，即2011年10月11日，深圳一致药业股份有限公司股票涨幅为1.63%，次日为2.97%，第三日为1.52%，市场股价振幅并不明显。自深圳一致药业股份有限公司2009年年度报告公告之次日（2010年3月24日）至《二十一号公告》发布之日（2011年10月11日）起第30个交易日（2011年11月22日），上证指数区间下跌640.50点，跌幅20.98%，深圳成指区间下跌2276.78点，跌幅18.50%，商业连锁指数区间下跌159.32点，跌幅16.36%，医药生物指数区间下跌221.59点，跌幅4.14%；深圳一致药业股份有限公司股票复权后区间下跌1.55元，跌幅5.31%。与深圳一致药业股份有限公司同属医药或商业连锁类企业的上海医药（证券代码为601607）复权后区间下跌0.72元，跌幅4.68%，国药股份（证券代码为600511）复权后区间下跌10.53元，跌幅41.33%，南京医药（证券代码为600713）复权后区间下跌0.11元，跌幅1.00%，马应龙（证券代码为600993）复权后区间下跌2.54元，跌幅6.28%，西藏药业（证券代码为600211）复权后区间下跌1.22元，跌幅7.84%。虽然个股因经营状况差异、受国家政策、市场大势等其他因素影响，大盘和同类企业股票价格有不同程度的跌幅，但深圳一致药业股份有限公司股票的涨跌幅在2009年年度报告公告之日至《二十一号公告》发布之后的一段时间，与大盘及同类企业走势基本一致。由此可见，上述财务会计违规问题所涉及的金额占深圳一致药业股份有限公司总体资产比例很少，造成的影响较小，尚不足以影响投资者对投资深圳一致药业股份有限公司的判断，也不足以达到《证券法》所规定的对“重大事件”作出违背事实真相的虚假记载、误导性陈述、或者在披露信息时发生重大遗漏、不正当披露信息的行为，投资者的损失应当系证券投资市场风险等因素影响造成的。

此外，我们还认为，对于有权机关处罚的行为是否构成虚假陈述，还应当注意违法行为的性质和处罚的依据问题。具体到本案，财政部在《二十一号公告》明确了深圳一致药业股份有限公司行为违法的认定和处罚均以《会计法》为标准。《二十一号公告》载明，此次检查是对国民经济基础行业和重点企业上市公司执行会计准则和内部控制规范情况，侧重点在于检查企业内部控制体系是否健全有效，执行《会计法》和企业会计准则，会计核算是否规范和会计信息质量情况。对深圳一致药业股份有限公司处罚的依据是《会计法》而不是《证券法》，处罚的措施也只是罚款，要求其进行整改，调整会计账务，并补缴相关税款，没有要求深圳一致药业股份有限公司调整或更正2009年年度报告的内容。上述事实也从另一角度反映了深圳一致药业股份有限公司被处罚的行为不构成虚假陈述。

二、因果关系认定问题

基本案情:2012年12月17日,中国证券监督管理委员会作出了〔2012〕53号行政处罚决定书,认定:1993年11月,宝安鸿基地产集团股份有限公司(以下简称宝安鸿基集团)与深圳市龙岗新鸿进实业有限公司(以下简称新鸿进公司)签订参股投资协议,以及1994年9月,与新鸿进公司及深圳市业丰工贸有限公司(以下简称业丰工贸公司)签订参股投资协议,宝安鸿基公司向新鸿进公司转让其持有的"鄂武商A""昆百大A",向业丰工贸公司转让其持有的"皖能电力"的过程中,新鸿进公司、业丰工贸公司未向宝安鸿基公司实际支付购股款。宝安鸿基公司通过虚构股票转让交易,经资金运作及账务处理,将涉案股票转至账外以新鸿进公司、业丰工贸公司的名义继续持有。上述涉案股票,由时任宝安鸿基公司证券部经理任国强经请示时任宝安鸿基公司董事局主席兼总裁邱瑞亨同意,任国强私刻新鸿进公司、业丰工贸公司公章并伪造其委托宝安鸿基公司出售股票的授权文件,于2007年4月至2009年3月全部卖出,获利86,155,059.53元,加上"皖能电力"法人股60万元股息,合计86,755,059.53元。之后,经邱瑞亨同意,任国强将其中86,706,094.36元划至别的公司。2008年11月至2010年12月,上述资金连同利息合计91,709,101.14元被转回宝安鸿基公司,用以冲抵有关单位对宝安鸿基公司欠款,同时冲回以前年度计提的坏账准备。

2007年3月16日,宝安鸿基公司《澄清公告》称,宝安鸿基公司代新鸿进公司持有"皖能电力"60万股、"昆百大A"150万股、"鄂武商A"1963184股,代业丰工贸公司持有"皖能电力"440万股,新鸿进公司、业丰工贸公司是上述股票的实际所有人。宝安鸿基公司并未出资,仅为名义持有。

2007年4月20日,宝安鸿基公司发布2006年年度报告,未将500万股"皖能电力"、1963184股"鄂武商A"以及111万股"昆百大A"计入报表。其中对法人股事项披露为:"由于历史原因,本公司存在代其他单位持有上市公司限售流通股(募集法人股)的情况,具体如下:深能源、中粮地产、S*ST东泰、鄂武商A、皖能电力、ST昆百大等六只股票。上述本公司代持股份为实际持有人出资购买,本公司未出资,仅名义持有,代持股份不属于本公司资产,本公司亦不享有任何权益,截至目前尚未办理股份过户手续。"2008年4月22日,宝安鸿基公司发布2007年年度报告,未将

500 万股“皖能电力”、190940 股“昆百大 A”以及出售 1963184 股“鄂武商 A”和 919060 股“昆百大 A”的收益计入报表，将股票出售款披露为应付深圳市龙岗爱侨实业有限公司 23,334,098.58 元出售股票款。2009 年 4 月 30 日，宝安鸿基公司发布 2008 年年度报告，未将出售 500 万股“皖能电力”收益计入报表。2010 年 3 月 24 日，宝安鸿基公司发布 2009 年年度报告，未披露“皖能电力”“鄂武商 A”“昆百大 A”等虚假代持法人股出售和资金划转情况。2011 年 3 月 19 日，宝安鸿基公司发布 2010 年年度报告，披露了对“代持股”的清查情况和资金清收情况。

中国证券监督管理委员会认为，宝安鸿基公司 2007 年 3 月 19 日《澄清公告》及 2006 年至 2009 年年度报告未如实披露其“代持股”问题，构成虚假陈述行为，对宝安鸿基公司及相关责任人员给予了相应的处罚。

姜汉民等投资者认为，宝安鸿基公司的虚假陈述行为使投资者蒙受重大损失，为维护自身合法权益，投资者特提起本案诉讼，请求本院依法判令宝安鸿基公司赔偿投资差额损失并负担诉讼费用。

裁判结果：广东省深圳市中级人民法院一审驳回姜汉民等投资者的全部诉讼请求。部分投资者提起上诉，广东省高级人民法院二审予以维持。一、二审案号分别为（2014）深中法商初字第 36 号、（2015）粤高法民二终字第 989 号等。

问题与思考：本案凸显的问题是证券市场系统风险因素对虚假陈述行为与投资者投资损失两者之间因果关系的影响。本案有权机关的处罚决定已经明确宝安鸿基公司 2007 年 3 月 19 日《澄清公告》及 2006 年至 2009 年年度报告未如实披露其“代持股”问题的行为构成了虚假陈述。本案双方争议的焦点是宝安鸿基公司虚假陈述行为与投资者投资损失两者之间是否存在因果关系。与是否构成虚假陈述行为一样，因果关系问题也是证券虚假陈述责任纠纷案件在实践中面临的难点之一，而影响因果关系的诸多因素中，证券市场系统风险是实践中经常遇到且较难认定的问题。根据一般侵权赔偿的逻辑关系：首先要有侵权行为发生，其次要有侵权结果，再次两者之间要存在因果关系，一般而言，三者俱备，受害人的损失才可以得到赔偿。作为侵权行为之一的证券市场虚假陈述，在因果关系的证明上，由于投资者无法证明其是基于对虚假陈述行为的不实陈述而作出投资决策，且该不实陈述已经足以影响其投资判断，故在举证上存在先天不足。因此，最高人民法院《关于审理证券市场因虚假陈述引发的民事赔偿案件的若干规定》在制度设计上，只要投资者能够证明事先设定的基础事实，就可以推定投资者受不实陈述的影响、基于对不实陈述的信赖而作出投资决策。[1] 但同时为公平起见,亦给予虚假陈述行为人以抗辩的机会。即只要虚假陈述行为人能够证明事先设定的基础事实,就可以推定投资者的损失与其虚假陈述行为之间不存在因果关系,对于该没有因果关系的部分,不予赔偿[2]。本案原被告双方即从上述角度出发进行诉辩,以期获得法院的认可和支持。

最高人民法院《关于审理证券市场因虚假陈述引发的民事赔偿案件的若干规定》第19条规定:"被告举证证明原告具有以下情形的,人民法院应当认定虚假陈述与损害结果之间不存在因果关系:(一)在虚假陈述揭露日或者更正日之前已经卖出证券;(二)在虚假陈述揭露日或者更正日及以后进行的投资;(三)明知虚假陈述存在而进行的投资;(四)损失或者部分损失是由证券市场系统风险等其他因素所导致;(五)属于恶意投资、操纵证券价格的。"本案中,宝安鸿基公司即认为投资者的损失属于上述规定中的第(四)项情形、与其虚假陈述行为没有因果关系,作为核心的抗辩理由。

这里,我们还要了解一下证券市场系统风险。所谓证券市场系统风险,相关的法律和司法解释并没有给出定义。从证券投资分析的角度,系统风险是指与市场整体运行相关联的,由于某种全局性的共同因素引起的投资收益的可能变动,这种因素以同样的方式对所有证券的收益产生影响,由于这些因素都来源于企业外部,因而是单一证券无法抗拒和回避的。系统风险包括利率风险、汇率风险、通货膨胀风险和宏观经济状况变化引发的风险。它通常表现为某个领域、行业部门整体的变化。它断裂层大,涉及面广,往往使得某类证券的价格产生较大波动。这类风险因素源于宏观变化而对市场产生影响,亦称宏观风险。系统风险对证券市场产生的影响因素是外在的,来自于整个经济运行过程的随机性、偶然性的变化或不可预测的趋势,同时该种影响是总体的和不可回避的,任何证券价格都会受到影响,只是程度不同而已,即使通过分散投资也无法规避[3]。它是影响个股价格的重要因素之一。我们认为,影响证券市场价格发生波动的因素包括宏观因素、产业因素、市场因素等多方面。如果在正常情况下投资者投资的个股在受虚假陈述行为影响期间,恰逢相关行业或整个证券市场发生较大幅度的震荡,导致全行业或证券市场整体受到影响,而导致该虚假陈述行为对个股的影响变得微不足道,那么,则可以认为虚假陈述

[1] 最高人民法院《关于审理证券市场因虚假陈述引发的民事赔偿案件的若干规定》第18条。

[2] 最高人民法院《关于审理证券市场因虚假陈述引发的民事赔偿案件的若干规定》第19条。

[3] 蔡伟真:《论系统风险对证券市场虚假陈述损害赔偿额确定的影响》,载《研究生法学》2014年第1期。

行为与投资者投资损失之间没有了因果关系。因此,要分析量化证券市场系统风险在虚假陈述行为期间对于虚假陈述行为对个股影响产生的淡化作用,亦应当从个股被告股价整体波动与股市大盘综合指数及同类板块指数、同类股票个股股价趋势相比较的方法着手分析认定。

具体到本案,虚假陈述行为的实施日是2007年3月19日,虚假陈述揭露日是2010年11月5日,基准日是2011年1月6日。上述期间为虚假陈述行为对个股价格产生影响的期间。而在2007年至2010年,A股市场历经国家宏观调控、全球金融危机等国内外政治、经济政策及事件的冲击,呈现出大幅震荡的态势。2007年、2008年的中央经济工作会议即确定了要实行从紧的货币政策,央行先后十几次上调存款准备金率,并不断调整存贷款基准利率,致使股市资金紧缩。随后,随着非流通股第一波解禁高峰来临、大小非集中减持,以及全球金融危机重创,都对A股市场产生了巨大冲击,大盘一度从历史高点6124点暴跌至1664点,跌幅高达72%。个股价格均受到经济环境的影响,投资者遭受严重亏损。同时,政府在此期间不断出台旨在抑制房价、打压投资投机性购房的调控政策,对宝安鸿基公司所在的地产板块造成负面影响。中央推出相关调控政策从银根和地根两大命脉组合出击,直指地产领域投资过热、房价过高、泡沫化严重的现状,包括对购房贷款的收紧、税收优惠的取消、土地政策的从严、限购令的出台等,"国十条"即在此期间颁布。地产股价与调控政策之间具有很强的联动性,且对政策反应极为敏感。各项调控政策的陆续出台使地产板块交易量显著降低,地产公司资金也因交易量降低而发生短缺,证券市场投资热情下降,从而导致地产指数大幅走低。从证券指数中可以看出,几次大范围的地产调控政策出台后,地产指数在次交易日都发生了较大波动。本案证据显示,宝安鸿基公司股价整体波动与股市大盘及地产板块、同类股票个股股价趋势基本保持一致,也并未在虚假陈述实施日及揭露日前后出现明显波动。此外,宝安鸿基公司股票在虚假陈述实施日及揭露日后还呈略涨态势。通过上述分析,我们认为,虽然宝安鸿基公司因虚假陈述行为被中国证券监督管理委员会处罚,但从纵向变化来看,其股票价格在虚假陈述实施日后和揭露日后的一段期间内,没有在短时间内出现大起大落或连续涨跌停等异常情况,走势没有发生异常大幅度的波动;从横向比较来看,虽然个股因经营状况差异、受国家政策、市场大势等其他因素影响,大盘和同类企业股票价格有不同程度的跌幅,其股票价格涨跌幅与大盘、所在产业板块以及与其他同类企业股票价格的整体走势基本一致,涨跌幅度并不突出,没有出现异常的上扬或下挫。由此可见,股票市场对宝安鸿基公司虚假陈述行为反应有限,没有证据表明其虚假陈述行为导致了宝安鸿基公司股价出现异常波动、严重背离其市场价值。宝安鸿基公司股价产生波动的原因应当是除了虚假陈述以外、同样影响着其他个股的宏观因素、产业因素、市场因素等多重因素。根据《若干规定》第19条规定，宝安鸿基公司虚假陈述行为没有对其股价形成实质性影响，包括投资者在内的投资者的损失，是证券市场其他因素导致的个股股价变化而发生的，与宝安鸿基公司虚假陈述行为没有因果关系。

实际上，除了市场风险因素外，我们认为，证券投资是一种主观性较强的个人投资行为，投资者也应在投资中尽到理性、善意的注意义务。在股市发生较大震荡的情况下，或者在投资者投资的个股已经出现较大风险警示的情况下，如果通过考察投资者的投资情况，以一般理性投资者的角度可以分析得出，该投资者存在无视宏观经济形势及个股信息披露、铤而走险、盲目投资的情形，也应当认定投资者投资损失受到虚假陈述行为影响较小，可以减轻或甚至免除虚假陈述行为人对该部分投资者的赔偿责任。比如，通过对作为原告的投资者的询问，或者通过对原告交易纪录的分析，可以认定投资者是涉入股市时间较长、操作频率较高的老股民，其仍然忽视相关的风险提示，错误判断证券市场内在运作规律，在消息面和基本面都不利的情况下，仍大量购买虚假陈述行为人的股票，其投资行为即可被认定为具有不合理性，难以通过正常的认知相信其是正常、善意地对待上市公司公开披露的重要信息，因此造成的投资损失应部分或全部自行承担。

三、“诱空”与“诱多”的问题

“诱空”案例基本案情：零七股份公司股票在深圳证券交易所挂牌交易，证券简称零七股份，证券代码为000007。双方当事人确认，2013年8月10日，零七股份公司发布《关于收到中国证监会调查通知书的公告》(以下简称《被调查公告》)称，其于2013年8月9日收到中国证监会送达的《调查通知书》(编号：深证调查通字13224号)，因公司涉及信息披露违法违规，被立案调查，并请广大投资者理性投资，注意投资风险。2014年6月17日，零七股份公司发布了《关于收到行政处罚决定书的公告》。主要内容有：依据《中华人民共和国证券法》的有关规定，深圳证监局对零七股份公司信息披露违法行为进行了立案调查、审理，查明零七股份公司存在以下违法事实：一、2012年半年度报告、年度报告对《钛矿产品总包销合同》履行进展相关情况的披露存在误导性陈述。2011年12月28日，零七股份公司发布《关联交易公告》称，子公司广众投资公司与香港广新公司签订《钛矿产品总包销合同》。根据该公告，香港广新公司主要业务为开发其全资子公司马国大陆矿业公司在马国的海滨砂矿,包括已经开发投产的175公里矿区(以下简称175矿区)和约850公里的新矿区(以下简称850矿区);850矿区已初步形成生产条件,预计于2012年3月开工生产,2012年预计生产80万吨钛精矿,2013年设备达产预计生产钛精矿200万~250万吨,2014年预计达到300万吨产能;大陆矿业公司销往中国大陆地区的钛矿产品由广众投资公司包销,包销期限5年,每年的包销数量不低于50万吨。按照当时相同品位的钛精矿市场价格1100元/干吨计算,广众投资公司合同期内钛精矿贸易每年的业绩预测为销售收入不低于55,000万元,年销售毛利不低于7500万元,分别是零七股份公司2011年度经审计后的营业收入16,533.95万元的333%,净利润831.05万元的903%。但根据零七股份公司2012年年度报告,2012年广众投资公司共从香港广新公司进口钛矿41,243.16吨,远低于合同约定。2012年8月14日,零七股份公司2012年半年度报告披露"造成今年上半年包销钛矿购销量不多的原因:(1)由于包销业务处于初始阶段,船期安排不顺和航程较远的原因,从二季度起才有较大量的钛矿产品到货;(2)据香港广新公司介绍,因马岛一季度仍处于雨季,中国农历春节又是中国工人休假高峰时段,3月矿区又遇特大台风,因此钛矿生产和装运均受到不同程度的影响"。2013年4月25日,零七股份公司2012年年度报告披露"因为马国恶劣天气、生产初期人员组织、协调、物流影响以及马国环保部门不能及时完成对大陆矿业公司新矿区环评报告的审核工作。造成新矿区不能按原计划时间正式投产等原因,使香港广新公司供货远低于包销合同约定应供货数量,包销合同履行比预期有很大差距,进而影响公司在矿产品贸易方面的利润"。深圳证监局调查查明:香港广新公司主要业务为开发大陆矿业公司175矿区和850矿区,钛矿包销合同的履行主要依赖于850矿区。根据大陆矿业公司提交的情况说明,矿产企业在马国取得开采资格必须取得开采证和环境许可证。2012年大陆矿业公司175矿区仅能维持少量生产,同年11月21日,马国环保部门才受理大陆矿业公司850矿区的环评申请,并计划于2013年1月至3月开展相关评估工作,850矿区取得环境许可证存在重大不确定性。因未取得环境许可证,850矿区一直没有投产。上述情况是造成2012年钛矿包销合同履行实际情况与合同约定存在巨大差距的根本原因。深圳证监局认为,零七股份公司2012年半年度报告、年度报告关于钛矿包销合同履行进展相关情况的披露是不完整、不准确的,足以对投资者产生误导。零七股份公司2012年半年度报告中将天气和运输等非主要因素作为钛矿包销合同履行进展缓慢的原因,没有如实披露大陆矿业公司的生产经营状况,即2012年175矿区仅能维持少量生产,以及850矿区未取得环境许可证没有投产,是造成钛矿包销合同履行进展缓慢的根本原因。零七股份公司2012年年度报告中虽然披露了850矿区未取得环境许可证的情况,但未完整披露大陆矿业公司175矿区仅能维持少量生产、850矿区未正式投产、850矿区取得环境许可证存在重大不确定性以及上述情况未来可能对钛矿包销总合同履行产生的影响。零七股份公司在2012年半年度报告、年度报告中对钛矿包销合同履行进展相关情况的披露违反了《中华人民共和国证券法》第63条的规定,构成了《中华人民共和国证券法》第193条第1款所述的行为。二、未按规定披露收回预付款并签订《资金托管协议》事项。深圳证监局还查明:按照《钛矿产品总包销合同》的约定,2012年2月6日,广众投资公司向香港广新公司支付了5000万元预付款。因与香港广新公司国资股东对钛矿包销合同存在矛盾分歧,练卫飞在2012年2月7日通过香港广新公司董事会作出决议退回广众投资公司5000万元预付款。同日,按照练卫飞的指示,广众投资公司与亿巨有限公司(以下简称亿巨公司)签订《资金托管协议》,指定香港广新公司将5000万元预付款退付给亿巨公司。同日,香港广新公司将5000万元预付款退付给亿巨公司在香港的账户。深圳证监局认为:收回预付款并签订《资金托管协议》事项,其交易标的涉及资产总额5000万元,占零七股份公司2011年度经审计总资产36,241.52万元的13.8%。根据《中华人民共和国证券法》第67条、《上市公司信息披露管理办法》第30条及第33条、深圳证券交易所《股票上市规则》9.1及9.2的规定,零七股份公司应当及时披露该重大事件。零七股份公司对收回预付款并签订《资金托管协议》事项未及时履行信息披露义务,直到2013年才在半年度报告中补充披露。零七股份公司未及时披露收回预付款并签订《资金托管协议》事项,违反了《中华人民共和国证券法》第67条的规定,构成了《中华人民共和国证券法》第193条第1款所述的行为。根据各涉案当事人违法行为的事实、性质、情节与社会危害程度,深圳证监局依法对零七股份公司、练卫飞、刘滔给予相应的行政处罚。2013年4月26日(星期五),零七股份公司发布了《2013年第一季度报告》。其中的"重要事项进展情况及其影响和解决方案的分析说明",对于《钛矿产品总包销合同》履行进展有以下内容:一季度进口香港广新公司提供钛矿数量为1596吨,销售数量1536.54吨。一季度进口钛矿数量很少对完成全年进口包销数量造成不利影响。据香港广新公司介绍履行合同与预期有很大差距的原因为:香港广新公司公司下属大陆矿业公司老矿区利用雨季和中国工人集中休假期间进行停机维修、补充配件。而新矿区环评终审未能完成,导致新矿区未能投产,大陆矿业公司环评终审许可的取得预计存在重大不确定性。因上述情况影响,广众投资公司履行《钛矿产品总包销合同》包销钛矿产品数量预计存在重大不确定性。针对与香港广新公司《钛矿产品总包销合同》供货履行严重不足的状况,零七股份公司将通过广众投资公司加强与香港广新公司的密切沟通,督促其尽快协调马国政府完成新矿区环评报告的审核,使新矿区能早日投产。同时广众投资公司也将利用进入矿产贸易市场所积累的经验,开拓新的矿产贸易资源业务,增加新的盈利增长点。2013年5月28日(星期二),零七股份公司发布了“2013年5月28日《合同履行公告》”。主要内容有:广众投资公司与香港广新公司于2011年12月26日签订了《钛矿产品总包销合同》,合同约定香港广新公司向广众投资公司每年提供不低于50万吨的钛矿产品由广众投资公司在中国大陆地区包销。截至2012年12月31日广众投资公司共从香港广新公司进口钛矿41243.16吨,累计国内销售41824.43吨(含盈吨)。截至2013年3月31日广众投资公司从香港广新公司进口钛矿1596吨,国内销售1536.54吨(含亏吨)。根据香港广新公司介绍,因马国恶劣天气、生产初期人员组织、协调、物流影响以及大陆矿业公司新矿区环评终审未能完成,导致新矿区未能投产,所以香港广新公司供货远低于包销合同约定应供货数量,目前大陆矿业公司环评终审许可的取得预计存在重大不确定性。2013年3月4日香港广新公司向广众投资公司承诺承担未按合同约定完成供货的违约责任,向广众投资公司支付违约金45,817,567元,该款项将于2013年4月30日前向广众投资公司支付。2013年3月22日,零七股份公司关联股东练卫飞向广众投资公司承诺:若香港广新公司未能按其出具承诺函要求向广众投资公司承担违约责任并支付违约金,则相关向广众投资公司承担违约责任并支付违约金的责任由其本人承担。收到违约金后,收到款项当期计入资本公积金,增加公司流动资金对公司损益没有影响。为维护自身合法权益,李建广等投资者特向本院提起本案诉讼,请求本院依法判令零七股份公司赔偿投资差额损失和全部诉讼费用。

裁判结果:投资者和零七股份公司在广东省深圳市中级人民法院的主持下达成调解。

问题与思考:本案中,中国证监会既已作出行政处罚决定书,认定零七股份公司存在两项虚假陈述行为,并对零七股份公司进行了行政处罚,则可据此认定零七股份公司存在虚假陈述的过错,零七股份公司应就此承担相应的民事责任。本案的争议焦点是原告的投资损失与零七股份公司的虚假陈述行为是否有因果关系,损失的金额是多少。根据《处罚决定》查明的事实,零七股份公司实际上存在两个虚假陈述行为,一是2012年半年度报告、年度报告关于《钛矿产品总包销合同》履行进展相关情况的披露不完整、不准确;二是对收回5000万元预付款并签订《资金托管协议》的事项未及时披露。一般来讲,虚假陈述行为表现为证券市场信息披露义务人违反法律规定,通过积极或消极地实施虚假记载、误导性陈述、重大遗漏和不正当披露等行为,对市场走向和投资者判断产生重大性影响。从虚假陈述行为对市场走向和投资者判断的影响模式,可以分为诱多型虚假陈述和诱空型虚假陈述。诱多型虚假陈述表现为信息披露义务人故意违背事实真相发布虚假的利多内容信息,或者隐瞒遗漏重大利空内容信息,诱使投资者看多并买入或持续持股;诱空型虚假陈述则表现为信息披露义务人披露虚假的消极利空内容信息,或者隐瞒遗漏重大利多内容信息,诱使投资者在股价相对低位时卖出而遭受损失。根据《处罚决定》认定,零七股份公司所作的误导性陈述和不当披露两项虚假陈述行为所指向的信息,如真实和及时披露,都有可能给其股票交易带来负面影响,故均为诱多型虚假陈述行为。对于本案的损失计算,投资者和零七股份公司各执一词。投资者坚持以加权平均法计算损失,而零七股份公司坚持以先进先出法计算损失,并应当扣除相应的系统风险。经法院居中调解,双方以"先进先出""算术平均"为原则,并参考了同期市场涨跌幅度,进行了友好协商和相互谅解让步,最终达成了调解并依约履行。

"诱多"案例基本案情:2012 年 5 月 24 日,证监会作出了 20 号《处罚决定书》,认定彩虹精化公司、陈永弟存在以下违法事实,主要内容有:一、未及时披露可能给其带来巨额利润的合同事项。2010 年 11 月 23 日,深圳绿世界生物降解材料有限公司(以下简称深圳绿世界公司)与彩虹精化公司签订《关于深圳市彩虹绿世界生物降解材料有限公司之合作经营协议书》(以下简称《合作经营协议书》)及相关备忘录,约定共同出资成立彩虹绿世界公司。深圳绿世界公司与彩虹绿世界公司还口头约定:深圳绿世界公司保证彩虹绿世界公司销售净利润不低于 10%。深圳绿世界公司于 2010 年 12 月 12 日与嘉星国际有限责任公司(以下简称嘉星国际公司)签订了两份《产品销售协议》,销售金额共计 192,000 万元。彩虹精化公司于 2010 年 12 月 16 日派刘科(时任公司副总经理)和王明章(时任公司监事)参加了深圳绿世界公司召开的市场与生产计划会,会上着重介绍了 2010 年 12 月 12 日所签订的合同。2010 年 12 月 17 日,刘科将会议上提供的《绿世界目标市场与客户》幻灯片通过秘书金某某传递给陈永弟(时任公司董事长),并将会议内容介绍给郭健(时任公司监事会主席)。2010 年 12 月 20 日或 21 日,刘科将幻灯片也发给郭健并向陈永弟汇报会议内容。据此,彩虹精化公司知悉深圳绿世界公司与嘉星国际公司于 2010 年 12 月 12 日签订合同一事。根据深圳绿世界公司与彩虹精化公司事先签订的《合作经营协议书》以及双方口头约定的"深圳绿世界公司保证彩虹绿世界公司销售净利润率不低于 10%",前述《产品销售协议》可能给彩虹绿世界公司创造净利润 13,010 万元,给彩虹精化公司间接创造净利润 7155.50 万元,这一金额是彩虹精化公司 2009 年度经审计净利润 3891.28 万元的 1.84 倍。上述事项可能带来彩虹精化公司净利润的成倍增长。彩虹精化公司未及时披露 2010 年 12 月 12 日深圳绿世界公司与嘉星国际公司签订两份《产品销售协议》可能给彩虹绿世界公司创造巨额利润，进而给彩虹精化公司间接创造巨额利润这一重大事件。二、未及时披露其子公司彩虹绿世界公司与深圳绿世界公司商谈变更合同主体事项。2011 年 2 月 18 日至 23 日，彩虹绿世界公司与深圳绿世界公司就合同销售主体变更事宜进行商谈。2011 年 2 月 18 日，深圳绿世界公司与彩虹绿世界公司召开会议，会上提出变更合同主体一事，陈永弟、刘科等人参会。2011 年 2 月 21 日，陈永弟告诉李化春 18 日会议的内容，并要求李化春上报深交所并询问是否需要停牌。2011 年 2 月 18 日至 22 日，彩虹精化股票价格发生异常波动，2011 年 2 月 23 日彩虹精化公司发布《股票交易异常波动公告》，称公司不存在应披露而未披露信息，故未披露彩虹绿世界公司正在筹划上述重大事项。2011 年 2 月 24 日，彩虹精化公司因拟披露重大事项，向深交所提交了停牌申请，由深交所在其网站发布《关于彩虹精化股票临时停牌的公告》，公司股票于该日开市起临时停牌。证监会认为，彩虹精化公司未及时披露深圳绿世界公司与嘉星国际公司签订总金额共计 192，000 万元的《产品销售协议》可能给公司生产经营带来重大影响的事件，违反了《中华人民共和国证券法》第 67 条的规定，构成《中华人民共和国证券法》第 193 条所述上市公司“未按照规定披露信息”的行为；彩虹精化公司 2011 年 2 月 23 日披露的《股票交易异常波动公告》内容与事实不符，违反了《中华人民共和国证券法》第 63 条、第 67 条的规定，构成《中华人民共和国证券法》第 193 条所述上市公司“所披露的信息有虚假记载”的行为；彩虹精化公司董事长陈永弟是彩虹精化公司上述两项违法行为直接负责的主管人员，通过刘科知晓深圳绿世界公司与嘉星国际公司签订《产品销售协议》并安排生产，但未督促彩虹精化公司公告该信息；陈永弟主导彩虹绿世界公司与深圳绿世界公司商谈合同销售主体变更事项，并审批了彩虹精化公司 2011 年 2 月 23 日披露的《股票交易异常波动公告》，但未指出该公告所称公司不存在应披露而未披露信息的内容与其子公司彩虹绿世界公司正在筹划对外直接签订销售合同的事实不符。依据前述事实，证监会对彩虹精化公司和陈永弟等相关责任人员作出了相应的处罚。

2011 年 3 月 2 日，彩虹精化公司发布《关于控股子公司深圳市彩虹绿世界生物降解材料有限公司签订重大意向性合同的公告》（以下简称《重大意向性合同公告》），将前述合作经营协议的签署情况、合同主要内容及合同主体变更为彩虹精化公司控股子公司彩虹绿世界公司、深圳绿世界公司仅作为合同保证人的情况予以公告，并就该合同给上市公司的影响、风险提示等问题予以说明。该公告发布之日，彩虹精化股票复牌。

2011 年 4 月 21 日，彩虹精化公司发布了《关于被证监会立案调查的公告》（以下简称《被立案调查公告》),公布了被立案调查的情况。2011 年 8 月 4 日,彩虹精化公司发布了《控股子公司重大意向性协议自查结果暨股票复牌公告》,针对公共传媒出现的对彩虹绿世界公司签署的意向性协议的质疑、公司股票于2011 年3 月 8 日开市起临时停牌进行了回应,并再次通报了之前已经公告过的意向性协议已经于2011 年7 月 20 日、2011 年 7 月 31 日陆续解除等事项。该公告发布之日,彩虹精化股票复牌。为维护自身合法权益,林晓敏等投资者向法院提起诉讼,请求彩虹精化公司赔偿投资差额损失。

裁判结果:广东省深圳市中级人民法院一审驳回投资者的全部诉讼请求,广东省高级人民法院二审予以维持。一、二审案号分别为(2014)深中法商初字第 74 号、(2015)粤高法民二终字第 1041 号。

问题与思考:本案的核心问题是案涉虚假陈述行为是诱多型虚假陈述还是诱空型虚假陈述之争。投资者认为,因彩虹精化公司的虚假陈述行为引发股票价格异常波动和大幅振荡,导致投资者产生了投资差额损失;彩虹精化公司则认为,其受到处罚的虚假陈述行为属诱空型虚假陈述行为,投资者在彩虹精化公司虚假陈述行为实施后才买入彩虹精化股票,即使产生损失,也不应当赔偿。

要解决这一问题,我们首先还是要对两种虚假陈述的情形予以明晰。根据虚假陈述对市场走向和投资人判断的影响,可以分为诱多的虚假陈述和诱空的虚假陈述。诱多型虚假陈述,是指信息披露义务人故意违背事实真相发布虚假的利多内容信息,或者隐瞒遗漏重大利空内容信息,诱使投资人看多并买入或持续持股的行为,这类虚假陈述行为往往发生在股价运行于相对高位。诱空型虚假陈述,则指信息披露义务人披露虚假的消极利空内容信息,或者隐瞒遗漏重大利多内容信息,诱使投资人在股价相对低位时卖出而遭受损失的行为[1]。这两类虚假陈述对投资人心态和投资行为影响截然相反。2003 年,宥于当时证券市场的发展情况、当时发生的虚假陈述均表现为诱多型虚假陈述、两类虚假陈述行为与投资损失的因果关系相反难于在一个司法解释中统一规制等原因,最高人民法院制定的司法解释《若干规定》仅规制了诱多型虚假陈述,没有涉及诱空型[2]。由于立法上的缺失,对于诱空型虚假陈述对投资人心态和投资行为影响、因而与投资损失的因果关系确定以及损失计算方法等问题,只能根据侵权原则,并参照上述司法解释对诱多型虚假陈述规定的精

[1] 贾纬:《证券市场侵权民事责任之完善》,载《法律适用》2014 年第 7 期。

[2] 此观点参见李国光、贾纬:《证券市场虚假陈述民事赔偿制度》第二编第七章第三节,法律出版社 2003 年版;贾纬:《证券市场侵权民事责任之发轫》,载《法律适用》2003 年第 3 期。

神予以认定。

首先,关于诱空型虚假陈述行为与投资损失的因果关系确定。众所周知,排除证券市场系统风险、内幕交易、操纵市场等其他因素,在没有隐瞒重大利多内容信息的诱空型虚假陈述行为情形下,利好消息的披露会引起上市公司股价的上涨。这会使利好事件依法应当被披露之前就买入股票且持有至披露日的投资者受益,而在披露日后再行投资该股票的投资者则无法享受此利益。如果该重大利好事件发生时,信息披露义务人有隐瞒和遗漏,未依法披露,实施了虚假陈述行为,则会引起利好消息公布的时点后移,直接影响到当时的股价走向和投资者判断,使上述投资者的利益受到相应的影响。该行为引起的股价波动,在理论上一直将持续到虚假信息被揭示后的一个相当长的时期内,才会被市场所消化,回归到市场本来的价值,即技术上确定基准日的基准价。基于上述推理,我们将这期间投资者可能发生的投资行为以及该行为与虚假陈述行为之间的因果关系可作如下归纳:

(1)在虚假陈述行为实施日前即持有,并在虚假陈述行为实施日前卖出股票的投资者,其投资行为显然没有受到虚假陈述行为的影响,即使有损失,与虚假陈述行为之间没有因果关系;(2)在虚假陈述行为实施日前即持有,并在虚假陈述行为实施日后、揭示日(揭露日或更正日,下同)前卖出股票而发生亏损的投资者,将因没有享受到本应享有的信息红利而受到利益损害,故该部分投资者的前述损失与虚假陈述行为有因果关系,可以要求行为人赔偿;(3)在虚假陈述行为实施日前即持有,并在虚假陈述行为揭示日后卖出或继续持有股票的投资者,因利好消息披露的时间点(虽然是迟延披露)处于其持股期间,其已经可以享受到消息红利,即使发生亏损,也失去了可以索赔的前提;(4)在实施日后揭示日前买入、又在该时段内卖出股票受到损失的投资者。对于该种情形,存在两种不同观点:一种观点认为,因利好消息在该期间没有为市场所获悉,投资者在此种前提下的投资决策完全没有受到虚假陈述行为的影响,投资者的买入与卖出的操作是完全没有受到虚假陈述行为的干扰下进行的,故不应当赔偿其损失。另一种观点则认为,虽然从投资者买入证券时间上看,晚于利好消息应当披露的时间,但其损失亦由利好消息未能在其持股期间公布,系因虚假陈述行为人补救措施不及时所致,投资者亦没有享受到本应享有的信息红利而受到利益损害,故该部分投资者可以要求行为人赔偿。之所以有这样的分歧,是由于前已论及的、在立法上对如何判断信息是否具有重大性有两种不同标准("对投资者决策影响标准说"和"对价格影响标准说")而导致,是两种观点的秉持者因立论不同而导致对于具体问题观点不同的又一个例证;(5)股票是在实施日后揭示日前买入、在揭示日后卖出或继续持有,或至基准日后或继续持有,因其已经享受到信息红利,即使发生亏损,也与该虚假陈述行为本身没有因果关系;(6)在揭示日后买入股票,因该虚假陈述行为已经为公众所知晓,投资者应该了解该揭示行为的警示和提醒作用,意识到自己下一步投资行为可能存在的机遇和风险,在此情况下其仍然作出投资决定,即使发生亏损,亦属于自身判断和决策的失误,与虚假陈述行为没有因果关系,无权就所发生的损失主张赔偿。

同样的,诱空型虚假陈述的另一种表现方式虚构利空消息,除了不会发生前述第4点中两种观点的争议外,与前述隐瞒或迟延披露利好消息的虚假陈述情形因果关系在逻辑上是相同的。

须要说明的是,诱空型虚假陈述还是诱多型虚假陈述损失的内涵不同:诱空型虚假陈述的损失是以投资者"高买低卖之间的投资差额"为基础的,而诱多型虚假陈述的损失是以投资者"本应该可以获得的投资收益"为基础的。同时,无论是诱空型虚假陈述还是诱多型虚假陈述,虚假陈述行为人赔偿的前提都是投资者发生损失,如果投资者的投资没有发生损失甚至是有盈利,那么则不符合侵权赔偿的要件,故无从要求行为人赔偿。

具体到本案,根据20号《处罚决定书》认定,彩虹精化公司未及时披露深圳绿世界公司与嘉星国际公司签订的《产品销售协议》这一可能给公司生产经营带来重大影响的事件,2011年2月23日披露的《股票交易异常波动公告》内容与事实不符,违反了《证券法》的规定,构成虚假陈述。从《产品销售协议》的内容看,该行为可能使彩虹精化公司利润大幅增长,对投资者而言系利好消息,而彩虹精化公司未能及时披露该信息,应当属于隐瞒重大利多内容信息的诱空型虚假陈述行为。本案中的投资者,只有符合第2种和第4种情况下产生的损失,才可能与彩虹精化公司虚假陈述行为存在因果关系。除上述情形外的其他投资损失,不在赔偿之列。经过比对投资者的股票买卖情况,均不在前述存在因果关系情形之列,法院最终判决驳回了投资者的诉讼请求。

其次,诱空型虚假陈述导致投资者损失计算方法。诱空型虚假陈述导致投资者损失计算方法,应当与诱多型虚假陈述导致投资者损失计算方法的指导思想一致,但在具体的计算方式上,会因行为对结果的"反向"影响,而相对于诱多型的计算方法产生差异。鉴于证券市场的发展和《证券法》修改工作的推进,最高人民法院近年来也已经着手制定新的司法解释以规制诱空型虚假陈述,并于2013年形成了初稿。该稿将两种类型的虚假陈述统一在一个司法解释中,对于两种相反的虚假陈述因果关系类型和投资者损失的计算方式进行了分别规定。对于修改稿中诱空型虚假陈述导致投资者损失计算方法，理论上，我们持认同的意见[1]。但是，必须指出的是，证券市场虚假陈述行为往往伴随内幕交易行为，更多的是由于投资者"利空出尽是利好、利好出尽是利空"的心理预期，使得虚假陈述揭露日或更正日前后股价的走势往往与司法解释中因果关系下的股价走势模式相反，从而使司法解释与市场的客观反映有脱节的情况。相信随着《证券法》的修改和上述司法解释的出台，上市公司信息披露制度将进一步完善，虚假陈述行为的认定标准将进一步明确，对投资者的权益保护力度也将进一步加大。

---

〔1〕 鉴于修改稿件尚处于讨论阶段，本案也不涉及损失的计算问题，本文对这一技术性问题不作讨论。

我国私募基金登记备案制度施行实证研究*

宋佳儒**　肖　宇***

内容摘要：中国证券投资基金业协会自2014年实施私募基金和基金管理人登记备案制度以来，从统计的数据来看，行业规模持续增长、集中度有所提高，市场认同度得到显著提升，由行业协会主导的登记备案制度对市场的规范与有序起到了一定的作用。在登记备案实施的过程中，也发现了市场的一系列乱象，通过引入市场中介的看门人机制来实现市场的监督，法律意见书和第三方入会核查制度就是要求律师事务所对登记备案主体出具法律意见书。当然，实践中还存在基金、基金管理人及中介机构违规等现象，协会应加强声誉处罚和自律处罚的作用与效果。基金业协会的登记备案制度是对资本市场市场准入管理的有效探索。

关键词：私募基金　基金业协会　登记备案制度　中介机构责任

一、问题的提出

私募基金包括私募证券基金与私募股权基金，该行业在我国经历了较长时间的野蛮生长，各种投资机会催化了各类私募基金的爆发式增长。而与行业规模快速发展不相匹配的是，私募基金行业监管的相对缺失与空白，以至于该行业龙蛇混杂，且有打着私募招牌的非法集资行为。

私募基金的投资者是有较强风险承受能力的成熟的投资人，基金管理人也是经验丰富的市场主体，对其的监管思路应不同于公募基金，需要给双方当事人更大的意思自治的空间。在经历了多年波折的监管权协调后，确立了证监会对私募证券基金和私募股权基金的监管权。证监会将"适度监管"确立为私募基金监管的基石，并实践以"基金业协会为主、证监会为辅"的管理体系。2014年1月，中国证券投资基金业协会（以下简称"协会"）根据《证券投资基金法》与证监会的授权，颁布了《私募投资基金管理人登记和备案办法（试行）》（以下简称《登记备案办法》），要求所有私

---

* 本文系国家社科基金课题"私募股权基金法律问题研究"的阶段性成果；华东政法大学"研究生学术研究及社会调研项目"（项目号2017-4-135）的阶段性成果。

** 华东政法大学国际金融法律学院2016级硕士研究生。

*** 华东政法大学国际金融法律学院副教授，硕士生导师。

募基金及基金管理人应当在在协会登记备案,开启了我国私募行业的登记备案制度,也开启了我国私募基金行业自律管理的新篇章。

登记备案制度作为自律管理的核心制度,目前已经实施3年,那么该制度施行的效果如何？本文,通过分析3年来在协会登记备案的基金和基金管理人的数据,通过对变化趋势的描述,来观察登记备案制的效果。其次,通过访谈基金业协会的工作人员和律师,了解在备案登记过程中,协会和律师发现的市场中的各种问题、协会采取的改进措施,以及处罚方式。最终来评析协会施行的登记备案制的效果,并提出完善的方案。

二、私募基金登记备案制度的确立及相关规则

(一)基金业协会登记备案制度的确立

2013年6月1日之前,私募证券投资基金主要依靠信托通道以从事资管业务。[1] 私募股权基金治理为多头监管,职责多由发改委行使:创业投资企业、股权投资企业由发改委监管、外资私募股权投资基金由商务部监管、投入私募股权投资基金的信托基金由银监会监管,投入私募股权投资基金的保险资金由保监会监管。[2]

2013年6月1日,修订后的《证券投资基金法》生效并实施,将私募证券投资基金纳入监管体系并授权国务院金融监督管理机构制定管理办法,证监会承担了相应任务。2013年6月27日,中央编办发文《关于私募股权基金管理职责分工的通知》,明确将私募股权基金的管理权授权证监会。

修订后的《证券投资基金法》专设12章"基金行业协会",对基金业协会性质、职责和权限进行规定;第13章明确了证监会对行业协会的指导地位。2012年7月,基金业协会以社会团体的名义在民政部登记,证监会为登记主管机关。2014年4月8日证监会设立私募部,指导协会开展备案工作,在部门网站栏目中的"办事指南"等内容显示,基金业协会为《证券投资基金法》规定的"基金行业协会"。由此,中国证监会负责监管和指导协会自律管理的体系初步确立。

中国证监会在取得私募基金全面监管权的第二年出台《私募投资基金监督管理暂行办法》,确立了私募基金备案登记制度。协会作为具体登记备案制度的规定者及管理者,在2014年1月颁布了《登记备案办法》,开启了我国私募行业的登记备案

[1] 缪因知:《证券投资信托的法律构造与监管流变》,载《当代法学》2017年第2期。

[2] 肖宇、李润:《我国私募股权基金备案登记制度评析》,载《金融法苑》2015年第1期。

制度。

(二)登记备案制度的制度价值

登记备案制度是对资本市场的监管思路的转变,它将监管职能由行政部门逐步转向行业协会来进行自律管理,这种转变除了有助于减少因信息不对称引发政府监管失效和套利外,对于精简政府机构、防止政府规模膨胀也有不可忽视的作用。[1] 利于减少政府干预金融监管的行为,肯定自律机构的市场作用,提升监管效率和效果。

这种转变是资本市场法治化的趋势,采用的自律管理的方式对资本市场的发展有重要意义:首先,在行业规范层面,登记备案制对于整个行业将起到建章立制的作用,私募基金行业内的部分乱象也得到整饬,与前一轮的“野蛮生长”相比,私募基金行业的发展更加稳定、健康。其次,从行业发展层面,登记备案制将私募基金行业纳入了正式监管序列,明确了私募基金业的法律地位,有法可依。最后,私募基金登记与证券注册登记制有相通之处,以市场化为方向,促进中介服务机构和行业自律的作用发挥,为正在探索的股票发行注册制的改革,为股权众筹等民间金融和互联网金融的备案制管理提供了可供借鉴的方案。

(三)基金业协会登记备案制度的规则梳理

1.第一阶段:以登记和信息披露为重心(2014.1.17—2016.2.4)

在登记备案制度确立的前两年,协会致力于形成以信息披露为核心的规则。协会负责对私募基金登记备案进行自律管理,私募基金管理人负有基金登记备案义务,从人员管理、信息报送和自律管理等方面进行了具体规定:私募基金管理人应在私募基金募集完毕后20个工作日内,通过私募基金登记备案系统进行备案如实填报相关基本信息,基金业协会对其不做实质性审查。这个阶段的私募监管并不严格,私募基金行业的准入仅以登记备案作为形式要求。

2.第二阶段:从严治理阶段(2016.2.5——)

经过两年的发展,行业规模扩张迅猛,风险也不断凸显:私募行业声誉下降、风险激增。行业监管不能为了保证“做大市场”而对监管目标有所偏倚,肆虐全球的金融危机表明,贪婪而监管无为的市场只是空中楼阁。[2] 协会调整了监管思路,于2016年2月5日颁布《关于进一步规范私募基金管理人登记若干事项的公告》(以下简称“公告”),开启了对私募基金管理人登记备案工作的收紧政策。

---

〔1〕 周友苏:《新证券法论》,法律出版社2007年版,第326页。

〔2〕 罗培新:《美国金融监管的法律与政策困局的反思》,载《中国法学》2009年第3期。

"公告"对先前制度有重大的改进:第一,取消私募基金管理人的登记证明;第二,加强信息披露要求;第三,新申请的私募、首次备案产品或者重大事项变更需提交法律意见书,这是"公告"所提出的一项新的要求;第四,资质改革:要求证券私募投资基金所有高管人员都有从业资格;第五,若尚未产品备案的,将被注销资格。至此,登记备案制度初步形成。

(四)不登记备案的后果

私募基金管理人的登记和基金备案虽无强制性,登记备案仅是对协会管理制度的认可,但不登记备案会造成消极的法律后果:(1)名称限制:管理人不得使用与私募基金管理人业务属性相关的字样;(2)设立、募集和管理私募基金,会遭行政处罚,甚至可能因涉嫌犯罪而被追究刑事责任;(3)无法享受政策优惠;(4)投资标的限制:基金无法成为合格投资者;(5)证券账户开户限制;(6)投资方式限制;(7)异常公示。根据市场反馈,协议对于提交虚假信息办理登记、违法违规的机构会采取严格的惩戒措施:深圳吾思等机构被撤销登记;中益汇金、中财鼎盛、中农德金、中富知金等机构被列入黑名单;元泰北京、国民信和、清科凯盛、中投万通、骏福投资等机构被责令进行注销登记。

三、登记备案实践的考察:确立合法性、去伪与优胜劣汰

(一)登记的私募基金管理人增长迅速,从严治理月份呈负增长

2015年1月至2016年12月,基金管理人数量自6974家快速增长至17,433家,增加到将近3倍的数量级,见图1。2016年2月5日,基金业协会颁布了"公告",对登记在册的尚未备案产品及尚未登记在册的私募基金管理人提出提供法律意见书的要求。次月,管理人数量首次开始出现负增长。2016年7月,因"公告"规定的首个基金备案时间节点的到达,管理人的数量出现了大规模滑落,[1]下降至16,467个,占比31.66%。行业从业人员也与基金管理人的变化呈正相关关系,见图2。

2016年,协会共注销12,834家基金管理人,因未按照"公告"的要求提交合格的法律意见书而被注销的私募基金管理人达10,957家;因已办理登记备案但尚未进行首只基金备案而被注销的管理人86家;1791家基金管理人因无法预期开展业务而主动注销。

登记备案制度实施后的行业内部洗牌频繁,虽然一定程度上折射出以往私募基

[1] 未按照"公告"规定,在2016年8月1日之前尚未备案首只基金产品的,撤销登记。

金行业的野蛮成长的情况,但实质上也因其合规标准而淘汰了大量私募基金管理人,其中不乏存违规进行金融经营及金融犯罪者。相较于证券市场上其他的监管调控模式,登记备案制所要求的信息披露对于净化市场的作用是更加有效率且符合市场化理念的手段。

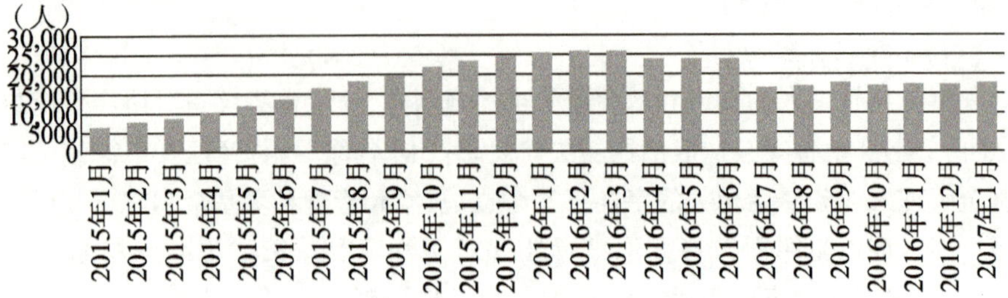

图 1　2015 年 1 月至 2017 年 1 月登记的基金管理人数量

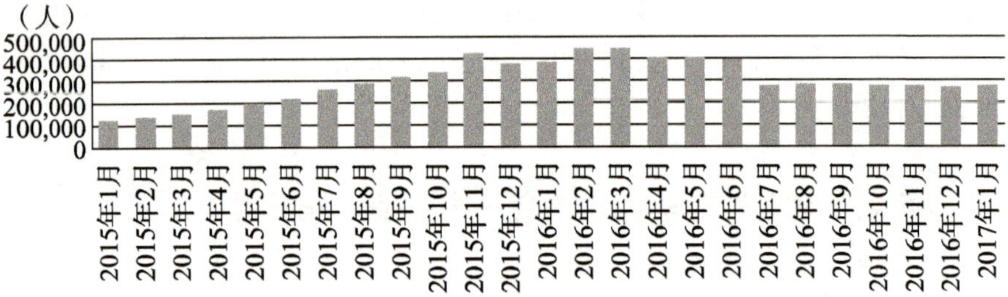

图 2　2015 年 1 月至 2017 年 1 月登记的基金从业人员

(二)私募基金备案数量稳定增长,行业认可度增强

截至 2017 年 1 月,协会已备案的私募基金数量为 47,523 只,较 2015 年 1 月的 8846 只增长超过五倍,见图 3;私募基金的认缴规模为 10.98 万亿元,较 2015 年年底增长 5.17 万亿元,增幅为 112.38%。私募基金发展快速,在 2016 年下半年起,规模已超过公募基金,见图 4。在 2015 年 1 月至 2017 年 1 月,备案基金的数量及管理人缴纳的资金呈现稳定增长趋势,私募基金管理人的洗牌和登记备案制度的实施并没导致私募行业的萎靡,行业规模仍持续扩大。

数据显示,登记备案制度的实施及其导致的管理人大量淘汰,并非必然导致私募基金规模的下降,可以将下降原因归结于市场资金的需求量与监管强度无关、市场投资者的投资意愿与基金管理人数量无关。同样也应该意识到,在资管领域中,信息成本之高使得普通投资者甚至机构投资者无法准备识别管理人内部风险,然而登记备案制度之下的投资者可以在降低选择成本同时,加强对行业的认可度,更有利于投资者盘活市场存量资金,可以得出行业的认可度与行业规模也是存在内在正向联系的结论。

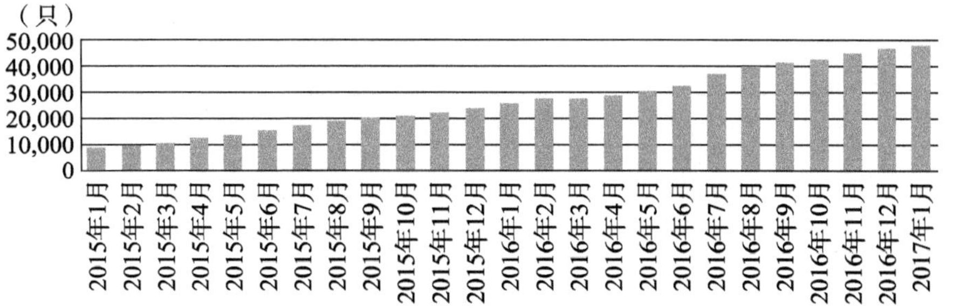

图3　2015 年 1 月至 2017 年 1 月备案的基金数量

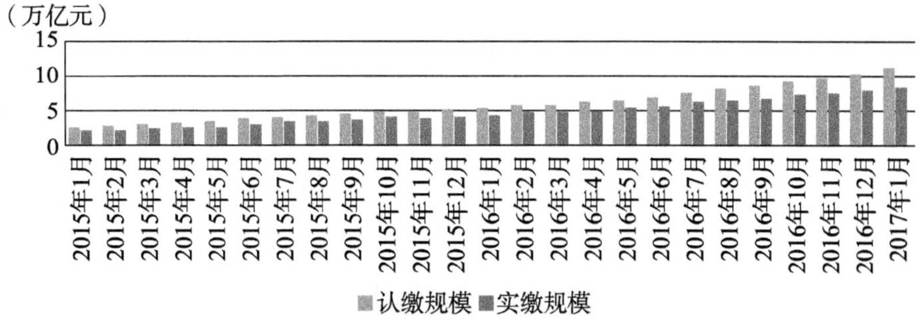

图4　2015 年 1 月至 2017 年 1 月备案的基金认缴/实缴规模

（三）私募基金行业集中度逐渐加大,呈现优胜劣汰的趋势

私募基金行业是声誉模型下的具有典型特征的行业,行业集中度是声誉的重要指标。行业集中度不高一直是我国资管领域的特征,信用体制不够完善和管理经验不足是重要因素。

私募基金行业的登记备案制度的实施过程中,淘汰了大量不符合要求的私募基金管理人。但是,私募基金管理人数量的削减并不导致中国私募基金行业的规模、效率的下降。观察登记备案制度实施以来的数据,私募行业的行业集中度在不断提高是不争的事实,基金业协会的网站资料显示,管理规模在 20 亿元人民币以下的基金管理人占了绝大多数的比重,但比重逐月下降;管理规模在 20 亿～50 亿元及以上的比重逐月上升。管理规模超过 100 亿元的管理人从 2015 年的 43 家发展至 133 家。登记备案制度的施行不单扩增了私募基金的总规模,并且通过注销部分不合格

的基金管理人,将资金流向管理能力更为突出、信誉更为可靠的私募基金管理人的手上。(见表1)

表1　2015年1月至2017年1月私募基金管理人管理规模

项目 日期	私募基金管理人管理规模							
	20亿元以下		20亿~50亿元		50亿~100亿元		100亿元以上	
	数量	比例	数量	比例	数量	比例	数量	比例
2015年1月	6703	96.11%	168	2.41%	60	0.86%	43	0.62%
2016年1月	25347	98.09%	292	1.13%	114	0.44%	88	0.34%
2017年1月	17272	95.70%	463	2.57%	166	0.92%	147	0.81%

综合以上数据,登记备案制度所规定的信息披露要求和相应的合规成本淘汰了大量不达标的私募管理人,从结果上看更是形成规模扩大且集中度变高的行业趋势;从资金流量上看,更多的资金投入到了更少的优秀管理人手里,一定程度上起到了去伪的作用,行业发展环境逐渐优化。传统的政府监管虽然有着专家支持,也能够有效防范风险,但因监管手段的出台有着政策复合型且缺乏法律程序性的制约,使得市场投资者避险情绪增加而导致市场发展有局限性。[1] 登记备案制度和简单的市场准入不同,以合规作为自律监管目标的登记备案制度因其自律成分的提高而呈现出了专业程度高、政府性低但仍有权威性和具有法律依据的特点,正是基于以上特征,登记备案制度的施行在降低市场风险因素的同时,依然保留甚至强化市场投资者原有的投资热情,所以制度的实施得到数据的支持并不具有过多的偶发因素。

四、登记备案实践中发现的市场问题和中介监督机构的引入

登记备案制度的"去伪"能力得到了数据的证实,但仅依靠登记备案制度,登记备案未起到良好的效果。在2014年登记备案制度实施之初,无约束机制的登记备案制度反因"私募牌照"的"看门人"和持续监督机制的缺失,成为不法机构的增信背书。

(一)私募基金管理人之违规行为频发

自2015年5月起,基金业协会建立了投诉登记制度,对资管类业务的非法违规现象建立投诉通道,旨在肃清相应违规行为。截至2016年9月底,基金业协会收到

[1] 李东方:《证券监管机构及其监管权的独立性研究——兼论中国证券监管机构的法律变革》,载《政法论坛》2017年第1期。

的投诉事项共计1346件,月均投诉处理量超过80件,其中私募基金受到的投诉事项高达1184件,占比高达88%,存在私募基金及私募基金管理人监管不足,行业不规范等问题,部分私募基金管理人甚至以私募为名从事欺诈性募集,其中不乏已获得备案登记的私募基金管理人。[1] (见表2)

表2

业务类型	投诉事项及线索件数	占比(%)
公募基金	11	0.8
私募基金	1184	88.0
资产管理计划	48	3.6
基金销售及外包服务	76	5.6
其　他	27	2.0
合　计	1346	100.0

根据投诉通道所得到的反馈,私募基金管理人存在的主要问题包括:

其一,违约延期兑付、"失联"、涉嫌从事非法集资活动或者非法证券活动。比如:深圳金赛银、大大集团、天和融汇、中投信恒和深圳前海嘉信资本等。

其二,违规募集。比如公开宣传、虚假宣传、误导性宣传、向非合格投资者募集资金、承诺保本保底。比如:上海重阳投诉中融鼎鑫冒用公司信息,中逢昊向非合格投资者募集并承诺保本保息(10%)。

其三,违反信息报送义务。比如登记备案信息不实、故意提供虚假信息、未按照信息报送要求及时更新和未做重大事项变更。比如:广州积米尊尚投资有限公司高管登记信息不实,湖北联和瑞坤资产管理有限公司实际控制人沈涛冒用其身份信息登记多家机构。

其四,部分私募基金管理人未按规定在协会登记或产品未按要求备案,仅在执法查询中,已经发现未在协会登记的机构259家。由于登记备案制度要求私募基金管理人对管理人的合规付出一定成本,但是相应成本在部分管理人的眼中具有一定弹性,第一,合规成本过大且可能带来自身管理计划无法运行。第二,触发刑事追责可能性不大,违法成本过低导致管理人结果导向倾向色彩强烈。

---

[1] 中国证券投资基金业协会2016年10月在上海举办的"私募基金管理人主要风险特点及入会核查工作安排会"上提到投资者的投诉情况。

其五,向投资者信息披露不规范、未按约定进行止损操作、业绩报酬提取不合理等一系列市场操作违规现象。

(二)律师事务所作为第三方中介机构的引入

私募基金行业的发展依托于机构自身信誉和专业能力,投资者的信任和资金流是私募基金的生命线。但自2014年开展登记备案制度以来,过往所采用的几乎无门槛的登记备案制度在实施过程中被发现出现了比较严重的问题,故出台相应制度。

1.法律意见书制度:私募基金登记备案制的"看门人"

基金业协会对基金管理人登记备案的思路发生了变化,最终采用了比较激烈的措施,于2016年2月颁布"公告",要求新申请的私募管理人、首次备案产品或者重大事项变更的管理人需提交法律意见书。其中,法律意见书是对私募基金管理人所做的合规性审查,在私募基金管理人主体登记和重大事项变更时需要提交意见,律师事务所出具法律意见书之前,需对主体进行翔实的尽调,内容需要包括对尽调过程的细致描述且需要发表明确意见和整体结论性意见。

引入律师事务所作为培育行业合规意识与监管力的监管预期相符:法律意见书制度有利于登记备案制度真正发挥作用,有利于打破市场与监管博弈,建立市场化信用制衡机制,是向注册制迈进的重要一步。2016年基金业协会通过管理人登记的法律意见书有9468份,办理通过法定执行人/执行事务合伙人、控股股东及实际控制人三项重大事项变更专项法律意见书10,717份,信息质量获得一定提升。[1]

2.入会专项核查制度:律师事务所对已登记备案机构的稽核

第三方入会专项核查制度是对已入会私募基金管理人的登记备案情况的事中持续监督、事后监察,同时也对律师事务所提供的法律意见书的真实全面进行审查,对法律意见书的约束作用是明显的,协会也基于此惩戒疏于职守的行为,提高行业职业标准。

2015年11月27日,协会正式启动入会申请信息核查工作,委托5家北京市律师事务所,对396家私募基金管理人进行入会核查。经核查,157家私募基金管理人通过核查,通过率为40%。在入会核查工作中,发现的主要问题:

其一,登记信息不真实。60%以上机构公示信息与实际情况不符。其二,会员

---

[1] 中国证券投资基金业协会:"关于注销北京天和融汇投资基金管理有限公司和北京天和融旺投资基金管理有限公司私募基金管理人登记等有关情况的公告",载 http://www.amac.org.cn/xhdt/zxdt/391651.shtml,最后访问日期:2017年2月3日。

代表不符合要求。随意委派投资经理、法务经理、行政经理等部门负责人。其三,缺乏基本运营条件。其四,存在异常经营情况或影响符合会员条件和适格私募基金管理人的情形。

协会采用引入市场中介机构的方式来解决相关监管成本问题。首先,因为监管的边际效益和边际成本是动态的,无法准确计量,因此第三方稽核制度解决了金融市场究竟需要多少监管人员的问题,既防止了监管不足,又避免了监管过度;其次,所引入的第三方专业化水平高,一定程度上可以保障以专业化方式解决法律问题。

3. 异常公示制度:私募基金的外部约束

2016 年,因未按规定提交财报和两次未履行季报更新等原因,异常公示平台对 1219 家私募基金管理人按照“公告”要求,采取了异常公示措施,截至 2016 年 404 家异常机构完成整改。

(三)中介机构违规背书

中介机构的作用对于登记备案制度的有效实施并不是完美的,存在违规背书的情况,声誉机制在并不勤勉的中介机构面前,会加剧对私募行业的恶性行为。中介机构有丰富的专业知识和专业团队,能够及时向市场发出警报,发挥看门人的作用。[1] 然而现实中,律师事务所作为“看门人”,其收益来自管理人。如果“看门人”从客户处获得的利益大于其声誉价值,其可能会如安达信会计师事务所一样,做出极其不合逻辑和不理性的同流合污之举。[2]

2016 年,协会因收到投资者投诉,委派了中伦律师事务所和金杜律师事务所对北京天和融汇投资基金管理有限公司和北京天和融旺投资基金管理有限公司这两家私募基金进行专项核查,发现两家私募基金管理人有登记信息造假、展业不规范等违规行为。处罚两家私募机构办理注销登记,为其背书的两家律师事务所受到市场禁入。[3]

---

[1] John C. Coffee Jr. , *Understanding Enron*: *It's about the Gatekeepers*, *Stupid*. Business Lawyer, 2002, 1(57).

[2] 21 世纪初,美国爆发了两起破产案,即安然公司和世通公司破产案,学界将其归咎为“看门人”机制失灵,导致《萨班斯—奥克斯利法案》的出台。然而,时隔 7 年,美国又爆发了次贷危机,在此次危机中信用评级机构扮演了不光彩的角色,被称为不值得信赖的“看门人”。

[3] 2016 年 11 月 4 日,协会发布公告,由于律师事务所出具的法律意见书内容与投资者投诉反映的情况存在重大差异,暂停接受北京市盈科律师事务所和北京市中闻律师事务所出具的私募基金管理人登记法律意见书。2017 年 2 月 8 日,协会发布公告称,因上述律所在核查中未履行勤勉尽职职责,将其移送证监会进一步查处。

五、登记备案制度的完善建议

私募基金行业在我国存在特殊的生长土壤,行业初期不但行业认可度低,需要政府公信背书以防止基金业的“破窗效应”,并且中国庞大的市场基础催生出超大规模的资金管理需求,增量庞大的资管机构及普遍低下的资管能力与投资者所产生的矛盾剧烈,使得带有政府参与式特色的自律管理具有现实合理性。2016 年是私募基金行业由乱而治的一年,维护私募基金的行业安全是私募基金得以繁荣的重要前提。在政府的公权背书下,登记备案制度在私募行业净化与培育层面的成果有目共睹。[1]

但是纵观世界的金融监管史,金融监管模式从来都是螺旋上升的过程,并且是伴随政治基因土壤的,反观私募监管在中国的金融和政治格局,纵有百般成果,政府参与的自律管理模式及具体制度依然受到诟病,需要进行调整。

(一)行业协会自律管理强度的动态调整

在行业发展的不同阶段,行业协会应当动态地发挥不同的作用,行业管理强度应随着行业发展做调整。行业初期,基金业协会的行业整顿职能是突出的,登记备案制度的严格施行在净化私募基金市场、维护行业声誉上起到了至关重要的作用。但根据行业发展现状对协会自身的管理偏向进行动态调整具有必要性,其自律功能不应仅限于在证监会的监管框架下的监管支撑作用。通过登记备案制度实施以来的反馈,登记备案制度的实施占用了基金业协会的大量的内部资源与人力成本,大量精力聚焦于行业整顿上,无法充分体现行业自律组织的其他职能价值。

随着私募基金法律法规的完善、相关配套制度的搭建,私募基金自律体系逐步成熟,市场自我修正已经显现。在这样的情况下,基金业协会自律管理的重点也应做出调整:第一,不仅是行业整顿,应当逐步将管理重心着眼于提升行业的资管水平、搭建行业国际化桥梁和内部纠纷解决上;第二,在制度初步构建的当下,适当让市场发挥作用,培育市场的自发的纠错能力也是有着长远价值的。

(二)加强中介机构的声誉约束,探索资管行业的追责模式

资管行业是声誉依赖的行业,声誉机制的有效运行将充分影响金融机构(类金融机构)的资金募集能力和资金募集成本。声誉机制的有效运作有赖于信息披露的有效运行,登记备案制度的核心目就是有效发挥信息披露的功能。理论上,透明的

---

[1] 吴晓婧:《私募基金行业将加速优胜劣汰》,载《上海证券报》2017 年 4 月 28 日。

登记备案标准的制定、非实质性审查方式的确定和法律意见书制度的引入使管理人的关注焦点回到自身信用声誉、客户利益和实体经济,[1]但是实际运行过程仍有待改善的空间:

1. 登记备案制度要求严格,实质审查与形式审查界限模糊。首先,对金融业的监管需保持投资便利化与投资安全的平衡,私募基金管理人登记备案制度的制度设计也应如此,对影响不大的小型私募基金的登记设立,采取简易程序。[2] 因此,应当重新正视登记备案制度的价值取向,在保证交易安全的前提下,简化登记备案制度要求,对不同类型、不同风险等级的私募基金逐步展开分层监管,采取不同的管理策略。其次,登记备案制度的设立初衷是将市场与监管者的博弈转为市场主体之间的博弈,通过标准明确的行业准则让主体行为回归到市场和机构声誉本身。但是在法律意见书制度实施的过程中,基金业协会在对法律意见书的信息披露过程有着极高的隐形标准并对律所进行严格的反馈。所以,需要给市场以容错空间,对中介机构、基金管理人做好事中事后的监督和追责,在不发生系统性风险前提下,让声誉机制得以有效运用才是让行业能够更有效率的发展良方,能让基金业协会的双手从"整顿市场"中得以解放从而更好地引导市场资产管理者去提高资管水平和进行投资者教育。

2. 市场中介与自律管理的博弈:中介机构能力不足及欺诈会造成逆向选择。市场并不是万能的,声誉机制也并不总是有效,2008 年金融危机告诉我们:第一,声誉并不总是对机构和机构里的个人同时产生限制作用;第二,"汝之蜜糖,彼之砒霜",利益相对方对于中介机构的声誉存在截然相反的态度。同样监管也会存在套利的风险,公权的过度介入会让声誉机制和市场的自我作用失效。[3] 我国法律行业的中介成长时间较短且较依赖金融机构,在中国特殊的"人情"和"疏通"下,容易因自身的信息披露错误而造成市场的逆向选择。虽行业协会也期望能通过行业内处罚、声誉机制等扶优限劣,防止出现劣币驱逐良币,但最终还是要靠市场的自我修正能力起到作用。

对于声誉机制的失效和逆向选择的问题,行业协会所采取的措施是搭建平台,现有的异常公示名单和黑名单制度就是典型的对于从业人员的声誉惩戒措施。但

---

[1] 赵玉:《私募股权投资基金管理人准入机制研究》,载《法律科学》2013 年第 4 期。

[2] 梁清华:《论中国私募基金管理人注册制度的完善》,载《学术月刊》2015 年第 1 期。

[3] 参见[美] 乔纳森·梅西:《声誉致死:重构华尔街的金融信用体系》,汤光华译,中国人民大学出版社 2015 年版,第 165 ~ 167 页。

“私募违规名单”的制约性有限,在资管产品如此之多的如今,并不会给违法者带来足够的威慑作用,违法者完全可以通过其他资管产品继续“敛财”。因此,基金业协会有必要与其他监管机构、平台搭建信息共享平台,不仅产品混业,同时让“信用混业”,加大违法者的信用成本。此外,通过法律对基金管理人的信义义务设置刚性底线是投资者利益和市场维护的根本保证,[1]行业协会协同其他监管组织的事后追责的执行力和即时性对纠正声誉机制运作缺失是十分重要的,确保金融理财市场适用统一的权威的法律规范是加强资管行业司法执行力和保护投资者的重要前提,[2]即使监管模式上的统一难以协调,让基金产品法律适用层面在募集、转让的过程中受到上位法的保护依然有必要,重视行业协会对中介机构的制约作用,提高中介机构与经营者连带责任的同时,强化司法归责体系。[3]

六、结语

登记备案制度的施行已有3年,从行业发展现状看,私募基金行业的发展从野蛮生长到逐渐精英化、行业声誉不断地提高,登记备案制度的有效实施起到了重要作用。当然,行业协会自律管理与政府监管的边界,自律管理职能从事前登记向事中和事后管理的转型,需要进一步的探索。总而言之,从制度价值上看,登记备案制度的实施不仅对私募基金行业本身起到了良好的作用,对于其他资管行业甚至是整个证券业的准入机制的建立也是有效探索。

---

〔1〕 肖宇、许可:《私募股权基金管理人信义义务研究》,载《现代法学》2015年第6期。

〔2〕 季奎明:《论金融理财产品法律规范的统一适用》,载《环球法律评论》2016年第6期。

〔3〕 缪因知:《国家干预的法系差异——以证券市场为重心的考察》,载《法商研究》2012年第1期。

域外证券期货纠纷调解程序安排及其启示

董新义[*]

内容摘要：在将调解作为域外成熟资本市场证券期货纠纷重要解决方式的过程中，许多发达国家或地区都确立了极为完善的证券期货纠纷的调解程序性制度。对于我国来讲，可资借鉴的程序性制度主要包括如何确定调解解决证券期货纠纷的受案范围（依当事人、纠纷性质抑或金融机构性质等决定）制度、金融机构先行处置证券期货纠纷制度（强制性或非强制性安排）、一定金额以下的调解协议对金融机构是否具有拘束力等制度。我国应立足我国资本市场发展实际现状，选择适合我国的调解程序性制度安排，在修订《证券法》、制定《期货法》的背景下，通过最高法院单独出台司法解释或者联合中国证监会发布调解相关规范性文件的方式，确立证券期货纠纷调解程序性制度。

关键词：证券期货纠纷　调解　受案范围　先行调解　调解效力

调解作为替代性纠纷解决机制（ADR）的重要方式，日益引起我国资本市场关注的同时在域外成熟资本市场的证券期货纠纷解决中也占据着重要的地位。2016 年 6 月 28 日由最高人民法院发布的《关于人民法院进一步深化多元化纠纷解决机制改革的意见》，重点强调了调解在多元化纠纷解决机制中的重大作用。2016 年 7 月 13 日由最高人民法院和中国证监会联合发布的《关于在全国部分地区开展证券期货纠纷化解机制试点工作的通知》，强调了调解在解决证券期货纠纷中的重要意义。从理论和实践来看，调解更为高效、便捷、公正，又能充分尊重当事人意愿，比诉讼和仲裁等方式更有优势。但我国至今并未建立起证券期货纠纷解决的特殊程序制度，使得调解在解决证券期货纠纷时仍然面临着许多无法克服的障碍。

“他山之石，可以攻玉”，在证券期货纠纷调解机制的制度建设过程中，许多发达国家或地区已为证券期货纠纷的调解解决确立了非常完善的程序性制度，这些制度

---

* 中央财经大学法学院副教授。本文是在中证中小投资者服务中心有限责任公司委托的《我国证券期货纠纷新型调解机制建设》课题研究报告的基础上经过修改而成的。在本文的撰写过程中，中央财经大学法学院硕士研究生刘明、李雨菡、焦凯、刘之琳、崔杉杉、杨雨晨、胡银燕、戴琳为收集资料做出了贡献，在此一并表示诚挚的谢意。

均有可资借鉴之处。本文主要对美国、英国、澳大利亚、德国、日本、韩国以及我国香港地区、我国台湾地区的证券期货纠纷调解程序的安排进行介绍,以为我国的证券期货纠纷调解程序制度建设提供经验。

一、关于调解的受案范围问题

各国或地区的金融纠纷调解机构不同的受案范围如表1所示,有的仅规定调解机构受理何种类型的争议,或依据不同机构确定受案的边界;有的还设置了金额的限制,如澳大利亚和香港,澳大利亚的法律规定调解机构受理与银行的争议金额不超过28万澳元,香港金融调解中心受理的案件金额本息合计不得超过50万港币(或等值外币)。(见表1)

表1

国家或地区	受案范围
美国	消费者与券商、券商之间、券商与雇员之间的证券纠纷(券商不限于会员机构)
英国	消费者与金融机构、消费者与信用服务机构之间的大多数金融产品和服务纠纷
澳大利亚	消费者与银行、保险公司以及信托基金公司的争议有各自不同的受理标准。有最高金额的限制,例如与银行的争议金额不超过28万澳元
德国	投诉人为消费者,如争议属于支付服务的适用范围则投诉人不限于消费者。如果已经起诉或已过诉讼时效则不可进行调解
日本	金融服务机构与金融消费者之间的各类金融纠纷
韩国	不同的调解机构受案范围不同,例如韩国金融投资协会对金融机构之间的与营业行为有关的争议进行调解
我国香港地区	金融调解中心受理的案件标的必须为金钱纠纷,且有最高金额的限制,金额本息合计不得超过50万港币(或等值外币)
我国台湾地区	金融消费者与金融服务业间因商品或服务所发生的民事争议

关于受案范围,主要有以下几种情况:

(一)依当事人确定受案范围

1. 美国

在美国最大的金融业自律机构是美国金融业监管局(FINRA),在其内部设立了证券纠纷调解平台(FINRADR)以方便争议双方进行谈判,达成和解方案,但调解不是案件进入仲裁的必经阶段,双方当事人可以灵活地改变调解程序,因此给予了当事人充分的自由和自治。通过FINRADR进行的调解,是属于自愿性质的纠纷处理机制,涉及证券纠纷的任何一方都不会被强迫接受调解。[1] FINRA有专门的调解规则,即2007年SEC批准的《调解程序规则》(Code of Mediation Procedure)。关于调解的范围,《调解程序规则》第14101条规定:本规则适用于任何提交给FINRA调解的事项。具体包括"符合调解提交仲裁的事项,或者该事项的任何部分,或者任何与该项有关的争议,包括程序上的问题,都可以提交仲裁"。其中规定任何根据《仲裁程序规则》(Code of Arbitration Procedure)提交FINRA仲裁的事项,无论是该事项的全部还是部分、实体问题还是程序问题,都可以提交调解。提起调解申请的纠纷大部分都是当事人举证比较困难的事项。

2. 英国

在英国,对金融业纠纷进行解决的组织主要是金融督察服务组织(Financial Ombudsman Service,FOS),FOS行使职权的主要法律依据是《2000年金融服务与市场法》和《2006年消费者信用法》(Consumer Credit Act 2006)。《金融服务管理局手册》(FSA's handbook)中的"争议解决:投诉"部分进一步细化了FOS投诉处理程序。

FOS现已成为全球最大的提供金融业申诉专员服务机构。FOS所涉及的金融纠纷种类很多,几乎涵盖英国境内的大多数金融产品。FOS将这些金融纠纷分为三大类,FOS主要受理三大类投诉:一是消费者与FSA所监管金融机构发生的争议;二是消费者与自愿接受FOS提供服务的金融机构发生的争议;三是与公平交易局(Office of Fair Trading,OFT)批准设立的消费者信用服务机构之间发生的有关消费者信用贷款[2]的争议,具体为消费者与银行、建筑协会、信贷协会、互助协会、股票经纪人、寿险公司、保险公司、保险中介、独立金融咨询师、抵押中介、抵押放贷人、信用卡提供商、储值卡、收账公司、征信机构、电子货币提供商等之间发生的16类投诉。

可向FOS投诉的消费者一般包括个人消费者(individuals)及其代表,小微企业

---

[1] 贾小雷、刘媛:《美国证券仲裁机制最新发展述评》,载《仲裁研究》2013年第3期。

[2] 下一步英国政府正考虑将消费者信用贷款业务全部移交新设立的FCA。

(micro-enterprises)[1]及其代表以及慈善组织(charity)、低净值信托(trust)等。消费者必须与其投诉金融机构存在一定关系,如消费者是被投诉金融机构的客户或可能的客户;消费者是集合投资产品的持有人或所有人之一,而投诉对象是该投资产品的管理人或受托人等。

3. 我国台湾地区

在我国台湾地区,关于金融消费争议解决的组织主要是金融消费评议中心,该中心管辖的金融消费争议是指金融消费者与金融服务业间因商品或服务所生的民事争议,例如银行、保险、抵押、放款、信用卡、存款、投资等。

受管辖的金融机构包括银行业、证券业、期货业、保险业、电子票证业及其他经主管机关公告的金融服务业,但不包括证券交易所、证券柜台买卖中心、证券集中保管事业、期货交易所等。应当指出,金融消费者保护法并没有赋予评议中心对金融机构的强制管辖权,而是由金融机构事先通过书面方式表示自愿服从评议中心的管辖并履行评议决定,书面同意可以记载于其商品、服务合同或其他文件中。鉴于不愿签署赔付声明同意书的金融机构会由台湾"金管会"对外公布,在台金融机构为体现对客户权益的重视及出于市场竞争的需要,基本上都会表示服从评议中心的管辖。

受管辖的金融消费者是指接受金融服务业提供金融商品或服务者,但不包括专业投资机构和符合一定财力或专业能力之自然人或法人。

(二)依纠纷的性质确定受案范围:香港地区

在香港地区,香港金融纠纷调解机制的适用范围具体包括:(1)纠纷因金融机构向个人消费者或独资经营者提供服务而引起;(2)纠纷涉及金钱问题;(3)纠纷涉及获金管局或证监会发牌或受其监管的金融机构。可以看出,在投资者方面,只有那些与金融机构有个人客户关系的个人消费者及独资经营者,才可视作调解中心具有合适资格的投诉人。在金融机构方面,调解中心在初期,仅涵盖获香港金管局或证监会发牌或受其监管的金融机构,因为大部分属金钱性质的纠纷都涉及这两个范畴的服务。所以,只有那些与个人消费者或独资经营者有个人客户关系的金融机构,才应成为金融纠纷调解机制的成员;没有经营零售业务或不与个人消费者或独资经营者进行交易的机构,则不纳入该机制内。

金融调解中心受理的案件标的必须为金钱纠纷,金额本息合计不得超过50万

[1] 适用欧盟标准,指年营业额不超过200万欧元或者雇员少于10人的小型企业或其代表,也包括小规模公益团体和低净值信托(根据其营业额等衡量)。

港币(或等值外币)。据估算,50万港元的受理上限,可以涵盖约八成由金管局处理的金钱纠纷案和证监会处理的股票投资者纠纷。

(三)依调解机构决定受案范围:韩国

韩国金融争议调解机构众多,设置了金融争议调解委员会、调解中心等纠纷解决机构,为高效、快捷地处理金融争议奠定了制度基础,也形成了较为完善的金融争议解决机制。这些调解机构分工不同,特定的机构有着特定的调解纠纷类型。比如说在韩国,金融监督院金融争议调解委员会对金融消费者和金融公司之间发生的争议进行调解;韩国交易所对和有价证券市场、科斯达克市场、衍生商品市场中的买卖交易有关的发生的权利义务或者利害关系的证券进行调解;韩国金融投资协会对金融机构之间的与营业行为有关的争议进行调解;消费者院对消费者和经营者之间的争议进行调解;此外,2011年韩国《金融消费者保护法》(草案)中,专设一节探讨金融纠纷的调解,并规定由金融消费保护者院对金融消费者和金融机构之间的纠纷进行调解。

(四)确定受案范围的其他方式

1. 德国

1992年,德国推出私人银行申诉专员(Ombudsman by German Financial Associations)制度,这是由德国银行联邦协会为其所属银行制定。申诉专员程序并没有明确的法律依据,其依据基本是私人银行程序章程,即银行自愿加入程序,并承认章程的约束力。申诉专员在支付往来领域取代了法律规定德国联邦银行应设立的调解处,联邦司法部通过授权申诉专员机制履行公法的调解任务。此外,民事诉讼法承认该程序,在提起某些民事诉讼时,原告必须在递交诉状前证明已经尝试庭外调解,申诉专员程序则可满足该要求。

处理的纠纷范围如下所述,通常消费者在下列情况下,可以向申诉专员提出投诉:

①投诉人为消费者,因此,若争议事件是投诉者行政行为或者独立职业行为,则不适用该程序;

②如争议属于支付服务的适用范围(根据德国民法典第675c ~ 676c条的规定),则投诉人不限于消费者。

以下情况,不可进行调解:

①如投诉标的已被提起诉讼,或投诉人在调解程序期间向法院提起诉讼。如争议已通过庭外和解的方式获得解决或者因不可能胜诉而驳回诉讼费用补助申请时,亦不可再提出投诉;

②曾经或者现在是被某调解机构根据《不作为之诉法》第14条进行的调解程序标的,或是另一个从事调解工作的部门的调解程序标的;

③所提起的请求时效已经消灭,且银行亦对此进行援引。

若程序有可能影响到原则性法律问题的澄清,申诉专员应拒绝进行处理。

2.澳大利亚

在澳大利亚,国家设立了统一的争议解决机构——金融督察服务组织(Financial Ombudsman Service,FOS),该FOS纠纷处理的受案范围主要包括银行、证券、保险、信托等领域的金融消费纠纷案件。澳大利亚FOS只接受加入澳大利亚证券和投资委员会批准的“外部争议解决计划”成为FOS成员的金融机构与金融消费者的争议处理,没有英国“强制管辖”的相关规定,任何金融机构都可以通过申请签订“外部争议解决计划”加入FOS。目前,已有将近3800家金融机构加入“外部争议解决计划”成为FOS的成员。FOS对任何在澳大利亚开业的金融机构开放,任何在澳大利亚开业的金融机构都可申请加入。

对于消费者与银行间的争议,只有符合下列情况,FOS才受理消费者的投诉:

①是由持有参与“外部争议解决计划”的银行和其附属机构提供的金融服务产生的;

②消费者是一个个人或者小企业;

③争议金额不超过28万澳元。

对于消费者与保险公司的争议,只有符合下列情况,FOS才受理消费者的投诉:

①持有参与“外部争议解决计划”的保险公司的保单的金融消费者;

②持有参与“外部争议解决计划”的保险公司的保单的受益人;

③特定的小企业;

④特定的乘客。

FOS处理争议有最高金额的限制,2008年7月1日至今的金额限制为:对于人寿保险争议,最高金额为20万澳元;对于每月都从保险公司领取保险金的争议,最高金额为6万澳元;对于其他保险服务,最高金额为15万澳元。

对于消费者与信托基金之间的争议,只有符合下列情况,FOS才受理消费者的投诉:

①是由参与“外部争议解决计划”的信托公司和金融服务提供者提供的金融服务产生的;

②消费者是一个个人或者小企业;

③损失不超过28万澳元。[1]

(五)小结及启示

就案件管辖范围而言,美国《调解程序规则》并没有就其适用事项的类型作细分,在实践中,FINRA所受理的调解案件,以当事人为标准,大体上可以归纳为三类,一是投资者与证券商之间的纠纷,二是证券商相互之间的纠纷,三是证券商与其雇员之间的纠纷。以调解请求事由为标准,典型的纠纷有如下七种:交易未授权、投资建议不当、投资组合缺乏多样性、违反信托义务、经纪人过失、实质性误导或重大疏漏、高压电话销售。英国FOS制度有强制性管辖与自愿性管辖两种具体类型。澳大利亚的FOS制度业务范围包括银行业务、信用、贷款、普通保险、股票交易和信托等在内的金融服务领域的金融消费者投诉。德国的申诉专员制度分别存在于银行行业和保险公司协会之内,其处理纠纷的范围因行业团体不同而各有差异。

日本金融ADR不严格地按照法令的解释而适用,而是根据金融机构与利用者之间交涉能力的差别与交易状况等,较为灵活地进行纠纷解决。在韩国,不同的纠纷解决机构受案范围不同。例如,韩国交易所可对在有价证券市场、科斯达克市场及衍生商品市场等进行的买卖而产生的纠纷进行调解;韩国消费者院可对消费者和经营者之间的争议进行调解;韩国金融投资协会对金融机构之间的与营业行为有关的争议进行调解。我国香港金融调解中心受理受金管局或证监会监管的机构(银行、经纪行、基金公司等)与个人客户之间涉及金钱的纠纷。台湾地区的金融消费评议中心的受理案件包括金融消费者与金融服务业间因商品或服务所生之民事争议,将横跨证券、银行、保险等多个金融行业的金融纠纷纳入其中。

前面所述我国建立统一的金融纠纷调解机构势在必行,那么这一机构的受案范围应是广泛的,应囊括我国目前的证券、银行、期货、保险等多个金融行业的金融纠纷。本文认为可以考虑借鉴澳大利亚和我国香港地区关于案件受案范围的做法,对受理的争议设置最高金额限制,以实现案件分流、合理分配司法资源。

二、金融机构先行处理的前置程序问题

如表2所示,在调解机构对金融纠纷进行调解时,有的国家或地区规定了强制性前置程序,即在提交调解机构调解之前,应先和相关金融机构进行协商和解处理。有的国家或地区则没有此种强制要求。台湾地区的金融消费评议中心,处理金融争

〔1〕 邢会强:《金融督察服务FOS比较研究》,载《法治研究》2011年第2期。

议的程序包括金融机构先行处理程序、评议中心评议程序以及评议书的效力确定程序三大部分,其中金融机构先行处理程序为必经程序,各程序层层递进、清晰明了,有助于快速解决金融消费争议。考虑到我国证券期货纠纷数量庞大,我国可以考虑借鉴前置程序安排,尽量使纠纷尽早解决,免于诉诸法律。(见表2)

表2

国家或地区	是否前置程序
美国	FINRA推荐投资者与金融机构管理层先行协商,但不是调解前置必经程序
英国	FOS之前置必经程序:被投诉金融机构在8周内先行处理
澳大利亚	FOS之前置必经程序:金融机构内部处理
德国	银行业协会的客户投诉处对投诉进行前审
日本	无必经前置程序,苦情处理程序(消费者向指定纠纷解决机构投诉)并非必经程序,消费者或金融服务机构可直接提起纠纷解决程序
韩国	无必经前置程序
我国香港地区	无必经前置程序
我国台湾地区	必经程序:金融机构先行处理程序,产生金融消费纠纷后,金融消费者首先应向金融机构进行投诉

(一)强制性前置程序安排

1.英国

英国FSA认为在对投资者提供充分保护的过程中,证券商能否提供有效的纠纷调解程序是其中一个关键的因素,因此FSA将证券商和证券交易所的内部申诉处理程序视为解决纠纷的第一步。为了能够在纠纷发生的最早时间内解决纠纷,也为了能够尽量减少FOS的工作量,内部申诉处理程序是投资者进入FOS之前的必经程序。然而金融公司有可能会滥用内部申诉处理程序而使消费者无法获得FOS的管辖,FOS为了防止这种滥用行为要求公司在其制定的年度报告中披露这些相关信息以便监管公司内部证券纠纷解决程序的运作。

在穷尽公司的内部申诉处理程序之后,如果投资者仍然无法得到补偿,投资者可以申请FOS来解决纠纷。FOS因强制管辖或自愿管辖的规定而获得对案件的管辖权。FOS在确定对案件的管辖权后,消费者顾问、审裁员和申诉专员会先后采用调解、协商等各种方式来处理纠纷。

具体见图1,其程序设计如下:

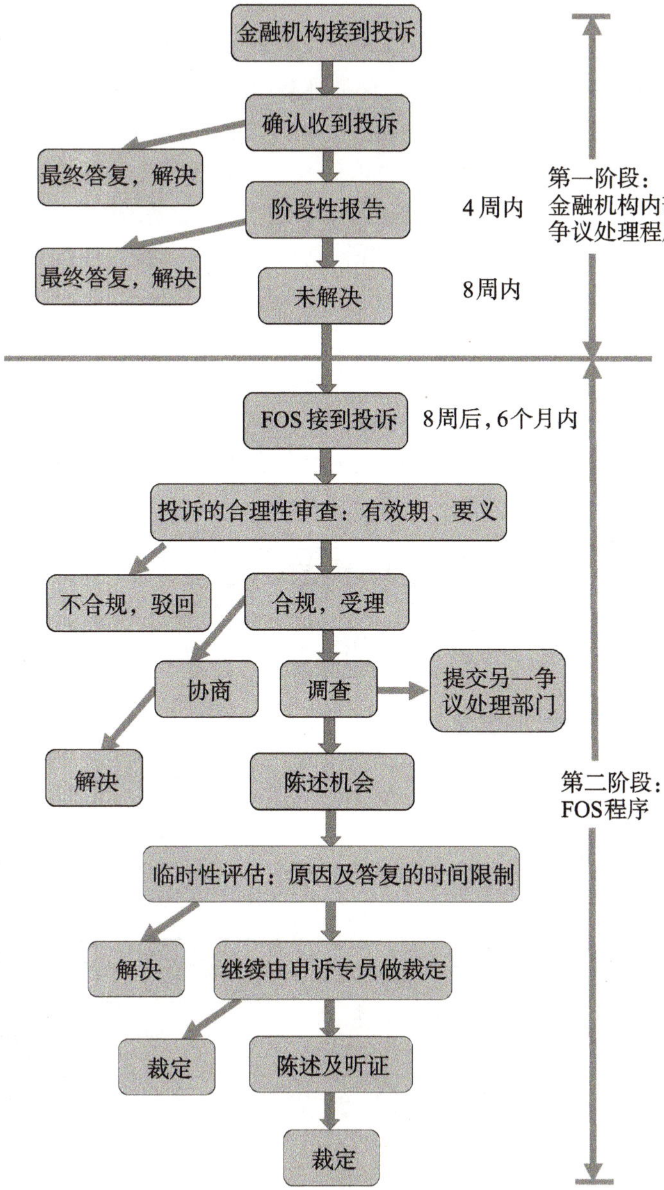
金融机构接到投诉
确认收到投诉
最终答复，解决
阶段性报告
4周内
最终答复，解决
未解决
8周内
第一阶段：
金融机构内部
争议处理程序
FOS接到投诉
8周后，6个月内
投诉的合理性审查：有效期、要义
不合规，驳回
合规，受理
协商
调查
提交另一争议处理部门
解决
陈述机会
第二阶段：
FOS程序
临时性评估：原因及答复的时间限制
解决
继续由申诉专员做裁定
裁定
陈述及听证
裁定

图1

2. 澳大利亚

澳大利亚FOS纠纷处理的程序与英国FOS纠纷处理程序相似,澳大利亚FOS纠纷处理也分为两个阶段:金融机构内部处理阶段和FOS处理阶段。当消费者与金融机构发生纠纷时,消费者应先向金融机构申诉,如果申诉不被受理或者消费者对申诉结果不满意,可以向FOS投诉。当消费者与金融服务提供者之间存在纠纷时,应先向该金融机构的内部投诉机制提起投诉,依据经验这是最快的解决纠纷途径。

如果金融服务提供者没有解决该纠纷,则消费者可以通过在线或书面申请的形式向FOS投诉。如果金融服务提供者还没有机会通过内部投诉机制来解决纠纷的话,那么FOS将登记该纠纷。并且作为登记的部分程序,FOS将联系该金融服务提供者,并且责令它直接回复消费者。即一个纠纷被FOS登记的前提是:①消费者向金融服务提供者投诉至登记之日少于45天;②消费者即将收到一份书面回复。如果消费者收到的书面回复并未解决纠纷,或者自消费者投诉之日起45天内未收到任何回复,则消费者可以再次联系FOS解决该纠纷。具体见图2:

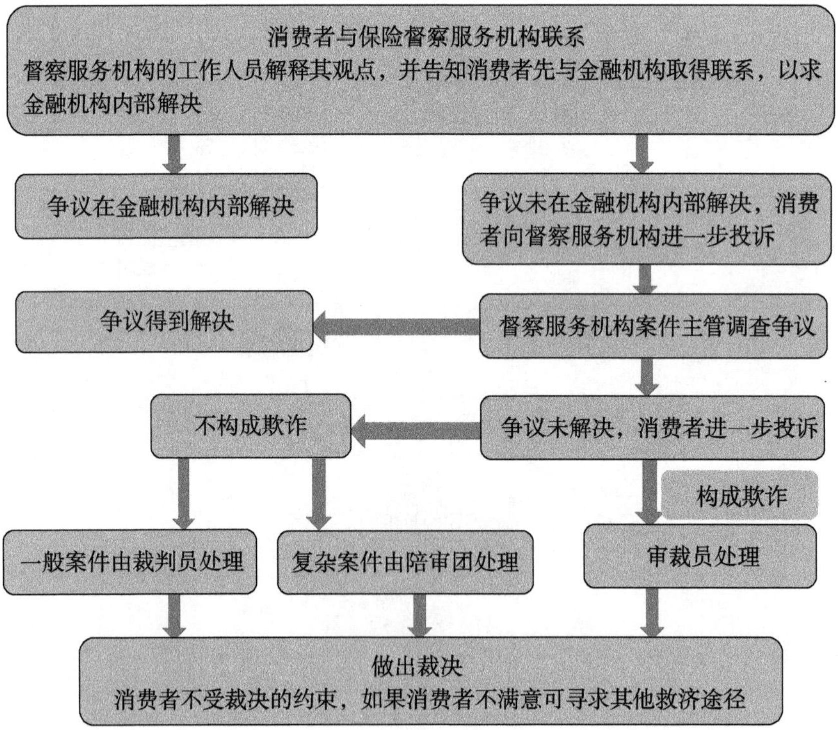

图2

3. 德国

德国金融领域申诉专员制度处理投诉和纠纷的一般流程是:(1)投诉——受理——协商。作为行业协会成员的各金融机构都设有专人负责与申诉专员联系并参与协商处理纠纷。金融消费者以书面方式提出投诉,如果属于申诉专员管辖权范围并符合受理条件,受理后首先将投诉内容向投诉对象转达,敦促其主动与投诉人协商,如双方协商达成和解,纠纷即可得到解决。一般时限为1个月,可适当延长。(2)调解。如果协商不成,申诉专员可以作为中立第三方主持调解。在行业协会成员事先承诺的情况下,参与调解为其强制性义务;在法律规定调解前置的各州,申诉专员调解则属于法定必经程序。调解不成时,调解机构可出具调解终结书,当事人据此可以向法院起诉。(3)调查——裁决。申诉专员可以独立进行调查、作出判断、提出调解建议,在调解不成时可以直接作出裁决。其中5000欧元以下的裁决,金融机构通常承认其拘束力,消费者一方则可选择是否接受。这种程序强调行业协会成员的自律和义务,对于消费者一方更加有利。全部程序一般不超过5个月。

德国私人银行申诉专员机制程序中,在调解程序之前,有一个前审程序。

银行业协会成立了客户投诉处,消费者可向该部门进行投诉,对情况进行简短描述,并附上必要材料。客户应保证未就该争议提起诉讼,未向仲裁机构或其他从事调解的机构进行过投诉,亦未同银行达成庭外和解,客户投诉处则确认已经收到的投诉,并向客户寄送有关未来程序的说明材料。

客户投诉处审核银行是否已经参加调解程序,并对材料进行审查,必要时会要求投诉人提供补充材料;若从客户的描述、所附材料以及银行表态中无法推导出投诉标的,则不得启动程序,而将此通知客户,如客户未在一个月之内修正材料,则程序即告结束,客户可以在提供补充性和针对性信息后重新投诉。

客户投诉处如确定银行没有参加调解程序,在告知投诉人后,将投诉转至有管辖权的调解部门。如投诉相对人没有参加调解程序,在德国也没有分支机构,但在欧洲经济区协议的另一缔约国设有分支机构,客户投诉处可告知投诉人当地有何调解的可能。应投诉人的申请,客户投诉处将投诉转至享有管辖的调解处,如任何调解部门均不享有管辖权,投诉退回投诉人。

4. 我国台湾地区

我国台湾地区金融消费纠纷处理机制的程序包括金融机构先行处理程序、评议中心评议程序、评议书的效力确定程序。

①金融机构先行处理程序

产生金融消费纠纷后,金融消费者首先应向金融机构进行投诉,这也是便于金融机构自我纠错。金融机构应自受理投诉之日起30日内进行处理,并将处理结果反馈给消费者;如果金融消费者不接受处理结果或者金融机构超过30日仍未对投诉给予处理,则金融消费者可以在收受处理结果或期限届满之日起60日内,向评议中心申请评议。金融消费者未先向金融机构提出投诉,直接向评议中心提出评议申请的,评议中心依法不能直接受理,而是会将投诉移交金融机构,请其先行处理。

②评议中心评议程序

申请评议与受理。金融消费者申请评议的,应填写申请书,载明当事人名称及基本资料、请求标的、事实、理由、相关文件或数据及金融机构未妥当处理投诉的情况。评议中心经审查后认为符合受理条件的,予以受理。

调处(调解)。受理后,评议中心工作人员会召集双方当事人,厘清争议问题并试行调处。调处是必经程序,主要目的是在第三人的主持下,要求当事人提交各种材料和证据,明晰双方的主要争议点和诉求,并在第三人的斡旋下进行协商,以期达成和解。此外,调处程序会形成一套完整的案件材料,以便调处不成的话后续评议委员的书面审理工作。调处成功的,可以将调处结果制作成调处书,并送请法院审核,产生法定效力,争议即告解决。评议中心期待调处的成功率在80%以上,当事人任一方不同意调处或经调处不成功的,案件进入评议程序。

预审与评议。案件进入评议的,由评议委员会主任委员指派评议委员三人以上组成预审委员会对案件先行审查,并提出审查意见报告。预审委员会根据案件材料进行是非曲直判断,在报告中对争议作出初步裁决,比如金融机构是否违反了法定义务而应当负赔偿责任,赔偿数额是多少等。预审委员会应将审查意见报告提交评议委员会评议。评议委员会应本着公平合理的原则审查斟酌评议事件的所有情况,在全体评议委员1/2以上出席,出席的评议委员1/2以上同意评议决定时,作出的评议决定才是有效的评议决定。评议委员会应以评议中心的名义作出评议书,送达当事人。

③评议书的效力确定程序

当事人表示是否接受。当事人应于评议书所载期限内,以书面形式通知评议中心,表明接受或拒绝评议决定之意思。评议书认定金融机构须负赔偿责任的,且投资型商品或服务的赔付金额在100万元新台币以内,非投资型商品或服务的赔付金额在10万元新台币以内,如果金融消费者表示接受评议决定的,则金融机构必须接受此评议决定。如果赔付金额超过上述额度,但金融消费者表示愿意缩减赔付金额至上述额度的,金融机构也必须接受。消费者拒绝接受评议决定的,评议不成立,可另行诉诸司法诉讼。

法院核准。评议成立的,《金融消费者保护法》赋予评议决定和司法判决相同的法律效力,即金融消费者可以于评议成立之日起 90 日内申请将评议书送至法院核准。除违反法律规定违背公共秩序或有其他不能强制执行的原因外,法院对于评议书应予核准。换句话说,法院对评议书的审查只是形式审查,只有在非常例外的情形下法院才会认为评议不合格。评议书经法院核准即产生既判力,当事人就该事件不得再行起诉或申请评议。金融机构拒绝履行的,消费者可以请求司法机关采取强制执行措施。

(二)非强制性前置程序

1. 美国

FINRA 推荐投资者在采取调解或仲裁方式解决纠纷之前,先将问题报告给证券公司的部门经理,通过与证券公司的管理层进行协商来解决证券纠纷。部门经理在通常情况下拥有足够的权力和洞察力,可以采取相应的措施很快解决纠纷。如果只是由于双方之间存在误解而发生纠纷,那么部门经理的介入就已足够使双方误解消除并恢复正常交易。当然,这个步骤只是 FINRA 推荐的做法,并不是进入调解或仲裁程序的必经阶段。在正式进入仲裁程序之前,FINRADR 一般会建议证券纠纷当事人通过调解来解决纠纷。

在 FINRA 受理的调解案件中,当事人最终通过达成协议来解决纠纷的比例高达 75% 到 80%。根据 FINRADR 制定的《证券纠纷调解程序守则》(Code of Mediation Procedure)的规定,当事人进入 FINRADR 的调解程序前需要先填写申请表。当 FINRA 纠纷解决机构的工作人员收到申请后,会联系另一方当事人解释调解的程序,并帮助双方达成调解协议。一旦双方达成交付调解的协议,当事人可以在 FINRA 的调解员名单中或在名单之外合意选择一位调解员。如果当事人选择的是 FINRA 调解员名单中的调解员,那么 FINRA 会向当事人提供该调解员的个人信息和背景资料。调解员在双方之间充当沟通的媒介,并在双方确定调解会议的日期进行调解。调解的地点可以在 FINRA 设立的固定地点,也可以在调解员本人的办公室内,甚至可以通过电话进行调解。

调解的自治精神贯彻在整个调解程序始终。FINRA 的证券纠纷调解程序如图 3 所示:

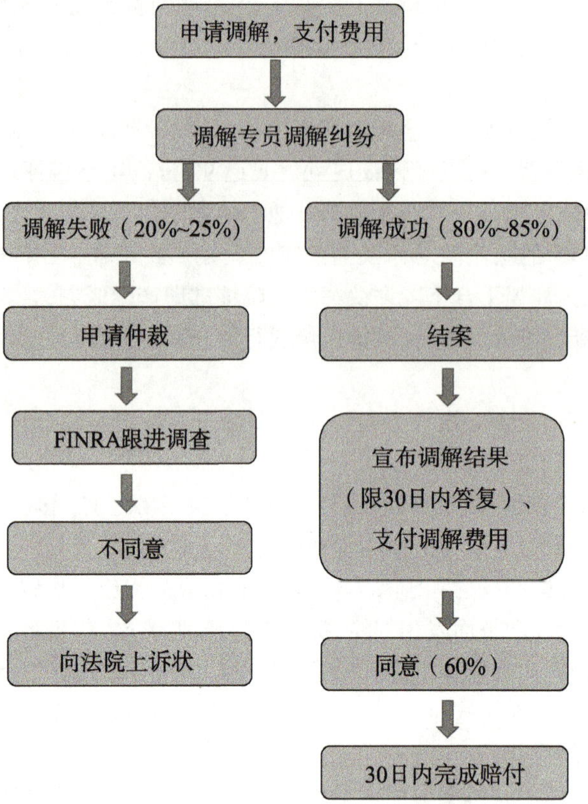

图3

2. 日本

当前日本金融纠纷调解机制的运作流程[1]主要包括:第一,基于申请,由行政部门指定纠纷解决机构并予以监督。第二,金融机构与指定的纠纷解决机构事先缔结"同意实施程序基本合同"以规范双方的行为。第三,当出现金融纠纷时,金融纠纷当事人向相关纠纷解决机构申请解决纠纷;当纠纷解决机构收到申请之后,首先必须审核申请,同时相关金融机构也必须尽快提交与金融案件相关的资料。第四,在解决纠纷的过程中,相关纠纷解决机构必须遵从案件当事人的意愿,运用专业的金融纠纷调解能力,促进当事双方达成金融纠纷的和解。第五,若经过调解后,当事

〔1〕 杨东、毛智琪:《日本证券业金融 ADR 的新发展及启示》,载《证券市场导报》2013 年 7 月。

人双方不能达成和解协议的，则由纠纷解决委员制定特别调停案，金融机构依此来解决金融纠纷。

与金融服务机构产生纠纷时，金融消费者可以选择向已获认证的纠纷解决机构申请解决纠纷，也可以自由决定利用其他纠纷解决机制解决，如诉讼及国民生活中心和消费者中心的相谈、调停制度等。当消费者既利用ADR机制又进行诉讼时，要向纠纷解决机关通告其诉讼情况，纠纷解决机构将终止相关纠纷解决程序。

日本金融非诉讼纠纷解决机制在尊重纠纷解决机构自主性的同时，力求发挥ADR机制的灵活性。其沿袭了《金融商品交易法》《日本银行法》等基本法律制度的做法，将金融纠纷具体分为苦情和纠纷两类，并依此设计了苦情处理程序与纠纷解决程序。其中，苦情即投诉，指金融消费者对金融商品、服务以及其他营业活动等相关内容的不满而进行投诉。纠纷是我国一般意义上理解的纠纷，指消费者的投诉不能得到解决而向纠纷解决机构提出的申请内容，或者消费者直接向纠纷解决机关提出的申请内容或者金融服务机构向纠纷解决机关提出的申请内容等。

苦情处理程序。当消费者向指定纠纷解决机关提出苦情解决申请并被受理后，纠纷解决机构将详细记录与纠纷相关的所有内容，并将该信息传达给金融服务机构。必要时，纠纷解决机构将对纠纷进行调查，要求金融服务机构提供纠纷解决方案，而后将该方案通报消费者一方，并表明自己关于方案的意见。若消费者同意该方案，则纠纷解决机构将对该解决方案予以确认，纠纷解决程序即告结束。此程序并非必经程序。

纠纷解决程序。在消费者的投诉不能得到解决，或者金融纠纷的一方（消费者或者金融服务机构）向纠纷解决机构提出纠纷解决申请并被受理后，纠纷解决机关将依据《金融商品交易法》《日本银行法》等关于纠纷解决委员资格的规定，选任纠纷解决委员，并宣布纠纷解决程序。在听取各方意见，审查相关证据资料，确认客观掌握案情的基础上，纠纷解决委员会将提出和解方案或者做成特别调停方案。如双方都不能接受方案，则可以选择诉讼或其他方式解决纠纷。

3. 韩国

韩国金融监督院金融争议调解委员会在对纠纷进行调解时，其运作程序包括申请、劝告和解、和解不成进行调解，并无特别设置的前置程序。

①调解的申请

有关金融机构、存款人等金融用户及其他利害关系人，发生金融纠纷时，可向院长提出纠纷调解申请，申请人在向院长提出申请时，应提交调解申请书。金融纠纷处理有关人员收到金融纠纷调解申请后立即打电话或通过邮寄方式通知与纠纷有关的人。

②劝告和解

如果院长认为通过当事人的和解有可能圆满解决纠纷的,可以口头或书面劝告当事人进行和解。院长在作出和解劝告后,认为有必要的,可要求该案件的有关利害关系人出席参加和解。当事人之间达成和解的,应制作三份和解书,由双方当事人签字或者盖章,经确认后,双方当事人各持一份,监督院保留一份。作为一方当事人的金融相关机构自收到和解书之日起20日内应根据和解书内容采取措施,并将结果及时报告院长。若当事人拒绝院长的和解劝告或者没有正当理由未按时出席和解劝告程序的,视为和解不成立。[1]

③和解不成,由委员会进行调解

委员会应当在案件被提交之日起60日内进行审议并作出调解决定。若委员会的调解已经没有实际利益的,可作出驳回决定。委员会结束对案件的审议、决议时,应将结果上报院长,院长应将委员会的决议内容附委员会的调解决定书或驳回决定书通知当事人。如果当事人接受了通知的调解方案,则该调解方案具有与法庭上和解同样的法律效力,即具有既判力。当事人一方或双方收到调解决定通知后,在规定期限内没有接受调解决定的内容,则视为调解不成立,调解不成立的,院长应将不成立的事实及理由予以明示并通知当事人,金融相关机构不接受调解方案的,应向院长提出其理由。在调解中,如果一方当事人在提起诉讼,调解中止并将此事实向双方当事人通报。调解成立后,金融机构从调解成立之日起20日内把处理结果向金融监督院院长报告。调解成立后若一方拒绝履行时,另一方可以以金融纠纷调解委员会出具的调解书,向管辖法院申请对对方财产的强制执行。[2]

4. 香港地区

在香港地区,香港金融调解中心对纠纷的基本处理方式是自愿申请、居中协调、先调解后仲裁、“一裁终局”。相对于法庭处理模式,金融调解中心的模式更快捷、更便利、更经济。经投诉人申请、调解计划主任审核后,调解中心安排调解员对双方进行保密调解。调解员不能就裁决争议的实质内容或有关内容作出有约束力的决定,也无权作出任何金钱方面的裁决或向当事人施加任何罚则。如果能协商达成一致和解,则应当签署《经调解的和解协议》,如果调解不成,可由投诉人提出书面申请,并经当事人同意后,进行“一裁终局”式的保密仲裁。仲裁原则上应以书面审理的方

[1] 董新义、杨康译:韩国金融监督院《金融纠纷调解细则》第20条、第21条。

[2] 韩国《金融委员会设置法》第56条。

式进行,仲裁裁决具有最终法律效力,可作为合约债项通过法院追讨或者强制执行,对当事人都具有约束力,不可予以复核,投诉人不可基于事实问题上诉。只有在仲裁员犯了法律上的错误或有不当行为的情况下,申诉人才可以提出上诉。仲裁员的个案裁决不具有先例约束力。

金融纠纷调解机制的运作程序[1]具体如下:

①消费者提出咨询或投诉申请。消费者就金融消费争议向调解中心提出咨询申请或投诉。

②正式提出申诉。消费者填妥申诉表格并提交至调解中心,同时支付相应的申诉费用。

③调解当值主任审核申诉。接到消费者的申诉表格后,调解中心负责调解计划的当值主任需要向金融机构和消费者索取相关资料,并审核申诉请求是否在调解中心的职权范围内,决定是否受理该案件。

④安排调解。申诉请求通过审核后,调解中心将安排经过双方认可的独立的调解员召集当事人参与调解会议,调解过程和结果对外保密。调解员的主要任务在于促成双方达成和解协议,但无权对纠纷案件本身做出实质性裁决,调解结果属于自愿性质,并没有强制性的约束力。

⑤调解不成,进入仲裁。在当事双方无法经过调解达成和解协议时,申诉人可以选择在金融纠纷调解中心协助下将案件提交仲裁,或者放弃仲裁直接进入诉讼环节。仲裁员的选定需双方同意,仲裁员裁定的结果对争议双方均具有约束力而且是最终裁决,即选择仲裁方式解决纠纷的消费者在收到仲裁结果后,无论满意与否都必须接受,而不能继续将案件提起诉讼。

(三)小结及启示

加强与司法的联系和衔接、使金融纠纷调解解决机制与诉讼、仲裁有机的联动才能使金融纠纷最为公正、高效地得到处理。美国 FINRA 推荐投资者与金融机构管理层先行协商,但不是调解前置必经程序。FINRA 采取调解与仲裁相分离的原则:如果涉案纠纷与 FINRA 的未决仲裁事项有关,调解单独进行,仲裁程序不中止,也不延期,除非当事人另有约定。当然,当事人也可以选择中止或延缓仲裁程序。如此便可以加快调解的速度而不影响未决仲裁事项,从而鼓励当事人尽量利用调解方式来解决争议。经过调解达成的书面协议会将双方调解的结果以合同条款的形

[1] 胡春冬:《香港金融纠纷调解机制运作情况与启示》,载《西部金融》2013 年第 9 期。

式写明,该协议经双方签署后对证券纠纷当事人双方都有合同法上的约束力。

与美国不同,英国FOS的调解启动之前有必经程序,即被投诉金融机构需要在在8周内先行处理,然后才能转入FOS程序。在德国,银行业协会成立了客户投诉处,消费者可向该部门进行投诉,对情况进行简短描述,并附上必要材料。客户投诉处对材料进行审查,必要时会要求投诉人提供补充材料。若从客户的描述、所附材料以及银行表态中无法推导出投诉标的,则不得启动程序。

在运行程序方面,美国FINRA调解的自治精神贯彻在整个调解程序始终。具体程序设计包括提起调解、选定调解员、调解排期、进入调解、调解结案,FINRA推荐投资者与金融机构管理层先行协商,但不是调解前置必经程序,且调解程序和仲裁程序分开进行。证券纠纷当事人可以在仲裁程序开始之前先选择进行调解,或者在仲裁程序开始后要求进行调解,也可以同时要求开始仲裁程序和调解程序。因为调解程序和仲裁程序两者的运作方式不同,而且可以同时进行,调解程序的失败不会减缓仲裁程序的进度。除非纠纷双方当事人都同意在调解结束之前暂停仲裁程序,仲裁程序受调解程序的影响并不大。

此外,各国各地区的FOS制度基本上遵循了当事人向ADR机构申请调解、机构受理并选定调解员、了解案情、进行调解、做出裁决的运作流程。在程序上,保持金融申诉专员机构通过适当的结构设立与程序安排,将金融机构内部纠纷解决、协调、调解、仲裁等多种纠纷解决方式融合,使诸多纠纷解决方式相互联系与影响,共同构成整体的系统性的结构体系,从而发挥各种纠纷解决方式的优势,提高效率,降低成本。以英国FOS为例,其处理纠纷程序可以分为四个阶段,分别为金融机构内部处理阶段、纠纷受理阶段、调解阶段和裁决阶段。各程序之间具有连续性,前三阶段都受到裁决阶段的影响,是FOS能够有效、快捷解决纠纷原因所在。我国台湾地区的金融消费评议中心与之类似,处理金融争议的程序包括金融机构先行处理程序、评议中心评议程序以及评议书的效力确定程序三大部分,其中金融机构先行处理程序为必经程序,各程序层层递进、清晰明了,有助于快速解决金融消费争议。

三、关于调解的效力问题

在调解方案的效力方面,各国规定不同具体见表3,但总体而言,各国或地区均倾向于赋予调解协议以法律效力,有的国家如德国,更为明确具体,规定纠纷金额低于一定限额则对金融机构产生强制力;超过这个限额,对双方均不产生强制力。我国台湾地区也有类似规定,这是一种比较有意义的尝试,我国可以考虑加以借鉴。(见表3)

表3

国家或地区	调 解 效 力
美国	和解协议具有终局效力,可强制执行(FINRA 有权对会员采取处罚措施),不得再起诉或仲裁
英国	金融消费者可以向法院申请强制执行裁定书,被投诉金融机构可在3个月内向法院申请司法审查
澳大利亚	处理结果包括建议和裁决两种,收到建议之后30日内若均对建议表示接受,则具有法律约束力;裁决是终局裁定,消费者有权30日内决定是否接受,金融机构则无权对裁决选择接受或拒绝
德国	私人银行调解的纠纷金额若低于5000欧元则对银行产生强制力(不包括投诉人,投诉人依然可以法院起诉);超过5000欧元,对双方均不产生强制力
日本	和解方案依双方自愿接受和履行;特别调停方案对金融服务机构具有单方拘束力(除消费者不接受该特别调停案等法定情形外,被申诉的金融机构必须接受)
韩国	若当事人接受了调解方案,则该调解方案具有与法庭上和解同样的法律效力
我国香港地区	调解结果属于自愿性质,并没有强制性的约束力。若调解不成后当事人选择进入仲裁,仲裁裁决具有最终法律效力
我国台湾地区	评议书认定金融机构须负赔偿责任的,且投资型商品或服务的赔付金额在100万元新台币以内,非投资型商品或服务的赔付金额在10万元新台币以内,如果金融消费者表示接受评议决定的,则金融机构必须接受此评议决定。如果赔付金额超过上述额度,但金融消费者表示愿意缩减赔付金额至上述额度的,金融机构也必须接受

(一)美国:调解协议具有终局性效力

弱约束力往往导致当事人对调解的结果存疑最后不得不寻求仲裁或诉讼途径,从纠纷的解决在法律上的确定力上看,这是调解的硬伤。但这一问题在FINRA都得到解决。FINRA建议当事人达成和解方案后共同签订书面的和解协议(大部分调解案件都能达成和解协议),且承诺该协议为终局效力,不得再起诉或仲裁。在法院的支持下,且FINRA也"垄断"证券仲裁的情况下,当事人若想反悔也诉之无门。另外,FINRA掌握着会员证券机构的监管权和注册权等,可以有效威慑证券机构履行和解协议;对于非会员的证券机构,也能产生相似效果。FINRA的调解机制设计避免了调解一贯的"中转站"的尴尬角色,使其具有一锤定音的硬气,这对于小额且案情简单、申诉人数量众多的证券纠纷来说是一个理想的救济途径。但这种制度的创新能在中国的法律土壤上得到多大程度的借鉴适用,值得考量。

(二)英国FOS裁定书的执行和司法审查

FOS作出的裁决对证券商具有强制约束力,而对投资者的效力则取决于投资者自己的决定。如果投资者愿意接受FOS裁决结果,那么投资者可以接受其效力,如果不愿意接受裁决,投资者还可以采取诉讼等其他方式来寻求对自身利益的保障。一旦裁定书被金融消费者接受,消费者和有关金融机构都要受裁定书的制约。被投诉的金融机构须立即履行裁决书中规定的金钱赔偿和“指示”义务。如果金融机构曾在FOS处理纠纷初始阶段自愿达成过协议,该协议也应马上履行。消费者未收到相关的赔偿可以向FOS反映该情况,FOS会要求相关金融机构尽快履行义务。

FOS本身并无权强制执行调解专员的裁定书,但可以将该情况通报给金融服务局,金融服务局会采用取消牌照等措施要求有关金融机构遵循FOS的裁定。如果有关金融机构因为陷入经济困境而无法支付赔偿金额,FOS会立即将有关案件转交给其合作机构——“金融服务补偿计划”处理。金融消费者可以去法院申请强制执行裁定书。金钱赔偿的裁定被视为郡法院的裁决,申诉专员的“指示”等同于法院的强制令(injunction),都可以通过法院的程序强制执行。因此,选择正确的法院和正确的强制执行程序对消费者来说至关重要。

裁定书经消费者确认生效后,被投诉的金融机构如果不满裁定书的结果,可以在3个月内向法院申请司法审查(judicial review)。司法审查不会根据纠纷中的事实情况来重新审查申诉专员的决定,而是会集中研究申诉专员作出裁定的过程。在具体的司法实践中,法院经常审查的内容就主要包括申诉专员是否遵守正确的程序规则,最终裁决是否过度地有悖常理和申诉专员是否给予双方一个公正的听证机会等。此外,即使法院认定该裁定书无效,法院也不会按照案件事实作出自己的判决,而是会将该案件转回给FOS重新审理。

(三)澳大利亚FOS调解的法律效力

在澳大利亚,FOS的决定包括建议和裁决两种,双方当事人在收到建议之后的30日内,如果均对建议表示接受,则该建议将具有法律约束力;裁决是FOS管辖框架内的终局裁定,只有消费者有权在收到裁决起的30天内决定是否接受这一裁决,金融机构则无权对裁决选择接受或拒绝。

对于FOS案件的处理意见,金融消费者有权选择是否接受,如果消费者选择接受,金融机构必须接受;如果消费者对处理结果不满意,可以选择诉讼、仲裁等其他救济方式。FOS的纠纷解决方式还有可能涉及谈判、调解或达成一个决定。即纠纷还有可能由FOS的案件主管调查案件,并尽可能通过协商调解来解决案件;也可能被提交至

FOS 的调解员处,调解员邀请消费者和金融服务提供者共同参加电话调解。如果消费者对于案件主管和调解员的解决结果仍不服,则可将争议提交至 FOS 的陪审团(panel)或裁判员(adjudicator),则陪审团或裁判员会对金融服务提供者(而不是消费者)作出一个裁决。若金融服务提供者对裁决不服,则可以向法院起诉。

(四)德国私人银行申诉专员机制调解的法律效力

1. 如果投诉标的未超过 5000 欧元,则申诉专员的调解对银行具有拘束力,在这种情况下,银行不得向普通法院提起诉讼,而投诉人则可向普通法院提起诉讼。

2. 涉及更高投诉标的程序所达成的裁决对当事人双方没有拘束力。收到此类裁决 6 周内,可通过书面形式通知银行协会客户投诉处接受裁决,在此当事人没有义务一定要接受调解裁决,还可向法庭起诉。期限届满后,客户投诉处将结果告知当事人各方,程序遂告结束。

3. 如消费者就银行未为其开立汇划账户提起投诉,调解裁决限于审查银行是否遵守了德国信贷业联邦协会有关"人人拥有汇划账户"的建议。

如果客户不愿接受调解员的调解,他们仍有权向法院提起诉讼,在调解程序进行期间,他们不会因超过法定时效期间而丧失诉讼权利;但已进入诉讼程序的纠纷不得参与调解,已经参加其他调解程序的争议不得再参与调解员机制的调解。概括起来,该机制有以下特点:(1)程序灵活,时间短。(2)保护消费者权益。对消费者免费,且调解书对消费者也没有必然约束力。(3)仅对 5000 欧元(合 47,000 元人民币)以下的投诉标的具有约束力。银行不得向普通法院提起诉讼,而投诉人则可向普通法院提起诉讼。

(五)特例

1. 日本:特别调解方案具有一定拘束力

一般而言,基于纠纷解决委员提出的和解方案或做出的特别调解方案,金融服务机构和金融消费者达成和解后,纠纷在金融纠纷解决机构阶段即可解决。其中,和解方案依双方自愿接受和履行;而特别调停方案则具有一定拘束力,即在当事人之间不能达成和解的情况下,如果纠纷解决委员认为能够依照纠纷的性质、当事人的意向以及其他已有的情况来客观认定纠纷、作出公正决断时,委员会便可以做成特别调解方案,金融服务机构方对于调解方案原则上必须接受,该方案对其具有单方拘束力。倘若金融消费者也不接受该调解方案,或者其后金融服务机构提起了诉讼,则该调解方案将自动失效。

2. 韩国:调解方案具有与法庭上和解同样的法律效力

金融监督院金融争议调解委员会在进行调解时,如果当事人接受了通知的调解方案,则该调解方案具有与法庭上和解同样的法律效力,即具有既判力。当事人一方或双方收到调解决定通知后,在规定期限内没有接受调解决定的内容,则视为调解不成立,调解不成立的,院长应将不成立的事实及理由予以明示并通知当事人,金融相关机构不接受调解方案的,应向院长提出其理由。在调解中,如果一方当事人在提起诉讼时,调解中止并将此事实向双方当事人通报。调解成立后,金融机构从调解成立之日起 20 日内把处理结果向金融监督院院长报告。调解成立后若一方拒绝履行时,另一方可以以金融纠纷调解委员会出具的调解书,向管辖法院申请对对方财产的强制执行。[1]

3. 我国台湾地区:经法院审核通过具有与民事判决相同的效力

我国台湾地区"金融消费评议中心"受理金融消费者评议申请后,会召集双方当事人,厘清争议问题并试行调处(调解)。调处成功的,可以将调处结果制作成调处书,并送请法院审核,产生法定效力,争议即告解决。当事人任一方不同意调处或经调处不成功的,案件进入评议程序,评议委员会应以评议中心的名义作出评议书,并送达当事人。

正如前文"'强制性前置程序安排'章节中'台湾地区'"经验介绍部分所述,对于小额评议决定,除非消费者不接受该评议决定从而不对金融机构产生约束力外,一旦金融消费者接受评议决定,或者即使申请赔付金额超过小额赔付范围但金融消费者愿意缩减至小额赔付范围的,则金融机构必须接受该评议决定。

同时,根据台湾地区金融消费者保护法的规定,评议成立的,法院一般都会尊重评议程序并核准评议决定,只有在非常例外的情形(例如违反法律规定、违背公共秩序或有其他不能强制执行的原因)下,法院才不会核准评议决定。评议决定一经法院核准即会产生与法院判决相同的效力,当事人就该纠纷不得再行起诉或申请评议。金融机构拒绝履行的,消费者还可以申请法院采取强制执行措施。

(六)小结及启示

调解结果的法律效力方面,在美国,FINRA 建议当事人达成和解方案签订的和解协议,且当事人承诺该协议为终局效力,不得再行起诉或仲裁。法院也对 FINRA 证券仲裁做法给予支持,且 FINRA 可以借助证券监管权督促会员证券机构履行和解协议,也能对非会员的证券机构产生相似效果。在英国,FOS 的裁决对金融机构具有约束力,而对消费者并不当然具有约束力,消费者享有选择权。若消费者同意

[1] 韩国《金融委员会设置法》第 56 条。

该裁决，则该裁决对金融机构和消费者双方发生强制力，金融机构若不履行裁决，消费者可申请法院强制执行；若消费者不接受最终裁决，则可直接向法院起诉。在澳大利亚，FOS 做出的决定有建议和裁决两种。对于建议，如果金融机构和消费者均对建议表示接受，则该建议具有法律效力。对于 FOS 做出的裁决，其效力类似英国 FOS 做出的裁决的效力，对金融机构具有当然约束力，而对消费者则无当然的约束力，消费者享有接受或不接受的权利。在德国，BDB 调解决定对当事人是否产生强制力，视调解的结果的金额来确定。如果调解金额低于 5000 欧元即属于小额调解结果的，其对银行具有约束力，而对消费者的投诉人不具有当然的约束力，投诉人不满意的仍可向法院起诉。而对调解的金额高于 5000 欧元的属于较大金额的调解的，则调解裁决对双方都不必然产生约束力。

日本的指定纠纷解决机构经过调解之后作出的特别调解方案，金融机构必须接受。而整个调解程序会引起时效中断的效力，若因金融机构不履行而导致纠纷解决程序进行不顺利，程序实施期间内时效并不消灭，以便确保消费者能通过诉讼途径解决争议。韩国金融纠纷调解机构作出的调解方案虽然对于金融机构没有单方面拘束力，但是如果双方当事人都接受金融纠纷调解委员会的调解，就承认其具有与法庭上的和解同等效力，而法庭上的和解具有强制执行效力。香港金融调解中心的调解程序属自愿性质、无约束力及非公开的，但调解失败时，调解中心可协助申诉人按其意愿把个案转交仲裁，仲裁裁定具备最终的约束力。我国台湾地区证券投资人保护中心金融消费评议中心制作的调处书和评议书，送请管辖法院审核核准，一经法院和审核和核准通过，该调处书和评议书就具有与民事判决相同的效力。

四、结语

从域外国家或地区关于证券期货纠纷调解解决的程序安排以及启示来看，长远来看，我国可以在将来的《证券法》修改、《期货法》制定、《民事诉讼法》修改等法律修改或制定之际，将调解解决证券期货纠纷的受案范围、金融机构先行处置纠纷程序、一定金额以下的调解协议对金融机构具有拘束力的规定等纳入法律之中，这样才会为证券期货纠纷的调解解决提供予制度的保障。短期来看，可以通过最高人民法院和中国证监会联合制定调解相关文件，为证券期货纠纷的调解提供具体可操作的程序性制度。作为应有之义，我国也应借鉴其他国家或地区的做法，建立全国性的、完全中立性的、专业的证券期货纠纷调解机构。

研究综述

2016 年金融服务法核心期刊论文盘点与分析

吕 特* 张龄方**

金融服务法学是法学中的热门学科。在新发展理念的指导下,2016 年我国的金融服务法学研究取得了长足进展。为了更详细地分析 2016 年我国金融服务法学研究取得的进展,我们对 2016 年发表在 29 本"法学核心期刊"——具体包括《中国社会科学》、21 本当年的 CSSCI 法学类来源期刊、6 本当年的 CSSCI 法学类扩展版期刊以及《财经法学》[1]——上的金融服务法论文进行了统计。这是一个较宽的统计范围,能够较为充分地反映我国金融服务法学研究的基本情况。当然,如果能够将所有的 CSSCI 来源期刊上的金融服务法论文统计进来会更好,例如邢会强在《首都师范大学学报(社会科学版)》2016 年第 1 期就发表了一篇金融法的论文。[2] 但这样的工作量巨大,因此,暂时没有统计进来。尽管如此,本分析以数据说话进行实证分析,还是具有一定的说服力的,可以为评价我国 2016 年的金融服务法学研究提供相应的参考。

一、金融服务法内部不同板块分析

本次统计范围内的 29 本期刊合计刊载金融服务法学文章共 97 篇,其中证券法研究 33 篇(占比 34%),证券投资基金法研究 3 篇(占比 3.1%),期货法研究 1 篇(占比 1%),银行法研究 4 篇(占比 4.1%),保险法研究 7 篇(占比 7.2%),信托法研究 4 篇(占比 4.1%),货币管理法律制度研究 2 篇(占比 2.1%),金融监管与金融体制改革研究 25 篇(占比 25.8%),互联网金融(含互联网金融监管内容)研究 18 篇(占比 18.6%)。(详见表 1)

---

* 中央财经大学法学院金融服务法专业硕士研究生。

** 中央财经大学法学院金融服务法专业硕士研究生。

[1] 《财经法学》虽创刊较晚(2015 年创刊),但其刊载的金融法论文的质量较高,因此也纳入了统计范围。

[2] 邢会强:《论金融法的法典化》,载《首都师范大学学报》(社会科学版)2016 年第 1 期。

表1　2016年金融服务法学刊文题域一览

论文题域	论文数量	比　　例
证券法(含证券发行注册制改革相关内容)	33	34%
证券投资基金法	3	3.1%
期货法	1	1%
银行法	4	4.1%
保险法	7	7.2%
信托法	4	4.1%
货币管理法律制度	2	2.1%
金融监管与金融体制改革	25	25.8%
互联网金融(含互联网金融监管内容)	18	18.6%

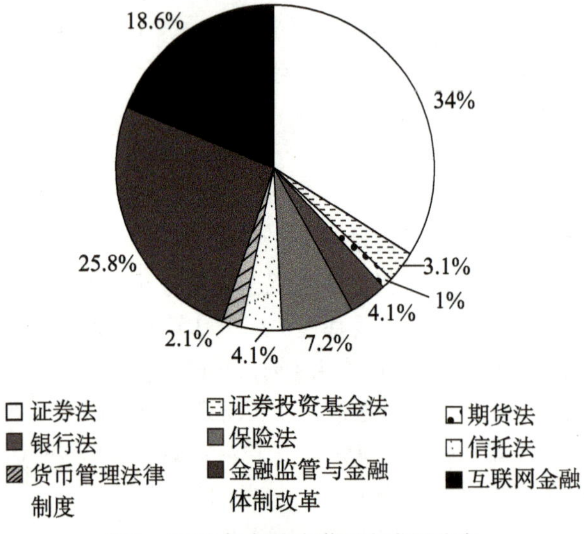

图1　2016年金融法学研究成果分布

具体而言,金融服务法学2016年度论文呈现出以下特征:

(一)证券法学研究火热

29本期刊所刊载的97篇金融服务法学论文中,证券法学方面的论文数量高达33篇,占比高达34%。其中,股票发行注册制改革是证券法学研究的重头戏,33篇证券法学论文中有10篇论文(占证券法学论文总数的比例达30%),这些文章从各个角度对股份发行注册制改革的问题进行研讨。其中,颇具代表性的文章有:由郭锋、邢会强、杜晶合作的《股票发行注册制改革风险评估与对策建议》,[1]邢会强的《股票发行注册制成功实施的三个体制机制条件》,[2]李有星与王琳、金幼芳合作的《注册制改革背景下证券法律的反思与重构——中国证券法学研究会 2016 年年会会议综述》,[3]管晓峰的《股票发行注册制与道德风险》,[4]唐应茂的《股票发行注册制改革的内涵、本质和措施》,[5]彭运朋的《股票发行注册制下审什么?——〈证券法(修订草案)〉相关条款之商榷》,[6]冷静的《注册制下发行审核监管的分权重整》,[7]杨峰的《我国实行股票发行注册制的困境与路径分析》,[8]缪因知副的《股票发行注册制下的行政权再定位》[9]等文章。众所周知,2015 年 12 月,第十二届全国人大常委会第十八次会议审议通过《关于授权国务院在实施股票发行注册制改革中调整适用〈中华人民共和国证券法〉有关规定的决定(草案)》的议案,授权国务院可以根据股票发行注册制改革的要求,调整适用现行《证券法》关于股票核准制的规定,对注册制改革的相关制度作出具体安排。正是基于此原因,2016 年才出现大量研究证券发行注册制改革的论文,由此可见学界专家、学者紧扣国家政策,积极为国家献言献策,贡献自己的力量。

(二)互联网金融热度不减

29 本期刊所刊载的 97 篇金融服务法学论文中,有 18 篇与互联网金融相关。可见当今学界非常热衷于互联网金融的研究。其中包含了大量高质量、高水准的论文,比如:武长海的《论我国互联网金融投资者准入法律制度》、[10]李曙光的《论互联网金融中的法律问题》、[11]李爱君的《互联网金融的法治路径》[12]等。当然,这之中也包含一些实务方面的论文,比如:江苏省高级人民法院夏正芳与李荐合作的《互联

[1] 郭锋、邢会强、杜晶:《股票发行注册制改革风险评估与对策建议》,载《财经法学》2016 年第 6 期。

[2] 邢会强:《股票发行注册制成功实施的三个体制机制条件》,载《财经法学》2016 年第 5 期。

[3] 李有星、王琳、金幼芳:《注册制改革背景下证券法律的反思与重构——中国证券法学研究会 2016 年年会会议综述》,载《财经法学》2016 年第 6 期。

[4] 管晓峰:《股票发行注册制与道德风险》,载《财经法学》2016 年第 6 期。

[5] 唐应茂:《股票发行注册制改革的内涵、本质和措施》,载《财经法学》2016 年第 5 期。

[6] 彭运朋:《股票发行注册制下审什么?——〈证券法(修订草案)〉相关条款之商榷》,载《财经法学》2016 年第 5 期。

[7] 冷静:《注册制下发行审核监管的分权重整》,载《法学评论》2016 年第 1 期。

[8] 杨峰:《我国实行股票发行注册制的困境与路径分析》,载《政法论丛》2016 年第 3 期。

[9] 缪因知:《股票发行注册制下的行政权再定位》,载《财经法学》2016 年第 6 期。

[10] 武长海:《论我国互联网金融投资者准入法律制度》,载《政法论丛》2016 年第 4 期

[11] 李曙光:《论互联网金融中的法律问题》,载《法学杂志》2016 年第 2 期。

[12] 李爱君:《互联网金融的法治路径》,载《法学杂志》2016 年第 2 期。

网金融纠纷民商事审判实务问题研究》[1]等。

尤为值得一提的是,与 P2P 相关的论文有 6 篇(占互联网金融论文总数的 33.3%),由此可见 P2P 在 2016 年中仍旧是一个炙手可热的话题。此 6 篇文章中,包含立法论文章:以中央财经大学专家组所撰写的《个体网络借贷(P2P)监管立法例及解读》[2]为代表;也有从司法角度切入的文章,比如:李永升与胡冬阳合作的《P2P 网络借贷的刑法规制问题研究——以去了近三年的裁判文书为研究样本》、[3]浙江省温州市人民检察院林越坚与李俊合作的《P2P 网贷平台犯罪及司法治理研究》[4]等。从主体角度而言,这些论文更是涵盖三方主体:从监管方的角度研究的论文有宋怡欣与吴弘合作的《P2P 金融监管模式研究:以利率市场化为视角》;[5]从网络平台角度研究的论文有周新生的《P2P 网贷平台消费者基本权利保护——基于服务协议的分析》、[6]赖丽华的《P2P 网络借贷平台的复合民事法律地位》;[7]从金融消费者角度研究的论文有黄勇与徐会志合作的《论 P2P 网络借贷金融消费者权益保护》。[8] 由此可见,学界对于 P2P 的研究可谓是全方位、多角度。同时,与股权众筹相关的论文亦有两篇,包括:马其家与樊富强的《我国股权众筹领投融资法律风险防范制度研究》、[9]上海市人民检察院陈晨的《股权众筹的金融服务法规制与刑法审视》。[10] 可见,2016 年学界在互联网金融领域硕果累累。

(三)金融监管与金融体制改革受到较大重视

29 本期刊所刊载的 97 篇金融服务法学论文中,有 25 篇涉及金融监管与金融体制改革,可见学界在此领域的研究成果颇丰。应当注意的是,2016 年金融服务法领域仅有的 3 篇发表在三大法学权威期刊上的论文,此领域包含了 2 篇,分别是:邢会

[1] 夏正芳、李荐:《互联网金融纠纷民商事审判实务问题研究》,载《法律适用》2016 年第 1 期。

[2] 中央财经大学《个体网络借贷(P2P)监管办法(学者建议稿)》专家组:《个体网络借贷(P2P)监管立法例及解读》,载《财经法学》2016 年第 1 期。

[3] 李永升、胡冬阳:《P2P 网络借贷的刑法规制问题研究——以去了近三年的裁判文书为研究样本》,载《政治与法律》2016 年第 5 期。

[4] 林越坚、李俊:《P2P 网贷平台犯罪及司法治理研究》,载《河北法学》2016 年第 10 期。

[5] 宋怡欣、吴弘:《P2P 金融监管模式研究:以利率市场化为视角》,载《法律科学》(西北政法大学学报)2016 年第 6 期。

[6] 周新生:《P2P 网贷平台消费者基本权利保护——基于服务协议的分析》,载《法学杂志》2016 年第 10 期

[7] 赖丽华:《P2P 网络借贷平台的复合民事法律地位》,载《法学论坛》2016 年第 3 期。

[8] 黄勇、徐会志:《论 P2P 网络借贷金融消费者权益保护》,载《河北法学》2016 年第 9 期。

[9] 马其家、樊富强:《我国股权众筹领投融资法律风险防范制度研究》,载《河北法学》2016 年第 9 期。

[10] 陈晨:《股权众筹的金融法规制与刑法审视》,载《东方法学》2016 年第 6 期。

强的《证券期货市场高频交易的法律监管框架研究》[1]和李文莉的《上市公司私有化的监管逻辑与路径选择》。[2] 此外,还有马其家的《论新时期我国金融监管体制的调整——以我国证券市场行政监管权的重配与协调为视角》、[3]岳彩申与车云霞合作的《民间借贷法律监管的新进路》、[4]中国人民银行吴云与张涛合作的《危机后的金融监管改革:二元结构的"双峰监管"模式》、[5]张勇的《中国"法人导向"的外资银行监管模式评析》[6]等文章。值得关注的是,25篇论文中有5篇论文致力于金融消费者保护的探讨,它们立意精深、角度多元,分别是:何颖的《金融消费者概念的法律定性及规范价值》、[7]黄勇和徐会志合作的《论P2P网络借贷金融消费者权益保护》、[8]董新义的《以功能性规制为基础构建金融消费者保护法》、[9]张继红的《论我国金融消费者信息权保护的立法完善——基于大数据时代金融信息流动的负面风险分析》、[10]李慈强的《论金融消费者保护视野下金融纠纷调解机制的构建》。[11] 2016年金融监管与金融体制改革领域能够有如此多的优秀论文是十分值得称赞的。

(四)比较法视角受到青睐

在研究方法方面,金融服务法学者近年来越来越重视比较法的研究视角,并产出了丰硕成果,如胡光志与张美玲合作的《我国期货市场操纵立法之完善——基于英美的经验》、[12]章武生与成谦合作的《香港证监会代表投资者索赔诉讼案例分析

---

〔1〕 邢会强:《证券期货市场高频交易的法律监管框架研究》,载《中国法学》2016年第5期。

〔2〕 李文莉:《上市公司私有化的监管逻辑与路径选择》,载《中国法学》2016年第1期。

〔3〕 马其家:《论新时期我国金融监管体制的调整——以我国证券市场行政监管权的重配与协调为视角》,载《政法论丛》2016年第6期。

〔4〕 岳彩申、车云霞:《民间借贷法律监管的新进路》,载《河北法学》2016年第5期。

〔5〕 吴云、张涛:《危机后的金融监管改革:二元结构的"双峰监管"模式》,载《华东政法大学学报》2016年第3期。

〔6〕 张勇:《中国"法人导向"的外资银行监管模式评析》,载《河北法学》2016年第12期。

〔7〕 何颖:《金融消费者概念的法律定性及规范价值》,载《财经法学》2016年第1期。

〔8〕 黄勇、徐会志:《论P2P网络借贷金融消费者权益保护》,载《河北法学》2016年第9期。

〔9〕 董新义:《以功能性规制为基础构建金融消费者保护法》,载《国家检察官学院学报》2016年第6期。

〔10〕 张继红:《论我国金融消费者信息权保护的立法完善——基于大数据时代金融信息流动的负面风险分析》,载《法学论坛》2016年第6期。

〔11〕 李慈强:《论金融消费者保护视野下金融纠纷调解机制的构建》,载《法学论坛》2016年第3期。

〔12〕 胡光志、张美玲:《我国期货市场操纵立法之完善——基于英美的经验》,载《法学》2016年第1期。

与借鉴》、[1]刘宏光的《小额发行注册豁免制度研究——美国后 JOBS 法案时代的经验与启示》、[2]刘道远的《中国证券市场国际化改革的法律困境及其破解——以美国证券法制为镜鉴》、[3]李喜燕的《慈善信托近似原则在美国立法中的发展及其启示》、[4]樊云慧的《比特币监管的国际比较及我国的策略》[5]等文章。

二、研究队伍与高产作者分析

2016 年在 29 本期刊上发表金融服务法学论文的作者共有 88 人(对于合作署名论文,本分析报告统计第一作者),发文总数为 97 篇,人均约 1.10 篇。2016 年金融服务法学高产作者共有 8 位(详见表 2)。2016 年金融服务法学方面的 97 篇论文中,包含三大权威期刊论文 3 篇,占金融服务法学论文总数(97 篇)的 3.1%。(详见表 3)

表 2 2016 年度金融服务法学高产作者统计(2 篇以上)

名次	姓名	所在单位	发文数	三大权威期刊数	职称	年龄
1	邢会强	中央财经大学	2	1	教授	35 ~45 岁
2	高旭军	同济大学	2	0	教授	46 岁及以上
2	韩长印	上海交通大学	2	0	教授	46 岁及以上
2	李振涛	山东大学	2	0	无	34 岁及以下
2	缪因知	中央财经大学	2	0	副教授	35 ~45 岁
2	马其家	对外经济贸易大学	2	0	教授	35 ~45 岁
2	沈伟	上海交通大学	2	0	教授	35 ~45 岁
2	杨峰	南昌大学	2	0	教授	35 ~45 岁

---

[1] 章武生、成谦:《香港证监会代表投资者索赔诉讼案例分析与借鉴》,载《华东政法大学学报》2016 年第 4 期。

[2] 刘宏光:《小额发行注册豁免制度研究——美国后 JOBS 法案时代的经验与启示》,载《政治与法律》2016 年第 11 期。

[3] 刘道远:《中国证券市场国际化改革的法律困境及其破解——以美国证券法制为镜鉴》,载《法商研究》2016 年第 4 期。

[4] 李喜燕:《慈善信托近似原则在美国立法中的发展及其启示》,载《比较法研究》2016 年第 3 期。

[5] 樊云慧:《比特币监管的国际比较及我国的策略》,载《法学杂志》2016 年第 10 期。

表 3 2016 年度金融服务法学论文三大权威期刊作者情况统计

作者	所在单位	刊物名称	期数	职称	年龄
邢会强	中央财经大学	中国法学	5	教授	35~45 岁
张春丽	中国政法大学	中国法学	5	讲师	34 岁及以下
李文莉	上海对外经贸大学	中国法学	1	教授	35~45 岁

由此可见,2016 年的金融服务法学研究队伍,呈现以下特点:

(一)金融服务法学研究力量总体分布均衡

2016 年度发表 2 篇以上论文的高产作者有 8 位,合计发表论文 17 篇,占金融服务法学论文总发文数的比重为 17.5%,可见金融服务法学研究力量分布均衡,高产作者并不具有对本学科的垄断地位。从发文单位来看,中央财经大学法学院和上海交通大学凯原法学院均产生 2 位高产作者,可见这两个单位是我国当前金融服务法研究的重镇。

(二)金融服务法学研究地域差距较大

从高产作者的角度分析:8 位高产作者中,3 位来自北京,3 位来自上海,北京、上海两地的高产学者占全国总数的 75%。从三大法学权威期刊发文的情况分析,2 篇来自于北京、1 篇来自于上海。由此可见,北京、上海引领全国金融服务法学的研究,无论是研究人员数量,还是研究质量来看,均处于领先地位。

(三)财经类院校成为金融服务法学研究的重要阵地

从高产作者的角度分析,8 位高产学者中有 3 位来自财经类院校,比例达到 37.5%;从三大法学权威期刊发文的情况分析,3 篇中有 2 篇出自于财经类院校的学者之手,比例高达 66.7%。因而,财经类院校已然成为金融服务法学研究的重要阵地。同时,值得关注的是,中央财经大学法学院的表现不俗。

(四)中青年学者成为金融服务法学研究的中坚力量

表 4 年龄分析

年龄	高产作者人数	占高产作者总数比例	发文数量	占发文总数比例	三大法学权威期刊发文作者人数	三大法学权威期刊发文数量
年龄 < 35 岁	1	12.5%	2	11.8%	1	1
35 岁≦年龄≦45 岁	5	62.5%	11	64.7%	2	2
年龄 > 45 岁	2	25%	4	23.5%	0	0

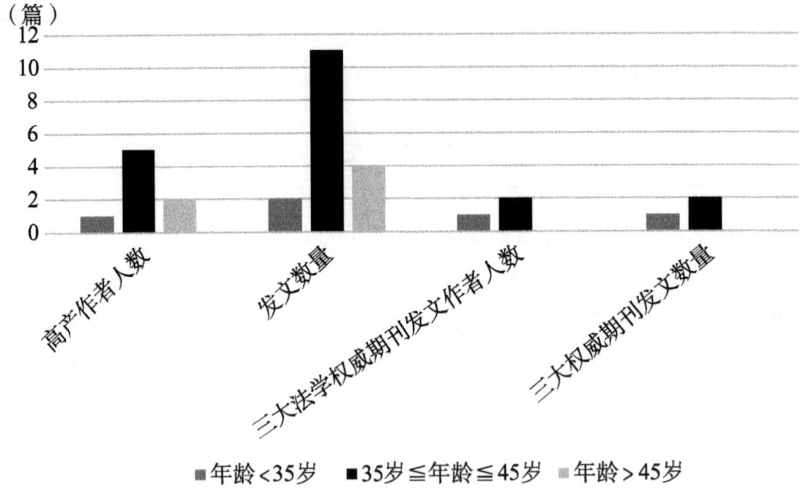

图2　年龄分析

依据表4不难发现:从高产作者的角度分析,8位高产作者中有5位年龄在35~45岁(占高产作者人数的62.5%),5位高产作者合计发文数量为11篇(占高产作者发文总数的64.7%);从三大法学权威期刊发文作者的角度分析,3位高产作者中有2位(邢会强和李文莉)年龄在35~45岁。因而,不难发现年龄在35~45岁的中青年学者是金融服务法学研究的中坚力量。

三、法学院校比较分析

97篇金融服务法学论文的作者来自46家法学科研机构。其中,发表2篇以上(含本数)论文的单位共有18家,其中发表5篇以上的有6家。有关这18家单位的发表论文数、三大权威期刊数等详细情况,见表5。

表5　2016年高产科研单位排名

排名	科研单位	论文数	占总论文数的百分比	三大权威期刊论文数	占金融服务法学三大权威期刊总论文数百分比
1	西南政法大学	9	9.3%	0	0
2	中央财经大学	8	8.2%	1	33.3%
3	华东政法大学	7	7.2%	0	0
4	中国政法大学	6	6.2%	1	33.3%

续表

排名	科研单位	论文数	占总论文数的百分比	三大权威期刊论文数	占金融服务法学三大权威期刊总论文数百分比
4	对外经济贸易大学	6	6.2%	0	0
4	上海交通大学	6	6.2%	0	0
7	北京大学	4	4.1%	0	0
7	南昌大学	4	4.1%	0	0
9	清华大学	3	3.1%	0	0
9	中南财经政法大学	3	3.1%	0	0
11	中国社会科学院	2	2.1%	0	0
11	北京工商大学	2	2.1%	0	0
11	上海对外经贸大学	2	2.1%	1	33.3%
11	同济大学	2	2.1%	0	0
11	厦门大学	2	2.1%	0	0
11	山东大学	2	2.1%	0	0
11	重庆大学	2	2.1%	0	0
11	中南大学	2	2.1%	0	0
合计		72	74.2%	3	100%

(一)西南政法大学、中央财经大学和华东政法大学位列前三名

对于西南政法大学而言,其以9篇的论文数量高居榜首。9篇文章中,除3篇论文由2人合作完成以外,其余6篇均为独自发表;9篇文章的研究范围涵盖了金融监管、互联网金融、证券法等核心领域。通过分析可以发现,西南政法大学的金融服务法研究团队实力比较雄厚。

对于中央财经大学法学院而言,其以8篇论文的数量紧随其后。其中邢会强、缪因知的研究尤其突出。因而,中央财经大学法学院在金融服务法学领域的实力较强。

对于华东政法大学而言,虽然此次仅以7篇的论文数量排名第3,但是其学者所发表的论文涵盖金融监管、金融消费者、金融产品、互联网金融、证券法等众多领域,因而不难发现华东政法大学的研究团队涉及面广、研究能力很强。

(二)中国政法大学、对外经济贸易大学、上海交通大学实力强劲

中国政法大学、对外经济贸易大学和上海交通大学均以6篇的发文数量并列第

4 位。

对于中国政法大学而言,年轻学者张春丽在《中国法学》发文一篇,使中国政法大学在三大法学权威期刊占有一席之地;此外通过分析,不难发现中国政法大学学者所发的6篇文章中有多达3篇专门研讨互联网金融,可见中国政法大学为互联网金融研究倾注了大量资源。

对于对外经济贸易大学法学院而言,马其家以一人之力贡献2篇论文,成为金融服务法领域的高产作者;同时,对外经济贸易大学法学院研究团队的文章多集中在银行法领域(2篇)和互联网金融领域(2篇)。对外经贸大学金融服务法研究团队的实力也是比较强的。

对于上海交通大学凯原法学院而言,虽然其以4篇论文取得第6名的成绩,但此项成绩的取得得益于高产作者韩长印和沈伟的奉献,韩长印与沈伟每人分别贡献2篇论文。但值得关注的是,随着沈伟出任山东大学法学院院长,上海交通大学的佳绩是否能够重续?这令人期待。

(三)北京大学、南昌大学并列第七,清华大学、中南财经政法大学并列第九

北京大学法学院和南昌大学法学院发文数量并列榜单第7位。对于北京大学法学院而言,其凭借4位金融服务法学者"每人1篇"的表现,在科研单位中排名第7。4篇文章中有2篇关注股份发行注册制改革,其余2篇分属证券法领域与信托法领域。作为老牌法学院和金融服务法研究重镇,北大法学院的科研潜力巨大,期待北大法学院2017年有更好表现。

对于南昌大学法学院而言,该院在院长杨峰的带领下,取得了不错的成绩。杨峰作为高产作者以一人之力为南昌大学法学院打下了半壁江山。南昌大学法学院的成绩也是值得称赞的。

同为法学重镇的清华大学法学院和中南财经政法大学发文数量并列榜单第9位。清华大学法学院的3篇文章均关注于证券法领域,可见其研究团队极为重视证券法学的研究。中南财经政法大学的3篇文章中,有2篇关注保险法领域的研究,可见其研究团队颇为重视保险法。

(四)八所科研单位,并列第十一

2016年,有8家科研单位以2篇的发文数量并列榜单的第11位。这8家单位分别是中国社会科学院法学研究所、北京工商大学法学院、上海对外经贸大学法学院、同济大学法学院、厦门大学法学院、山东大学法学院、重庆大学法学院、中南大学法学院。

对于上海对外经贸大学法学院而言,虽该校以2篇的发文数量与其他7家科研

单位并列榜单的第 11 位,但该校与其他 7 家科研单位略有不同。该校李文莉的 1 篇文章载于三大法学权威期刊,因而该校金融服务法学的研究实力不容小觑。

对于同济大学法学院而言,此项成绩的取得全然仰仗高旭军近年来的笔耕不辍。同济大学法学院的 2 篇上榜论文均出自高产作者高旭军之手。高旭军 2 篇论文均关注于证券法领域,可见其在此领域研究能力较强。

对于山东大学而言,此项成绩的取得并非是其法学院在金融服务法研究领域实力卓著,而是其管理学院工商管理科研流动站的李振涛博士发力所致。山东大学的 2 篇上榜论文,均出自高产作者李振涛博士之手。

其他上榜单位中,北京工商大学法学院的关注的领域为证券法与互联网金融,北京工商大学作为一所财经类专业院校,其法学院在进行金融服务法研究时具有得天独厚的优势,因而,其应当为中国金融服务法学研究继续做出贡献;中国社会科学院法学研究所关注的领域为证券法与信托法,厦门大学法学院关注的领域为证券法,重庆大学法学院关注的领域为证券法与金融监管,中南大学的关注的领域为证券法与互联网金融。我们期待这些高校和科研单位在 2017 年在金融服务法研究领域取得更好成绩。

四、附录(2016 年金融服务法学论文汇总)

表 6

期刊名称(数量)	序号	刊期	论文名称	作者	作者单位
中国社会科学(0)	无				
中国法学(3)	1	2016 年第 1 期	上市公司私有化的监管逻辑与路径选择	李文莉	上海对外经贸大学
	2	2016 年第 5 期	我国养老基金投资的审慎投资人规则	张春丽	中国政法大学
	3	2016 年第 5 期	证券期货市场高频交易的法律监管框架研究	邢会强	中央财经大学
法学研究(0)	无				

续表

期刊名称(数量)	序号	刊期	论文名称	作者	作者单位
中外法学(2)	1	2016 年第 1 期	信托受托人的忠实义务	姜雪莲	北京理工大学
	2	2016 年第 1 期	论法律行为视角下的信托行为	金锦萍	北京大学
政法论坛(1)	1	2016 年第 4 期	护盘式股份回购制度的演进及其设计——基于证券市场异常波动应对的视角	李振涛	山东大学
清华法学(1)	1	2016 年第 1 期	股东优先购买权与间接收购的利益衡量——上海外滩地王案分析	彭冰	北京大学
环球法律评论(1)	1	2016 年第 6 期	论金融理财产品法律规范的统一适用	季奎明	华东政法大学
法学(4)	1	2016 年第 1 期	证券交易场外配资清理整顿活动之反思	缪因知	中央财经大学
	2	2016 年第 1 期	我国期货市场操纵立法之完善——基于英美的经验	胡光志;张美玲	重庆大学
	3	2016 年第 10 期	金融行业协会自律的政策定位与制度因应——基于金融中心建设的考量	曹兴权	西南政法大学
	4	2016 年第 11 期	意外伤害保险的契约型塑与内容控制	韩长印;王家骏	上海交通大学
法学家(1)	1	2016 年第 1 期	旅行社责任险的责任范围问题	韩长印	上海交通大学
现代法学(3)	1	2016 年第 1 期	对证监会执法强度的实证分析	张舫;李响	重庆大学
	2	2016 年第 5 期	中国普惠金融的囚徒困境及法律制度创新的路径解析	黎四奇	湖南大学
	3	2016 年第 6 期	证券服务机构 IPO 监督机制研究	侯东德;薄萍萍	西南政法大学

续表

期刊名称（数量）	序号	刊期	论文名称	作者	作者单位
法律科学（西北政法大学学报）(4)	1	2016年第5期	地方金融监管权的理性归位	刘志伟	西南政法大学
	2	2016年第6期	P2P金融监管模式研究：以利率市场化为视角	宋怡欣；吴弘	上海电机学院商学院；华东政法大学
	3	2016年第6期	民营银行股东自担风险立法模式借鉴与选择	杨松；宋怡林	辽宁大学；辽宁科技大学
	4	2016年第6期	人寿保险不丧失价值选择制度之构建	梁鹏	中国青年政治学院
法学评论(7)	1	2016年第1期	我国合作金融中的政府角色悖论及其法律消解	张德峰	湖南师范大学
	2	2016年第1期	注册制下发行审核监管的分权重整	冷静	华东政法大学
	3	2016年第2期	论转轨背景下证券法治逻辑与制度的现代化——兼评《证券法（修订草案）》“一读稿”	徐聪	中国社会科学院
	4	2016年第2期	新常态下我国公司债券违约问题及其解决的法治逻辑	窦鹏娟	华东政法大学
	5	2016年第3期	“全国”金融市场与“地方”法院——中国金融司法的央、地关系视角	黄韬	上海交通大学
	6	2016年第5期	金融创新中的隐性担保——兼论金融危机的私法根源	王乐兵	意大利博洛尼亚大学；对外经济贸易大学
	7	2016年第6期	论我国地方债务风险的金融服务法规制　法学研究	阳建勋	厦门大学
法制与社会发展(0)	无				

续表

期刊名称(数量)	序号	刊期	论文名称	作者	作者单位
法商研究(6)	1	2016 年第 1 期	我国证券法域外适用制度的构建	杨峰	南昌大学
	2	2016 年第 1 期	论我国证券投资补偿基金制度的构建	徐强胜	河南财经政法大学
	3	2016 年第 1 期	非权利人转让股权的处置规则	石一峰	中南财经政法大学
	4	2016 年第 2 期	互联网金融竞争监管制度的构建	曾威	中南大学;信阳师范学院
	5	2016 年第 4 期	中国证券市场国际化改革的法律困境及其破解——以美国证券法制为镜	刘道远	北京工商大学
	6	2016 年第 6 期	国企混合所有制改革背景下员工持股制度的法律构建	蒋建湘	中南大学
比较法研究(2)	1	2016 年第 3 期	慈善信托近似原则在美国立法中的发展及其启示	李喜燕	重庆文理学院
	2	2016 年第 4 期	股份投票权与收益权的分离及其法律规制	李安安	武汉大学
政治与法律(4)	1	2016 年第 3 期	论股票窃用交易中的预期利益损害赔偿及其限制——评“张春英股票被窃赔偿案	安晋城	清华大学
	2	2016 年第 4 期	我国金融体制改革视域下非法集资犯罪刑事规制的演变	何小勇	江苏警官学院
	3	2016 年第 5 期	P2P 网络借贷的刑法规制问题研究——以去了近三年的裁判文书为研究样本	李永升;胡冬阳	西南政法大学
	4	2016 年第 11 期	小额发行注册豁免制度研究——美国后 JOBS 法案时代的经验与启示	刘宏光	清华大学

续表

期刊名称(数量)	序号	刊期	论文名称	作者	作者单位
政法论丛(5)	1	2016 年第 3 期	信用卡纠纷裁判不当问题研究	蓝寿荣	南昌大学
	2	2016 年第 3 期	我国实行股票发行注册制的困境与路径分析	杨峰	南昌大学
	3	2016 年第 4 期	论我国互联网金融投资者准入法律制度	武长海	中国政法大学
	4	2016 年第 5 期	操纵证券市场行为法律认定标准的实证研究与再审视	郑佳宁	中国政法大学
	5	2016 年第 6 期	论新时期我国金融监管体制的调整——以我国证券市场行政监管权的重配与协调为视角	马其家	对外经济贸易大学
当代法学(4)	1	2016 年第 2 期	公司股票期权激励争议处理研究	范围	首都经济贸易大学
	2	2016 年第 4 期	证券市场操纵行为认定研究——行政处罚案例的视角	汤欣;高海涛	清华大学法学院;中国证券监督管理委员会
	3	2016 年第 4 期	大数据时代网上银行的安全保障义务研究	李晗	北京工商大学
	4	2016 年第 6 期	人民币国际化的法治化思考	范笑迎	天津财经大学
华东政法大学学报(3)	1	2016 年第 3 期	危机后的金融监管改革:二元结构的“双峰监管”模式	吴云;张涛	中国人民银行
	2	2016 年第 4 期	香港证监会代表投资者索赔诉讼案例分析与借鉴	章武生;成谦	复旦大学
	3	2016 年第 4 期	政策性保险之政策目的如何融入司法裁判——以《交强险条例》第 1 条的司法适用为中心	张力毅	上海交通大学

续表

期刊名称(数量)	序号	刊期	论文名称	作者	作者单位
法学杂志(6)	1	2016 年第 1 期	论我国团体保险法制完善的路径选择——以要保人的资格规制为中心	温世扬;蔡大顺	中南财经政法大学
	2	2016 年第 2 期	互联网金融的法治路径	李爱君	中国政法大学
	3	2016 年第 2 期	论互联网金融中的法律问题	李曙光	中国政法大学
	4	2016 年第 10 期	P2P 网贷平台消费者基本权利保护——基于服务协议的分析	周新生	安徽大学
	5	2016 年第 10 期	比特币监管的国际比较及我国的策略	樊云慧	山西财经大学
	6	2016 年第 11 期	保险法中合理期待原则适用规则之构建	谢冰清	中南财经政法大学
法学论坛(5)	1	2016 年第 2 期	上市公司重整中行政权运行的偏离与矫正——以 45 家破产重组之上市公司为研究样本	丁燕	青岛大学
	2	2016 年第 3 期	证券市场场外配资监管制度研究	赖华子	南昌大学
	3	2016 年第 3 期	论金融消费者保护视野下金融纠纷调解机制的构建	李慈强	华东政法大学
	4	2016 年第 3 期	P2P 网络借贷平台的复合民事法律地位	赖丽华	江西省社会科学院
	5	2016 年第 6 期	论我国金融消费者信息权保护的立法完善——基于大数据时代金融信息流动的负面风险分析	张继红	上海对外经贸大学
北方法学(1)	1	2016 年第 2 期	私募基金管理人义务统合论	许可	中国人民大学

续表

期刊名称(数量)	序号	刊期	论文名称	作者	作者单位
东方法学(4)	1	2016 年第 2 期	风险回应型的金融服务法和金融规制——一个面向金融市场的维度	沈伟	上海交通大学
	2	2016 年第 2 期	对我国上市公司“双核心监督机制”的反思	高旭军	同济大学
	3	2016 年第 5 期	互联网金融监管的“扶助之手”	赵冉冉	华东政法大学
	4	2016 年第 6 期	股权众筹的金融服务法规制与刑法审视	陈晨	上海市人民检察院;上海财经大学法学院
法律适用(3)	1	2016 年第 1 期	互联网金融纠纷民商事审判实务问题研究	夏正芳;李荐	江苏省高级人民法院
	2	2016 年第 1 期	我国上市公司大额持股变动的法律责任探析	李振涛	山东大学
	3	2016 年第 2 期	保险合同复效制度适用研究——以《最高人民法院关于适用〈中华人民共和国保险法〉若干问题的解释(三)》第 8 条为中心展开	刘振	南京大学;江苏省高级人民法院
国家检察官学院学报(1)	1	2016 年第 6 期	以功能性规制为基础构建金融消费者保护法	董新义	中央财经大学
行政法学研究(0)	无				

续表

期刊名称(数量)	序号	刊期	论文名称	作者	作者单位
河北法学(11)	1	2016 年第 2 期	类别股的类型化建构及其适用	郭青青	西南政法大学
	2	2016 年第 5 期	中国《存款保险条例》中道德风险法律问题析评和完善	李玫;杨东勤	对外经济贸易大学
	3	2016 年第 5 期	民间借贷法律监管的新进路	岳彩申;车云霞	西南政法大学
	4	2016 年第 5 期	双重股权结构的制度价值阐释与本土化路径探讨——以阿里巴巴集团的“合伙人制度”为切入点	商鹏	西南政法大学
	5	2016 年第 6 期	“得形”“忘意”与“返本”:中国信托法的理念调整和制度转型	夏小雄	中国社会科学院
	6	2016 年第 7 期	注册制下发行审核权与上市审核权分配建议办法	王楚	威廉玛丽学院
	7	2016 年第 9 期	论 P2P 网络借贷金融消费者权益保护	黄勇;徐会志	对外经济贸易大学
	8	2016 年第 9 期	我国股权众筹领投融资法律风险防范制度研究	马其家;樊富强	对外经济贸易大学
	9	2016 年第 10 期	P2P 网贷平台犯罪及司法治理研究	林越坚;李俊	浙江省温州市人民检察院
	10	2016 年第 11 期	解构与续造:我国网络借贷风险防控的路径简论	秦琴	西南政法大学;重庆理工大学
	11	2016 年第 12 期	中国“法人导向”的外资银行监管模式评析	张勇	对外经济贸易大学

续表

期刊名称（数量）	序号	刊期	论文名称	作者	作者单位
财经法学(15)	1	2016 年第 1 期	金融消费者概念的法律定性及规范价值	何颖	华东政法大学
	2	2016 年第 1 期	个体网络借贷(P2P)监管立法例及解读	中央财经大学《个体网络借贷(P2P)监管办法(学者建议稿)》专家组	中央财经大学
	3	2016 年第 2 期	寻求金融机构国际监管的多样性:对巴塞尔结构的批评与再校准(下)	罗伯塔·罗曼诺;沈伟;陶永祺	耶鲁法学院;上海交通大学;金杜律师事务所
	4	2016 年第 2 期	《证券法》虚假信息责任条款适用研究	高旭军	同济大学法学院;中德国际经济法研究所
	5	2016 年第 2 期	论建议型内幕交易	肖伟	厦门大学
	6	2016 年第 3 期	我国上市公司“股权融资偏好之谜”的法律根源及其治理	侯思贤	西南政法大学
	7	2016 年第 5 期	股票发行注册制下审什么?——《证券法(修订草案)》相关条款之商榷	彭运朋	北京大学
	8	2016 年第 5 期	公司利益的构成因子——以主体的视角观察	沈晖	江苏经贸学院
	9	2016 年第 5 期	股票发行注册制成功实施的三个体制机制条件	邢会强	中央财经大学
	10	2016 年第 5 期	股票发行注册制改革的内涵、本质和措施	唐应茂	北京大学
	11	2016 年第 6 期	股票发行注册制改革风险评估与对策建议	郭锋;邢会强;杜晶	中国法学会证券法学研究会;最高人民法院研究室;中央财经大学法学院
	12	2016 年第 6 期	注册制改革背景下证券法律的反思与重构——中国证券法学研究会 2016 年年会会议综述	李有星;王琳;金幼芳	浙江大学
	13	2016 年第 6 期	股票发行注册制下的行政权再定位	缪因知	中央财经大学
	14	2016 年第 6 期	股票发行注册制与道德风险	管晓峰	中国政法大学
	15	2016 年第 6 期	无限的金融中介	汤姆 C. W. 林;余涛;毛燕飞;沈伟	天普大学比斯利;上海交通大学;加州大学黑斯廷斯;睿腾教育投资有限公司;山东大学

金融整顿背景下的金融服务法学

——2016年度中国金融服务法学研究动态与综述

李静芸[*] 张龄方[**]

目 次

2016年的中国金融从监管元年走向整顿元年。在金融整顿的背景下,金融服务法学为了促进学科发展、满足国家需要,结合众多学者的研究探讨,取得了丰富的研究成果。2016年,学者们针对中国经济发展、对内改革与对外开放中存在的问题,对金融服务法理论、国际金融、金融消费者保护、互联网金融监管等领域进行了深入的研究,完善了金融服务法的理论体系,提高了金融服务法服务金融的效率,促进了金融环境的稳定运行,巩固了金融服务法学在法学体系中的地位和作用,彰显了金融服务法的生机和与时俱进的精神。

---

* 中央财经大学法学院2016级法律硕士(法学)研究生。
** 中央财经大学法学院2016级法学研究生。

本综述在检索了2016年度发表于法学类CSSCI(2016～2017年)来源期刊/北大中文核心期刊(2011年版)、[1]人文社会科学类CSSCI检索源期刊/主要高校学报类CSSCI检索源期刊、[2]法学类专业期刊[3]及专业性法学集刊[4]的金融服务法论文的基础上整理而成。

据笔者统计,2016年发表在法学类CSSCI检索源期刊/中文核心期刊的金融法学论文约140篇,全年共发表金融服务法学论文280多篇。[5]

一、金融服务法学的研究热点与进展

2016年金融服务法研究的热点主要集中在八个方面:(1)金融服务法学的发展中的金融服务法总论问题;(2)国际金融:货币与外汇管理法律问题研究;(3)金融改革与金融法律配置;(4)互联网金融监管的规制新发展;(5)金融风险防范与金融监管理论创新;(6)金融消费者保护研究;(7)金融部门法研究;(8)金融案例研究与金融司法。

2016年的金融法学研究,不仅对金融服务法的一些传统问题进行了更深入的探讨,而且更加关注国际金融、互联网金融领域的发展与创新。论文一方面紧扣时代发展主题,关注解决实践问题;另一方面重新重视对理论问题的研讨。论文多角度新颖,论证充分。2016年,金融服务法学领域佳作颇多,兹列举如下:

---

[1] 包括:《中国法学》《法学研究》《法商研究》《法律科学》《中外法学》《法学家》《法学》《现代法学》《政法论坛》《比较法研究》《法制与社会发展》《环球法律评论》《清华法学》《政治与法律》《法学杂志》《法学评论》《当代法学》《法学论坛》《华东政法大学学报》《河北法学》《法律适用》《甘肃政法学院学报》《国家检察官学院学报》《河南财经政法大学学报》《中国刑事法杂志》25种。

[2] 包括:《中国社会科学》、《学术月刊》、《社会科学研究》、《吉林大学社会科学学报》、《复旦学报》(社会科学版)、《南京大学学报》(哲学·人文科学·社会科学)、《清华大学学报》(哲学社会科学版)、《华中师范大学学报》(人文社会科学版)、《北京师范大学学报》(社会科学版)、《武汉大学学报》(哲学社会科学版)、《中国人民大学学报》、《北京大学学报》(哲学社会科学版)、《浙江大学学报》(人文社会科学版)、《上海大学学报》(社会科学版)、《上海师范大学学报》(哲学社会科学版)、《山东大学学报》(哲学社会科学版)、《上海交通大学学报》(哲学社会科学版)、《厦门大学学报》(哲学社会科学版)、《中山大学学报》(社会科学版)、《河南大学学报》(社会科学版)20种。

[3] 包括:《财经法学》《北方法学》《政法论丛》《西南政法大学学报》《东方法学》《法治研究》《人民司法》7种。

[4] 包括:《金融服务法评论》(第8卷)、《经济法论丛》(2016年上、下卷)、《经济法论坛》(2016年卷)、《金融法律评论》(第7卷)、《证券法律评论》(2015年卷)、《金融法学家》(第7辑)、《证券法苑》(第17卷)7种。

[5] 其中,法学类专业期刊31篇,综合性人文/社会科学类中文核心期刊21篇,专业性法学集刊96篇。

(一)金融服务法的法典化

相较于经济法法典化的争论,对金融法的法典化进行讨论的中国学者尚少。有的学者认为法典编纂的过程,同时是法律理性化、系统化、现代化和效力提升的过程。在金融法领域,中国应制定一部法典化的《金融服务法》。[1] 金融法的法典化,既有国外的先例可以借鉴,也有一定的立法规模基础,在"互联网+"时代,法典化的《金融服务法》的编纂变得更加经济可行。法典的编纂不是法律形式发展的终结和顶点,法典化后的《金融服务法》应与健全的修订机制相配合。邢会强针对国际社会上反对金融法法典化的观点从四个方面进行了反驳,认为对法典化的反对,可以通过确定法典编纂的精细化程度和涵盖范围来解释,并且介绍了英国、美国、日本、韩国等国家的金融法法典化进程,认为金融法法典化具有:(1)提高法律的系统化程度,促进金融法治体系的现代化;(2)提升法律效力,促进立法精细化;(3)消除监管套利,提供明确预期;(4)限制权力,保护权利四个方面的重大意义,进而对中国的《金融服务法典》制定的形式、时机、内容、措施等做出了初步的安排建议。

(二)国际金融的新发展与新思路

1. 人民币国际化

"谁掌握了货币,谁就掌握了世界的命题"。人民币国际化既事关中华民族的复兴,又可以使我国摆脱由美元主导的国际货币格局并改革国际秩序,构成了我国的国家战略。人民币国际化存在一个由浅及深的渐次发展进程。有学者指出,实现人民币国际化主要面临资本管制、汇率制度和金融市场制度三大障碍,因此,开放资本项目、建立浮动汇率制度和构建支撑发达金融市场的法律制度构成实现人民币国际化的三大法律使命。[2] 韩龙从三个方面对人民币国际化的重大法律问题进行阐释:(1)实现人民币国际化亟须解决的法律问题;(2)人民币国际化实现中和实现后共同面临的法律问题;(3)人民币国际化后方彰显的法律问题。

2015年12月1日,国际货币基金组织(IMF)正式宣布,人民币将于2016年10月1日加入特别提款权(SDR),人民币将成为SDR篮子中的第五种货币。中国一直致力于推动人民币的国际化,而对于人民币被纳入SDR的意义,存在着不同的解读。有的学者认为,人民币国际化的象征意义大于实际意义,因为SDR除了作为IMF的内部记账单位外,并没有太多实际用途,所以人民币纳入SDR篮子不会给中国带来额外的权利或特权,也不意味着人民币可以在短期内成为与美元相抗衡的国

[1] 参见邢会强:《论金融法的法典化》,载《首都师范大学学报》(社会科学版)2016年第1期。

[2] 参见韩龙:《人民币国际化重大法律问题之解决构想》,载《法学》2016年第10期。

际货币。但是,人民币纳入 SDR 的象征意义也是重大的,体现了人民币在世界经济体系中的相对重要性。除去象征意义,人民币纳入 SDR 也具有一定的实际效益,会增强人民币作为结算货币的功能,促进人民币国际化的进程,是中国融入国际金融市场的重要成果,更有助于完善当前国际货币体系,增强 SDR 的稳定性,避免对美元的过度依赖,提高金融安全。[1]

2. “一带一路”法律协调

《中共中央关于全面深化改革若干重大问题的决定》提出“推进丝绸之路经济带、海上丝绸之路建设,形成全方位开放新格局”,2015 年国家出台《推动共建丝绸之路经济带和 21 世纪海上丝绸之路的愿景与行动》,“一带一路”发展战略构建起新时期我国对外开放合作新格局,已成为当前及未来中国走向世界的重要战略目标。

“一带一路”倡议具有共赢合作泛区域化的特征,沿线各国经济、政治、法律制度等情况各不相同。从国际经验来看,以欧盟为代表的超国家法律协调和以美澳互认双边条约为代表的双边或多边认可协议是跨国法律协调机制的主要做法。[2] 国际法上的相互认可多以主权国家之间的双边和多边条约的形式表现出来,各国相互承认对方特定法律行为在本国的效力。

有的学者从各国公司所得税法和国际税收协定这两个角度出发,对“一带一路”沿线国家的税收法律规定进行国别比较,探究可能出现的跨境税收问题。主张建立“一带一路”辐射区域内的多边跨境税法协调原则,推动我国与沿线国家加强双边及多边税收征管合作。[3]

3. 金融中心

在国际金融中心的形成与建设问题上,已有大量的文献对形成路径和所需要素进行了研究。关于形成路径,一般分为市场导向型和政策推动型两类。前者是指当经济水平发展到了一定程度,对金融发展的需求导致了金融中心的自然形成;后者是指通过政府有意的政策设计推动而成。在国际金融中心的形成要素上,有显著的共性:金融市场、经济实力、法律体系、货币国际化、地理优势等。

国际金融中心的法律体系多健全完备,足以覆盖金融市场的交易和监管,足以

---

[1] 参见沈伟:《风险回应型的金融法和金融规制——一个面向金融市场的维度》,载《东方法学》2016 年第 2 期。

[2] 参见杨冉:《“一带一路”战略中跨国法律协调机制前瞻》,载《东方法学》2016 年第 1 期。

[3] 参见王文静:《“一带一路”战略下的跨境税收问题初探——基于公司所得税法和国际税收协定的比较》,载《财经法学》2016 年第 2 期。

适应金融市场的快速变化和发展。国际金融中心多位于普通法系的国家或地区,因此许多学者认为普通法系比大陆法系更有利于复杂金融市场和国际金融中心的发展,从而认为法系渊源是作为国际金融中心形成的决定性因素。有的学者通过研究得出:(1)法系渊源是重要影响因素,而非决定性因素;(2)无论是何种法系,只要在法律制度中充分保护产权、尊重合同自由、提高合约执行效率、有效约束政府干预行为,都可以发展出良性的金融制度,促进金融发展和经济增长。[1]

法律体系是影响国际金融中心形成的重要因素在学界已经达成共识;法律规范对金融中心的形成与发展起推动还是阻碍作用尚存在争议。有学者通过法律对伦敦、纽约、巴黎、东京在国际金融中心形成与发展过程中所起作用的考察,探寻法律与国际金融中心建设之间具有的规律性联系,得出"尽管国际金融中心的发展历史表明过于严格的法律制度无法有效配置其所需之资源,但也不意味促进国际金融中心发展的法律应该一味地宽松,而是取决于它们能否按照国际金融中心的政治、经济、基础设施等发展水平因势而变"[2]的结论。

我国计于2020年基本建成与我国经济实力以及人民币国际地位相适应的国际金融中心。健全的金融立法和金融监管是上海国际金融中心加快建设和健康发展的前提和保障。目前上海国际金融中心的建设存在着"金融统一立法"与"金融中心先行先试"、"金融集中监管"与"金融中心特事特办"两组矛盾。有的学者指出,上海国际金融中心可以综合适用多元立法(用好既有的地方立法权、争取中央授权金融中心立法、争取中央金融管理部门量身定制规范、充分运用司法解释、注重金融交易惯例、发挥金融业自律规则的作用)和分层监管(中央与地方金融监管的适当分权、监管机构及职能下移、尝试功能监管等)。[3]

(三)金融改革与金融法律配置

1. 金融改革

金融体制改革,指的是"完善金融机构和市场体系,促进资本市场健康发展,健全货币政策机制,深化金融监管体制改革,健全现代金融体系,提高金融服务实体经济的效率和支持经济转型的能力,有效防范和化解金融风险"。[4] 中国人民银行行

---

〔1〕 参见宋晓燕:《法系渊源、金融发展与国际金融中心形成》,载《法学》2016年第9期。

〔2〕 周仲飞、弓宇峰:《法律在国际金融中心形成与发展中的作用》,载《法学》2016年第4期。

〔3〕 参见吴弘:《上海国际金融中心建设的制度创新》,载《法学》2016年第9期。

〔4〕 《十三五规划纲要》,载新华网,http://sh.xinhuanet.com/2016-03/18/c_135200400_3.htm,最后访问日期:2017年12月24日。

长周小川指出，“丰富金融机构体系”要求健全商业性金融、开发性金融、政策性金融、合作性金融分工合理、相互补充的金融机构体系，如果金融业不能够更好地发展，提高更普遍的金融服务，提供更加符合市场要求的产品，实体经济会受到限制；“健全金融市场体系”最突出的问题是如何健康发展资本市场，使更多的资金进行股权投资，减少企业对借贷杠杆的依赖；“金融监管体制改革”要求加强金融宏观审慎管理制度建设，构建货币政策与审慎管理相协调的金融管理体制。[1]

有的学者指出当前中国出现实体经济与金融背离的问题，其症结在于金融体系内部结构失衡，不能满足实体经济发展的需要。在实体经济“新常态”背景下，结构调整与动力转换对金融体系本身提出了新要求，具体表现为由债务型金融转向资本型金融，需要中国进行去杠杆导向的金融改革。[2]

有学者指出金融市场化改革是指金融体系运行由政府管制向市场主导转变，更好发挥市场机制在资金配置中的作用。就金融市场化改革而言，市场机制主要影响金融效率，政府监管主要影响金融稳定，改革路径设计关键在于处理好金融效率和金融稳定之间的关系，关键是在长期内处理好提高金融效率和加强金融稳定的跨期平衡问题。该学者从金融效率、金融稳定和跨期平衡三个维度，研究金融市场化改革的推进路径：当优先改善金融稳定的政策实施到一定阶段后，加大力度提高金融效率，实现长期视角下金融稳定和金融效率的跨期平衡；金融体系市场化改革要坚持风险导向。[3]

2. 金融法律配置

金融改革是一个整体的概念，金融改革的实现需要通过金融的组成部门的深化改革实现。

金融改革首先表现在财税制度的改革上。基于党的十八大以来有关财税改革与财政法治的八个重要政策文件，有的学者对中央高层如何高度重视财税改革和财税法治进行了总结。通过梳理近10年我国财税法学界所提出的“理财治国观”“公共财产法理论”“财政控权理论”“分配正义理论”“税收法定理论”“领域法学理论”等理论主张与重要政策文件的契合点，进而分析我国新一轮财税体制改革的财政演

---

[1] 参见周小川：《“十三五”金融体制改革热点难点》，载《中国经贸导刊》2016 年第 1 期。

[2] 参见范从来、丁慧、张淦：《金融改革的方向：基于马克思借贷资本和实现资本理论的分析》，载《经济学家》2016 年第 4 期。

[3] 参见冯柏、朱太辉：《金融市场化改革路径：稳定与效率的跨期平衡》，载《国际经济评论》2016 年第 5 期。

进及其内涵与这些财税法理论的关联性,强调坚持问题导向,理论联系实际,着力发挥财税法理论对财税改革实践的引领、推动和保障作用。[1]

证券法方向的改革主要体现在股票发行注册制改革上。2014年5月,《国务院关于进一步促进资本市场健康发展的若干意见》明确了积极稳妥推进股票发行注册制改革的思路原则和主要任务。学者们针对证券发行与上市基本理论、证券发行信息披露、公开承诺制度、证券程序化交易法律制度、证券欺诈行为的法律规制与赔偿机制、证券市场退市、转板法律制度、证券市场危机应对机制的反思、证券监管体制与监管机制创新、区域性股权市场的监管制度、民间金融与场外配资的法治理论与实践、股权众筹与融资注册豁免制度等[2]多个方面进行了研究与探讨。

关于银行法的改革,有学者指出中国人民银行已经成为了真正的中央银行,应该在宪法中对中央银行的独立性与重要性予以规制,并提出了中国人民银行的入宪现实路径与理论路径。[3]

环境金融改革主要体现在推进环境税费改革方面。有学者阐述了环境税改革的经济学机理,包括外部效应内部化、双重红利理论,借鉴欧盟环境税制改革的经验,对我国环境税制改革提出了建议:严密设计改革方案、可操作性之外力求系统性和前瞻性;深化环境相关税种的改革,重构能源税、交通环保税与资源税;适时引进新环境税种,构建可持续发展绿色税收体系;合理分配环境税收入,实现双重红利目标;规范协调其他政策工具的运用,消除有害环境的补贴。[4]

(四)互联网金融新发展

1.互联网金融法治

互联网和金融是世界新经济革命的核心引擎,二者统合为互联网金融。互联网金融在快速发展的同时也存在许多问题:(1)借贷者和金融消费者之间的信息不对称;(2)金融交易平台的运营成本与金融风险较大;(3)金融交易规则无法满足市场的蓬勃发展。

有的学者从宪法、行政法、民商法、经济法、知识产权法、国家安全法和刑法、诉讼法七个方面阐述了互联网金融时代法律体系的变革与转型的需要。并指出,互联

[1] 参见刘剑文:《财税改革的政策演进及其内含之财税法理论——基于党的十八大以来中央重要政策文件的分析》,载《法学杂志》2016年第7期。

[2] 参见李有星、王琳、金幼芳:《注册制改革背景下证券法律的反思与重构——中国证券法学研究会2016年年会会议综述》,载《财经法学》2016年第6期。

[3] 参见陈云良:《中国人民银行入宪路径分析》,载《政法论坛》2016年第4期。

[4] 参见俞敏:《环境税改革:经济学机理、欧盟的实践及启示》,载《北方法学》2016年第1期。

网金融市场依据发展的程度可以划分为三个阶段:(1)传统金融业的互联网化,商业银行业务互联网化;(2)大数据技术引入金融业务,如第三方支付、网上借贷、股权众筹、金融产品网上交易等;(3)“网金融”阶段,投资者和消费者在一个互联网平台金融交易,实现普惠金融。当前,我国三个阶段的互联网金融同时出现,主要表现形式是第三方支付、互联网借贷(P2P)和互联网股权融资(众筹)。[1]

有的学者指出,首先,互联网金融只是改变了实现原有功能的行为方式,“互联网”只是工具,“金融”才是互联网金融的本质,既是金融,就应该服从已经成立的法律。其次,我国应及时根据互联网金融本身的特征进行立法及法律修订,应对时代发展与法律滞后的矛盾所带来的法律制度缺失风险。最后,强调建立互联网金融监管制度。[2]

但有学者认为将互联网金融拆分为“互联网”和“金融”两个部分,利用传统监管手段对金融部分进行监管,出现了理论与实践之间的偏差与错配,价值预设和抽象公理演绎出来的建议往往忽略了现有法律框架的约束,动辄“重构”金融法,缺乏一种以现有法律概念对接和重述监管建议的意识。[3]

2. 第三方支付

第三方支付涉及互联网行业和金融行业,是典型的双边市场。2014 年出现打车软件市场上的恶性竞争,该事件的背后是支付宝钱包与微信支付在移动支付市场上的争夺。[4] 第三方支付平台是指与银行签约,并具有一定实力和信誉保障的第三方独立机构提供的交易支持平台。第三方支付是买卖双方在交易过程中过渡的资金中间平台,是在银行监管下保障交易双方利益的独立机构。依据《非金融机构支付服务管理办法》第 2 条规定,第三方支付平台属于网上交易的中介机构,第三方支付为非金融机构支付,与其客户之间根据服务协议形成支付服务合同关系。这种关系的本质是服务协议的委托代理。[5]

总结 2016 年各学者的研究成果,在我国的第三方网上支付中,消费者权益保护的问题有以下几种:(1)消费者个人信息安全保障问题;(2)消费者资金保障问题;(3)第三方网上支付机构信息披露不完整问题;(4)纠纷解决机制问题。关于并针

---

〔1〕 参见李曙光:《论互联网金融中的法律问题》,载《法学杂志》2016 年第 2 期。

〔2〕 参见李爱君:《互联网金融的法治路径》,载《法学杂志》2016 年第 2 期。

〔3〕 参见彭岳:《互联网金融监管理论争议的方法论考察》,载《中外法学》2016 年第 6 期。

〔4〕 参见黄勇、杨利华:《第三方支付平台企业掠夺性定价的反垄断法分析》,载《河北法学》2016 年第 4 期。

〔5〕 参见姜新林:《绑定第三方支付平台的银行卡被盗刷的责任承担》,载《人民司法》2016 年第 29 期。

对我国第三方支付中存在的问题,可以参考《金融隐私权法》《数据安全及违反之通告法案》《电子资金划拨法》《电子签名法案》等比较法国家的法案,提出应对措施。

3. P2P网贷平台

央行会同其他部委发布的《关于促进互联网金融健康发展的指导意见》明确了“网络借贷业务由银监会负责监管”。十八届五中全会《中共中央关于制定国民经济和社会发展第十三个五年规划的建议》要求“规范发展互联网金融”。银监会直面网络借贷(P2P)及其存在的诸多问题,如何有效地规范发展P2P活动已经成为亟待解决的问题。

网络借贷(P2P)的监管宗旨是保障投资者的合法财产安全,同时为融资者提供合理的融资机会。对个体网贷的监管需要解决如下几个问题:(1)网贷平台的性质是“信息中介”还是“信用中介”;(2)个体网络借贷监管模式的选择问题,即在“注册制”“备案制”“审批制”“核准制”等模式中做出选择;(3)个体网贷借贷平台不得提供增信服务的问题,避免因提供增信服务导致平台无力承担责任的现象;(4)网络平台认缴注册资本问题;(5)投资者投资款的管存问题;(6)网络借贷平台的自融问题;(7)网络借贷法律责任问题。在此基础之上,学者提出了《个体网络借贷(P2P)监督管理办法》(学者建议稿)。[1]

有学者认为,现行的行政政策和最高人民法院司法解释,将网络借贷平台定位为“信息中介”和“媒介服务机构”不符合法学规范的精准要求。网络借贷平台在民商法上是居间人,必须承担商事居间人的义务和责任,网络借贷的自然属性决定了网络借贷平台还兼具出借方代理人的身份。网络借贷平台不得以任何方式免除其代理人应尽的义务和责任。网络借贷平台违反代理人应尽的义务而造成出借人损失时,应承担民事赔偿责任。[2]

关于网络借贷(P2P)金融消费者权益保护问题,学者指出信息不对称理论是金融消费者保护的理论基础。在P2P金融市场中,金融交易双方分别是借款人和投资人,借款人对交易信息占有优势。信息不对称将导致投资者“逆向选择”和借款人“道德风险”。P2P金融产品具有行业特殊性,P2P金融消费者保护应当区别于传统金融消费者。认为传统的金融消费者群体具有精英化倾向,而互联网金融消费者具有平民化倾向,这也是互联网金融被称为“普惠金融”的原因。P2P金融消费者保护

---

[1] 参见中央财经大学《个体网络借贷(P2P)监管办法》(学者建议稿)专家组:《个体网络借贷(P2P)监管立法例及解读》,载《财经法学》2016年第1期。

[2] 参见赖丽华:《P2P网络借贷平台的复合民事法律地位》,载《法学论坛》2016年第3期。

立法缺失，与金融消费者保护有关的条款散见于民法、刑法、经济法等基本法律中，多以原则的形式呈现，可诉性不高。而消费者保护的专门法《消费者权益保护法》是否可以直接适用于金融消费者保护在法学界仍然存在争论。针对这种情况，学者指出P2P金融消费者需要倾斜保护的原则，制定专门的《金融消费者权益保护法》和P2P的专门监管立法，建立互联网金融消费争议处理制度。[1]

关于P2P金融监管的模式，有学者指出，涉众型监管范式干扰了市场的利率机制。为了减少的利率机制的影响，确定监管路径时要求证监会提高P2P平台的准入门槛并通过细分中介机构的功能实现风险隔离，银监会亦应该通过限制低收入群体与投资共感化控制高风险投资，并引入第三方机构对融资信息进行审核，最终通过大数据平台实现由外部监管向市场自律的转变以完善利率市场化机制。[2]

关于利用P2P网贷平台进行犯罪，有学者提出，P2P网贷平台犯罪不等于P2P非法集资犯罪，前者外延大于后者。P2P网贷平台可以被定性为类金融机构，可能触犯的罪名包括非法集资、擅自发行股票、债券、非法经营三种罪。通过分析这三个罪名的具体罪状，厘清其中可能涵盖的互联网金融创新模式，在具体处断P2P网贷平台融资行为的法律效力时，应结合最高人民法院《关于审理民间借贷案件适用法律若干问题的规定》来作出合理的刑、民处分。[3]

4.大数据时代的互联网安全保障

"大数据"在互联网行业指的是这样一种现象：互联网公司在日常运营中生成、累积的用户网络行为数据。这些数据的规模非常庞大。大数据时代，数据被收集、分析，成为决策判断的基础，数据的价值不可估量，用户的信息和资金均以数据的形式存储在网上银行，被收集的消费者个人信息被经营者用于大数据分析外，还可能以"共享"名义提供给经营者的关联企业。大数据时代的互联网金融监管主要是对网络消费者个人信息的保护。

(1)信息权的权利定性

针对个人数据信息使用的法律规制总体上有两种倾向，一种是采用隐私权理念，另一种是采用财产权理念。有的学者对网络消费个人信息的法律属性进行了厘定，认为应将个人信息作为人格权加以保护，充分认识到个人信息具有精神利益和

---

[1] 参见黄勇、徐会志：《论P2P网络借贷金融消费者权益保护》，载《河北法学》2016年第9期。

[2] 参见宋怡欣、吴弘：《P2P金融监管模式研究：以利率市场化为视角》，载《法律科学》（西北政法大学学报）2016年第6期。

[3] 参见林越坚、李俊：《P2P网贷平台犯罪及司法治理研究》，载《河北法学》2016年第10期。

物质利益双重属性。[1] 有的学者认为唯有独立人格权说恰当阐释了个人信息权的私法属性。个人信息权具有与大数据时代特征相适应的独特内涵,其范围、内容均无法为其他权利所替代,社会情况的深刻变化呼唤个人信息权的诞生,在法律属性上,个人信息权是一项独立人格权。[2] 有的学者认为对个人信息不论是以人格权中的隐私权来保护还是以财产权来保护都是基于私权利的社会合作形式。超越私权利的社会合作共享机制比私权利的保护更有效率。对个人数据信息的法律规制不是基于私权观念来赋予公民个人对个人数据信息的处置权,而是基于公共利益来对个人数据信息的使用目的和方式加以公法上的规制,并且依赖大数据技术的不断进步来实现相关方之间的信息能力的平衡与对称,增强相互间的信赖程度,减弱由于相互猜忌而导致的"囚徒困境"。作为公共物品并以公法来规范个人数据信息的使用更加具有合理性和可行性。[3]

(2)信息权的救济途径

网络消费者个人信息权的权能主要有管理权、许可使用权、收益权。对网络消费者个人信息的侵权依行为表现区分为第三方窃取,信息管理者非法收集、泄露、不当保留、非法交易,侵扰式利用等。在我国现行法律规范下,民事救济可采用加害人承担单方侵权责任、网络侵权共同责任,有约定的,信息主体可选择主张违约责任;亦可采用刑事救济;或由信息化、电信、工商部门进行行政监管。[4] 除了民事责任。亦有学者对大数据时代数据犯罪进行了类型化总结,并提出了制裁思路。大数据时代的数据犯罪需要进行法律框架内的具体化与规范层面的类型化。对于数据犯罪危险的类型化方法主要有宏观与微观、主观与客观、静态与动态三种路径。[5]

(3)主体责任

有的学者从网上银行的角度,强调了网上银行一方在大数据时代对客户信息与交易安全的责任。网上银行安全保障义务的核心内容主要是信息安全和交易安全。完善信息安全保障义务,设定最低信息安全技术标准是最基本的途径。规定网上银

---

[1] 参见鞠晔、凌学东:《大数据背景下网络消费者个人信息侵权问题及法律救济》,载《河北法学》2016年第11期。

[2] 参见张里安、韩旭至:《大数据时代下个人信息权的私法属性》,载《法学论坛》2016年第3期。

[3] 参见吴伟光:《大数据技术下个人数据信息私权保护论批判》,载《政治与法律》2016年第7期。

[4] 参见鞠晔、凌学东:《大数据背景下网络消费者个人信息侵权问题及法律救济》,载《河北法学》2016年第11期。

[5] 参见于志刚、李源粒:《大数据时代数据犯罪的类型化与制裁思路》,载《政治与法律》2016年第9期。

行对用户信息的使用规则,可以防止网上银行滥用用户信息。明确网上银行承担的责任能够防止网上银行将信息安全保障义务转移到用户身上。完善交易安全保障义务,保护交易安全,首先应保障电子合同的安全。采用有效认证方式是保障安全的必要防线。区分经授权和未经授权电子资金划拨,能够减轻用户资金损失的风险。[1]

5. 股权众筹法律风险与监管

股权众筹作为互联网金融创新的典型业态,符合公正、效率、秩序的法的基本理念,为中小企业融资开辟了新的渠道,也为社会公众优化投资结构提供了新的选择。目前股权众筹在我国的合法性尚未确立,缺乏针对性的法律制度和监管细则,其发展面临很多不确定因素,其监管风险难以得到有效控制。如何在便利融资的同时强化投资者保护,是股权众筹法律制度需要解决的核心问题。

(1)概念厘清

众筹指的是大众筹资,是社会公众特别是个人投资者通过互联网平台,进行小额商业投资或支持他人完成特定目标的融资方式。股权众筹是指筹资者以股权作为对投资者回报方式的众筹融资模式。学者对中国目前的股权众筹类型进行了分类总结,包括股权众筹融资、互联网非公开股权融资、互联网私募股投资基金募集三种,并认为三种模式中只有股权众筹融资是真正意义上的股权众筹。[2]

(2)风险及成因

作为互联网金融创新的领跑者,股权众筹在具有互联网金融业务优势的同时,也充分体现了互联网金融的风险,主要包括:初创企业的低成功率;互联网金融投资者——长尾效应;网络虚拟性——信息不对称加剧;互联网信息技术——风险叠加。股权众筹与我国金融法存在多处相抵牾的情形,例如,股权众筹向社会公众公开募集资金的行为与现行证券公开发行制度抵牾;股权众筹平台的证券中介机构地位模糊;股权众筹的发行方式无法归集到非公开发行证券的范围内。

并且,股权众筹可能会触及相关的刑事责任。有的学者从金融诈骗和行政违法性双重路径对股权众筹的刑事责任罪名进行认定。包括集资诈骗罪、欺诈发行股票罪和违规披露、不披露重要信息罪、诱骗投资者买卖证券、期货合约罪、擅自发行股票罪、非法经营罪、擅自设立金融机构罪等。[3]

---

[1] 参见李晗:《大数据时代网上银行的安全保障义务研究》,载《当代法学》2016 年第 4 期。

[2] 参见陈晨:《股权众筹的金融法规制与刑法审视》,载《东方法学》2016 年第 6 期。

[3] 参见陈晨:《股权众筹的金融法规制与刑法审视》,载《东方法学》2016 年第 6 期。

(五)金融风险防范与金融监管理论创新研究

1.金融风险防范

(1)高频交易风险防范

证券期货市场中的高频交易(high-frequency trading)肇始于美国,并随后蔓延至全球,给证券交易方式带来了深刻变革,并对证券市场产生了巨大影响。但是,何谓高频交易,至今没有一致的定义。简单总结,高频交易就是一种采用高速度和高频率的自动化证券交易方法和策略。高频交易具有如下特征:交易量大但平均每笔交易量很小;利用高速计算机程序下单、传输和执行订单;其计算机主机往往被托管在离交易所很近的地方;建仓和清仓的时间通常都非常短;在交易日结束时通常会平掉所有仓位。关于高频交易的风险成因,有的学者总结为以下几点:程序化交易条件下批量操作与事先制定的买卖策略相结合,容易形成抛售的恶性循环;电子交易系统难免会出现故障,不能提交订单,或者提交过量订单;高频交易的速度极快,一旦发生“胖手指”(fat finger)等人工错误就难以纠正;个别高频交易商通过其制造的波动性来牟利,在此过程中,创造了更多的不确定性因素,并麻痹了中小投资者;高频交易条件下出现新的市场操纵形态,或者说高频交易便利了包括“幌骗”和“塞单”等在内的市场操纵行为。

关于对高频交易的风险监管措施,有学者总结如下:经纪商对订单的审核与监测义务;熔断机制与涨停板制度;错误交易撤销制度;禁止“无成交意向的报单”。并依据国外比较成功的经验,提出了对我国证券期货市场程序化交易的风险监管建议:规定经纪人审核指令的义务;废除涨跌停板制度,引入新的熔断机制;建立错误交易撤销制度;关于“无成交意向的报单”之禁止制度。[1]

(2)股权众筹领投融资法律风险防范

股权众筹领域中的“领投”制度,是指有数量不定、具有一定资金实力、投资经验丰富或具有某方面专业技能的人充当投资引领人,普通投资者(跟投人)针对领头人选中的项目跟进投资的机制。该机制旨在通过专业投资人带动没有专业投资经验,但有资金和投资意愿的人投资,实现金融收益共享。目前我国股权众筹平台大多采用“领投+跟投”的方式。但是2015年发布的《证券法》(修改草案)虽然认可了互联网众筹的合法性,但未提及领投机制。

关于我国股权众筹领投融资存在的法律风险,有学者总结如下:跟投人相对方

---

〔1〕 参见邢会强:《证券期货市场高频交易的法律监管框架研究》,载《中国法学》2016年第5期。

的诚信风险可能诱发合谋欺诈；股权众筹信息披露规则无法有效预防领投风险。针对上述风险，该学者提出了以下风险预防措施：形成各主体相互制衡的“领投＋跟投”模式，防止欺诈风险；明确股权众筹领投人的权利义务，控制其诚信风险；明确领投人的选任条件；构建跟投人后续权利保障机制。[1]

(3)隐性担保与金融风险

在金融危机爆发之后，多数学者认为，监管不力是造成金融危机的根本原因，因此制度改革的方向是强化政府对资本市场的公共监管。但是，有学者认为，隐性担保与错误的破产法立法政策才是导致金融危机爆发的制度根源。该学者指出，隐性担保使得融资提供者规避了担保公示义务和债务人的破产法律风险，大大降低了融资的法律成本，从而使得企业和金融机构纷纷选择资产证券化，金融衍生交易进行融资而摈弃传统的担保融资。美国降低融资法律成本的努力，是以牺牲市场的透明度为代价换取资产证券化和金融衍生品市场的繁荣的，造成信贷市场、证券化市场和场外衍生品市场风险的不断积聚，从而形成系统性风险，并最终爆发金融危机。传统担保被隐性担保所取代，市场对法律制度的选择只是担保公示规则被市场彻底抛弃，隐性担保泛滥的结果是债务人经营杠杆水平的提高，形成了金融体系的脆弱性。[2]

(4)资产证券化风险

对于商业银行来说，资产证券化既是融资的渠道，也是资产保值和增值的途径。然而，劣质贷款违约引发的金融危机，将资产证券化推向风口浪尖，揭露了商业银行在资产证券化业务中面临的风险问题。许多学者通过建立模型或者基于实证分析研究发现，资产证券化会明显造成金融机构的行为动机扭曲及风险的累积，包括：资产证券化会提高银行风险承担水平或降低银行对于贷款的贷前审核以及贷后监督水平；增大流动性和风险转移功能导致抵押贷款机构道德风险的增加，越来越多的风险分担者也使风险在转移的过程中被放大和扩散，促使系统性风险的积累；银行面临基础资产违约的信用风险、道德风险和投资风险。

有学者总结，一方面，信用风险借助于资产证券化并不必然实现完全转移，可能诱发商业银行降低审慎监管的动机；另一方面，风险的转移实质上是风险的形成和

[1] 参见马其家、樊富强：《我国股权众筹领投融资法律风险防范制度研究》，载《河北法学》2016年第9期。

[2] 参见王乐乐：《金融创新中的隐性担保——兼论金融危机的私法根源》，载《法学评论》2016年第5期。

重新配置的过程,资产证券化产品成了风险传播的媒介和放大器,极可能加大系统性风险。只有扬长避短、兴利除弊,方能有效对银行开展资产证券化业务引发的风险进行防范与监管。[1]

(5)系统性金融风险

系统性金融风险自2008年金融危机之后成为了宏观金融风险研究的重点。系统性金融风险是连接从而促使微观金融风险向宏观金融风险转化的一种风险因素。一个触发事件在银行和市场构成的系统中可能引起一系列的损失。有学者探讨银行部门对系统性金融风险的船体作用,并提出了以下几点防范和抑制系统性风险传递的建议:重视资本监管的宏观经济效应,以"微刺激"方式在现有资本充足水平上,温和提高监管要求;细化对银行资本要求的分类监管,以促进银行体系乃至实体经济的稳定性;加强对国外资本监管的改革措施的借鉴和研究。[2]

2.金融监管

(1)国际金融监管

国际金融监管的重心集中于银行体系的监管。2008年金融危机暴露了英美银行体系与监管体系的缺陷,两国当前正在重塑其银行体系与监管体系。英美通过建立银行业间的"隔离规则"与"沃尔克规则"来限制金融机构与客户间的利益冲突,增加金融机构的透明度,避免金融风险的跨行业传递而引发的系统性风险。美国建立"金融稳定委员会"来改进多头监管下的监管碎片化趋势,而英国则通过改进型的"双峰模式"来应对当前的金融发展趋势。新的监管体系下,两国中央银行的监管职能愈发突出,而建立有效的机制缓解货币政策与监管职能间的冲突,确保监管机构的独立性也愈发必要。[3]

为了应对危机,国际监管提出了《巴塞尔协议Ⅲ》(The Basel Ⅲ Accord)。《巴塞尔协议Ⅲ》增加了流动性标准和"宏观审慎"资本监管的内容。宏观审慎资本监管试图将全系统的风险纳入考量,而非仅仅关注单个银行的倒闭风险。宏观审慎监管的要求包括杠杆比率——独立于资产风险并且与资本适足要求相反,要求银行在经济繁荣时期持有较高的资本,在萧条时期可以提取。金融危机显示了银行内部风

[1] 参见吴多强:《商业银行资产证券化风险计量问题研究》,载郭锋主编:《金融服务法律评论》(第8卷),法律出版社2016年版,第262~280页。

[2] 参见王擎、田娇:《银行资本监管与系统性金融风险传递——基于DSGE模型的分析》,载《中国社会科学》2016年第3期。

[3] 参见苏洁澈:《后危机时代英美银行监管体系变革》,载《环球法律评论》2016年第1期。

险评估和管理系统对抵挡金融恐慌的不足。有学者提出将多样性和实验引入巴塞尔框架,并且最低程度改变现有监管设置的程序性机制。并对以下三个有关监管多样性的监管体制的跨境议题进行了探讨:跨越母国与东道国监管机构的监管协调之完成;对国际性银行运营的影响效果;监管套利存在的可能性。[1]

关于"双峰监管",有学者指出,"双峰监管"应通过重新整合监管权力,设立审慎监管机关和市场行为监管机关,以实现维护金融稳定与保护金融消费者的双重目标。这一模式可以充分发挥监管目标的专一性和监管能力的专业性优势,既可以消除分立监管引发的监管割据,又可以消除综合监管的目标冲突和审慎不足,因此得到了广泛认可,成为危机后主要国家的改革方向。三元结构的双峰监管模式,由中央银行、审慎监管局和市场监管局分别负责宏观审慎监管、微观审慎监管和市场行为监管。相比三元结构的双峰监管,由中央银行统一负责宏观审慎监管和微观审慎监管的二元结构的双峰监管,可以强化中央银行的核心地位,并降低监管沟通成本,能更好地发挥协同效应。[2] 澳大利亚是第一个采用双峰监管模式进行金融监管的国家,许多国家对澳大利亚模式进行了效仿。有的学者参考了澳大利亚金融监管双峰模式的实践经验,阐述了双峰监管的功能、历史发展以及优势和缺陷,总结了双峰模式的机制安排,包括"非垄断式"和"非垄断式"两种。

(2)我国金融监管体制的调整

中国股市自2015年开始产生的巨幅波动,不仅使投资者遭受了巨大损失,更凸显了我国金融市场的流动性风险与系统性风险。股市危机爆发的原因之一是大量场外配资没有得到有效监管。大量资本无节制地涌入股市,导致股市持续走高,随后配资风险集中爆发,导致股市剧震,最终产生股市流动性风险。危机出现以后,证监会不得不基于不完全的信息对场外配资采取行政清理,导致杠杆资金离场,股价螺旋式下跌,投资者竞相抛售股票,最终导致场内杠杆资金平仓,A股市场流动性迅速枯竭。

有的学者针对我国股市流动性风险,比较分析主要金融监管模式的优劣。该学者总结,世界金融监管体制主要有三种:分业监管体制;集中监管体制;不完全集中体制。在分别讨论了三种金融监管体制的优劣性的前提下,提出了我国金融监管体

---

〔1〕 参见[美]罗伯塔·罗曼诺:《寻求金融机构国际监管的多样性:对巴塞尔结构的批评与再校准(上)》,载陶永祺、沈伟译,《财经大学》2016年第1期。

〔2〕 参见吴云、张涛:《危机后的金融监管改革:二元结构的"双峰监管"模式》,载《华东政法大学学报》2016年第3期。

制的调整建议:金融监管体制由机构监管向功能监管转化,以应对金融业混业经营的现状;监管体制应选择牵头监管模式,在保留现有监管机构的基础之上,促进竞争监管,满足我国现阶段金融混业经营的需求,解决我国金融监管中存在的监管真空和监管重叠问题,能够实现以目标监管为主、功能监管为辅的监管目标;我国牵头监管机构应以人民银行最为适宜,以实现宏观审慎监管和微观审慎监管的有效结合。关于牵头监管体制下我国证券市场监管权的分配问题,必须在牵头监管体制下,清晰划分"一行三会"关于证券市场的监管权限:央行对证券市场的宏观审慎监管;证监会对证券市场进行微观审慎监管;"一行三会"对混合金融产品的协调监管。[1]

目前我国金融监管采用垄断性的中央垂直管理体制,金融领域的监管权力全部归中央所有,但金融基本法律并未对大部分地方金融监管权的享有主体予以直接规定。地方金融监管权要么以中央政策、部门规章或最高法院司法解释等方式委托或授予"一行三会"等中央金融监管机构行使,抑或处于无行使主体的虚置状态。有的学者指出,地方金融监管权无法得到有效实现的根本原因是由地方政府自身因素所致,也与金融的内在脆弱性、风险传递性以及社会公共性有关。地方的"融资冲动"直接导致中央不敢放权或者放权决心与力度不足。关于地方金融监管权回归本位,有两点要求:地方金融监管权应归属于地方政府;地方金融监管机构的权力行使应以"监管"为重。强调避免地方金融监管权被干预或滥用的程序控制机制,创新确立中央督察式的地方独立监管体制,引入社会权力弥补地方民主与中央政府监督的缺失。[2]

关于互联网金融竞争监管制度的构建,有学者指出,学界对互联网金融监管的研究多集中于合规性监管和风险性监管,而对其竞争的监管往往被忽略。实践中,互联网金融业竞争规则不健全,其繁荣发展的背后隐藏着大量竞争问题。互联网金融的竞争融合了网络和传统金融,形成了自身独有的特点,沿用传统的、分割的、简单的竞争监管手段已经无法应对互联网金融这种新型的、整体的、复杂的被监管对象。传统的手段既无法满足互联网金融竞争监管的有效性,也有损其竞争的公平性,甚至还会影响社会整体利益的改进。因此要对互联网金融竞争问题进行合法合理规制就必须要完善相关监管依据,建立符合我国国情的竞争监管协同机制。[3]

---

[1] 参见马其家:《论新时期我国金融监管体制的调整——以我国证券市场行政监管权的重配与协调为视角》,载《政法论丛》2016年第6期。

[2] 参见刘志伟:《地方金融监管权的理性归位》,载《法律科学》(西北政法大学学报)2016年第5期。

[3] 参见曾威:《互联网金融竞争监管制度的构建》,载《法商研究》2016年第2期。

（六）金融消费者保护理论及实施机制

1. 概念之争

金融消费者概念的全面确立在理论和实践中遭遇到“投资领域没有金融消费者”“证券法的投资者保护规范已经足够”等困境。关于如何处理金融消费者与投资者的概念关系，以及在目前已经较为成熟的证券投资法律领域是否有必要引入金融消费者概念与保护规范，法学界经历了近十年的探究，仍未形成统一意见。有学者指出，传统商法理论局限于“投资者”这一宏观模糊的概念，没有认识到“投资者”这一概念本身杂糅了机构投资者、专家投资者和消费型投资者等复杂主体这一事实。“金融消费者”概念的提出，是对“投资者”概念进行的细分，主张对“投资者”中的个人投资者，小型机构投资者等处于弱势地位的投资者给予特殊保护。金融消费者统一概念的缺失是金融司法及金融监管相关实践遭遇诸多困境的根源所在，构建金融消费者保护规范体系，应当在“金融消费者”的统合概念之下，遵循统一的立法原则和规范框架。[1]

2. 时代背景下的金融消费者保护

金融消费者的保护随着时代的快速发展，呈现出不同的特点，对监管者亦提出了特殊的要求。

（1）程序化交易时代的金融消费者保护

高频交易在中国的期货市场已经初露端倪。高频交易商通过其制造的流动性来牟利，创造了更大的不确定性，并麻痹了中小投资者。并且高频交易的背景下，出现了许多新型的市场操纵形态。有的学者提出，在高频交易领域，即使作为机构投资者的大型、专业投资者也有可能成为配备有“特殊武器”的高频交易商掠夺和“捕杀”的对象，从而沦为弱者，颇似金融消费者在金融交易中的地位。[2] 在高频交易的背景下，“金融消费者”的概念又有了进一步的发展。

对程序化交易或高频交易的法律监管，可以归纳为遵循金融法中的“三足定理”。该定理最早由邢会强教授提出，并得到了冯果教授的进一步发展。“三足定理”指金融监管是在金融效率、金融安全和金融公平之间寻求平衡。冯果教授将金融公平理解为金融消费者保护。

（2）P2P 网贷背景下的金融消费者保护

近年来，P2P 网络借贷作为具有代表性的互联网金融发展业态持续快速发展；

---

〔1〕 参见何颖：《金融消费者概念的法律定性及规范价值》，载《财经法学》2016 年第 1 期。

〔2〕 参见邢会强：《证券期货市场高频交易的法律监管框架研究》，载《中国法学》2016 年第 5 期。

一方面,作为一种富有活力的金融创新模式,P2P 拓展了传统的金融消费体验;另一方面,其不规范的发展导致了消费者权益侵害问题的凸显。有学者指出,P2P 网贷消费者保护应适当扩大消费者的界定范围,不应仅限于自然人,完全可以将法人和其他组织纳入。信息不对称理论、社会分层理论、"双峰"理论是 P2P 网络借贷金融消费者保护的理论依据。当前我国 P2P 网贷消费者保护立法缺失,行业存在监管套利,金融消费者纠纷解决机制不畅,P2P 网贷行业特殊性亟须加强消费者保护。[1]

也有学者基于对目前众多 P2P 网贷平台服务协议内容的分析,发现混淆服务协议与平台网站规则的实质性区别,也揭露了服务协议缺乏对消费者意思的审查。因此协议各方需要秉持利益平衡、互惠互利原则,设定各方的权利义务,同时服务协议需要不断接受监管机构对其合法性与正当性的审查,实现对个人信息权、财产安全权、知情权、自主选择权的有效保护。[2]

(3)大数据时代的金融消费者保护

大数据时代,信息社会中的个人信息已经成为重要的资源和财富。在大数据、云计算带来便利的同时,我们也要面对大数据的负面产品。传统的信息保护模式失灵,金融信息完全脱离了金融消费者的掌控,暴露给第三方。大数据时代下,金融信息的保护与开发利用共同构成金融消费者信息保护制度的基础,在价值位阶上仍需遵循金融信息保护优位原则。大数据时代,仅仅依靠监管金融机构所掌握的金融消费者开户资料等档案信息来保护金融消费者信息权的话,就会忽视金融消费者浏览网页或是消费记录等其他信息的保护。通过在信息终端用途上予以把控,才能发挥最好的法律规制效果。[3]

3. 实施机制

关于金融消费者保护的有效机制,《支持实施 G20/OECD 关于金融消费者保护的其他高级原则的有效措施》一文做出了较为细致的总结。对消费者进行保护,必须首先遵循金融消费者保护的高级原则进行:法律、法规和监管框架;监管主体的作用;公正、公平地对待消费者;保护消费者资产免受欺诈和误导;保护消费者数据和隐私;竞争。在六大原则的指导下,该报告针对每一个原则都提出了具体的,有实践

---

〔1〕 参见黄勇、徐会志:《论 P2P 网络借贷金融消费者权益保护》,载《河北法学》2016 年第 9 期。

〔2〕 参见周新生:《P2P 网贷平台消费者基本权利保护——基于服务协议的分析》,载《法学杂志》2016 第 10 期。

〔3〕 参见张继红:《论我国金融消费者信息权保护的立法完善——基于大数据时代金融信息流动的负面风险分析》,载《法学论坛》2016 年第 6 期。

意义并具有创新性的保护措施。

(七)金融部门法的制度创新与制度完善

1. 证券法

(1)立法修改与完善

在资本市场加速转轨发展中,资本市场已经从单一的股票市场、交易所市场发展成为多品种、多层次、多类型的稳步迈向成熟的市场,但我国证券立法在法理逻辑、法律规定、制度设计上,仍处于"股票时代","股票化"思维严重,在不同部门、监管机构推动下,自上而下的改革在资本市场各个维度展开,导致法律体系、监管制度、市场层次"碎片化"严重。要推动证券法制逻辑与制度的现代化,确立证券法的基本法地位是基础,针对证券品种、监管和市场层次进行差异化的制度设计是基本路径,建立健全完善的资本市场法律体系是保障。[1] 其中差异化的制度设计包括:立法模式由单一走向差异;建立以功能监管为中心的监管体制;健全多层次的证券发行和交易制度;健全适应市场要素和层次差异化的法律规制。

(2)股票发行注册制改革

①注册制改革的内涵

2016 年 4 月 23 日,由中国证券法学研究会主办的"注册制改革背景下的中国证券市场法治建设"论坛召开,多名法学家围绕注册制改革理论、现代金融监管体制、金融投资者权益保护等议题发表演讲。2016 年,有多篇以"股票发行注册制改革"为主题的学术论文发表。

关于注册的本质与内涵,有学者总结了注册制的特点包括:股票发行效率高,业内对发行流程有稳定预期;股票发行有责任约束,股票发行诚信度高;政府、市场主体各司其职,角色不错位。实行股票发行注册制的本质,就是要改变政府和市场主体角色错位的局面,形成政府管披露,券商管定价,律师管文件的股票发行体制。[2] 有的学者认为,注册制起到一种释放市场活力的信号作用,政府以后不再对股价的涨跌和股票的内在投资价值做出判断。注册制要求监管者把市场归还给市场,让市场正常的供需关系决定市场的博弈与利益分配。证券监管部门作为市场规制主体,其从事的所谓"股市宏观调控"是一个伪命题,证券监管部门的职能主要是行政执

---

[1] 参见徐聪:《论转轨背景下证券法治逻辑与制度的现代化——兼评〈证券法(修订草案)〉"一读稿"》,载《法学评论》2016 年第 2 期。

[2] 参见唐应茂:《股票发行注册制改革的内涵、本质和措施》,载《财经法学》2016 年第 5 期。

法,打击证券欺诈。[1] 关于注册制下证券发行审核的内容,有学者指出,注册制并非完全的形式审查,排除实质判断,而是把实质审核从发行审核阶段后置到上市审核阶段。注册制就是在公开发行股票时发行人负责真实、准确、完整地披露影响股票投资价值的信息,中介机构负责督导和把关,发行审核机构负责审核发行人是否履行了信息披露义务并据此做出是否允许注册生效的决定,证券交易所负责审核发行后的上市申请,投资者则根据信息披露自主决策并自担风险。[2]

②注册制改革的实施机制

关于注册制的实施措施,有的学者总结为以下几点:在审核领域减少行政审批,发挥市场作用,提高审核效率,提高制度的可预期性;建立跨部门的研究协调机制,超越部门利益,以加强证监会的行政执法力度和法院系统民事诉讼的威慑力;提高监管机构招股书审核能力,强调信息披露的清楚与充分性。[3] 有的学者指出:证券监管机构保持独立性并坚持监管中立原则,实现人事独立与资金独立;证券交易所保持独立性并实施证券交易所的股份制改革与上市;完善多层次的资本市场,深化新三板改革是股票发行注册制成功实施的三个体制机制条件。[4]

③注册制改革的权限分配

关于注册制改革下,参与证券发行与监管的各方主体的权力与责任,学者们提出了自己的建议。针对证监会与证交所的权限分配问题,有学者指出,证监会应继续对公开发行申请的合规性审查,标准是申请材料的齐备性、一致性、可理解性,而非真实性、准确性、完整性,适度降低证监会主导的公开发行门槛,同时抬高交易所主导的上市门槛。而公司证券的上市,则必须满足证券交易所所确定的条件,该条件包括交易所设置的财务指标、市场指标、公司治理等不同要求的差异化条件。从而形成证监会和交易所共同决定、共同担责的政府与市场综合治理体制。[5] 证监会的发行审核委员会具有发行审核权,证券交易所本身具有上市审核权,发行审核与上市审核一体化严重阻碍了我国资本市场健康有序的发展。有学者针对注册制下公开发行审核权与上市审核权的分配建议:发行审核与上市审核分离,彻底改变我国目前因证监会的越俎代庖而导致的发行上市一体化情况;证监会保留股票公开

---

[1] 参见邢会强:《股票发行注册制成功实施的三个体制机制条件》,载《财经法学》2016 年第 5 期。

[2] 参见彭运朋:《股票发行注册制下审什么?——〈证券法(修订草案)〉相关条款之商榷》,载《财经法学》2016 年第 5 期。

[3] 参见唐应茂:《股票发行注册制改革的内涵、本质和措施》,载《财经法学》2016 年第 5 期。

[4] 参见邢会强:《股票发行注册制成功实施的三个体制机制条件》,载《财经法学》2016 年第 5 期。

[5] 参见缪因知:《股票发行注册制下的行政权再定位》,载《财经法学》2016 年第 6 期。

发行的审核权;上市审核权交由证券交易所;采用上市实质审核制度;提高信息披露内容的标准并建立完善的违背信息披露行为的责任体系,赋予证券交易所更多的权力。[1] 有学者指出,2015年的证券法修订草案,一方面遵循"市场派"之愿,证监会在注册制下确实将实现部分隐退和回缩(不再承担一线的发行注册审核,且不对注册生效的决定承担发行人资质的隐形担保);另一方面如"谨慎派"所愿,仍旧保留了前段审核程序中的许可职能与监管职能。[2]

④注册制改革的风险

关于注册制改革的潜在风险,学者们做出如下总结:改革定力不足,错过最佳改革窗口期的风险;宣传引导不当,股市出现剧烈波动的风险;监管部门不愿放权,注册制改革变形走样的风险;交易场所恶性竞争,股票发行出现"劣币驱逐良币"的风险;监管执法不到位,出现大面积欺诈发行上市的风险。针对注册制改革的风险,[3]有的学者指出,注册制发行股票就是单凭发起人的个人承诺在市场上发行股票,监管部门不再具备审核发行公司资产的有无及真伪,监管部门将发行人承诺发行股票与公司的真实资产状况不一致而可能产生的风险,完全寄托于发起人的良心上。[4]

(3)证券市场场外配资

证券交易中过高的融配资比例被广泛认为是2015年6月股灾的重要肇因。融配资扩张了资金对证券的需求,催生了价格泡沫。雪崩式图景令场外配资的合法性及其监管路径成为了证券法研究必须正视的话题。

有学者指出,场外配资业务并非不可或缺,也未必算是一种金融创新,其快速成长可能带来如下问题:场外配资降低了高风险杠杆交易的进入门槛;场外配资交易范围受限小,资金可被用于集中炒作股票(包括垃圾股),易生价格异动;场外配资杠杆率不受管制,易增强市场的起伏;场外交易不遵循场内监管规则,违反账户实名制,造成信息不透明;场外配资的资金吸纳和供给不受限制,与场内融资形成不公平竞争。综上,从维护市场整体安全性而非配资客户个体权益的角度看,对场外配资有必要予以监管。监管的措施包括外部信息接入管理和账户实名制两方面。[5] 有

---

[1] 参见王楚:《注册制下发行审核权与上市审核权分配建议办法》,载《河北法学》2016年第7期。

[2] 参见冷静:《注册制下发行审核监管的分权重整》,载《法学评论》2016年第1期。

[3] 参加中国法学会证券法学研究会:《股票发行注册制改革风险评估与对策建议》,载《财经法学》2016年第6期。

[4] 参见管晓峰:《股票发行注册制与道德风险》,载《财经法学》2016年第6期。

[5] 参见缪因知:《证券交易场外配资清理整顿活动之反思》,载《法学》2016年第1期。

的学者总结场外配资对证券市场的危害性如下:扰乱正常的证券交易管理秩序;极易引发内幕交易与市场操纵等证券违法行为;容易引发股灾,危及合规投资者的利益;破坏证券市场的正常机能。〔1〕

有的学者针对我国场外配资监管不足的现状进行了构建。首先,需要建立正确的监管原则,包括疏导优于取缔的原则、一体多翼协调监管原则、法制先行的原则、证监会相机决策的原则、遵循社会整体利益最大化与社会公共利益优先原则。其次,需要制定适宜的场外配资监管制度,包括建立主动申报制度、配资主体审查制度、基本信息的登记与备案制度,健全场外配资合同审查制度、重大配资事件与存疑配资交易及时报告制度。再次,健全场外配资的监管启动机制与相机决策制度。最后,规范场外配资的行业自律制度。〔2〕

(4)证券违法行为

①市场操纵行为

关于证券市场操纵行为的认定,一直是学界讨论的重点。有的学者认为证券期货市场市场中的操纵行为存在认定标准模糊、预防机制的设置不科学、法律责任分配欠妥、新的多元化纠纷解决机制构建不成熟、监管协调机制非常态化等问题。该学者借鉴英美国家的市场操纵立法例的研究,提出了针对性的解决方案。〔3〕

有的学者则通过对证监会做出的行政处罚案件进行整理研究,以行政处罚决定书中的描述和说理验证证监会如何根据市场实际及普遍的经验法则来认定操纵证券市场行为,厘清当前操纵行为模式及行政处罚认定的规则和路径。有的学者则着力于研究操纵证券期货市场罪"兜底条款"的适用规则,并指出,随着资本市场的深化发展,操纵证券期货市场犯罪类型与手段方式发生较大的变化。为了应对不断发展的证券期货市场,现行《刑法》第182条"兜底条款"的司法适用的必要性和重要性随之提升。该学者使用同质性解释规则,对"兜底条款"规范边界进行逻辑反思与本质追问。〔4〕

②虚假陈述

关于证券市场虚假陈述交易上因果关系的认定,我国学界普遍认为,证券虚假

---

〔1〕 参见赖华子:《证券市场场外配资监管制度研究》,载《法学论坛》2016年第3期。

〔2〕 参见赖华子:《证券市场场外配资监管制度研究》,载《法学论坛》2016年第3期。

〔3〕 参见胡光志、张美玲:《我国期货市场操纵立法之完善——基于英美的经验》,载《法学》2016年第1期。

〔4〕 参见熊永明、徐艳君:《操纵证券、期货市场罪"兜底条款"的适用研究》,载《法律适用》2016年第10期。

陈述侵权责任中的因果关系要件,包括了交易上的因果关系和损失上的因果关系。前者被用来认定虚假陈述行为是否引起了投资者的交易行为,后者被用来判断交易行为是否导致了投资者的全部或部分损失。

有学者指出,理论和实践层面有新问题需要解决。第一,推定成立交易上因果关系的基础在于"欺诈市场理论",而"欺诈市场理论"的基础在于"有效市场假说"。在证券市场不满足"有效市场假说"的情况下,投资者是否还能够适用"欺诈市场理论",进而适用推定交易上的因果关系的成立,成为亟须解决的问题。第二,推定交易上因果关系成立的前提条件是证券价格对于公司披露的信息作出准确和及时的反应。因此,被告是否可以通过证明市场价格对于信息并没有准确和及时反应来推翻该推定即成为问题,但我国司法解释没有作出相关规定。第三,推定交易上因果关系成立的目的在于减轻普通投资者的举证责任,但是就机构投资者而言,其是否也适用交易上因果关系的推定即成问题。[1]

有的学者首先界定了虚假陈述的概念,从权利和责任两个方面分析了《证券法》第 63 条、第 69 条、第 193 条、第 231 条,探求在如此严格的法律规定的情况下上市公司依然不断发布虚假信息的原因,并剖析了这种情况的深层原因以及针对性的改革思路。[2]

③内幕交易

关于建议型内幕交易,我国对建议型内幕交易的行政责任和刑事责任的法律规定存在着明显不协调的现象。前者将其作为一种独立的行为样态,而后者却没有规定相关的罪名。域外法或将建议型内幕交易行为单列为一种独立的内幕交易行为样态,或不规定该种内幕交易行为样态。有学者指出,我国应借鉴欧盟等法域的做法,将建议行为单独作为一种内幕交易行为类型,不必以建议行为引起他人从事证券交易为构成要件,但应以被建议人指导或者应当指导建议人系根据内幕信息向其提出买卖证券建议为要件;应将建议行为纳入刑法规则,将《刑法》第 180 条第 1 款"明示、暗示他人从事上述交易活动"修改为"以明示、暗示的方式建议他人从事上述交易活动"。[3]

对于证券市场上违规大规模增持、减持股票行为,我国证券监管机构的行政执法往往依据《证券法》第 193 条对其中违反权益披露规则的行为以违反信息披露义

---

〔1〕 参见樊健:《我国证券市场虚假陈述交易上因果关系的新问题》,载《中外法学》2016 年第 6 期。

〔2〕 参见高旭军:《〈证券法〉虚假信息责任条款适用研究》,载《财经法学》2016 年第 2 期。

〔3〕 参见肖伟:《论建议型内幕交易》,载《财经法学》2016 年第 2 期。

务定性处置,而对违反慢走规则的买卖股票的行为几无对策。有学者认为,违规大规模增减持股票行为在相关条件成就时完全可能构成内幕交易并引发相应责任。至于违规增减持超过5%部分股票的表决权问题,我国立法应该基于财务投资行为与收购行为的性质差异分别设定不同的表决权限制后果。[1]

(5)证券投资补偿基金

2013年平安证券宣布设立"万福生科虚假陈述事件投资者利益补偿专项基金",用以补偿因万福生科股份有限公司造假案而蒙受损失的投资者。这是A股首支机构专项补偿基金,开创了我国资本市场中投资者损失由负有责任的中介机构先行补偿的先河。

有学者对构建证券投资补偿基金制度的法理基础进行了阐述,包括:保护投资者权利的巨大需求与司法供给的不足;证券市场的复杂性与监管行政的专业性。在此基础上,提出了在我国构建证券投资基金补偿制度的路径:证券投资补偿基金的设立由证券监管机构推动而非主导;证券投资补偿基金的资金应通过证券监管机构促使有能力补偿的证券违法行为人主动拿出;由非营利性且专业的投资者保护基金公司作为第三者执行公平基金的分配;我国在设立先行赔付的投资者保护基金时,其先行赔付对象应有所限制,以普通投资者为主,机构投资者和利害关系者的投资人不包括在内。[2]

2. 保险法

(1)责任保险

有学者针对责任保险中的旅行社责任保险制度进行了探究。旅行社责任保险中仍然存在着诸多问题:在承保责任范围上,对违约责任是否属于保险责任,立法规定模棱两可;在无责赔付问题上,法官容易模糊无责赔付与无过错赔付之间的界限;在第三者范围问题上,将导游、领队等人员列入第三者范围而非被保险人范围,与保险法法理相悖;在除外责任范围上,将高风险性旅游项目以及服务质量不规范行为排除在外,有悖于旅行社责任险的立法目的。应当将特定范围内的违约责任纳入承保责任,厘清无过错赔付的本来内涵;将第三者范围中的导游等旅行社的组成人员排除在外,限制旅行社责任保险中除外责任的适用范围。[3]

---

[1] 参见陈洁:《违规大规模增减持股票行为的定性及惩处机制的完善》,载《法学》2016年第9期。

[2] 参见徐强胜:《论我国证券投资补偿基金制度的构建》,载《法商研究》2016年第1期。

[3] 参见韩长印:《旅行社责任险的责任范围问题》,载《法学家》2016年第1期。

(2)保险“第三人”

关于保险代位权中“第三人”范围的确定,现行《保险法》和相关司法解释的规定都比较模糊,学理上也出现了许多不同的解释。仅仅从保护被保险人的角度出发,根本无法防止人们对“第三人”范围的主观扩大或缩小;而直接参照继承法的相关规则,又有一味偏向被保险人的嫌疑,背离了立法平衡被保险人和保险人利益的初衷。有学者探析参照保险利益原则同意确定保险代位权中“第三人”范围的方法:首先,“第三人”的范围确定要考虑保险代位权设置的目的;其次,用“肯定概括加否定列举”的方法检视;最后,参照保险利益原则确定方法的生成。[1]

(3)保险复效制度

有学者对《保险法》中的复效制度进行了研究,并指出复效制度对于保护投保人、被保险人、受益人权益具有重要意义。该学者将复效条件表述为“经保险人与投保人协商并达成协议”,但由于未对保险人拒绝复效做出限制,一些人误读为保险人握有保险合同复效与否的决定权,实务中出现了保险人滥用同意权随意阻碍保险合同复效的情形。《最高人民法院关于适用〈中华人民共和国保险法〉若干问题的解释(三)》第8条将保险人拒绝复效的事由限定在“被保险人的危险程度在中止期间显著增加”这一范围内,符合《保险法》的立法本意。该作者对保险合同复效制度的法理基础、域外立法模式、审判实践进行了梳理,对被保险人能否作为申请复效的主体,保险合同复效与投保人如实告知义务、保险人明确说明义务及不可抗辩制度适用的关系,被保险人在复效申请处理期间死亡的处理,投保人申请复效被拒后能否再次申请复效、复效期间经过后的法律效果等逐一分析,力求形成对保险合同复效制度适用层面的完整认知。[2]

关于复效问题,还有学者从人寿保险不丧失价值选择制度的角度进行了探讨,并指出,在人寿保险中,多采取分期付款的方式,如果投保人因各种原因未缴纳保费,会导致保险合同无以复效,被保险人会因此失去保障。此种规定对投保人或被保险人来说过于严苛,对于保险人而言亦无益处。为了解决这一问题,须建立不丧失价值选择制度,即报单积存有现金价值时,投保人或被保险人对现金价值的处理制度。于投保人未缴到期保费的情况下,若想让被保险人获益,且不伤及保险人,唯一的办法就是利用报单的现金价值续交保费,以使合同继续有效,或者变更保险合

---

[1] 参见李激汉、杨志刚:《保险代位权中“第三人”范围确定方法探析》,载《法律适用》2016年第6期。

[2] 参见刘振:《保险合同复效制度适用研究——以〈最高人民法院关于适用《中华人民共和国保险法》若干问题的解释(三)〉第8条为中心展开》,载《法律适用》2016年第2期。

同,使被保险人获得保障。[1]

(4)危险增加通知义务

关于危险增加通知义务,我国《保险法》第52条规定了被保险人的危险增加通知义务。有学者指出,该条款对于贯彻保险法的最大诚信及对价平衡原则等发挥了巨大的作用,但是我国现行的危险增加通知义务规则过于简略和粗糙。对于危险增加通知义务的适用范围、危险程度"显著增加"的界定标准、违反危险增加通知义务的法律后果、危险增加通知义务可被免除之情形等相关问题的规定存在诸多漏洞与不妥,有必要进一步补充完善。[2]

(5)保险人恶意不当理赔

关于保险人恶意不当理赔的法律规制问题,学者指出,保险合同"关系型"与"顺序型"的特殊架构导致保险人的不当理赔具有显著的恶意违约的动因。由于一般性的合同规范无法涵盖保险消费者的经济保障以及内心安宁的特殊权益,对保险人的恶意不当理赔,违约责任既无法充分补偿被保险人或受益人由此所蒙受的间接损失,也难以形成有效的威慑效应。为了摆脱这一制度困境,应当从违约责任跨越到侵权责任,将保险消费者的经济保障与内心安宁上升到"固有利益"的范畴,解除由合同的"履行利益"所造成的束缚,将保险人理赔义务的关注点从给付结果扭转到给付过程,通过侵权责任的规则来达到充分补偿与有力威慑的双重功能,进而实现对保险人恶意不当理赔的有效规制。[3]

(6)合理期待原则

关于保险法上的合理期待解释,有学者指出,虽然该原则在司法实践中有所运用,但是合理期待原则应平等适用于保险消费者,不应排除对老练被保险人的适用;应适用于包括经保险监管机构审批在内的格式条款,但不应适用于个别议商性条款,对于"期待"之判断应考量保险人的行为是否引起被保险人之客观期待,包括报单以及保险交易中的误导行为。对于合理期待中"合理"之标准应考量被保险人之老练程度、保险人明确说明义务、报单语言是否符合目的以及缴纳保费的多少等因素来综合判断。在适用位阶上,合理期待解释原则应当与一般解释原则同行,而非

[1] 参见梁鹏:《人寿保险不丧失价值选择制度之构建》,载《法律科学》(西北政法大学学报)2016年第6期。

[2] 参见孙宏涛:《我国〈保险法〉中危险增加通知义务完善之研究——以我国〈保险法〉第52条为中心》,载《政治与法律》2016年第6期。

[3] 参见黄丽娟:《保险人恶意不当理赔的法律规制——从违约责任到侵权责任》,载《法商研究》2016年第5期。

扮演最后出场的角色。[1]

(7)投保人法律地位

关于投保人的法律地位,有学者指出,投保人的法律地位首先表现为保险合同当事人地位,但其当事人地位具有限缩性,投保人承担交纳保险费的义务,但却不享有保险合同所约定的权利或利益。投保人在保险合同项下的权利,仅以保险合同约定属于投保人的为限。投保人基础保险合同的权利,并非其作为合同当事人的固有权利,而仅是法律赋予投保人免受合同约束的一种专属权利,该权利的行使不得损害被保险人(受益人)受保险合同保障的权利或利益。投保人的法律地位因其死亡而永久固定,不发生投保人的当事人地位的继承问题,继承人不得主张解除保险合同。投保人依照保险合同的约定有权要求保险人向其支付保险合同解除时的现金价值,但在保险合同未约定或者约定不明时,则不享有此项权利。[2]

(8)保险保障救助基金

保险保障基金的救助是实现保险公司营业持续、保险合同效力延续之目的的重要保障。现行法中有关基金救助条件、范围、方式以及政府参与基金救助等方面的规定存在着诸多缺陷。有学者在借鉴域外立法与实践经验的基础上,提出增设基金救助条件、明确基金救助方式、拓展基金救助范围、理顺基金运行体制并规范行政权介入的建议。[3]

3. 银行法

(1)商业银行

关于商业银行参与私募股权投资的问题,有学者指出,根据我国《商业银行法》第43条的规定,商业银行在没有国家另行规定的情况下,不能够向非银行金融机构或企业进行股权投资。但各家银行仍然以服务者的身份间接开展私募股权投资业务,规模不容小觑。商业银行涉足私募股权投资领域在资金储备、资金募集、项目资源等方面有着无法比拟的天然优势。有学者提出我国商业银行可以采用设立基金子公司模式、设立直投子公司模式、外部私募机构合作三种模式,主张商业银行由服务者向主导者角色转变。[4]

---

[1] 参见谢冰清:《保险法中合理期待原则适用规则之构建》,载《法学杂志》2016年第11期。

[2] 参见邹海林:《投保人法律地位的若干问题探讨》,载《法律适用》2016年第9期。

[3] 参见薄燕娜:《论我国保险保障基金救助制度的完善——域外经验及其借鉴》,载《法商研究》2016年第5期。

[4] 参见朱玲:《我国商业银行境内参与私募股权投资的合法化研究》,载郭锋主编:《金融服务法评论》(第8卷),法律出版社2016年版,第208~233页。

(2)政策性银行

关于进出口银行法律制度,有的学者系统研究了韩国进出口银行的法律制度,包括《韩国进出口银行法》和《韩国进出口银行法施行令》,从中提炼并归纳其法人治理及法律约束机制、职能定位及业务范围、内部控制及保障机制等立法和实践经验,以期为我国政策性银行的立法提供有益启示。[1]

4.信托法

(1)信托的性质

信托之性质为何,立法不一,学说各异,成为信托法学的难解之结。我国信托法回避信托之定性,对这一信托法根本问题未予澄清,导致实务理解多生歧义,有害于法律适用。商业信托是现代信托的主要形式,将商业信托明定为法人,有助于在相当程度上解决信托定性难题。商业信托具备法人的特征与要件。商业信托是有独立的财产、有自己的名称与组织机构的组织,能够独立承担民事责任。承认商业信托的法人性质,在信托法上具有澄清理论争议、破除观念误区的理论意义,以及解决信托登记难题、保护当事人与第三人等实务意义;在商业组织法上具有促进商业组织多样化、提升法人市场效率、缓和法人法定主义之僵化效应等意义。[2]

(2)竞业义务

关于信托受托人的竞业义务是忠实义务的重要组成部分。我国在制定信托法时没有明确规定受托人的竞业义务,理论界的探讨亦甚少。公司与信托作为信义关系都负有信义义务,但其结构的差异使两者的义务内涵存在很多不同,信托受托人不宜类推适用公司法董事的竞业义务的缺失。禁止利益冲突规则是行为规范,禁止利益取得规则是救济手段。受托人的竞业义务也可以被纳入到《信托法》第25条第1款的一般条款中,违反义务的构建要件采实质审查主义,违反受托人竞业义务作为受托人权限外的行为类推适用《信托法》第22条的规定。[3]

(3)土地经营权信托流转

农村土地以信托方式流转时,信托的委托人和受益人都是农户,因而农村土地流转信托属于自益型信托。依"三权分置"的农村土地制度改革设计,具有身份属性的农地承包权保留在农民手中,土地经营权作为用益物权进行流转,因而农村土地

---

[1] 参见杨康:《韩国进出口银行法律制度研究及对我国的启示》,载郭锋主编:《金融服务法评论》(第8卷),法律出版社2016年版,第234~261页。

[2] 参见李宇:《论作为法人的商业信托》,载《法学》2016年第8期。

[3] 参见姜雪莲:《信托受托人的忠实义务》,载《中外法学》2016年第1期。

流转信托的客体是土地经营权而非土地承包经营权。信托设立后,土地经营权要移转给作为受托人的土地信托公司,由其以自己名义进行控制和处分。为保护农户的利益、并兼顾信托公司和农业生产经营者等第三人的利益,应通过信托登记公示信托财产。同时,信托公司有义务依信托之目的而管理信托事务。[1]

(4)金融理财产品统一规范

信托公司、证券公司、基金公司、保险公司以及商业银行均经营理财业务,虽然产品的名称不一,投资者群体不尽相同,但理财产品的法律构造高度同质化。信托在各个国家会呈现出不同的样貌,但其本质是界分出范围明确的特殊目的财产并在此基础上规范委托人、受托人、受益人及其与第三人的关系,尽管我国的一些理财产品不乏可以回避"信托"名称的情况,但究其本质并未跳出信托的范畴。目前我国对理财产品的分业而治导致了行业竞争不公平、投资者保护不力、规范漏洞明显、私法依据混乱等困局。而金融监管模式的转变不是一夕之功,且规范市场的有效途径不局限于行政监管,确保金融理财市场适用统一的权威的法律规范,才是消解目前各类弊端的更可行的路径。建议完善《信托法》来统一规范理财业务的当事人,扩张《证券法》的适用范围来统一规范理财产品的公开发行与流通。[2]

5. 财税法中的金融法

我国地方债务风险是中央政府、地方政府及金融机构之间相互博弈的结果。博弈深入到央地之间的金融资源争夺、对地方债务风险的金融监管与风险处置为目的的地方债务置换之中。为了实现国家金融治理现代化,必须将地方债务的金融风险纳入金融法治轨道,即以金融公权约束和金融私权保护为中心,强化金融市场约束机制,明确中央不予救助原则,以"一报还一报"策略抑制冒险行为,构建和完善防范地方债务风险的金融监管与风险处置制度。[3]

(八)金融案例研究与金融司法

1. 金融法经典案例

(1)中国股市两次触发熔断

我国证券期货市场于2015年12月引入了"指数熔断机制",这是一个全市场的熔断机制。该机制实施后的前4个交易日内,四次触发"熔断",不但没有阻止市场下跌,反而加剧了市场下跌,最后不得不"暂停实施"。有学者指出,"熔断机制"在

---

[1] 参见徐海燕、冯建生:《农村土地经营权信托流转的法律构造》,载《法学论坛》2016年第5期。

[2] 参见季奎明:《论金融理财产品法律规范的统一适用》,载《环球法律评论》2016年第6期。

[3] 参见阳建勋:《论我国地方债务风险的金融法规制》,载《法学评论》2016年第6期。

我国没有产生积极作用的原因在于以下几点:熔断阈值设置的不合理,5%的熔断阈值过低,5%与7%的两档熔断阈值相距较近,容易引发“磁吸效应”;我国“涨停板制度”与美国“涨停板制度”的差异被忽略了。在“互联网+杠杆化”市场背景下的证券监管,应引入“熔断机制”,同时应该废除涨跌停板制度,适度拉开熔断阈值。[1]

(2)深港通

深港通是指深交所和香港联合交易所允许两地投资者买卖规定范围内对方交易所上市的股票。2016年9月30日,深交所正式发布《深港通业务实施办法》。2016年12月5日,深港通正式开通。深港通的实行会有助于吸引外资流入A股市场,改善A股与海外市场之间差异显著的估值体系,进而再度提升A股市场活力。港股市场是较为成熟的境外市场之一,深港通配合沪港通完全打通A股和H股通道后,更有利于引入海外机构投资者,逐渐改变以散户为主导的市场结构、培养长期投资的理念。有学者通过数据研究,得出港股通使用额度已经明显提升,且幅度高于沪股通。该学者针对短期内资金“南下”不断升温的现象,收集短期内沪港通的资金流向数据,浅析了导致其现状的影响因素,主要归结为以下三点:资产荒、深港通事件驱动以及人民币预期贬值。[2]

(3)宝能万科股权之争

2015年7月,宝能大举增持万科股份,数度举牌后成为万科第一大股东,先后投入近400亿元巨资,直指控股股东地位,引发“宝万之争”。自2015年12月18日万科停牌后,双方管理层进入“备战”,万科的目标是寻找白衣骑士,宝能的目标是维持其第一大股东的地位。2016年3月13日,万科公告了万科与深圳地铁集团签署的合作备忘录,宣布与深圳地铁达成战略合作,以万科增发的股份换取深圳地铁的资金注入。但是否能够引入新股东尚需经过宝能在内的到场股东2/3的同意。深圳地铁入主万科将会导致现有股东的股份被稀释。

有学者指出,“宝万之争”现象的背后,是中国在经济转型升级的背景下,过多的流动性资产与有限的投资机会之间的矛盾,资本市场最终的目的是合理配置资源,而上市公司的目标就是为股东创造价值。什么是好的资本有如下标准:好的资本会把资源合理配置到有增长空间、收益高的企业,帮助好的企业成长;好的资本会让资

[1] 参见邢会强:《证券期货市场高频交易的法律监管框架研究》,载《中国法学》2016年第5期。

[2] 参见刘柳:《基于深港通获批背景下的短期内资金“南下”现象分析》,载《中国市场》2016年第47期。

本运作对公司治理的市场化起到推动作用。[1]

2. 金融司法进程

(1)金融集体诉讼

与普通的民事纠纷相比,金融纠纷具有内容的专业性、目标的明确性等特点,传统的解决途径对此应对不足。由于信息不对称、认知偏差、羊群效应等原因,金融消费者在金融纠纷中往往处于劣势地位,为了加强对金融消费者的保护,多元、通畅、便捷的纠纷解决机制必不可少。作为非诉讼纠纷解决程序(Alternative Dispute Resolution,ADR)之一的调解制度,在化解金融纠纷、保护金融消费者、改善金融生态环境上大有可为。[2] 但是有的学者在研究了上海市金融纠纷诉讼调解实践的基础上,指出调解制度解决金融纠纷仍然存在两大困境:公权力机关大力强调调解方式的全面贯彻与运用,对其解纷效果抱以很高期待;诉讼调解的现实功用较为有限。[3]

有的学者指出,互联网金融背景下,纠纷呈现出涉众案件多、送达周期长、担保效力弱、保全执行难等问题。在民商事审判过程中会出现若干难题:法律关系定性问题;管辖问题;电子数据认定问题;居间人如实报告义务问题等。[4]

针对温州"两链"的金融风险,温州法院采取了一系列司法措施来化解,取得明显成效,有学者对化解风险的措施进行了总结,包括:在温州两级法院设立金融审判庭,专司金融审判;成立经济金融私法维稳领导小组,协同多个部门建立联动机制;保护银行借款展期;支持临时应急转贷;扩大适用小额诉讼速裁机制;适用破产审判制度等。[5]

(2)场外配资纠纷处理

场外配资的实质其实是"借钱炒股",其特殊的交易结构反映了以账户控制为核心的信用担保安排。解决场外配资纠纷的私法逻辑涉及交易合法性、平仓行为有效性以及平仓损失的承担等方面,长期以来争议不绝。有学者提出,深圳市中级人民法院的《关于审理场外股票融资合同纠纷案件的裁判指引》首次在司法实践层面为

---

[1] 参见朱蕾:《宝万之争的背后》,载《中国经济报告》2016 年第 4 期。

[2] 参见李慈强:《论金融消费者保护视野下金融纠纷调解机制的构建》,载《法学论坛》2016 年第 3 期。

[3] 参见沈伟、余涛:《金融纠纷诉讼调解机制运行的影响因素及其实证分析——以上海为研究对象》,载《法学论坛》2016 年第 6 期。

[4] 参见江苏省高级人民法院民二庭课题组:《互联网金融纠纷民商事审判实务问题研究》,载《法律适用》2016 年第 1 期。

[5] 参见鞠海亭:《温州"两链"金融风险司法化解与破产审判实践》,载《法律适用》2016 年第 5 期。

该类交易证明,并秉持商事交易与金融监管适当分离的思路对平仓损失进行了清晰而合理的分配,以引导证券市场参与者形成商业理性与自我负责观念。[1]

(3)金融司法的央、地关系

有学者指出,现实中我国金融市场的"全国性"与法院组织的"地方性"两者之间存在固有的体制冲突,期待以"去地方化"为目标之一的私法改革方案能够有效提升金融市场的司法环境。但是,除了纠正地方法院的不当司法行为之外,最高法院同时也经常性扮演了地方法院"利益代言人"的角色,而地方法院较之最高法院则会有更强的内在激励去能动地扮演金融市场法律规则"供给者"的角色。可能导致上下级法院之间关系带有更多行政化色彩的司法改革方案能否有效回应金融市场制度需求值得深思。[2]

二、关于域外金融服务法学的研究概况

2016年,学者们对域外金融服务法律制度进行了较多的挖掘,包括危机后的金融监管改革到证券法域外适用、股票小额发行注册豁免、集资门户反洗钱义务等诸多金融法律制度。学者们在介绍域外经验的基础上,努力对我国金融服务法律制度进行完善。

(一)危机后的金融监管

1. 重塑银行监管体系

2008年的全球金融危机导致《巴塞尔协议Ⅲ》的快速达成,但有学者对目前流行的《巴塞尔协议Ⅲ》中的国际金融监管统一化有效性的观点提出了质疑,认为《巴塞尔协议Ⅲ》的实际后果与其所声称的目标相左,已经经历多次失败,而且统一化非但没有降低,反而增加了系统性风险,造成破坏性后果。通过激励全球金融机构遵循大致相同的商业策略,统一的监管错误促成了全球金融危机的爆发。该作者继而认为,增加巴塞尔架构的灵活性以促进国际金融监管的多样性和试验,是有价值的。[3]

次贷危机下英美银行体系与监管体系的缺陷也暴露无遗,两国当前正在重塑其

---

〔1〕 参见刘燕:《场外配资纠纷处理的私法进路与突破——兼评深圳中院的〈裁判指引〉》,载《法学》2016年第4期。

〔2〕 参见黄韬:《"全国"金融市场与"地方"法院——中国金融司法的央、地关系视角》,载《法学评论》2016年第3期。

〔3〕 参见[美]罗伯塔·罗曼诺:《寻求金融机构国际监管的多样性:对巴塞尔结构的批评与再校准(上)》,沈伟、陶永祺译,载《财经法学》2016年第1期;[美]罗伯塔·罗曼诺:《寻求金融机构国际监管的多样性:对巴塞尔结构的批评与再校准(下)》,沈伟、陶永祺译,载《财经法学》2016年第2期。

银行体系与监管体系。有学者对英美银行体系与监管体系进行了研究。在银行体系变革方面,英国实现了从全能银行到“隔离银行”的转变,在零售银行业务和投资银行业务之间建立了适当的隔离制度,美国则确立了“沃尔克规则”,禁止银行机构从事自营交易、限制投资对冲基金或私募股权基金。而在监管体系改革方面,统合当前的监管体系成为两国监管改革的重心。美国仍采用“多头监管”的策略,建立了“金融稳定委员会”负责发现系统性风险和协调联邦监管行动。而英国则通过改进型的“双峰模式”来应对当前的金融发展趋势,审慎监管局负责相关机构的审慎运行,金融行为监管局则侧重通过监管所有金融机构的商业行为来保护金融消费者,以及维护市场竞争秩序,同时《金融服务法》也要求两个监管机构之间要进行相互咨询和信息共享。英美两国危机后反思的具体路径不同,但两国的监管改革事实上都凸显了中央银行在金融监管中的角色。[1]

2. 金融消费者保护

次贷危机后,有关金融监管的研究成为各国政府关注的焦点。而在金融监管中,金融消费者保护成为讨论的热点。我国台湾地区于2011年12月30日施行了“金融消费者保护法”,该“法”以统合立法的方式,从适用范围、规范金融机构对金融消费者的保护义务、创设争议处理机构、规范争议解决程序等方面,顺应世界范围内加强金融消费者保护的趋势。而随着金融全球化进程加快,世界范围内金融消费者保护合作也必不可少。多数国家和地区也认识到金融消费者保护国际协调的重要意义,不断在实践中具体运用规则性协调和相机性协调机制。[2] 受全球范围内金融消费者保护趋势的影响,香港证监会则在执法机制方面,以对内幕交易、虚假陈述责任主体提起民事诉讼的方式,代表投资者向证券欺诈人索赔,为投资人挽回了大量损失,[3]保护了金融消费者的利益。

(二)国外金融法律制度介绍

1. 证券法的域外适用与国际化改革

证券法域外适用制度肇始于美国反托拉斯法的“长臂域外管辖权”。有学者关注了美国证券法的域外适用制度。美国为了维护其本国利益,将反垄断法中普遍运

---

〔1〕 参见苏洁澈:《后危机时代英美银行监管体系变革》,载《环球法律评论》2016年第1期。

〔2〕 参见贾平、陈俊:《大陆与台湾地区金融消费者保护纠纷机制研究》,载《云南大学学报》(法学版)2016年第3期。

〔3〕 参见章武生、成谦:《香港证监会代表投资者索赔诉讼案例分析与借鉴》,载《华东政法大学学报》2016年第4期。

用的域外适用原则也扩张到了证券法领域。美国联邦法院在长期的、具体的司法实践中,形成了证券法域外适用的四种标准——"效果准则""行为准则""混合标准"以及"交易标准"。美国联邦最高法院首次对涉外证券侵权诉讼案件进行裁决的经典案例是2010年"莫里森诉澳大利亚国民银行案"(以下简称"莫里森案")。在此案中,美国联邦最高法院斯卡利亚大法官提出了根据"交易标准"而不是"行为标准"和"效果标准"来判断法律是否予以域外适用。2010年《多德—弗兰克法》第929p(b)条第(1)款规定了"联邦证券法反欺诈条款的域外管辖权"。多数学者认为,该法案对美国联邦最高法院在"莫里森案"中确立的"交易标准"进行了修正,在立法上再次确立了"行为准则"和"效果准则",因此美国证券法被重新赋予了域外效力。虽然美国法院判决所采纳的证券法域外适用标准几经变更,但美国法院作出判决的潜在恒定标准是国家的利益而并非满足国际的司法需求。在证券市场国际化日益增强的情形下,为了保护我国证券投资者的权益和证券市场秩序、满足建立国际金融中心的需要,我国有必要建立证券法域外适用制度。[1]

也有学者研究了证券市场的国际化改革,并重点介绍了美国经验。美国证券市场建设涉及金融法律制度建设、政府干预方式、国际化路径、信息披露等方面。第一,就金融法律制度建设而言,美国证券法律按照市场化要求建立了符合市场经济规律的法律制度,包括注重证券法律制度设计的效率、关注多层次资本市场的建设和完善、完善交易所治理、多种交易制度的共存。第二,美国证券市场演进过程是自下而上的自发发展模式,政府参与证券市场是有条件的,参与范围也十分有限。第三,美国证券市场的国际化特征十分明显并日益成为其证券制度建设的主要内容,其能及时调整并从全球化视角设计其证券法律制度,包括进行证券交易所的公司制改革、上市规则和业务交易制度的改革;贯彻金融自由化原则;进行金融创新;以符合国际社会其他国家投融资人的需求;在监管方面,自律监管在市场上发挥着不可或缺的作用。第四,重视市场信用法制,建立了完善的以信息披露为核心的市场监管体系。尤其值得注意的是,美国证券市场信息披露的范围从财务性信息和控股董监高等持股变动情况等既成事实,拓展到管理层讨论和分析制度的披露——若是可以合理预见其发生的可能,且该结果对公司营运可能带来严重影响,无论好坏,企业都必须及时将其公之于众。[2]

---

〔1〕 参见杨峰:《我国证券法域外适用制度的构建》,载《法商研究》2016年第1期。

〔2〕 参见刘道远:《中国证券市场国际化改革的法律困境及其破解——以美国证券法制为镜鉴》,载《法商研究》2016年第4期。

2. 股票小额发行注册豁免

近年来，股票发行注册制改革成为我国资本市场热议的话题之一。2015 年年底，我国立法机关授权国务院对注册制先行先试。对于数额较小的证券发行行为有学者主张使其免于注册或核准，这一制度被称为小额发行注册豁免。美国法上早已形成体系较为完备的小额发行注册豁免制度。2012 年《创业企业促进法案》(The Jumpstart Our Business Startups Act，以下简称"JOBS 法案")通过之前，美国法上的小额发行注册豁免制度主要包括两类：一类是 Regulation A 之下的"简式注册(Short－Form Regulation)"制度，另一类是 Regulation D 中的 Rule 504、Rule 505 之下的"限制性发行(Limited Offering)"制度。自 2012 年 4 月"JOBS 法案"发布以来，美国证券交易委员会对小额证券发行豁免制度进行了体系性调整，此次修订的主要内容是提高年度发行限额、创立双层发行制度、豁免州证券法注册义务、扩展"试水"的时间范围，并在发行人资格、投资限额、信息披露方面强化监管。具体而言，从放松管制和强化投资者保护两个角度将 Regulation A 修订为 Regulation A +，修订内容涉及强化信息披露、完善发行人资格要件、非合格投资者的投资限额等诸多方面。同时也酝酿对 Regulation D 之下的小额发行豁免规则进行修改——将 Rule 504 中的年度发行限额提高至 500 万美元，并将特定的"坏孩子"(Bad Actors)公司排除在 Rule 504 的适用范围外，以促进区域性证券发行的发展。总体而言，通过此次修订，美国证券交易委员会重构出了一个规则合理、层次分明的小额发行豁免制度体系。[1]

3. 集资门户的反洗钱义务

继刘明(2015)[2]介绍集资门户法律制度的构建后，又有学者将视角进一步延伸，聚焦于集资门户的反洗钱义务。

"JOBS 法案"将集资门户定义为按照美国 1933 年《证券法》第 4(6)条款规定的在证券发行或证券销售中任何受他人委托担任中介的人。但集资门户的反洗钱义务并不是由"JOBS 法案"专门规定，而是由 2014 年 2 月美国证券交易委员会发布的《众筹条例(建议稿)》(Proposed Crowdfunding Rules)(以下简称《建议规则》)专门提出。集资门户承担反洗钱义务的原因在于：一方面，反洗钱是落实"JOBS 法案"中要求集资门户采取措施降低交易的欺诈风险、保护公众利益的应有之义。另一方面，按照预期的市场效果，集资门户往往会促进微型市值股票或低价证券的发行，而

〔1〕 参见刘宏光：《小额发行注册豁免制度研究——美国后 JOBS 法案时代的经验与启示》，载《政治与法律》2016 年第 11 期。

〔2〕 参见刘明：《美国〈众筹法案〉中集资门户法律制度的构建及其启示》，载《现代法学》2015 年第 1 期。

这些更容易受到欺诈和市场操纵。对于集资门户反洗钱义务的主要内容,《建议规则》列举了以下四种反洗钱要求:拟定反洗钱计划、识别客户的身份、提交可疑交易报告以及信息共享四个程序。再完美的制度也需要遵守,而遵守制度的主要动机是避免因未遵守制度而遭受处罚。集资门户在未能履行反洗钱义务时应承担相应的行政或刑事责任。"JOBS 法案"明确规定了对集资门户的管辖权。同时,"JOBS 法案"和《建议规则》并没有限制与现存的反欺诈和证券法律、法规相关的其他法律责任。对于集资门户的违规行为,美国金融业监管局可以采取取消、停止或限制中介机构的成员资格、业务活动等处罚措施。如果涉嫌严重的恶意欺诈行为,集资门户还可能被处以严厉的刑事处罚。[1]

4. 民营银行股东风险

我国银行监管机构提出的民营银行股东自担剩余风险的监管要求,可以用商业银行股东加重义务来表达。商业银行股东加重义务的立法模式有三种:第一,以美日为代表的银行业基本法模式。美国和日本对于商业银行股东加重义务采取了相同的立法模式,均在银行业基本法中进行了原则性和概括性的规定。但美国是以金融业基本法为核心的"多头立法"模式;而日本则为"集中立法"模式,股东加重义务制度的规定集中于《银行法》中。第二,以俄国为代表的银行业破产法模式。俄罗斯银行股东加重义务制度,并未像美日那样规定在银行业基本法中,而是规定于银行破产法中。德国也采用了与俄罗斯相同的模式,但与俄罗斯不同的是,德国在银行业基本法中对商业银行股东加重义务进行了概括式的规定,又在银行破产法的银行重组程序中具体规定了股东在银行重组过程中的救助要求。第三,以我国台湾地区为代表的金融控股公司法模式。我国台湾地区股东加重义务制度构建于"金融控股公司法"中,金融控股公司加重义务制度的核心内容在于当子公司陷入危机状态,金融控股公司应协助其恢复正常运营状态。各国立法模式选择均立基于本国金融法制传统下,这对我国商业银行股东加重义务的立法具有启发意义。[2]

5. 比特币监管

比特币是一种基于 P2P 技术、利用复杂的数学算法产生,并且具备某些货币属性和货币功能的网络体系。有学者将各国对比特币的态度进行了梳理。世界各国

---

〔1〕 参见徐鹏、李鞍钢:《美国股权众筹中集资门户的反洗钱义务及其启示》,载《河南财经政法大学学报》2016 年第 3 期。

〔2〕 参见杨松、宋怡林:《民营银行股东自担风险立法模式借鉴与选择》,载《法律科学》(西北政法大学学报)2016 年第 6 期。

对比特币的性质认识不一,对比特币的监管态度也不同。到目前为止世界上仍有个别国家禁止比特币,但多数国家正逐步将比特币纳入本国的监管体系之中,但这些监管政策却不尽相同。对比特币采取完全禁止态度的国家有俄罗斯、冰岛、玻利维亚、厄瓜多尔、吉尔吉斯斯坦和越南。而泰国严格限制比特币的使用,,泰国央行允许比特币流通和交易,但是要求交易仅限于在泰国国内并以泰铢结算,而不得涉及其他海外货币。而其他的国家,则采取逐步将比特币纳入监管体系的策略,但各国最主要的监管目的还是集中在反洗钱,而对于比特币使用者的权益保护还没有足够的重视。2012 年 12 月,法国政府核准的比特币交易平台“比特币中央”成为首家在欧盟法律框架下运作的比特币交易所。美国纽约州金融服务局有关比特币牌照的建议案为专门监管、全面监管数字货币提供了可参照的方向。[1]

6. 债券违约风险化解机制

美国债券交易由具体民商事规制的违约处理向证券金融法规制的危机处置演变。债券风险化解的制度前提在于债券契约和债券受托管理人制度的确立。市政债券违约风险解决的实践经验是债券市场风险化解机制的重要探索,公司债券开启了私法自治违约处理方式,担保物的处置和破产程序适用成为初期公司债券违约风险化解的两个重要制度保障。由于经济的周期性,公司债券违约风险易集中爆发,以结构性债券为代表的金融债券体现出市场连锁性和风险传递性的特点,债券市场向投资者涉众型演进,此时债券市场违约风险化解路径呈现出基于证券金融法规规制的市场危机处置的样态。[2]

7. 对赌协议

海富案中“公司现金补偿 + 退出回购”的对赌安排,落入了公司资本维持原则的窠臼,法院的再审判决也催生了“可以与股东对赌,不得与公司对赌”的流行解读。对赌协议与公司法资本管制之间是否存在不可调和的矛盾?有学者对这一问题进行了解答。在美国法下对赌协议的实践中,针对出资/投资环节可能存在的估值分歧,美国 PE/VC[私募基金(Private Equity,PE);风险投资(Venture Capital,VC)]实务中并不存在海富案所争议的公司现金补偿条款——即在被投资公司未达到与出资作价挂钩的业绩目标时,公司须向 PE 投资者给予现金补偿。PE/VC 合同应对估值不确定性问题的主要策略是分期融资机制(Staged Finance),即 PE/VC 投资者通过分期出资、及时

---

〔1〕 参见樊云慧:《比特币监管的国际比较及我国的策略》,载《法学杂志》2016 年第 10 期。

〔2〕 参见段丙华:《美国债券违约风险化解路径及启示:基于市场演进》,载黄红元、徐明主编:《证券法苑》(第 17 卷),法律出版社 2016 年版,第 261 ~283 页。

止损的安排来降低初始投资估值过高可能带来的损失。再者,在退出回购环节,美国 PE/VC 投资者的赎回权与海富案类似,但多了一个“合法可用之资金”的限制,它直接指向公司法对利润分配和回购的限制,即受制于公司法的资本管制规则。同时,在美国 PE/VC 投资合同的赎回权条款遭遇司法检验第一案——特拉华州 ThoughtWorks 案中,法官最后判决作为原告的 PE 败诉,并不是因为 PE/VC 合同中的“赎回权”条款违法而无效,而是因为 ThoughtWorks 公司缺乏足够的资金来赎回,PE 也未能证明公司在回购后仍然能保持其清偿能力和持续经营状态。也即,PE 投资者的优先股被赎回受制于资本维持原则以及清偿能力的双重限制。故而,是否可与公司对赌的关键在于对赌协议的可履行性,而这受制于公司财务状况,一个充满活力的 PE/VC 投资市场也完全可以尊重公司法以及资本维持原则的底线。[1]

8. 信托制度:慈善信托近似原则、受托人合理注意义务

慈善信托近似原则于 15 世纪引入英国,最初适用于遗赠领域,其具体规则为当遗赠人的原始意愿被发现非法而不能实现时,通过适用近似原则,将该财产用于其他的目的,以保证慈善信托继续有效,而不是把遗赠财产返还给遗嘱人或者其继承人。慈善信托近似原则在美国经历了被拒绝、认可、进一步拓展的不同阶段,并逐渐由信托领域扩展到其他领域——通过信托法适用于慈善信托,通过《机构基金统一审慎管理法案》适用于非营利法人持有的基金,通过案例法适用于非营利法人的其他财产。美国慈善信托近似原则的发展特点主要体现为优先保障捐赠人意愿和日益强调慈善财产为公益所用,努力在捐赠人意愿与公共利益之间寻找平衡点,并衍生出行政背离原则作为近似原则的辅助原则。[2]

也有学者对受托人的合理注意义务的变迁进行了介绍。在美国信托中,受托人的合理注意义务源于 1830 年 Harvard College v. Amory 一案。19 世纪早期见证了合理注意义务和忠实原则的早期发展与演变,在 20 世纪早期,这些原则经历了与契约理念抗衡的岁月,之后的时间里,这些原则朝着可操作的规则和标准进一步细化。而在《信托法重述》(第三次)和《代理法重述》(第二次)中,谨慎取代合理注意,合理注意义务实现了向信义义务的升级。[3]

---

[1] 参见刘燕:《对赌协议与公司法资本管制:美国实践及其启示》,载《环球法律评论》2016 年第 3 期。

[2] 参见李喜燕:《慈善信托近似原则在美国立法中的发展及其启示》,载《比较法研究》2016 年第 3 期。

[3] 参见张敏:《受托人合理注意义务在美国判例法中的变迁》,载吴弘主编:《金融法律评论》(2016 年)(第 6 卷),第 175 ~ 182 页。

9. 保险保障基金救助制度

保险保障基金是实现保险公司营业持续、保险合同效力延续之目的的重要保障,也是实现保单持有人权益最大化的路径之一。在基金参与问题保险公司风险处置方面,日本与美国的保险监管多采用早期介入的方式对“破绽保险公司”或者“受损保险公司”提供基金救助。在日本,基金可以参与至早于破产的“破绽状态”保险公司的问题处置,美国的金融监管中倡导的则是“结构化早期介入与解决制度”的监管理念。在基金救助问题保险公司方式上,我国台湾地区和日本采取对问题保险公司保险合同的移转提供资金援助、向问题保险公司提供贷款、经主管机关审核承接问题保险公司的保险合同等方式。在基金救助受让财产险保单保险公司方面,美国区分财产保险合同与人身保险合同在保险公司破产时予以不同的处理,即财产险保险合同归于失效,而人身险保险合同通过保险保障基金的救助延续合同的存续性,但美国认可保险公司破产时投保人的优先权;而日本仅规定了人身保险投保人的一般先取特权,而对财产保险投保人则没有规定。在政府参与基金救助方面,政府参与基金救助除了表现为对救助申请的适格性进行认定、接受机构做出救助决定后就相关事项的报告外,政府的作为还表现为政府为寿险投保人保护机构向金融机构申请贷款进行担保和对寿险投保人保护机构提供基金补助的形式,但政府无权利要求并支配资金的使用。[1]

10. 金融中介化发展

金融中介是将现代金融连接在一起的纽带,金融中介化是金融业的基本现实。在互联网不断发展的今天,金融去中介化的趋势逐渐引起关注。金融去中介化也称为金融脱媒,有学者检视了金融中介的功能进化问题,通过揭示传统金融联系弱化时而存在的更为隐性的连接的现实,解释了真正实现金融脱媒的困难性,分析了前述问题的潜在影响,并提出了相应的建议。该学者同时也对金融中介具有顽强生命力的原因进行分析,并探索了金融中介将面临的一系列挑战。创新往往源于不同事物的冲突与碰撞。因为金融内在的相互联系的本质,有很多意在对金融交易进行解构和去媒的创新尝试,在事实上创造了附随的、全新的金融中介。金融中介化的发展将会是未来几年法律、金融、社会领域最重要的内容之一。[2]

---

〔1〕 参见薄燕娜:《论我国保险保障基金救助制度的完善——域外经验及其借鉴》,载《法商研究》2016年第5期。

〔2〕 参见[美]汤姆 C. W. 林:《无限的金融中介》,余涛、毛燕飞译,载《财经法学》2016年第6期。

三、2016 年金融服务法学研究的主要特点

笔者以论文的研究领域、研究主题、研究方法为基准,对 2016 年金融服务法学学术研究的基本特色进行了整理统计,选取有代表性的论文[1]作为统计样本。论证方法分布如下:逻辑证成 52 篇,解释性证成 31 篇,经验性论证 38 篇。其中,逻辑证成占较大比例,解释性证成与经验性论证占比差距不大(见表 1)。这表明学者们在论证自己的学术命题时,更多依赖逻辑证成,符合金融服务法在方法论上的学术自觉与专业化倾向。

表 1

分类	逻辑证成	解释性论证	经验性论证	合计
数量(篇)	52	31	38	121
所占比例(%)	43.0	25.6	31.4	100

通过对论文的分析,笔者认为 2016 年度中国金融服务法学研究总体上呈现以下特点:

第一,从研究领域分布看,2016 年度的金融服务法学论文既关注经济法以及金融法总论的整合与提炼,也注重对证券、银行、保险、信托等部门法的制度完善;既研究金融风险防范,亦探讨金融监管创新;一方面在传统领域推陈出新,另一方面充分关注 P2P、众筹、第三方支付等走在时代前沿的互联网金融问题。

第二,从研究主题分析看,金融服务法学者在 2016 年的学术研究中,将注意力集中于以下几个方面:经济法与金融服务法的法典化研究;人民币国际化;“一带一路”法律问题;股票发行注册制改革;互联网金融风险防范与监管创新;金融法司法与执行制度的执行可行性与效率性分析等。

第三,从方法论角度上看,金融服务法学者积极尝试不同形式的方法论研究。其中,比较法研究是法学研究中经久不衰的方法。学者对金融危机后的金融监管理论进行了完善,尤其对“双峰理论”进行了更为深入的研究,具体化为“二元结构”“三元结构”。同时,许多学者对美国、澳大利亚、日本等普通法系与大陆法系的证券法、银行法、信托法等领域的制度与创新进行了总结,并提出了中国可以借鉴的制度设计建议。

---

[1] 选取了 121 篇发表在 CSSCI(2016 ~2017 年)来源期刊/中文核心期刊的论文。

《证券法》修改与中国资本市场法治建设

——中国法学会证券法学研究会 2017 年年会会议综述

中国法学会证券法学研究会秘书处*

2017 年 4 月 29 日，由中国法学会证券法学研究会主办，上海财经大学法学院承办，上海全通金融谷集团有限公司协办的“新理念、新使命、新变革：证券法修改与中国资本市场法治建设”理论研讨会暨中国法学会证券法学研究会 2017 年年会在上海财经大学隆重召开。本次会议以中国证券法的修改为背景，以“新理念”“新使命”“新变革”为视角，以“证券监管与立法的基础理论与政策取向”“证券监管法律制度研究”“证券欺诈法律规制研究”“互联网金融与证券法律责任制度完善”为分主题，与会专家、学者从不同角度与立场发表了精彩纷呈的演讲，进行了气氛热烈的讨论。

一、证券法学研究会工作总结、建设方针与发展展望

中国法学会张鸣起副会长总结了证券法学会的工作成果，并对未来进行了展望。张副会长认为，中国法学会证券法研究会在参与立法咨询、实务问题的研讨、对外交流、理论学习、法治实践、培养法治人才、宣传法治等发挥了积极作用，工作成果也受到中国法学会的高度肯定，并提出如下几点意见：第一，要完成供给侧改革，关键是要提高社会资源配置效率，进而需要一个完整、健康、多层次的资本服务市场，证券法研究要适应发展新要求，从制度改革、创新来推动资本市场为供给侧改革服务。第二，当前系统性风险可控，但是对相关制度不尽完善的债券违约、互联网金融等风险要高度警惕，证券法研究要为金融监管体制改革、防范和应对金融风险提供以问题为导向、立足我国的国情的理论支撑。第三，近年金融市场重大变化，对 2014 年出台的《证券法》修改草案提出了新的要求，且在该草案的修订过程中也存在一定分歧，因此，证券法研究还需深入调研、统一社会共识，配合、协助全国人大对《证券

---

* 执笔人包括杜晶（中央财经大学法学院副教授、中国法学研究会证券法学研究会副秘书长）、李晓青（上海财经大学法学院硕士研究生）、庞天虹（中央财经大学法学院硕士研究生）、张量（中央财经大学法学院硕士研究生）、冯雪倩（中央财经大学法学院硕士研究生）、刘艺璇（中央财经大学法学院硕士研究生）、张源青（中央财经大学法学院硕士研究生）等。

法》修改。第四,证券法学研究会换届于昨日成功举行,为证券法研究会提供了人才补充。同时,证券法研究会作为中国法学会下属研究会,也响应党的要求实现了组织的全覆盖。证券法研究会要加强自身建设,培养更多的人才为我国的证券事业的发展多做贡献。

关于证券法学研究会的发展展望,证券法学研究会会长郭锋教授表示:证券法学研究会的目标是深入研究金融风险防控机制,为维护金融安全献计献策。他提出:第一,认真服务党和国家工作大局,以习近平主席的讲话为依据深入研究金融安全的理论和实务问题,致力完善金融体系,统筹监管、统筹金融运转。第二,认真研究当前资本市场和期货市场,对风险防范提出理论建议。观察近三年来人民法院一审证券案件数量(2014 年 3167 件、2015 年 5026 件、2016 年 5798 件),矛盾难以调和的趋势加以显现。此外,我国公司债券纠纷、内部合规管理欺诈、群体性诉讼大量存在。部分地方降低资产交易投资门槛,私募机构失联,构成金额巨大的金融损害。以上问题都暴露了金融领域存在的风险和爆发大规模群体事件的可能性。针对这些问题,一方面我们要根据我国国情进行切合实际的分析,创新理论与治理机制;另一方面我们还要开展前瞻性研究,从宏观的角度为我国金融发展提供法律知识引导。第三,积极关注证券法修改,并提出有价值的建议,推动改革实施。

中科招商投资管理公司董事长单祥双董事长就研究会的建设提出如下建议:第一,鼓励证券法学会强组织队伍建设,将更多的企业家创业家纳入组织。第二,“新三板”市场是证券市场创新的产物,激发新生事物的活力与对这一制度创新大力支持在现阶段非常重要。“新三板”的相关规定应以美国纳斯达克市场的相关规定为参照物。第三,建议研究会服务会员企业,通过为企业提供法律咨询这一“知行合一”的方式实现双赢。

针对当前资本市场发展过程中机遇与挑战并存的态势,上海市法学会副会长林国平表示,应响应习近平总书记的号召,加快形成融资功能完备、基础制度扎实、市场监管有效、投资者得到充分保护的股票市场。当前中国证券市场正处于改革发展的重要时期,同时面临着巨大的机遇和挑战,上海法学会对这一现象也给予了高度重视,致力于组织会员积极参与证券法律修改,并对相关问题进行了深入的研究和探讨。

上海全通金融谷集团有限公司董事长林振雄董事长认为,在我国经济进入新常态、供给侧改革深入推进的新时期、资本市场面临新挑战的关键节点,探讨证券法修改完善,不仅对推进中国资本市场规范运行有重要作用,而且对促进金融市场创新和系统性建设,推动金融和产业深度融合具有重要意义。

会议承办方上海财经大学校长助理郑少华教授指出:第一,证券法所面临的问题在广义上也是商业问题;第二,在以财经法为特色的上海财经大学法学院,证券法和商法自然是重要的内容,且今年恰逢经济法本科生招生30年与上财法学院一级博士点设立。因此,由上海财经大学来承办证券法学研究会年会对学校与学院意义十分重大。

二、证券监管与立法的基础理论与政策取向

(一)证券监管立法政策取向

关于证券监管的政策取向,上海市人民政府法制办公室副主任罗培新教授指出:第一,政府可以观察员的身份参与资本市场,但不能做信用背书。第二,政府监管与立法活动具有一定的滞后性,金融领域的创新创业应当求稳。第三,在技术与规则的博弈中,政府应以合理警醒与以致资本市场过分逐利的欲望为目标。

武汉大学法学院院长冯果教授指出,证券法改革关系到我国资本市场法律制度的顶层设计,决定着资本市场的发展方向,且将资本市场萎靡归咎于《证券法》修改也是有失客观的。为此,他提出"四个坚持":(1)《证券法》统领资本市场的功能定位不能动摇。《证券法》应对证券的概念作出准确界定,扩大其适用范围,以利于统一规则的建构和打击非法证券从业活动;(2)注册制的方向不能动摇,稳中求进不是裹足不前,更不是向后退缩;(3)构建诚信化、法治化的市场环境不能动摇,应按照重典治乱、猛药去疴的原则促进资本市场诚信化、法治化;(4)加强投资者保护的指导思想不应动摇。

四川大学法学院王建平教授指出,在我国资本市场开放的近四十年里,资本市场之所以一直摆脱不了"政策市场"和"新兴+转轨"的影子,很大程度上是因为我国资本市场的定位缺失。从上市公司到市场监管者和各种各类中介机构,再到形形色色的投资者等,都希望通过资本市场实现资本增值而忽略了证券市场"服务功能的养成"。证券市场应定位为实体经济服务的"服务型市场"。

上海财经大学法学院叶名怡教授表示,多方向监管向统一监管转变是趋势,但是中央现在缺乏推行统一监管的动力,释放现有的一行三会架构不变的信息,其原因值得探讨。对于穿透式监管,证监会银监会在文件中都有提及,但是具体标准、穿透的后果、行为规范都留有疑问。违规违法可能会处以行政罚款,但相关合同、股权交易行为的效力问题也仍存疑。

兰州大学法学院蔡秉坤副教授也表示,制定金融市场统一的立法是大势所趋,不仅包含证券监管,还要扩展到资本市场全面监管。虽然现在国内市场统一监管的

阻碍较大,但是制定金融商品交易法具有可行性,且会推动统一监管的发展。

上海对外经贸大学乔宝杰教授认为,过去针对监管者不作为的批评较多,但是当证监会高调介入证券市场,并对高送转、强制分红等进行严厉监管时,又遭到监管者违规的谴责。所以,监管与被监管之间的矛盾将相互储存、难以解决。那么,有如下三个问题需要关注:第一,关于主动监管和被动监管的问题,不应过分依赖政府提供精准的监管。如果由利害关系人发动争议,政府再介入监管,更能提高监管的可行性与有效性。第二,监管主体问题。在一行三会监管之外,还需自律性机构、行业协会、社会舆论及专家教授的监督等,构建全方位的立体式的监管主体。第三,穿透式监管是一种全新的监管方法,是从分业监管、机构监管、功能监管和行为监管发展而来的一种贯穿式的监管模式。监管者可以采用法律关系分析方法对金融产品等进行分析,界定其权利和义务的内容,从而在法律上对其进行定性分析。

中央财经大学法学院博士后周游博士的陈述主要如下方面展开:第一,深化经济体制改革的进程中,我国的国企改革成为所有制改革的关注点。随着市场经济的日益发展,我国的国企业改革的路径选择越来越多。在这样的背景之下,混合所有制似乎又是我国制度所最能接洽的一种形式。新时期重提混合所有制改革将有何不同,就决定了新时期所有制改革的探讨意义。第二,除了我国深化改革对于混合所有制的适应性之外,现代企业发展中所引起的股东角色的分化也对混合所有制产生了有利的影响,甚至可以认为使企业的机能得到更大的发挥空间。第三,资本市场变化很快,但一些新兴的制度在我国还存在理论障碍,如优先股、黄金股、双层股权结构、股权信托制度等。

(二)证券监管立法基础理论与具体建议

就证券监管立法的基础理论,盈科上海律师事务所高级合伙人李求轶律师将各国金融的立法模式及其立法范式归纳为统一的立法模式和分立的立法模式,这两种立法模式分别体现大金融思维和小金融思维。他认为各国金融的立法路线存在一步到位和分步进行两个进路。一步到位式立法以英国为代表;分步进行则以日本为代表。中国式立法则是从同一监管到统一监管的体制。我国的金融商品交易法的立法路线受到行政体制和金融市场改革开放程度、速度的影响,因此应该采取日本式的渐进的、分阶段的立法路线。

中国政法大学法与经济学研究院徐文鸣老师主要探讨了两方面的问题:第一,监管机构公共执行的产出是否不足及其原因。对比中美两国的证券法执行机制可以发现:(1)中国采用集中执法的模式,证监会是垄断的执法者,公共执法产出比较低。而美国是多头执法模式,执法强度高,但是存在重复执法的问题。(2)对比监管机构的预算投入，我国证监会的预算绝对值较低，只有美国证券监管机构SEC的十分之一。此外，相关数据还显示我国证监会雇员规模较大，人均监管上市公司的比例高于SEC，但是人均投入低，激励机制不足。随着证监会的改革的深入，各地证监局逐渐成为执法主力、产出显著增长。背后的原因是执法权下放，引起证监局之间的相互竞争，从而加强了证监会的监管能力。（3）SEC处罚对象多元化，对上市公司的处罚比例较低。而我国证监会则以处罚上市公司为主。2015年后，证监会加大了货币处罚力度，天价罚款频出，但货币处罚实际是监管者对证券市场收取税费将增加投资者的交易成本，且货币处罚缺乏司法制约而可能引起权力寻租和选择性执法。第二，为了提高我国证券法公共执法的效率，可以进行两方面的制度改革。（1）引入经济激励机制，允许监管机构留存一定比例的罚款用于执法活动；（2）以货币处罚建立公平基金，用于公平补偿投资者的损失。

华中师范大学法学院姚誉作副教授从四个方面来介绍信用的问题，包括信用的诠释、信用转换、信用与创业融资、信用与创业融资的监管。信用在非金融领域不仅是关于还款能力的信任，还包括其他能力的信任。非金融领域和金融领域中的信用是有所区别的，虽然两个领域都有信用存在，都需要信任的累积。但是与非金融领域的信息披露不同，金融领域中的征信的过程是动态的而不是静态的形式。信用是与环境结合在一起的，如果环境发生了转换，那么信用将从零开始。在信用经济时代，信用经济正在替代市场经济，信用调节着社会的生产消费与分配。具体到金融领域，特别是信用与创业融资的领域，如股权众筹、天使投资、政府基金等信用经济模式，其风险都是信用风险，如股权众筹的主要风险是非法集资、众筹跑路；天使投资则是搜索信息成本高，失信人违约成本低；而政府基金则难以进行尽职调查。现有资本市场的信用约束机制是不适合的，应建立以信用为中心内容的创业融资监管制度，以降低融资者的信息披露成本、形成动态征信系统。

同济大学法学院朱国华教授认为，社会企业的核心是“社会公益目标最大化”“商业的运营模式”。社会企业发展至今，最大的困境便是融资困难，而英国“社会证券交易”的出现让大家意识到或许资本市场是解决这一困境的进路。即社会企业资本市场制度对于解决社会企业融资困境这一问题是非常有帮助的，但需要对之进行本土化改造的结论。具体而言，一方面是核心制度本土化，即社会影响力评估体系的本土化；另一方面是平台制度本土化。因为我国的“新三板”市场以及各地区的OTC市场现已慢慢成熟，社会企业资本市场完全可以架设在这些资本市场之上，先要求社会企业在这些市场上挂牌上市，经过第一层筛选之后，再转板升级至社会企业资本市场。

针对互联网金融产品的监管,北京师范大学法学院袁达松教授表示,近年来,我国资产管理业务发展快速,规模不断攀升,在满足居民财富管理需求、优化社会融资结构、服务实体经济等方面发挥了积极作用,但也存在如多层嵌套、杠杆不清、名股实债、监管套利、非法从事资产管理业务等乱象,显著加大了金融体系的脆弱性。从资管业务的监管层面,尽管各监管部门都出台了本行业资产管理业务规范,但未有效解决上述问题,究其根本,在于分业监管体制下不同类型机构开展同类业务的行为规则和监管标准不一致,且在机构监管理念下很难实现对资产管理业务的全流程监控和全覆盖监管。因此,转变监管理念,按业务属性确定行为规则和监管主体,强化监管的统筹协调,实施穿透式监管和宏观审慎管理,有助于促进资产管理业务健康发展。

针对 PPP 的规制问题,上海全通金融谷集团有限公司总经济师陶玉远先生对 PPP 模式进行了界定。他指出,PPP 模式是指政府与私人组织之间,为了提供某种公共物品和服务,以特许权协议为基础,彼此之间形成一种伙伴式的合作关系,并通过签署合同来明确双方的权利和义务,以确保合作的顺利完成,最终使合作各方达到比预期单独行动更为有利的结果。PPP 是一个金融产品,属于广义的金融市场的范畴。PPP 的资产证券化本身又是一个金融的衍生产品,对于 PPP 资产证券化的立法的探讨也涉及金融的立法。目前,PPP 入库的规模已经超过了 14 万亿,国家政策方面也鼓励 PPP 证券化,交易所为 PPP 证券化开辟了绿色通道。但 PPP 模式仍存在两点问题,一方面,参与者缺乏敬畏之心,监管部门没有完全意识到金融衍生品的看潜在风险。要防止 PPP 资产证券化走上过去监管不力的老路,应致力研究 PPP 资产证券化优化资源配置、理顺公私主体及各参与主体之间的利益和法权关系,以求社会效益、投资者收益相平衡。另一方面,国家缺乏统一的 PPP 立法,目前只有各个部委和地方政府的法规,“法出多门”,迫切需要建立统一的 PPP 法律体系。

对于场外期权,天津工业大学薛智胜教授提出,场外期权是新型金融业态,而且是非常的小众市场。第一,期权简言之就是在一定期限内向卖方买进或者卖出一定商品的权利。权利义务具有不对等性,卖方只有义务无权利,买方相反。场外期权是在场外的私下的一对一的期权,是在交易所之外交易的期权,其特点是非标准化、流动性差、透明度差、风险大,而场内期权则与之相反。在现行法律下,期货交易是广义的定义,是包含期权交易的,期权交易必须是场内交易。第二,场外期权现状与问题。我国场外期权市场是新兴市场,但发展很快,政府也在积极推动。此外,我国的场外期权是碎片化管理,目前分三类管理,即货币的期权、利率的期权和证券期权,以上三类之外还有商品期权。证券的期权由证券协会管理;商品期权由期货协会管理。虽然有相应管理机构,但是仍是无序发展,存在较大隐患。第三,应对相关问题与风险的对策。目前关于场外期权并无相关诉讼,但是争议和纠纷却客观存在,需要更新监管理念,将之纳入监管范围之内。具体地可以从以下几个方面进行:(1)完善场外期货立法,给予场外期权合法地位。(2)统一的监管机制,对每个市场都公平对待。(3)进行风险防范机制,建立最低保证金制度。(4)完善交易报告制度、披露制度。

上海证券交易所法律部负责人王升义先生用三个相关案例引出证券交易所自律监管法律问题并进行探讨。第一个案例是投资者和交易所之间关于信息公开的案件,引出交易所性质的认定以及交易所诉讼地位的探讨,交易所涉及的诉讼纳入行政诉讼范围有待区分。第二个案例讨论交易所业务的法律效力和司法审查的问题,证券市场中交易制度多由交易所业务规则规定,而交易所的规定是否都应该有上位法的相关依据,且不应忽略交易所业务规则应有更多制度创新空间。第三个光大证券的案例引出了交易所正当监管的豁免权问题。

中国证券投资基金业协会副秘书长陈春艳从三个方面谈到私募基金行业监管与自律监管。第一,简要介绍基金行业协会的成立背景,与其相关的法律法规成立,同时明确私募基金行业的业务和资产管理行业格局。第二,在探讨私募投资基金行业发展历程以及私募股权基金行业的发展历程基础上,引出私募基金自律规则体系的建立。第三,私募基金行业监管中存在的主要问题有:管理碎片化、缺乏统一的监管标准,因此引发监管套利问题、概念定义不明等。第四,提出基金业协会将按照法律规定,继续完善自律规则、探索制度设计。

(三)评议人点评

中南财经政法大学《法商研究》编审翟中鞠辑表示,第一位发言人梳理了我国的资本市场的问题、借鉴国外经验,给我国资本市场提出了很多建议。第二位发言人为中国公益事业发展提供了融资思路,是解决我国公益事业发展的路径之一,但是相关问题仍然值得深入探讨。第三位发言人认为中国的互联网金融的快速发展为有关部门的监管提出了很大的挑战,应当进行穿透式金融监管势,对监管方式做了很好的解释。第四位发言人用前海人寿的案例,清晰总结了穿透式监管中的一些问题,但是解决方案仍缺乏深入。

东北财经大学法学院陈向聪教授评论道,第一位发言人的文章基于金融商品交易立法,强调金融已经成为一个独立的商品,而在分业监管的模式下金融只是一个附属物。未来立法应该考虑混业经营下的实际需求,从立法名称、立法路线上给出了明确思路。

海南政法职业学院副院长朱绵茂教授表示,第一位发言人观点不够完善,关键问题在于"三会"合一后管理岗的减少触动了一些人的利益,推动"三会"合一,就需要提高领导职位的职级。关于穿透式监管,信息应该透明,定位应该明确,厘清银行与证券问题的边界。PPP 资产证券化尚无法律规定,监管乏力、管理办法尚且没有出台,所以 PPP 资产证券化的当务之急是立法问题。按照国外监管法律,PPP 资产证券化具备可行性,国外的融资门槛、信息披露、责任落实都很明确,我国需要借鉴和学习。此外,中国还没有退市机制,"只进不出"的现状存在一定的风险。

中国政法大学民商经济法学院管晓峰教授表示,监管是整个市场行为的组成部分。但是从各位发言人的文章中呈现出来的情况来看,我国的监管效果不太理想。究其原因,主要是监管思路、监管对象有偏差。我国的监管是人对人监管,其标的是物。然而,人才是交易的主体,所以监管的标的应当注重人,重点规范人与人的关系,而非人与物的关系。而以往的监管思路是从人与物的关系看问题,角度单一。要改变这种监管思路,需要跳出就事论事的监管思维,将监管重点放在人与人的关系上,将其与人格权联系在一起。此外,对于违法行为的处罚可以轻,但是不能有遗漏。

北京大学法学院副院长郭雳教授表示,周游博士的论文选题非常丰富,且对于"混改"问题的研究也比较有独到的见解。但是,对于什么是"混改"应有待进一步厘清。

中国人民大学法学院姚海放副教授表示,周游博士的文章内容十分广泛,包含信息也比较多,但是核心观点、写作目的有待明确,希望在探讨中得到深入。徐文鸣博士的文章非常细致,论述中也考虑到中外国情差异,文中关于建立罚款基金的可行措施值得深入讨论。姚誉作副教授全面地介绍了信用在金融领域中的意义,但信用能否单独解决所有问题却有待商榷,因信用有其局限性,其本质是拿过去的表现预测将来结果的一种指标。薛智胜教授的场外期权的文章内容新颖,但应进一步探讨场外期权中安全性与效率的问题。

辽宁大学法学院田春雷副教授表示:周游博士关注"混合所有制改革"在公司股权结构层面的落实,老题新作、思路十分新颖,值得继续研究。姚誉作副教授也从需求侧考虑信用问题思路较新,且对当下的前沿问题——创业企业融资难进行了回应,文中信用转换的具体问题如转换内容、转换方式等有待进一步研究。姚誉作副教授作为法律经济学学者,研究中采用了大量的图表、统计数据,这种法经济学的跨学科的研究方法值得借鉴。薛智胜教授研究场外期权市场风险的法律防控,认为场外期权交易主要依靠相关行业协会的自律管理远远不够,应纳入政府统一监管的范畴并进行了一系列制度的构建,为我国证券监管提供了新制度,值得学习。这一思路与次贷危机后美国加强金融衍生品政府监管的思路相似,但我国在借鉴美国经验时需注意相关制度本土化问题。

三、证券市场、交易与收购法律制度研究

(一)“新三板”法律制度研究

西南政法大学赵吟副教授指出:一、“新三板”的建设目的本是在多层次资本市场之间实现转板机制,但现在存在融资难、估值低、流动性差等核心问题。二、“新三板”公司转板上市的功能定位,应当有激发苗圃和优化土壤的功能。三、“新三板”公司转板上市的制度构成,要包括条件、程序、信息披露等要素,以美国和日本的相关制度为例:(1)转板上市条件富有弹性,包括净利润、股东人数、流通股数量、做市商数量等具备灵活性的常规条件,是相较于传统 IPO 固定不可选的条件的最大特点;(2)转板上市程序简便,一般为 6 个月,甚至最短 3 个月即可;(3)信息披露要求严格。四、“新三板”公司转板上市的制度设计思路的现实基础是,要对做市商实施行为监管,以及完善竞价交易制度。第一,针对基础环境,可以放开非券商为做市商,只有券商导致做市商的模式数量和质量都有欠缺;第二,加强对做市商的行为监管,引入竞价交易,与做市商制度一起形成混合交易模式,允许投资者之间、投资者与做市商之间自由交易,并由做市商在集合竞价开始前预先披露部分股票的买卖数量和价格,设定禁止投资者撤销报价的期间,以防止出现混乱局面。

中央财经大学法学院邢会强教授认为解决“新三板”市场定位的核心问题是明确场内和场外的界定。区分场内和场外的标准在于:第一,场内市场的交易场地集中,设备齐全,交易手段先进,集中竞价交易只能在证券交易所进行。第二,在证券交易所交易的证券必须经过核准或者审批。第三,监管程度和信息披露的要求不同,场内市场监管严格,信息披露的要求较高;场外市场监管较为宽松,信息披露的要求低。第四,场内市场的交易时间是定期的,而场外交易是不定期的或者偶然发生的。第五,在场内市场交易的证券必须达到最低交易额,或其倍数的整数。而场外交易,交易的数额没有最低点限制。第六,在场内市场,证券交易所并不参加交易,不能买进也不能卖出。根据这些标准可以看出:第一,场外交易是分散的,交易所交易是集中进行的。第二,场外交易市场是无形市场,而交易所市场是有形的,但在电子化交易背景下很难单纯以“有形”“无形”为区分标准。第三,传统场外市场一般只提供交易的报价,不撮合交易,撮合交易是交易所的重要职能。但这一区分

主要是由技术条件的限制所造成的,因为建立一个可集中交易的交易系统,需要承担巨大的开发成本和维护成本,为交易系统配套的集中统一结算、清算系统的运行成本也非常高昂。在现代信息技术条件下,这种传统的区分已经落后。所以,应该摒弃形式上的划分,而以实质标准进行区分:第一,以交易产品标准化为否为标准。场内交易的是标准化产品和标准化服务,场外交易的则是非标准化产品,所以新三板是场内市场。第二,以股东人数进行区分。尽管大部分"新三板"挂牌公司的公众性不足,股东人数偏少,但无论从证券法"公开性"的界定上来看这些公司属于公众公司范畴。

中国政法大学民商经济法学院李东方教授认为,"新三板"公司和主板公司没有差异。"新三板"是否是公开市场,主要看信息披露制度的完备程度,"'新三板'监管条例"如果出台就可以将其认定为一种独特的市场。"新三板"是应是的独立市场,转板机制的完善虽然重要,但"新三板"作为一个市场自成体系,并非为了主板做预备。

中国结算北京分公司副总经理牛文婕认为,"新三板"后台支持是几乎完全拷贝了深圳证券交易所的机制,从这个层面来看,符合公开市场的标准。市场现已对"新三板"作为独立的市场已有很高的共识度。尽管目前未在《证券法》中找到相关规则,但相关交易通过协议约定也可达到短期规制效果。但是,在没有明确法律依据的情况下,对"新三板"违法行为难以进行有效的行政处罚和刑事处理,即"新三板"法制的落后与现实发展和需要是脱节的。

日本国立冈山大学法学张红教授简单介绍了日本的场外交易的监管模式及对我国的启示。日本的场外监管以美国场外监管法制为范本,即政府监管为主、自律监管为辅。日本证券法制赋予证券业协会相当大的自律权限。场外交易在日本主要接受整个日本证券协会的管理,且在东京和大阪建立了股票场外监管专门委员会,负责场外交易的具体监管工作。总之,日本的场外交易监管规则对我国启示在于:第一,应以维护公共利益为监管目标;第二,形成公平价格,提供投资标的真实性;第三,提升信息披露水平馈;第四,使公开公司最大限度享受法律的恩惠。

(二)债券、期货、智能投顾法律问题研究

针对债券,武汉大学法学院南玉梅博士提出,应发展债券管理制度。首先,债权管理制度有利于保护投资者。我国的资本市场是"散户型市场",中小投资者对权利关注不够,债券管理制度则有利于保护债券投资者的权益。另外,债券持有人利益具有一致性,便于统一管理。

针对期货相关问题,同济大学法学院刘春彦副教授提出,我国现阶段对期货研究显著不充分,建议设置专门委员会对期货和衍生品进行研究。以美国为例,CFTC

针对自动化交易的监管以《自动化交易监管规则提案》及《补充规则》为分水岭，由零散应急式演变为系统化规则，要求更多的主体在 CFTC 注册的差别化管理，建立多层面、交易前、直接电子访问订单等风险控制，建立源代码数据库保护和获取的准入制度。美国监管规则演变表明，任何监管规则的完善都是根据市场变化寻找公平和效率平衡的过程，需要监管者和市场参与者达成一致共识。

针对智能投顾的法律问题及监管挑战，上海对外经贸大学法学院李文莉教授提出：在我国，智能投顾面临着业务模式与《证券法》第 171 条、牌照制与停发牌照等冲突；而智能投顾自身的特殊性，如业务界限的模糊性对传统信义义务的挑战、服务的跨界性对分层监管的挑战、算法的专业性对传统监管手段的挑战、决策集中性对"一致行动人"监管的挑战等，也给传统监管带来了新的法律风险。建议修改我国《证券法》第 171 条的相关规定，扫除智能投顾的准入障碍，并从信义义务、分层监管体系构建、算法监管、信息披露和投资者适当性等诸方面完善监管。

(三)收购的法律界定及监管

华东政法大学博士研究生袁钰菲认为，证券法制应对收购进行明确界定。对收购进行界定，通常有如下要素：第一，收购人持股比例达到 30%；第二，收购人取得控制权；第三，收购人巩固控制权；第四，收购人成为第一大股东。实务中通常从收购人的资格、控股的封锁期、是否涉及重组上市等因素判断是否构成收购。通过厘清收购和控制权、收购与持股比例的关系可以解决因缺乏对收购的定义而引发的问题。

新加坡管理大学法学院助理教授张巍界定了收购的含义，指出美国最基本的审查标准是双叉测试标准，双叉测试中的第一叉是敌意收购对公司造成可被感知的威胁；第二叉是防御措施与威胁程度成比例。收购最大的优点是通过"野蛮人的竞争"来监管管理层。但在国内证券市场，上市公司股权高度集中，敌意收购难以实现。原因在于：第一，囿于中国公开发行并上市现行审核制度，作为"壳"资料的上市公司非常值钱，即使是敌意收购也想保住"壳"。第二，大额持股信息制度加大了敌意收购的难度。

中证金融院博士后陈煜提出：盈利预测补偿机制能够促进与保障上市公司并购交易，但是盈利预测不确定、并购整合不足、大股东违法违规行为等因素，会导致少数并购交易完成后承诺的业绩未能实现，更引发市场对于上市公司质量的担忧。建议现行信息披露规则中，进一步确立和完善盈利预测显著未完成的补充披露规则，以及配套的法律责任体系，强化并购重组监管。

浙江大学光华法学院讲师周淳博士表示同意张巍助理教授的观点并对其进行

了补充:域外资本市场中对敌意收购的监管,可分为英国模式和美国模式。英国法规定了敌意收购者的全面要约收购义务和防御公司董事会不得干预的义务;美国法没有规定敌意收购者的收购义务,对防御公司董事会行为的限制也相对宽松,敌意收购者必须扫清防御公司董事会设置的各种障碍,但不负有平等对待所有股东的义务。两种模式的区别在于公司控制权的可竞争性和股东保护。中国证券法制主要学习的是英国模式,但具体到法律法规的规定上时,又不完全是英国模式,因为存在强制要约收购豁免制度,导致强制要约收购义务常常落空。对目标公司的防御,《上市公司收购管理办法》第8条到底是董事会不得干预义务还是董事会的信义义务,目前仍存在解释的空间。从我国实际情况来看,2013年后发生了多起敌意收购,但成功收购的案例非常少。从监管框架上来看,敌意收购不容易成功的原因有:第一,我国公司法"没有牙齿",直接导致上市公司的收购和反收购可以不在法律的框架下进行。第二,我国的市场模式与股权结构都与英美等国差异巨大,我国公司股权集中度过高,对大股东的权力没有警惕和应对政策。第三,监管层认为敌意收购是恶意收购,但实际上敌意收购可能是有利于目标公司的股东的。监管机关对敌意收购的"偏见"是否有依据,可否指导对敌意收购的监管,是学界和实务界都应当关注的问题。

(四)评议人点评

西南政法大学民商法学院曹兴权教授认为:一、南玉梅博士的"债券独立管理机制构建",揭示了债券管理制度运行的问题,但不仅需要考虑公平和效率,还要注意债券持有人和受托人之间的衔接问题。二、"新三板"是否是独立市场的公开市场,还应更加深入探究、继续论证。但"新三板"是否是独立市场并不影响其发挥市场信誉评价机制的功能。

华菁证券总法律顾问段涛先生认为:一、债券受托管理人的独立性能够维护投资者利益。二、现在对多层次资本市场的理解存在一些问题,在法律界定之外更重要的是多层次资本市场的功能定位。"新三板"作为一个独立的市场有其特性,但其独特性和独立性还还未被市场主体充分认可和接受。"新三板"的整体市场作用、法律定位等都还需要进一步讨论和研究。三、对自动化交易的监管,往往是跨市场的监管,同时相关法制我国也尚不完备。综上,对于证券监管,最重要的在于消除信息不对称的问题,要从法律责任、征信系统建设、投资者教育等方面进一步努力,从理念和制度上、从法律实施上促进这种信息不对称现象的消除。

河北大学政法学院赵金龙教授提出:目前我国证券法律实务已经进入了全球化、人工智能信息化时代,但诸如股东投票代理权的征集、股东的电子投票、电子股东论坛以及虚拟股东制度等以信息技术为载体的制度却仍未在立法层面及时显现。

平安证券投行部董事总经理季俊东先生认为:一、证券法的基础是保护投资者的利益。中国的投资者以散户为主,中国的行政权力特别强,也必须进行行政干预。二、关于上市公司并购业务,一个是杠杆收购,杠杆收购可以实现收益最大化;另一个是举牌/敌意收购。相关问题值得进一步研究

北京航空航天法学院周雪峰副教授认为:一、智能投顾主要涉及的问题是算法和对数据进行优化。是否要公开算法是一个难题,因为算法不公开则难以对其进行监管,但是公开可能涉及商业保护问题。金融数据能不能利用以及哪些主体可以利用都涉及金融数据的归属权问题。二、对于公司收购的界定,应当明确是采用实质性的标准还是形式性的标准。关于控制权,控制权包括资产收购、股权收购等一系列权利。买方与卖方发现估值差异,若超过一定范围,则涉及利益补偿,估值交易难度比较大。

四、证券法欺诈法律规制和投资者保护

(一)证券欺诈的法律规制

针对虚假陈诉数额计算问题,上海财经大学法学院博士生、山东警察学院经济侦查系讲师王琳认为,我国已初步建立证券欺诈纠纷解决的法律框架。根据对证券市场虚假陈述案件的行政处罚和民事诉讼案件数量的统计分析发现,我国证券市场的虚假陈述行为总体上呈递增趋势,而相关的民事诉讼案件数量却没有呈现同比例增长。如果将法律规制的影响内嵌于投资者和侵权人对于诉讼的预期之中,以成本—收益法权衡投资者和侵权人的预期净收益,根据不完全信息动态博弈模型,分析证券虚假陈述民事纠纷主体的行为对策。虚假陈述行为人的侵权行为是一个利益权衡过程,从法律规制的角度提高侵权人的预期违法成本支付是一个必然的路径。

上海财经大学法学院讲师樊建博士围绕"诱空型"虚假陈述进行分析。我国司法解释依据"欺诈市场理论",在证券虚假陈述诉讼中,推定交易上因果关系的成立。由于司法解释制定时间较早,相关规定已经不能适应证券市场的新发展。"新三板"中通过做市商交易的挂牌公司由于在做市商数量、流动性以及分析师数量方面存在较大不足,因此投资者不能适用交易上因果关系成立的推定。根据"价格影响理论",当被告证明其所披露的信息对于股票价格没有影响时,交易上因果关系不成立。机构投资者在适用交易上因果关系成立的推定时,需要提供研究报告等证明其

履行了注意义务。

就操纵市场行为及其相关法律责任,清华大学法学院汤欣教授指出,我国监管部门在早期认定操纵市场行为时依据较简单,只有部分零散的条例、通知对操纵市场行为进行界定,但其中一些关键性名词内涵不明确,在我国立法和法规定义中,有循环定义之嫌。中国证监会自成立以来截至2016年6月底公开披露的80起操纵证券市场行政处罚法律文书,一定程度上反映了证监会打击操纵行为的政策规律,特别是结合法律规范和市场实践、监管经验形成了认定不同种类操纵行为的处罚标准。通过样本案例分析发现,虽然针对蛊惑交易、约定交易、"抢帽子"交易等操纵行为的违法属性认定和规制的思路还需要处罚经验的积累和丰富,但针对连续交易、虚假申报、特定期间价格操纵等违法行为已经通过相当数量的处罚案例明确了认定思路和标准,并在判罚文书中开始深入探讨操纵行为的主观意图、欺诈的属性及表现方式、违法所得的算定等疑难问题。

韶关学院张保红教授结合"万科事件",认为在股市快要收盘时有几十亿元资金流入,具有明显的操纵市场的意图。操纵市场不但破坏市场秩序,而且严重损害投资者利益,必须予以严格禁止。现行《证券法》一方面可操作性不足,使得执法与司法人员无法适用法律;另一方面,《证券法》没有对一些典型的操纵证券市场的类型予以规定,给了不轨行为者可乘之机。针对以上情况,建议:第一,要增加虚假申报、股或交易和反向操纵等操纵市场类型;第二,明确大宗交易规则为强制性而非任意性规则,使大宗交易系统成为证券价格与股指避免被操纵的稳定器。

江西省社会科学院法学研究所副所长、研究员杨秋林就操纵证券市场的民事法律责任展开讨论,他指出违规操纵证券市场的立法和司法实践存在缺陷。第一个问题是证券欺诈民事赔偿相关法律法规不完善;第二个问题是法院因"无法可依"而"无法支持"虚假陈述之外的证券欺诈民事赔偿相关规定;第三个问题是投资者在证券交易中处于明显的弱势地位,无力收集证券欺诈民事赔偿相关证据;第四个问题是操纵证券市场诉讼制度尚不完善,救济的手段非常有限。对以上四个问题,提出如下建议:(1)借鉴我国香港地区、台湾地区的相关法律规定,特别是对具体违规行为如何处罚的规定;(2)从立法上完善我国民事赔偿制度;(3)完善证券欺诈民事赔偿法律法规的立法;(4)确立举证责任倒置的原则;(5)提高审判人员的专业水平。

华东政法大学刘宪权教授着眼于证券犯罪的研究角度,结合利用未披露的信息交易的案件针对现行刑事立法中存在的问题进行讨论。他提出:第一,要改变传统观念,不能压抑创新;第二,建议对法条内容加以明确;第三,将现阶段出现的如"抢帽子""高频交易"等新问题等纳入犯罪范围。

中央财经大学法学院董新义副教授提出，目前只有刑法规范利用未公开信息交易的行为，证券法也应该有所涉及。建议用列举其他未公开信息的范围来弥补单纯定义的弊端。因此《证券法》(修订草案)第93条有关利用未公开信息交易的规制制度仍存在很大完善空间。另外，应完善利用未公开信息交易的民事法律责任规定，特别是完善举证责任分配制度，而这应当随着整个证券期货民事法律责任制度的完善而完善。从监管角度来讲，应当建立监管利用未公开信息交易的行为的配套制度。

北京市金杜律师事务所合伙人夏东霞律师从探讨内幕信息受领人内幕交易行为的认定入手，统计和分析了2014~2017年证监会查处的内幕交易案件，发现60%以上的案件都是针对内幕信息受领人内幕交易行为进行处罚，而在这些案件中，只有很少一部分案件通过直接证据证明内幕信息的受领人知悉内幕信息，大多数案件依靠“接触+买卖证券=内幕交易”的推定原则。证券监管机构在大量的处罚决定书中采用推定原则的原因有两个，第一是因为类似案件的隐蔽性比较强，案发后泄露信息人和受领人几乎不可能自认该信息，监管部门也难以获得直接证据；第二因为是“两高”关于内幕信息认定的司法解释为推定原则提供了直接的法律依据。通过分析美国Dirks v. SEC案和Newsman案讲解受领人对信义义务的继受规则和内部人违反信义义务的判断规则。这两个案例给我国的启示是：内幕信息受领人不是法定的内幕信息知情人，内幕信息的获知是从法定的内幕信息知情人那里获得，上述两个规则关注到受领人与内幕人之间的关系，这些关系在一定程度上可以作为判断内幕信息知情人是否由传递内幕信息动机的依据。也可以参考上述案例从间接证据的角度完善证据链。此外，在我国内幕交易处罚实践中，有相当一部分案件没有处罚法定的内幕信息知情人，这存在很大的问题。因此，我们可以借鉴美国经验修正或完善我国关于内幕信息受领人内幕信息交易行为的认定标准以及相关理论依据等，以维护我国证券市场的权威性和规范性。

北京市金杜律师事务所合伙人张保生、朱媛媛律师通过用于认定内幕交易违法所得的“实际所得法”在我国的实践，特别是对具体案例数据进行分析，指出我国执法实践中适用“实际所得法”的现状，并以美国、我国台湾地区和香港地区为例讨论实际所得法的修正实践，从而对大陆适用实际所得法“实际所得法”计算内幕交易违法所得的缺陷进行反思。经分析，我国目前的做法违反了违法所得的因果关系逻辑，突破了行为人信息优势的时效性、忽视了市场对信息的消化能力、未剔除系统风险及非系统风险因素以及监管逻辑不统一等影响因素，最终导致结果的不公平。最后，提出对内幕交易违法所得认定方法的修正性建议，认定方法需要考虑基准日、基准价以及剔除影响股价的非关联性因素。

厦门大学法学院肖伟教授主要探究对光大乌龙案的争议,他认为这些争议来源于我国立法上的缺陷。第一,应当统一对"及时"的解释,两个交易日为最迟时间,应该采取合理措施尽早地披露信息。第二,关于内幕信息的公开标准,存在两种不同的标准,第一种是形式公开标准,指只有在法律规定的媒体上公开才算公开;第二种是实质公开标准,指虽不在规定媒体上披露,但只要投资者能从其他地方或报刊网站上知悉即可。证监会制定的《证券市场内幕交易行为认定指引》(试行)倾向于实质公开标准。实质公开标准的优势在于在制定的媒体上发布信息简明易行好操作。第三,关于内幕信息敏感期即内幕信息从形成到公开这个时段,应当注意"交易禁止期间"因素,内幕信息敏感期只包括公开,不包括等待,所以禁止交易期间可以涵盖等待期间。

(二)中小投资者保护制度及证券纠纷的司法应对

中证中小投资者服务中心有限责任公司总经理徐明先生指出,要将中小投资者的保护落到实处。投资者服务中心的主要职能是持股行权、支持诉讼。中国资本市场存在诸多不平衡,如债权和股权不平衡、国内和国外不平衡、投资者不平衡、期货和期权不平衡、结构不平衡等。中国资本市场中小投资者占大多数,而资本市场是按照资本多数来决定的。我国资本市场存在的诸多不平衡、投资理念和文化以及法律缺乏等使中小投资者的弱势地位难以改变。在这样的市场结构和法律机制下,投资者保护存在三个难点:行权难、纠纷调解难、诉讼难。导致这些问题也有主管方面的原因。针对这些问题及成因,应当从以下方面加以治理:第一,加强立法,完善证券法。在《证券法》中设有投资者保护专章,厘清立法逻辑、明确投资者的范围、投资者权利、投资者权利保护主体、如何保护投资者权利、权力如何划分等问题。国家应当设立投资者保护机构,在投资者人数众多的时候帮助维权。由国务院来制定有关持股行权、投资交易等具体内容的相关办法。应当在投资者保护领域形成立法体系,修改和完善《公司法》、制定投资者保护条例、证监会部门规章和相关保护机构的业务规则,为投资者保护提供强大的法律依据。第二,进行机制创新,创新证券支持诉讼的案例判决机制,以帮助保护投资者、节省法院资源、提高办案效率。此外,需要完善证券民事纠纷举证证据认定机制。第三,落实持股行权,落实多元化纠纷解决机制。

上海国盛集团有限公司杨路先生从司法应对的角度对证券纠纷案件的审判提出了自己的看法。第一,在证券欺诈诉讼案件的审理中,司法审判是否要与证券监管政策保持一致?法官的审判理念是否应当与证券监管政策的理念和原则的变化相适应？第二，在证券市场法制尚不完善的情况下，缺少对投资者利益的制度性保护，此时司法审判创制规则的功能就会扩张，法官创制规则将承担巨大的风险。证券市场交易规则的主要制定者应该是立法者、监管者和市场参与者，司法不应过于激进。第三，未来可能取消行政处罚的前置程序，可能会造成司法判断和监管部门判断之间的冲突，为了应对这种不一致和冲突，需要预先进行制度设计。第四，当前证券诉讼往往是群体性诉讼，采取多元化纠纷解决方式是必然选择。中证中小投资者服务中心的支持诉讼也是有效的解决方式，应当加强对示范性判决机制的探索。第五，在现有法律制度体系下，举证责任倒置具有法定性，但在司法审判中存在许多需要法官确定举证责任倒置的情形，法官需要运用特殊情形下的举证责任分配来进行判断。

江苏省高级人民法院民二庭副庭长段晓娟法官围绕证监会对违反证券法的行为的处罚展开评论。她提出，我国法院已经取消受理证券民事侵权案件的前置要求；在诉讼机制问题方面，我国共同诉讼制度不够完善，同美国对诉讼机制的设置相比有许多弊端，但不能直接移植美国的制度；关于信息受领人的问题，目前我国监管体制中未明确规定受领不当信息的节点以及应当处罚参与何环节的人等问题。

南京大学法学院曾洋教授提出他对研究方法的认识。他表示，整个资本市场研究越来越倾向于实例分析，如大数据、大统计，但将无误的数据样本进行实例分析时基于监督和评价法的适用存在一定缺陷，在理论研究中需要寻找问题、价值判断以及选择路径。

（三）评议人点评

中央财经大学法学院缪因知副教授对之前的发言人进行实务的技术分析表示赞赏，指出他们的共性是凸显了当前证券法律规则的粗糙性以及证监会在执法中存在的问题。证监会在执法的过程中使用法律不审慎、不统一，甚至也没有严格遵循自己制定的内部指引，经常随意推定、随意扩大主体客体适用范围。他认为，在中国，法院对证监会的制衡力度不够，因此学界通过细致的分析来约束证监会是证券法研究的一个重要目标。尽管律师界代表被执法者向证监会提起诉讼经常面临胜少败多的局面，但给了当事人争辩说理的机会，对此表示支持，也希望法院循序渐进地增强对证券执法的审查制约。

中共中央党校政法部人权教研室王静副教授评论道，与会人的论文和发言精准地指出了证券市场当下最重要的问题。在我国证券市场快速发展的过程中，既要借鉴美国的制度，也要关注和中国国情结合的问题。第一个问题是信用环境的差异；第二个问题是建立精准证券市场违法性证券行为的发现机制，证券市场的责任是制裁恶意违法行为,在精准的发现机制还不健全的情况下,在决策方面需要更多地聚焦到如何找到做坏事的人上;第三个问题是建立起有效的责任追究机制,严格依法治市。

四川大学法学院陈实副教授评论道,与会者的论文对内幕交易的研究贡献重大。他认为从法条上看,我国对内幕交易的惩罚更严厉,但是没有强调保护当事人人权的概念,应当对我国内幕交易的理论基础进行重建。

四川省社会科学院法学研究所所长郑鈜重点评论虚假陈述问题,其指出,基于现实中产生的裁判文书的处罚结果分析,处罚结果并不能让普通投资者满意,市场实践被忽略。市场操纵应是重点关注的领域,但证券法的规定严重滞后于现实。针对市场操纵等行为,相应立法应当更加严格,同时证监会应当积极跟进市场反馈以回应存在的问题。

山东大学法学院于永宁副教授进行了评论。其认为杨秋林副所长的论文看问题的角度高,从宏观上把握问题,同时提出应当进一步延伸证券欺诈的举证责任分配的问题。对王琳博士的论文,于永宁副教授提出了通过案例分析和实证分析法统计分析的260个案件有无共同点的问题,王琳博士回复认为已经穷尽了裁判文书网上所有的案例,可以证明案例中投资者所受的损失和虚假陈述有因果关系。

五、互联网金融与证券法律责任制度完善

(一)互联网金融发展及其监管

就互联网金融控股问题,招商局金融集团总法律顾问佟英女士表示,金融控股的目标主要是达到资源共享,实现协同效应;难点是如何搭建信息共享以满足合规性要求和利益最大化,最终实现协同效应。互联网金融是一种新兴状态,传统金融企业也在迈向金融互联网化。传统金融公司面临的监管要求更加直接,合规的严格要求可能限制传统金融公司的发展,使其不能面对新兴互联网企业的冲击,对传统金融公司的监管应该随着金融互联网化而进行适时的调整。

武汉大学法学院讲师袁康博士认为,互联网金融模式的勃兴,极大地扩展了金融行业的业态与机构类型。以股权众筹、P2P、第三方支付、在线理财等为代表的互联网金融模式在传统银行、证券、保险等金融业务之外开辟出了新的业务蓝海。大数据的发展与应用,使数据的获取途径与分析技术更受重视。互联网企业的高速发展与转型需求为其进军金融行业提供了充足的资金和动力。在上述背景下,基于资本的控制与协同已经开始为数据的控制与协同所取代,以资本为基础的传统金融控

股公司模式也正在面临以数据为基础的互联网金融控股公司的挑战。关于互联网金融控股公司不正当关联交易的形成原因包括:第一,数据的共享化容易给互联网金融控股公司的不正当关联交易提供基础;第二,机构的虚拟化容易给互联网金融控股公司的不正当关联交易创造空间;第三,账户的统一化为互联网金融控股公司的不正当关联交易提供了便利,应当注重互联网优势,采用揭示的方式代替隔离。

针对新兴的股权众筹问题,天津财经大学法学院樊纪伟副教授介绍,日本的《金融商品交易法》引入了投资性众筹制度。我国为解决中小企业特别是高新技术企业面临的融资难问题,大力鼓励包括股权众筹在内的多种融资方式发展。但立法对股权众筹规范的缺失导致现实中股权众筹平台杂乱无序,也无法有效保障投资者权益。正值我国《证券法》修改之际,应借此机会明确股权众筹的法律地位,并以信息公开和融资小额便捷为原则,构建符合我国现实需要的股权众筹制度。构建我国股权众筹平台,应做到:第一,明确界定股权众筹的适用对象;第二,对众筹平台进行有效监管的制度设计;第三,完善众筹投资者权益保护机制。

厦门大学法学院讲师毛海栋围绕股权众筹提出如下几点:第一,股权众筹的公私之争。私募发行与股权众筹的本质属性和功能定位均不相同:私募发行的核心是合格投资者制度,强调融资效率和投资回报率;而股权众筹则致力于实现金融民主化和普惠金融的目标,强调大众参与,旨在为普通投资者提供投资机会以及为初创企业提供融资机会。第二,认识股权众筹的本质属性,必须首先厘清两个认识误区。其一是仅从字面含义理解股权众筹;其二是仅从股权众筹的既有行业实践认定其本质属性。第三,股权众筹的法律定位和制度设计应基于股权众筹的本质属性、商业模式特征和优势,以实现其政策目标。此外,股权众筹还应与证券法上的其他豁免制度相配合与衔接。股权众筹作为一种新型融资方式对既存的证券监管体系提出了挑战,政策制定者首先面临的问题是为股权众筹创制何种类型的豁免。在原有证券法的基础上,证券监管者试图将证券法上既存的私募发行和股权众筹相结合,然而股权众筹的本质属性和功能定位决定其不应采取私募发行豁免,而应建立一个通过互联网众筹平台进行融资的小额公开发行豁免制度。将二者结合而产生的"私募股权众筹"是一个自相矛盾的概念。

兰州大学法学院讲师白牧蓉围绕互联网平台证券发行的问题进行演讲。第一,互联网平台发行方式包括股权众筹、互联网证券直接公开发行、网络渠道的实质性证券发行等,这些创新的发行模式以及诸多变相的实质性证券发行活动凭借互联网平台吸引了更多的投资者。第二,互联网平台证券发行中的风险包括欺诈发行的可能性、投资者权益遭受侵害、股权流通市场缺失等。第三,互联网平台证券发行证券在我国的发展趋势。我国当前的市场有效性较低、制度环境不完善、信用体系未建立,短期内并不适合某些形式的互联网公开发行证券。但这些模式的出现证明了小微企业与个人创业有巨大融资需求,因此对互联网公开发行证券等模式不应当一概扼杀,而是应当根据这些发行方式的特点,以平台监管为起点,以完善制度环境为基础,分类逐步放开管控。第四,提出互联网平台证券发行制度完善建议,包括:(1)由政府主导建立完善的企业与个人信用体系;(2)建立由专门机构负责、逐步降低投资者准入门槛等具有针对性的监管制度;(3)构建多层次的股权流通市场;(4)进行与市场契合的证券法变革,考虑明确参与证券活动各方民事责任的问题,通过对证券法条款的扩大解释对变相证券发行等行为进行规制。

就互联网金融的监管问题,中国中铁股份有限公司董事会秘书、总法律顾问于腾群先生指出,第一,证券传统监管模式遭遇新科技的挑战,同时科技的发展也对通讯互联网大数据的证券市场起到了巨大作用。第二,金融监管中的科技应用提高了监管的效率和准确性。为了应对监管挑战,应当做到:(1)进行证券市场风险模型分析;(2)提高证券市场监管的时效性;(3)降低证券市场的监管成本;(4)实现监管信息共享、构建共同合作机制。

新浪网技术(中国)有限公司高级法律顾问王磊先生表示,互联网注重用户体验,已经成为一种生产力。互联网存在数据财产、个人信用评级、大数据分析、数据积累商业化等问题需要改进。根据个人在互联网的轨迹进行画像分析需要进行脱敏,脱敏过程中存在利益衡量问题,即平台应该承担何种责任或义务以及对这些数据存在什么样的权利。互联网立法成为一种趋势,行业实践应当与行业监管进行交流。

山西财经大学中德学院院长樊云慧教授认为,互联网金融本质上是一种金融活动。互联网会导致风险扩大化,因此政府必须进行监管,而监管的核心在于平台。监管方式可以采取事前监管、事中监管和事后救济等方式。事前监管的核心在平台,平台的设立应采取许可制而非备案制;事中监管的核心在信息披露,但要求不能太严格,否则将影响创新;事后救济的主要措施之一是建立互联网金融在线纠纷解决机制,即“第四方”自动化程序的应用与原有替代性纠纷解决机制在线化的结合。

华东政法大学国际金融法律学院冷静教授认为,中国市场足够大、股性活跃,但证券市场对于GDP的贡献相比其他国家略显不足。中国国内市场执法力度不足的根源在于政府对于证监会的管理空间相对宽大以及交易所执法力度不强。

(二)证券相关法律制度之完善

就证券存托凭证相关制度问题,中央财经大学大学法学院杜晶副教授指出,应注重界定存托凭证的法律地位,即明确其到底是狭义证券还是“大金融商品”。存托凭证制度的核心是如何构造存托、存托机构、存托机构持有人三方之间的法律关系。

对外经济贸易大学法学院讲师王乐兵认为,讨论信托是否属于证券没有意义。恢复原状责任是一个十分直接的方式,只要证明违法行为的存在,而忽略对与因果关系的考量。民法、侵权法对于恢复原状都有规定,证券法不存在恢复原制度的原因值得研究。

就证券法律责任,上海证券交易所投资者教育部经理赵晓钧女士认为,其是行为人违反义务的法律后果,损害赔偿作为证券侵权责任的主要承担方式。值得关注的是,在证券投资者主张侵权损害赔偿责任的司法实践中,常受制于一般侵权责任诉讼构成上关于因果关系、损害数额、举证责任分配规则的桎梏而难以获得及时、有效的法律救济。香港证券市场相关司法案例中关于恢复原状令的适用在相当程度上避免了投资者在诉讼中可能面临的上述困境。在《证券法》修订时可以借鉴香港经验,在扩大请求权基础的前提下,纳入恢复原状的责任承担类型,丰富民事责任法律制度,进一步畅通中小投资者权益保护的路径。

中国证券业协会培训部主任王晓国表示,按照国际证监会组织的文献,证券市场的核心使命主要有三个,分别是投资者保护、建立公正、高效、透明的市场和防范系统风险。实务中,完善证券法律制度的最大问题也有三个,分别是谁的责任、谁来问责、怎么问责。应当从实体性制度和流程性制度的视角落实证券法律责任制度。关于谁的责任,需要解决好市场参与主体责任划分和责任大小,比如问机构还是从业人员?问证券公司还是监管机构?关于谁来问责,是司法问责还是行政问责?是政府他律还是市场自律?是行业自律还是企业自律等问题都应当得到明确。关于怎么问责,是事前问责还是事中事后问责?是因果关系问责还是损失大小问责?是司法救济还是社会救济?都必须建立规则以解决以上问题。

针对跨国证券交易法规适用规则之完善,中央财经大学法学院副院长王克玉教授认为,随着证券市场和证券交易的国际化,证券跨境交易存在两种风险,一种是纵向的管理风险,另一种是横向的交易风险。中国作为“一带一路”战略的倡议国家,应当为跨境交易乃至国际社会提供法律选择规则,以保护投资者利益,促进证券市场国际化。从跨境交易关系的标的看,传统的交易关系已经发展到证券化的财产权利交易关系的阶段,传统交易关系的法律选择规则已经无法应对证券交易的法律关系,应当重新确定证券的跨境交易关系的法律使用规范。

华东政法大学经济法学院何颖副教授评论道,证券法的老问题尚未解决,新问题已然涌现。投资者保护问题是个老问题,但迄今为止学界仍未界定清楚投资者保护的对象。投资者保护的理论预设是势均力敌的证券交易双方交易信息掌握上处在不对称状态,美国证券法因此形成以信息披露与反欺诈为主的投资者保护规则。而当代的投资市场,投资群体日益专业化、大众化,公众投资者与证券发行人、证券中介机构之间在信息不对称上,又叠加了交易力量悬殊的情形,从而使得公众投资者相对非公众投资者更容易遭受交易对方的不公待遇和利益侵害。传统的投资者保护规则未对此情况加以考虑,因此需要补充消费者保护的理论与制度加以解决。事实上,美国对公众投资者的保护,不仅仅限于对其知情权和求偿权的保护,对隐私权、公平交易权的保护规则散见与其他立法当中。此外,基于大数据、云计算等新技术而迅速发展的互联网金融产业给证券法带来个人数据共享与金融隐私保护的问题。金融集团内部对数据的控制和利用,可能会引发不正当关联交易和隐私侵权。大数据技术使个人信息极具商业价值,因而必须在信息管理者与信息主体之间进行利益平衡,通过确定的个人知情同意规则和信息有偿利用规则明确权力界限。

六、会议总结

证券法学研究会副会长、北京大学法学院蒋大兴教授认为本次会议非常成功,并做如下总结:第一,证券市场的改革措施是否会使证券市场更好、证券法的修改究竟应该站在何种角度。解决以上问题,应该站在人民群众的立场上,不能被利益集团所绑架。第二,在群体性金融纠纷越来越多的情况下,国家应当怎么办?为此应当反思在资本市场上国家和政府要发挥什么样的作用。国家应该提供保护的功能,如果行政和司法在证券市场上不能提供保护,那么就会催生私人保护机制,再多的改革都只能引发更多的社会矛盾。所以证券制度的改革必须依托强大的证券会,高效的法律系统。第三,什么是我国证券法理论发展的道路。基本范畴的研究是证券法理论发展最基本的问题。我国证券法的发展不能走传统金融法发展的老路,追求细节,变得越来越琐碎,应对基本范畴予以明确。

浙江大学光华法学院教授、浙江大学互联网金融研究院副院长李有星也对本次大会的成果作了高度评价。他指出:第一,投资者保护应作为立法的指导理念,不应变成具体制度。第二,发行环节的欺诈深层次原因是中介机构的责任偏轻,需要立法调整。第三,应完善交易环节的设计,一是交易监管部门设计在交易环节这一正向的机制中,要保障交易环节真正实现公平;二是反向防范机制,如防范虚假陈述、内幕交易,操纵市场等证券市场欺诈行为。第四,要改变选择性执法的状况。

证券法学研究会会长郭锋教授作闭幕致辞。郭锋教授认为,首先,证券法领域的研究主要应当关注三个方面的关系：第一是管制和放松管制的关系问题；第二是公权力与私权利的关系问题；第三是机构和个人的利益平衡问题。其次，郭锋会长代表证券法研究会表达以下三方面感谢：第一，感谢全体与会者在节日期间前来参加会议；第二，感谢上财法学院师生的高素质和高水平的会务安排与服务；第三，感谢研究会秘书处与上海财经大学的沟通与配合。再次，郭锋会长向新当选的200多位理事表示祝贺、向评选出的优秀论文作者表示祝贺。最后，郭锋会长表达了把本次会议的优良成果进行转化，为证券市场的健康发展作贡献，发挥研究成果对推进证券法修改的作用，为证券法修改献计献策的期望。

混业经营背景下的金融服务法治

——北京市金融服务法学研究会 2016 年年会综述

吕　特*

2016 年 12 月 17 日，由北京市金融服务法学研究会主办、北京交通大学法学院承办的 2016 年北京市金融服务法学研究会年会在北京交通大学隆重召开。来自最高人民法院、北京大学、中国人民大学、中国政法大学、北京师范大学、对外经济贸易大学、中央财经大学、中证金融研究院、蚂蚁金服互联网金融法律研究中心、金杜律师事务所、问天律师事务所、中伦律师事务所以及全国其他法院、高校、研究机构、律师事务所的四十余位专家学者出席了本次会议。会议围绕"混业经营背景下我国的金融监管框架改革""混业经营背景下的金融监管创新""混业经营背景下互联网金融"等问题进行了深度研讨。北京市金融服务法学研究会副会长、北京交通大学法学院教授毕颖主持开幕式；北京交通大学法学院院长南玉霞教授，中央财经大学法学院教授、最高人民法院研究室副主任郭锋分别在开幕式上致欢迎词。

会议主题研讨环节主要包括以混业经营背景下的金融监管问题为主题的专题讨论和与谈环节、以证券监管改革和互联网金融为主题的专题讨论和与谈环节等。在各个环节中，二十余位专家、学者在会上做了精彩发言，与会代表就相关问题进行了深入研讨。

一、混业经营背景下的金融监管问题

（一）有效金融监管协调的国际经验

中央财经大学法学院教授曾筱清指出，无论何种金融监管模式，只要其能适应本国的经济、政治、文化传统，只要能有效应对金融市场和金融业务创新的风险和危机，那么此种模式就是可行的。评判一种监管模式的核心在于金融监管协调的有效性。

曾教授进一步分析了各国的金融监管协调机制。第一，英国式金融监管协调机制采"双峰"模式。审慎监管委员会指导审慎监管局工作，后者为英格兰银行的内设

---

* 中央财经大学法学院金融服务法专业硕士研究生。

机构;金融行为局负责微观审慎监管,对英国议会和财政部负责;英格兰银行理事会下属的金融政策委员会,可以对审慎监管局和金融行为局发布指令进行指导。此外,英国财政部在金融监管协调机制中具有重要地位:一方面,财政部可以任命审慎监管委员会中至少6名成员(共计13名成员);另一方面,财政部负责在金融政策委员会中委派一名不享有表决权的外部委员,并享有对金融政策委员会的职责和目标的最终解释权。第二,荷兰式金融监管协调机制。荷兰中央银行同时负责宏观审慎监管和微观审慎监管,在其监管范围内负责金融稳定;财政部承担维护金融稳定的最终责任。第三,澳大利亚式金融监管协调机制。中央银行、审慎监管局(负责审慎监管)、证券投资委员会(负责行为监管)三机构并行,由澳大利亚金融监管理事会对三者进行统一协调管理。财政部不仅是金融监管理事会的重要组织者,而且还负责任命审慎监管局和证券投资委员会的主要负责人。第四,美国式金融监管协调机制采伞型背景下的多头监管模式。由联邦层面的美联储、货币监理署、联邦存款保险公司、证券交易委员会等机构与州级层面的监管机构共同监管。在《多德法》下,美国加强了金融宏观审慎监管协调机制的制度建设。

曾教授最后剖析了我国现行金融监管体制,指出我国现行金融监管体制总体上分工明确、配合协调,因而体制本身不存在太大问题,根本问题在于缺乏制度化的协调机制与协调责任。具体体现在:第一,“一行三会”的职能协调缺乏制度化的协调机制;第二,信息沟通和信息共享缺乏制度化约束;第三,协调主体与协调责任不明。通过借鉴域外经验,可以通过以下四点来增强金融监管协调的有效性:第一,监管治理和透明度;第二,金融安全网之间的有效协调;第三,法律框架下的有效协调;第四,功能监管 + 主协调人 + 问责制机制。

(二)混业经营背景下我国的金融监管框架改革

北京市金杜律师事务所上海分所合伙人陈胜以“混业经营背景下我国的金融监管框架改革”为主题,分析了我国混业经营的发展趋势与分业监管的格局,指出了我国分业监管的漏洞,并提出了金融监管改革的建议。

陈胜律师进一步指出了应按照机构监管与功能监管并重的原则,打造纵横交错、经纬交织的“金融监管网”。功能监管是一种“横向”的监管,是在混业经营环境中,对不同类型金融机构开展的相同或类似业务进行的标准统一或相对统一的监管。机构监管是一种“纵向”的监管,即对一家金融机构从生到死的监管。在未来的监管体制中,机构监管与功能监管同等重要,是有效“金融监管网”的经、纬之纲要。其中,机构监管为“经”,通过对金融机构的全程纵向监管,提高金融机构稳健经营水平,进而提升整个金融体系的稳健性,并要将机构监管延伸至问题金融机构,防范单体金融机构破产倒闭影响整个金融业的安全。而功能监管为“纬”,通过功能监管实现对同一或类似金融业务大体相当的监管,减少监管套利空间,维护市场效率和公平竞争。而且,机构监管和功能监管不是相互割裂的,应通过高效的协调配合机制形成两者之间的有机结合,使这张纵横交错、经纬交织的“金融监管网”能够在最大限度上防止监管真空与套利,在维护金融稳定的同时,提高金融体系的效率。

(三)我国台湾地区金融监管框架改革的经验

问天律师事务所主任张远忠博士以我国台湾地区金融监管架构改革的经验为主题,介绍了我国台湾地区的一元化金融监管改革的背景、改革方法。

张博士指出,我国台湾地区在2001年《金融控股公司法》颁布之后实行混业经营,但监管模式却为分业监管,具体体现在财政部享有行政管理权,银行局、保险司、证期会享有调查权和监督权。分业监管体制在混业经营模式下出现诸多问题,监管的重叠和漏洞给金融从业者很多套利的机会,由于分业监管,各部门既无法进行跨越查处,又无法进行穿透审查,所以当时出现了包括中信案在内的很多大案。台湾当局在考察各国的监管模式之后,于2004年7月1日通过“金融监管会监督管理办法”,自此启动了台湾一元化金融监管改革的步伐。

张博士进一步指出,一元化金融监管改革的重点聚焦于以下四个方面:第一,统一金融监管信息的分享。具体的操作模式是通过每周数次会议共享金融监管信息。第二,统分结合的调查制度。金融监督管理委员会下设银行局、证期局、保险局和检查局。检查局统一行使调查权,其可随时调查银行、证券、保险各业的经营动态,但其不享有裁罚权;银行局、证期局和保险局享有裁罚权。第三,赋予金融监督管理委员会准司法权。第四,建立金检一体化机制。金融监督管理委员会和司法部、法院建立了很多的联合执法机制。

(四)结构化资管计划的交易结构与监管

北京大学法学院教授刘燕以“结构化资管计划的交易结构与监管”为主题,从微观层面剖析了实施穿透式监管的重要性。

刘教授指出从2015年的场外配资到2016年的宝万之争,市场用特定的产品架构把不同部门之间的障碍有机打通了。以宝万之争为例,它体现了一个公司对于中国在分业监管下的混业格局的最有效、最彻底的利用。宝能系以钜盛华为前台载体,通过各种资管计划以及各种合伙、信托、银行、保险,来搭建起收购万科的架构。刘燕教授进一步解释了如何通过资管计划在分业格局下实现混业经营的效果。资管计划通过对接和嵌套,可以上接资金来源,下对投资品种。通常,向上对接的是银行的理财产品(银行理财产品只要满足机构投资者的条件就可以购买资管计划),向下既可以直接到市场购买股票,又可以继续嵌套信托产品或其他资管计划进而继续对外进行投资。由于上面对接机构投资者,下面对接投资产品,故此打破了分业的界限,形成了混业的格局。

刘教授通过分析结构化资管计划,诠释了人民银行、证监会、银监会的监管应当至少在某一信息共享层面和登记系统层面对接起来的原因。结构化的资管计划由券商和基金子公司做一个资管计划,接受他人委托进行资产管理,并通过二级市场购买股票。结构化资管计划不像一个基金,不是一个投资载体,其实质上是劣后级受益人利用资管计划加杠杆并由其承担风险,是一种杠杆机制。对此,证监会开始限制资管计划,但是市场又创造了结构化有限合伙,即在合伙里面搭建结构化资管计划。传统的有限合伙 GP 和 LP,区分为优先级 LP 和劣后级 GP。一方面,有限合伙的登记是在工商部门登记;另一方面,有限合伙的透明度更低,往往所登记的对象和实际的股东并不相同。因而,只有进行穿透式的监管,实现登记制度的统一,实现金融监管信息共享,才能实现更为有效的监管。

(五)何为"经营证券业务"?——证监会对配资的系列行政处罚案之评析

中央财经大学法学院教授邢会强采用系统论的研究方法,探讨了证监会对于恒生等软件提供商的处罚,提出了恒生 HOMS 系统等并没有从事证券经纪业务的观点,表达了对于金融创新的法律环境的担忧。

邢教授首先阐述了自己的研究方法——系统论的研究方法,而非割裂论的方法。该方法在配资的一系列案件中体现为,提供配资的单位和个人如果是经营证券业务,则软件提供方恒生 HOMS 系统、同花顺、铭创亦为经营证券业务;反之,如果配资的提供者不是经营证券业务,则软件提供方也不是。采用系统的观点,如果软件提供方是在从事非法活动,则其或为主犯或为从犯。如果软件提供方是从犯,那么从事配资的单位或个人就是主犯;如果软件提供方是主犯,那么从事配资的单位或个人就是软件提供方,比如恒生电子下面的代理商或者其代理人。只有基于此种逻辑分析案件的性质,才能更为清晰地看清此问题。

邢教授进一步指出配资业务的性质是民间借贷与股票质押的融合,主流观点认为从事配资业务的单位和个人不是从事证券业务;同时,邢教授认为恒生等公司并没有经营证券业务,其指出除证券公司之外的其他主体经营《证券法》第 125 条规定的业务时不一定需要证监会批准,只有经营证券专营业务才需证监会批准。恒生 HOMS 系统的行为显然不是证券自营与证券资产管理,而与证券经纪最为相似。判断其是否从事了证券经纪业务应看其是否为投资者开立了证券账户,或者是否代理投资者进行了证券买卖,或者是否为投资者办理了证券结算业务。首先,HOMS 系统仅起到信息传输的作用,无法对信息进行任何的更改、变更或拒绝,因而并未代理投资者进行证券买卖。其次,HOMS 系统仅提供了明细账与总账之间的账账核对功能,与结算、清算功能完全不同,因而并未办理登记结算业务。最后,HOMS 系统所开立的分账户不是在中证登开立的证券账户,而是依托于配资公司在证券公司开立的总账户,该分账户不具有代理投资者买卖证券、与投资者进行结算的独立功能,因而恒生等软件公司的行为违反的是《证券法》第 80 条“禁止法人出借自己或他人的证券账户”的规定。

邢教授最后认为,由于“证券”的含义很广,建议监管部门不要轻易乱扣“非法经营证券业务”的帽子,否则金融创新就会有很大的法律风险。

(六)混业经营背景下政府引导基金监管问题及对策

农工党中央副研究员邓拥军指出了政府引导基金业务涉及银行、政府、券商、基金、信托、融资企业等多方利益,业务办理中需签订资管计划协议、基金合作协议、认购协议、转让协议、信托协议等多项合同,协同管理难度较大,存在信用风险、操作风险和法律风险隐患。政府引导基金业务交易结构复杂,具有跨机构、跨市场、跨地域的特点,在当前监管体系下存在一定的监管真空。

邓副研究员进一步提出了三点建议:第一,应完善顶层设计。国家应尽快出台引导政府基金管理细则,明确引导银行资金、社会资金投向产业布局的重点领域和薄弱环节。第二,建议加快《商业银行法》修改进程。明确已具有投资功能的子公司开展此类业务,进一步完善风控体系,建立风险隔离机制,避免风险交叉传染。第三,在金融行业加速混业经营的背景下,建议加速对现有分业监管体制的整合,修改现有分业监管模式下的法律法规,尽快建立跨市场协同监管机制,完善信息共享,防范监管套利。

(七)创新监管模式、深化监管机构改革

北京交通大学法学院副教授郑翔指出,金融作为一个高风险的行业必然受到严格的监管,穿透式监管、信息透明化可能是未来监管的趋势。其进一步指出当前的重点应当是考虑新经济形势下新的监管模式(或言之监管方法和手段)的创新问题,运用传统的监管方式来解决新问题可能难以起到效果。

郑副教授认为监管兼具个人利益与公共利益。一方面,监管组织本身是有私利的;另一方面,监管必然考虑公共利益。因而,我们处于政府失灵与市场失灵的交叉点,监管机构和行政机构要转向或者要深化改革,然而这些机构本身的转向能力是比较弱的,这就需要学者们为其出谋划策。

(八)创新监管思路、实现功能性监管

中央财经大学副教授董新义指出,金融监管的有效性仅凭监管机构的改革是难以完成的,其本质在于政府和市场的关系。理论与实践已经证明仅凭政府难以实现绝对有效的监管,因而对于政府监管的探讨应聚焦于相对有效的方面,比如在解决思路方面,在互联网金融中引入负面清单式的监管体制;英国、澳大利亚比较流行的杀手监管理论等。

董副教授同时指出,机构监管的缺点和劣势已经暴露无遗,解决之道在于加强功能性监管。功能性监管可以从产品、金融行为本身更好地实现穿透式监管。虽然在现行制度下很难对一行三会的体制进行合并,但是我们可以先针对同一种行为、同一种产品制定同样的规则,以此来实现功能监管,而非由一行三会分别制定规则。

(九)混业与分业之分

中证金融研究院副研究员吴伟央提出三个问题:第一,混业经营与分业经营的界限何在?第二,实践中什么因素最可能导致混业经营的发生?第三,监管到底干什么?对于第一个问题,其指出实践中集团内的多个公司并非采用混业经营的方式利润才最高,因而同处一个集团下的公司虽然有混业经营的基础,但基于利润的考量却不一定采用混业经营的方式。对于第二个问题,其指出实践中引起混业经营的往往不是股权结构,而是作为通道的资管计划。对于第三个问题,其提出监管需要解决的是信息掌握上的不足还是市场中混业经营的风险这一思考。

(十)足够信息披露可能不足以保护金融消费者

北京中伦律师事务所合伙人张诗伟律师指出,足够的信息披露并不一定能保护投资人。中国的散户投资者,尤其是在非理性投资环境下,往往不会认真去看信息披露。实践中,信息披露只是上市公司的单方信息披露,披露的信息很大程度上有利于上市公司,因而期望一个散户具备专业判断能力去辨别这种信息是过于苛刻的。作为回应手段,证监会成立的中小投资者服务中心在某种程度上确实能起到一定的抗衡作用。

(十一)让市场有真正可以走的方向

中国政法大学民商经济法学院的张春丽博士指出,金融市场有着一定的发展方向,在不同的历史节点可能做出偶然或者必然的选择,导致市场向一个方向发展,而这个方向未必是大家希望看到的。现在又重新回到30年来一直在谈的问题——在创新的时候如何去监管?市场是最聪明的,它回归金融的本原,利用风险以实现利益最大化。但我们的监管是否也从许多原有的套路里跳了出来,跳出来也许是一个更好的方向。比如,非法资金压制民间金融的发展,导致P2P市场的乱象和民间理财的发展。只有不再采取压制式、管制式的监管方式,才能让市场有真正可以走的方向;而仅仅运用一些工具(比如信息工具等)偏重于一点可能最后还是得不到一个很好的效果。

二、证券监管改革

(一)中国证监会改革的若干问题

中国政法大学民商经济法学院李东方教授以“中国证券监管机构的法律变革”为题做了主题发言。其指出证监会所处的尴尬境地:一方面应维护国家经济秩序的稳定,另一方面应当保护投资者的合法权益。证监会在现实中担负了太多的政府职能,而这些职能又是独立监管机构所忌讳的。

李教授进一步阐述了关于证监会如何改革的六点建议:第一,监管机构的名称、法律性质、监管职能全部明确载入《证券法》。这既是各国《证券法》的通行做法,也是我国证券市场法制化的内在要求。第二,将中国证监会定性为法定特设机构。一方面,由专业的独立监管机构对证券业进行监管是市场经济国家的普遍做法;另一方面,证券监管的专业性与政策的连续性也要求证券监管机构是具有独立性的法定特设机构。第三,证券监管权的综合性与混合性,即证券监管权是集准司法权、行政权于一身的权力。第四,落实委员会制度,改变现行的主席负责制。委员会成员应该从监管部门、中介部门甚至被监管者领域中吸收,以此提高监管机构的专业性、权威性和独立性。第五,经费改革上,可以仿效德国、英国、我国香港地区证券监督管理机构的做法,用注册费、部分交易费用作为证监会费用,避免受到财政的牵制。第六,对证券监督管理机构实行有效的制约。一方面,可以通过制定“行政程序法”来实现;另一方面,可以通过进一步完善《证券法》的内容来实现。

在谈及委员会制度时,北方工业大学文法学院教授王斐民对此产生了质疑。其进一步指出,我国现行已建立的各个委员会,比如反垄断委员会、货币政策委员会、证监会、银监会、保监会,在运作过程中并非十分有效。我国善于运用首长负责制而非委员会负责制,因而委员会制度在中国的语境下能否发挥作用还是一个值得探讨的问题。其同时指出在统一的行政程序法缺位的情况下,可以考虑在《证券法》中建立一个适用于证券监督管理机构的程序法来规范其权力的行使。

(二)美国内幕交易民事责任计算法对我国的启示

中央财经大学法学院副教授杜晶以美国 Elkind v. Liggett & Myers 案例为切入点,结合我国的具体情况深入剖析了美国内幕交易民事责任的计算方法:第一,“直接后果法”最符合传统侵权法中“侵权行为——损害后果”的法理构造，也是对我国现行《证券法》第76条第3款进行文义解释的结果，但要求原告证明真实因果关系，而这在内幕交易情境下恰恰是最难以实现的。如果《证券法》第76条第3款不进行修改、仍然坚持严格的“直接后果法”，原告将普遍难以在诉讼中获胜，不禁让人怀疑内幕交易民事责任制度的立法目的和存在价值。第二，“（真实/修正）价差法”考察的是权利在未被损害状态下的应有价值与其被损害的现实价值之间的差异，是普通法中确定侵权损害赔偿范围的传统处理方法，也讲究因果关系的证明，但在虚假陈述民事赔偿的场合通过“欺诈市场理论”将因果关系进行了推定。然而，内幕交易与（沉默型）虚假陈述完全不同，“欺诈市场理论”难以嵌套适用于内幕交易，如果强行对因果关系进行推定将无正当理由地扩大内幕交易人的赔偿范围。而且，根据我国现行信息披露规则的规定，亦没有适用“修正价差法”的法律依据。第三，“利益返还法”既不考虑传统侵权救济所要求的因果关系证明、减轻了原告的举证责任，又为被告赔偿范围加诸上限、使其责任明确，相对来说最适合适用于内幕交易民事责任的计算。

三、互联网金融

（一）科技金融与金融监管的新动态

中央财经大学法学院黄震教授指出，科技改变生活导致了一系列的黑天鹅频飞，不可预测的一些事物不断出现，原来的逻辑已经无法预见未来，要了解新生事物的逻辑才能够了解法律变化应该基于什么样的底层模型。

黄教授进一步阐述了四个观点：第一，第四次科技革命已经进入下半场。上半场是以互联网为代表的“+互联网”，是科技渗透；下半场是科技溢出，它发生的逻辑和改变的状态都已经有了巨大的不同。第二，金融与科技的关系，科技在渗透过程中实现从解构金融到重构金融的转变。科技创新解构了过去金融严谨的体系，出现了所谓的夹缝金融，比如P2P、众筹等；它产生了一些新的元素，今天这些新的元素又将被拉入监管之中去，怎么拉？这就需要利用新的科技来重构金融。第三，互联网与金融、科技与金融已经深度融合，自底层融为一体。互联网与金融底层的消费者是一致的，基础设施是完全一体的。科技与金融的融合表现为，人机合一即智能终端将身份证号码、银行卡号绑定在一起；人网合一即人的一切活动在网络之中；人数合一即人和行为数据完全连在一起。第四，创新监管是金融监管的首要任务。科技、金融和制度一体化，制度与区块链、互联网、云计算、大数据这一系列的新技术已经高度融合在一起,逐渐走向共享、共生、共荣,导致科技的变化将会立即应用到金融产品上,这种产品内在嵌入一系列制度规则,此时的监管必须基于科技尤其是编码编程的逻辑来进行适应和引导。

(二)互联网金融信息披露豁免制度

北京师范大学教授刘华春指出,互联网金融监管制度要完成保护投资者利益、便利企业融资的使命,其核心在于实现合理的信息披露。因而,科学而合理地建构信息披露豁免制度,兼顾互联网金融的公平价值与效率价值,在投资者权益保护与促进融资效率之间寻求平衡点具有重要意义。其进一步指出互联网金融信息披露与豁免是有一定界限的,该界限实质上是价值冲突和利益衡量的博弈。具体而言:第一,投资者保护与融资者支持的界限;第二,金融系统稳定与金融运行效率的界限;第三,披露融资信息与保护商业秘密的界限。关于互联网金融信息披露豁免标准的原则,其认为应坚持适度性原则、有效性原则和区别性原则。

对于互联网金融信息披露豁免制度的建构,刘教授指出:第一,在立法上建立互联网金融"安全港"制度。厘清互联网融资活动合法与非法的边界,明确豁免相应的信息披露义务,将之与非法集资活动区分开来;第二,在规则上确立信息披露豁免的"投资者决策"标准。如果某项信息不足以影响一个理性的投资者做出投资决策,那么该信息的披露就是不必要的,应当予以豁免披露,因此可以通过制定行业自律规则、行业指引等方式将符合"投资者决策"标准的重大信息列举清单,在清单之外均可豁免披露;第三,在政策上建立分层次的信息披露豁免配套制度。比如,确立"不披露即解释"的豁免披露规定、建立自愿性和前瞻性信息披露制度等。

(三)互联网渠道销售万能险的保险公司流动性风险监管

北方工业大学文法学院副研究员陈兰兰指出,近年来通过互联网渠道销售的万能险出现了异化,表现为它的投资理财功能大大强化,并异化成短期的理财产品。其进一步指出由于保险公司万能险账户投资可能发生的流动性风险与其他风险的关联性较强,如市场风险、信用风险、保险风险等风险可能导致保险公司流动性不足,因此对保险公司万能险账户投资除了应进行流动性风险监管,还应对保险公司面临的保险风险、市场风险、信用风险等量化风险进行评估和监控。在具体监管方法上,其认为针对流动性风险要求保险公司持有额外的资本不是适当的监管方法,而应主要通过定性监管手段防范流动性风险。对于保险公司而言,应加强对万能保险账户流动性水平的计量和监测,及时识别和控制流动性风险。对于保监会而言,应通过现金流压力测试、流动性风险监管指标以及其他量化和非量化信息评估保险公司的流动性风险,对保险公司的流动性风险水平和流动性风险管理行为实施监管。

与谈环节中，中央财经大学副教授陈飞指出，保监会应当加强对险资的监管，其以恒大人寿短线买卖梅雁吉祥股票获利1.5亿元的案例引入，说明保监会对于险资的后续监管应当趋严，引导险资健康投资，保护中小投资者利益。陈副教授同时提出了其对于互联网投保承保环境下行为性质的反思。在传统投保模式下，保险代理人必须对保险合同中的格式条款进行说明，没有说明则条款无效；但通过互联网渠道销售保险时，合同条款会在网络显示出来，如此时投保人对格式条款含义不明可点击该条款获得解释，此时是否可以认为销售方已尽到说明义务？互联网环境下和实体环境下投保承保行为的性质在认识和理解上是否需要重构？

（四）互联网金融领域刑事犯罪的界限

蚂蚁金服互联网金融法律研究中心副主任宋伟指出，互联网金融领域的一些犯罪案件没有突破传统的犯罪类型，包括自然犯和行政犯。自然犯就是传统犯罪的一个转移或者说把网络、金融机构和金融消费者作为施害对象，此类犯罪必须严打。行政犯是具有欺诈因素或利用信息不对称因素或隐瞒一些信息的犯罪，其中导致金融消费者蒙受损失的行为应当严惩，比如e租宝案件。因此，在互联网金融领域，所有欺诈消费者、金融机构等具有欺诈因素的案件都应该严打；但利用大数据优势、信息通信技术优势，提供数字普惠金融服务的创新不应被刑事所打击。

（五）互联网渠道对金融产品的影响

北京通宝图金融信息服务有限公司董事长宋国锋指出，互联网对金融的影响包括技术与渠道两方面。网络渠道不仅是金融产品的要素之一，且会对金融产品有一定的改造作用。比如，余额宝是一种货币市场基金，但经互联网渠道销售，绝大多数购买者都将其误认为是存款。传统的面对面销售渠道，消费者无法拒绝销售者对金融产品的说明；但通过互联网渠道销售，尽管销售方用黑体的大字尽了风险提示义务，但消费者未必会去阅读。因而，销售渠道可以改变产品本身，改变产品的功能、收益和风险。其同时认为，监管机构无法做到全面的监管，亡羊补牢式的监管会成为常态。

（六）金融监管与司法审判

房山区人民法院党组成员、政治处主任沈波通过e租宝一案谈到金融领域的司法应对和金融监管改革。其进一步指出：金融监管应该属于前端具有前瞻性，司法应对应该属于末端具有主动性；但现实情况是前瞻性与主动性均显不足，并且呈现出一定的滞后性和被动性，这种滞后性和被动性在一定程度上制约了审判工作的有序推进。现如今司法审判一线的压力较大，因而需要专家、学者们集思广益，提出有效对策,推进司法工作有序开展,以此达到监管前端从滞后性升华为前瞻性,司法末端在一定程度上从被动性向主动性良性发展。

(七)互联网金融监管需要德治与法治并行

北京交通大学法学院副教授王世海指出,互联网金融的监管需要德治与法治并行。其阐释道互联网金融具有“大、小、高、低”这四个特点,即大数据、个性化、高效率、低成本,这些特点决定了互联网金融的监管具有复杂性、前瞻性和科学性。从对互联网金融的监管和规制上都可以发现诚信与良知的问题,而诚信与良知实际上就决定了对于互联网金融的监管要德治与法治并行。其认为中国互联网金融协会向各会员单位发布的《信息披露标准自律规范》的96项指标中的31项鼓励性指标,正是德治手段的体现。

对话实录

股票发行注册制改革法律风险评估与对策对话实录*

中国法学会证券法学研究会秘书处整理

主题:中国法学会金融法治沙龙第4期——股票发行注册制改革法律风险评估与对策

时间:2016年6月19日

地点:中央财经大学

出席专家名单(排名不分先后):

郭　锋　最高人民法院副主任、中央财经大学法学院教授
甘培忠　北京大学法学院教授
曾筱清　中央财经大学法学院教授
蒋大兴　北京大学法学院教授
冯　果　武汉大学法学院教授
刘肃毅　(时任)中国证券登记结算公司副总经理
杨卫东　民生证券股份有限公司副总裁
于腾群　中铁工程股份有限公司董事会秘书
宋晓燕　上海财经大学法学院教授
邢会强　中央财经大学法学院教授
杜　晶　(时任)中央财经大学法学院讲师
李东方　中国政法大学民商经济法学院教授
李文莉　上海对外经贸大学法学院教授
管晓峰　中国政法大学民商经济法学院教授
唐应茂　北京大学法学院副教授
刘　权　中央财经大学法学院讲师、行政法学专业博士

曾筱清:各位下午好!欢迎大家参加中国法学会金融法治沙龙第4期——股

---

* 本实录由中国法学会证券法学研究会秘书处根据速记稿整理而成,语言上有所润色,未经有关专家一一核对。

票发行注册制改革法律风险评估与对策。本次会议由中国法学会证券法学研究会(以下简称证券法学研究会)承办。(介绍嘉宾略)首先请我们中国法学会研究部领导致辞。

中国法学会研究部领导:尊敬的郭锋会长、各位领导、各位专家,下午好!非常高兴能参加这一次会议,今天的会议是中国法学会金融法治沙龙的第4期,前面3期都开得非常好,相信在郭会长、甘培忠常务副会长和曾筱清秘书长的组织下,这次会议会开得更好。在这儿感谢证券法学研究会对中国法学会的支持,感谢在座的专家,不管是来自上海的还是北京的,都牺牲了宝贵的休息日时间拨冗出席,为我们国家的证券事业的健康发展献计献策。

中国法学会搭建的金融法治沙龙平台跟一般的学术平台不一样,这是一个智库平台,目的就是为中央的决策提供支持,这是我们金融法治沙龙有别于学术讨论过程当中那种比较自由、比较宽松的学术讨论的地方,每一期金融法治沙龙都要围绕着我国金融领域的一些重大问题来展开讨论。正是因为这是智库平台,所以也期待着各位专家在发言的过程当中能够有更强的针对性。比如说中央现在在推股票发行注册制改革的时候有什么顾虑?或者说创造条件,需要创造什么样的条件?各位专家提出来,中央决策层看到这个咨询报告,能够比较踏实、比较放心地来推行股票发行注册制改革。

股票发行注册制改革可能面临哪些法律风险?会引发什么样的社会风险?会对市场有什么样的影响?是长期的还是短期的?怎么来化解?不要出现像过去的"熔断制度",出来没几天就废除了。"熔断制度"是没有征求过我们证券法学研究会的意见的,所以没几天(该制度)就"熔断"了。股票发行注册制是我们证券法学研究会力推的,如果也出现没几天也"熔断"了,就不好了。所以我们今天把股票发行注册制正反两面的利弊风险做一个比较全面的评估,针对风险怎样去化解,我国最起码需要推出什么样的配套规定,要探讨清楚。希望各位专家各抒己见。中央决策层更希望看到有不同意见,有时候只有一种声音的话,中央决策层可能还会对此打一个问号。如果股票发行注册制是有利有弊,总的来讲利大于弊,而这个弊是可以化解的,中央决策层可能会更容易推行(股票发行注册制)。最后,预祝会议圆满成功,谢谢!

曾筱清:下面有请证券法学研究会郭锋会长致辞。

郭　锋:第一,非常感谢中国法学会给我们这样一个机会,把这样一个讨论课题交给证券法学研究会。证券法学研究会要做一个决策咨询报告,成果要通过中国法学会上报有关中央领导和证监会。对于股票发行注册制,通过今天下午的研讨,能不能搞清楚几个问题？比如股票发行注册制的概念、性质、特点、功能、价值；股票发行注册制跟核准制相比,甚至跟以前市场搞过的审批制相比,再就是横向地跟外国的、我国香港地区的来比,我们中国的股票发行注册制有什么样的特点？最关键的还是要讲清楚,我们现在要写到《证券法》里面的注册制,和《证券法》现有的核准制,其本质区别是什么？应该归纳出来。目前大家都云山雾罩的,现在媒体记者也在谈注册制,谁都能谈,很多都没谈到点子上。股票发行注册制本身的法律含义是什么？由此导致了它的特点是什么,它特殊的功能是什么,这个还是要跟核准制相比较,要得出一些结论出来。

第二,构建符合中国资本市场特点的股票发行注册制,具体的制度我们究竟应该怎么设计？现在《证券法》也在修改,一些条款里头也涉及了股票发行注册制,从大家已经见到的《证券法》的2015年4月22日一读稿来看,注册制已经规定在里面了。它设计的制度是不是已经反映了我们所期待的注册制的一些条款？程序是不是合理？如果不合理,那么我们构建一个完整的科学合理的注册制,应该把握住哪些环节？如何把它体现在《证券法》修改条文当中？如果说《证券法》修改颁布后,下一步证监会负责注册、备案,两个交易所实施审核,是不是应该设计一些具体的程序、环节？发行人和各中介机构应该承担哪些法律责任,包括刑事责任？(注册制)和以前我们核准制下整个证券法的体系有什么区别？如何进一步改革和完善？

第三,刘士余在上任证监会主席一个月后的记者答问中认为,股票发行注册制的条件不成熟。股票发行注册制需要什么条件？这个需要研究清楚。“股票发行注册制的条件不成熟”,是法律条件不成熟呢？还是市场条件不成熟呢？还是我们现在交易所和证监会准备得不成熟呢？还是中介机构不成熟呢？我们现在整个证券市场,2015年股市异常波动以后,市场整个行情不好,是不是市场不成熟？“股票发行注册制的条件不成熟”一定要说清楚。股票发行注册制需要哪些条件？

第四,股票发行注册制的风险在哪里？说股票发行注册制的条件不成熟也好,或者说不急于推出也好,最大的担心还是它的风险。假如我们推出了注册制,它的风险究竟在哪儿呢？究竟是什么风险？不能笼统地说就是有风险,是宏观风险还是微观风险？认识到这些风险以后,要推行注册制,我们怎么去解决这些风险？控制风险的对策是什么呢？要控制好风险,股票发行注册制才能推出来。

第五,就是股票发行注册制的配套措施是什么？“股票发行注册制不能单兵突进”,这可能涉及证券市场内部的各方面军都齐头并进,甚至外部各方面的条件,比如司法条件、立法条件、行政执法各方面的条件、文化方面的条件等。这些条件都可以准备,配套的法律建设都应推进。建构制度的时候,考虑到这种制度变革本身可能会带来的一些衍生问题,包括诉讼问题。例如行政诉讼的问题,企业发行上市申请被否了之后,拟上市公司是告交易所呢,还是告证监会呢?

如果今天下午把我刚才说的五个方面的问题说透了,最后集中大家的智慧,咱们形成一个报告。如果报告能起到一个正本清源的作用,认为能解决现在担心的问题,咱们这个报告就可以发挥一定的作用。希望今天下午的研讨能达到这样一个目的。

曾筱清:开幕式到这里就结束了,下面的主持交给甘培忠老师。

甘培忠:各位专家,据说全国人大常委会现在在催证监会,《证券法》一读稿审完半年多了,二读稿要推了。

凡是改革一定有风险。改革里面就怕风险。不改革为注册制是没有道理的。另外大家知道,我个人2013年在公司资本制度改革时跳出来大唱反调,但股票发行注册制改革我一直是支持的。我的理解就是注册制就好像银行的一笔贷款业务,银监会不能插手到每一笔贷款业务,证监会不能插手每一个公司的股份发行。股份发行还是由市场来做,这是方向,肯定没有问题的。

我的另外一个感觉是,2015年六七月的股市风波,已经把市场降到最低点了,这时候推行注册制的改革是不是一个绝好的历史机遇?因为如果股市要是好的时候,比如股指五千点、六千点的时候搞注册制,对指数的打压就比较大。现在是别的东西把股市搞坏了,坏得不能再坏了,那我干脆就把注册制推出来得了,我是这么个理解。

总之,股票发行注册制这孩子已经怀了十几个月了,不敢生,老在肚子里不行,快要憋死了。希望早日把这注册制这个孩子生下来。我就说这么多。

李文莉:感谢中国法学会,感谢中央财经大学,还有我们证券法学研究会给我提供这个机会把不成熟的想法向大家做个汇报。

关于注册制,我的看法是,它起源于一个学术概念,倒不是一个精确的法律概念。美国说注册制,这是我国台湾地区学者最先总结出来的。台湾地区学者说香港地区是注册制,但香港地区也没有说自己是注册制。香港地区一直说它不是完全的注册制,还是属于核准制的范畴。我觉得注册制的核心要素是市场化,就是要放权于市场,政府实行的是一种有限的权力,后端才是有限的责任,把该放给市场的权力放给市场,让市场来决定,由投资者进行价值判断,而不是由证监会进行价值判断。

根据我对注册制和核准制的制度研究,其实它们在法律制度上也没多大的区别。我们核准制下也是提到以信息披露为主，注册制当然强调以信息披露为主。我们要考虑国家怎么样从审批制到现在的核准制再到注册制平稳过渡，以及如何审的问题。

这里边有一些条件，刚才郭会长也提到了，到底是环境不好，还是市场条件不好？我想有这几个方面，我觉得我们市场条件也是有问题的，比如说我们市场结构，以后肯定要培育机构投资者，建立市场为主体的有效博弈的市场结构，这个可能是一个方面。

另外，目前我们的定价机制虽然也是市场化的定价机制，但是和国外相比还不够市场化，因为他们是市场主体充分博弈的，而我们目前还达不到，还说明我们的市场条件有局限。

还有建立一个市场主体归位尽责的机制、周密细致的监管机制，包括我们的诚信机制法治环境也是很重要的，我觉得在这些条件上可能有些问题。

后端怎么样把注册制搞得更好？我一直提出来事前、事中和事后的监管。因为时间的关系我也不可能一一展开，我就想针对事后配套的机制简单谈谈我的想法。这个配套机制我觉得：第一是要完善我们的司法救济机制，引入集团诉讼，实现私人救济和公共救济的双轮驱动来打击欺诈；第二是要构建我国反欺诈的规则，明确各主体欺诈发行的责任分工和追责机制；第三是要完善退市制度。上市制度和退市制度一样，如果只有进口没有退出机制的话也是不行的。证监会 2007 年底出了一些退市制度的安排，当时主动退市也是提出来了一些，但是我觉得可能和国外完善的机制相比仍有差距。我们现在的借壳上市还存在问题，导致了我们现在退市机制还需要进一步完善。

至于注册制到底会有什么风险，我觉得最大的还是欺诈的风险问题。韩国在 1999 年之前也是核准制，后来改成了注册制，当时他们 1999 年推行注册制之时其实也担心可能会导致股指下跌，他们采取的办法是采取控制公司上市的时间节点，就是大型的公司上市的时间节点，通过这种控制有效地缓解了市场的下跌。它最终的解决办法还是通过培养投资者的信心，完善资本市场的法治，引入大量的境外投资者，把整个国内的资本市场的环境在宏观上构建得更好一些。大量的境外投资者的进入可能会缓解上市公司上市的压力。

至于其他的风险，我认为如果目前大量的投资者信心不足的话，可能会出现资金的外流，比方说流向银行市场以及其他的金融市场，短期会出现振荡。但还是要推下去。只要推下去，配套措施都跟得上的话，我觉得还是可以解决这些问题的。

我就简单抛砖引玉吧。

唐应茂:谢谢中国法学会、证券法学研究会的邀请,围绕郭锋会长所提的主题,我谈谈我的感受。

第一,什么是注册制?或者从我心目中来讲,注册制应该是什么样呢?首先,它应该是发行节奏更快、更有效果,而且是一个更有预期的制度。从1990年到2012年,美国和中国比,美国的证监会大概每年要批250家IPO,中国同等的时期大概是100零几家,我们的效率比别人低好多好多。其次,从公司自己的感受来讲,在美国上市预期非常稳定,6个月到1年一定能做完,阿里巴巴上市也就从5月初递交第一个报告到上市一共5个月的时间,这是大公司,小公司也是一样,大家都有预期能做完。我们国家基本上没有一个投行、没有一个律师敢预期何时能做完,2年、3年、5年都可能。整个市场给大家提供的预期功能就完全没有了。再次,阿里巴巴2015年遭遇集团诉讼,国家工商局白皮书一出来,第二天就被起诉了。全市场都盯着它,你只要有一点点出了什么错,那大家都会盯着,责任的约束非常有效,也是有力度的。包括最近阿里巴巴"双十一"说自己的交易量怎么怎么大,已经超过了世界多少多少,美国证监会马上出来了,说你得跟我讲一讲你的数据怎么出来的?这个在阿里巴巴年报都披露了。整个行政责任、民事责任约束的机制非常及时、非常有效率。最后,各市场主体,包括证监会、券商、律师、会计师应该是各做各的事,现在我们大家都做自己不擅长的事:证监会管价格、管市盈率,券商它就不能定价了,只能去干律师干的事,律师没有机会写招股书,没有像境外的律师一样把把关,他就写那个律师报告,比招股书还长,整个环节完全是脱节的。注册制应该是把各种主体应该做什么理清楚。

第二,注册制不需要谈它应不应该推行。我的理解是,注册制2013年开始谈这个事,最主要的就是要减少政府审批,减少政府干预介入市场。

下一步怎么办呢?要谈的问题太多了。我有几个感受,第一是不要再纠结概念。我观察了一下,最近证监会、人民银行、金融监管口的好多措施,只要是不讨论的实施都非常好。举一个例子,"新三板"从2014年年初开始一家都没有,到现在才两年半的时间,已经批了八千多家了,有什么问题咱们不说。我记得当初2013年谈注册制的时候,证监会刚刚把这个"新三板"作为我们实施注册制一个亮点工程,从试点效果来讲还是非常有效的。基本上也在往前推,所以这个不纠结概念,主要是把核心的事落实了。第二是我自己比较关注的,怎么来落实责任的问题,这可能是跨越证监会、跨越不同部门的,需要学者来继续跟进和督促的事。这个事不落实,我觉得可能一说注册制,大家就说你要扩容了,让股价下跌了。实际上,这个责任、这个措施跟上了,我觉得可能预期就会快一点。即便过了这一关,上了市了,最后还是会下来(退市),最后有可能倾家荡产,所以这个是责任的问题,不管是行政责任,还是潜在的民事责任,都要去再跟进。民事责任也不光是美国的一个范式,不光是一个简单的集团诉讼。第三点,不管是证监会还是交易所审,要知道怎么审。2013 年我去过深交所,他们介绍过他们一个报告,专门研究了一下美国、我国香港地区等市场在审阅招股书时提的意见,每个意见提什么?侧重什么?这个有些前瞻性的研究,我觉得还得往前推。比如关联交易、同业竞争,我们管得特别特别严的,业内反应也特别强烈,说你管得太严了,这个怎么来平衡?审核的过程中怎么来把这个事情给它落实,我觉得这个是需要专题研究的,我们应该怎么来帮助证监会、交易所落实审核机制。

蒋大兴:感谢中国法学会组织这个活动,我非常认同刚才几位老师的发言,我一直对注册制有特别高的期待和热情。我非常同意刚才唐应茂和李文莉老师说的,这不是一个概念问题,而是一个机制的问题。

之前我们对核准制有很多的批评,其实最主要的问题有两个,第一个是它的效率不足,审核之效率不足导致市场的预期、很高的期待都被堵塞了,不能实现。第二个主要集中在风险控制不力,因为我们是试图通过审核制去控制风险,但事实证明,无论是个人风险还是系统性的风险,我们的控制都不成功。这是两个最直接的启动我们所谓注册制改革的重要原因。

不管它是核准制还是注册制,我们怎么来解决这个效率问题和风险控制问题呢?主要从两个方面来说,第一个效率问题的解决无非有几个方案,第一降低标准,使审核变得不那么苦,当然也便于通过。这里面涉及注册制下到底要审什么?我们建立的标准有两个,第一个是看企业的未来,看有什么好的项目;第二个是看企业的过去,看它过去有什么样的表现,它是不是一个好的公司。比方说我们看公司治理,我们看过去的社会违法情况,我们看未来的盈利预测等,这些东西其实都从这两方面来展开。

那我个人觉得我们现在好像有一种潮流,预测性信息披露应该谨慎,但是要看一个公司的历史表现还是有前提的,我们要允许它发行的话,这个公司是一个好公司、是一个好人,至少不是坏人。大家都知道好人也可能最后会骗人,坏人也可能变成一个好人。最关键的是他对自己客户的态度,发行过程当中我们缺少对客户的尽职调查。比方说专业机构根据这个公司本身经营项目的特点,去对它的客户进行调查。这个客户的调查、客户的评价都是有依据可查的,有联系方式的,我认为这可能是一个很好地去判断一个公司会不会做坏事的方式,因为公司会不会出问题是在于它的主营业务上会不会出问题,这是很重要的一点。

第二点可以提高效率的办法是改变审核主体,比如说我们现在不信任证监会,我们信任交易所,我们把注册审核的东西交给交易所去做,但是在交易所它同样也会面临证监会当时在审核过程中所面临的几乎所有的问题,包括效率问题、寻租问题,它甚至还多了一个不正当竞争问题,因为证监会只有一家,但是交易所有好多家。改变这个审核主体的话,是改变具体的审核人员还是改变审核机构,这个可以研究。我们之前的审核大家可以观察到,是内部审核加外部审核,外部审核包括会计机构、中介机构和少量的律师、专家,但是也有个别是行业专家。但是我觉得我们要来判断一个公司是不是一个有前途的公司,最有效率的判断方式来自行业,因为行业最清楚哪些公司未来是有前途的。这个审核本身不论是交易所还是证监会,外部审核当中应该增加行业审核人员。行业审核人员他也可能有他的问题,他可能故意去做一些不当的审核,这种情况可以有其他机制去解决的。

目前来看,我们对上市公司的很多规制其实是无效的,我们设计了很多回避、公平审查等机制,审核当中我们几乎没有上市公司在审核关联交易的时候拿市场价格去比较,我们认为它完全是自己的一种感觉,并没有一个很客观的方式。所以这种情况谁看得最清楚呢?行业专家,因此我觉得如果我们能扩大审核人员的规模,改变我们之前审核主体过于单一的状况,审核效率不足的问题完全可以解决。比如好几百家甚至上千家公司排队,只要增加审核人员的规模,一周就可以审核完,堵塞的问题根本不是问题,审核人员如果扩大10倍、20倍会是什么样的状况,大家可能会担心会不会形成标准不一样?在我们原来的体制下我们也无法解决标准不一的问题,因为并不是每一个项目都由同一个组织去审,这个是不需要去考虑的,要信任我们的审核人员。

第二个大的方面是风险控制问题。我们的风险控制很大的问题是我们的市场结构以散户为主,投机性强,投资性弱。我们转化为机构投资者之后,是不是投资性会增强了呢?我认为不一定,因为我们的机构投资者其实也有很强的投机性,这就是中国的情况。我们把这种风险问题交给市场去决定,是不是就解决问题了呢?实际上也不一定,因为证券公开发行的问题是涉及很多主体的集团性的交易,这样的交易本身从某种意义上来说,它确实带有公众利益的特点。带有公众利益的交易行为从来都不是市场决定的,美国采用很严格的后端的监管,反映了它不纯粹是一个市场决定的问题。我们怎么样对它进行风险控制取决于我们存在什么样的风险,可能的风险有很多,比方说扩大了股票供应量之后对股价会不会有影响?跟卖东西是一样的,你卖的货物多了对价格会不会有影响?股票多了对股价可能会有影响,这个是没有办法去避免的。

第三,虽然“新三板”发展没有什么问题,但大家要看到,“新三板”的融资功能是很有限的。它跟主板是完全不一样的,它的风险是可控的。当然它也会有好的地方,比如说大家可选择的投资主体增多了,壳资源会增加,退市会增加。两个交易所一比较可能会让很多企业去竞争,也可能大家竞相去争取好的企业,但是“新三板”的发展确实让我们看到一个某种意义上有逐底竞争的状态。

第四个可能的风险就是欺诈发行,这个确实是最大的问题。当你把标准降低了,当你改变了主体,当想融资的企业、有好的项目的企业能够更快地进入到发行渠道上来以后,确实有可能会导致一些欺诈发行的现象增加。这个问题怎么看呢?它也可能是一些好的方面,有可能使一些地下欺诈发行转为地上的欺诈发行。

怎样控制这样的一些风险呢?我觉得一个是机构的问题,我们怎么使证监会、交易所和法院能够变得更加有效?交易所要更好一点,交易所在一线监管,反馈比较快。中国的中介机构主要是逐利的,尤其是在没有强烈的非常严格的责任控制时,中介机构基本上是一个商事主体,我们对它的期待也不宜过高。机构的改进使法律更有效、使证监会更有效,怎样使它更有效?比方说法院的司法监管,我们是否需要有专门的机构,我个人一直主张我们应该有专门的商事法院,或者专门的证券法院等等去解决我们今天如此大规模的新的纠纷。我们目前的法律机制在一些发达的地方还能解决问题,在相对不发达的地方根本就没法解决,我们应该有专门的司法机构去解决这些问题。

让行政监管更有效,就是让证监会行政监管的力量更强大。如果不增加人员力量的投入,它是不可能会变得更有效的。除了机构之外还有人员的责任,比如,发审委成员的责任,在证监会的体系下很淡化,对发审委追究责任是比较少的。如果我们实行注册制,参与具体审核的人员,无论是内部的还是外部的,责任安排都应该严厉。如果它不严厉怎么去管上市公司?

我们现在《证券法》的修改,关于注册制我觉得最大的一个问题就是我们没有研究好注册的目的和功能到底是什么?比如说我们让证监会注册生效,这个注册到底是一种什么样的功能?注册是一个统计学的功能吗?如果让交易所去审核,直接让交易所去注册就好了,所以注册到底是什么样的功能?因为交易所按照我们新修的《证券法》草案还是有一个发行上市的问题,这个注册的审核,发行审核和上市审核之间是什么关系?如果交易所之前已经做过审核话,在上市过程中,上市是体现在内部不同部门之间的工作吗?如果是内部不同部门之间的工作,这样一个设计是不是叠床架屋没意义呢?我们需要反思注册本身的功能,然后来确定注册到底应该是放在证监会还是放在交易所,以及重新定位证监会和交易所本身的角色,这可能是比较关键的问题。

冯　果:非常感谢中国法学会组织这样一个沙龙,就这样一个重大的问题进行讨论。我想接下来讲注册制要不要推?为什么推?推的原因是什么?我主要谈三个关键词,也就是恐慌、市场、合法。倒过来说就是法治、市场和信心的问题。

记得一位很有名的国外的金融监管研究者说过的话,市场恐慌远大于信用风险,很多危机的产生可能还并不是真正的一种信任风险,很可能是由于一种市场的非理性产生的恐慌。在注册制推行过程中间,大家应该说有很多共识性的东西,可是在今天推进进程缓下来了,我的理解它来自总信心的不足,或者说是一种恐慌,这个既有市场的恐慌,也有来自监管层的恐慌。针对这样一些信心上的不足,我们应该做什么?

第一点,我同意前面几位专家说的,注册制确实是一种机制,这种机制利弊应该是都有的,我个人认为它的利更大。所以这样一种注册制,并不是民间传说的那样不审了,只不过审查的重心不一样,在核准制下审查决定着是否能够 IPO 发行,其中审核的重要的因素是关于盈利能力等一些应该由投资人判断的东西,是政府部门帮他做了判断。这跟市场化的改革方向是背离的,作为市场化改革,它未来有多大的盈利能力由投资人和市场去做出一种判断,这是应有之义,政府部门代替投资人去做这种判断是不符合市场逻辑的。

具体来讲,审核的重点不应放在它的盈利能力怎么样、未来的市盈率怎么样,这跟市场规律不符。注册制也需要审查一些东西,比如在市场化程度很高的美国,他们在 IPO 发行时,交易所实际上还真的进行了很多的调查,只不过人家调查的核心在于信息披露,该披露的是不是披露了?披露的真实的程度大概有多高?针对这些问题真正有侧重点地去进行一些调查。所以我认为注册制并不是不审查,而是审查什么,这是个关键点。

再一个就是由谁来审?这可能也是一个风险。注册制如果真搞市场化,作为一个监管机构来讲,更多的是对市场行为的一种监管,而不是代替市场对上市公司发行人的盈利能力做出判断。如果说我们的审查人员真正能够确保上市的信息尽可能地真实一些,应该来讲这跟市场发行是相一致的。我们对注册制不能简单地认为就是备个案,还有审查的因素在,只不过审查的重心不一样。有一定的审查主体在,也不至于说完全失控。

第二点,监管机构为什么很慎重?主要是条件是不是成熟。我认为不论从市场还是从机构方面来讲,目前可能还有一些非理性的地方值得考量。第一是市场结构,投资人本身虽然吃了很多亏,但是成熟度还是欠缺,包括信息披露,这些投资人中到底多少人读了信息披露？投资人更多的是把我们的证券市场当作一种政策或者信息，投资人本身还是需要接受教育。第二是中介机构，由于前期过多的政府包办，他们在市场锤炼方面也还需要进一步去培养。比如说我们的信用评级机构，目前他们自身的公信力、独立性、承担责任能力还是让人不太放心，这不一定是中介机构的问题，实际上是政府规定的：你的收费就是规定的，发行机制、聘用机制等等都是政府给你定的模式，非市场化的，这也是它成熟不了的一个重要原因。

我认为市场并不完全成熟，原因不在于市场本身。应该看到，因为我们的政府过于包办，市场化不足反而导致了投资人和市场机构难以成为一种成熟的市场化的机构。所以说，市场不成熟，原因在政府。如果政府因为不成熟而不敢放手，这个市场恐怕永远难以成熟起来。

第三点，怎么办呢？我认为不能因为市场不完全成熟，就放弃市场化的步骤，应该继续推进，通过我们的深化改革，使我们的投资人和中介机构进一步地在锤炼中变得成熟起来，这个是要付出代价的。

因此，要做以下工作：第一个就是对投资人的教育，因为这是一个资本市场，是一个投资性市场，也是一个风险市场。如果说投资人不关心风险，甚至一些垃圾股炒得比什么都高，这种行为是不可助长的，这个是我们需要去做的一个工作。

其次，中介机构的角色应该进一步明晰化，这是一个法治的问题。也就是说我们要通过立法的推进，使我们真正的市场中介机构扮演好一种市场培育和它应有的角色。这样的话，中介机构的责任问题等都需要进一步明确，当然还有很多其他配套的东西，包括诉讼。即使在注册制下，证监会还是有一定的它的行政职责在的，应该强化。

总而言之，恐慌肯定是有，恐慌的原因是市场不太成熟，市场不成熟的原因是政府角色错位，同时我们的法治本身不健全，唯一的出路就是进一步市场化，进一步完善我们的法律。谢谢。

杨卫东：股票一级市场到底是一个什么样的制度？我 1995 年开始做股票一级市场的业务，到今年 21 年了，经历了两种额度制，一种额度制就是向地方政府要额度，第二个额度制是向证监会报材料，中间还要并购一家亏损的企业。后来是通道制、保荐制，又叫核准制。我不知道叫保荐制好，还是叫核准制好。总之，和保荐制相联系的是核准制。保荐制之后也做了很多改革。几个主要的改革有，一个是询价制度的改革。以前发行的时候，也是按照 20 倍左右的市盈率去核准发行。后来改成询价制，放开价格，由证券公司和发行人向市场询价，有很多询价机构。根据询价结果决定价格。最后出现“三高”问题——高市盈率、高募集量、高发行价，归结起来是“两高”问题——高发行价、高募集资金量,这个时候市场反应很激烈。

“三高”问题之后,证监会就加快了一些发行速度,再加上各个公司的情况不一样,又出现了一个情况,有些股票出现了跌破发行价的情况,这个时候市场又开始说了,说怎么能跌破发行价呢?这又是个问题。所以,证券市场一级市场的问题出现了以后,市场上每个人都有每个人的说法。按说,询价制以后出现了“三高”问题,肯定是不好的。后来跌破了发行价,他又说不好。按正常的道理,跌破了发行价,此后发行价就会慢慢地降下来,“三高”问题就会逐步得到解决。这个“三高”问题实际上在逐步地淡化,已经出现了很多跌破发行价的情况,但是市场也有很多反映。

既然说这个“三高”问题不行,我们搞保荐制不行、核准制不行,我们就搞注册制。有很多记者问我:“IPO能不能不审?”我就问了一个问题,我说你们写一个文章,如果IPO不审,中国的证券市场会出现一个什么情况?什么意思呢?我们的监管思路经常从一个极端走向另外一个极端。实际上我们谈到的是发行体制改革的问题,我们现在提了一个新名词,按照国外的说法叫注册制。什么叫注册制?注册制要解决什么问题?中国的问题到底出在哪些地方?要解决什么问题?注册制是什么?大家对这个基本概念有没有一个统一的认识?

刚才几位老师探讨得很好。我们这个注册制到底要解决一个什么样的问题呢?我觉得讲得很好的过程中也许概念模糊。蒋大兴老师讲了我们还要审,冯果老师也讲要审,国外也不会不审。但是我们这个审,审哪些东西非常关键。有的说要审募集资金投向,这就是对注册制的另外一种理解了。注册制要审,我们审什么东西?是管价格、管募集资金的投向还是管其他?这个注册制我们要搞成什么样子?我们发行体制到底应该怎么改革?这个问题我觉得咱们首先要搞清楚。我们的注册制的根本内容、实际内容是什么?现在媒体包括很多人都在讨论注册制到底是个什么,其实大家都没有搞清楚。我们前一段时间探讨了注册制,我们也搞了一些《证券法》的修改,说注册制下一步审核放在交易所,注册放在证监会。然后说注册制是以信息披露为核心的,中介机构要尽责,加强事后的处罚。实际上我觉得这不是注册制的核心。注册制的核心是什么呢?只要搞资本市场,就必须加强信息披露,中介机构必须承担自己的责任,对有责任的必须要加强处罚。我认为这三点不是注册制的核心,是资本市场的一个基本要求。资本市场最基本的是信息披露。注册制是什么?注册制就是从审核快慢、审核的角度去定义的。

哪个部门审呢?审的速度快慢如何?审哪些东西?现在,注册制的说法很混乱,大家的说法特别多。这是我的理解,不一定对,我个人是这么理解的。大家都是专家。我们注册制到底是什么东西呢？第一，我觉得是注册制该不该审？第二，注册制是哪个部门审？第三，是审哪些东西？第四，是审核速度快慢的问题。

有一次开会，我开玩笑说我们搞的注册制是伪注册制。有的老师说你的说法不对，我们搞注册制挺好的，至少中国能往前走，不管搞了一个什么样的东西，下一步能往前推进，不是伪注册制。我觉得注册制到底是个什么东西呢？现在方方面面对注册制的说法特别混乱，包括我们的监管部门。

注册制应该如何做？我们证监会该不该管发行价格？该不该管募集资金？国外都不管。我们恰恰管的是信息披露的规范。至于说这个公司质量怎么样，那都不是审核的，那是市场化的，我审出来的这个公司所有信息披露都是真实的，过去的、未来的都是真实的，没有任何问题，就可以发行了。这个公司有没有价格？多少价格？那就是投资者判断的问题，它只要信息披露就行了。

这里又涉及另外一个问题，即市场接受的问题。交给市场，市场可能还会出现"三高"的问题，这是一个市场供应量问题，你审核速度太慢了，供应不上去。出现这个"三高"问题怎么办？我加快速度。你不能马上加快，市场接受不了，就会出现问题。实际上我们过去的办法是很好的，"三高"问题是能够逐步解决的，而我们恰恰废除了这个办法。我觉得还是应该让专业的人士做专业的事。市场的反映很多，来一个领导说这个东西不行、那个东西不行，回过头来再搞，最后形成一系列的问题。我觉得现在的问题根本上还是监管的问题，还是上面的问题，而不是市场的问题。当然市场有问题，包括现在整个投资者的接受程度、投资者的教育、机构投资者和中介机构的问题。我觉得所有的问题还在于监管部门，当然尽管部门的问题跟社会大环境有关。注册制下，中国现在股票发行有这么多的问题，不审是不可能的。否则，中国不知道会出现什么样子。整个社会环境、法治环境还没有到(不审)的那个程度。所以我个人建议，在这个问题上要按步骤逐步地推进。我讲完了。谢谢大家。

杜　晶：非常感谢中国法学会和证券法学研究会给我这个机会来学习。前面老师们都说得特别好，我就说三个问题，也是自己的一些个人的想法和疑惑，在这个非常难得的场合向大家请教一下。

第一个问题，公开发行"注册"到底是为了什么？"注册"的目的和功能是什么？"注册"在英文中就是"登记"，注册实际上就是一种行政登记，它的目的是什么呢？就是为了信息公示和信息披露。企业要行使企业融资的权利、发行的权利了，就要公示一下，打个不确切的比方，就像婚姻登记一样，当然，这并不是一个特别好的类比。我只是从行政登记的角度来考虑。公示之后，企业公开融资的权利就可以行使了,发行权就可以行使了。为什么企业发行不能做到像工商登记一样慢慢放开?以前企业设立也是一种特权,慢慢地放开。企业 IPO 融资某种意义上也是一种“特权”。注册制背后的行政理念实际上就是一种放权。从改革开放的整体过程过来,都是这么一种放权的过程,从特权慢慢地放回民间、放回企业。

第二个问题,如何放权?放权给谁?放权放给市场,一是放权给交易所,二是投资者自己来决定。我个人一直有一个不成熟的观点,我觉得一级市场应该控制投资者的准入。二级市场则没有必要控制。一级市场可以实行合格投资者的准入制度。

第三个问题,如果放权给市场,就有一个责任主体的问题,行政责任是否还要落实?如果把注册制看成是一种类似于行政登记的行为,那么因为登记机关并没有实质地去审核,所以也没有必要进行行政复议和行政诉讼,但是形式审核要承担相应的形式审核的责任。

再引申来看,核准制下的“核准”其实是一种行政许可,本应该是有行政复议和行政诉讼的。但是,法律把应有的行政复议和行政诉讼程序给“排除”了。而在真正的注册制下,因为不存在行政机关的实质审核,其实反倒是不用考虑相应的行政复议和行政诉讼程序了。有限的权力才意味着有限的责任。

总而言之,如果实施真正的注册制的话,行政复议、行政诉讼其实也没有特别的必要去讨论,倒是行政程序方面的救济应引起重视,例如,完善听证程序等。

以上就是我的看法,希望得到各位老师的指点和解惑。谢谢!

刘　权:我对证券法不是很熟悉,今天主要是来学习的,对于证券发行注册制都有什么东西我也不是很清楚,我主要从证券发行注册制不是什么东西说起。

首先,证券发行注册制不是核准制。传统的核准制是行政许可,需要进行严格的事前审查,但注册制应当是不需要严格实质审查的,所以注册制不是核准制。

其次,注册制也不是登记备案制。登记备案制是行政机关把相关的材料事后存档备案,如果说没有出现问题就完了。但有问题的话,可以事后查这些档案,再追究相关人员的责任。注册制要经过一定的事前审查,所以注册制也不是登记备案制。

证券发行注册制是介于核准和备案之间的一种措施。注册制改革实际上是政府职能转变的结果,我们说政府职能太多了,应当把一些政府职能转给市场,但是政府把对证券发行的事前核准完全交给市场,市场能不能做好是大家比较担心的问题,会不会有很大的风险?市场能不能承担这个重任?对这个政策大家有所担心。

另一个让大家担心的问题就是，推行证券发行注册制后，如果当事人不服证交所的一些行为，能否提起行政诉讼？从行政法的角度来看，对于证券发行注册本身来说，如果《证券法》修改把这个写进去之后，注册就是一种法定的义务，一般不能够复议，也不能够诉讼。但是如果证交所作出了某种强制措施，或者作出了处罚等决定，这个时候对当事人的权利义务就产生了实际影响，这个时候或许可以提起诉讼。2014 年《行政诉讼法》修改过后，只要对主体的对人身权、财产权等权利造成了不利影响，都可以起诉。

那么，到底告谁呢？对于证监会来说，证监会不是行政机关，但它是一个被授权的行政主体，它采取的一些措施当事人不服当然可以提出诉讼。证券交易所能不能当被告？它是什么性质？证交所被定性为事业单位，但并不是所有事业单位都能够当被告。有些事业单位可以当行政诉讼被告，如公立高校开除学生，学生不服可以提起行政诉讼。但也有很多事业单位不具有行政主体资格，比如说公立医院就是一个事业单位，但不能成为行政诉讼的被告。证交所虽然是事业单位，但它更像是一个民事主体、商事主体，所以很难成为行政诉讼的被告。

总的来说，对证券发行注册制我还是赞成的，它是政府职能转变、简政放权的结果。现在可能一下子转变不好，可能会出现很多问题，证券发行交给市场可能会引发问题，但是不交给市场问题可能会更多，先交给市场然后一步一步地完善，最终更有利于保护广大发行人和投资者的权利。但值得注意的是，证券发行注册制一定不能够变成为变相的核准制，不应当是一种伪注册制。然而，证券发行既然是注册制，就需要进行适度的审查，但也不能进行完全的事前审查，否则就和核准制没有什么差别了。这是我一点不成熟的看法，说得不对的地方，还望大家多多批评指正！

邢会强：各位前辈，我谈谈我对这个问题的看法。股票发行注册制改革停滞的逻辑是什么呢？第一，有一部分人认为注册制是对“registration”的翻译，对美国有一个误解，认为只要注册就可以发行，而美国实际上审得还是很细的，“注册制”这三个字是从我国台湾地区引入的，被广泛使用，然后它的对立面是审批制或者核准制，有关领导被“大嘴经济学家”忽悠了，还写进了党的文件中。有这么一个说法，即证监会将各个交易所全部叫过来开会、研讨，发现别人审得也很细，本质上没有注册制与核准制的区分，这是学者捏造出来的概念，这是第一个逻辑。

第二个逻辑，只要一谈注册制，股票肯定要下跌两天，只要下跌证监会就有压力，所以他们不敢再推注册制了。尽管党的文件中写了，但什么时候推注册制？不清楚。

接下来的问题是注册制与核准制有没有本质的区别？核准制是审得比较严的、审得比较细的，对于历史沿革的审核、对于盈利能力的审核都是非常严苛的，而这种严苛导致的结果是审核的效率非常低下，材料报进去到批出来，一般来讲都要一年左右的时间。尤其是目前，一年还不一定审得出来，要排队两三年，所以它是没有效率的。

前不久我们和李文莉教授做了一个“对话股票发行注册制”的讲座，根据我们进一步的研究，二者之间是有本质的区别的，注册制起到一种信号的作用——政府不再对股票的投资价值做出判断，不再对股价的涨跌负责，这才是注册制与核准制最本质的区别。我们也知道，现在中国证监会的监管政策就是掣肘于股价的涨跌。涨得快不好，他需要“慢牛”，他想控制股价的涨跌。不管干预股市的压力是来自于民众，还是来自高层领导，目前证券监管的基本的逻辑就是要管住证券市场的发展，要调控股市。包括现在即使企业过完了发审会了，批文不给你下，也是调控发行节奏的做法。

未来的出路在哪里呢？未来的出路真的在于剥离证监会负责股价涨跌的职能。我提出一个原则叫“监管中性原则”。我们股市一度成为国有大中型企业的救心丸，成为战略新兴产业的兴奋剂。我们给股市赋予了更多的发展经济的功能，才出现了目前的中性的监管让位于发展，甚至不惜违背股市的规律去追求发展。这是中国股市的一个困境。而走出了这个困境才是股票注册制成功实施的前提条件，对策有三个：

第一，刘士余说，多层次资本市场搞好了，能够为股票发行注册制提供有利的条件。什么意思？我的体会是，“新三板”搞好了，中小微企业的发行如果有了很好的环境的话，主板就能够搞好。“十三五”规划纲要中提出“要深化新三板改革”，如何深化改革需要认真研究。

第二，交易所的独立性问题。交易所是证监会下属事业单位。我在2006年工商银行上市时到过上交所，上交所国际部的一个领导告诉我说，我们未来三年的目标是把上海证券交易所在香港和上海两地上市。这是2006年时说的话，可是现在交易所的上市步伐停止了，我觉得主要是利益的问题。有这些利益对于证监会来讲当然是非常好的，但是也有很多的弊端。因为交易所在产权上是属于证监会的，那么证监会就要对交易所负责，要管，还得管得很细。这样就有可能使专业意见让位于政治判断。“熔断闹剧”就是在这样的背景下出现的。出了问题，打板子当然要打到证监会身上。交易所在产权上属于证监会，看起来是有利的，但实际上弊大于利。因为A股真的不好搞，这么多非理性的股民、非理性的媒体、外行的记者，再加上一些其他的压力，证监会管这么细必然要出错，一出错肯定要担责。所以看着利益很大，实际则不然。我觉得证监会明智的做法是放弃这块利益，让交易所早日地改制、上市，股东变成汇金公司的财政部，脱离证监会系统，就像纽交所、纳斯达克与美国证监会没有产权关系、只有法律监管关系一样。

第三，证监会自身的独立性问题。最近我在看美国学者福山的书，上面提到"国家建制"，即现代官僚集团能够超越于各种利益集团之上，独立地制定政策，这是现代国家的基本条件。但是，证监会目前做不到超越于各种利益之上。证监会不独立，证监会自身没有独立性，专业判断经常让位于政治判断。

总之，"注册制"与"核准制"是有本质区别的：注册制实际上起着一种信号的作用，政府以后不再对股价的涨跌负责，不再对股票的内在投资价值作出判断。实行注册制之后，证券监管部门不再干预和调控股市。证券监管部门作为市场规制主体，不再从事所谓的"股市宏观调控"，其职能主要是行政执法，打击证券欺诈。要做到这一点，前提有三：一是让证券监管机构真正独立起来，不再屈从于民众、媒体以及上级的压力，甩掉为股市涨跌负责的包袱；二是负责审核的证券交易所也独立起来，不再屈从于民众、媒体以及证券监管机构和其他上级的压力，不要接过为股市涨跌负责的包袱，而是把这个包袱甩给市场：让市场决定企业融资，不再让市场不能承受之重转嫁为监管部门的不能承受之重；三是通过发展多层次资本市场（主要是"新三板"），分流主板、创业板的压力。这三个条件是股票发行注册制成功实施的体制机制条件。

冯　果：按照会议的安排，下面的环节由我主持。首先请宋晓燕教授发言。

宋晓燕：任何事情都要删繁就简。注册制改革从一开始是谁来推的？这样一个制度是谁需要的？这是传统经济学研究的供给和需求两个角度的问题。删繁就简指的是什么呢？指的是一切回到市场。我们是学者，不是监管者，我们换位思考，假设我们就是市场当中的主体、公司或者投资者，我们需要什么？在这个角度我们去分析一下，如果大家每个人都在创业，我们在筹资的时候，或者作为投资者我们去投资的时候，一个是筹资，一个是投资，一个是供给，一个是需求，要达到供给和需求均衡，也就是我们中国的大白话——你情我愿，条件才具备。如果只是单方面地强调供给，而需求没有跟上来，或者反过来，需求包含的因素比较多，可是我们在供给的时候没有考虑到这样的因素，是没有办法达到均衡点的。所以我想，注册制目前碰到的一些问题可能跟这样一个大的思路是有关系的。

从企业融资的角度来说，中央看到了这样一个问题，可是事实上这个问题只有中央看到了我们每个人才知道吗？中央是我们的一条途径，为什么呢？因为我们国家企业直接融资和间接融资相比,间接融资的比例太大了,企业的负债率太高了,这个不符合国际上的标准,可是这些都是谁最清楚的呢?不是说只有领导者清楚,这些也不是我们这些学者才知道的吧?只有在领导发现这个问题之前首先提出来,这才是学者应有的一个担当。

经济学、金融学上很早就开始谈我们的资本结构的问题。所以我们从市场角度来说,要发展,要两条腿走路——直接融资市场和间接融资市场,这是企业本身的一种需求。从它最优的一个资本结构杠杆的角度来谈,它是需要这样的。当然对我们投资者来说,我们也需要选择多种工具。下面的问题就回到前面几位都说过的,发展直接融资市场,我们怎么发展呢?企业想不想?想不想你们管我?这个问题其实每个人心里都有答案,到企业融资的时候我最清楚我需要多少钱,我也最清楚在这个融资规模的既定前提,我在哪个市场?我最清楚多大融资和我企业目前能够承受的压力最合适,以及目前市场的时机对我来讲从哪个市场筹资最合适。所以最清楚的首先应该还是企业。

可是我们现在关注企业的角度多不多呢?我想我们走到另外一个极端——纯粹市场化(都放开了)。我们做一个极端化的考虑,再把这个假设条件慢慢地放松来谈论。假设这时候都不需要管了,投资者想进行投资,我们按照有效的市场理论划分,这个在金融学里面有三种:强有效的、中级有效的和弱有效的。按强有效市场来判断,由投资者自行判断、自行估值,这样投融资是不是按照西方经济学的曲线完美地融汇到一个焦点了呢?这就落实到一个比较根本的问题,就是我们要按照这样一种理想化的模型去做的话,首先作为企业也好,作为投资者也好,第一个问题是应不应该有选择的权利?我在选择哪一种投资和融资方式的时候,我应不应该有这种权利?这是第一个问题。第二个问题,如果我们这个假设前提是我可以有这样一个权利的话,有没有这样一个选择的能力,这就是我们在法律当中都谈到的有权利能力和行为能力,具不具备这样的行为能力?如果说都有的话,这就是达到了一个不管资本主义学者,还是社会主义学者都谈过的"自由的状态"了,我们注册制改革要达到的终极目标,第一就是选择的权利,第二就是同时还得有行为能力。

这些问题再落实到中国目前的现状来讲,对于企业、对于个人,我们是需要选择权利的。我刚刚已经分析了。对企业来讲我最清楚我的规模,我什么时候去筹资,我在哪个市场筹资对我来讲最便利、最有效果,我最能承担。投资者也是一样的。第二个问题,我们行为能力上是不是具备了?如果针对这个问题不谈假设条件,在经济学当中所有的投资者行为、投资者心理对市场的影响好像就没有任何意义了。投资者本身的成熟度也是一个市场是否成熟有效的标志,这个问题对中国尤其重要。

回到注册制本身,大家谈了很多的问题,也拿美国和其他国家的来做比较,都有些共性的地方。美国的注册制也不是我前面说的走到一个极端,完全自由放任。它是有一整套的体系,所以如果说在金融学当中决定,有没有这样一个按照你有效市场理论当中真正达到强有效的呢?勉强能举出来的都说是美国,但它也只是接近,也不能完全达到。这需要很多基础制度,像信披制度。要弄清楚注册制想干什么,我们为什么需要注册制。如果确定了这样一个非常简单的问题,你需要还是不需要就是利大于弊和弊大于利的问题。任何改革都是需要付出代价的,短期还是中期,到底利大于弊还是弊大于利?如果要确立,我们从选择权自由的角度来说,我们的企业、投资者需要这样一个市场,从长远的角度需要确立(这样的市场),但是这个基础制度到底需要哪一些呢?这些是不是就没有讨论的价值呢?是首先推注册制,边推边去建这些基础条件呢?还是首先把基础条件夯实了,我们再顺水推舟推出注册制呢?这实际上是一个战略的选择,这个基于市场本身的关怀。我为什么用关怀这个词呢?因为大家都在说证券市场是一个什么样的市场,有很多人说是信息市场,也有很多人说是信心市场。这个信心是看不见的,可是一旦失去了信心,我们就看得见了,资金什么都没了,这个市场就没了。等到那个时候我们重新再建一个市场何其之难?美国不厌其烦要把很多基本制度夯实,但我们走偏了。所谓的投资者保护这个制度也是不深刻的,它没有分析我们国家本身的投资者的投机性,我们所有的问题没有基于中国方向来进行一个分析。

这样一些制度要非常认真地一步一步地去夯实它,我们交易所做了很多的工作,比如完善信披制度。我看了很多信披文件,问题在哪儿呢?我们的法律制度在设计的时候,假设我们每个人都按理性的、好人的规则去做,可是我们要防范的是坏人破坏了这个规则,也就是最后的救济制度(如何设计)。如果大家都不去做,都不把这个制度夯实,下一次会议我们还在谈民事赔偿制度,这个问题到下下次会议还在谈,翻来覆去在谈同样的问题,这就反映了问题的本身,我们在基础的夯实上走得太慢。

注册制的条件太多。我对几个比较突出的问题提一些建议:第一,一个是上市公司的治理结构,证券市场当中除了国企,还需要大量的民营企业。上市公司的治理结构需要完善,为什么谈这个问题呢?因为我们确定是注册制还是核准制,焦点是市场定价机制。这个定价机制、估值机制出了问题,又有很多很多的原因,其中有一个原因就是跟这个上市公司治理结构不完善有关。

第二,我认为投资者结构和投资者行为确实需要调整。我们每个人都清楚,退市的时候重组其实就是想办法进行重组,重组了,不退市,这样的话投资者就不会闹了。表面上说好听一点是保护了投资者的权益。证监会为什么要这样做呢?其实跟投资者本身不真实、有投机性有关系。在一个散户投资者居多的市场上,壳资源很值钱,一个壳5亿元到6亿元甚至几十亿元。注册制推进的过程,这个壳资源会不会一下子贬值?这需要调整结构。结构怎么调整呢?国际上有很多可以借鉴的东西。

第三,加强证券司法救济。如果有一个典型的最高院的案例出来,诉讼程序上让老百姓看到信心,而不是说一例一例案子出来以后我没有信心,这样的话我何必相信这个市场?我干吗做投资?这就是一个正向和反向的最终司法救济给市场带来的影响。

第四,有步骤地落实股票退市制度。我现在对退市制度也开始有点怀疑了。原来我是很坚定地说注册制一定是要严格地执行退市制度的。但是我现在觉得咱不能这么冒进,在中国这个市场当中是要落实,但事实上在投资者结构不那么容易改变、国家又要求维稳的情况下,还是要有步骤地引导。如果有一点重组的方案也可以不退市,怎么有步骤地引导它呢?

这是我觉得目前应该加快突破的几个方面,谢谢!

李东方:今天我们讨论这个问题可能还不能离开目前已有的研究成果,目前已有的研究成果就是2015年4月公布的《证券法》草案(以下简称"草案")。今天讨论注册制改革还是不能脱离它,我们的任务是要提出这个"草案"有哪些地方还需要改进和完善。毕竟是一年多过去了,2015年4月到今年,一个是证券市场发生了股灾,再一个是理论界、实务界都有各种各样的发声了。证券市场的实践和理论上的新观点可能对有些疑难问题的解答会有一些促进。股票发行注册制到底审什么?由谁来审?还是要回到"草案"里头去,"草案"实际上对这个都有说法,只是说我们需要进一步地去论证它,以及有什么需要补充的、完善的,或者说不合理的需要我们推翻它。同时还要讨论注册制的理念是什么。

现行《证券法》关于股票发行的标准,主要衡量的就是盈利能力。一个上市公司它有没有盈利能力?你把握的是什么?它上市的时候有盈利能力,以后碰到各种各样的问题就可能没有盈利能力了。把握盈利能力,目的是想对上市公司的价值进行实质评判,我们觉得证监会是做不到的。而"草案"对它的实质审的问题规定了两个方面的条件,一个是积极条件,另一个是消极条件。其中,消极条件比较好把握,而积极条件中的盈利能力就不好把握,于是"草案"就把原先《证券法》规定的这个条件去掉了。现在“草案”中规定的积极条件只有一个，即“发行人具有符合法律规定的组织机构”，公司治理结构、组织机构，这个可以把握得到；董事会、股东会、监事会、独立董事等这些都是实实在在的，有一个标准在那里，这个规定还是比较符合实际的。其余两个条件则均为消极条件：(1)“发行人最近三年财务会计报告被出具标准无保留意见”。过去《证券法》的要求是连续三年盈利等，现在不去审他了，只审这个财务报告是否合法的问题了。“会计报告被出具标准无保留意见”这是消极条件，审核机构同样能够去把握。(2)“发行人及其控股股东、实际控制人最近三年内没有贪污、贿赂、侵占财产、挪用财产或者破坏社会主义市场经济秩序的犯罪记录”。这一消极条件，就是发行人、控股股东、实际控制人最近三年内有关财产的犯罪记录问题。这个消极条件也好把握。当然，我们并非只是强调标准能否把握，最关键的是还要看这个能够把握的消极标准能否管用。“草案”所列的这两个消极条件，实际上是管用的。一是保证财务合法；二是考察发行人及其相关主体有无前科，这好比公安机关破案一般都是这样先查有没有前科的人，有前科的人 DNA 一比对再排除，往往容易破案，其道理就在于江山易改本性难移。

这个“草案”规定谁来审呢？过去是证监会来审，现在把交易所加进来，实际上就是发挥社会中间组织，发挥一线监管的作用。交易所是自律监管组织，但是这个自律监管组织可不是一般的自律监管组织，它可以决定你上市与否，还可以决定你退市与否。注册制没出来，我们的退市实际上都是由交易所决定停牌，交易所这个权力我把它叫社会公权力，对应于国家的公权力。自律监管机构一旦做出决定以后，上市公司必须遵守，其效果和公法效果是一样的，但是这个权源不是来自国家，而是来自社会的自律组织，也具有公法性，这种公法与国家公法相对应，我称之为社会公法。交易所尽管不是一个政府机构，但自律监管组织执行的是公权力的职能，可以作为行政诉讼的被告。

当然，对于交易所审核、证监会备案，好像没有异议的声音。我们也想不出有其他更好的途径，这个是注册制的核心内容。审什么？是要审那些能够定性的东西。谁来审？对此“草案”安排了由监管一线的自律监管组织来审，这也是符合现代市场经济的趋势的。十八届三中全会决定指出，市场在配置资源中起决定作用，同时发挥好政府的作用。政府要尽量退到后面，去制定政策、法律法规，做最后的判断。这是我对注册制的理解。

当然关于注册制是审还是不审？美国的情况大家都讲得很好，我就不重复了。我想关于注册制我们今天是谈的风险评估与对策，先要谈点主义。注册制改革要

有一个整体思路,从总体来把握,注意三项原则:

第一,证券发行注册制应该统一。股票和债券不能割裂,不能股票搞注册制,债券又搞核准制。我们债券市场目前三大块,一个是证监会监管的公司债券,另一个是发改委的企业债券,还有一个是银行间交易商协会的债务融资工具。其监管主体各不相同,从证监会的公司债券来讲,它也是一种核准制,这一次改革注册制是专门针对股票来的,十八届三中全会文件,“十三五”规划里面都是针对股票,没有说债券的注册制改革,这个显然是不合理的。所以应该是证券发行注册制,而不应该仅仅是股票发行注册制。

第二,坚持效率与安全并重。注册制说到底,我理解就是提高效率。甘培忠老师对2013年公司资本制度变革有不同的看法,说它只注重了效率,安全方面就没太考虑。注册制同样是如此,我们讲提高效率一定要注意安全,也就是说回到注册制并不是不审,是审什么、如何审的问题,而且这个审的重点是从事前监管到事中、事后。美国的注册制基本上也是这样,美国注册制其实很复杂,好多程序。我们这次对注册制也有许多监管形式。

第三,注册制的制度设计立足于信息公开监管。这个信息公开监管实际上就是对发行人的资质和相关信息进行审查。这个发行人的资质的信息审查从过去的实质审核转化为合规性的审核。所谓实质审核是审核不到的,那个是捉摸不定的。因为市场有风险,商业判断各方面随时都可能会失误,所以说转为合规审核,财务报表是不是真的?组织机构、公司治理结构是不是到位?对高管消极的条件、犯罪记录是不是真实的等等,诸如此类。当然,配合着注册制信息披露,整个制度体系应该有所完善。

《证券法》的修改配合注册制还有一个修订的整体协调问题,配套措施是我们强调的。第一个从修改来讲,《证券法》应明确证券的定义,扩大证券内涵的范围。这里还涉及市场上的非法集资、非法融资,哪些需要纳入到《证券法》里头,哪些纳入到《证券法》里头的融资证券并非都需要注册的,哪些是可以豁免的,所以说这个要明确。第二就是完善信息披露,“草案”里头专门有这一章。第三就是完善投资者保护制度。例如,上市公司章程里面规定的股东分红的问题,这个问题矛盾比较突出。无论盈利与否,盈利了不分红,没盈利也不分红,现在我们规定了如果写在上市公司章程里头要分红的那就必须履行,当然这个怎么操作、怎么写,也是值得讨论的,总之是投资者保护制度。实际上《证券法》最根本的立法宗旨就在于对中小投资者利益的保护。第四个措施就是严格退市制度,退市有自愿退市和强制退市,自愿退市也涉及对中小股东利益的保护,这个政策法规要建起来。还有退市的救济的问题。交易所勒令退市,上市公司有没有提出复议的权利？有没有提起行政诉讼的权利？应该有救济的。第五个就是完善相关的法律制度。主要有两个方面,一方面是上市公司的救济制度,上市公司在发行阶段,它接受注册的审查,这个是法定义务。一旦被否决又不服,那么他有没有权利提起诉讼复议的权利？还有一个就是在退市过程当中的救济渠道。另一方面主要是针对股民的,就是证券侵权的民事责任。2009 年侵权责任法在制定的时候讨论过,侵权责任法要不要规定证券侵权民事责任那时候也是有争议的。我想应该有专门的规定,因为证券侵权民事责任十分专业。这种侵权责任制度作为一种特殊的责任制度,需体现两项内容,一项主要是证券侵权行为有哪些？那就是市场不正当行为,包括虚假陈述、内幕交易、操纵市场和欺诈客户,这四种是明确规定的。第二项内容是过错推定和举证责任倒置的原则。因为上市公司是信息的源头,特别是中国的市场大量的是散户。散户也好,机构投资者也好,不参与公司决策,应该实行过错推定,或者是举证责任倒置原则,而不能让投资者来举证,这些作为证券侵权民事责任的基本内容。这就是我要说的,谢谢！

于腾群:各位下午好！感谢邀请我参加这么重要的一个会议。我来自国有控股上市公司,对今天会议的主题也有一些体会和思考。

刚才听到各位老师的演讲,我觉得收获非常大,确确实实感觉是不一样的,特别是刚才在会议开始的时候说今天会议的成果,还有可能要上报到有关决策层,我相信在座的各位,包括我坐在这儿,历史的责任感油然而生,感觉肩上的担子非常重,今天讨论的话题确确实实是一个非常复杂的话题,我觉得注册制也好,核准制也好,背后实际上就是政府和市场的关系问题。

党的十八届三中全会提出来要处理好政府和市场的关系,在资本市场的角度来看,注册制的改革就是一个非常重要的抓手。所以从我个人的理解来看,根据现在中央的精神,我认为注册制改革不是搞不搞的问题,而是怎么搞的问题,我相信肯定会搞,否则全面深化改革的任务怎么落实？

我理解注册制的改革至少跟中央提出的"四个全面"都有关系。第一跟全面深化改革有关系,第二跟全面依法治国有关系,第三还跟全面加强党的领导也有关系,当然跟全面建设小康社会有没有关系？也有关系。中国的老百姓投资的资本市场如果健康了,小康社会建设得就更顺利,所以我觉得今天的讨论话题的意义还是非常非常重大的。

我从上市公司来,所以我也结合这几年来我们公司的一些实践,我自己的一些体会谈一些不成熟的看法。注册制的核心应当还是由投资人来判断投资价格,监管机构的责任应该是监管信息披露,打击虚假披露。而核准制则要求监管机构对上市主体是否符合上市条件进行实质性的审核,取得监管机构核准后才能上市。我们中国中铁于2007年在沪港两地上市,我们是中国资本市场第一例以“先A后H,H股定价高于A股定价”的创新模式成功登陆境内外资本市场的,为中国资本市场拿回“定价权”做出了重大贡献。这是中国证监会交给我们的一个改革创新的任务,当时很多人认为我们不可能完成,但我们完成了。我们这么大体量的公司,从启动到挂牌交易用了不到一年的时间,这也得益于我们这个体制的优势。但是在这个过程当中也还是遇到了非常非常多的问题,这里头也有很多的困惑,所以我认为注册制也是一把双刃剑,效率可能会得到极大的提高,(速度)快。但是上市以后的责任,对上市公司来讲可能就更大。从世界各国的实践来说,并没有单纯的注册制,即便是美国的证券市场,也是证监会进行原则的监管,交易所对是否符合上市条件进行审核这两种方式相结合。我们是在香港上市,我们感觉香港的资本市场也是这样一个原则。

从核准制来看,我认为中外也有一些实质性的区别,比如境外的证券监管机构只对是否符合上市条件进行审核,重点关注信息披露的完整、充分、真实,而目前中国的情况是监管机构更加关注各种条件,并且还不断有所谓非正式的窗口指导意见。根据市场的状况来控制批文发放速度,包括前面的上市,包括后面的发债,包括去年我们搞的非公开定增。去年国企改革,我们又启动了一个内部的工业板块与我们控股的上市公司“中铁二局”进行资产置换,目前也遇到了一些问题,包括审核过程当中的一些问题。

而这些并不是注册制和核准制的差异,我认为是市场经济和计划经济的差异。构建符合市场化原则的股权融资审批机制,需要进行体系化的改革,我想这里面有四点:

第一,构建监管责任体系,明确证监会行为符合《公司法》《证券法》的监管原则。交易所是负责上市规则的监管,交易所进行实质审核,报证监会备案,符合上市条件后,即可由发行人自己选择发行。

第二,加强信披的法规建设,增加对信披的要求。

第三,建立完善的信披惩罚机制,建立常规监察体系,加强对虚假遗漏披露信息的处罚力度,包括对发行人以及相关中介机构的处罚。

第四,建立投资者的赔偿制度,对欺诈行为进行惩处。

最近一段时间我们感觉到上交所(因为我们在上交所上市)的确是加快加大了对信披的监管力度,最近几个月密集地进行处罚,其中不乏中央企业控股的上市公司,这也反映出了这样一个趋势。

此外,需要强调的是证监会要监管的是市场的秩序和稳定,而不是对股指的市场化的涨跌负责。因此证监会不应当对发行节奏进行控制,也不存在所谓的股票发行的宏观调控,目前证券市场的畸形就在于投资者对 IPO 的需求与证监会控制的供给错位,导致 IPO 上市股价暴涨,只有放开管制,让市场选择股票。一旦 IPO 供给提升,投资者选择也多了,发行节奏自然会根据需求来进行调整。我们过去股票发行少,一上市股价非常高,后市股价就往下跌,我们怎么想也想不明白,现在明白了,就跟注册制、核准制是有关系的。企业的基本面上没有任何变化,没有说企业的发展遇到瓶颈了,也没有说我们企业发展的市场环境恶化了,尤其是中国中铁这样的企业。自从 2008 年金融危机以来,其他企业在走下坡路,而我们企业在走上坡路,中国需要靠基础设施的投资来拉动经济增长,所以我们是一个受益者。从 2008 年持续到现在我们是增长的,而且这个增长还是有预期的,为什么这个预期没有反映到股价上来,这可能就和核准制、和注册制是有关系的。

证监会的职责我认为应当以制度建设为主,以制度来维护证券市场的稳定和持续,行政手段的干预应该控制在一定范围内,同时证监会也是证券市场的最终监管者,需要定期对交易所的行为进行检讨、审查,保证交易所的有序合理竞争,同时也要审阅批准交易所对上市规则的修订和修改。我们最近又遇到一件事,我们想在境外搞一个上市,想在香港上,我们对香港市场还是有信心的,因为国内上不了,国内不允许分拆,就很麻烦。结果一轮一轮跟香港的证券交易所在沟通,也很麻烦。因为在这个沟通过程当中,中国证监会和上海交易所有什么问题,我们可以面对面地进行沟通,在香港证监会是不可能的。中国中铁到香港上市的时候,能感觉到两地管理的理念思路、沟通的方式是不一样的。

我觉得注册制可能带来的法律风险方面呢,我想可能最大的风险有这三个方面:

第一就是企业通过财务来造假,或者包装粉饰,就是造假上市,就是大家说的注册制不再进行实质性审核了,只要形式要件通过了就可以上市。

第二是进行虚假的信息披露。

第三风险就是由于虚假的信息披露,可能会给投资者造成损失,甚至是重大的损失,以至于再带来资本市场的混乱,所以我觉得这可能是巨大的风险。

如何去管控和应对这样的风险呢?我想可能有这么几个方面。第一是加强对中介机构的管理,敦促其归位、尽责。第二个是健全救济制度,加强事后的执法力度。第三个就是要抓紧完善上市公司的公司治理,这个特别复杂。我特别同意宋晓燕老师提的,因为我在国有控股的上市公司,感触非常深,一定要处理好国有企业的党委会和董事会之间的关系。第四就是监管机构提高监管效率的问题,一定要在发现违法违规的事情后及时制止。第五是加大对违规信披的处罚力度,提高违法成本。第六是要加强投资者的教育,做好注册制的宣传解释和引导工作。我觉得宣传引导工作是非常重要的,还是要形成这样一个大家人人都理解、都认识的氛围。第七是建立健全股东集体诉讼制度,最大限度地保证投资者的利益。第八是健全退市制度,畅通退市的渠道,形成优胜劣汰的机制。

毕竟是一家之言,考虑的也不一定成熟,说得不对的地方请批评,尤其是刚才一些体会。发言完毕,谢谢大家。

管晓峰:我讲三个问题。第一个先分清楚什么是注册制。刚才听了各位专家的发言,结合了从去年开始的关于注册制的讨论,我认为注册制的实质就是“自由融资”这四个字,因为现在我们的融资是分两种,间接融资和直接融资。直接融资是发行债券和股票,主要是发行股票,我们现在的发行不是自由融资,而是一种受管制的融资。受管制的融资它带来什么问题呢?也就是说有许多有希望的企业,它融资融不了,为什么呢?因为你不在我这个计划范围内,或者说你轮不到,你不够条件,但是我们这个经济转轨面临着那么多新兴的企业,有些企业它能够爬上这个世界竞争的平台,但也就是几个月的时间让你去努力,你这几个月不努力,平台就爬不上来了。我们专利法有规定,先申请的有权,往后申请的侵权,所以这个时间是有限的。但是我们现行的融资制度就不利于我们企业的发展,所以从宏观上来看,我们要转轨,首先融资上面就要转轨,就要改变我们的融资模式,才能够改变我们的经济模式,这是第一个问题。

第二个问题,核准制的法律性质是什么?额度制的法律性质就是计划生育。以前上市是分到各个省,每个省有几个名额,还有中央部委管经济的部委有几个名额。它就是一种严格的计划经济,后来到核准制了,不分到各个省了,而是看这个企业,它就变成了一个变相的“公关”。这个公关是广义的公关,他找到好的律所,找到好的会计师事务所,找到好的保荐公司,把他的条件包装得很好,以至于我们的发审委挑不出什么毛病,接下来它就能够上市。一旦上市就意味着天上掉馅饼,那个馅饼哗啦哗啦掉,有时候会掉几百亿的馅饼下来,跟它的公司对社会的责任不相匹配,跟对社会的贡献也不相匹配,反正这是计划经济带给我的馅饼,你吃不着只能是干羡慕,我吃着了就是我的。这个核准制是一种很不公平的融资模式。

现在我们要转变经济结构了,就不能再过分地依靠土地财政,不能再过度地依靠资源的消耗了。那怎么办呢?就要转变经济发展模式,转变经济发展模式就要转变融资模式。原来不公平的资源配置——核准制,必须要改。我理解中央对注册制的改革,就是要彻底地自由融资,而不是说再附加条件。刚才我听了有些意见,注册制还是要附条件,那附条件下去的话,对我们的经济发展模式还是转变不了,附条件又是回到计划这里面来。

不附条件怎么办呢?不附条件就带来一种很大的风险。这个年代是骗子兴高采烈的年代,为什么?因为有了互联网,以前骗子都是一对一来骗,而且费尽心机来骗才骗到几百块钱,现在是通过互联网来骗,他不用怎么费力,是一对万的来骗,一对十万的来骗,骗子很容易能骗到钱,动不动有骗了上百亿的骗子逃跑的。他会不会利用注册制来骗,就是不搞 P2P 来骗,用注册制来骗?注册制风险防范必须有。这是要说的第二个问题。

(第三个问题是)注册制怎么搞?前面说了为何要搞注册制,就是我们的融资难、融资贵,这完全不适应经济发展,必须要扩大直接融资的比例。我们现在直接融资和间接融资比例是这样的,间接融资就是从银行贷款占六成,还有直接融资是占到两成半,还有一成半是高利贷。高利贷它是"双刃剑",(效果)非常明显,有时候带来毁灭性的打击。谁要借高利贷?不借等死,借了也是死,而且是倾家荡产地死。所以必须要改变这种局面,就是要(推行)注册制,你到市场上融资不能叫审批,一审批就跟我们改革的初衷是相悖的,效果也是相悖的。它要不要条件呢?要条件,这个条件就是防止骗子欺诈。

刚才杨(卫东)总说了,在我们国家的体制下,什么都要审批,你 IPO 这么大的规模不要审批了,不就乱了套了吗?这的确是一个现实。这个现实怎么解决呢?就是我们要发展多层次的资本市场,这个注册制不会一下子推翻核准制,它只能是在核准制的旁边建一个注册制,就像"新三板"建在主板市场旁边一样。"新三板"八千多家公司,但是"新三板"挂牌公司质量很差。为什么很差呢?它的融资跟个人责任是没关的,我想去做"新三板",那就做得成,至于说这个法律责任和个人责任有没有关系?基本没关系,因为我们《公司法》规定是公司承担责任,这是一个很基本的问题,为什么呢?因为《公司法》以公司来承担责任,这是世界通行的一个做法,也是《公司法》的基石。但是它能不能适应中国的国情呢?考虑到我们国情的情况,完全让公司承担责任的话,骗子就遍地。我们注册制第一个要实行的是资本市场多元化,(但)不能够所有的都放开,IPO 有一部分核准制,有一部分是注册制,让企业去选择。

搞注册制的,必须由发起人承担连带责任,个人承担连带责任,不能让公司承担责任。公司责任都是有限责任,我们现在那些骗子利用公司的有限责任已经玩到政府了,比如说私募基金要有一个普通合伙人,骗子就利用这个搞一个有限公司,让公司去做普通合伙人,实际上这个公司也承担不了无限责任,因为它(本身)是承担有限责任。这个必须要个人承担连带责任,他才能去搞注册制,如果个人不去承担连带责任的话,这个注册制一定是骗子的乐园,大家都去搞了。我们现在中国的情况就是整个社会的信用都不好,所以要搞注册制它必须要有个人承担连带责任,让发起人承担连带责任,我们的注册制是面向小微企业搞注册制。因为我们这个社会的发展是这样,无论税收、信息产业都是小微企业在起重要的作用,所以小微企业它在注册制里边去领先地进行无限责任必不可少。我刚才听了一些专家发言和这一段时间的网上的讨论,都没有连带责任这一说,没有连带责任就是骗子的乐园,所以注册制必须要有连带责任。

总之,注册制是企业登记的一种方式,体现了国家对设立企业的态度,采用注册制是从以保护债权人为中心转为以促进投资为中心,其意义就在于加快公司融资的速度和降低融资成本。注册制的经济实质就是"自由融资"这四个字。目前还不适合以注册制完全替代核准制发行股票,而只能是在核准制系统旁边再建一套不太显眼的注册制系统,两个股票发行市场并行不悖,待市场诚信机制适应注册制需要时再实行单一的注册制。注册制发行股票就是单凭发起人的个人承诺在市场上发行股票,监管部门不再具体审核发行公司资产的有无及真伪,这必然带来许多道德风险。目前发行人的发起人多数是法人,如果在股票发行中实行注册制,那会更刺激那些不诚信的公司和个人高举公司的有限责任盾牌,进行欺诈发行,这是目前的法治能力尚难以根本抑制的,所以,股票发行注册制目前只宜适用于由自然人担任发起人的公司,而不宜适用于其他有限责任机构担任发起人的公司。

刘肃毅:下午听了各位专家的发言很受启发,我谈几点个人的看法,我着重从《证券法》的推进这个角度(来谈)。

第一,今天很感谢证券法学研究会发起这个题目,促进一下《证券法》修改的进度,这是非常具有现实意义的一件事情。大家都知道,去年大概4月份人大常委会已经通过了《证券法》一读稿,按照去年的一个工作状态的话,《证券法》修改应该很快出来,但是中间的六七月遇上了几件事情,整个《证券法》修改的节奏完全被打乱了,我认为是遇到了一个比较大的挫折。这里边有股市波动的问题,因为股市波动后,是不是还有新的问题要写进二稿里面去?这一下子,进度安排上就(耽搁)下来了。再一个证监会本身经历了前所未有的熊市和领导班子的调整过程,

《证券法》修改受到很大的影响,放不到首要的议事日程上了。

第二,《证券法》修改草案从由全国人大财经委直接推动,转到了全国人大法工委推动。从2013年到2014年、2015年,《证券法》修改草案都是由财经委领导小组起草的,再转到法工委,修改的思路完全变了。财经委是"该改就改"的思路,但到了法工委以后则是"能不改则不改,尽量小改"的思路。其实二读稿的修改在法工委手里,不在证监会手里,证监会只是提二读稿怎么改的意见。

在这种情况下,中国法学会和证券法学研究会共同来推动《证券法》的修改,特别是把注册制的问题专门进行研究,我个人觉得是非常重要的一件事情。

从2015年5月开始到7月,实际上在讨论二读稿过程中着重讨论了三个问题,想把它们加进去。一个是场外配资,它突然一下子冒出来了;还有一个资本市场的开放的问题,也要加进去;还有资本市场宏观风险的管控方面要加进去。也就是说在这个情况之下,当时二读稿在讨论一些新的问题。其实就注册制本身一读稿所有条款,大家没有太多的异议。我今天要说的问题是如果大家针对注册制的问题,我个人建议,如果没有超越一读稿更大的建设性意见的话,我的看法是不要再提太多新的问题了。这个大家很清楚,证监会为了搞这个注册制,搞清楚这个事,请了八个国家的证监部门和立法部门给证监会领导办讲座,给全系统办讲座讲注册制,研究得是极其充分到位了,在整个证券法一读稿表述里面我认为已经做了非常充分、反复的讨论,多种方案反复讨论过了,如果大家对具体条款还要提意见、建议的话,我觉得一定要把一读稿好好消化完了之后,看看有没有超越一读稿的新的意见和建议,不要想当然地再提了,因为我担心又再提一些新的东西,又引起上面领导的关注,这个问题好像还挺多,又重新去研究,研究之后还是那个意见,在现在要进入二读的这么一个更讲究时机和策略的情况之下,如果没有太多质量的问题,不宜太多地提出来为好,这是一个具体的建议。如果要提,要看一读稿有没有缺陷,在这个基础上提问题和建议,这个更加务实,这是我的第二个看法。

第三,因为十八届三中全会里边明确提到了多渠道融资的一个基本的重大战略安排,它实际上是多渠道股权融资,其实是讲到了交易所的主板、创业板,还有"新三板",还有场外的私募股权融资,这个也要有一个更重大的发展战略安排。实际上场外股权融资就是私募股权融资,这可能还没有太引起我们的注意,起码我的印象里感觉对这个事好像还没有太多的成果。其实场外的股权融资,面向企业的面更多。你再怎么发展沪深交易所、"新三板",它的上市和挂牌的数量必定是有限的。但是场外的多渠道的股权融资则更大、范围更广。

实际上,"新三板"在很大程度上就已经是一个标准的注册制了。说透了注册制,当然注册制跟现在的核准制相比有很多区别了,其中最大的一个区别就是不确定企业的发行条件,特别是业绩条件。在沪深交易所上市的都是有一定业绩条件的,包括创业板都是有一定的业绩条件的。但是"新三板"很大程度上是不定条件的,它更符合大家提出来的我的投融资需求应由当事人双方来做主,而不是证监会或者交易所帮我做决定。第二个最重大的变化就是把证监会对实体问题的判断交给中介机构来负责和投融资双方来负责,他说的是你要如实地信息披露,各负其责,加强事后的责任追究。所以我觉得很大程度上,这个注册制的两大核心的东西,在"新三板"上能体现得相当充分,当然"新三板"本身的问题那是另一回事。再一个,证监会有一个很大的进步。虽然有去年的股市波动,但是主板、创业板的发行没有完全停止,这比以前有点波动就停发行,应该是一个最重大的变化。这次没停,虽然有所调节,但是没停止下来,这已经是一个重大的进步。我意思是说,现在"新三板"已经是比较标准的注册制了。证监会主导的场外的 38 个各地的股权交易中心已经是正式合法的牌照,私募股权在改革。

我现在在考虑的一个问题,因为"十三五"规划上讲"创造条件实施股票发行注册制",其实我理解"创造条件"是两个方面,一方面是创造实施注册制本身的规则,包括人员等;另一方面的条件最重大的是市场的接受,因为大家现在讲的注册制是不讲发行条件的,在这种情况之下,大家的预期、担心会无限扩容。因为你没发行条件,只要如实披露就可能会最大幅度地扩容,这是证监会最担心的,整个沪深交易所的二级市场股价就会发生重大的下跌,会产生重新洗牌的问题。所以这个是"什么时候"出台的问题。所以证监会每次都讲:我不会一次出台,我要出台的话,对二级市场股价不会有什么影响,创造条件是一个长期的过程等。他说这句话的所有逻辑背后其实指的就是怎么和现在的二级市场处理关系。

冯　果:下面是自由讨论时间。前面因为时间关系没有表达清楚的,想进一步表达的,现在可以接着发言。

曾筱清:刚才邢会强老师提到的关于交易所的独立性,谁能释疑一下?深化一下?

刘肃毅:沪深交易所最开始的时候确实是作为当地的事业单位来定性的,在 1993 年之前是这么一个性质。但是到了 1995 年的时候,沪深交易所在 1995 年 3 月份收归证监会来管它的领导班子以后,管理体制改革了,交易所的性质很大程度上有了一些含糊了。含糊是什么意思呢?就是它的事业单位性质没有改,沪深交易所是由当地政府批设的事业单位,但管理体制变了。这些年证监会是把沪深交易所作为一线监管机构来对待的,很大程度上赋予了它一些监管的职责,但赋予的这个监管职责和当地的编制没有挂到钩,并不是说我赋予你一线监管职责,我又否定你是个事业单位。

还有一点,交易所作为自律组织,对所有的会员是有权处罚的,所以又界定为是一种自律组织,和普通的事业单位又不是一回事。但是它这个交易所又具有行业组织者的作用。交易所很复杂,第一个单位定性的时候说的是事业单位,但是在交易所的权力构成过程中,又采取了一个会员制,证券公司都是交易所的会员。按照交易所的章程规定,重大问题是要会员大会来最终决定的。还有理事会,比如说选理事长等,现在的法定程序都是证监会提名以后,要经过理事会、经过会员大会(选举),这个程序也得走。

还有,交易所是会员制,是事业单位,不是国有的,它的资产不是国有资产,是谁的呢?大家含含糊糊说这是所有会员所有的,但我们所有会员支配不了这个财产,也没有任何人说,会员所有的可以按份额划分、分配财产,这没有很明确的界定。前几年大家一直在搞交易所股份制改造,就遇到这样一个问题:政府发起事业单位的时候给了一千多万元开发费,后来通过市场做大了资产,现在每家交易所都有几百亿的资产,这些资产肯定是国有资产。

我总看法是,至于交易所的性质,你不要去纠缠它是个啥东西。通过单一的依据想把它分清楚,是分不清楚的,因为它是多维度的,一个综合的立体的东西,你单从某一个方面说不清楚。目前就这么一个情况,不能单一定性。

曾筱清:谢谢刘总的回应。我本来就是特别想从配套制度的角度来谈一点观点。大家一直都感觉到我国证券市场是政策市或者消息市,上市公司的关注点不是把业绩做好,把治理结构做好,投资者也不去分析相关市场信息,而是去打听一些政策上面的消息。造成这种现象的原因是什么呢?我比较同意邢会强老师的观点,我们的政策市也好、消息市也好,很多是行政干预造成的。

在注册制下,证监会需要专门出台相关的制度,通过完善制度来建立市场、维持市场秩序、维持市场稳定,这样市场才能排除行政干扰。中国证监会的独立性还有待加强。作为国务院的事业单位,它的人员、它的主席由国务院来任免,不对全国人大负责,因此从人事安排和机构设置角度看,它是很不独立的。从经费、预算的角度,证监会完全靠国家财政预算拨款,其预算也没有做到完全透明。那么,能不能强化证监会的独立性?包括它的问责,它的透明度,它跟政府的关系。机构上能否更独立一些?甚至财政经费上能否更独立一些?还有就是工作人员的操守。监管者的人品、监管者是否尽责、相关监督是否到位?现在像证监会这样的部门,对其日常工作的监督,主要靠其纪检部门。但是,纪检部门可能会监督其工作人员的违法乱纪行为,却无法监督其工作人员的不作为。因此,在讨论注册制时,如何增强监管部门的独立性,并强化对监管部门及其工作人员的监督?这些也是需要思考并体现在相关制度中的。

另外,我在加拿大访学期间关注到,多伦多证券交易所是一个上市交易所,它的很多材料都可以查阅到。首先它是一个上市公司,它自身的治理结构等按照上市公司进行管理;其次,它作为一家上市公司的自我管理部门,与其作为交易所的自律监管部门,两种职责是完全分开的,分属两个部门,按照两套规则独立运行。多伦多证券交易所的自律监管经验,有很多值得我国借鉴。在注册制下,我国两大证券交易所的独立性也应该提到议事日程之中。

李文莉:我简单谈两点,前面听了很多专家,启发很多,特别是听刘(肃毅)总在介绍现在《证券法》的起草进程,感触良多。第一个问题,我们创造条件推行注册制有两个方面,一个是规则和人员。我之前也了解到,证监会对注册制怎样运作、怎样操作论证非常周密,这里边有一个权利配置的问题,权利配置给交易所还是给证监会来进行审核?其实证监会也论证过,世界各个国家的做法也都有,像美国就是在证监会层面上进行审核,发行权是证监会的,上市权归交易所。如何配置其实并不重要,到底给谁审并不重要。韩国和日本的配置理论依据,我看了一下,理论依据还是,如果证监会审是行政许可权,行政许可权可能会招致行政诉讼;交给交易所审,是一种授权,交易所代替证监会行使这个职权。

刘肃毅:注册制在讨论的过程中把交易所和证监会的分工的细节都考虑完了。证监会就一张表,办公厅的秘书接收一下,办公厅签一下就出去了,它都已经讨论到这种细节的程度了。

郭　锋:如果说交易所审核同意了,证监会最后不予以注册,万一有投诉说里头有做假,上市公司如果要起诉,是起诉交易所还是证监会?

刘肃毅:如果说属于审核的材料是不是规范,这些审核的责任是交易所的,诉讼就是起诉交易所。这个是讲的香港地区的例子,是实体工作的交易所在审,报材料的时候有可能还会通知报证监会,证监会就不审了。第一,我是相信交易所审的结果,两个之间很大程度上是一个程序。

郭　锋:最后行政诉讼告交易所还是证监会?

刘肃毅:如果说有问题的时候,证监会有权否决交易所的东西,它是有这个权力的,设计了这么一个特殊情况。

郭　锋:证监会还是个行政许可,还是只能告证监会,告不了交易所,交易所是审核同意的呀,但证监会的否决会不会又退给交易所,你给他出个东西,我就不知道怎么设计的。你有撤回审核的权利。

刘肃毅：证监会有意见，也不会直接给你出这个否决的东西。

李文莉：证监会可能会和交易所进行沟通。还有一个刘（肃毅）总提到的市场接受，一个是会出现什么风险。我认为，一个是欺诈，另一个是扩容以后可能会带来老的股东的股价摊薄的问题。推行新的注册制，按照核准制上市的这些公司的股价会有一些变化。一个可能会出现股价下跌，可能会有些资金流失，这里面我们法律工作者要做的肯定是思考一个法治问题。两种体制下，这个股价从公司法的角度上来讲，怎么样来做？这个肯定是我们下一步需要研究的一个点，它可能涉及一个股价问题，原来老的高市盈率下的体制，按照注册制股价肯定会下降，这两个怎么样匹配？

杨卫东：这个就是反对注册制的理由之一。是不是注册制一定导致股价的下跌？提到注册制，大家理解是我们这个企业说上就上，很容易上，大量的企业会上市，所以这个市场不能接受。所以，证监会领导头疼的就是这个事。

实际上，我们要实行的注册制不是我们想象中的像国外的那种非常市场化的注册制，这个注册制就按证监会原来的说法，就是要分步到位。我们去理解它，要按照很长的时间来理解它，用很长时间去消化它。

刘肃毅：包括刚才曾（筱清）老师说的，邢（会强）老师说的，这里边你们有一个核心的思想、逻辑就是强调独立性的问题，一直在强调证监会怎么保持独立性，交易所怎么保持独立性。可能是我们的语境不一样，在我的理解下，证监会有证监会的职责，交易所有交易所的职责，他们共同完成的注册制这件事，各有各的职责，再一个相互之间要有一个内在的有沟通的协调机制的情况，现状就是这样，共同把事情搞好。但是几位老师的意见我听下来，在你们的语境中，证监会、交易所之间好像是切割的。

邢会强：我们的意思是证监会能真正不管股市涨跌。

郭　锋：今天下午大家对注册制问题从各自不同的角度都交换了信息和意见，这对于我们从多方面来认识注册制改革是很有帮助的，包括学者的认识是什么，市场的认识是什么，监管机构的认识是什么。正由于有不同的认识，大家才能看怎么样、从哪个角度来集中大家的共识，最后才能顺利地把注册制推出去。不同的观点都挺好，有助于我们综合地进行分析。

报告要充分地吸收大家的意见。刚才大家很多都谈到了，股票发行注册制改革已经是中央决定、中共中央十八届三中全会决定里头明确提出的改革任务，《证券法》一读草案里已经明确地写明了，当时对问题的考虑已经很充分了。再加上人大常委会实际上去年都已经依法授权证监会推行注册制了,本来是今年3月就要推的,就是因为发生了股灾,新的主席上任,肯定还有一个调研思考的过程。这个可以理解,一个新的领导上任,得搞清楚这个事,再加上股灾出来以后也有影响。

关于注册制的功能和价值的问题,通过大家的讨论应该说明确了几点:第一点,注册制改革是为了简政放权、转换政府职能、实现证监会独立公正地行政执法,这与李克强总理上任以后简政放权思路是一致的。一定要放权,这是十八届三中全会的决定精神。近年来,证监会很多审批权都下放了。证监会前后公布了好几张表,列明废止了哪些行政许可。这一改革的纵深推进,或者说是一个很大的制度变革。第二点,充分发挥市场配置资源的作用,提高资本市场的运行效率,形成由市场主体和投资者来决定、判断证券投资价值的机制。第三点,要真正地实现发行上市的一体化衔接,要合并发行上市审批权。以前把发行和上市分开了,现在应该明确发行审核就是上市审核,这个在制度上是一个比较大的变化。第四点,注册制的功能是促进多层次资本市场相互支撑、错位竞争、共同发展。

大家至少谈到了以下几点:一是条件问题。究竟需要什么条件?这个条件有没有成熟?归纳起来一个就是立法、法律制度,这个条件我觉得从人大常委会的授权来说已经解决了,马上推出没有问题,但是要从《证券法》修改的角度来说,人大常委会授权已经摆在那儿了,至少两年的授权,从2016年3月到2018年3月,整整两年。两年之后还不推出注册制改革,人大的授权就打白条了,太不严肃了。人大的授权两年不执行,这也是问题。十八届三中全会决定已经写进去了,这是一个很大的问题,法律的严肃性也还得维持,两年之内得推出来,如果说《证券法》在今年底和明年上半年修改完成,两个就衔接起来了。二是监管理念和监管机制的改革的问题。如果说真正要搞市场化的注册制,但监管机构还停留在以前的核准制、审批制时代,还是想操控、调控IPO,可能效果不一定能达到,相关的理念、机制等等不一定适应真正的市场化注册制的要求。要认真地来转变观念。三是交易所注册制审核的条件都具备了,应该说没问题了,这个条件成熟了。四是市场主体和投资者的条件,总体上也是成熟的。五是司法的条件。违规欺诈上市,司法能不能及时跟上,去追究、处罚,民事的、刑事的、行政诉讼的能不能跟上?六是二级市场状况。因为去年的股灾,现在还属于恢复阶段,去年失血太多,两三年内股市难以起来。中国股市只要一次暴涨暴跌,之后往往三五年难以起来,没有四五年的时间,不可能再有一波行情,大家血都已经流光了。这个条件成不成熟要分析。

再就是风险在哪儿呢?有这么几点:第一个风险是注册制改革走形变样,监管机构不放权,通过所谓的注册来进行一些实质上的审核工作。第二个风险可能就是审核的条件和审核的程序,没有实质性的变化,包括盈利性的设定以及其他一些条件。如果没有产生实质性的变化,这样不是真正以信息披露为中心去建设注册制。第三个风险,就是交易场所之间恶性竞争,为了争取企业,而纷纷降低标准。上交所、深交所,特别是深交所内部的几个板块,为了要做大做强,特别在地方政府的干预下,有这个可能。第四个风险就是行政机关和司法机关对市场主体的执法不到位,导致大量造假,虚假信息披露,因为违法成本低。第五个风险就是投资者对注册制期望过高,投资也有可能出现重大损失,反过来跟媒体联合起来骂注册制失败了。可能会出现一些大量符合退市条件的上市公司,因为注册制退得快,又不给人家退,不退就积累在市场里,乱七八糟的企业就多,这也是一个很大的风险。

最后是配套措施:一是要进一步地修改和完善诉讼法,包括民事诉讼法要允许集团诉讼。二是交易所的审核制度应该公开透明,审核委员会的组成和工作机制,以及对专家的操守的要求、回避制度、法律责任都应该事先把它搞清楚。以前就几十个委员,能不能搞五六百个委员,而且各行业都有,钢铁行业、煤炭行业、金融行业、互联网行业等,都有一些备选专家。建一个名单,交易所选定,上市公司指定,券商指定,投资者代表也可以指定。能不能搞一个听证制度?关键是怎么把审核制度建好,让它有权威、有公信力。三是交易所的公司制改革。事实上正好是个时机,既然把审核全拿过去了,尽管有这样那样的问题,站在全球趋势来看,交易所都是要公司化的,正好这个是脱离监管机构的一个好机会。交易所的公司制改革我们研究会一定要推。四是上市公司、保荐机构、中介机构内部的治理和风险的控制要进一步地完善。五是要进一步地划分政府监管和自律监管的职责,最主要的是要充分发挥自律组织监管的职责。六是要搞好投资者教育,这个是很重要的。中国有中国的国情,投资者要不教育的话,说咱们没有尽到责任,就厘清我们监管者的责任来说要满足这个条件。

刚才很多人提到《证券法》的修改,这一点很重要,我们这一次专门解决证券发行改革,希望证券法学研究会在这个过程中从客观公正的立场上,从正面来推动。《证券法》修改我们还要举办有关会议,详细研究一下《证券法》的修改。

会议结束,谢谢大家。

多层次资本市场体系建设的法律问题与对策对话实录

中国法学会证券法学研究会秘书处整理

主题:中国法学会金融法治沙龙第8期——多层次资本市场体系建设的法律问题与对策

时间:2016年10月16日

地点:上海市静安区

出席专家名单(排名不分先后):

郭　锋　最高人民法院研究室副主任

甘培忠　北京大学法学院教授

曾筱清　中央财经大学法学院教授

罗培新　上海市人民政府法制办公室副主任

蒋大兴　北京大学法学院教授

李有星　浙江大学光华法学院教授

冷　静　华东政法大学教授

邢会强　中央财经大学法学院教授

顾功耘　华东政法大学副校长、教授

倪受彬　上海对外经贸大学法学院院长、教授

李文莉　上海对外经贸大学法学院教授

肖　伟　厦门大学法学院教授

曾东红　中山大学法学院副教授

宋晓燕　上海财经大学法学院教授

徐孟洲　中国人民大学法学院教授

吴　弘　华东政法大学经济法学院院长,教授

强　力　西北政法大学经济法学院院长、教授

乔宝杰　上海对外经贸大学人事处处长、法学院教授

李　磊　上海对外经贸大学副教授

洪治刚　上海对外经贸大学副教授

张继红　上海对外经贸大学副教授

李明良　中国金融期货交易所法律部总监
黄江东　中国证监会上海专员办处长
赵国富　上海证监局上市公司监管二处副处长
任全胜　申万宏源证券有限公司副总经理兼合规总监
麻晓勇　申万宏源证券上海分公司副总经理
孙小中　国泰君安证券投行业务委员会董事总经理
杨　斌　东方证券股份有限公司合规总监
林　海　全国股转系统公司法律部博士
李建平　上海理业投资控股集团董事长
李素芬　上海理业投资控股集团总经理
陈　胜　金杜律师事务所上海分所合伙人

曾筱清:我宣布中国法学会金融法治沙龙第 8 期多层次资本市场体系建设的法律问题与对策研讨会现在开始。

首先我向大家介绍来参加今天沙龙的领导还有学者以及实务部门的专家(介绍从略)。我们这个沙龙,是中国法学会在今年年初设立的一套机制,就是把跟中国金融法治建设有关的几个研究会和地方法学会组织起来,建立一个金融法治研究协同机制。这个机制由参与其中的研究会,包括地方法学会提出每一期的会议主题并具体承办,中国法学会审批后予以支持。今天是第 8 期金融法治的沙龙,证券法研究会在之前承办过一期即第 4 期金融法治沙龙,现在是第 2 次。每次沙龙形成的会议成果,将以要报形式,通过中国法学会向国务院以及国家有关部门报送,这也是中国法学会的智库建设的成果之一。所以今天,在这么一个场合,来自实务部门的专家以及来自高校的学者,共聚一堂,进行观点的碰撞,希望能够达成一些共识,为国家的金融法治建设,尤其是多层次资本市场建设,出谋划策。

下面有请我们中国法学会研究部领导致辞!

中国法学会研究部领导:特别高兴来参加第八期的金融法治论坛。对我来说,这是一个非常好的学习的机会,我以前曾经多次参加过财税法研究会的活动。但是自从中国法学会将多个研究会之间的协同研究机制建立起来后,我还是第一次来。我为什么特别高兴呢?因为一方面这个领域对我个人来说确实是特别新的,因为我自己的法学专业学的诉讼法,对于经济、证券、金融方面的确了解得不多,所以对我来说这是一个非常好的学习机会。另外,这确实也是我们现实的需要。当前经济形势不是特别好,老百姓也非常关注股市。我也注意到前几天上海证券报有一个首席经济学家对于季度经济形势的调查报告,这个调查报告里写到了现在整个国家经济处于“偏冷”、处于弱势稳定,宏观经济处于触底回稳的过程中。以前我从来不关注证券、金融方面,因为对这个不明白。现在为什么这么关注呢?我确实感觉到这几年整个金融法治可以说对我们老百姓的生活已经比前些年影响更深入了。不管是在深度还是广度上,影响更深入了。像去年、前年房价的飙升,而老百姓投资渠道单一,导致我们不得不来关注整个国家的经济形势、国家的整个金融发展。所以金融对于我们老百姓个人生活的影响十分巨大,因为涉及我们资产的安全、人们整个的经济上的安全感。我感觉社会的一种浮躁状态都跟我们在经济上的不安定感、不安全感有很大的关系。那么在这种情况下,像我这样一个金融法的学习者都这么关注,所以我感觉到我们从事金融法治研究的研究人员,确实是肩负着前所未有的重任,任重而道远,这是我的感受。

中国法学会从换届以来这几年,一直非常关注各研究会的发展,致力于整合整个的法学研究的资源,来搭建或者说拓宽我们上下沟通的渠道;致力于理论联系实际,将研究成果应用于实践。所以在这方面我们也尝试做了很多的探索,包括我们的科研项目,我们现在经费投入比以前要多得多,现在每年招标的课题还增加了一个重点的委托课题,这是一个方面。另一方面关注各研究会的发展,对研究会课题的研究,也比以前要重视得多。这就包括我们现在搞的多学科的合作、研究的机制。另外,从去年开始我们搞立法专家咨询会,搞了差不多有80期,我们接触到了各个方面的我们国家的立法专家,也邀请了很多位专家来参与我们的立法研讨,那么以后我们也希望咱们在座的各位专家也能够积极支持我们、参与我们,毕竟大家从不同的角度、不同的层面,希望国家的法治建设能够越来越好。都是出于共同的目的,我们做共同的工作。

另外我也经常听到学界的反映,我们现在论坛开了这么多,但是有什么用呢?我想很多东西大家要这么来看,也许它的意义,我们在当前来说看不到立竿见影的效果,但是从长远来说,我想论坛的多次召开,能够汇聚成一个总体的声音就是“法治”。我想在现在的这种情况下,我们更要强调法治,要在社会上,不仅在法学界而且在整个全社会营造出一个声音,营造出这样的一个背景,不管大家对于法治的认识是怎么样的,但是我们应该坚持做这样的工作,那么其中就包括我们论坛、沙龙,我们的每一次论坛、沙龙的召开,每一次论坛、沙龙的宣传,我想都能够给社会传递一个正确的声音,我们还是行进在法治的道路上的。

最后,我祝咱们这次沙龙能够取得圆满成功,同时也希望大家会后能够加强对咱们本次沙龙的宣传,希望能够把本次沙龙的成果梳理一下,能够提交要报,供领导参考，谢谢各位！

曾筱清：中国法学会研究部领导提出了要求，我们会后一定认真做好要报的撰写工作。刚才，领导提了两点很重要的观点，在大家觉得经济比较冷、又有一些问题的时候，在这个背景下我们来谈论国家多层次资本市场建设问题，具有紧迫的对时代问题和现实问题的呼应感。而且，我们要更多地从法治思维来考虑我国资本市场建设问题。研讨中，希望实务部门的专家和各高校的教授们，能够有观点的碰撞、思想的交锋，这样可能会得到一些更有意义的启发，对要报提观点、提意见，提出更有帮助的、建设性的观点。

下面欢迎证券法学研究会会长郭锋老师来给大家致辞！

郭　锋：我谈一点对研讨题目——多层次资本市场体系建设法律问题的一些认识。首先，大家知道资本市场的多层次体系建设不是新问题，20 世纪 90 年代初建立沪深两个交易所的同时，就提出了。应该说这二三十年来，法学理论研究还有证券监管等一直都在做这方面的推进工作，取得了很大的成绩。我记得证券法研究会成立的第 3 年，在深圳召开由深交所主办的年会，那次年会也是讨论多层次资本市场建设，在座的很多专家当时也参加了。为什么现在把它作为这次沙龙的主题来进一步研究和推进呢？我想还是和我们国家整个经济的发展有关，不同的投资者、不同的融资者对资本市场都有不同的需求。资本市场主体还是以沪深交易所为主，它还是占绝对的主导。（但）这样一个模式，它远远适应不了现在经济发展的需要，特别是当前在经济发展面临很多困难和挑战、持续增长的动力不足、推进供给侧结构改革的情况下。所以如何利用多层次资本市场来助推我国多层次经济的发展仍然是一个很现实的问题。十八届三中全会决定指出，要进一步加强多层次资本市场的建设。

其次，从资本市场本身的建设和发展来看，我们在主板基础之上，在深交所开设了中小板，再到后来开创业板，应该说也取得了很大的成就。但是它有没有达到预期的目的？而且放在主板里头搞这样一个板块，跟国际上的一些独立的市场有一定的差别。特别是创业板推出来以后，我们当然希望孵化出高科技企业、民营企业、中小企业，能达到像美国纳斯达克的那种效果，但是因为它的上市门槛比较高，其实跟主板是一样的，事实上可能还有很多潜力要挖，还有很多机制要改革。再从股转系统（新三板）来看，（已经）有九千多家上市公司，马上要突破一万家了。“新三板”法律定位的问题，包括怎么推进“新三板”立法的问题，是证监会和股转系统的领导很重视的问题。“新三板”和主板、二板有什么区别也是需要研究清楚的。是不是应该定位为全国性的、公开交易的、集中竞价的这样一个市场？但是这个定义跟上海是一样的,而且股转系统现在的交易也不是很活跃。它的法律地位不明确,证券法里头没有给它定位,国务院也没有专门的行政法规、条例来给它定位,现在在法律上应该说还是一个空白。当然《证券法》已经包含了这样一个条款,《证券法》说的"证券交易场所":《证券法》最早写的是"证券交易所",2005 年修改为"证券交易场所"。各地还有好多的地方证券交易场所,这些各地地方证券交易场所的法律定位,应该说在立法上还是空白的。从《证券法》体系来说,还面临着要补短板的问题。

再次,从各个市场体系内部来说,每个市场怎么发展、怎么改革,实际上也有很多问题需要探讨和推进,比如说两个主板交易所,现在定的都是会员制的,但是大家都知道,国际上很多交易所都改为公司制证券交易所。我们很早就提出来过,但是上次修改《证券法》没有采纳,这次的草案里头已经有了。这一块能不能实现?如果实现了那下一步我们的交易所如何向公司制证券交易所转型、改革,这实际上也是一个非常重要的问题,如果要搞注册制改革的话,公司制是最适合搞注册制的,这是我的理解。创业板要不要从深交所分立出来?现在它是主板的一部分。中小板、创业板跟"新三板"怎么去进行协调、整合?"新三板"现在发展到了关键时期,应该说它代表了中国中小企业融资的未来,我曾说过"新三板"会超过沪深交易所,我十年前就做了这样的预测。怎么能够把它激活,让它能够真正扶持中小企业、高科技企业、民营企业甚至不是公司的一些企业。关于这次《民法总则》制定过程中讨论非常热烈的民事主体问题,法人、非法人、自然人,特别是非法人问题,(我)力推要把民事主体制度在《民法总则》里予以完善。我觉得这些东西很重要,包括交易所的改革、股转系统的定位。特别是股转系统它现在确实面临法律空白,我们修改《证券法》怎样把类似股转系统的交易场所的法律定位和性质给明确下来,能够与主板区分,现在思考得都不是很成熟。

最后,因为现在正在修改《证券法》,修改还在往前推进中,(希望)通过我们的沙龙,把大家的意见会聚起来,促使这次《证券法》能修改得比较理想,达到预期的目的。今天利用这个沙龙来听各位专家的意见,我先抛砖引玉提出这些问题出来,谢谢大家!

曾筱清:谢谢郭会长。我的主持任务结束了,下面移交给甘培忠教授来主持研讨。

甘培忠:我负责第 2 单元,专家学者自由发言,每位发言时限 8 分钟。我们这个沙龙虽有主题,但没有具体问题,所以大家就围绕资本市场多层次的框架,择题发言,各种类型(均可)。实务部门的各位领导,你们先发言,之后是教授们发言,你们准备好了就举手,我这一点头就开始发言。

李明良:多层次资本市场这个话题在证券学法研究会系统中应该是讨论得非常早的一个话题,因为2013年的时候就专门讨论过。我想在这里强调一下风险管理市场、风险管理市场在多层次资本市场当中应有的地位。经济学家对这个问题研究得比较多,就是风险管理市场它的必要性。很简单,股票市场也好,证券市场也好,那么它的价格波动是永恒的、没有一条直线的。既然价格波动是永恒的,因此价格的走向是不可测的,你不能说你判断明天股票是涨还是跌。基于这个条件,亏损也是恒定存在的,不能说所有人都是赚钱的。在这么一个前提下对于风险市场的管理主要是对价格的管理,我们说价格的管理或者说市场其他风险管理的话也是应有之义;但是如果说风险管理市场,我们更多说价格风险管理。我们研究期货的时候有句很经典的话——期货市场是市场经济的最高组织形态。因此,我们国家的风险管理市场应当说是刚刚开始,中国证监会设立了沪深交易所,应该说对风险管理有了初步的认识。因为我们国家刚刚开始探索,因此在多层次资本市场当中,如何建设好风险管理市场,我觉得可能对于我们法学界,是很重要的。

我们主要谈实务,2015年股市异常波动,暴露出无论是市场监管还是市场的法律、规则的制定过程都出现了一些问题。我主要提问题,我们通过自己的感觉(认为),第一,监管也好或者是法律法规的制定也好,应当对现代科学技术尤其是通讯技术的发展有容忍度,这个话说得有点绕,但其实就是对程序化交易问题的态度。程序化交易在2015年股市异常波动期间,被人认为是在加速市场下跌,那么在这件事情出来以后,无论是规则制定也好,或者是证监会的监管态度也好,对程序化交易就有点害怕了。一朝被蛇咬,十年怕井绳。因为现在科学技术对于证券市场的影响很大,无论是期货市场还是股票市场影响都非常大。如果出现这样科学的发展,把它压回去,这对这个市场无论单层次还是多层次(市场)都是不利的,比如这个周末,由一人开20户压到只能开3个。市场应当拥抱科技,不应该拒绝科技。

第二,我在工作当中有一个体会,在多层次资本市场的探索过程当中,可能会发现一些问题或者一些个案,但是在这些个案当中不要把它作为普遍性的规则来规制。这个可能是目前在资本市场当中很麻烦的一个事。这里面要说就会说很长时间,我举三个例子,比如光大证券乌龙指的“8·16事件”,一个乌龙指把股市打下去了,监管就说搞“熔断”,搞熔断就把当年整个的股市搞得“稀里哗啦”。虽然乌龙指在国内国外出现得很多,但是不能因此搞熔断制度出来。另一个在2015年股灾当中发生的一些比如操纵市场的个案,就是搞程序化交易的,他觉得是程序化交易导致股票市场连续下跌和期货市场连续下跌。还有去年股市异常波动导致市场全面收紧,当日开仓限制这些现象,还有包括对 IPO 的无限期拖延等,还有国务院定下来的社会融资模式从间接融资向直接融资转变,等等。换句话说,对资本市场功能的再认识,这些都可能因为去年一个股灾,就导致全面往后退。这个倾向是不对的,把一个市场当中的具体问题上升为一种规则的这个倾向,尤其在当下,尤其是近期不能这样来做,但是现在很多立法几乎都是出现一个案子,那就把这个案子出现的一些问题用法律规制起来,这个可能是我们要预防的一种现象。

问题很多,所以说我简单抛砖引玉说这个问题,谢谢大家,请大家指正!

甘培忠:接下来有请徐孟洲讲话,然后曾筱清老师讲一下,因为他们要赶飞机。

徐孟洲:很高兴参加我们第 8 期金融法治沙龙。我主要是从银行法角度方面谈我的一些感受。

第一,发展多层次资本市场是为实体经济服务。银行法制度方面的改革也是比较多的,这些改革跟资本市场发展应该是相呼应的。资本市场是直接金融市场,银行市场是间接金融市场。那么目前,我国间接金融市场体量太大,资本市场体量偏小,怎么样扩大资本市场?很重要的一个方面就是要发展多层次的资本市场。刚才郭锋会长讲了,多层次资本市场讲了多年了,也不是一个新问题。虽然不是一个新问题,(但)现在互联网以及高科技的发展,对我们的多层次资本市场建设影响很大。目前由于我国经济下行的压力较大,所以在新常态下要进行供给侧结构性改革,这个对我国资本市场来讲也是有很大影响的。我们怎样使我们的资本市场来有力地支持实体经济的发展?建立和发展多层次资本市场也好,发展金融市场、银行市场也好,最终的目的还是促进实体经济的发展,还是促进实业的繁荣;就是要满足那些企业融资的需要。只有从他们的需要出发,为他们服务,才是发展多层次资本市场的方向。所以我们怎样发展资本市场,其导向就是要有利于这些中小企业他们的融资,很方便、很快捷、很安全地把社会上的资金输送到需要资金的企业去,这是我们最主要的目的。所以我们的设计要有利于服务实体经济的多层次资本市场。

第二,发展多层次资本市场要提高对投资者的保护。从投资者的角度来讲,现在的投资者各种成分都有,有的风险承担能力强,有的风险承担能力弱,那么我们怎么样升级产品,之后满足不同层次投资者的需要,这就是我们资本市场建设的很重要的方面。那么无论是哪一个层次,都要把对投资者或者对金融消费者的保护放在第一位。我们这么多年资本市场的发展,之所以现在波动很大、很多投资者对资本市场不是太信任,其主要原因就是,说我们对融资者好,对资本市场也好,

(但)没有考虑对投资者利益的保护,没有把投资者放到第一位。发展多层次资本市场不能只考虑一个方面、怎样只有利于融资者,我们也要充分考虑投资者的利益。确实这几年散户投资者的损失是很惨重的,大家对资本市场的信心是不足的。所以发展多层次资本市场,第一位的还是要提高对投资者的保护,当然现在各个监管部门都设有对投资者、金融消费者的保护机构,对消费者的保护采取了很多措施,成立了一些机构,也有一些作用和效果,但是还是不太明显,这是一个方面。

第三,要特别注意做到依法管理金融市场。另外一个方面就是刚才李明良讲的,我们不能从一个个案里面上升到一个规律性的东西然后就制定一个规则,那可能就会打击一大片。10 月 13 日公布了对互联网的整顿,这个整顿我们把握得不准的话,可能对资本市场的影响也是很大的。互联网金融的发展是一个趋势,如果如果执行整顿有偏差的话,就会丧失一个很好的机会。比如大家对 P2P、对众筹都有很大的意见,实际上我们怎么样把它规范好?能够搞好的话就好。现在我感觉到不是依法来管市场,而是用太多的行政手段来管市场。怎么样把多层次资本市场发展成法治的市场,不仅要制定一些法律,更重要的是如何提升市场主体,即投资者、融资者的法律意识、如何提升监管者的法治思维。这样可能好一些,不要临时一出了一些问题,马上就用行政手段来管,它损害人们的预期,它的不确定性太大,这样做,资本市场是怎么也扶持发展不起来的。我觉得还是我们法律人要多提建议,在《证券法》修改或者制定新的金融法律时,要切实贯彻依法管理资本市场的理念,多运用法律手段,限制临时性的行政措施,否则的话还是达不到发展多层次资本市场的目的,离我们依法治理资本市场越来越远。

我强调要依法保护资本市场,加大力度保护投资者,最后能够把资金安全、顺利、快速地转移到实体经济中,真正落到需要资金的那些企业、那些小企业、那些创新的企业的手中。这才是我们发展多层次资本市场的目的。

曾筱清:探讨多层次资本市场建设,是非常重要的主题。它有哪些法律问题、可以采取哪些对策和措施,都值得讨论。利用这次上海交通大学举办经济法年会这个契机,集中请到了今天与会的这么多上海专家,我希望将时间留给各位专家学者,大家多发言。我自己定了一个题目:多层次资本市场体系协同建设的立法和实施问题。我们谈论多层次资本市场建设时,会注意到,它有国家层面,有监管主体层面;它还会涉及不同主体的利益诉求,比如投资者、交易所、地方政府。所以,多层次资本市场协同建设的立法和实施问题,就是很值得关注的问题。在立法层面,从顶层设计角度,需要有相关的制度和协调机制,包括谁来牵头做协调人即主协调人;其他协调主体有哪些;在协同机制中,协调主体应当遵循的协调原则和规则有哪些;哪些事项和问题,需要通过协同机制来解决。不同的利益主体,有不同的利益诉求,这很正常。个体的利益诉求,如何与公共利益相协调、相统一,就是立法和法治层面的问题。法无禁止即权利,而资本市场相关主体的公权力则需要立法明确授予。刚才郭锋老师谈到交易所的组织形式,明确交易场所的组织形式、关注交易场所的诉求,就是立法问题。徐孟洲老师提到投资者保护,投资者也有他的利益诉求。这些不同的利益诉求,如何在多层次资本市场建设的立法中体现?这样一套完善的法律体系,我们还缺乏。此外,在法律实施层面,如何落实让市场发挥对资源配置基础作用的法治要求,分清楚哪些是市场能为的,哪些是政府可为的,就是在把相应的关系配置好。在具体的协调机制中,会涉及规则是不是统一,信息沟通的手段、交换的平台是否有效地建立起来了;以及在多层次资本市场建设的过程中,相应的应急机制、快速反应机制的程序和措施,包括相应的评价和公告等实施手段,是不是都体现在配套的实施措施里了。此外,政府的透明度需要加强。政府的文件很多,作为学者也好,作为业内人士也好,可能会感同身受,觉得文件材料太多了,有的甚至变化幅度很大。因此,如何在多层次资本市场建设中,关注协同机制的建设,让政府出台的文件更加透明化和规范化,让法律实施是统一的、有效的、受监督的,还是要有一套体系化的制度来保障。

我说的有点宏观。在多层次资本市场建设中,协同机制怎样建立,法律的制定者、法律的实施者,应该做什么,应该关注什么,还需要深入探讨。谢谢!

甘培忠:我们应该谢谢你,你提供了你的智慧。下面实务部门优先,学术部门要补强,一旦出现时间的中断,希望学术部门发言。

任全胜:感谢各位老师给我学习的机会,我作为市场的从业人员,我想结合我的工作实践对多层次资本市场体系建设谈点个人粗浅的理解和看法。

应该说多层次资本市场还是有进一步改革和完善的空间的,尽管从功能上来讲,我们的证券市场只要能够满足市场参与者包括融资者和投资者对于证券发行、上市、交易的需要,证券市场就是有效的。但是从我们的实际情况来看,有中小企业融资困难、经济主体融资成本高、投资者面对的金融产品以及投资产品还不够丰富的问题存在,尤其是在经济下行(的大环境下)这些问题尤其显著。这说明证券市场在服务于融资方和投资者的方面还存在改进的空间,我觉得主要体现在三个方面:

第一,多层次的股权投资市场还没有形成金字塔的合理结构,截至这个星期五,我们A股上市的公司是2941家,其中主板是1609家,中小板是791家,创业板是571家。占比分别是54.8%、26.9%、18.3%。“新三板”挂牌的企业是9618

家,其中以协议转让的方式(挂牌的)是7500多家,做市转让的是1645家,从这个数据可以看出来,虽然得益于这几年“新三板”市场的迅速发展,未上市的“新三板”挂牌企业的数量显著增加,但是我国股权融资市场的正确结构还是没有真正形成。

第二,尚未健全完善各层级股权融资市场之间的退出机制、转板机制,导致上市的准入标准还是比较高。这样导致三个结果,一是主板、中小板、创业板等上市公司之间的转板动力不足;二是“新三板”挂牌企业中较为优秀的企业要想通过上市获得更大的融资空间还是存在一定的难度;三是企业上市或者挂牌后,像好不容易通过高考进入大学容易放松和放纵,导致上市公司的业绩变脸等情况还是经常有发生。

第三,证券市场层次性和准入性标准还有待于进一步满足各种不同类型企业之间的资金股权融资的需要,目前股权交易市场场所为两大证券交易所和全国中小企业股转系统,目前A股上市排队的情况还是存在,而“新三板”挂牌企业在财务指标、信息披露等方面的要求较之A股上市公司宽松很多,但是从中小企业的丰富性、多样性来考虑,“新三板”对投资者的要求比较高,限定了其流动性、交易量和融资功能,仍然没有办法满足市场主体的融资需要。

目前我国融资市场主要是主板市场、中小板市场、创业板市场、“新三板”市场以及部分区域股权市场,未来有可能推出战略新兴板等。要理顺各板块之间的关系,实现改革的目标,建议关注三个方面的顶层设计:

第一要进一步明确各股权市场当中的定位与分层,我们的市场结构应该是正金字塔形的,从金字塔顶端向下,未来应该有越来越多的创业板公司、“新三板”公司等,而不是只有主板公司才能满足融资需求。在差异化定位方面,应该从几个方面加以区分,一是不同层级的股权融资市场的定位要注意差异化,与之相关的监管标准、监管要求也应该体现差异化。二是不同层级的股权融资市场的准入标准应该不同,在信息披露等方面、信息频度等方面有差异。三是投资者准入标准也有差异化。四是不同层级的交易所之间要形成一定的竞争性安排,以竞争性推动层级性地实现。

第二要健全完善企业在各股权融资市场的退出和转换机制。企业在不同的发展阶段,对融资的选择和发展方向、盈利能力都是密切相关的,所以要建立完善的退出和转板的机制,要有企业选择权。

第三要通过《证券法》的完善,会有不同层级股权融资市场的上市交易所法定地位。从前期《证券法》修订草案来看,相关的条文并没有提及区域性股权融资市场的法定地位,要为地方区域性股权融资市场未来的发展也提供各种不同的可能性。

我简单结合自己在工作中关注到的在整个市场体系方面的问题,提出了自己粗浅的看法,谢谢大家!

甘培忠:谢谢任总,下面接着。

黄江东:各位专家大家下午好!我想结合工作实践的经验,对多层次资本市场建设的问题谈点个人想法。其实刚才有很多方面任总已经提到了,我觉得确实有共鸣。主要是这么几个方面,从面上来看,我们现在的资本市场建设,第一,金字塔这个结构上还是不合理,我们现在资本市场是倒金字塔结构,专家学者以及业内人士都觉得是大学生比中学生多,中学生比小学生多这样的结构。应该是正金字塔的结构,越往上资本市场形态越高级,我们倒过来了。近几年"新三板"市场数量上看有比较大的发展,但我个人理解这只是在数量上的虚胖,在市场的建设、交易机制的各个方面、监管各个方面还远远没有跟上,所以我觉得第一点可以概括为我们这个倒金字塔的结构、这个不合理的结构仍然存在。

第二,制度发展不均衡,我们现在的这些主要的制度,从《证券法》开始,主要都是针对主板市场的,而像新三板这些应该在交易机制、市场特征等方面跟主板有比较大的差别,但是后面这些层面上的资本市场发展的时间比较短,很多研究还很不充分,包括各个层面的立法也没跟上,应该说这个发展是相当不均衡的。"新三板"比较典型,国务院关于"新三板"有一个决定,就是"新三板"相关的这些监管,参照主板市场(的规定),大家可能会说没法参照,(但)我们在实践办案当中碰到这样的问题,一个案件发生了,我能不能参照主板市场的法律做处罚?

第三,各个板块之间的市场定位,比如我们讲主板和中小板,这个定位不是那么清晰。实际上我们的概念中没有把中小板作为一个单独的板块,一般的概念当中也把它算在主板里面,但是在系统里包括代码各个方面它都是独立存在的,这个独立存在的意义在哪里?有没有明显的标识?还有,中小板和创业板好像区别也不大,所谓的创业板都是那些已经比较成熟的企业,它实际上是创业成功板,这些跟中小板在定位上有什么区别呢?也不太清晰。"新三板"与中小板、创业板之间的区别,有时候也不是那么清晰,有时候企业已经很成功了,比如说有些大公司、中型企业,基于其他的一些考虑,觉得主板上市比较难,曲线上市到"新三板"挂牌,这种也有。还有"新三板"跟场外市场怎么定位呢?"新三板"跟各个地方政府主导的场外市场存在竞争关系,这两者怎么定位在我的概念当中不是很清晰。

第四,板块之间的转板机制不明确,我们讲多层次资本市场,它应该是各有不同的定位的，但是不是截然分割的，它应当有一个比较合理的转板机制，实现资本市场内部的流动。我们讲“新三板”的转板机制，为市场关注比较多、关注比较久，但是一直没有推出来，怎么转、什么情况下退出转板，这些问题都缺乏研究。

第五，从研究层面上，我们的金融法理论跟实务的互动还不太够，我的理解是，从学习金融法和实务部门的经验来看，金融法是特别强调实务性的法学部门，特别强调实务性。我们经常有这种感受，理论界与实务界探讨的问题交集不是太多。我们理解律师应当是很实务的，就是干实务的，但是很多案子听律师在庭上讲观点的时候有这么一种感觉，都是从条文出发来理解法律，他很少能够跟实务紧密结合，就更别说理论界跟纯理论、纯实务的差别了。碎片式的立法、只见树木不见森林的立法还是普遍的，从立法或者研究建议角度来讲，要非常注重切合实际，要兼顾现实的可操作性。

大体就是这些感受，今天这个沙龙非常好，我们从各个层面的交易结构和交易机制入手，进行深入、细致地研究，并提出立法建议。谢谢大家！

赵国富：我谈一些个人的想法，我一直从事具体的监管的工作，所以今天我只是从很具体、细微的问题，主要是几个基本概念上谈一谈，从“新三板”监管的逻辑看我们多层次资本市场的制度设计。“新三板”是多层次资本市场当中很重要的一环，应该属于场内市场，现在的制度设计里面它是属于场内市场。除此之外就是地方的股交中心还有券商的市场属于场外市场。“新三板”发展到现在发展得很快，刚才郭（锋）主任已经说了，到年底 1 万家应该是没有问题的，就上海来讲也有 800 多家，发展得很快。“新三板”的一些制度设计包括基本概念跟主板还是有很大的区别和不同的。据我所负责的监管工作来看，我们这个部门主要负责上市公司还有“新三板”的监管，还有债券发行的监管，这处于典型的多层次资本市场的监管过程中。

我主要分三个问题：

第一，公开转让与公开发行概念。市场实践中我们通常将“新三板”这块常说的“挂牌”等同于“发行”。我们认为的发行，表象上都需要到证监会申请一个行政许可，核准公司股票可以“公开转让”，并纳入非上市公司监管；还有一种就是严格来说，如果前提就是你这个公司股东要超过 200 人，才需要到证监会核准，如果没到 200 人，只是豁免核准的，到股转系统备案就可以了，无论是证监会的核准还是股转系统的备案批复批的都叫“公开转让”。那么就“公开转让”来说，我想它最对应的就是我们在制定这部法律的时候，就是《证券法》中的“公开发行”的概念，但细究起来它是不是公开发行的概念呢？“挂牌”严格说跟“上市”是一组对应概念，公开转让的时候即IPO的时候，一方面公开发行会带来一家公司股东人数的变化，另一方面会有融资的需求在里面，但“新三板”公司公开转让过程中我们的股本、股东人数都没有任何变化，因此，就公开转让的实质意义上来讲，公开转让就是说这个公司到了“新三板”之后，挂牌公司只是获得了一个股票可以在“新三板”市场向不特定对象公开转让的资格，实际过程中也不是说每个公司都实行了向不特定公司的转让，只有实行做市机制的才属于真正意义的公开转让。如果说你没有做市，只采取了协议转让的制度，严格意义上还不叫公开转让。所以我们“挂牌”的概念对应的是“公开转让”，就相当于美国证券法中证券的“公开转售”资格的规定，远远不是“发行”的概念。所以，从这个角度来讲，如果说我们的公开转让制度来自于公开发行，但是大家检讨“新三板”制度设计时会发现，公开转让后面的附加制度设计都不是按照公开发行走的，公开发行后面配的是保荐制度、发行委员会制度，还有发行成功和发行失败，两者明显不同。这两个概念是很重要的区分，我们市场当前大部分很注重发行的概念，但其实“新三板”市场，在挂牌方面应突出公开转让的概念，这是两种完全不同的概念。只有有了发行制度才会有融资的功能，公开转让只是一个交易环节，这两个概念是很重要、很不同的概念。

第二，定向发行与非公开发行的概念。“新三板”发行融资制度叫定向发行，与此相对应的上市公司有个“非公开发行”。上市公司可以非公开发行，这个非公开发行如果细究下来，有明确的定义和制度安排，非公开发行的发行对象只能是10个人以内，投资人的门槛由上市公司股东大会来定。但是就公开发行而言，我认为“非公开发行”这个概念的提法有一个问题，根据界定来说有两个方面，《证券法》第10条规定，上市公司是不可能非公开发行的，因为它的人数早就超过200人了，我认为这个概念的提法有一个问题，它所说的应该是我们市场俗称的定向发行，实际上这两个概念在规定上有点问题。由此我们说什么是私募发行呢？股票市场发行有累计的概念，虽然这一次只发行10个人，但是你已经超过200人了。债券发行市场每期债券都不一样，不需要、也没有累计的概念，所以说私募债券比较精准。债券发行的管理办法可以大公募可以小公募，可以到沪深交易所也可以到“新三板”去交易，这是很明确的。所以总体来说我们制度上还是存在原来实践中很“重发行轻交易监管”的现象，还是比较突出地注重发行，但是对交易这个问题的重视很少，其实我们延伸来看，我们这个市场，P2P市场也好，还有各类各地的金融资产交易所，它做的是发行的事还是交易的事？这个要区分得非常清楚，在概念的使用和规范上要严格起来，从而减少监管漏洞，要加强公开发行、公开转售环节的监管。

第三,有必要研究清楚什么是上市公司,什么是非上市公司,什么是非上市公众公司,什么是上市公众公司。我们经常遇到“新三板”的投诉,这家公司挂了牌就两三个股东,没超过10个人,但是投诉的对象是少数股东之间的(互撕)纠纷,10个人不到,形成了纠纷,有必要投入大量的监管精力、监管资源吗?什么是公开发行?什么是私募发行?发行之后的交易管制监管,我们要从市场资源的配置、发行和交易环节中把这些基本概念厘清,进一步深入研究,在多层次资本市场法律体系中作出严谨的界定,这是我个人的观点,谢谢大家!

孙小中:大家下午好,我是国泰君安孙小中,我是唯一一个在业务前线的人士。前面听了很多教授和专家在理论和法律制度上面的一些心得体会以及建言,我简单从做业务过程中碰到的实际情况,来谈谈我们对多层次资本市场的建设问题。我做了十几年的投行,各类企业见了很多,也见过很多IPO上市,主要是针对主板这块,就是沪深交易所里面;在我们公司内部的制度建设上面,“新三板”这一块是在另外一个部门,在一个场外市场部。我们很大的一个体会是目前我们国家的多层次资本市场,体系很零乱,因为出去见企业,很多没有走向资本市场的客户经常会问我们,我们应该去哪里上最快、去哪里更省事或者说能够融资或者有什么样的政策优惠。其实这么多年来,除了沪深交易所,还有2009年开始的创业板到现在的“新三板”,特别是这两年(场外市场)的量非常大,过程中还有其他的一些反馈,比如上海这边在去年可能出过科创板,可能也上了二十几家企业,但现在好像不了了之了。还有上周我在杭州参加一个培训,上面请来了一位证监会系统的中证机构间报价系统的专家,其实也是一个市场,做了比较详尽的阐述。坦白来讲,我们听了感觉跟场外市场等很多个市场很类似,但是了解了一下发现中证机构间报价系统成长非常快,一些非标的产品或者客户或者企业里面所谓挂牌的量也非常多。它是个公司制的,我们这个体系里面两个交易所是会员制的,现在我们股转系统也是公司制的。这几个市场之间的边界和定位并不是很清晰,有些企业在“新三板”里面也有非常大的个头,有的非常小,边界很不清晰。

此外,建立这个市场的政策制定角度和法律法规的建设角度也很不匹配,现在很多地方对沪深交易所可能相对更成熟,包括政策法规的数量和监管的政策都相对比较健全。但是在我们的场外市场,特别是像中证机构间报价系统甚至各地方区域的股权市场,可能很多都还比较粗,没法可依、没法可循。我们从做上市过程中的例子来看,前段时间对欣泰电气的处罚力度非常大,而且实践速度非常快,所经历的程序和时间还有严格程度应该是最高的。现在在“新三板”市场里面,一下子两年时间到9000家,今年到1万家,从我们的实践来看,我觉得一个企业去“新三板”挂牌所经历的程序以及法律规定蛮少的,将来出现的问题也会非常多。所以在这个里面的企业如果出了什么问题,包括投资者之间的还有股东诉讼上面的问题,依照什么样的法律法规去执行?我觉得现在还是一些空白。总体上从我们的实践过程中感觉就是几个市场之间边界不清,定位还不是那么明确。

在很多一些市场,可能因为某些政策的原因,或者从某些阶层利益的角度,推出这些市场,这些市场相关法律细则还远远跟不上。我主要讲这些体会,谢谢大家!

李有星:谢谢各位,我的主题基于这样一个理论:多层次资本市场要满足融资和交易的功能实现,实现多层次的监管。

第一,首先是多层次市场的理念问题,也就是说一个证券交易要把市场建成体系,这个市场干什么?一个多层次资本市场,必须是融资环节和交易环节并行,这是我的基本结论。资本市场里面主板可以看得很清楚,尽管有这样那样的问题,无非是问题,但是它还是活跃的,能够促进的。但是新三板类似于场外的交易市场,现在可以看到,只要它放开一点融资功能就可以活跃起来。我们转让倒是可以,但没有融资功能;股东转让给股东那是你们之间的事情,但公司没有增长。只有一个新的股东进来以后,增资扩股,那它才可能有融资功能。基本功能没有,后面问题都来了。

第二,分层分类,做大放小。我们在监管过程中经常犯一个毛病,全国要管这条,所有大大小小就都管起来。其实这个理念是最大的危害,我觉得你要把自己划分清楚,哪几个东西你觉得真的关乎系统性安全或者说民生安全,你把它管到了,其他再放(就可以了)。一个交易所它能够弄出什么大的事情?只需要加强投资者教育。实际上特别是在场外交易市场这一块,原则上它不大会出现问题,因为它毕竟不是负债,无非就是一个场所让你们自己进来交易,损失实际上都是有预计的,这个跟债券市场,你欠我债,我要强行兑现,你还不了就怎么样是不同的。交易市场的观念首先要放开,它实际上已经不是交易本身的问题了。这个层次的分类,我觉得应该充分划清楚,更多地放给地方,也就是放给地方来管不重要的资本市场的另外一个体系。

第三,现在我们讲多层次资本市场,一定要注意到互联网技术的运用,从申请开始到审核、到发行、到交易,我们现在实际上都可以网络化,跟原来传统的一些做法应该有很大的区别。我觉得这也是新技术,网络化的推进为多层次资本市场建设提供了技术上的支撑,现在用得不够。股权众筹也好,其他债券的融资也好,互联网技术的运用我觉得没看到,现在还是原来传统的思想。

第四,不管是什么样的交易市场,都需要建立统一的登记制度,这个很重要。《证券法》很大的一个贡献就是把计算登记法定化了,现实生活中出问题的就是,你如果自己设一个公司搞结算登记,在法律上是没依据的。现在社会上,包括早期马云那个淘宝搞的支付宝,早期它的结算环节在法律上没依据,因为结算登记要法制化。登记这个环节统一,大数据一些信息就能统一搞这个事情了,这是不矛盾的。

第五,实现上述目标的结果肯定有赖于《证券法》的修改,所以《证券法》应该突破人数限制,我觉得200人的概念应该有所突破。互联网当中一般来说就是公开大众,大众了,数字就不要局限了,投资的额度、交易的额度、融资的额度的公开是必然了,我想修改《证券法》的时候,同时赋予中央和地方金融监管权,把一些层次低的市场的管理交给地方,这样就有希望。谢谢!

麻晓勇:我这里从更实务的角度,更接地气地谈谈看法。应该讲,我们多层次资本市场提出来以后,特别是"新三板"提出来以后,申万宏源是市场上最早培育"新三板"市场的,但是我们这几年发展当中也得到了股转系统的大力支持。股转系统从无到有建立起来了,取得了非常不错的成绩,因为九千多家企业走进了资本市场,这首先是一个非常巨大的成就。但是与此同时可能也有一些问题需要进一步改进。

第一,我个人的感觉或者跟企业接触的感觉,就是"新三板"市场已经逐步从屌丝市场、草根市场,开始转向嫌贫爱富的市场了。原先"新三板"刚刚发展起来的时候,就是没有对经营业绩的要求,也没有对这个行业的什么限制(国家限制行业除外)。现在,这些东西应该都没变,但是这个监管加强了,监管加强以后,因为券商的责任非常大,所以现在券商在选择项目的时候非常谨慎,自己在做项目的时候把标准无形提高了。现在不像之前,企业符合一定的标准都可以上,一般性的企业或者传统的企业根本就不看。这样的话是不是也背离了让众多中小微企业通过资本市场融资的初衷?当然我觉得这个可能跟市场容量有关,我想这个也需要逐步得到解决。

第二,现在有一些真正好的企业不顾一切地逃离"新三板",有一些好的企业也知道主板市场存在问题,也知道现在要从"新三板"下来在证监会那边排队还要排三年,但是现在有些好的企业就是愿意排。另外一个有意思的现象是,很多挂牌的企业对这个市场表示失望,因为它实现不了它的融资功能,但是与此同时,它还要担负监管的成本,因为随着管理的加强、上面监管的要求越来越高,它要花费很多的成本来维护它正常的经营管理,当然这也是必需的。就是说很多企业在它经济下滑、本身业绩不好的时候,还要来负担比如说审计、季报、半年报等成本。有些企业为什么没有办法发布公告、季报或者半年报?是因为它付不起会计师事务所的钱,或者会计师事务所因为工作忙,因为中小微企业付款上有一定的问题,或者你的价格达不到它的要求,哪怕它做了也不出具正式的报告。有一些企业可能因为这个原因受到处罚,所以这个现象也是倒逼我们反思在"新三板"市场建设上的一些问题。

第三,"新三板"市场应该更关注实效性。目前"新三板"最主要的问题是流动性不强,有些人说为了加强流动性,把投资的门槛降下来,从500万元降到50万元,特别是前面一段时间意见非常多,后来市场不好,这个意见声音慢慢小了。因为这里涉及新三板市场的定位问题,它究竟是像主板市场一样要变成散户的市场,还是变成一个机构为主的市场;作为散户你要投资就去买公募基金、买私募基金,怎样来投资?现在为了增加流动性,也陆陆续续推了一些措施,现在股转公司同意私募基金成为做市商,这也是提高流动性的方式。但是像这种流动性的话,到底是给了私募机构一个低价拿票的资格,还是可以让它真正的起到流动性的作用?其实我觉得这个问题还是有待于研究。就像现在券商做市,也是相对比较低的价格拿票,为什么呢?因为它有风险,现在市场流动性不好,它怕拿高了以后会出现亏损。当然有一些票的话,可能也有很多票拿来,因为价格比较低,所以它就能获得一些名利。公募基金入市的测试,股转系统早已经完成,而且有些公募基金做好充分的对接,也就是说只要股转系统一给政策,它马上就把这个钱投进来买一些票。那么现在问题就是在这里,公募基金入市了以后,万一又被套了怎么办?后续的措施或者如果配套措施不完善的话,这个还是很有可能的。我们在市场建设的时候怎么样来提高流动性、真正的提高流动性还需要研究。

第四,针对整个市场的制度建设要兼顾公平与效率,但是往往有的时候我们市场主体在执法当中可能还会选择性执法,也就是说可能打击的面太广,或者说有的时候,监管部门管券商容易,出什么事情都是归责于券商。但是从公平性,要看犯错误的到底是谁。现在市场里很多欺诈事件,往往是大股东做出的,最后出问题却要让中小股民来埋单,这个时候着重的处罚主体到底是谁?到底是大股东还是那些具体做事的董事?这里还涉及处罚标准的提高等。

林　海:"新三板"市场作为海量市场,应当改进监管理念,用好大数据技术,充分发挥自律监管的功能。

李建平:非常有幸能参加这么高规格的沙龙,我是李建平。听了各位专家和学者,包括实务性的行业内监管的资本市场的参与者的发言,我深有感触,作为实体经济跟资本市场走得最近的一家公司的一员,我想谈谈我们建立的多层次的资本市场跟实体经济到底怎么结合。

资本市场玩的就是钱,怎么样把钱用到实体经济上?我把在实践过程中与公司企业接触过程中的感触,跟大家分享一下。我认为资本市场实际上是一个经济市场,我觉得实体经济是一个全民市场,就是大家都可以参加的,小到开一个胭脂店也可以,高端的是博士后出来搞的实体经济,我觉得每个人都有参与的资格,准入门槛非常低。但是资本市场玩的是钱,这是中国各行各业为什么出现暴涨暴跌的原因。我们现在缺乏优质的资产,大量在多层次资本市场里面操盘的所谓的金融家也好,精英也好,拿了大量的现金,在市场上,在实体经济当中寻找机会,所以在上海把我们的房地产市场在三个月的时间内几乎翻了一番。现在我们的监管也是拍脑袋,感觉不爽了马上出现“一刀切”的政策。货币发行那么多,再到一定的时候我们再出台一个政策,又放开。我是学经济的,我深有感触,出台政策就是拍脑袋,让某个专家一忽悠就出台一个政策,没有长远的规划。所以人家说中国人太聪明,每一个人发一句言我们就创造了一个市场,创造了一个价值。这个是不对的,我觉得资本市场大家要敬畏它,如果这批有能力、有智慧的人,掌握了这么多财富的人,他出现在了哪个市场,对某一个市场就是毁灭性的打击。这是值得我们监管层以及在座的各位专家要深思的东西,否则对中国的实体经济打击非常大。不能形成一个持续性的政策,任何政策出来都是“一刀切”,这个对实体经济是致命的,不管是哪一块。所以现在这么多钱只能往房地产那儿去,房地产不行就是股市。融资融券一推出的时候,最高的时候是两万亿元的融资,这个对市场本身就不合理。包括上“新三板”的问题,有一家公司去年股改都做完了,看到“新三板”是这样的状况立马就不玩了。我们的监管根本没有了解到中国的实体经济是什么样情况,我们的税务、我们的法律都没有解决好,凭什么把这些不具备条件的小公司拿到资本市场去玩?它又玩不转,不是每个企业老板、每个股东都懂得怎么玩。我们的公司在短时间能够脱颖而出就是因为我懂资本,而不是每个人都懂资本,而且资本市场给实体经济带来的实实在在的价值不是每个老板都能理解的,不是每个做实体经济的都能领会的。我们没有把逻辑关系搞清楚,我们想到哪里做到哪里是很可怕的。我们做任何事情都要符合逻辑,这个很重要。如果不把逻辑问题搞清楚,只是就事论事解决问题。国外说我们的资本市场还不够,我们的上市公司还不够,那是因为产业资格不行,法律法规没有达到那个水平。如果只把数量搞上去,光有数量没有质量有什么用?这个是很可怕的,不可以用数量来衡量我们成长的大和小,所以这一点是值得通过这一次的沙龙来研讨的。我想表达的还是,我们社会制定这么多的法律法规也好,这么多层次的法律也好,怎么样跟实体经济结合起来?要先从根本上解决问题。根本上不解决问题,大家讨论了很多的表现、现象,就只会越来越混乱,导致我们的资本市场越来越复杂。他都不知道他想干吗,他制定出来的东西一定是表象的,不能从根本上解决问题,只会让我们的法律,我们的市场状况,越来越复杂。谢谢!

吴　弘:前面发言都很精彩,特别是我们对面一排来自实践部门的讲得非常实在,但是也体现了一个问题,因为他们都是证券业的,讲的都是证券业的事情。多层次资本市场不能仅仅讲证券市场的东西,我讲点新的想法给大家启发思路。既然讲多层次资本市场体系,我们对这个问题研究要体系化。刚才李明良讲我们立法碎片化,就是对它的整个认识不够体系化,刚才黄江东也讲了现在的研究非常零星不够系统,这就是体系化的问题。证监会系统一直在讨论多层次资本市场,但是多层次资本市场不仅仅是证券业的东西,我们要管整个中国的证券市场,管中国整个资本市场。

交易所有主板市场,有中小板,有创业板,上交所也曾经要搞战略新兴板等,但这些仅仅是场内的市场。场外大家讲了很多的比如"新三板"的问题。还有要用信息系统做一些事情,场外市场也在做一些开发。除此之外我们还有(其他交易市场),不管讲什么看法,讲四板、五板,地方的产权市场和股权交易市场,这两个还不是一回事,北京有北交所,上海有股权交易中心。除此之外我们还有其他的市场,有银行间债权市场,不能说不是资本市场的一部分。我们还有上海清算所。在这种情况下,我们现在信托的问题,理财产品越来越多,信托产品很大一部分也是流入资本市场的,而且信托产品实际上在柜台交易。我们对事物的认识还有很多局限,证监会内部认识还不同,每次开会讨论都有不同的分析。我们现在讨论一些问题的时候为什么会碎片化?因为大家只是从自己的立场出发。有的时候我们真的要站得更高一点,比较系统地来看问题,既然讲多层次资本市场,是一个体系,我们对这个问题的研究和认识就要体系化,一定要跳出现有的框框,这样的话我们的立法才能形成体系,这样我们的监管才能形成体系。这是我第一点看法。

第二,有关资本市场立法的体系问题。立法体系化的问题,刚才大家讲了很多,多层次资本市场本身就有多个角度的理解,刚才我们从场内、场外市场进行区分,它有各种各样的体系。我们如果从产品来划分,它除了股票以外,我们还有债券,还有基金等等。债券也有交易,证券化交易也有,除了交易所有以外,银行间债券市场也有这些产品的交易。这一次《证券法》的修订当中我们可以看出,我们的体系要完善,特别是衍生品,衍生品只会增加不会减少,但衍生品市场的立法特别欠缺。至少我们搞过的那些衍生品,不管是债券还是权证都是有问题的,权证我们搞那么活跃,市场出那么多问题不是没有依据,(不过)这个我们不展开。那么多的事情,我们到现在还缺乏依据。就产品而言,它的多层次缺少很多规则。我们从交易或者发行的方式来分,还可以分出很多,如刚才大家讲到的。可能我们现在更多的是针对公开发行和上市交易的品种,这个立法有一些,但是还是缺乏区别性和层次感,现行立法当中主板和中小板是分不清的,没有区别,创业板和战略新兴板的差别在哪里也搞不清楚。就主板而言,它的那些层次感就很不明显,场外的就更缺乏这方面的规范和区别了,特别是股权私募和股权众筹,这个现在在场外是非常重要的,但是缺乏最基本的规则,因此造成了很多的问题。

如果我们就行为而言,那么又有准入的问题。准入有区别,退出也有区别,当然还有转板。那么我们讲立法的体系,要从多个角度来考虑立法的体系问题。还有关于监管的体系形成,多层次资本市场的监管也不能"一刀切",当然我们现在讲得比较多的是功能性监管,我们希望证监会能够把主体、主要的资本市场都能够管起来,当然现在做不到。我们不是说证监会不好,证监会想管,但是有很多政府机关不让它管。我们之前搞一个基金会搞得头痛死了,很多部门都要管基金。当然我们最好的办法就是让证监会来管,但是现在实际上也不是的,证监会(只是)把私募稍微管了一点了。但是刚才讲到的银行间债券市场、信托的产品交易市场、保险的交易市场,这些显然我们还做不到。尽管我们现在金融体制在改革,但是改革遇到困难了,所以金融监管会议 6 月开不了,9 月开不了,现在不知道什么时候能开。在这种情况下,我们还是有一条要坚持,《证券法》修改过程中,至少整个资本市场主体、市场体系当中的主体要由证监会来监管。但是除此之外还有一个问题很重要,就是地方政府的问题,我们有大量的地方性、地区性的资本市场,这些地方性的产权的、股权的资本市场,你说不让地方政府管那也是有问题的,地方政府有强烈的冲动。结果虽然他有这个冲动,但是责任比较少,早期酿造了不少的问题。有两个老师抬杠,西安的那些坏人骗的都是上海的老百姓。这就是说地区性的市场急需规范,不如允许地方政府管,把规则制定出来,让地方政府真正承担责任。重要的、全国性的资本市场还是有系统性的资本市场,像去年的全国性的股灾就是系统性的风险,需要依法严格监管。我们要承认这个现实,那就意味着在资本市场体系的监管上,要成体系地监管,也要有监管的体系。中央监管机构管着全国市场,地区监管机构放给地方政府,当然这个地方政府要赋予它权利和义务。

总之我简单归纳一下,整个资本市场体系,我们经常讲多层次市场体系,那么我们在认识上就要体系化,在立法上就要体系化,在监管上就要体系化,我们要跳出部门的、行业的框框,就是这个意思,谢谢!

曾东红:尊敬的各位专家、各位学者,我跟大家汇报的题目是强化证监会的功能性监管与区域性股权市场的市场化改革。在参加这个会议之前,我到两个交易中心去看了一下,看上去是门可罗雀的状态,这也是激起我对股权交易市场提出看法的动力。

功能性监管是指根据金融活动及其产品的性质和功能确定其监管政策以及监管职权划分的一种监管机制。它不仅意味着金融产品的性质和功能决定着监管政策,也意味着监管的专业化(专门化)技术主导着监管职责的划分,而与监管机构体制架构并无必然联系。在我国金融监管理论研究中,功能性监管一度被捧得很高,而在近几年"混业统一监管""超级监管机构"等呼声日益高涨的背景下,又几近销声匿迹。事实上,功能性监管在国内外金融监管实践中一直在起着重要作用。

一种市场还需要进行市场化改革吗?这听起来很拗口,但对我国区域性股权交易市场的实际情况来说,确实是那样。众所周知,我国近几年设立的30多个区域性股权交易市场,是在中央政府倡导,地方政府主导、操办下发展起来的。应当承认的是,这几年来的努力起到了一种十分宝贵的、广泛的启蒙、示范作用,在少数有先发优势的区域性交易市场也收获了较好的成效。但不容忽视的是,这种各省级辖区"人有我有"的格局实际上是一种新的"市场割据",正在萌发一种新的"地区封锁"。由于缺乏一些至关重要的生存、发展要素(其中交易量、效率和回报是很重要的因素),市场各方的参与积极性和参与度普遍较差。又由于监管体制不顺,中央政府监管机关与地方政府之间时常形成"非良性的监管博弈":中央监管机关出于监管职责,总是害怕因监管不力造成不可控的风险,制定监管政策和规则时往往倾向于严格,甚至苛刻;而在现有管治模式下,地方政府天然就有争夺金融资源和扶持本地市场的本性,在它的支持或者怂恿下,各地交易市场总是有"剑走偏锋"的冲动并屡屡付诸行动。"一抓就死,一放就乱"的现象不断重演。目前,多数区域性股权交易市场的主要矛盾是其挂牌企业数量严重不足、交投活跃度无法满足需要、金融工具较贫乏、作为基础市场的作用无法发挥、便利中小企业融资的目的并没有实现。对金融交易市场进行监管并非地方政府强项,多数区域性股权交易市场也没有得到地方政府的有效监管。

没有"包医百病"的单一偏方。我这里想引入另类观察,主张通过理顺监管体制,促进区域性股权交易市场的市场化改革、发展和完善。

1.市场化改革、发展的总体目标。这个目标就是在现有基础上通过市场化的整合,在较短时间内(比如两到三年)最终形成若干个(而不是数十个)开放性的区域性股权交易市场。这些市场将相对独立地发挥自己独特的投融资功能,不一定与“升板”“转板”挂钩。后者不应当由交易所(中心)功利性地推动,而应当交由市场竞争机制解决。在市场化整合过程中,具有先发优势、有规模和效率、初步具备市场地位的股权交易市场将逐步联合、兼并其他股权交易市场,未能胜出者将成为胜出者的分支机构或者将走向终结。同时,不排除一部分交易所(中心)向其他方向转变,比如,向多功能性的投行方向发展。

诚然,如果能够像当初的设想那样,在各省级辖区内各自形成和完善各具特色的高绩效区域性股权交易市场,那无疑是完美的。但我们应当清醒地认识到,正像不可能星罗棋布地形成真正有好绩效的开发区、高新区及金融中心那样,我国几乎不可能形成三四十家真正高绩效的区域性股权交易市场。因为那不符合金融市场的形成和分布的内在规律。目前各省级辖区各自布局区域性股权交易市场的大致理由是“幅员辽阔,企业众多,地区发展不平衡”“就近服务企业”“差异化特色市场”“与地方政府资源对接”等。前三个情形,在互联网环境和现代通讯技术下是可以解决的。而金融交易市场的差异化主要不是由地区的差异化决定的。地方政府资源(如引导基金、税收优惠等)只能解决企业局部的或者短暂的问题,不能解决企业的稳定、长远的发展。以长期的忍受规范成本作代价,接受一时的“恩惠”,有一定前途的企业也未必愿意。目前多数区域性股权交易市场的表现就是明证。其次,在现代互联网及通讯技术环境下,交易市场的区域性不应当被狭隘地理解为地点分布的区域性,更不应当被理解为行政区域性;它可以理解为经济区域性,也可以理解为服务目标的区域倾向性等。我们不能一方面大喊“互联网+”,另一方面又不允许互联网和现代通信、现代交易技术发挥应有的作用。

所谓市场化整合,就是适用市场企业兼并的规则。所谓开放性,一方面是跨地区、跨区域性,另一方面是参与交易企业的准入规则的便利性。

2. 强化证监会功能性监管的目的。一方面,必须确立证监会为主管区域性股权交易市场的监管机构。它不仅要统一制定监管政策和基本监管规则,而且应当实质性地进行必要的行为监管。另一方面,借此削弱地方政府的监管干扰,扶助区域性股权交易市场的自律组织对日常事务实行自律管理,形成以自律监管为主的监管体制。其次,通过监管体制的集中,弱化地方政府对交易市场和企业的束缚,促进市场兼并和统一。最后,由于统一了市场,在有限的几个交易市场内部,交易机制也就统一了起来,人力、财力、物力得以高效运用,证监会与自律监管的互动也从技术上变得更加可行和容易。又由于证监会保持了必要的行为监管,对风险监管的灵敏度将大为增加,风险控制问题也变得较容易。

还应当看到,股权交易及其附属性的融资质押、债券发行与交易等,本质上都是证券化(广义)性质的交易。证监会对这一市场的主管地位和专业优势是不容置疑的。功能性监管不仅在美国金融监管中确立了优先地位,近年来在英国金融监管中也有了重要的转向。其中蕴含的科学、实用的方法是值得借鉴的。

3. 市场化改革的法律障碍排除问题。立法当然是严肃的,法律条文具有刚性。但是,在遵循法律宗旨的前提下,我们不能低估法律技术应对新情况的"灵活性"。当然,必要的条件是顶层决策者应当颖极思变、放松管制、对市场改革持开放性态度。我注意到,现在区域性股权交易市场各方对诸如"国发 38 号文"等一些规定有不少不同意见。但现有文献中不少学者站在比较保守的立场解释区域性股权交易市场在建设和运作中所面临的法律问题。比如,为什么有限责任公司的股权不是场外交易的标的,为什么不能从事标准化交易,为什么交易应当有交易间隔(不能连续交易),为什么非公众股份有限公司的股东不能超出 200 人,为什么不能跨区域挂牌,托管、登记及结算是否有法律依据等。应当承认,他们的逻辑思维是严谨的,所用的论据、判例也是可靠、经典的,作为学术论文应该这样。但是,不要忘了,场外交易市场的交易风险不仅要靠法律制度来防范,更重要的是靠大数法则来分散和化解的,亦即根本上要靠市场本身,尤其是交易效率和交易量。如果实践中有限责任公司的股权交易在顺利进行,你还会拘泥于"私募公司"怎么解释吗?如果你亲眼见到快速成交、转手确实解决了投融资各方的需要,你还坚持必须有交易间隔的规则吗?200 人的人数限制在《公司法》立法时也许是最佳的选择,但当你发现它明显变得迂腐时,难道就不可以用司法解释变通吗?

不同的价值取向影响法律选择和解释。在很大程度上,法律解释要促进交易,这才是防范风险、保护投资者之要道。

李　磊:大家下午好!今天借这个机会跟大家学习和探讨一下,社会保障法里面有一个很重要的内容就是社保基金的统筹以及入市的问题,这一直是一个比较大的问题。今天我看了一下题目,非常好,是多层次资本市场体系建设,我们社保也提一个多层次的养老保险体系建设问题,都是多层次的。其实跟我们证券、跟我们金融相关的主要是社保的第二层次,也就是美国人讲的 CEK 计划,也就是中国人讲的补充养老保险这个东西。这个东西大家都比较关注,可能每当说社保基金要入市了就很关心,这个东西市场当中有很多传闻,一说股票要下跌了,然后市场就在那边传,为什么要跌呢?是因为要等社保基金入市,找到社保基金入市的点。这个东西完全是一种,你说它是谣言,我觉得实际上是不明就里的猜测。我今天借这个机会,我想谈一下为什么我们社保基金这么多年了,才从一开始所谓的国有资本划转到后来的入市。我在想一个问题,我们在推进多层次的资本市场体系建设时,作为一种战略投资者,比如像养老基金,在它入市、购买股票或者战略投资方式上实现养老基金的保值增值方面,我们一直是坚持安全性第一、效率第二的原则,在中国股市现场就是如此,不能像美国股市一样发展各种各样的教育基金会等,相当于(我们有)比较大的选择面。那么我在想多层次资本市场特别是证券市场当中,是不是可以有一个内分层次?这些层次的股票比较适合像社保基金、像比较大型的基金,或者跟国计民生有重要关系的这些基金来投资,那么这个东西虽然说不是大的方面的宏观性的层次,也相当于内部的分层。这一点是因为美国某些股票一旦被纳入某一个指数,比如纳入纽交所指数的话,很多基金就会自动买入。那么我们这边不知道这个条件是不是允许,因为我也不是很清楚,我不是搞这个东西的,但是我在想美国的 CEK 计划是全世界做得最好的。未来的话我们的资本市场、我们的金融市场肯定有一个很重要的功能,要为我们的养老保险的财务的可持续性发挥作用,这些都是必然的,否则的话养老保险的基金窟窿永远都堵不上。我有一次听一个教授讲的报告,任何一个省长都不愿意拿几百亿元放到那边去,每年拿 2% 的定期,他都想把这个钱投到各个资本市场去,但是目前的资本市场又不允许我们去这样投资。这个问题我今天相当于提出来了,未来证券市场的发展能不能为社保这一块东西做出一点贡献?

除了这个之外,《证券法》修改当中,一旦社保基金真的入市的话,那么带来第二个问题就是 GDP 的问题,因为 GDP 的问题是个永恒的问题。社保基金的入市应该做一个比较明显的披露,因为它实在太重要了,这个披露要做特别的披露。

肖　伟:我主要想谈一个观点,我们要尽快、彻底摒弃泛资本市场的意识和做法,因为我有切身的感受。从证券市场来说谁可以成为市场的主体,应该有什么样的产品、什么样的规则,可以办哪些具体的市场,这些不应该由政府来确定,而是应该让市场自己发展。所以我觉得谁来办资本市场?我觉得不是任何人可以办的,(资本市场是)各方面的市场要素汇集而成的,不是谁都能够办好的。一大片草地一个公园怎么修路?一个最简单的做法是看大家怎么走,怎么走我怎么来修路。我们从证券市场来说,我们需要哪些品种、需要什么样的规则、需要什么样的市场,我们的政府官员能够了解吗?他了解都是间接的,而且了解的不是准确的,不是第一手的。哪怕是我们学者,如果不进行深入调查研究,我们能够清楚吗?能够知道吗?如果知道也是很慢的,为什么不让那些真正有经验的人发挥创造性呢?我们把底线抓住以后,应该让这个市场自由地去发展。当然学者要进行归纳,要形成体系,立法也要有体系,因为我们是具有大陆法系传统的国家。但是我们做生意,不能说我们先有体系,然后再去做那个生意,先有什么我们再去做那些,这个我觉得有点削足适履了,应该是先有脚然后考虑穿什么鞋子,不是先做好鞋子让脚按照鞋子去发展。

另外要用市场的方法。我在美国的时候就发现,下雪了车都不乱停,很多美国司机一定看线,他怎么能做到这么认真呢?他是用市场的方法,不是让警察去查,而是有专门一个公司去拖车,如果你停在那边的线上它就去拖走,然后收很多的钱,它恨不得多一些车停在外面让它拖走,它自己还会举证,它怕搞错了,它扒开雪拍照,而且你还不能告它。这就是用了市场的方法,(市场的方法)解决了很多立法的问题,我们不要习惯于用行政的方法,这个可能不太好。另外我觉得主板市场可能可以考虑让政府介入多一些,情有可原。那么一些低层次的应该再放开一些,我讲到区域性的,比如厦门有一些餐饮业在当地很有名但是做不大,做不到全国去,因为有地方口味,地方让它去发挥。所以我觉得要发挥地方的,要不然九千多家都聚在新三板,很乱,如果地方都去搞,就很好了。所以我觉得不能光重视中央的统一的作用,还要发挥地方的作用。

洪治刚:今天讲对策,我就来谈谈对策,讲讲我长期以来的思考。

第一,我认为对场外交易市场的市场组织形式与交易形式这方面的监管应当弱化和变革,其实我们当前证券市场反映出来一些问题,很大的问题在于效率性的问题。三大目标其中有两大是安全和效率,我们长期以来非常注重安全,生产安全性问题我们很重视,但是生产效率性问题我们的重视不够。可以先从场外市场做起,这一块监管应该弱化,我甚至主张放开。不管是股票市场还是衍生工具还是其他的各种各样的金融产品,它都要求是在固定的场所进行交易,包括我们《证券法》上也规定得很清楚,就是证券应当在国家依法规定的场所进行交易,否则就不行。我们 2008 年的时候办过一个案子,那个案子我到现在还是不服的,上海有一对大学生毕业之后开始创业,后来自己搞了投资公司,然后代理交易在陕西的一些非上市公司的股票,最后被抓起来了,叫非法经营。这当时还是 2008 年的时候,很多东西还不明确,当时有很大的争议,到底该不该定罪?证监会出来说归我管,就成了证监会的东西了,最后一个判了 8 年,一个判了 16 年。这个案子我们到现在都不服,证监会管这么多干啥?场外市场我们应该放开,刚才很多专家提到市场化,就是应该放开,证监会要有所为、有所不为。现在我们搞创新,把新三板圈一个圈子推了进去,为什么不放开呢?为什么不在这方面弱化呢?因为我们说国家监管这一块很不相信市场,很不相信我们的年轻人。弱化之后,我们放松了监管,我们要以市场为主线。我们不是说什么都管,长期以来有这么几条可以去做:场外市场不管怎么样全部登记,我们专门设立一个登记部门去登记一下,登记的目的就是跟踪监测,我们一直对它进行跟踪监测,在跟踪当中我们看它有没有问题;我们发行登记让它自己去交易,让市场用脚投票的方式功能发挥作用,让市场去发挥作用。如果说你亏了,比如买债券亏了你自己负责,如果欺诈了就永远不让你再发行任何东西。我们要弱化,然后要变革,这是第一点。

第二,我们刚才谈了很多关于股票的东西,多层次资本市场除了市场组织形式之外还有一个很重要的多层次就是金融工具的多层次,所以第二点我就说要通过加快金融工具的发展,使得金融工具的多层次化能够不断实现,尤其是负债一端的金融工具。我们现在一个新的现象就是,搞了一个 CDS,很多人说会不会出现 2008 年的问题,我认为不太会,因为我们的国情跟他们不一样,我们有党的领导,而且上下同心,我不相信中国会出现大的金融风险,这是我的判断。我说不用担心,中国的情况跟美国不一样,我们能管得了,我们一个号召、一个动员,谁敢不从?这个我们不用去担心,我们把好的方面发挥出来。而 CDS 就是信用缓释工具,它是在负债端很重要的尝试,长期以来在金融工具发展上,我们过多地考虑了资产端,比如资产证券化等,但是负债端这块我们长期以来是缺失的。所以 CDS 给我们开了个好头,我希望如果有什么建议、对策的话,金融工具的多层次化应该去加大。我觉得要逐步取消银行法、证券法、基金法、保险法里面关于经营范围管制的条款。经营范围要逐步放开,要进行一个转变,我在做业务的时候,比如中国银行的金融产品中很多东西都是创新产品,创新产品我们怎么做?第一个考虑的就是合规性,如果不合规就不得了了,但是我觉得应该要放开,要逐步放开、有序放开,激发我们的创新活力,最终使我们的效率性能有它应有的位置,谢谢各位!

陈　胜:大家下午好,我觉得前面几位嘉宾都谈到了关于地方股权交易市场或者是地方交易所的问题,以前我在银监会工作的时候也参与过国务院清理整顿地方交易场所这样的联席会议的工作。其实在对地方交易所进行清理整顿的过程中,能够看得到地方政府和中央监管部门的矛盾,这个矛盾刚才我们的一些嘉宾有所涉及。基于地方政府争夺自身权利的事实,我们虽然担心这些交易所会酿成一些区域性的金融危机,但是我们回头去看曾经在中国发生的银行业的一些危机,尤其是一些地方在 20 世纪 90 年代审批了很多信用社,地方政府在各方面都承担了给付的责任,很多地方政府在一时没有办法提供大量资金的情况下,向央行进行再贷款——对于央行再贷款,地方财政多优先偿还。很多经历过信用社危机的政府都清醒地认识到,即便你给它自治的权利,它其实也不可能去过多来审批这些容易酿成危机的金融机构或者准金融机构。举例而言,就是大家非常惊奇地发现,广东,虽然是经济大省,但是它的小贷公司的数量、担保公司的数量,以及我们所知道的交易所的数量是非常少的,问他们的金融办为什么没有放开手脚去做,他们说20世纪90年代经历的信用社的危机,让他们地方政府承受了大量的债务负担,他们是有数的,他们知道如果有过多这样的审批或者地方政府已经担保的行为就会脱离他们,所以即便把这个权利给他们,他们也不会乱批设。我们看到云南泛亚这个案件,当这些受损失的交易者或者投资者去证监会上访的时候,证监会说我们并没有审批过,你应该去找云南省政府。当时我就在想,如果这个交易所是证监会审批的,会不会导致证监会自身在以后非常犹豫,因而对这些交易所进行管制。当然越来越多的、至少十几个部委参与到清理整顿行动中,他们也认识到这本身其实是证监会和地方政府的一个博弈,有些部委觉得根本没有必要来参与这样的一个大规模的清理整顿行为。

再回到我们刚刚公开的清理整顿互联网金融的文件当中,其实我觉得也面临同样的问题,这些问题其实都让我们来反思是不是要让中国地方金融自治有更多的权力,让他们能够在地方进行实践,即便出了问题,因为有地方政府的兜底和担保,它会积极进行处置,也不会让风险有过多蔓延。

最后一点,我们在提多层次资本市场的时候可能要进一步来开拓思路,因为现在传统的银行也放开了,之前不可以投资股权的,现在通过投贷联动这一新的政策,商业银行可以试点,可以入股一些企业的股权了。同时我们也要思考在多层次资本市场当中重要的力量就是保险资金,保险资金在资本市场体系的投资过程中,是不是应该受到更多的监管?受到保监会的监管还是证监会的监管还是多部门联合监管这是需要解决的问题。

张继红:说到多层次资本市场的建立,很多人提到投资者保护的问题,我觉得在刚才讲到的效率和安全这一块中,法律和实务界人士更关心政府的权利边界、政府能够有所为和有所不为的范围在哪里。我讲两个,这是我基于调研产生的成果。去年我到温州做调研,温州地区实际上已经出现了金融危机,你说政府兜底,怎么来兜底?其实这里面有很大的问题,我自己的博士论文是关于银行破产的,现在破产已经成为一种可能,政府在这一块的主导作用,至少在金融安全这一块是一道最后的防线,老百姓非常相信政府,包括投资者。现在说到了泛亚也好、易租宝也好,谁来兜底?最先想到的是找政府。当时调研产生的结果是什么?金融办的主任说为什么温州地区出现了金融危机?就是因为当时的金融创新,就是我们说的联保制度,所以我讲一下我的观点。在这一块,事实上我们确实是一个平衡,我们说到在金融交易这一块,我们提倡的是适当性的规则,政府怎么去进行一个权衡?其实政府在我们国家的主导地位是不容忽视的，包括互联网金融到大数据金融；你去看政府的影响力是在的，包括我们说的2015年金融集中的整顿；还要出台管理办法，如果不出台的话投资者的权益如何进行保护？我只是发表一下我这个调研的结果，把更多的时间留给其他与会专家。

冷　静：我就一个关注点，讲一下多层次资本市场的监管目标问题，这是我们今天讨论会的前提问题。证监会主要的监管机构有多重监管目标，证监会在不同阶段的监管目标有这么一些，原来提的是要为国有企业改革脱困、为国企融资，所以早年上市的国企业绩很差，监管机构也不鼓励普通的投资者去购买。但是现在情况变了，监管目标现在看来不是以此为主，一些优秀的公司通过资本市场筹来的钱基本上还给了投资者，这是好的国企——证监会的监管目标发生了变动。

第二个监管目标是为中小企业投资打开通道，但是今天我们从各位实务部门的专家的发言中看到有背离的情形，比如大型和中型的资源公司也在“新三板”上市；创业板更适合被称为创业成功板，不是给真正的急需资金的创业初期的中小企业的；还有上市公司一些定位不清晰，不知道去哪里融资、去哪里上市最合适。为中小企业投资打开通道，我们实务中看到的并不总是一致，是有背离的。

第三个就是提高直接融资比重，但是实际在这个监管目标上，实务界有说法：为什么四大国有商业银行的高管最后能做到中央委员，在官僚体系的上升通道中看上去算顺畅一些的证监会主席却从来不能？所以提高直接融资比重是一个目标，但尽管这个监管目标提出来了，实际上的优先度在哪呢？我们从这么多年资本市场发展中没看出有多么突出。增加市民资产性收入的实际绩效怎么样是值得讨论的。还有一个监管目标是保护投资者特别是中小投资者的合法权益，我觉得这方面的宣传功效非常突出，实务专家都说了，一旦说了市场波动，特别是由技术手段引起的市场大幅波动的情形或者事件的话，最先牺牲的就是市场化建设这种监管目标，它就会停掉一些创新性的交易机制、试错或者试验。维护二级市场指数，这也是曾经提出来过的，是一个监管目标。实际上肖钢主席去职就是在指数上栽了跟头，怎么评价大家是各有见解的。

第四个监管目标是实现资本市场的市场化建设，这讲得很高调，但是梳理出来的所有监管目标都是证监会曾经提出来过的、监管机构提出来过的，这些目标之间总是不一致的，因为监管资源非常有限，目标很多，发生冲突的时候最先牺牲的就是市场化这个目标，比如熔断机制的终止，还有刚才李明良先生说的股指期货市场监管目标收紧，市场化是最先牺牲的目标。实际上证监会的多重监管目标中有一个核心绑架点，就是实际上制约监管目标的，就是二级市场的涨跌，这是绑架证监会监管目标的关键因素。所以证监会自己解套,这个我觉得是个前提,你发展多层次资本市场,监管部门应该把监管目标梳理出优先项来,然后才是顶层设计,就是它把监管目标确立好了,市场参与者自己达成共识。讲多层次资本市场建设,在逻辑上顺了,才有一个比较的前提。谢谢各位。

蒋大兴:感谢各位,我讲如何理解多层次资本市场的开放性。我觉得这个问题前提是在现阶段的中国资本市场中确实是有很多不值得我们信任的参与者,因此我们要谨慎对待多层次资本市场的开放与监管方式方法。

我们必须理解资本市场的本质,我们要在中国建立统一的资本市场,这是从理论上来说。资本市场是资源配置场所,不仅帮助公司进行资源配置,而且对整个社会进行有效的资源配置,但这种资源配置不仅仅是指筹集资本。如果我们将融资理解为企业的融资,这样就会存在很大的问题,我们对资本市场的理解不够开放,它不能解决今天中国很多非营利机构包括高校等的问题,这不是我们说的社会主义,是资本家操纵了我们制度设计的结果。真正的社会主义是什么呢?我觉得应该让非营利机构能够进入资本市场,要让资本市场发挥起社会功能,资本市场的社会功能表明《公司法》《证券法》是要发生根本性变化的。非营利组织也应该可以运用资本市场,这是很大的课题。上市的主体一定要扩宽,我建议在《民法总则》修改过程当中明确这个问题,至少可以说一句非盈利组织包括高校等、资本市场可以统一。所以我们不仅仅是对各类企业开放,还需要对公司以外的机构和组织开放,那么我想十年之内中国必然会解决这个问题。未来我们看到的资本市场,绝对不会是我们今天这个样子——只对企业开放的市场。

郭　锋:我们在座的很多人都是有责任的。

蒋大兴:要注意四个小的问题,一个要强化"新三板"的融资功能,刚才有的教授和实务界人士已经谈论到了,开放股交所例如北交所小额融资的条件和主体。目前我们可以进行私募融资,我们主要是三种:私募股权融资、私募债券融资和质押融资。我觉得可以研究像股权众筹小额借贷(这类融资),以解决我们目前软弱的股权众筹以及产生的问题。我想问一个问题,大家可以思考一个现象,为什么集中管制或者说管理更加规范的股权交易所与分散的、管理更差劲的、更糟糕的所谓的互联网金融不能进去,我觉得很奇怪,我们应该让股权交易所列入北交所这样的机构,它能够和分散的互联网金融竞争,所以我很奇怪为什么我们基本上没太多管制,而互联网可以做的事情,管理相对好的北交所却不可以做,比如我们现在开的口子就是非法的股权众筹,这个我觉得一定要介入交易所,至少要给它这个机会,可能这个问题有一点变化,主体就会发生很大的变化。第二我觉得要开放新三板的品种，比如债券市场的创新。第三要开放业绩不好的公司的融资渠道，比方说刚才很多同志谈到了，只能让好公司进入证券市场、资本市场，这个是很糟糕的。比如现在我们非常缺并购重组的交易所或者这种板块，我们应该在股交所当中建立类似的板块，这会有利于我们所谓的供给侧的改革，包括对僵尸企业的清理等及时落实。虽然现在表面上看“新三板”没有业绩门槛，但是实际上并没有对业绩不好的公司开放，刚才申万宏源的同事已经说到了，业绩不好的公司也应该进入市场去融资，业绩好、不好可能跟不同的领导相关，可能跟时间有关，可能跟行业有关，可能有的行业利润率就低，今天业绩不好不代表它没有未来，我们建立交易所要让它看到有未来的机会，所以在观念上要有大的转变。第四要开放交易所内部的多层次资本市场，我们多层次资本市场要从现在的横向一体化向纵向一体化发展。刚才肖伟教授说资本市场我们是先有人走，后决定怎么修路，但资本市场得先修路然后你按照路走，你不按照我的路走就得被罚。要在交易所内部实现多层次资本市场，比如在上交所内部可以建立各种板块，我们说的横向一体化是按照不同的地方、不同的产品甚至不同的机构设立资本市场，最典型的就是现在每个地方都想搞一个证券交易所，在这种情况下形成的多层次资本市场是点式的，它会增加监管成本。我说多层次资本市场实际上是资本市场发展之初才有的，而我们要的纵向一体化是线性的，这种纵向一体化的，可以减少这种监管成本，尤其在现在电子化发展的情况下，说实话真的不需要按照行政区域或者其他什么区域建立资本市场，因为资本市场中的所有这些东西都是可以标准化的，是虚拟的，不需要像实物交易一样面对面谈判，完全没有必要区域化或者地方化。

提升多层次资本市场的升级空间，我们要提升各个主体的流动性，比如转板机制，转板机制要怎么做呢？我觉得要简易化，比如我在北交所的企业再进入主板的话，申办材料要简化，我们所有教授都知道最怕填表格，我们可以建立交易所的对输推荐制度，然后简化我们现在这种申办材料。转板材料（的审核）也应该快速，要比第一次去 IPO 那个程度低。我就简单说这些，谢谢。

麻晓勇：其实现在不光是没有优化，反而是想要从“新三板”直接退市上 A 股的企业受到了歧视，有三类账户在三板上买到了股票，在 IPO 上的时候还要把这些清理掉，这二者之间、主板市场跟三板市场之间有很多鸿沟需要调整。

宋晓燕：我跟蒋大兴刚刚商讨过关于国有企业的问题，蒋大兴刚刚提的问题值得进一步商榷。他提出首先要建立统一的资本市场，我一直做金融和金融法，原来我是金融出身，我本人一直赞成人类还是要学生态系统，多元化、多样化，尊重这个规律本身、这个系统本身。所以首先从这个观点上，我觉得我和他是不一样的，包括他后面谈到的几个,我觉得可以试,我们没有必要统一做,一个去监管、一个去策划。两手抓,一方面监管,一方面推民法,民法的推进和商法的推进我是大力赞成的,监管这一块也是需要的,我还是建议尽量少一点策划,多尊重市场本身的发展,这是一个总体的结论。

多层次、资本市场、法律体系,前面有些学者谈了,首先我们金融法研究的一定是金融本身,我们要先了解它,很多老师也在破题资本市场。我建议大家对资本市场的理解不要局限于证监会或者银监会,还是要结合金融领域的一些理解,而且金融领域的理解不能局限于我们国内,因为现在要开放式国际化,我们不能自说自话。一年以上中长期融资,对这样一个概念的理解有助于我们对市场本身划分的理清,这里我们回到法律的角度来谈股权市场和债权市场,如果我们谈新金融不能脱离股权和债权的话,它的法律特点很难把握住。在股权和债权的问题上,首先从股权问题上来说,大家谈到了很多的证券市场,无非是特定还是不特定,核心的法律问题是信息披露,你长得丑还是美你起码让人家知道,这是信息披露的问题。可是信息披露适合我们所有的(情况)吗?按照目前《证券法》当中新推出的规则,按照多层次来划分,蒋大兴的这样　个观点我赞同。不同的企业信息披露门槛是不是一样呢?那不一定,针对多层次的要求要有差异性,这是在股权当中的法律体系。

另外就是债权、债权市场,我们看到刚才讲的证券市场当中的债券市场,其实还有银行贷款,银行贷款作为资本市场当中一年期以上的量是非常大的,它有共性,我把它全部归为债权的话,核心的法律问题跟股权市场信息披露就不一样了,谈的是债的交易安全。所有的法律问题都围绕债的交易安全,包括抵押担保、破产保护等等,这样一来我们就会看到我一直在谈的金融法律公法和私法的问题,我的核心观点其实是金融市场的发展,我们要从法治上推进,其实我希望郭(锋)会长多呼吁,我们好多问题是循环来循环去,循环到最后监管总是解决不了,为什么?因为人不是神,监管者不是万能的,他不清楚这个市场会发展到什么程度,谁最清楚呢?市场最清楚,主体最清楚。当然主体是不是完全理解,我也不赞同完全理性的假设,它是有限理性的。这两者一定要结合起来,法律的界定上是私法。你们自己交易的权利,你对你的权利有哪些很清楚吗?不一定。

第二个分析的角度是多层次,多层次就是场内和场外。场内和场外都有的问题,这是属于交易方式当中的不同,交易方式不同同样会契合我刚刚讲的公法和私法,尤其是私法当中的推进。比如对 CDS 的问题它是监管问题还是商法当中的问题呢?这当中牵扯到了清算所的问题,会涉及比如破产的制度等。不管是从股权和债权的分类还是从场内和场外交易方式的分类,如果我们在一年两年三年五年中一直不能把交易法律制度的私法环境推进的话,我们过五年还是在原点,还是谈今天同样的问题。谢谢大家!

强　力:前两年陕西资本市场问题确实很多,吴弘教授参与了当中的协调。其实有一个误区,陕西人都很老实。在陕西注册的公司,到上海来卖股票,什么人来卖呢?是外省人,不是陕西人,这是事实。

第二,今天要讨论的一个问题,我事先很认真地做了功课,也看了一些资料,来之前去陕西股权交易中心做了调研,把最近的一些情况了解了一下,我今天给大家汇报的是关于区域性股权市场的问题及对策,大概是这样一个题目跟各位汇报。

目前我们国家区域性股权交易市场,截止到今年的6月底的话,已经有39家,挂牌的企业总共有46000多家,这个应该是最准确的数字。在这个现状当中,这39家如果按照原来证监会和国务院的要求是一省一平台的标准,就超了,比如说广东就有三个,比如四川和西藏就是一个,就是川藏,是这样一个情况。2008年的时候国务院关于天津滨海新区综合配套试点方案里头的天交所是第一家,地方性的、区域性的股权交易市场到2011年国务院整顿交易场所的决定以及国办关于该决定的实施意见这两个东西下来之后(规定的),再到了2012年的时候,证监会和中证协分别发布了券商参与区域性股权市场的规定,再到去年的6月,证监会公开向市场征求意见,我梳理了一下现行有效的就是5个规定、5个办法,试行办法目前还是征求意见稿,还没有定稿,大概就是这么一个情况。现在这个情况问题在哪里?我觉得存在这么几个问题,第一,从顶层设计的角度,多层次资本市场的体系没有得到法定化,就是我们现在一直在讲多层次,都是从中央文件里边讲,但是在法律上不论是《公司法》还是《证券法》或者其他的相应法律法规,都没有把这个东西法定化。第二对于区域性的股权市场的法律定位是不明的,那这个区域性到底表现在什么上?多层次到底是哪一个多层次?区域性怎么区域性?是经济区域的市场区域化还是行政辖区的区域化?这个区域化有待进一步厘清。第三个问题就是现在存在部门和地方互相竞争的关系,或者说保护行为。首先中央政府和地方政府,其实现在三板和四板之间也存在严重的竞争,那么对于企业、对于券商报三板还是报四板是问题,地方性的股权市场比如说上海的、比如说陕西的,它也是有相当的优势,天交所更不用说了,搞得更早。其他有些地方就未必了,所以说要争资源、争竞争。第二,地方政府之间也存在竞争,比如说广东的三家,比如说江苏的也有两家,苏州的和南京的也有这样的竞争,这是第二个竞争。第三个就是地方监管的错位,现在试行办法当中规定由证监会制定规则,各地方人民政府来监管,但实际监管当中这样的一个权力分配还是存在错配情况。再下来就是第四个问题,各地方区域性无序竞争的问题,各家都在挖,虽然是区域性的,但是这个东西很难,为什么呢?不能排除陕西的企业到上海来,也不能排除新疆的企业到陕西来,所以说虽然这样的做法,但是存在协同计划不能够切板块的这样一个问题。还有缺乏转板机制,四板向三板转板以及向二板和一板的转板,转板机制到目前仍不够明确,没有具体的做法。第四缺乏退出机制,有资料显示大概三分之一左右的四板上的挂牌企业在网上炒作很多资料,问题怎么办?再接下来合格投资人制度也没有完备的制度。

(下面)我说对策了,第一,应该加快修订《证券法》,把证券的定义扩充,这个我同意资本市场甚至把《证券法》将来叫《金融商品交易法》的问题,其实证券就是一个凭证以及投资合同,如果站在这个角度上来说问题就好解决了,加快修改《证券法》,把多层次资本市场法定化,这是第一个问题。

第二,要明确多层次资本市场区域性股权市场的定位,这个应该是市场性的,一定不是说是行政辖区的,这只是一个权宜之计。

第三,要建立完备的转板机制,我建议考虑台湾的兴柜制度,所有的上市或者上柜公司必须要经过兴柜市场,最长时间不短于6个月时间。开始是3个月,后来拓展到6个月,那就是说所有挂牌的或者上市的企业,全都要经历这样一个专业化的、规范化的机构,经历这样一个理顺过程,所以能相应地针对市场环境不好的乱象提供很好的解决办法。我建议搞一个这样的强制性的转板机制,就像小学升初中、初中升高中然后再升大学,当然也有同等学历的个别的,但是我觉得在这里面建立一个转板机制很重要。

第四,要建立一个上市的摘牌制度也就是退出机制。

第五,就是合格投资者制度要明细化,合格投资者制度要建立起来。

第六,要完善监管机制,我这次去陕西股权交易中心他们也赞同不要让地方政府监管,把我们交给证监会。

李文莉:尊敬的各位领导、专家、同仁,十八大报告明确要求加快发展多层次资本市场,而多层次的股票市场是多层次资本市场的核心。近年来,在“顶层设计”和“基层创新”的推动下,我国多层次股票市场的轮廓已日见明晰。但在发展过程中也出现交易所市场内部分层停滞不前、分层理论体系认识模糊、“新三板”交易体量过大而交易清淡、场外市场无序发展等诸多问题。下面我将结合国际经验和国内现状,谈谈对多层次资本市场的几点不成熟思考。

第一,参考IOSCO的框架三分我国资本市场,构建正金字塔形多层次资本市场体系。

传统意义上资本市场分为两大层次：证券交易所市场与OTC市场，即场内市场与场外市场。但随着信息技术的发展，证券交易大多通过电子网络系统完成，场内和场外市场之间交易方式的界限已逐渐模糊，也因此产生了“非交易所交易市场”这样一个中间地带。目前，“三分法”成为资本市场的国际趋势，国际证监会组织(IOSCO)的咨询报告将股票交易市场分为三个层次：(1)交易所交易市场；(2)非交易所交易市场；(3)柜台交易市场。由于发展路径和制度环境不同，世界上各个国家和地区的股票市场结构也是多种多样的，但基本上都可以归纳为IOSCO的“三分法”。

我国资本市场的传统分层为五分法：(1)“一板”市场，指上交所、深交所的主板及中小板；(2)“二板”市场，指深交所的创业板；(3)“三板”市场，指全国中小企业股份转让系统；(4)“四板”市场，指区域性股权交易市场；(5)“五板”市场，指券商柜台交易市场，包括现在出现的股权众筹平台等。这是我国特有的约定俗成的五分法，一定程度上客观描述了我国股票市场的现状。但这种分类方法不利于监管类型化，建议还是依据国际惯例的“三分法”来构建我国“正金字塔形”的多层次资本市场体系。

从顶层设计的角度，我国可根据挂牌或上市企业准入门槛、投资者资质管理、信息披露要求、流动性、交易方式和监管方式等把不同的股票市场分为：交易所市场(沪深两大交易所)、非交易所市场——全国性股权转让市场(新三板)、柜台交易市场——区域性股权市场(四板)及券商柜台场外市场(以下简称“五板”)三个大的层次，服务于多元化国民经济发展需求和多层次投资者投资需求。这三个层次市场的发展将最终形成“正金字塔形”的多层次资本市场体系。

第二，坚持市场化、法治化路径，适时推进市场内部分层。

在上述三分法的基础上，如何加强每一板块的内部分层十分重要，市场内部分层能够使市场变得更加立体多元，吸引各类企业上市挂牌，进而增强市场自身活力。市场内部层次是交易市场的内在需求，应坚持市场化路径、政府适时推动。

建议恢复战略新兴板，优化交易所市场内部分层构架。因为战略新兴板，定位为低于主板高于创业板，与之错位发展、适度竞争，服务于战略型、创新型企业，防止国内战略创兴型企业外流、为中概股回归提供较好平台，是沪市主板下科学分层设计，建议条件成熟，恢复建设设计。

科学设计市场内部分层，解决现有“新三板”困境。目前“新三板”市场现状堪忧，挂牌数量火爆、市场交易清淡、市场服务质量持续督导堪忧、未来面临大面积退市。下面通过中美市场几组数据对比,剖析我国三板发展困境的原因。美国类似市场包括纽交所、纳斯达克等在内的14个交易所,还有几十家另类交易系统(ATS)和200多家经纪自营商(Broker-Dealer)内部撮合平台,形成了近300个上市股票的交易中心,拥有4400多家券商(还不包括14,000多家在SEC注册的投资顾问以及大量在州注册或豁免注册的投资顾问)提供上市股票的交易服务和非上市股票的场外交易服务。这么一个庞大的市场服务体系,在美国证监会SEC的监管之下,并履行信息披露义务的上市加挂牌公司数量没有超过15,000家,而美国的证券市场已有百年历史了。对比我国,我国新三板市场2016年年底交易量可突破10,000家、未来可达20,000家,而我们券商总量120家,有资格做三板的不超过90家,相当于每家主办券商平均要为100多家公司提供挂牌后的督导、定增、定价、交易、资产重组等服务。我们忍不住要问:先不说服务质量,服务人员在数量上跟得上吗?要说质量,这个市场绝大多数人员投行业务从业不超过两年,这服务质量能好吗?任何一个市场,特别是有组织的市场,是有承载能力和服务半径的,超出承载能力的市场服务肯定是做不好的,这是客观规律。具体建议是:(1)做好内部分层。将三板市场一分为二:一块是创新层,逐渐演变为一个真正的交易所,做成纳斯达克;另一块为基础层(占90%),转变为真正的OTC市场,做好的可转创新板。二者各自沿不同思路和道路去发展。市场在股转公司层面分化后,券商服务也会随之分化,做到有的放矢,不像现在,督导边界存在大量模糊区域,督导压力较大。(2)提升创新层的交易量。目前做市股票只有1500家,交易量只有5个亿,不足创业板市场的3只股票的交易量。在买方远远大于卖方的市场,需要引入和激活买方。(3)加强四板与五板的融合。五板往往因流动性需求不足,客观上需要有一家或多家券商提供支持才能较好地发展,而单个券商的柜台交易也往往需要有一个物理存在,因此,两者存在自然融合的趋势。根据目前市场已出现区域性股权市场与券商融合的现象,进一步依靠市场化机制的推动,以服务对象作为多层次的划分标准,切忌用“一刀切”的方式管理四板市场,支持跨市场展业,鼓励四板与五板融合,并统一纳入证券监管的范围。将四板市场主体的经营牌照、人员从业资质、统一的信息披露等基本规则纳入证券监管的范围,而其股东构成和高管任命则由地方政府和企业来决定。

第三,促进不同层次交叉、同一层次市场竞争。

建议监管层次较高的市场允许向下兼容,可以从事层次较低市场的业务;同一监管层次由多个市场机构充分竞争,优胜劣汰。如交易所可通过独自或联合其他机构发起建立ATS或MTF,进入非交易所市场,如纳斯达克与几家券商合营建立私募机构市场 Portal。与此同时,允许非交易所市场中符合条件的升格为交易所,如美国的纳斯达克从非交易所市场到交易所的华丽转身。

第四,建立健全配套制度,充分发挥多层次资本市场的资源配置作用。

结合多层次资本市场不同层次的特点,建立健全相应的转板机制、发行机制、退市机制、投资者适当性制度以及分层的信息披露制度等配套措施。

首先是转板机制。转板,不仅指“新三板”整体和沪深两市之间的转板,还指内部层次的转板,如“新三板”中的创新层(中国纳斯达克)和基础层(OTC)的转板。探索在创新层和基础层之间的转板,探索创新层的退市制度,为多层次资本市场优胜劣汰提供制度供给。

其次是发行制度。积极探索多层次资本市场的证券发行制度,不同的市场有不同的信息披露要求,适度披露是规范市场与提高效率的本质要求,建议在交易所市场推行以信息披露为核心的注册制,在非证券交易所市场探索“新三板”小额半公开发行,在场外市场探索私募发行或小额公开发行豁免,如在股权众筹领域可探索私募豁免或小额公开发行豁免。

再次是退市制度。为保障各层次的优胜劣汰,必须完善和建立相应的退市制度,通过坚持市场化和法治化的路径推行退市制度。可在交易所市场探索主动退市与强制退市并重机制,在“新三板”做好板内的创新层到基础层的退市,把创新层打造成中国纳斯达克。从交易所板块退市的公司可以进入“新三板”交易,亦可进入某四板市场交易;在某四板市场交易的公司,若达到标准,亦不必经过“新三板”市场,可以直接申请到交易所上市。

最后是投资者适当性制度。基于多层次资本市场的流动性和投资风险的不同,建立不同的投资者适当性制度。交易所市场可加大培育机构投资者的力度,改善目前散户为主的市场现状;在“新三板”继续探索做市商制度改革与完善,引入公募基金、社保和保险基金等优质机构投资者进入;在场外市场可探索小额公开下的有投资限额的普通投资者进入等。

综上,我国多层次资本市场设计建议总结如下:(1)参考 IOSCO 的框架,三分我们资本市场,进行相应的框架设计,制定相应的监管规则。(2)坚持市场化和法治化路径,适时推动市场内部分层。交易市场内部的制度设计是其自己的商业决策,交易市场经过适当审批可以根据自身定位做差异化的层次设计。(3)促进不同层次交叉和同一层次竞争,激活和开发多层次资本市场的活力和作用。(4)建立健全转板机制、发行机制、退市机制、投资者适当性制度以及分层的信息披露制度等配套措施,充分发挥市场的资源配置作用。

以上就是我有关多层次资本市场的几点不成熟思考和建议,不足之处敬请批评指正。

邢会强:很有幸做了一个课题,叫《新三板条例基础法律研究》,差不多就要提交了,基本的结论就是股转系统(新三板)适用《证券法》的基本精神,但是不适用《证券法》的基本规定。但是我们修改《证券法》,要把新三板的制度纳入的话,现在我们的理论研究远远不够,因为《证券法》修改近期要完成,来不及了。所以我提了一个建议,这个建议叫做制定《全国股转系统监督管理法》。目前证监会推的是条例,这个条例好多东西突破不了,受制于《证券法》。我的基本建议是制定一个单行的《证券法》的特别法,就是基本的观点。这是我学术的观点。

倪受彬:非常感谢,下面我们把会议的总结阶段交给我们的郭会长!

郭　锋:这次沙龙的观点要形成报告。第一,我们要把中国目前多层次资本市场的现状,这个现状包括成绩和问题,特别是成绩和问题的原因是什么,发展的短板是什么,受制约的因素是什么,可能有的风险是什么,体制上的、市场上的、监管上的问题,以问题为导向提出来。

第二,要回归逻辑,要讲哲学,具体到证券法,实际上就是如何正确认识多层次资本市场的功能,回归的基本点就是这个功能,对这个功能我们有不正确的认识,或者认识还不清楚。刚才很多专家做了归纳,比如要为实体经济服务,要为不同层次、不同需求的融资者和投资者服务,既有融资的功能也有投资的功能等。要促进公司治理结构优化、产业结构调整的功能,还有就是投资者财富增长、权益保护功能,就是要从这些方面对功能回归作一个认识。特别是要拔高一点,一定要回归到中央文件,中共中央的十八届三中全会的决定和当前包括上一次经济工作的会议,包括现在特别强调的供给侧结构改革,要达到这个层次认识资本市场的功能。

第三,如何完善多层次资本市场的制度建设。不仅仅是狭义上的传统证券市场,包括银行间一年以上的中长期市场,包括债券、期货、衍生品交易,这些都是多层次资本市场的组成部分。

第四,要在树立正确的监管理念和合理配置监管职权这样一个前提下,进一步完善和构建多层次资本市场的监管机制,特别是功能监管机制。这就涉及我们对监管理念的梳理和认识,包括刚才大家谈到的中央与地方的分权问题,哪些是强化中央的?哪些可能是要给地方的?大家有不同的认识。地方怎么防止金融风险?像上海和陕西的案例,两个地方互相推诿,说明金融是个系统性的问题。区域性市场,还要尊重地方的职权。功能监管就意味着并不是说证监会一家来监管,是证监会为主体,多个部门执行。在今年两会上总理作的报告里面以及“十三五”规划里面明确了功能监管,这个是非常重要的。还有不同交易市场的一些分层怎么区分,怎么完善、构建金融监管制度,怎么建立以中央银行为主体的,或者单独设置金融监管委员会的监管制度,需要符合中国的实际。

第五,要完善和创新多层次资本市场的立法制度。近期要修改《证券法》,中期可能还是进一步推进《金融商品交易法》,最终是要搞《金融服务法》。希望进一步加强研究。

第六,我代表中国证券法学研究会感谢各位专家,包括学术界的和实务界的,在周末来参加沙龙,也感谢中国法学会的领导亲自来指导,特别感谢我们的承办方上海对外经济贸易大学,感谢倪受彬院长和李文莉教授做的大量的工作!再就是感谢李建平董事长和李素芬 CEO!感谢高素质的学生——上海对外经贸大学的同学,会务做得非常好,也非常辛苦。会议结束,谢谢大家!

民法典编纂中的证券法一般规范研讨会实录

中国法学会证券法学研究会秘书处整理

主题:民法典编纂中的证券法一般规范研讨会

时间:2016年12月24日下午

参与研讨人员:

郭　锋(最高人民法院研究室副主任、中国证券法学研究会会长)

甘培忠(北京大学法学院教授、中国证券法学研究会副会长)

蒋大兴(北京大学法学院教授、中国证券法学研究会副会长)

刘　燕(北京大学法学院教授)

王莉萍(《中国法学》杂志社副总编辑)

尹　飞(中央财经大学法学院院长、教授)

王克玉(中央财经大学法学院副院长、教授)

邢会强(中央财经大学法学院教授、中国证券法学研究会副秘书长)

杨　东(中国人民大学法学院教授、中国证券法学研究会副秘书长)

夏　深(法学博士、中国证券法学研究会会员)

胡曾铮(方正证券助理总裁)

何仲新(厦门大学法学院博士生)

郭　锋:2016年的中国证券法学研究会的计划要对民法典编纂中与证券有关的条款,比如民事权利客体、有价证券、股权、证券侵权、证券市场委托经纪的合同等等问题进行研讨。中国证券法学研究会应该在民法典编纂当中发声,最后形成报告,报中国法学会,也可以呈送全国人大法工委供其参考。

《民法总则》已经到了三审,2017年3月就要通过,现在已经到了关键时期,对总则可以提建议,对下一步的分则也可以提建议。《民法总则》一通过,就要开始编纂民法分则了。民法分则包括人格权、物权、合同、亲属、知识产权、继承、涉外民事关系法律适用,一共八编。最高人民法院主张把这八编写进去,但现在尚在征求意见,还没有开始讨论。

民法典编纂与证券法是有关的,比如《民法总则》三审稿中的民法的基本原则，规定了平等原则、自愿原则、公平原则、诚实信用原则，不得违反法律原则公序良俗原则、合法权益受法律保护原则等，是指导包括证券关系在内的整个民商事关系的。还有适用法律的渊源，处理民事关系要依照法律法规规定，没有规定可以适用习惯，但不得违反公序良俗。我认为基本原则并不是对每一个具体民事活动都适用的。比如保护环境、节约资源、促进人与自然和谐发展原则。再如民事主体行使民事权利要依照法律和合同约定，要履行义务并承担相应责任，我们把它归纳为权利义务相适应原则。我们理解民法基本原则的价值功能时，有的要理解为一种指引规范，不能理解为对每一个具体民事活动都适用，比如平等原则在监护制度里适用吗？等价有偿原则、公平原则在继承、遗赠里适用吗？西方民法典没有原则，实际上只有几条涉及调整对象、适用范围、适用顺序的规定。就证券市场而言，诚实信用原则对证券交易不适用，证券交易是无因性的，原因关系不影响交易结果。即使资金违规进入，如保险资金违规入市，那是另外的问题，由保监会、证监会去监管，已经成交了就不影响证券交易的有效性。

关于法人这章，法人分类是一个重大突破。民法总则规定营利法人、非营利法人，最新一稿又加入了特别法人，相当于日本的中间法人。对此分类，争论很激烈，包括民法学界，搞民法的人分成两派，有一派是支持的，有一派是反对的，他们主张还是按照我们传统法人理论分成公法人、私法人，在此基础上，私法人再分为财团法人、社团法人。也有道理，因为经典法人理论就是这么分的，现在的分类突破了传统的大陆法系的法人理论，这确实是一个重大变化。还有一种观点，一些主要来自教育界和医疗界的代表，为医疗机构和民办学校发声。他们认为现在很多民办医院、民办学校都没有营利，这样分类之后可能有的就要划成营利性法人，有的就划成非营利法人了，但非营利法人的财产不能分，清算时也不能把财产拿回来，这不利于民营医院和民办学校的发展。但实际上一些民办医院、民办学校确实是营利的，比如某民办大学全由老板私人投资、分成，甚至偷税漏税，还美其名曰是非营利的；又如莆田系医院，它不营利吗？它也是民办的。这类主体要赚钱就应该登记成营利法人，要纯粹搞公益就登记为非营利法人。登记为非营利法人就不能分成、不能分配剩余财产。

这个分类很有中国特色，而且能解决中国现在的社会组织问题。尤其是特别法人，就把农村集体经济组织、村委会、居委会这些从事民事活动的组织的主体资格解决了。现在的农村有很大变化，承包经营权改革30多年以后，农村土地制度面临着第二次革命，即农村土地经营权可以流转了。农村承包经营后，可以把经营权分离出来，转给非承包经营户甚至新型的主体去搞规模化农业生产，各地已经开始试点。

和证券法有关的上市公司,肯定是营利法人。证券公司、基金公司,都是营利法人。一些自律性组织包括交易所都是非营利法人。这里面有没有特别法人呢?也可以考虑一下。合伙性质的,包括个人独资合伙企业,涵盖会计师事务所、律师事务所,都在非法人组织里。所以这一块应该是对我们证券市场有影响的。

民法总则中规定,农村的合作经济组织依法取得法人资格,作为特别法人。具体怎么"特别",现在大家都说不清楚。农村集体经济组织不能归为营利法人和非营利法人,因为第一它的成员特殊,它的成员是农户,而且是有农村常驻户口的,是以身份为标准而不是以财产投入来获得成员资格;第二组织机构特殊,它不是采取董事会制、理事会制,而是采取农村集体经济特有的村委会等机构;第三财产特殊,它的财产不是这些人投资进去的,而属于集体财产,也不能把农民个人的合法财产如宅基地放进去,但农村承包经营地可能要进去,因为它具有双重性质;第四责任特殊,不能用农村的资源性的资产来承担责任。所以现在只能是把承包经营权评估作价,可以去银行贷款,但不能把土地所有权拿出去。

民事权利写入了个人信息,规定自然人的个人信息受法律保护,任何个人或组织不得加工个人信息、不得买卖个人信息。原来还写入了一条自然人的私有财产权受法律保护。有人认为宪法已经规定了民法没必要重复,现在规定强调平等保护,也就相当于私有财产权写入民法了。还有物权,如动产物权、不动产物权受法律平等保护,以及债权、合同也写进去了,如依法成立的合同具有约束力。还有知识产权。第126条规定民事主体依法享有股权和其他投资性权利,也与《证券法》有关。还有一个是对数据、网络虚拟财产的保护,民法总则特别规定了,也就间接承认了把数据资源和网络虚拟财产作为财产。还有民事主体不得滥用民事权利。

民事法律行为这一章跟证券法也有关,如书面、口头、其他形式、生效要件以及民事法律行为的效力等,在此不一一赘述。代理制度、民事责任,也与证券法有关,作为专章进行规定。还规定了不可抗力、正当防卫、紧急救助行为。还有第188条,没有侵权人或者侵权人逃逸的,受益人应当给予适当补偿。诉讼时效我个人主张规定为五年,但现在是修改为三年,这对于证券纠纷也是统一适用的。

蒋大兴:民法典很多领域跟证券相关,如营利法人和非营利法人,与《证券法》最密切的是交易所的定位。现行规定营利法人有两个标准,第一以赚取利润为目的,第二要把利润分配给投资者,显然交易所不符合营利法人的标准。但其也不太符合非营利法人标准,美国的社会企业其实是很符合交易所的定位的,还有英国、比利时。我认为非营利法人虽然定位为非营利法人,但从事营利性活动时,赚的利润可以分配一部分给投资者，比如民办的医院和学校，可以分配25%，应有一定的限制，但并不是不可以分。民法总则关于“营利”的界定需要调整，不应该割裂利润分配的问题，两个特征应该压缩为一个特征，至少能涵括交易所这种处于中间状态的组织。营利法人、非营利法人最大区别在于管理，对整个组织的行政管理体系都是这个逻辑，因此需要在民法总则中增加规定，比如跨越两个领域的机构，它的税的问题是怎么去处理的。其实在美国发展过程中最大的问题也是这个，基金会做商业活动，是用免税规则，还是商业的那一套规范？这是一个税法的问题。民法总则并没有关注到对组织的规制，这实际上是经济法的内容，因而需要加以规制交易所这样的机构。

法人部分其他的规范我认为应该取消；民事权利中的投资性权利也可以把很多问题囊括；草案中民事法律行为部分对《证券法》影响较大，因为当前第六章，尤其是第六章第三节界定的法律行为比较严格，很多的法律行为可能被视为无效，而证券交易中交易性质是恒定有效的，草案未预留恒定有效的空间，应增加规定使《证券法》上证券交易特别的效率规则有适用空间。比如欺诈导致的可撤销的法律行为，内幕交易就与此相关。

代理部分对《证券法》影响最大，因为现行代理规则是普通的传统民事代理。商事代理不是个别性质而是集团性质的，最典型的是一种代理商的形式。还有组织机构内部的代理，如代表用代理来解释更合适，组织机构内部的代理属于公法内容，对《证券法》来说就是代理商的问题，草案基本未考虑到这些内容，还是基于个别的、单一的法律代理制度去建立代理法的规则，建议增加规定。

关于期间，《证券法》大量问题都跟时间相关，如果要违反了怎么办？比如收购。因此应整体考量，期间规定影不影响效率？如何判断？《证券法》可以改，但是要跟民法衔接，前提是要有基本理论。

刘　燕：谈谈《物权法》，比如说证券市场的财产问题是叫无纸化证券还是什么证券，草案只有一个股权概念，是否增加规定到物权法里面？因为物有实体的物和权利，也应包括电子化财产的确认，或者直接把《证券法》先放到《物权法》里面去。建议修订分则时再次修改《物权法》。之前与证监会做整个证券市场的规范，我们称为“证券市场的小财产法”，我们认为所有的这一套行为，财产是第一个问题，财产基础涉及相应法律放置的位置，还有怎么去打包这样一个财产形态？是电子化证券还是无纸化证券？

然后到证券，这到底是一种什么样的权利？美国新创设了一种权利形态“证券权益”。我们要放入民事权利里面吗？因为这与财产的权利形态直接相关，这是第两个问题。

第三个问题,有了财产以后我们开始买卖,证券市场的买卖涉及合同成立问题,比如证券市场出现异常波动,要撤销交易,就出现闪电崩盘的现象,合同在市场化的集中成交方式下被撤销这样的一个民事行为成立的特殊形态,应放入哪里规定呢?是等待合同编还是放在民事行为生效中“其他法律另有规定”的条款中?是按照《证券法》还是其他法律?这是买卖(的问题)。担保也是如此,证券账户的担保设置是一个什么样的形态?

还有中央对手方(CCP)。对CCP的解释一直不清楚,能否叫作合同更新?我们把它叫合同拆分,把原来一个合同拆成了两个合同。包括最后的破产情形下的证券市场结算程序的优先性在内全部的这一套,我们叫证券市场的小财产法,在这个草案中不知道应将其对接到哪儿,是物权法、债权法还是证券法里面?担保的性质;中央对手方CCP的法律地位对法律的影响;以及最后的结算程序,已成交的撤单,虽然还没有转移过户,仍然确认这样一个法律关系是有效的,整个这一套不知道如何在其中放置。我还是建议放入物权编,因为对其有静态财产的辨识和定性,还存在财产的各种各样的交易,如转让、买卖、担保,以及具有结算秩序和破产优先性。

王克玉:现在到了21世纪,经历了农业社会、工业社会,现在又到了信息社会,或称为数据社会,所有的东西都可以数据化。如果再去搞一个封闭的民法典,能概括所有的商事活动或者已知和未知的商事活动难度太大,特别是在资本市场这个领域。我建议民法典越简单越好,剩下的可以留给其他法律如《证券法》去规定可能效果更好。大陆法系是成体系化,其逻辑就是先有一个体系,靠它指引。英美法系倾向于问题导向,是解决问题的做法,来解决实践当中的纠纷,在实践当中确立一些规则。民法典越简单,对证券市场创新越有利。因为很多商事创新我们想象不到,有一些问题即使想到了人家也已经开始做了,比如互联网业态下的东西。

第二个感受,我国证券资本市场很特殊,美国证券持有者的证券权益,是按照美国的商法典搞的。搞证券市场,可以搞中国特色资本市场下的(证券市场),因为现行的债权、物权、知识产权无法纳入。我们研究国际私法时,也参照各国的民法典,将国际私法放到债权里面规定,两国之间发生冲突时,要有对应规范。基于这一点,草案第126条,关于股权和其他投资性权利问题,建议将“其他投资性权利”改成“其他财产性权利”。第一,投资在行为方式上与交易并列,要么交易、要么投资。投资按照我们习惯理解,具有冒险的性质,它的本质是“用钱去生钱”。而在资本市场我们有时候也得容忍那些不具有冒险性的权利,有时候是以消费者的身份，不能当作商业投资。这种权利性质也有可能是债权，有时候我买了，我接受服务了，可能出于爱好、纪念意义，不应定义为投资。投资可以解释为间接投资和直接投资，通过参与企业管理来赚取利润是直接投资，市场上还有间接投资，随着证券资本市场的发展一些新型的业态会出现，所以我建议改成"一般的财产性权利"，把它放大，为资本市场扩容，也无需法院再界定这个权利。

第二，草案中代理原则、代理无效的处置跟资本证券市场是格格不入的。比如说我证券交易的时候用了他人账户、我用了他的电脑，这个交易不再探讨有效、无效，而更多的是要维护秩序。我建议代理直接增加"其他法律有特殊规定从其规定"，如果没有特殊规定，不妨参照英美法系的代理法，根据现实生活将代理分为五类，明示代理、默示代理、必须代理、不可否认的代理和追认的代理。要么从其他法律的特殊规定，要么必须认定代理的关系。代理有内部关系和外部关系，关键的是代理的外部关系，证券市场动辄涉及第三人，动辄涉及市场，所以代理应当增加特殊规定，或者进行扩张。

回归上文，民法总则难以容纳商业活动的创新，社会正处在变革过程当中，比如互联网直接改变了金融的本质，有时间，有平台，短时间内汇集资金。所以既然把握不好，我建议暂时不制定民法典或者只规定简单条款，为特别法留下空间。

杨　东：首先这是一个大时代，是一个大变革时代。当年民法通则的诞生也是适应大时代的需要。我认为还是需要民法典，但必须是五百年不遇的世界级的民法典，要超越；是一个迎合人类社会新的文明的，信息文明也好、数字文明也好，新文明时代的民法。当代的民法学者，包括我们证券学者，要帮助民法典成为世界级的、人类新文明时代的民法典。这不仅是给中国，给中华民族，也是为全人类贡献了一部民法典。所以我觉得从这个角度来说，要民法典，但是不能轻易推出，要留下空间，留待我们《证券法》、金融法学者去填补。

我觉得这个时代相当于工业革命时期的伟大时代，信息文明、数据、大数据、区块链刚刚开始，对我们的生产、生活全方位进行构建。因此一方面要搞一个大的世界级的民法典，另一方面有些措施必须得吸收到目前的民法总则当中，一旦吸收，就不能吸收错了。如果吸收错了，写错了，或者写得不好，反而会束缚了创新，因为它是基本法。基本法一定位错了，会导致我们《证券法》、商法的很多创新被它束缚。比如说数字信息这个概念，人大财经委电子商务法起草组起草了三年《电子商务法》，当中也确立了一些原则和规则，首先是数据信息，数据信息的概念是完全错误的，它将旧时代的信息概念和新时代的数据概念简单化地并在一块。大数据时代的数据权利和原来旧时代的信息保护、数据保护处于完全不同的时代。不同的管理体系,是质的飞跃,把它放到一块是一个大的错误。一旦这样定位错误,就束缚了未来大数据时代的数据权利的数据发展,包括数字经济发展。也就是说,旧制度和伟大的创新,现在处于交集中。

第二个是主体方面。新的权利、客体产生了,同时产生了新的主体,主体是什么?《电子商务法》草案规定了“平台”。阿里巴巴、京东,它们实际上是一个平台。它跟传统的民商事主体最大的不同就是它是一个平台,它是为其他的主体提供信息、撮合服务的一个新主体。这种新的主体,传统的民商法可能都无法规制它。线下的时候是交易场所,线上的时候是平台,跟传统的交易场所又不一样,又有本质区别。因为线下交易场所虽然有数据,但是没有线上这个平台那么强的获得大数据的能力。线下数据是死的,线上数据是活的,它通过线上数据整合可以形成大数据经济,从而产生一些商事的交易,这是最根本的。《电子商务法》草案构建了新的主体,当然这个主体也是民事主体,阿里巴巴、京东这样一些大的平台对我们的生活、对我们每个人的影响多大呀!

权利主体,还有刚才说的客体(都发生了变化),还有代理,这个代理方面也是发生变化了。互联网金融当中的P2P监管办法最核心的规定就是P2P平台是提供信息配对服务的,P2P平台和阿里巴巴电子商务平台又有不一样,P2P平台是提供金融信息服务的,金融信息的配对平台和提供普通的交易信息的、商品信息的平台又不一样,它存在的责任和义务又很不一样。照理说如果只是提供信息平台的话,不需要专门去监管它,不需要专门的牌照,但现在P2P平台已经有牌照了,也需要政府备案、政府去监管它。平台这个主体的形态正在进行多层次、多样化的、不停演变的变异,同时会造成新的代理关系。原来我搞线下撮合的时候,搞民间借贷,你有钱、他没钱,我帮你去理财,这是代理关系,或者是中介撮合的关系,很简单。可是到了平台的时候,跟原来简单的撮合和代理不一样,所以它起的作用不是传统民法的代理关系和信息撮合关系,它现在更多的要求是你不光是要信息撮合、信息交互,还要求你这个平台对你的借款人和投资人进行差异化分类评估,要求投资者教育,还要求你承担各种各样的义务,平台义务很多,而这些义务证明平台超出了传统民法的代理关系。

互联网对传统民法的客体、主体、代理关系的一种革命性变化正在出现,所以它又促进平台经济的发展,新的主体、新的客体、新的法律关系的出现,而且还会出现数据信息的集中化垄断趋势,这样一种集中化如何与传统民法平等主体的交易相比?互联网时代,平台会越来越数据集中化、交易集中化,越来越强势,每一个领域会出现一个霸主,随着数据集中化,呈一个垄断趋势如何处理不同的平台之间的垄断关系,以及它跟一般的主体之间的关系?阿里巴巴的利润已经超过了一些小国家,马云说这是第五大经济体,人类社会之外的第五大经济体,是未来的第五种经济类型。它至少在法律关系改变方面有一些突出变化:平台经济的创新;商业模式的创新;普惠金融的创新;还有一个创新是组织创新,产生新的组织形态。平台也是一样,平台就是个新的组织,它是一个跟传统公司制、合伙不同的组织形态,是无组织的组织。总而言之,这方面大家适当也要考虑一下。

夏　深:我个人认为第一,总的方面,民法总则与《证券法》的关系是一般法与特殊法的关系,有关证券市场的内容主要体现在《证券法》里面,民法总则里基本原则、基本制度的安排,不要与《证券法》有大的冲突,不要限制《证券法》相关的制度设计。第二,民法总则里面,要预留制度空间。因为以后还有分则,《证券法》有些是没法列入的,我们还要单设。例如让与担保,没写进物权法,写进了证券公司监管条例里。第三,整个民法总则的具体条文的表述,有些地方用的是"法律",有些地方是"法律法规",例如第7条民事主体从事民事活动不得违背法律和公序良俗,这是一个"法律"是什么意思?为什么不用"法律法规"?是否包括"行政法规"?

郭　锋:有的代表说,应该写行政法规,有的说还应该把地方法规写上,因为地方有立法权。有的说根本不应该写行政法规,特别是第7条,涉及一个什么问题呢?本身第7条它应该是写给法官的,解决法官适用法律的渊源,以前最开始的原稿是"处理民事纠纷",后来改成"处理民事关系",改成处理民事关系就错了。前面已经规定了民事主体是按照自己的意思设立、变更和终止民事法律关系的,所以第7条不是写给当事人的,而是写给法官和仲裁机构看的,法官解决纠纷当然适用法律了,广义的法律也包括行政法规。

夏　深:证券市场就(只)有一个《证券法》和《证券基金投资法》,其他很多都是条例。是不是违反行政法规,这对以后证券市场的监管都有影响,这是一个总则,总则里面为什么没用行政法规,后面就没对应了。

郭　锋:这个要说更深一点,涉及行政法规能不能进行司法审查,因为我们很多判例就不承认地方行政法规的调整。所以第7条关键还是要把它改成"纠纷"两个字,第7条就是写给法官的,规定了法律渊源、法律适用顺序,有法律的按照法律,没有法律的按照习惯。

夏　深:第7条和第11条里面讲的两个"法律"是不是一个概念?第11条这个"法律"是"广义法律",第7条里面讲的"法律"是"广义法律"还是"狭义法律"?这个就不清楚了。这些东西对于证券市场的监管来说,如果只是讲"狭义法律",范围就窄了,好多行政法,包括新三板就没有法律,就是一个法规性文件。这些东西以后怎么办？这是一个建议。

还有第6条诚实信用原则,刚才郭会长说诚实信用原则不一定完全适用证券市场,我认为这一原则应该是证券市场地位最高的一条,现在我们证券市场最大的问题就是不诚信。刚刚讲的交易恒定原则,《证券法》专门有规定,交易里面最重要的也是诚实信用。现在有些交易违约出现,比如下单后不交收,包括最近出的债券违约的事情,交易就按交易规则来,交易的领域一定要诚信。

至于法人这部分,第86条对非营利性法人的定义,我个人认为是给交易所更大的空间了,2006年之前和2006年之后的《证券法》对交易所性质有不同的规定,2006年之前的《证券法》规定交易所是不以营利为目的的法人,但是2006年把"不以营利为目的"删掉了。交易所短期营利的可能性也不大,但是交易所到底归到营利还是非营利有待讨论。根据交易所的性质来分类,符合非营利法人的性质,因为《证券法》规定交易所的财产不能分配,所以应是非营利性的。但是《证券法》把非营利性给删掉了,《民法总则》对交易所的定位跟《证券法》的规定有一定的不协调的地方,这应该怎么个协调法？

郭　锋:现在要界定,"经营、利益"、营利这两个字怎么界定？

刘　燕:现在这个稿子走的是美国式,美国式是把营不营利认定为对股东分不分配,这个营利不营利是站在股东的角度说的,不是站在企业组织体的角度说的,站在企业组织体的角度都要营利,但是它不对股东分配,美国就是这样一个分法。

蒋大兴:美国有三十几个州在修改州的法律,社会企业的机制很适合用来解决我们今天中国的民办非企业单位,包括交易所这样介于营利和非营利之间的问题。

郭　锋:工商登记时,比如说一个医院还是一个学校,干脆就叫"营利法人北京积水潭医院",或者叫"非营利法人北京积水潭医院",我国台湾地区不就是这样吗？如果分不清楚下一步工商局就可以出一个条例,干脆挂牌就挂清楚。

胡曾铮:我对非营利性的医院还是挺了解的,之前我在方正集团的时候,有一个医疗集团。我们下去收购的医院有三种类型,第一种是营利性的,直接注册为公司的;第二种原来是非营利性的,比如一些企业医院,然后改制,但是改制又不太成功,股权属于所有的员工,但是中石油还给它发工资,还给它很多的拨款,它处于一个中间地带,还需要进一步改制;第三种就是非营利性的民办非企业的医院。要登记为非营利性医院不是到工商局去登记,而是到民政局去登记,到民政局要签一个表,那个表上没有说是捐赠,但是我觉得从法律的角度来看,它的条款就视同捐赠。如果设立为一个民办的非营利性医院的话,第一,要明确规定是不能分红的。第二,未来所有的收益,可以用于医院的发展经营,但是股东一点儿都不能分配,未来这个医院如果解散,财产也不能分配,要捐给相关的机构。所以当时我们去收购这样的医院,我们跟领导说这个风险非常大,因为市场上都把它当作一个营利性的企业卖给你,当股权的性质卖给你,比如估值按几倍来估,几个亿把一个小医院卖给我们,我说我买的是什么?是一个举办权,这个举办权明天就要捐给国家了。但市场都这么交易。

基本上一个非营利性的医院上面都有一个医院管理公司,医院确实是不能分红,但是它把所有的盈利都通过医院管理公司转走了,这个医院的药品流通、医疗器械、耗材,还有医院的土地、所有的财产全部都打包放到医院管理公司。至于上市,非盈利性的医院是不能上市的,但是医院管理公司都是直接放到上市公司里边去增值了。所以我觉得在中国现阶段,没有哪个民营老板在注册的时候认为他是要捐赠,他认为这东西就是我的,他为什么要注册为非营利性的呢?就是因为不交税。我们国家对非营利性机构有一整套保护机制。现在在发展过程中出现很多不匹配的现象,因为我们要去收购这些医院,向各地的民政局、政府机关咨询,现在全国有少数地方是允许非营利性的转营利性的,但是没有公开的规定,也没有规定什么样的可以转,就是你去沟通,有些地方就转了。比如说非营利性医院直接转成营利性的公司了,这种我们就收购得比较踏实。但是很多地方都不明确。现在成立医院的时候直接可以成立为一个公司,就叫医院××公司,在工商局可以批,可以注册为一个公司。我觉得作为公立的医院,它有一个社会服务性质,国家给它规定成非营利性的,国家拨款。但这种民办的非营利性医院,没有一个民营医院真的认为它是非营利性的,它只不过是通过各种方法把钱弄走了,但现在因为它要上市、要被并购,确实有像我这样担心的人。我们集团当时去收购,我说不能收,我给出的法律意见书说风险很大,最后有的收购就走地很慢,所以他们就去转成营利性的。但还有一个特例就是,前两年我看到温州出了当地的政策,非营利性的医院、学校也可以给股东分红,但是只能分20%或者其他更低比例。总之,现在就是非此即彼,要么纯营利性的,要么纯非营利性的,是不是可以开一个口子,开一个口子后,如果再发现有其他的转移、分配利润的嫌疑,就可以严厉打击?这个我也没想成熟,但确实在现实当中非常普遍。

郭　锋:现在讨论时,有的委员就提出来,应该规定最后在清算时能够把投入的财产拿回去,否则就会影响这些人的捐赠。但是也有人说要是拿回来那怎么叫捐赠呢?享受了捐赠的各种优惠,最后还能拿回来?还有道德风险,你最后把它搞亏了,还能把地、房子拿走?

胡曾铮:现在没有一个明确规定,各地做法不太一样,比如说把非营利性的转成营利性的,其中一个最重要的,比如已经享受了十年的免税待遇,那么税收是不是要补回来?现在都没有一个明确的政策,全是乱的,这也是一个问题。我们在实践过程中,很多律师都说不清楚,所以我们也是到处去查。

夏　深:还有就是第135条,对民事法律行为的成立,原来主要是一个单方的意思表示可以成立,也可以基于双方或多方的意思表示一致成立,现在这里多了一种成立方式,法人、非法人组织依照法律或者章程规定的议事方式和表决程序作出决议的,该决议行为成立。这是一种新的成立方式,决议成立,对证券市场影响比较大,我担心这可能被大股东滥用。

郭　锋:实践中资本市场就是这样操作,通过投票表决就是一种决议行为,无非把以前民法没有考虑到通过投票表决的决议行为,这次上升到法律条款予以确认。但是如果不符合法律行为生效要件,也要撤销的。

甘培忠:这一条怎么写才合理?它只能写得很原则。

邢会强:第126条民事主体依法享有股权和其他投资性权利,其中的"股权"能否改成"证券"?"其他投资性权利"能否改成"其他财产性权利"?"股权"比较窄,"投资性"也有点歧义,能否写成"证券与其他财产性权利"?

邢会强:不能一概而论股权的概念比证券大,二者有重合、交叉。关于营利性医院和非营利性医院,非营利性医院不能分配,其实很多资本方感兴趣的是分配之后才能够合并报表,不分配的话,也能够通过各种方法把钱套出来,但是不能合并报表,所以他们就通过医院管理公司的形式把盈利给转移走。这个地方怎么改一改让公益性医院也能够分配部分利润给股东比较好。建议公益性医院、公益性学校给投资者一定的分红,但比例不能超过一半。其他方面,能不能写入"法官不得拒绝裁判"?还有处理民事关系的法律渊源,有法律依法律,无法律依习惯,无习惯能否依法理?

尹　飞:关于代理,这里涉及几个问题。第一个问题,总则只提到使用被代理人的名义和使用自己的名义,但谁的名义都没用的情况下却没有规定。德国法在这个问题上规定得很清楚,谁的名义都没用,首先推定为自己的行为,除非当时的情势表明是为他人的行为,此时适用代理的规则,但是使用自己的名义只能在极为有限的商事条件下才适用,完全推广不合适。第二个问题就是代理权,现在我们相对过去有一个突破,除了代理权授权之外,又承认了所谓的职务代理,但首先这一概念范围十分狭窄,职务代理强调必须有职务关系,但在实践中不一定有劳动合同关系。其次,现在在实践中有表述是在职权范围之内,什么叫职权?将来又是一大问题,所以建议直接依交易习惯,比如到超市买东西谁在收银员的位置上他肯定有代理权；或者依法律的直接规定，比如合伙人的代理权的规定。没有必要多此一举。

何仲新：我认为股权不要改为证券，股权的范围更广一点，给以后《证券法》的修订留一个比较大的空间。如果在总则或者分则说死了，《证券法》的修改就会比较尴尬。还有就是对于医院的性质，很多是在民政局以非营利法人性质注册登记的民间机构，但每一个单位，像医院、学校，包括新东方，都会注册一个比如像新东方科技管理有限公司的公司，它是以这种公司的形式对整个机构进行管控，目的也是为了逃税。最后一点，像企业破产的问题，它在《证券法》里面怎么体现？我觉得这个可能有很大的讨论空间，还有像破产人的地位的问题等。在修订《证券法》的时候，这一点要列出来，因为国内破产方面的规定，包括跨国破产的问题，这方面是一个空白，没有专章的规定，破产法第 5 条只规定，破产法适用域外的财产效力问题，像证券也涉及国际融资的问题，在这方面要怎么规定，可以向大家学习一下。最后一点，对于民法典的修订，会请民法或商法的老师来讨论，可能没有请民事诉讼法专业的老师，还有像我们讨论《证券法》，也可以邀请相关的部门法或者是程序法方面的老师来讨论，这些学科是可以交叉的，这样在出意见稿的时候，其他专业领域的老师就不会质疑。

胡曾铮：我再补充一下，我们的民法典是民商合一，里面包括商事行为，但整个民法通则都是平等主体之间的，现在制定的时候，大家提了很多商事的内容。但它有一些整体的原则还是纯民事的原则。目前看起来这个民法典还是很像民事的法律，而不是商事的法律，这就很麻烦。所以我觉得可能没有办法大规模地加进商事的内容。

另外我讲一个细节问题，我到证券公司其实时间还不是很长，但是我来了之后，我发现其实证券这个市场它有民法的性质、商法的性质，它还有很多行政法的内容，它的监管特别严格。比如现在大小型会议提的最多的就是客户适当性管理，其中讲到证券公司如果做不好客户适当性管理的话要怎么重罚，但我从证券公司方面来讲，客户适当性管理基本上是不可能完成的任务，现在所有的东西都让证券公司自己去审查，要求很高。不仅证券公司要在有条件的情况下发现问题，有些很难发现的，比如说有人来开户，我们已经尽到义务，但最后发现客户填的个人信息是虚假的，仍然要证券公司承担责任。

郭　锋：这个有判断标准，尽到谨慎合理的注意，就没有责任。

郭　锋：感谢大家，我们完成了中国法学会的年度任务，举办了一场与民法典相关的证券法沙龙，大家都发表了很好的观点，这也是我们证券法学研究会对民法典编纂的一个贡献。

国外金融立法文本中译本

美国联邦储备委员会 T 规则

陈陌阡* 译，刘燕** 校

Regulation T-Credit by Brokers and Dealers

T 规则——证券经纪人和证券交易商提供的融资

§220.1 权限、目的和范围

(a)权限和目的

T 规则（“本部分”）由联邦储备体系理事会（“理事会”）根据 1934 证券交易法（“法案”）（15 U.S.C. 78a et seq.）颁布。它主要的目的是规制证券经纪人和证券交易商提供贷款；它也涵盖依据法案理事会权限之内的相关交易。它对特定证券交易施加其他义务的同时，设定初始保证金要求和付款规则。

(b)范围

(1)本部分提供一个保证金账户和四个特殊目的账户以便在其中记录客户和贷款人之间的所有融资关系。没有被特别允许记录于特殊目的账户的任何交易应被记录于保证金账户。

(2)本部分不排除对任何交易所、全国性证券协会或者贷款人施加额外的要求或者采取行动以便保护自身。

(3)本部分不适用于：

(i)遵从证券交易委员会核准或者修改的规则下的有价证券保证金系统的客户与贷款人之间的融资关系；

(ii)贷款人基于善意认为借款人是豁免借款人而延期的贷款。由贷款人提供的贷款；

(iii)客户与仅根据法案 15C 节登记的证券经纪人或者交易商之间的融资关系；和

---

* 北京大学法学院博士研究生。

** 北京大学法学院教授。

(iv)贷款人的外国分支机构与外国人之间涉及外国证券的融资关系。

§220.2　定义

在本部分使用的术语为法案3(a)节的含义或者在本节定义如下:

关联公司指全部普通股直接或者间接由商行或者商行的普通合伙人和雇员所有,或者由公司或者控制股份的持有者和公司的雇员所有的公司,并且其关联关系已经被贷款人的主管机关核准。

现金等价物指由美国或者其行政机关发行或者担保的证券、可转让银行存款证书、由在美国的银行机构发行的可以在美国付款的银行承兑汇票,或者货币市场共同基金。

备兑期权交易指涉及期权或者认股权证的任何交易,在该交易中客户的风险是有限的并且交易的全部因素受制于同时的行权,如果:

(1)有风险的数额是在账户中以现金、现金等价物或者通过托管收据持有;并且

(2)根据被授权交易期权或者认股权证的经登记的全国性证券交易所的规则,或者在未登记期权的情况下贷款人的主管机关的规则,现金账户的交易是适格的,前提是所有此类规则已被证券交易委员会核准或者修改。

贷方余额指在借记转入特殊备忘录账户的数额后,保证金账户中到期应支付客户的现金数额。

贷款人指任何证券经纪人或者交易商[定义于法案3(a)(4)和3(a)(5)节]、任何全国性证券交易所的会员,或者与证券经纪人或者交易商有关的任何人[定义于法案3(a)(18)节],但不包括控制贷款人的或者与贷款人受共同控制的商业实体。

市场现值:

(1)证券的市场现值指:

(i)买入或者卖出证券的当天,证券买入的总成本或者包括任何收取的手续费在内的证券卖出的净收益;或者

(ii)在任何其他时间,前一交易日证券的收盘交易价格,该价格出现在任何规律地公布的报告或者报价服务中。如果没有收盘交易价格,贷款人可以使用前一交易日收盘交易时证券的市场价值的任何合理估值。

(2)任何其他担保物的市场现值指由任何合理方法确定的价值。

客户不包括被豁免的借款人,包括:

(1)任何人或者联合行动的人:

(i)贷款人向其或者为其提供、安排或者维持任何贷款;或者

(ii)根据通常的行业惯例会被认为是贷款人的客户的人。

(2)不考虑合伙关系会被认为是商行的客户的商行的任何合伙人。以及

(3)贷款人参加的任何合营,并且假如贷款人不是一个参与者,该合营会被认为是贷款人的客户。

借方余额指在借记的数额转入特殊备忘录账户后,保证金账户中欠贷款人的现金数额。

款到付货、货到付款或者货银对付交易指的是贷款人和客户同意的一个安排,在该安排中贷款人会在以买入价格全额付款的同时向客户或者客户的代理人送交证券或者从客户或者客户的代理人处接受证券。

权益指保证金账户中的证券头寸的总市场现值,加上保证金账户中的任何贷款余额,减去保证金账户中的借款余额。

托管协议指与看涨或者看跌期权有关的任何协议,在该协议下持有标的资产或者需要的现金或者现金等价物的银行或者根据证券交易委员会规则 15c3-3 (c)段[17 CFR 240. 15c3-3(c)]被指定为控制位置的任何人,有义务在看涨或者看跌期权行权时,在以执行价格付款的同时送交贷款人(在看涨期权的情形下)或者从贷款人处接受(在看跌期权的情形下)标的资产或者需要的现金或者现金等价物。

主管机关指:

(1)贷款人是其会员的全国性证券交易所或者全国性证券协会;或者

(2)如果贷款人是不止一个自我规制组织的会员,由证券交易委员会为贷款人指定的组织是其主管机关。

被豁免的借款人指一个全国性证券交易所的会员或者一个经登记的证券经纪人或者交易商,并且其业务的一个实质部分由和非证券经纪人或者交易商的交易组成,并且包含如下借款人:

(1)为除证券经纪人、证券交易商和与证券经纪人或者交易商相关的人之外的人每年维持至少 1000 个活跃账户;

(2)从与除证券经纪人、证券交易商和与证券经纪人或者交易商相关的人之外的人的交易中每年获取至少 1000 万美元总收入;或者

(3)从与除证券经纪人、证券交易商和与证券经纪人或者交易商相关的人之外的人的交易中每年获取至少 10% 的总收入。

被豁免的证券共同基金指根据 1940 投资公司法 8 节(15 U. S. C. 80a-8)登记

的投资公司发行的任何证券,前提是该公司有至少 95% 的资产持续投资于被豁免的证券[定义于法案的 3(a)(12)节]。

外国保证金股票是指以下的外国权益类证券:

(1)出现在理事会定期出版的外国保证金股票清单上;或者

(2)被认为是有一个证券交易委员会 15c3-1 规则(17 CFR 240. 15c3-1)规定的"现市"或者根据该规则取得了(主管部门)"不采取行动"的立场。

外国人指法案 7(f)节定义的美国人以外的人。

外国证券指在美国司法权管辖的区域外发行的证券。

善意:

(1)涉及保证金的善意指贷款人在进行合理贷款判断时会要求的保证金数额;

(2)涉及借款人作出决定或者接受陈述的善意指贷款人警惕对待与贷款相关的情形,并且如果贷款人掌握会使得谨慎之人在没有询问时不会作出决定或者接收通知或证明的信息,贷款人调查了该信息并且对该信息是正确的表示满意。

补充保证金的通知指贷款人根据本部分对客户提出的存入额外的现金或者证券的要求,以便消除或减少保证金不足的情况。

保证金不足指需要的保证金数额超过保证金账户中的权益。

保证金权益证券指属于权益类证券[定义于法案 3(a)(11)节]的保证金证券。

超额保证金指在保证金账户中的权益数额超过需要的保证金。当超额保证金是由证券表现的,证券的现值受制于 § 220. 12(补充)中设置的百分比。

保证金证券指:

(1)在全国性证券交易所挂牌交易或者有未上市交易特权的任何证券;

(2)1999 年 1 月 1 日之后,在纳斯达克证券市场上市的任何证券;

(3)任何非权益证券;

(4)根据 1940 年投资公司法 8 节(15 U. S. C. 80a-8)规定登记的开放型投资公司或者单位投资信托发行的任何证券;

(5)任何外国保证金股票;

(6)可转换为保证金证券的任何债务证券;

(7)截至 1999 年 1 月 1 日,任何柜台市场保证金股票;或者

(8)截至 1999 年 1 月 1 日,指定在全国市场系统中交易的任何柜台市场证券(NMS 证券),该系统根据一项由证券交易委员会核准的指定计划运作。

货币市场共同基金指根据 1940 投资公司法 8 节(15 U. S. C. 80a-8)登记的投资公司发行的任何证券,并且该证券根据证券交易委员会 2a-7 规则(17 CFR

270.2a-7)被认为是货币市场基金。

非权益证券指一个不是权益证券[定义于法案3(a)(11)节]的证券。

非豁免证券指除被豁免的证券[定义于法案3(a)(12)节]以外的任何证券。

柜台市场保证金股票指在柜台交易的任何权益证券,且理事会已经根据该证券、其发行人以及发行人担保的性质和持久的情况决定,该证券在涉及全国性投资者的利益、市场的深度和广度、信息的可获得性的层次上应当被当作在全国性证券交易所交易的权益证券。除非一只柜台市场股票出现在理事会定期出版的柜台市场保证金股票清单中,否则该柜台市场股票不被认为是柜台市场保证金股票。

付款期指在证券交易委员会15c6-1规则(a)段[17 CFR 240.15c6-1(a)]定义的美国标准证券结算周期的营业日数上增加两个营业日。

目的贷款指:

(1)为购买、持有或者交易证券之目的的贷款;或者

(2)为购买或者持有证券投资合同的任何部分之目的的贷款,且将会被认为是为了购买或者持有整个证券贷款。

看涨期权短头寸或者看跌期权短头寸指在账户中签发、背书或者担保的看涨期权或者看跌期权:

(1)一个非现金结算的看涨期权短头寸使客户有义务在收到一个有效的行权通知时或者根据期权合约的另行要求以执行价格卖出标的资产;

(2)一个非现金结算的看跌期权短头寸使客户有义务在收到一个有效的行权通知时或者根据期权合约的另行要求以执行价格买入标的资产;

(3)一个现金结算的看涨期权短头寸或者看跌期权短头寸使客户有义务支付现金看涨期权长头寸或者看跌期权长头寸持有者,该持有者已经或被认为已经行使期权,支付金额相当于执行价格与期权合约中设定的期权的指定现值之间的现金差额。

标的资产指:

(1)行使期权时会被交割的证券或者其他资产;或者

(2)在现金结算期权的情形下,组成指数或者其他计算期权价值的量度的证券或者其他资产。

§220.3 一般条款

(a)记录

贷款人应为每一个账户维持账户记录,该记录呈现所有交易的全部细节。

(b)账户的分立

(1)总则。在确定一个账户是否满足监管要求时,不能考虑其他账户中的款项。如果现金或者证券的提取在本部分是被允许的,当现金或者证券被用于满足另一账户的要求时,应作出书面记录。

(2)豁免。以下情形不适用本节(b)(1)段:

(i)为了计算保证金账户中的证券需要的保证金,§220.6(e)(1)(i)或者(ii)所述的善意账户中的资产可以被视为是保证金的替代;

(ii)根据§§220.4和220.5,在保证金账户和特殊备忘录账户之间可以转移款项。

(c)贷款的维持

除非被本部分禁止,否则,最初提供的符合本部分规定的任何贷款都可以维持,不考虑:

(1)市场价格的变化导致的客户权益的减少;

(2)账户中的证券不再是保证金证券或者不再是被豁免的证券;或者

(3)本部分规定的保证金要求上的任何变化。

(d)账户的担保

为本部分之目的,客户账户的保证将不会被赋予效力。

(e)基金或者证券的接收

(1)一个善意行事的贷款人,在即时付款时可以接受:

(i)现金或者任何支票、汇票或者提示即付的支付命令;或者

(ii)附有即期汇票的任何证券。

(2)一个贷款人可以将从其他贷款人处收到的特定证券、支票或者汇票已被发出的书面通知作为证券、支票或者汇票已收到(的凭证)。

(3)当拒付支票、汇票或者支付命令被通知时或者当证券没有在合理时间被接收时,贷款人可以采取本部分要求的当付款或者证券没有被及时接收时的行动。

(4)为给客户接收证券临时融资——该证券与登记于证券交易委员会S-8表格的雇员福利计划或者与一个雇员股票奖励计划代扣所得税相关——一个贷款人可以接受一个合适的执行行权通知,以代替证券,或者在适用时,接受要求发行人向贷款人交割股票的指示。接受之前,贷款人必须证实发行人会及时交割证券并且客户应当指明证券将要被存入的账户。

(f)证券的交换

(1)为使得客户可以参与向特定证券的全部持有人发出的证券交换的要约,

贷款人可以提交保证金账户里的任何证券用于交换,而不考虑本部分的其他条款,前提是将收到的对价存入该账户里。

(2)如果一只非保证金、非豁免证券是和一只保证金证券交换得来的,获得后的60天内持有、提取或者卖出该证券则应被视为保证金证券。

(g)由他人安排贷款

一个贷款人可以安排任何人为任何客户提供贷款或者维持贷款,前提是贷款人并非有意安排违背本章221部分[1]或者224部分[2]关于贷款的规定。

(h)无辜的错误

如果在执行交易或者计算保证金数额时善意地犯的错误导致不能遵从本部分规定,贷款人不应被认为违反本部分,如果贷款人在发现错误之后立即采取适当的纠正行动。

(i)外币

(1)自由兑换的外币可以被认为是其美元的等值物,前提是该货币是每日结算的。

(2)一个贷款人可以提供以任何可以自由兑换的外币计价的贷款。

(j)被豁免的借款人

(1)一个存续不满一年的全国性证券交易所的会员或者经登记的证券经纪人或者交易商可以基于一段6个月的周期满足被豁免的借款人的定义。

(2)一旦一个全国性证券交易所的会员或者一个经登记的证券经纪人或者交易商不再符合被豁免的借款人的资格,它应当在获得额外贷款前将此事实通知它的出借人。任何向此类借款人新提供的贷款,包括换新、展期以及在既有贷款额度上额外提款的行为,受本部分条款约束。

§ 220.4　保证金账户

(a)保证金交易

(1)没有被特别授权记录于另一账户的所有交易应被记录在保证金账户中。

(2)一个贷款人可以为同一个人建立不同的保证金账户以便:

(i)为其他贷款人结算交易,这些交易是由不同的贷款人介绍给结算贷款人的;或者

---

[1] 即12C.F.R. § 221,U规则——译者注。

[2] 即12C.F.R. § 224,X规则——译者注。

(ii)通过其他贷款人结算交易,如果这些交易是由不同的贷款人结算的;或者

(iii)提供一个或多个账户,贷款人或者第三方投资顾问通过该账户享有投资的自由裁量权。

(b)需要的保证金

(1)适用性。每个证券长头寸或者短头寸需要的保证金已经规定于§ 220.12(补充),并且同时适用以下例外和特殊条款。

(2)保管箱抵押。[1] 为计算权益和需要的保证金之目的,一个"保管箱抵押"式卖空应被当作买空。

(3)发行期的证券。发行期证券的净多头或者净空头承诺中需要的保证金是一个已发行的保证金证券需要的保证金,加上承诺中任何未实现损失或者减去任何未实现收益。

(4)用于替代的股票。

(i)当账户持有的短头寸作为看跌期权短头寸需要的保证金的替代时,本节(b)(1)段规定的卖空交易中需要的保证金数额,应当加上头寸上任何未实现损失;

(ii)当账户中持有的证券作为看涨期权短头寸需要的保证金的替代时,对该证券的估值应不超过看涨期权短头寸的执行价格。

(5)合伙人的账户。如果一个贷款人的合伙人与该贷款人有一个保证金账户,贷款人在计算合伙人保证金账户中的保证金或者权益时应不考虑合伙人与商行的财务关系(显示于合伙人的资本和日常预支账户)。

(6)对合营的贡献。如果一个保证金账户是贷款人参与的合营的账户,贷款人在合营账户中的任何利益,超过贷款人以其分享利润的权利为基础会得到的利益,应被视为对合营账户提供的贷款并且可据此要求保证金。

(7)账户的转让。

(i)从一个贷款人转让到另一个贷款人的保证金账户应被视为受让人从账户创建那天起就已持有该账户,如果受让人善意地接受转让人的一份签字声明(或者,如果那不可行,客户的一份签字声明),则表明根据本部分发出的任何补充保证金的通知已经被满足;

---

[1] Short sale against the box. 保管箱抵押是指持有特定证券的投资者不愿意实际卖出该证券,就以此为抵押向券商融入该种证券卖出。其动机可能是在空头市场中降低持股成本;或者是基于税收的考量,不愿意实际卖出而承受不利的资本利得税——译者注。

(ii)作为交易的一部分从一个客户转让到另一个客户的保证金账户,没有被用来规避本部分的要求,则应视为受让人从账户创建那天起就已持有该账户,如果贷款人善意地接受并且同受让人账户一起保留一份转让人描述转让情形的签字声明。

(8)合理的贷款判断。在进行合理的贷款判断以便根据§ 220.12(补充)的规定善意地决定需要的保证金时,贷款人为一个指定的证券头寸作决定时可以不考虑客户与不相关交易有联系的其他资产和证券头寸。

(c)额外的保证金何时需要

(1)计算保证金的不足。贷款人应合并同一天的所有交易以便计算是否需要额外的保证金。为计算账户中的权益,在证券交易的交易日确认证券的头寸或减少,同时对账户做贷记或者借记处理。当任何一日的交易导致或者增加了账户中的保证金缺口时,该日需要额外的保证金,并且应当根据不足的数额补足保证金。

(2)不足的补足。额外要求的保证金可以通过从特殊备忘录账户转入或者以现金、保证金证券、被豁免的证券或者其组合的存入来补足。

(3)时间限制。

(i)补充保证金的通知应在保证金不足产生或者增加后的一个付款周期内满足。

(ii)付款周期经贷款人向其主管机关申请可以延长一个至更多有限的周期,除非主管机关认为贷款人并非善意行事或者贷款人没有充分证明例外情形允许这样做。申请应在付款周期结束前或者任何后续贷款期满前被提交和处理。

(4)满足的限制。被用于满足本部分项下要求的任何交易、头寸或者存款,不得被用于满足任何其他要求。

(d)平仓以代替存入

如果任何补充保证金的通知没有在需要的时间内被充分满足,贷款人将卖出足够的证券,以便满足补充保证金的通知或者消除在需要平仓的这一天的任何保证金不足中的低者。如果产生或者增加的保证金不足1000美元,贷款人不需要采取行动。

(e)现金或者证券的提取

(1)现金或者证券可以从一个账户中提取,除非:

(i)额外的现金或者证券需要为了一个同一天或者前一天的交易存入账户;或者

(ii)连同同一天的其他交易、存款一起提取,会产生或者增加保证金缺口。

(2)超额保证金可以被提取或者通过为账户单独记账转让到特殊备忘录账户(§ 220.5),转让将会借记保证金账户、贷记特殊备忘录账户。

(3)如果一个贷款人在保证金账户中的证券在本该接收分配的那天没有收到现金或者证券分配,且根据本段(e)的规定,提取是不被允许的,那么,一个提取交易应被认为是发生在分配本该支付的那一天。

(f)利息,服务费等

(1)不考虑本节其他条款,贷款人在通常做法下可以借记以下科目到一个保证金账户,在计算此类账户余额时这些科目会被考虑:

(i)保证金账户中维持的贷款收取的利息;

(ii)与卖空有关的借入的证券的附加费或者执行交割的附加费;

(iii)借入的证券应得的股息、利息或者其他分配;

(iv)涉及保证金账户中的交易的通讯或者运输费用;

(v)贷款人可以收取的任何其他服务费。

(2)一个贷款人可以从账户中提取允许贷记到保证金账户的利息、股息或者其他分配,如果:

(i)提取不产生或者增加账户中的保证金不足;或者

(ii)在提取证券的情形下,所提取的证券的市场现值不超过承接分配的证券市场现值的10%。

§ 220.5 特殊备忘录账户

(a)一个特殊备忘录账户应与一个保证金账户一起被维持

一笔单式登录额可以被同时用于代表贷记特殊备忘录账户和借记保证金账户。[1] 通过增加或者减少单式登录额可以实现两个账户之间的转让。当计算保证金账户的权益时,单式登录额可以被认为是借记保证金账户。向客户的付款或者代表客户的付款或者从特殊备忘录向客户的任何其他账户转让的,减少单式登录额。

(b)特殊备忘录账户可以包含如下项目

(1)股息和利息支付;

(2)本部分不要求的现金,包括存入满足维持保证金通知的或者满足没有被

---

〔1〕 特殊备忘录账户可采取单式记账或流水账模式,因此不论增、减都只是一笔账户登录(a single entry amount),本译稿称之为“单式登录额”。——译者注

本部分强制的自我规制组织的任何要求的现金;

(3)卖出证券的收益或者在任何到期的或者已支付的证券头寸上不再需要的现金,该头寸可能根据§ 220.4(e)的规定被提取;以及

(4)根据§ 220.4(e)(2)的规定从保证金账户转入的超额保证金。

§ 220.6 善意账户

在善意账户中,一个贷款人可以根据以下条款执行客户的交易或者为客户的交易融资:

(a)计入善意保证金的证券

(1)许可的交易。一个贷款人可以执行交易或者为交易融资,该交易涉及买入、持有或者买卖规定于§ 220.12(补充)的计入"善意"保证金的任何证券。

(2)需要的保证金。需要的保证金规定于§ 220.12(补充)。

(3)保证金的满足。需要的保证金可以由从特殊备忘录账户转入或者由现金、规定于§ 220.12(补充)的计入善意保证金的证券、不是证券的任何其他资产,或者前述的任何组合的存入来满足。不是证券的资产应有一个由贷款人善意决定的保证金价值。

(b)套利

贷款人可以执行任何客户的善意套利交易并为其融资。为本节之目的,术语"善意套利"指:

(1)在同一市场买入或者卖出证券,同时在另一个市场以可行的近乎相同的时间套期卖出或者买入相同证券,以便从两个市场价格的不同中得利;或者

(2)买入某种证券——该证券除了付款以外可在买入后90日之内不受限制地转换成第二种证券——同时或者几乎同时套期卖出第二种证券,以便从两种证券价格上并存的悬殊差异中得利。

(c)"主经纪商"交易

贷款人可以在证券交易委员会的指引下为客户执行交易,以作为"主经纪商"安排的一部分。

(d)对雇员持股计划的贷款

贷款人可以向雇员持股计划提供和维持贷款,不需考虑本部分的其他条款。

(e)非目的贷款

(1)贷款人可以:

(i)执行和持有商品交易;

(ii)执行和持有外汇交易;

(iii)提供和维持有担保或者无担保的非目的贷款,且受本节(e)(2)段的要求约束。

(2)每次贷款的提供,除了本节(e)(1)(i)和(e)(1)(ii)段所述,应被认为是目的贷款,除非在提供贷款之前,贷款人善意地从客户处接受一个书面声明,表明该贷款不是目的贷款。声明应符合理事会设置的要求。

§ 220.7　证券经纪—交易商贷款账户

(a)要求

在证券经纪人或者交易商贷款账户中,贷款人可以根据如下条款执行交易或者为交易融资。

(b)在全额付款的条件下买入或者卖出证券

贷款人可以根据其与另一个贷款人或者受外国证券主管机关规制的人之间善意的"一手交钱、一手交货"的协议,从后者处购买任何证券或者向其卖出任何证券。

(c)联合后台办公室

贷款人可以执行任何其所有权人的交易或者为其融资,如果贷款人是一个由其他贷款人联合或者单独所有的清算和服务证券经纪人或者交易商。

(d)资本追加

贷款人可以向贷款人的任何合伙人或者股东提供和维持贷款,贷款的目的是向贷款人、关联公司或者其他贷款人追加资本,或者购买其股票。

(e)紧急和次级贷款

在适合的主管机关的核准下,贷款人可以提供和维持:

(1)满足任何贷款人紧急需要的贷款,或者

(2)对另一个贷款人为了资本目的的次级贷款,如果另一贷款人:

(i)是关联公司或者除了次级贷款以外不会被认为是出借人的客户;或者

(ii)不会使用收到的贷款款额,为贷款人、其商行或者公司或者关联公司的账户增加证券交易的数额。

(f)综合贷款

(1)贷款人可以为证券经纪人或者交易商执行交易或者为交易融资,该证券

经纪人或者交易商是根据法案15节在证券交易委员会登记的,并且向贷款人提交了载有下列事项的书面通知:

(i)所有证券将是为了证券经纪人或者交易商的客户的账户;并且

(ii)任何被执行的卖空将是代表除了合伙人之外的证券经纪人或者交易商的客户执行。

(2)本节(f)(1)段要求的书面通知应符合证券交易委员会关于证券经纪人或者交易商对客户证券的抵押的任何规则。

(g)特殊目的贷款

贷款人可以基于善意保证金提供如下种类的贷款:

(1)为买入或者卖出立即交割的证券融资的贷款,如果贷款在交易结束时会被偿还。

(2)为在途或者正提交转让的证券融资的贷款,如果贷款在交易结束时会被偿还。

(3)使得证券经纪人或者交易商能够为证券付款的贷款,如果贷款在被提供的当天会被偿还。

(4)向被豁免的借款人的贷款。

(5)向全国性证券交易所会员或者经登记的证券经纪人或者交易商的贷款,以便为其作为做市商或者专业证券商的活动融资。

(6)向全国性证券交易所会员或者经登记的证券经纪人或者交易商的贷款,以便为其作为证券包销人的活动融资。

§ 220.8 现金账户

(a)许可的交易

在现金账户中,贷款人可以:

(1)为任何客户买入或向任何客户卖出任何证券或者其他资产,如果:

(i)账户中有充足的资金;或者

(ii)贷款人善意接受客户的协议,协议表明客户会在卖出证券或者资产之前及时为其全额现金付款并且不打算在如此付款前卖出证券或者资产。

(2)从任何客户处买入或者为任何客户卖出任何证券或者其他资产,如果:

(i)证券在账户中;或者

(ii)贷款人善意接受客户的声明,该声明表示证券是由客户或者客户的委托人所有,并且会被及时存入账户。

(3)作为备兑期权交易的一部分,为任何客户发行、背书或者担保,或者卖出期权,以及

(4)使用托管协议以替代现金、现金等价物或者标的资产头寸,如果:

(i)在看涨期权短头寸或者看跌期权短头寸的情形下,由客户建议贷款人,将需要的证券、资产或者现金交由一个获得授权签发托管协议的人持有,并且贷款人独立证实合适的托管协议会被该人及时送达;或者

(ii)在账户买入标的资产的同一天发行、背书、担保或者卖出的看涨期权的情形下,且标的资产被送往一个获得授权签发托管协议的人,贷款人证实合适的托管协议会被该人及时送达。

(b)付款的时间周期;撤销或者平仓

(1)全额现金付款。贷款人应在客户根据以下条件买入时获得全额现金付款:

(i)在一个付款周期内:

(A)任何非豁免证券被购买;

(B)任何待发行的证券[1]已经可以由发行人送达买入者;

(C)任何"待交割"的证券[2]已根据公开的计划交割;

(D)客户拥有的证券已经到期或者已经被赎回并且同一发行人的再融资证券已被客户买入,前提是:

第一,客户在旧证券的到期日或者赎回日之前不超过35日买入新证券;

第二,客户有权享有赎回的收益;并且

第三,延迟的付款不超过旧证券收益的103%。

(ii)在买入外国证券的情形下,在交易日的一个付款周期或者在根据外国证券市场的规则需要结算的日期之后一天(内付款),如果这一周期不超过本部分允许的款到付货交易的最长时间。

(2)款到付货交易。如果贷款人在款到付货交易中为客户买入或者向客户卖出证券,贷款人应有至多35日获得付款,如果由于交易机制导致证券交割迟延并且该迟延与客户的支付意愿或者能力无关。

(3)证券的运输、延长。如果任何证券的运输对于交易的完成是偶然的,贷款

---

〔1〕 when-issued security.

〔2〕 "when distributed" security.

人可以延长付款周期至运输需要的天数,但不超过一个额外的付款周期。

(4)撤销;平仓;最低额度。贷款人可以立即取消或者结束客户没有在要求的时间里全额付款的交易或者交易的任何部分。贷款人可以依其意愿不考虑任何客户不超过1000美元的应付而未付的金额。

(c)90天冻结期

(1)如果账户中非豁免证券被卖出或者被送达另一个证券经纪人或者交易商,但客户之前没有全额付款,超过交易日期延长付款的特权应自卖出证券的日期的90日后被收回。除了修正错误,撤销交易应构成卖出。

(2)90天冻结期不适用,如果:

(i)在本节(b)(1)段指定的时段,全额付款被接收或者付款的任何支票或者汇票已结清并且卖出的收益没有先于此付款或者支票结清被收回,或者

(ii)买入的证券被送达另一个证券经纪人或者交易商以便存入现金账户,该账户中有充足的资金为证券付款。贷款人可以善意倚赖其他证券经纪人或者交易商的书面声明,该声明表示在另一个现金账户中有充足的资金。

(d)时间周期的延长、转让

(1)除非贷款人的主管机关相信贷款人没有善意行事或者贷款人没有充分证明例外情形允许这样做,它可以根据贷款人的申请:

(i)延长本节(b)段指定的任何周期;

(ii)授权向另一个账户转让涉及买入保证金证券或者被豁免的证券的任何交易;或者

(iii)从90天冻结期起授予一次弃权。

(2)申请应在付款周期结束前;或者在买入外国证券的情形下,在本节(b)(1)(ii)段指定的周期内;或者任何后续的延长终止前被签发和处理。

§ 220.9 证券、期权和期货的结算

(a)为证券结算的贷款

本部分的条款不适用于不超过一天的任何贷款的提供或者维持,如果对于证券交易的结算来说提供或者维持贷款是偶然的,且此类结算在全国性证券交易所或者协会的会员之间直接进行或者通过登记于证券交易委员会的任何结算机构进行。

(b)通过结算机构的证券存入

本部分的条款不适用于通过期权或者期货结算机构的为满足机构的保证金要

求之目的的证券的存入,如果:

(1)结算机构:

(i)发行、担保履行或者为任何证券(包括任何证券期权、存款证书、证券指数或者外币)结算交易;或者

(ii)担保为了买入或者卖出未来交割的商品的合同或者此类合同的期权的履行;

(2)结算机构是在证券交易委员会登记的或者是商品期货交易委员会规制的合同市场的结算机构;以及

(3)存入由任何保证金证券构成并且遵循证券交易委员会或者商品期货交易委员会核准的结算机构的规则。

§ 220.10　借入和借出证券

(a)不考虑本部分的其他条款,贷款人可以在卖空、未能收到需要被交割的证券,或者其他类似情形下,为交割证券之目的借入和借出证券。如果贷款人合理预见卖空或者失败交易,此类借入可以在交易日之前被计入一个标准的清偿循环中。

(b)贷款人可以在外国证券将要被使用的国家为任何合法目的向外国人借出外国证券(或者为再借出给外国人之目的借入此类证券)。

(c)若一个贷款人是被豁免的出借人,他可以不考虑本部分的其他条款借出证券;并且贷款人可以不考虑本部分的其他条款从被豁免的出借人处借入证券。

§ 220.11　对可保证金化的柜台市场股票清单和外国保证金股票清单的要求

(a)包含于可保证金化的柜台市场股票清单的要求

除了本节(f)段所述,柜台市场股票应当满足如下要求:

(1)四个或者更多交易商愿意,并且实际在为此股票做市并且有规律地向自动报价系统为其自己的账户提交善意出价和要约;

(2)由理事会决定的此股票的最低平均出价至少为每一股5美元;

(3)股票,是根据法案12节的规定登记的、是由保险公司根据法案12节(g)(2)(G)的规定发行的、是由根据1940投资公司法8节(15 U.S.C.80a-8)的规定登记的封闭型投资管理公司发行的、是由根据法案12节的规定登记的外国发行人的美国存托凭证(ADR),或者是根据法案15节(d)的规定提交报告的发行人的股票;

(4)公众可以持续得到该股票的双边日常报价;

(5)股票公开交易至少6个月;

(6)发行人至少有400万美元股本、溢余,以及未分配利润;

(7)除高级管理人员、董事或者持股10%以上的受益所有人持有的受益份额外,有40万或者更多此类股票份额在外流通;

(8)有1200或者更多股票的记录持有者,定义于证券交易委员会规则12g5-1(17 CFR 240.12g5-1),该持有者不是高级管理人员、董事或者10%或更多股票的受益所有人,或者由理事会决定的此类股票的日平均交易量至少为500股份;并且

(9)发行人或者利益相关的前任存在至少3年。

(b)长期包含于可保证金化的柜台市场股票的清单上的要求

除了本节(f)段所述,柜台市场保证金股票应满足如下要求:

(1)3个或者更多交易商愿意,并且实际在为此类股票做市并且有规律地向自动报价系统为其自己的账户提交善意出价和要约;

(2)由理事会决定的此类股票的最低平均出价至少为每一股2美元;

(3)股票是按本节(a)(3)段的规定指定登记的;

(4)公众可以持续得到该股票的双边日常报价;

(5)发行人有至少100万美元股本、资本盈余以及未分配利润;

(6)除高级管理人员、董事或者持股10%以上的受益所有人持有的受益份额外,有30万或者更多此类股票份额在外流通;并且

(7)持续有800或者更多股票的记录持有者,定义于证券交易委员会规则12g5-1(17 CFR 240.12g5-1),该持有者不是高级管理人员、董事或者10%或更多股票的受益所有人,或者由理事会决定的此类股票的日平均交易量为至少300股份。

(c)包含于外国保证金股票的清单上的要求

除了本节(f)段所述,外国证券在置于外国保证金股票清单之前应满足如下要求:

(1)证券是权益证券,在外国证券交易所或者被认可的外国证券市场上市或者通过其设施交易,并且在此类交易所或者市场上交易至少6个月;

(2)依据电子报价系统的美国贷款人可以持续得到由外国证券交易所或者证券在其中交易的外国证券市场提供的双边日常报价或者最后的出售价格;

(3)所有权未受限制的股份的总市场价值不少于10亿美元;

(4)此类证券前6个月的平均周交易量至少为20万股份或者100万美元;并且

(5)发行人或者利益相关的前任存在至少5年。

(d)持续包含于外国保证金股票的清单上的要求

除了本节(f)段所述,外国证券应满足如下要求以持续留在外国保证金股票清单中:

(1)证券持续满足本节(c)(1)和(2)段指定的要求;

(2)所有权未受限制的股份的总市场价值不少于5亿美元;并且

(3)此类证券前6个月的平均周交易量至少为10万股份或者50万美元。

(e)从清单中移除

理事会应定期从清单中移除如下的任何股票:

(1)不再存在或者其发行人不再存在;或者

(2)本质上不再满足本节(b)或者(d)段条款或者柜台市场保证金股票的定义。

(f)理事会的自由裁量权

不考虑本节的其他段,理事会可以增加,或者忽略或者从可保证金化的柜台市场股票清单和外国保证金股票清单中移除一个权益证券,如果根据该理事会的判断,此行为在公共利益上是必要的或者合适的。

(g)不法的陈述

任何贷款人作出或者促使他人作出任何陈述,该陈述的效果是:如果某证券被纳入可保证金化的柜台市场股票清单或者外国保证金股票清单,是因为理事会或者证券交易委员会用任何方式传递此类证券或者其中的任何交易的价值,或者核准此类证券或者其中的任何交易,则该陈述是不法的。在涉及清单或者那些清单中的股票时,提及理事会的广告或者其他类似通讯中的任何陈述是不法的陈述。

§ 220.12　补充:保证金要求

保证金账户中每一证券头寸需要的保证金如下:

(a)保证金权益证券,除被豁免的证券、货币市场共同基金或者被豁免的证券共同基金、证券指数权证或者外币权证或者期权长头寸以外:证券市场现值的50%或者交易发生地的规制机关设定的百分比中的高者。

(b)被豁免的证券、非权益证券、货币市场共同基金或者被豁免的证券共同基金:善意贷款人要求的保证金或者交易发生地的规制机关设定的百分比中的高者。

(c)非豁免证券的卖空,不包括非权益证券:

(1)证券市场现值的150%;或者

(2)市场现值的100%,如果90日内可交易或者可转换的证券,除了卖空证券的付款存于账户中外没有其他限制,前提是与卖空标的证券相关的用作保证金的任何看涨期权长头寸是美式期权,且由经登记的结算公司发行、在全国性证券交易所上市或者交易、以不超过标的证券卖空时的价格的执行价格交易。

(d)被豁免的证券或者非权益证券的卖空:证券市场现值的100%加上善意贷款人要求的保证金。

(e)非保证金、非豁免权益证券:证券市场现值的100%。

(f)证券、存款证书、证券指数或者外币的看跌期权或者看涨期权,或者证券指数权证或者外币权证:

(1)在经登记的结算公司发行的并且在经登记的全国性证券交易所或者经登记的证券协会上市或者交易的看跌期权或者看涨期权,以及经登记的证券指数权证或者外币权证的情形下,为交易期权或者权证的经登记的全国性证券交易所或者经登记的证券协会的规则指定的数额,或者其他头寸,前提是所有此类规则由证券交易委员会核准或者修改;或者

(2)在上述所有其他看跌期权和看涨期权的情形下,为贷款人的主管机关的维持规则指定的数额,或者其他头寸。

美国联邦储备委员会 U 规则

陈陌阡* 译，刘 燕** 校

Regulation U-Credit by Banks and Persons other than Brokers or Dealers for the Purpose of Purchasing or Carrying Margin Stock

U 规则——银行及证券经纪人、证券交易商之外的其他人为购买或持有保证金股票之目的提供的融资

§ 221.1 权限、目的和范围

(a)权限

U 规则("本部分")由联邦储备体系理事会("理事会")依据 1934 证券交易法("法案")(15 U.S.C. 78a et seq.)颁布。

(b)目的和范围

(1)本部分对除证券经纪人或交易人之外的人(以下简称出借人)施加贷款限制，该类人提供的贷款是为了购买或持有保证金股票，并且该贷款直接或间接由保证金股票担保。出借人包括"银行"(定义于 § 221.2)以及其他根据 § 221.3(b)的规定需要在理事会处登记的人。出借人不得超过担保此类贷款的担保物的最大贷款价值提供贷款，相关规定由理事会规定于 § 221.7(补充)。

(2)本部分不适用于受证券交易委员会或者商品期货交易委员会规制的结算机构，该类结算机构接受与以下相关的保证金股票的存入：

(i)任何证券(包括任何证券期权、存款证书、证券指数或者外币)的发行或者担保，或者交易的结算；或者

(ii)买入或者卖出未来交割的商品的合同或者此类合同的期权的保证。

(3)本部分不适用于提供给被豁免的借款人的贷款。

---

* 北京大学法学院博士研究生。

** 北京大学法学院教授。

(c)表格的获得

本部分提及的表格可以从联邦储备银行获得。

§ 221.2 定义

本部分使用的术语为法案3(a)节的含义或者在本节定义如下:

关联机构指:

(1)对于银行:

(i)1956年修正银行控股公司法案[12 U.S.C.1841(d)]意义下的有附属银行的任何银行控股公司;

(ii)上述银行控股公司的任何其他附属机构;和

(iii)定义于1933年银行法案[12 U.S.C.221a(c)]2(b)节的关联机构的任何其他公司、商事信托、协会或者其他类似组织。

(2)对于非银行出借人,关联机构指直接或间接通过一个或者多个中介控制出借人、或者被出借人控制、或者与出借人受共同控制的任何人。

银行

(1)银行指法案3(a)(6)节[15 U.S.C.78c(a)(6)]的定义并且包括:

(i)银行的任何附属机构;

(ii)根据联邦储备法案25(a)节(12 U.S.C.611)组织起来的任何公司;和

(iii)在美国的外国银行的任何代理机构或分支机构。

(2)银行不包括:

(i)任何储蓄贷款协会;

(ii)任何信用合作社;

(iii)作为美国的部门或者代理机构的任何贷款机构;或者

(iv)全国性证券交易所的任何会员。

持有贷款指能使客户维持、减少或者付清最初因购买证券(该证券现在属于保证金股票)而发生的债务的贷款。

市场现值

(1)证券的市场现值指:

(i)如果可以获得行情表,指前一交易日证券的收盘交易价格(该价格出现在任何规律地公布的报告或者报价服务中);或者

(ii)如果没有收盘交易价格,出借人可以使用前一交易日在收盘阶段的交易

中任何合理的证券的市场价值的估值;或者

(iii)如果贷款是为了购买证券融资,指买入证券的总成本(可以包括收取的任何手续费)。

(2)任何其他担保物的市场现值指由任何合理方法确定的价值。

客户不包括被豁免的借款人,包括出借人、为其提供或者维持贷款的任何人或者共同行动的人。

主管机关指:

(1)证券经纪人或者交易人是其会员的全国性证券交易所或者全国性证券协会;

(2)如果证券经纪人或者交易人是不止一个自我规制组织的会员,那么由证券交易委员会指定的组织是其主管机关。

被豁免的借款人指全国性证券交易所的会员或者经登记的证券经纪人或交易人,并且其业务的一个实质部分由和非证券经纪人或交易人的交易组成,并且包含如下借款人:

(1)为除证券经纪人、交易人和与证券经纪人或交易人相关的人之外的人每年维持至少1000个活跃账户;

(2)从与除证券经纪人、交易人和与证券经纪人或交易商相关的人之外的人的交易中每年获取至少1000万美元总收入;或者

(3)从与除证券经纪人、交易人和与证券经纪人或交易商相关的人之外的人的交易中每年获取至少10%的总收入。

善意

(1)涉及担保物的贷款价值的善意指,一个出借人进行合理的贷款判断后会出借的数额(不超过担保物100%的市场现值),不考虑客户在不相关交易中作为担保物的其他资产。

(2)涉及借款人作出决定或者接受陈述的善意指,出借人或者被其正式授权的代表警惕对待与贷款相关的情形,并且如果出借人掌握了会使得谨慎之人在没有询问时不会作出决定或者接收通知或证明的信息,出借人调查了该信息并且对该信息是正确的表示满意。

在通常的商业过程中指,在实现或者促进商业目的时发生,或者合理预见会发生,或者对于个人来说,在为了利润或者财产的管理或者保护的任何活动中发生或者合理预见会发生。

间接担保

(1)包括与客户相关的任何安排,在该安排下:

(i)在贷款未偿还时,对客户卖出、质押或者以其他方式处置由客户所有的保证金股票的权利或者能力,可以用任何方式加以限制;或者

(ii)行使此权利导致或者可能导致贷款的加速到期。

(2)不包括以下安排,如果:

(i)在运用收到的贷款款额后,该安排下不超过25%的资产价值(由任何合理方法决定)是由保证金股票代表的;

(ii)其是一个允许因另一贷款违约或者重议而加速到期的贷款安排,另一贷款是由不是该出借人的关联机构的另一个出借人向客户提供的;

(iii)出借人仅以监管人、保管人或者受托人的权能,或者在类似情形下,持有保证金股票,并且善意地不倚赖保证金股票作为担保物;或者

(iv)出借人善意地在提供或者维持特定贷款时不倚赖保证金股票作为担保物。

出借人指:

(1)任何银行;或者

(2)任何根据本部分需要登记的人。

保证金股票指:

(1)在全国性证券交易所登记或者有非上市交易特权的任何权益证券;

(2)指定在全国市场系统中交易的任何柜台市场证券(NMS证券),该系统受制于一项由证券交易委员会核准的指定计划;

(3)可转换为保证金股票的任何债务证券,或者伴有认股权证或有认购或者购买保证金股票权利的任何债务证券;

(4)能认购或者购买保证金股票的任何认股权证或者权利;或者

(5)根据1940投资公司法案8节(15 U.S.C.80a-8)登记的投资公司发行的任何证券,但以下公司不包括在内:

(i)被修正1958小商业投资公司法案(15 U.S.C.661)许可的公司;或者

(ii)有至少95%的资产持续投资于被豁免的证券[定义于15 U.S.C.78c(a)(12)]的公司;或者

(iii)发行定义于15 U.S.C.80a-2(a)(15)的面额的证券的公司,但仅限于此类证券;或者

(iv)根据证券交易委员会2a-7规则(17 CFR 270.2a-7)被认为是货币市场基金的公司。

最大贷款价值指由理事会在§221.7(补充)中指定的特定种类担保物的市场

现值的百分比。保证金股票的最大贷款价值是其市场现值的一个百分比。不符合保证金股票要求的看涨期权、看跌期权或者其组合没有贷款价值。所有其他担保物有善意贷款价值。

非银行出借人指根据本部分需要登记的任何人。

目的贷款指无论直接、附带或者最终目的是为购买或者持有保证金股票的任何贷款。

§ 221.3 一般要求

(a)提供、维持和安排贷款

(1)提供贷款。除了定义于§ 221.4(a)的计划出借人,任何出借人不得提供由保证金股票直接或者间接担保的、额度超过担保此类贷款的担保物的最大贷款价值的任何目的贷款。

(2)维持贷款。一个出借人可以持续维持最初提供的符合本部分的任何贷款,不考虑:

(i)市场价值的变化导致的客户权益的减少;

(ii)本部分规定的最大贷款价值的变化;或者

(iii)担保现有目的贷款的证券的状态变化(从非保证金证券变为保证金证券)。

(3)安排贷款。除非在同样的条件和情形下出借人自己可以根据本部分提供或者维持目的贷款,否则出借人不可以安排提供或者维持任何目的贷款。

(b)非银行出借人的登记;登记的终止;年度报告

(1)登记。除了符合本章220部分的人或者银行,每一个在通常的商业过程中提供或者维持由保证金股票直接或者间接担保的贷款的人,应当在联邦储备表格FR G-1(OMB 控制编号7100-0011)上登记,登记应在以下事项发生的任一季度结束的30天之内完成:

(i)提供的贷款数额等于或者超过20万美元;或者

(ii)该季度内任何时间未偿还贷款总额等于或者超过50万美元。

(2)终止登记。一个经登记的非银行出借人可以通过填写联邦储备表格FR G-2(OMB 控制编号7100-0011)申请终止其登记,如果该出借人在之前的六个月内没有总额超过20万美元的前述未偿还贷款。当申请被理事会核准后,登记应被认为终止。

(3)年度报告。任何经登记的非银行出借人应当在每年 6 月 30 日之后的 30 天内提交表格 FR G-4 (OMB 控制编号 7100－0011)。

(4)在何处登记和提交申请和表格。登记声明、终止登记的申请以及年度报告应在出借人的总部所在区的联邦储备银行提交。

(c)目的声明

(1)一般规则:

(i)银行。除了根据本节(c)(2)段规定提供的贷款,但凡一个银行提供由保证金股票直接或者间接担保的贷款超过 10 万美元的数额,该银行应当要求其客户完成表格 FR U-1 (OMB No. 7100-0115),该表格应当由一个善意行事的被正式授权的银行职员签署和接受。

(ii)非银行出借人。除了根据本节(c)(2)段或者 § 221.4 的规定提供的贷款,但凡一个非银行出借人提供由保证金股票直接或者间接担保的贷款,该非银行出借人应当要求其客户完成表格 FR G-3 (OMB 控制编号 7100－0018),该表格应当由一个善意行事的被正式授权的非银行出借人的代表签署和接受。

(2)循环贷款或者多重提款协议或者以货到付款方式购买的证券的融资的目的声明:

(i)银行。如果一个银行提供的由保证金股票直接或者间接担保的贷款超过 10 万美元的数额,在循环贷款或者其他多重提款协议下,表格 FR U-1 应于贷款安排最初建立时完成,并且应在每一次支付时按照本节(c)(2)(iv)段修改,如果协议下的所有担保物在协议最初订立时没有被抵押。

(ii)非银行出借人。如果一个非银行出借人提供由保证金股票直接或者间接担保的贷款,在循环贷款或者其他多重提款协议下,表格 FR G-3 应于贷款安排最初建立时完成,并且应在每一次支付时按照本节(c)(2)(iv)段修改,如果协议下的所有担保物在协议最初订立时没有被抵押。

(iii)担保物。如果一个在当初进行贷款安排时做出的目的声明表明其目的是购买或者持有保证金股票,贷款会被认为应符合本部分,如果:

(A)担保物的最大贷款价值至少等于实际支出的资金的总金额;或者

(B)在根据协议提供贷款的任何一天结束时,出借人要求提供的额外的担保物足够使贷款满足 § 221.7 (补充)的规定。

(iv)目的声明的修改。为获得任何根据协议支出的目的贷款,出借人应当获取并且在完成的表格 FR U-1 或 FR G-3 上附上一个足够支持协议下提供的所有贷款的担保物的当前清单。

(d)单一贷款规则

(1)除了银团贷款不需要与其他由同一出借人提供的不相关的目的贷款合并,提供给一个客户的所有目的贷款应被视为单一贷款,并且在决定贷款是否符合本部分时应考虑担保此类贷款的所有担保物。

(2)一个已经提供由保证金股票担保的目的贷款的出借人不可以随后为同一客户提供无担保目的贷款,除非合并贷款不超过担保前一贷款的担保物的最大贷款价值。

(3)如果一个出借人为客户提供无担保的目的贷款先于提供保证金股票担保的目的贷款,仅为本节(f)段撤回和替换条款之目的,贷款应被合并且应被作为单一贷款对待。

(4)如果一个出借人向同一客户提供由任何保证金股票担保的目的贷款以及非目的贷款,出借人应当将其视为两个区分的贷款并且不可倚赖担保目的贷款所需的担保物来担保非目的贷款。

(e)被豁免的借款人

(1)一个存续不满一年的被豁免的借款人可以基于一段六个月的周期满足被豁免的借款人的定义。

(2)一旦一个全国性证券交易所的会员或者一个经登记的证券经纪人或者交易人不再符合被豁免的借款人的资格,他应当将此事实通知它的出借人。任何向此借款人新提供的贷款,包括换新、展期以及在既有贷款额度上额外的提款,受本部分条款约束。

(f)撤回和替换

(1)一个出借人可以允许客户对现金或者担保物进行任何撤回或者替换,如果这个撤回或者替换不会:

(i)导致贷款超过担保物的最大贷款价值;或者

(ii)增加贷款超过担保物最大贷款价值的数额。

(2)为本节之目的,应使用撤回或者替换当天的担保物的最大贷款价值。

(g)交换要约

为使得客户可以参与针对保证金股票的发行的持有人的重组、资本结构调整或者要约交换,一个出借人可以允许替换收到的证券。取得的用以交换保证金股票的非保证金、非豁免证券在交换后的60天内应被当作保证金股票看待。

(h)换新和展期

证券的换新或者展期不应被认为是提供了新证券,如果贷款数额仅因与证券相关的利息、服务费或者税的增加而增加。

(i)贷款的转让

(1)在客户间的或者出借人间的贷款的转让不应被认为是提供了新证券,如果:

(i)初始贷款是由一个符合本部分规定的出借人提供的,或者由一个在1998年4月1日前符合本章207部分(参见1997年1月1日修正的出现在12 CFR 200至219部分的207部分[1])规定,也应当符合本部分规定的出借人提供的;

(ii)转让不是为了规避本部分规定;

(iii)贷款的数额没有增加;并且

(iv)贷款的担保物没有变化。

(2)任何在同一出借人的客户间的转让应附有转让客户作出的、描述导致转让的情形的声明,而且该声明应被善意行事的出借人的代表接受和签署。出借人应当将此声明与受让人的账户记录一同保存。

(3)当出借人之间的转让发生时,受让人应当获取最初由转让人提交的表格FR U-1或者FR G-3的复制件,并且与受让人的账户记录复制件一同保留。如果最初转让人没有提交表格,受让人应当善意地接受转让人描述贷款目的和担保贷款的担保物的声明。

(j)保护出借人的行为

本部分的任何内容不要求银行弃权或放弃留置权或者阻止银行为保护自己善意地采取其认为必要的措施。

(k)善意的错误

与贷款的提供或者维持有关的善意的错误不是对本部分规定的违反。

§ 221.4　雇员股票期权、购买以及所有权计划

(a)计划出借人;适格的计划

(1)计划出借人指,提供或者维持贷款的任何公司(包括全资子公司,或者是成员限于公司、其附属机构或者关联机构的雇员和前雇员的储贷组织),该贷款为获取适格的计划下的公司、其附属机构或者关联机构的保证金股票融资。

(2)适格的计划。适格的计划指,被一个公司采用的且被其股东许可的,用于

---

[1] 即G规则(Regulation G),G规则于1998年被取消,其条款并入U规则(译者注)。

购买公司、其附属机构或者关联机构的保证金股票的任何雇员股票期权或者购买所有权的计划。

(b)在适格的计划下行使权利或者为适格的计划融资

(1)如果一个计划出借人要提供或者维持适格的计划下的贷款,直接或者间接担保该贷款的任何保证金股票应当有善意贷款价值。

(2)根据本节提供的贷款与根据本部分除了 § 221.3(b)(1)和(b)(3)以外的其他节的规定提供的贷款应被分别对待。

(c)对雇员持股计划的贷款

一个非银行出借人可以不考虑除 § 221.3(b)(1)和 (b)(3)以外的本部分的条款提供和维持目的贷款,如果此贷款是提供给符合修订国内税收法401节(26 U.S.C.401)规定的雇员持股计划。

§ 221.5 对证券经纪人和证券交易人的特殊目的贷款

(a)特殊目的贷款

一个出借人可以不考虑列于 § 221.3 和 §221.7 的限制给证券经纪人和证券交易人提供和维持目的贷款,如果该贷款是为任何特定的目的并且满足本节(c)段设定的条件。

(b)书面通知

根据本节,提前提供贷款之日不少于一天,为贷款之目的出借人应当从借款人处善意获取并接受书面通知或者证明。书面通知或者证明是持续符合特殊贷款条款的证据,直至借款人通知出借人其不再适格或者借款人得到信息,该信息会使得一个理性之人怀疑贷款是否被用于特定的目的。

(c)特殊目的贷款的种类

在善意的情况下会被提供并且维持的贷款的种类如下:

(1)抵押贷款。由抵押客户的证券担保的贷款,根据证券经纪人或者交易人发出的书面通知,该贷款可以被证券经纪人或者交易人根据证券交易委员会规则抵押。

(2)货到付款交易的临时预付。为购买或者出售立即交割的证券融资的贷款,如果贷款在交易结束时会被偿还。

(3)在途或者在转让证券的贷款。为在途或者准备转让的证券融资的贷款,如果贷款在交易结束时会被偿还。

(4)日内贷款。使证券经纪人或者交易人能够为证券付款的贷款,如果贷款在被提供的当天会被偿还。

(5)套利贷款。为所有人或者客户的善意套利交易融资的贷款。为本节之目的,善意套利指:

(i)在同一市场买入或者卖出证券,同时在另一个市场以可行的近乎相同的时间套期卖出或者买入相同证券,以便从两个市场不同的价格中得利;或者

(ii)除了支付的钱款以外不受限制地买入证券,且该证券在买入后90日之内可以交易或者转换成第二种证券,同时或者几乎同时套期卖出第二种证券,以便从两种证券价格上并存的悬殊差异中得利。

(6)做市商和专业证券商贷款。向全国性证券交易所会员或者经登记的证券经纪人或者交易人的贷款,以便为其作为做市商或者专业证券商的活动融资。

(7)证券包销人贷款。向全国性证券交易所会员或者经登记的证券经纪人或者交易人的贷款,以便为其作为证券包销人的活动融资。

(8)紧急贷款。主要用于满足证券经纪人或者交易人例外情形下的业务的紧急需要的贷款。

(9)资本追加贷款。资本追加贷款包括:

(i)理事会已经通过命令豁免的贷款,该豁免是基于一个裁决,该裁决表明在公共利益上或者为保护投资者豁免是必要的或者合适的,前提是证券投资人保护公司已经向理事会证实该豁免是合适的;或者

(ii)向客户的贷款,目的是向证券经纪人或者交易人提供次级贷款或者资本追加,且应符合证券交易委员会净资本规则和证券经纪人或者交易人的主管机关的规则,前提是:

(A)客户减少贷款的数额是向证券经纪人或者交易人的任何贷款或者追加的减少;以及

(B)贷款不是用于购买证券交易人或者经纪人在公开募集中发行的证券。

(10)向结算证券经纪人或者交易人的贷款。向全国性证券交易所的会员或者经登记的证券经纪人或者交易人的贷款,该经纪人或者交易人的非自营业务局限于为经登记的做市商的账户融资和记账。

§ 221.6　被豁免的交易

银行可以不考虑本部分的条款提供和维持目的贷款,如果这样的贷款是:

(a)提供给任何银行的;

(b)提供给任何外国银行机构的;

(c)于美国之外提供的;

(d)提供给符合国内税收法401节(26 U.S.C.401)规定的雇员持股计划;

(e)提供给定义于§ 221.4(a)的任何计划出借人,以便为定义于§ 221.4(b)的适格的计划融资的,前提是银行对该计划下购买的任何证券没有追索权;

(f)提供给除证券经纪人或者交易人以外的任何客户,暂时为买入或者卖出立即交割的证券融资的,如果在通常的商业过程中贷款在交易结束时会被偿还,并且贷款不是提供给客户使其能为在本章220部分规定的账户中买入的证券付款的;

(g)提供给在途证券的,如果贷款不是提供给客户使其能为在本章220部分规定的账户中买入的证券付款的;或者

(h)能够使客户满足不可合理预见的紧急支出,并且如果贷款的提供是由一个声明支持的,该声明由客户完成并且被善意行事的银行职员接受和签署的。为此目的,紧急支出包括源于如下情形的支出,例如客户的死亡或者伤残,或者一些其他涉及极端艰难的情势变更,而该情形在提供贷款时不可合理预见。为此目的,实现货币收入或者为避免损失的机会不属于"情势变更"。

§ 221.7 补充:保证金股票和其他担保物的最大贷款价值

(a)保证金股票的最大贷款价值

任何保证金股票的最大贷款价值是其市场现值的50%。

(b)非保证金股票和所有其他担保物的最大贷款价值

非保证金股票和除看涨期权、看跌期权或者其组合以外的所有其他担保物的最大贷款价值是其善意贷款价值。

(c)期权的最大贷款价值

除了符合保证金股票要求的期权,看涨期权、看跌期权或者其组合没有贷款价值。

美国联邦储备委员会 X 规则

陈陌阡* 译，刘 燕** 校

Regulation X-Borrowers of Securities Credit

X 规则——证券贷款的借款人

§ 224.1 权限、目的和范围

(a)权限和目的

X 规则(“本部分”)由联邦储备体系理事会(“理事会”)依据修正 1934 年证券交易法(“法案”)(15 U.S.C. 78a et seq.)颁布。本部分实施法案 7(f)节[15 U.S.C. 78g(f)]的规定，本部分的目的是要求在美国之内或者之外获得的贷款遵从理事会的 T 规则和 U 规则(12 CFR 220 部分和 12 CFR 221 部分)。

(b)范围和例外

法案和本部分将理事会的保证金规制适用于美国人和受美国人控制或者代表美国人行事或者与美国人联合的外国人(以下称为借款人)，此类借款人在美国之外获得贷款以便买入或者持有美国证券，或者在美国之内获得贷款以便买入或者持有任何证券(两种贷款以下均被称为目的贷款)。以下借款人豁免于法案和本部分：

(1)在美国之内获得目的贷款的任何借款人，除非借款人有意使得贷款以违反 T 规则或者 U 规则的方式被提供。

(2)永久居所在美国之外的任何借款人，并且该借款人没有获得或者负担在美国之外获得的目的贷款，且该目的贷款在任何公历年内的未偿还余额总计未达到 10 万美元。

(3)被理事会基于相应条款和条件作出的命令豁免的任何借款人。

---

* 北京大学法学院博士研究生。

** 北京大学法学院教授。

§ 224.2　定义

本部分使用的术语由法案3(a)和7(f)节以及T规则和U规则定义。法案7(f)节包含如下定义:

(a)美国人包括根据任何州法组织或者存在的人;在自然人的情形下,美国公民或者居民;国内不动产;或者上述人持有累计直接或者间接受益权超过信托价值的50%的信托。

(b)美国证券指由根据任何州法以公司形式组建的或者主营业地在一州之内的人发行的证券(被豁免的证券除外)。

(c)受美国人控制的外国人包括美国人直接或者间接持有超过50%受益权的任何非公司实体,以及享有超过全部有投票权股票的投票权总和的50%的一个或者多个美国人直接或者间接所有的股票,或者享有超过全部股票的总价值的50%的任何公司。

§ 224.3　非豁免借款人应适用的保证金规制

(a)美国之外的贷款交易

没有借款人可以从美国之外获得目的贷款,除非其符合如下保证金规制:

(1)T规则(12 CFR 220部分),如果贷款是从证券经纪人或交易商的外国分支机构获得的;

(2)U规则(12 CFR 221部分),当其适用于银行时——如果贷款是从银行的外国分支机构获得的,但关于目的声明的要求除外[12 CFR 221.3(c)(1)(i)和(c)(2)(i)];以及

(3)U规则(12 CFR 221部分),当其适用于非银行出借人时——如果贷款是从美国之外的任何其他出借人获得的,但关于目的声明的要求除外[12 CFR 221.3(c)(1)(ii)和(c)(2)(ii)]。

(b)美国之内的贷款交易

任何有意使贷款以违反T规则或者U规则(12 CFR 220部分和12 CFR 221部分)的方式被提供并且因此不被§ 224.1(b)(1)豁免的借款人,必须遵守适用于出借人的保证金规制。

《金融服务法评论》征稿启事与注释体例

《金融服务法评论》是由中央财经大学法学院金融服务法研究中心、北京市金融服务法学研究会和中国证券法学研究会主办,面向国内外公开连续出版的法学学术集刊,致力于繁荣金融服务法研究,为更好地发挥金融的服务功能,改革和完善金融立法与监管,维护金融消费者、投资者的权益提供学术研究成果。

《金融服务法评论》拟每年出版1~2卷,每卷40万~50万字。所有与金融服务法有关的学术论文均可向本刊投稿。所有投稿应符合国家著作权规定、公认学术规范和本刊编辑体例。稿件应当将理论与实践相结合、论证要充分而严谨、具有学术深度和创新性观点。本刊实行双向匿名评审制度,稿件篇幅不限,唯以质量决定是否采用。所有投稿请发送至以下电子邮箱:jrfwfpl@ sina. com(邮箱名为"金融服务法评论"拼音的首写字母)。本刊编辑部保留对来稿进行文字性和技术性修改的权利。投稿人向《金融服务法评论》投稿,即视为接受本稿约。

来稿须附内容摘要、关键词和英文标题;采用脚注,注码放标点之后,详细编辑体例如下:

一、标题:宋体四号字,居中。如有关于本篇文章的说明,注脚注,用上标星号(*)。

二、作者:宋体小四号字,居中,并用两枚上标星号(**)作为介绍作者脚注的标志,在脚注中注明作者姓名、工作单位、职务、职称(为便于联系,另请作者向本刊编辑部提供通信地址、邮政编码、固定及移动电话、电子邮箱,编辑部对此予以保密)。如有两名作者,第二名作者用三枚上标星号(***),依此类推。

三、摘要、关键词:中文摘要300字以内、关键词3~5个。

四、正文:宋体五号字,首行缩进。区分标题和要点,标题层级依次为"一、……""(一)……""1. ……""(1)……",要点层级依次为"1. ……""(1)……""①……",一段之内的要点列举使用"(1)……"。

五、注释:采用脚注,每页重新编号,页下连续注码,注码放标点之后,注码符号为"①、②、③……"。

(一)中文作品

1. 一般中文著作

例:田余庆:《东晋门阀政治》,北京大学出版社1991年版,第57、78~80页。

2. 编纂类著作,应在编者姓名之后标注“编”或“主编”或“编辑”字样。

例:中华读书网编:《学术权力与民主》,鹭江出版社2000年版,第34页。

3. 期刊论文、论文集内论文,应先注明论文,再注期刊、文集等版本信息。论文名称使用书名号。

例:刘燕:《存款合同还是金融衍生交易——汇丰银行双利存款案解析》,载《法律科学》2009年第3期。

例:罗荣渠:《扶桑国猜想与美洲的发现——兼论文化传播问题》,载罗荣渠:《美洲史论》,中国社会科学出版社1997年版,第169~180页。

例:陈默:《抗战时期国军的战区——集团军体系研究》,北京大学历史学系2012年博士学位论文,第134页。

4. 翻译著作(译文),除应包括上述版本信息外,还应括注原作者国别、译者姓名。

例:[德]贡德·弗兰克:《白银资本——重视经济全球化中的东方》,刘北成译,中央编译出版社2000年版,第289~290页。

5. 古典文献类著作,除应包括上述版本信息外,还应括注卷次。

例:《史记》(卷25),第1088页。

6. 报刊文章,文章名称使用书名号。

例:[法]巴斯蒂:《义和团运动期间直隶省的天主教教民》,马胜利译,载《历史研究》2000年第1期。

例:刘易:《全球环境治理的法律探讨》,载《新京报》2000年11月2日,第5版。

如引文带引号,则下面注释前不加“参见”等;如引文无引号,请在注释前加“参见”。

(二)外文作品:

1. 著作

作者姓名,书名用斜体,出版地和出版年份,页码。

例:James Barrett, *The Great Southern Railway*, Dublin, 1982, pp. 3 – 5.

2. 论文

作者姓名,题目(用引号),in 刊物名称用斜体,卷次(年份),页码。

例:William Rehg, “Translator' Introduction”, in *Habermas's Between Facts and Norms*, MIT Press, 1996. p. IX; David M. Radmussen, “How is Valid Law Possible?” in *Philosophy and Social Criticism*, Vol. 20, No. 4. 1994.

例:Jennifer Ryan,"Management Marketing:a case study of Grafton Printers plc",in *The Irish Marketing Journal*,Vol. 3,December 1998,p. 12.

3. 论文集

作者姓名,题目(用引号),in 编者姓名(ed),文集名用斜体,出版地和出版时间,页码。

例,Howard Lemontree,"Discourse Markers",in Joseph Keyes (ed),*Discourse across Varieties*,Oxford, 1980,p. 45.

4. 英文译著

例:M. Polo, *The Travels of Marco P*olo, **trans. by** William Marsde,Hertfordshire, Cumberland House, 1997, pp. 56 – 57.

5. 期刊

例:Douglas D. Heckathorn, "Collective Sanctions and Compliance Norms: A Formal Theory of Group Mediate Social Control",*American Sociological Review* 55, 1990,p. 370.

6. 英文中的"同上、同上书"

例:Ibid., p. 307.

(三)其他要求

1. 互联网或数据库作品,应注明文章名、网址、作者和时间,并标明最后访问日期

例:苏力:《中国现代化进程中的法制问题》,载北大法律信息网文献库:http://chinalawinfo.com/fzdt/xwnr.asp? id = 11223.,最后访问日期:2004 年 1 月 5 日。

2. 涉及台湾地区的用语:

(1)最高法院、立法院、财政部、宪法等用词,需要加双引号。

(2)台湾地区对应大陆,不是大陆地区。

(3)台湾地区的法律、法规需要加双引号。

(4)民国××年,必须换算成公元年份。

(6)台湾地区带有台湾政府背景或色彩的机构,需要加双引号。

(7)新台币一词无需添加双引号。

图书在版编目(CIP)数据

金融服务法评论. 第九卷 / 郭锋主编. -- 北京 :
法律出版社, 2018
ISBN 978-7-5197-1915-9

Ⅰ. ①金… Ⅱ. ①郭… Ⅲ. ①金融法-研究-丛刊
Ⅳ. ①D912.280.4-55

中国版本图书馆CIP数据核字(2018)第013474号

金融服务法评论(第九卷)
JINRONG FUWU FA PINGLUN(DI-JIU JUAN)

郭 锋 主编

责任编辑 屈 瑶
装帧设计 李 瞻

出版 法律出版社
总发行 中国法律图书有限公司
经销 新华书店
印刷 北京京华虎彩印刷有限公司
责任校对 王晓萍
责任印制 陶 松

编辑统筹 学术·对外出版分社
开本 720毫米×960毫米 1/16
印张 31
字数 552千
版本 2018年3月第1版
印次 2018年3月第1次印刷

法律出版社/北京市丰台区莲花池西里7号(100073)
网址/www.lawpress.com.cn
投稿邮箱/info@lawpress.com.cn
举报维权邮箱/jbwq@lawpress.com.cn
销售热线/010-63939792
咨询电话/010-63939796

中国法律图书有限公司/北京市丰台区莲花池西里7号(100073)
全国各地中法图分、子公司销售电话:
统一销售客服/400-660-6393
第一法律书店/010-63939781/9782 西安分公司/029-85330678 重庆分公司/023-67453036
上海分公司/021-62071639/1636 深圳分公司/0755-83072995

书号: ISBN 978-7-5197-1915-9
定价: 88.00元